W0320869

Tunisie

2023/24

Cofondateurs : Philippe GLOAGUEN et Michel DUVAL

Directeur de collection et auteur
Philippe GLOAGUEN

Secrétaire général
Gavin's CLEMENTE-RUIZ

Rédacteurs en chef
Amanda KERAVEL (France)
Benoît LUCCHINI (Étranger)

Directrice administrative
Bénédicte GLOAGUEN

Conseiller à la rédaction
Pierre JOSSE

Responsable voyages
Carole BORDES

Direction éditoriale
Élise ERNEST

Rédaction
Isabelle AL SUBAIHI
Emmanuelle BAUQUIS
Mathilde de BOISGROLLIER
Marie BURIN des ROZIERS
Camille CAMPET
Véronique de CHARDON
Laura CHARLIER
Florence CHARMETANT
Fiona DEBRABANDER
Anaëlle HASCOËT
Géraldine LEMAUF-BEAUVOIS
Alain PALLIER
Anne POINSOT
Alexia POULAIN

hachette

TABLE DES MATIÈRES

PRÉAMBULE

COMMENT Y ALLER ? 36

TUNISIE UTILE 42

LE SUD ET LE GRAND SUD 297

HOMMES, CULTURE, ENVIRONNEMENT 356

Important : dernière minute

Entre deux parutions du *Routard*, des événements fortuits (conditions sanitaires, catastrophes naturelles mais aussi formalités, taux de change, conditions d'accès aux sites, fermetures inopinées, etc.) peuvent modifier vos projets de voyage. Pour éviter les déconvenues, nous vous recommandons de consulter la rubrique « Guide » par pays de notre site • routard.com • et plus particulièrement les dernières ***Actus voyageurs.***

OSONS LE PAS DE CÔTÉ

Le surtourisme ? Tous concernés. Et pourtant, à l'écart des grands flux touristiques, il existe plein de pépites méconnues, souvent oubliées des circuits trop encombrés. Ici un site ignoré ; là un quartier secret ; plus loin un village caché au charme discret, avec un troquet d'une autre époque. Il existe une infinité de lieux peinards que l'on a envie de mettre en avant avec ce pictogramme. Un vagabondage enfin calme favorisé aussi par les **visites aux heures creuses.** Vive le *slow trip* !

#osonslepasdecote

Pictogrammes du Routard

Établissements

- Hôtel, auberge, chambre d'hôtes
- Camping
- Restaurant
- Terrasse
- Pizzeria
- Boulangerie, sandwicherie
- Pâtisserie
- Glacier
- Café, salon de thé
- Café, bar
- Bar musical
- Club, boîte de nuit
- Salle de spectacle
- Boutique, magasin, marché

Infos pratiques

- Office de tourisme
- Poste
- Accès Internet
- Hôpital, urgences
- Adapté aux personnes handicapées

Sites

- Présente un intérêt touristique
- Point de vue
- Plage
- Spot de surf
- Site de plongée
- Recommandé pour les enfants
- Inscrit au Patrimoine mondial de l'Unesco
- Pas de côté

Transports

- Aéroport
- Gare ferroviaire
- Gare routière, arrêt de bus
- Station de métro
- Station de tramway
- Parking
- Taxi
- Taxi collectif
- Bateau
- Bateau fluvial
- Piste cyclable, parcours à vélo

Kairouan

© VWpics/hemis.fr

MER MÉDITERRANÉE
LA CÔTE CORAIL p. 125
TUNIS ET ENVIRONS p. 70
LA CAP BON p. 168
LE CIRCUIT DES SITES ANTIQUES p. 143
KAIROUAN ET LE SAHEL p. 195
LE GOLFE DE GABÈS ET DJERBA p. 257
LE SUD ET LE GRAND SUD p. 297
NORD
Cap Blanc
Bizerte
Golfe de Tunis
Cap Serrat
Raf-Raf
Ghar-el-Melh
Cabo Negro
Parc national d'Ichkeul
El-Alia
Utique
Gammarth
Cap Bon
La Marsa
Kerkouane
Tabarka
Korbous
Kelibia
TUNIS (Médina)
Sidi-bou-Saïd
La Goulette
Béja
Aïn-Draham
Bulla Regia
Carthage
Korba
Oudna
Jendouba
Thuburbo Majus
Nabeul
Hammamet
Zaghouan
Bou-Ficha
Dougga
Zriba
Golfe d'Hammamet
Le Kef
Takrouna
Jeradou
Enfidah
Hergla
Siliana
Port-el-Kantaoui
Sousse (Médina)
Makthar
Monastir
Kairouan
Lamta
Kalaat Khasba
Raqqada
Mahdia
Haïdra
El-Jem (Amphithéâtre)
Kasserine
Sbeïtla
Ellouza
Sidi Bou Zid
Sidi-Mansour
Agareb
El-Attaya
Sfax
Remla
Thyna
Îles Kerkennah
Mahres
Plage de Chafaar
Midès
Tamerza
Redeyef
Gafsa
El-Guettar
Chebika
Metlaoui
Golfe de Gabès
Houmt-Souk
Chott El-Gharsa
Oudref
Gabès
Midoun
Djerba (Jerba)
Degache
Chott El-Fejaj
Ajim
Nefta
Tozeur
El Hamma
Mareth
Chott El-Djerid
Kebili
Matmata
Zarzis
Tamezret
Toujane
Gightis
Blidet
Nouil
Douz
Métameur
Rjim-Maâtoug
El-Faouar
Zaafrane
Médenine
Sabria
Guermessa
Ksar-Ghilane
Tataouine
Chénini
Ouled-Debbab
Douiret
Ksar-ouled-Soltane
ALGÉRIE
Remada
LIBYE
50 km
SAHARA
Douz Lieux traités
Métameur Adresses et lieux dans les environs
Blidet Repères
Autoroutes
Zones déconseillées. Source : carte du ministère français des Affaires étrangères - Décembre 2022
Sites inscrits au Patrimoine mondial de l'Unesco
Pas de côté

LA TUNISIE

Douz, festival international du Sahara
© Degas Jean Pierre/hemis.fr

LA RÉDACTION DU ROUTARD

(sans oublier nos 50 enquêteurs, aussi sur le terrain)

La saga du *Routard* : en 1971, 2 étudiants, Philippe et Michel, avaient une furieuse envie de découvrir le monde. De retour du Népal germe l'idée d'un guide différent qui regrouperait tuyaux malins et itinéraires sympa, destiné aux jeunes fauchés en quête de liberté. 1973 : après 19 refus d'éditeurs et la faillite de leur 1re maison d'édition, l'aventure commence vraiment avec Hachette. Aujourd'hui, Le *Routard*, c'est plus d'une cinquantaine d'enquêteurs impliqués et sincères. Ils parcourent le monde toute l'année dans l'anonymat et s'acharnent à restituer leurs coups de cœur avec passion.

Merci à tous les Routards qui sont solidaires de nos convictions : liberté et indépendance d'esprit ; découverte et partage ; sincérité, tolérance et respect des autres.

NOS SPÉCIALISTES TUNISIE

Isabelle Al Subaihi : une émigration outre-Manche à l'âge de 4 mois, forcément, ça laisse des traces : un goût prononcé pour l'exotisme ! Depuis, elle cherche à transmettre sa passion du voyage. Ce qu'elle aime partager : un bon plat, des éclats de rire, l'émotion d'un paysage qui bouleverse. Et surtout une vision décalée grâce à des rencontres surprenantes.

Anaëlle Hascoët : la dernière recrue du Routard. Avide des cultures et langues étrangères, c'est en business international qu'elle fait ses études. Elle quitte sa Bretagne pour un master en Inde… et la voilà piquée ! S'en suivent un tour d'Asie et un tour d'Amérique du Sud. Depuis, son sac à dos ne la quitte plus. Découvrir, fouiner et surtout, partager ses bons plans, c'est sa passion !

Emmanuel Juste : sa première passion fut la géographie. Petit déjà, il dévorait les atlas qui le faisaient rêver plus que tout ! Aujourd'hui, après une maîtrise en langues et un peu d'enseignement, sa fascination pour les cartes est intacte mais c'est sur le terrain qu'il découvre la surface du monde. Un ravissement qu'il partage depuis 15 ans, en tant qu'enquêteur, sans modération !

Fabrice Argelas : impatient de découvrir le monde sous toutes ses latitudes, cet infatigable voyageur a toujours deux valises de prêtes : l'une pour les pays chauds, l'autre pour les pays froids. Sa passion pour l'histoire des civilisations et l'Histoire tout court ne l'empêche pas de traquer, entre deux musées et un site archéologique, le stand de streetfood le plus savoureux et la chambre d'hôtel qui affiche le meilleur rapport qualité/prix.

UN GRAND MERCI À NOS AMI(E)S SUR PLACE ET EN FRANCE

Pour cette nouvelle édition, nous remercions particulièrement :

- **Catherine Carpentier,** très impliquée auprès des Oasiens, pour son aide et ses nombreuses infos.

NOS ENQUÊTEURS-FURETEURS

Nous tenons à remercier tout particulièrement Loup-Maëlle Besançon, Thierry Bessou, François Chauvin, Grégory Dalex, Fabrice Doumergue, Cédric Fischer, Carole Fouque, Guillaume Garnier, Nicolas George, Michelle Georget, David Giason, Claude Hervé-Bazin, Emmanuel Juste, Fabrice de Lestang, Éric Milet, Pierre Mitrano, Louis Nagot, Olivier Page, Jean-Sébastien Petitdemange, André Poncelet, Thomas Rivallain et Jean Tiffon pour leur collaboration régulière.

Guillem Aurenche, Andrea Blin, Jean-Jacques Bordier-Chêne, Philippe Coupy, Agnès Debiage, Jérôme Denoix, Tovi et Ahmet Diler, Clélie Dudon, Agustina Ernesta, Alain Fisch, Hermine Frachon, Adrien et Clément Gloaguen, Simon Hafi, Chloé Iacono, Lawrence Lemoine, Maeva Libessart, Marine Lucas, Lise Machu, Elisa Moreau, Martine Partrat, Odile Paugam et Didier Jehanno, Orianne Pouchard, Marva Prevost, Alexia Rambaud, Prakit Saiporn, Lara Tantawi, Sarah Toson, Lucas Truffier-Blanc, Emma Vadillo Quesada.

DU CÔTÉ D'HACHETTE-LIVRE

Direction : Sidonie Chollet

Direction éditoriale : Élise Ernest

Édition : Margaux Lefebvre

Cartographie : Frédéric Clémençon et Aurélie Huot

Fabrication : Nathalie Lautout, Liza Sacco et Aude Cauchet

Relations presse : COM'PROD, **Fred Papet** et **Laëtitia de Cerval.** ☎ 01-70-69-04-69. • info@comprod.fr • **Martine Levens** (Belgique) ☎ +32-47-568-35-76.

Contact Partenariats : Jérôme Denoix • jeromedenoix@gmail.com •

Contact Partenariats et régie pub : Florence Brunel-Jars • fbrunel@hachette-livre.fr •

Silhouette du Routard : Clément Gloaguen (d'après Solé) ; **couverture :** le-bureau-des-affaires-graphiques.com ; **logo des « 50 ans » (couverture) :** So BAM ; **maquette intérieure :** le-bureau-des-affaires-graphiques.com, Thibault Reumaux et npeg.fr

Grande mosquée de Kairouan

© Perousse Bruno/hemis.fr

« On n'arrête pas le soleil avec un tamis »
Proverbe tunisien

D'Hannibal à la révolution de 2011, les Tunisiens et les Tunisiennes, dont le statut demeure le plus avancé dans le monde arabe, rappelons-le, ont parcouru des chemins sinueux et chaotiques, motivés par un **désir d'émancipation et de liberté.** Aujourd'hui, le voyageur peut suivre sans peine les empreintes fugitives des civilisations qui se sont succédé sur ces paysages et les ont façonnés : les Phéniciens, qui fondèrent Carthage, les Romains, qui la détruisirent et colonisèrent toute l'Afrique du Nord, les Byzantins, les Arabes, les Andalous, les Turcs, puis les Italiens et les Français.

Paysages d'histoire, mais aussi paysages tout court : la diversité des côtes n'a d'égale que les nuances du djebel ou du désert. Des montagnes pluvieuses de Kroumirie aux 1res dunes du Sahara, en passant par les plaines du Sahel, **la Tunisie est une terre de rencontres, un carrefour des civilisations.** Ce sont cette terre et ce peuple, à qui a été décerné le prix Nobel de la paix en 2015, que le voyageur curieux viendra découvrir.

Carthage

© Mattes René/hemis.fr

NOS COUPS DE CŒUR

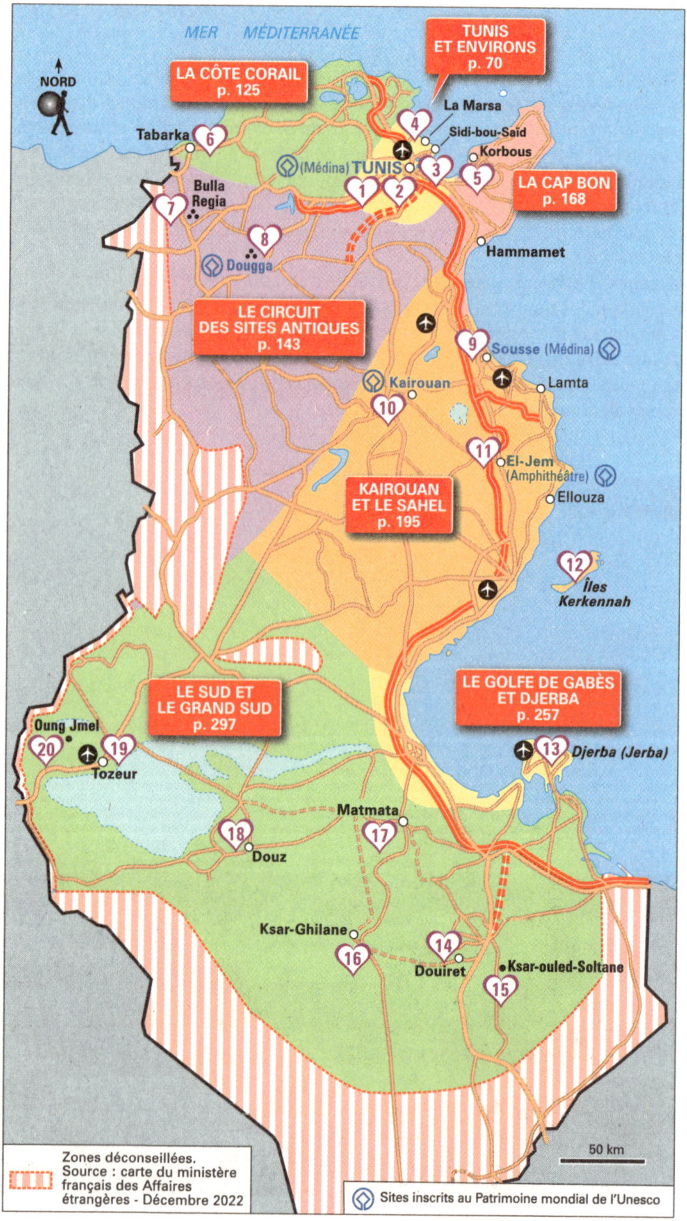

1 **Parcourir la médina de Tunis, où se mêlent l'activité débordante des souks et la quiétude des ruelles.**

Une des plus belles médinas du monde arabe, fondée à la fin du VIIe s et inscrite au Patrimoine mondial de l'Unesco. Il faut prendre le temps de flâner dans ses ruelles sinueuses bordées de monuments religieux et d'élégantes demeures anciennes, dans les souks, à la recherche de discrètes petites échoppes dans le secteur des parfums, du cuivre, des chéchias ou des babouches. En fin d'après-midi s'installe une ambiance paisible alors que chacun regagne son foyer. C'est à ce moment-là que l'on palpe la délicieuse atmosphère de Tunis. *p. 90*

Bon à savoir : évitez les vendredi et dimanche, l'activité y est quasi inexistante. Un guide peut s'avérer utile.

©Giuglio Gil / hemis.fr

2 Visiter le musée du Bardo de Tunis, le plus important des musées archéologiques du Maghreb.

Installé dans un ancien palais beylical du XIXe s, il s'est enrichi d'une aile de conception moderne, qui s'intègre parfaitement à l'architecture des bâtiments d'origine. Un bel écrin pour le musée qui abrite l'une des plus importantes collections de mosaïques romaines au monde ! *p. 97*

Bon à savoir : *prévoir une bonne demi-journée pour faire le tour de ce musée gigantesque.*

3 Flâner dans les ruelles de Sidi-bou-Saïd, exemple d'un beau village méditerranéen.

Perchées sur les hauteurs du golfe de Tunis, les sublimes maisons blanc et bleu de « Sidi-bou » dévoilent leurs charmes au détour d'une porte ornée de motifs cloutés, de délicats *moucharabiehs* ou d'une arcature de pierre finement sculptée. Beauté et douceur de vivre, à seulement 1/2 heure de route de la capitale. *p. 112*

Bon à savoir : *ne pas manquer le Centre des musiques arabes et méditerranéennes, installé dans le plus beau palais de la ville. Extraordinaire !*

4 **Fondre tout en douceur pour une pâtisserie orientale et ne plus savoir où donner des papilles.**

Si on connaît les *baklavas* et les *loukoums* d'origine turque qui ont essaimé en Afrique du Nord, voici l'occasion de déguster les *makrouds* (gâteau de semoule fourré aux dattes), spécialité de Kairouan, le *ghareiba* (gâteau à la farine de pois chiche), le *samsa*, petit brick à la pâte d'amandes ou encore les cornes de gazelle aux graines de sésame et amandes… Ce n'est pas la diversité qui manque. L'idéal : plonger dans une boutique réputée et en ressortir avec un assortiment dont on fera profiter les copains au retour… à condition de les avoir (tous) testés avant!
p. 120

***Bon à savoir :** à La Marsa, il existe la succursale d'une pâtisserie tunisoise très connue. Impeccable entre un plouf dans l'eau et une soirée dans un club branché.*

5 **Passer quelques heures au hammam pour éliminer les toxines et faire peau neuve, tout en découvrant un univers insoupçonné.**

Ancêtre de la salle de bains, ces thermes romains, rebaptisés « hammam » au Xe s sous le califat abbasside, demeurent le lieu où les hommes se retrouvent le matin, les femmes l'après-midi, pour bavarder et se refaire une santé. Après une bonne sudation dans une étuve saturée de vapeur d'eau, un gommage et un massage, on en ressort frais comme un bébé au réveil. Ce lieu de bien-être se découvre aussi bien en version traditionnelle qu'en version spa de luxe. *p. 168*

Bon à savoir : *les hammams sont présents dans chaque ville, et particulièrement prisés dans la station thermale de Korbous. N'oubliez pas votre serviette, maillot de bain, savon et gant de crin.*

©Perousse Bruno/hemis.fr

6 **Effectuer une plongée sur les tombants de Tabarka.**
Tabarka est située sur ces 300 km d'un littoral rocheux et escarpé que l'on appelle côte Corail. Son nom vient des coraux rouges que l'on y pêchait autrefois (rarissimes aujourd'hui). Les fonds marins du coin sont exceptionnels, et l'on peut y faire de belles découvertes : cavités rocheuses naturelles, tombants impressionnants, corail noir et bancs de poissons dans une eau limpide. *p. 136*
Bon à savoir : *les prix sont moitié moins chers qu'en France. Une belle occasion de se jeter à l'eau !*

7 **S'enfoncer dans les maisons romaines construites en sous-sol, dans l'antique Bulla Regia.**
Ce site romain révèle une architecture unique et fascinante. Ici, aux IIe et IIIe s, âges d'or de la cité, les riches patriciens, afin de se protéger de la chaleur accablante de l'été, s'étaient fait aménager de luxueuses demeures souterraines, aux patios recouverts de splendides mosaïques. Étonnant ! *p. 145*
Bon à savoir : *en partant de Tabarka, Bulla Regia est à mi-chemin de la belle ville du Kef. On conseille d'y passer la nuit après la visite du site.*

© Tondini Domenico/hemis.fr
© J.D. Dallet/Age fotostock

8 Flâner au pied du majestueux capitole, dans l'antique Dougga, de préférence au printemps, quand les collines alentour sont encore verdoyantes.

Les ruines de l'antique Thugga constituent l'un des ensembles archéologiques les plus intéressants de toute l'Afrique romaine. Par sa taille, par l'état de conservation de ses monuments et par la majesté du panorama qu'il offre au visiteur, ce site est le plus spectaculaire de Tunisie. Perchés sur un plateau incliné à près de 600 m d'altitude, entourés de champs d'oliviers, ces vestiges, qui s'étendent sur des dizaines d'hectares (dont beaucoup restent à fouiller), ont encore fière allure. *p. 154*

Bon à savoir : des guides francophones sont présents tous les jours à l'entrée. Indispensables, selon nous, pour embrasser toute la complexité du site.

© Gotinotin Michel/hemis.fr

9 Inventer son propre itinéraire dans le dédale de la médina de Sousse, aussi séduisante qu'authentique.

La deuxième médina tunisienne classée au Patrimoine mondial de l'Unesco a de quoi retenir l'attention des visiteurs. Admirez la beauté architecturale de son ribat (forteresse du IXe s), le charme de ses maisons traditionnelles, qui pour certaines se visitent, et la splendeur des mosaïques au Musée archéologique. Et, bien sûr, ne pas hésiter à se perdre pour sillonner les ruelles plus tranquilles qui elles non plus ne manquent pas d'attrait. *p. 198*

Bon à savoir : la plus belle vue sur la médina et la mer se gagne en grimpant en haut du dar Essid, très belle demeure devenue musée.

© Mattes René/hemis.fr

10 **Pénétrer dans la Grande Mosquée de Kairouan, le plus ancien édifice religieux du monde musulman occidental.**

Première ville sainte du Maghreb, Kairouan est la capitale spirituelle de la Tunisie. Fondée au milieu du IXe s, sa Grande Mosquée a été l'objet d'une restauration réussie qui lui a redonné son aspect d'antan. C'est aussi l'une des plus riches d'un point de vue artistique. Dans la cour, un cadran solaire permet de déterminer l'heure exacte des 5 prières quotidiennes, et le minaret recèle 2 pierres provenant du site antique romain de Sbeïtla, gravées d'inscriptions latines. *p. 217*

Bon à savoir : *on ne peut visiter que la cour intérieure.*

© Mattes René/hemis.fr

11 **S'asseoir dans les gradins de l'amphithéâtre d'El-Jem, le 3e plus grand amphithéâtre du monde romain après ceux de Rome et de Capoue, au nord de Naples.**

Édifié à partir de la fin du IIe s, ce gigantesque amphithéâtre, classé au patrimoine mondial de l'Unesco, peut accueillir 35 000 spectateurs. Ses dimensions impressionnantes écrasent les petites maisons basses de la ville. Longtemps limité à son rôle de Monument historique, on peut aujourd'hui s'y rendre pour assister au Festival de musique symphonique qui s'y tient en été. Impressionnant p. 228

***Bon à savoir :** en été, visitez-le assez tôt pour éviter la chaleur.*

12 Passer une nuit aux îles Kerkennah.
Les îles Kerkennah, au large de Sfax, sont constituées de 2 îles reliées par un pont, et de 5 îlots. Un archipel tranquille en hiver, prisé par les Sfaxiens dès que le soleil cogne, et principalement habité par des pêcheurs. On s'y régale de fruits de mer et de poulpe en particulier, pêché d'octobre à avril. Regarder le soleil se coucher, se promener en mer en felouque, le nez au vent : une certaine idée du bonheur ! *p. 250*
Bon à savoir : accessibles en ferry depuis Sfax, il faut compter 1h de traversée.

© Guiziou Franck/hemis.fr

13 S'imprégner de la douceur légendaire de Djerba, en parcourant les petits chemins qui sillonnent l'île.
Djerba « la douce », où peu de touristes finalement s'éloignent de ses plages dorées. Profitez-en donc pour aller à la rencontre de l'arrière-pays, promenez-vous sur les chemins de terre, car ce qui crée le charme de Djerba, c'est le silence de la campagne, les quelques plantations d'oliviers qui apportent un peu de verdure, son architecture « faite pour vivre », ses mosquées si belles... De très jolies découvertes attendent le voyageur un peu courageux ! *p. 266*
Bon à savoir : la meilleure période pour y aller est, comme souvent, l'entre-saison, c'est-à-dire le printemps ou l'automne.

© Frilet Patrick/hemis.fr

14 **Succomber au charme grandiose de Douiret, dont le ksar se confond aujourd'hui avec le rocher sur lequel il est ancré.**

De l'ancienne ville, fondée aux XIIe-XIIIe s, ne reste qu'une coquille vide étirée le long d'un chemin étroit sinuant à flanc de falaise. Au sommet du village perché, les moignons d'un ksar se fondent avec le roc, donnant l'impression que la montagne s'est réapproprié le lieu. À la lisière du site, les murs blancs de la mosquée tranchent dans cet environnement de pierres. Très beau panorama sur la plaine, les montagnes et les tombes blanches des marabouts. *p. 315*

Bon à savoir : *il est possible de dormir sur place, dans des habitations semi-troglodytiques baignées de silence. Une expérience authentique et exceptionnelle !*

15 Faire un détour par le Ksar-ouled-Soltane, la plus belle forteresse du Sud tunisien.

Un magnifique ksar de montagne, entièrement et superbement restauré. De taille moyenne, il se compose de 2 cours datant des XVe et XIXe s. Ses 400 *ghorfas* (greniers) se superposent sur 4 étages à l'image d'une ruche, et l'on ne peut s'empêcher d'escalader les nombreux escaliers particulièrement raides qui s'enchevêtrent ! *p. 318*

***Bon à savoir :** à 23 km au sud de Tataouine, par une route goudronnée.*

© Seux Paule/hemis.fr

16 Depuis Douz ou Ksar-Ghilane, partir découvrir l'immensité du désert de sable à dos de dromadaire, escorté par un chamelier semi-nomade.

Pour pousser un peu l'aventure, passez au moins 1 nuit à bivouaquer dans le Sahara. Même en 15 jours de méharée, on ne se lasse pas : les dunes changent et forment un paysage unique ! *p. 319*

Bon à savoir : à organiser à l'avance auprès d'une agence, qui se chargera aussi de l'obtention du permis.

17 Dormir dans un habitat troglodytique de la région de Matmata, frais en été, tempéré en hiver.

Héritage d'un mode de vie ancestral, parfaitement adaptées au climat, les maisons troglodytiques peuvent être creusées directement dans la roche, comme à Toujane, ou bien semi-enterrées, comme à Matmata. Dans le village de Tamezret, c'est carrément la colline entière qui a été transformée en gruyère suite au creusement de nombreuses cavités reliées par un réseau de tunnels défensifs. Certaines de ces maisons sont encore habitées, et quelques-unes ont même été transformées en hôtel ! *p. 322*

Bon à savoir : on peut aussi visiter certaines maisons troglodytiques, transformées en petit musée de vie traditionnelle, comme celui de Tamezret (notre préféré).

© Alberto Andrea/hemis.fr

18 **Faire son marché à Douz, aux portes du désert.**

Lieu de rassemblement des tribus nomades et des villageois des environs, le grand marché de Douz attire une foule bigarrée et bien vivante. Les étals colorés envahissent la vaste place centrale bordée d'arcades, ainsi que dans les rues alentour. On admire tout particulièrement les vendeurs d'épices et d'huiles essentielles, ou encore les fabricants de chaussures traditionnelles en cuir. Plus loin, dans la palmeraie, se tient le pittoresque souk aux animaux, où des clients connaisseurs viennent tâter les croupes et les cuisseaux des bestiaux avant d'acheter. *p. 328*

Bon à savoir : *le marché de Douz commence le mercredi après-midi et se poursuit jusqu'au jeudi midi. Le marché aux bestiaux se tient uniquement le jeudi matin.*

© Giuglio Gil/hemis.fr

19 **Déambuler dans la médina à Tozeur, où l'on admire la belle architecture des maisons en briquette.**

Tozeur est une étape incontournable du Sud tunisien. Arpenter les ruelles étroites du vieux quartier d'Ouled-el-Hadef, harmonieux et bien préservé, permet d'effectuer un véritable bond dans le passé. Une promenade tranquille et pleine de charme au gré de maisons aux splendides décors géométriques faits de briques blondes de la région, sur lesquelles s'ouvrent des portes finement ouvragées. *p. 336*

Bon à savoir : *ne pas manquer la visite du touchant musée des Arts et Traditions populaires, caché dans une ruelle de la médina.*

20 Se prendre pour un Jedi sur l'ancien lieu de tournage de *Star Wars, La menace fantôme,* à Oung Jmel.

Au cœur de grandes dunes immaculées, on découvre les restes d'un décor de ciné, un village construit pour l'épisode I de la saga Star Wars. Malgré le plâtre des armatures des cabanes, les fausses antennes et quelques éléments un peu carton-pâte, on s'y croit. Que la force soit avec vous ! *p. 352*

Bon à savoir : *à 15 km au nord de Nefta, accessible en voiture de tourisme. À visiter de préférence entre octobre et avril ; en été, c'est la fournaise.*

21 Goûter à l'incontournable brick, sorte de crêpe croustillante pour une entrée qui casse des briques.

Présent sur la carte de tous les restos, le brick est constitué d'une farce de pomme de terre écrasée, de thon émietté, de fromage, d'olives coupées en morceaux et d'un œuf, le tout enveloppé en demi-cercle ou en carré dans une feuille de brick et frit à la poêle. Surtout, demander que l'œuf soit seulement poché, le jaune coulant libérera toutes les saveurs du brick et lui donnera son moelleux. *p. 366*

Bon à savoir : *cette entrée peut devenir un plat en l'accompagnant d'une chorba (soupe traditionnelle) ou d'une salade méchouia.*

© eFesenko/shutterstock

Sousse, la médina

ITINÉRAIRES CONSEILLÉS

Sa taille (1/3 de la France), son bon réseau routier dans l'ensemble, son histoire et la variété des paysages permettent des itinéraires riches et intéressants, quelle que soit la durée du séjour.

Une semaine

Le riche patrimoine du Nord

• **Tunis et alentour (3 j.) :** à **Tunis (1),** la médina, une des plus envoûtantes du monde arabe, d'ailleurs classée au Patrimoine mondial de l'humanité, et ses souks ; le musée du Bardo. Facilement accessible grâce au TGM, le « métro » qui relie la capitale aux villes environnantes, l'adorable village de **Sidi-bou-Saïd (2)** séduit par ses maisons blanches et bleues perchées sur un éperon rocheux, tandis que le site de **Carthage (3),** dont il reste quelques vestiges révélateurs, nous plonge dans la grande histoire.

Sousse et Kairouan (3 j.) : en bus ou en train depuis Tunis, on rejoint la belle médina de **Sousse (4)** avec son ribat, son musée archéologique, ses souks et ses belles maisons traditionnelles. Puis, en bus, par exemple, direction **Kairouan (5),** 1re ville sainte du Maghreb, inscrite au Patrimoine mondial de l'Unesco : on visite la Grande Mosquée, les zaouïas (mausolées), la vieille ville et le beau musée du tapis. Y passer au moins une nuit.

• Retour à Tunis.

Le Sud-Est entre plages et vieilles pierres

• **Djerba (4 j.) :** faire le tour de l'île à la découverte de l'architecture ibadite, flâner dans les ruelles de **Houmt-Souk (1),** se balader dans le centre de l'île, à **Er-Riadh (2)** notamment, à la recherche des peintures murales qui ornent le village, et découvrir la synagogue de la Ghriba ; à l'est de l'île, petits et grands s'intéresseront à **Djerba Explore (3),** mi-musée, mi-parc de loisirs. Enfin (surtout ?) farniente sur la plage.

• **Excursions dans le Sud (2 j.) :** à Djerba, louer une voiture et emprunter la chaussée romaine pour rejoindre le continent et se diriger vers le Grand Sud, à la lisière du Sahara. En chemin, on pourra visiter les ghorfas de **Médenine (4),** des cavités ou pièces qui servaient à stocker les récoltes et les marchandises. Mais les plus beaux ksour (anciens greniers fortifiés) sont plus au sud, autour de Tataouine, qui peut s'avérer un camp de base pratique. Les plus spectaculaires sont ceux de **Douiret (5)** et de **Chénini (6).** Magnifiques paysages autour de ces citadelles du désert. Avec une nuit dans le secteur, on peut en plus pousser vers **Ksar-ouled-Soltane (7)** et **Guermessa (8),** d'autres très beaux ksour de la région.

• Retour sur Djerba.

15 jours

Même circuit que la semaine dans le Nord, à savoir : **Tunis (1), Sidi-bou-Saïd (2), Carthage (3), Sousse (4) et Kairouan (5).** Puis continuer vers :

• **El-Jem (1 j.) :** pour son **amphithéâtre (6)** classé au Patrimoine mondial de l'Unesco.

• **Mahdia (1 j.) :** rejoindre la côte pour se poser le temps d'1 nuit ou 2 nuits dans cet important **port de pêche (7)** qui recèle encore une charmante médina.

• **Sfax (1 j.) :** on longe ensuite le littoral en s'arrêtant une grosse demi-journée (éviter le lundi) dans la 2e plus grande ville du pays **(8).** Elle offre plus qu'elle ne le suggère, notamment une vieille ville encore bien vivante.

• **Chenini-Gabès (1 j.) :** si vous n'avez pas dormi à Sfax, logez à proximité de l'oasis de Chenini, aux portes de **Gabès (9)** pour découvrir sa grande et belle palmeraie que les Oasiens tentent de préserver à tout prix.

• **Djerba (3 j.) :** sillonner l'intérieur de l'île et lézarder sur la plage **(10).**

• Retour depuis Djerba.

Trois semaines

- **Tunis et alentour (3 j.) :** la médina, la ville coloniale, le **musée du Bardo (1),** balade dans le village de **Sidi-bou-Saïd (2)** et le site de **Carthage (3).** Voir l'itinéraire d'une semaine au nord.
- **Les sites antiques (2 j.) :** rejoindre **Tabarka (4)** à l'ouest du pays, via Bizerte et le cap Serrat. Y dormir avant de piquer au sud vers **Bulla Regia (5)** et **Dougga (6),** qui demeurent les sites les plus impressionnants du pays. Loger au **Kef (7),** ville pittoresque et paisible qui mérite une halte.
- **Nabeul** et **Hammamet (1 j.) :** sur la côte est, on s'attarde dans les souks de **Nabeul (8),** dans la médina et sur les plages d'**Hammamet (9).**
- **Sousse (1 j.) :** la **médina** de Sousse **(10),** avec son ribat et son musée archéologique, est classée au Patrimoine mondial de l'Unesco.
- **Kairouan et El-Jem (2 j.) :** au sud, **Kairouan (11),** la capitale spirituelle de la Tunisie, attire fidèles et touristes pour sa Grande Mosquée, sa vieille ville et ses zaouïas. L'**amphithéâtre d'El-Jem (12),** majestueux, est classé au Patrimoine mondial de l'Unesco.
- **Sfax et l'oasis de Gabès (1 j.) :** la vieille ville de **Sfax (13),** à l'écart des circuits

touristiques, ne manque pas d'intérêt, tout comme l'oasis maritime de **Gabès (14),** étape éventuelle sur la route de Djerba.

- **L'île de Djerba (3 j.) :** on en profite pour chiner sur les marchés de **Houmt-Souk (15),** partir à la découverte de l'architecture ibadite dans le centre de l'île, visiter la synagogue de la Ghriba ou bronzer sur la plage.
- **Le circuit des ksour (2 j.) :** parmi ces véritables forteresses du désert, ne pas manquer **Chénini, Douiret (16), Guermessa** et **Ksar-ouled-Soltane.** On loge soit sur place, soit à Tataouine.
- **Matmata (1 j.) :** paysage plus désertique dans cet étonnant *village troglodytique* **(17)** à la porte du Grand Sud.
- **Douz (2 j.) :** depuis cette **oasis (18)** ou depuis celle de Ksar Ghilane, partir en balade, voire en méharée de plusieurs jours dans le désert. Puis traverser le **chott El-Djerid** pour rejoindre Tozeur.
- **Tozeur (2 j.) :** à Tozeur **(19),** arpenter le vieux et séduisant quartier de Ouled-el-Hadef, la palmeraie et partir en excursion dans le désert à **Oung Jmel (20)** pour revivre la saga de *Star Wars* grandeur nature.
- Retour par Tozeur.

SI VOUS ÊTES...

Plage : **Djerba,** le **cap Bon** (Kelibia, Hammamet, Nabeul), **Bizerte, Tabarka** et, entre les deux, le **cap Serrat.** Également à **Mahdia,** sur la côte est. Et près de Tunis, optez pour la zone touristique de **La Marsa** ou pour **Raoued,** après Gammarth, avec ses longues plages peu fréquentées.

Nature : pensez au **parc national d'Ichkeul** dans le Nord-Ouest, entre Bizerte et Tabarka, au hammam Araka au **cap Bon,** aux **îles Kerkennah,** au site de **Gightis,** au **circuit des ksour,** à une méharée dans le désert à partir de Douz ou Ksar Ghilane, au **chott El-Djerid** et au **chott El-Gharsa,** près d'Oung Jmel où fut tourné le 1er épisode de *Star Wars.*

En famille : dormir dans une habitation troglodytique à **Matmata,** sillonner les lieux de tournage de *Star Wars* entre Tamezret et Matmata, au **ksar Haddada** ou encore à **Oung Jmel,** près de Nefta, où subsiste un village construit pour les besoins du film *La Menace fantôme,* partir à dos de dromadaire à travers les dunes depuis Douz ou Ksar Ghilane, croire aux mirages en traversant le **chott El-Djerid.** À **Djerba** : la plage, une excursion en bateau jusqu'à l'île aux Flamants, le musée de Guellala et *Djerba Explore.* Ne pas manquer non plus le musée privé d'Art contemporain de **Sousse,** aux œuvres étonnantes, et à **Tozeur** le parc *Sahara Lounge* avec murs d'escalade et tyrolienne. Les parents n'ont plus qu'à suivre...

Culture : à **Tunis,** le musée du Bardo, Ed-Dar, et s'ils ont rouvert le dar Bach Hamba, le tourbet El-Bey et le dar Othman. Mais aussi : **Carthage,** le Centre des musiques arabes et méditerranéennes à **Sidi-bou-Saïd,** les sites antiques de **Bulla Regia, Dougga, Le Kef,** plus au sud, le Centre culturel international de **Hammamet,** les vieilles villes de **Sousse** (son musée archéologique et son musée privé d'art contemporain) et de **Kairouan,** l'amphithéâtre d'El-Jem, le circuit des ksour, la médina de **Tozeur** ou encore le *musée Lalla-Hadria* du complexe *Djerba Explore* sur l'**île de Djerba.**

Tunis, minaret de la mosquée Ez Zitouna

© Frumm John/hemis.fr

Interview #experienceroutard

par la rédaction du *Routard*

Pourquoi aime-t-on la Tunisie ?

Sur une petite superficie, on sillonne une grande diversité de paysages et de modes de vie : la côte orientale enchante par ses immenses plages de sable fin, l'intérieur déroule l'histoire du pays à travers des sites antiques remarquablement conservés, souligne des traditions étonnantes avec, par exemple, ses milliers de greniers fortifiés *(ghorfas)* et maisons troglodytiques dans le Sud. Plus que jamais, dans un contexte aujourd'hui difficile, cet héritage doit être sauvegardé. Ces derniers temps, les Tunisiens ont été durement éprouvés, par la révolution de 2011, par la pandémie, occasionnant des tragédies (humaines), des incertitudes économiques, politiques et sociales. Malgré tout, la parole et la créativité se libèrent, la société civile milite toujours pour la préservation et la conquête de ses droits, entre autres ceux des femmes. Et la Tunisie continue de nous surprendre. En bien.

Un souvenir de voyage ?

Pour se couper du monde, rien de tel qu'une méharée de 2 jours dans le désert, guidé par un chamelier au départ de Ksar-Ghilane (ou Douz). Juché sur un dromadaire ou à pied à côté (l'allure est la même), on s'enfonce dans l'immensité : à perte de vue, des dunes, qui deviennent de plus en plus hautes au fur et à mesure qu'on s'éloigne ! L'occasion d'en apprendre un rayon sur la vie des chameliers semi-nomades, de déguster le succulent pain de sable, de rêver des « mille et une nuits » sous la voûte céleste et de dormir sous une tente bédouine. Une expérience unique !

Une rencontre marquante ?

À Tozeur, au musée des Arts et Traditions populaires, on a croisé la route de Souad. Tout au long de la visite, elle chante, déclame ses poèmes, apporte de la vie à ce qui est inanimé. C'est à travers son regard et son humanité que l'on découvre la vie et les rites des habitants reconstitués ici. Honnêtement, de tous les musées arpentés, celui-ci est l'un des plus modestes, et l'intérieur n'a rien de mémorable, mais c'est sans doute celui qui a le plus d'âme.

Un événement à ne pas manquer ?

Conjuguer le site mythique qu'est l'amphithéâtre d'El-Jem à un festival de musique d'envergure mérite quelques lauriers ! Certains soirs d'été, lors du festival de Musique symphonique, ce ne sont plus les rugissements des fauves ni les cris des gladiateurs qui s'élèvent dans l'arène mais les notes des plus grands orchestres du monde qui retentissent dans l'édifice romain ! Pas de doute, la magie opère...

Retrouvez l'intégralité de cet article sur

routard.com

Et découvrez plein d'autres récits et infos

LES QUESTIONS QU'ON SE POSE AVANT LE DÉPART

➢ Quels sont les documents nécessaires pour se rendre en Tunisie ?

Les voyageurs individuels doivent présenter un passeport en cours de validité. En voyage organisé, la carte d'identité suffit, sauf pour les Canadiens (passeport exigé dans tous les cas), mais on conseille à tous de partir avec un passeport. Pas de visa nécessaire.

➢ Quelle est la meilleure période pour y aller ?

En été la côte balnéaire fait le plein et les chaleurs sont étouffantes à l'intérieur du pays. On vous conseille plutôt le printemps (de mars à mai) ou le début de l'automne (jusqu'à fin octobre) ; les températures sont plus supportables et les prix moins élevés. Dans le Sud, côté désert, la saison touristique est l'hiver, d'octobre à avril.

➢ Quel budget prévoir ?

La vie en Tunisie est moins chère que chez nous. On mange généralement au resto pour 10-15 € (voire moins), et on peut souvent se loger convenablement à 2 pour 30-40 €. L'essence est meilleur marché aussi. En revanche, les maisons d'hôtes « chic et charme » peuvent être nettement plus chères. Enfin, hors saison, certains établissements cassent vraiment les prix !

➢ Comment se déplacer ?

Le réseau de bus est bien développé, et le train est pratique pour rejoindre la côte. Si vous souhaitez plus d'indépendance, la location d'une voiture (moins chère en réservant depuis la France) s'impose. Les aventuriers utiliseront quant à eux le louage (petit minibus), un moyen de transport efficace, peu onéreux et idéal pour lier des contacts (on y est souvent très, très serrés !).

➢ Y a-t-il des problèmes de sécurité en général ?

La sécurité s'est améliorée ces dernières années. Restez prudent et vigilant comme partout dans le monde, et tenez-vous à l'écart des manifestations. Certaines zones frontalières sont déconseillées. Renseignez-vous aussi avant le départ sur le site du ministère des Affaires étrangères : ● *diplomatie.gouv.fr* ●, rubrique « Conseils aux voyageurs ».

➢ Quel est le décalage horaire ?

1h de décalage avec la France en été : lorsqu'il est 12h à Paris, il est 11h à Tunis. Pas de décalage en hiver.

➢ Quel est le temps de vol ?

Prévoir environ 2h de vol entre Paris et Tunis, 30-45 mn de plus entre Paris et Djerba.

➢ Côté santé, quelles précautions ?

Hormis les formalités liées au Covid, qui évoluent vite, aucun vaccin n'est obligatoire à l'heure où nous bouclons ce guide, mais mieux vaut faire un point avant votre départ sur le site du ministère français des Affaires étrangères (● *diplomatie.gouv.fr* ●), rubrique « Conseils aux voyageurs », pour suivre toutes les dernières recommandations administratives et sanitaires.
Être à jour pour le DTP (diphtérie-tétanos-polio). Vaccination conseillée contre l'hépatite B.

➢ Peut-on y aller avec des enfants ?

La Tunisie offrira d'agréables surprises à vos charmants loupiots : des couleurs, des odeurs dans les souks, des animaux sur les marchés et dans les campagnes. Quant à la mer et à ses plages, ce sera l'occasion de faire de magnifiques châteaux de sable !

➢ Les touristes sont-ils bien accueillis ?

La Tunisie est un pays très accueillant et cette réputation n'est pas usurpée. Les Tunisiens ont à cœur de réserver le meilleur accueil aux routards de passage. Les échanges sont généralement faciles et vivants. Et les enfants sont accueillis à bras ouverts ! Ce qui contribue à la richesse du voyage. Mais parfois, surtout dans les médinas, des attrape-touristes tentent de vous conduire chez des marchands de tapis ou de vous faire visiter la ville. Refusez poliment et fermement. En général, ça se passe très bien.

➢ Quel est le taux de change ? Comment payer sur place ?

Fin 2022, on obtenait environ 3 dinars pour 1 €. Notez que les cartes de paiement ne sont pas acceptées partout, notamment dans le Sud ! Là, toujours avoir assez d'espèces sur soi. On peut s'en procurer facilement aux distributeurs de billets que l'on trouve un peu partout ou mieux, en changeant des euros dans les bureaux de change désormais présents dans tous les coins touristiques.

➢ Quelles langues parle-t-on ?

L'arabe tunisien est la langue officielle, mais vous trouverez toujours quelqu'un qui parle le français, ne serait-ce que quelques mots. Sans surprise, l'anglais a de plus en plus la cote chez les jeunes.

➢ Quel est le moyen de se loger au meilleur prix ?

Peu de campings. Les petits budgets se rabattront sur les petits hôtels (la meilleure option) ou les maisons d'hôtes à prix modérés, voire certaines maisons de jeunes ou auberges de jeunesse (à sélectionner avec soin).

➢ Et lors du ramadan ?

Pour les Tunisiens, jeûne et abstinence de l'aurore au coucher du soleil ! En journée, la vie tourne au ralenti et de nombreux restos sont fermés. Quelques kilomètres supplémentaires pour trouver une table... rien de mieux pour creuser l'appétit !

➢ La côte balnéaire ou l'intérieur du pays ?

2 mondes différents ! La côte vit du tourisme de masse tandis que les paysages et les villes de l'arrière-pays se laissent découvrir au gré d'un tourisme plus « culturel » et dans une atmosphère indéniablement plus authentique.

COMMENT Y ALLER ?

EN AVION

▲ **AIR FRANCE**

Rens et résas : ☎ 09-69-39-36-54 (appel non surtaxé ; tlj). • airfrance.fr •

➢ Air France propose jusqu'à 4 vols/j. vers Tunis au départ de Paris-CDG.

▲ **TUNISAIR**

Central de résas : ☎ 01-85-15-07-81 ou 0820-044-044 (service 0,12 €/mn + prix appel). • tunisair.com •

➢ Au départ de Paris-Orly-3, Lyon et Nice, Tunisair assure des vols pour Tunis, Djerba et Monastir. Tunis est également reliée à Marseille, Strasbourg, Bordeaux, Nantes et Toulouse. À noter que la compagnie opère aussi des liaisons entre Djerba et Nantes ainsi qu'entre Monastir et Marseille.

▲ **NOUVELAIR**

Résas : ☎ 01-87-64-10-00. • nouvelair.com •

➢ La compagnie tunisienne assure 1 à 2 départs quotidiens de Paris-CDG vers ***Tunis,*** plusieurs vols/sem à destination de ***Djerba*** et ***Monastir.*** Tunis est aussi joignable avec 1-4 vols/sem depuis Bordeaux (avr-oct), Lille, Lyon, Marseille, Nantes, Nice, Strasbourg et Toulouse. Djerba est également desservi 1 à 2 fois/sem depuis Bordeaux (avr-oct), Lille, Lyon, Marseille (avr-oct), Nantes, Strasbourg (mai-oct) et Toulouse (avr-oct). Quant à Monastir, la ville est reliée 1-2 fois/sem en saison (avr-oct) à Lille, Lyon, Nantes, Marseille et Nice (tte l'année).

▲ **TRANSAVIA**

Infos et résas : ☎ 0892-05-88-88 (coût 0,50 €/mn) ou ☎ 01-72-95-10-37 (par message WhatsApp). • transavia.com •

➢ La compagnie assure au départ de Paris-Orly jusqu'à 2 vols/j. vers ***Tunis*** et ***Djerba,*** environ 5 vols/sem à destination de ***Monastir*** et 2 vols/sem pour ***Sfax.*** Au départ de Lyon, vols à destination de Tunis (5 fois/sem), Djerba (1 fois/sem), Monastir (2 fois/sem).

LES ORGANISMES DE VOYAGES

En France

▲ **DIRECTOURS**

• directours.com •

– Paris : 27, bd des Italiens, 75002. ☎ 01-45-62-62-62. Ⓜ Quatre-Septembre ou Opéra.

– Lyon : 7, rue de la République, 69001. ☎ 04-78-30-36-80. Ⓜ Hôtel-de-Ville – Louis-Pradel.

Directours, c'est une savante combinaison entre la confection de séjours sur mesure et le savoir-faire du voyage de luxe. Ce sont plus de 25 conseillers et spécialistes qui, répartis par zones géographiques sur près de 80 destinations, connaissent leurs destinations sur le bout des doigts et sauront vous proposer l'hôtel, la destination ou le circuit qui correspond à vos attentes. De plus, les équipes Directours séjournent régulièrement sur place pour constater la qualité des établissements et renouveler leur catalogue. Orfèvres du fait-maison, ils négocient les meilleurs tarifs pour vous garantir des prestations 100 % luxe. Une qualité d'adaptation dont le voyageur bénéficie avant, pendant et après son séjour, grâce à un suivi attentif et l'envie constante de vous aider à réaliser le projet qui vous tient à cœur.

▲ **JET TOURS**

☎ 01-76-24-93-01. • jettours.com •

Depuis plus de 50 ans, le nom de Jet Tours résonne chez les voyageurs comme le spécialiste des vacances réussies et de souvenirs inoubliables. Présent dans plus de 70 destinations

Un tour du monde
POUR S'ÉVADER,
en partant de votre canapé

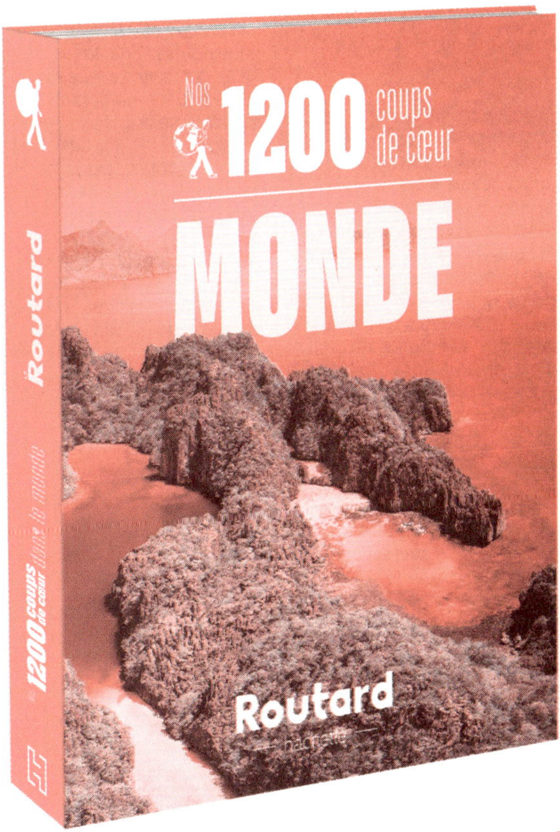

Le Routard

à travers le monde, Jet Tours porte une attention particulière à la diversité de son offre. Ses dizaines de milliers d'offres et de séjours sont sélectionnés avec rigueur, à l'instar de ses partenaires. Du club de vacances dans le Bassin méditerranéen au circuit sur mesure à l'autre bout du monde en passant par le voyage de noces ou le city-break, les équipes Jet Tours accordent toujours la même importance à votre satisfaction et au respect de votre budget.

▲ TERRES D'AVENTURE

• terdav.com •
– Paris : 30, rue Saint-Augustin, 75002. ☎ 01-70-82-90-00. Ⓜ Opéra ou Quatre-Septembre. Lun-sam 10h-18h.
– Agences également à Bordeaux, Grenoble, Lille, Lyon, Marseille, Nantes, Rennes, Strasbourg et Toulouse.

Depuis 1976, Terres d'Aventure, spécialiste du voyage à pied, propose aux voyageurs passionnés de marche et de rencontres des randonnées hors des sentiers battus à la découverte des grands espaces de notre planète. Voyages à pied, à cheval, en bateau, à raquettes... Sur tous les continents, des aventures en petits groupes ou en individuel encadrés par des professionnels expérimentés sont proposées. Les hébergements dépendent des sites explorés : camps d'altitude, bivouacs, refuges ou petits hôtels. Les voyages sont conçus par niveaux de difficulté : de la simple balade en plaine à l'expédition sportive en passant par la course en haute montagne.

En province, certaines de leurs agences sont de véritables *Cités des Voyageurs* dédiées au voyage. Consultez le programme des manifestations sur leur site internet.

▲ VOYAGEURS DU MONDE

Voyageurs en Tunisie : ☎ 01-42-86-17-90.
• voyageursdumonde.fr •
– Paris : La Cité des Voyageurs, 55, rue Sainte-Anne, 75002. Ⓜ Opéra ou Pyramides. Lun-sam 9h30-19h. Avec une librairie spécialisée sur les voyages.
– Également des agences à Bordeaux, Grenoble, Lille, Lyon, Marseille, Montpellier, Nantes, Nice, Rennes, Rouen, Strasbourg et Toulouse, ainsi qu'à Bruxelles, Lausanne, Genève, Montréal et Québec.

Parce que chaque voyageur est différent, que chacun a ses rêves et ses idées pour les réaliser, Voyageurs du Monde conçoit, depuis plus de 30 ans, des projets sur mesure. Les séjours proposés sur 120 destinations sont élaborés par leurs 180 conseillers voyageurs. Spécialistes par pays et même par région, ils vous aideront à personnaliser les voyages présentés à travers une trentaine de brochures d'un nouveau type et sur le site internet où vous pourrez également découvrir les hébergements exclusifs et consulter votre espace personnalisé. Au cours de votre séjour, vous bénéficiez des services personnalisés Voyageurs du Monde, dont la possibilité de modifier à tout moment votre voyage, l'assistance d'un concierge local, la mise en place de rencontres et de visites privées et l'accès à votre carnet de voyage via une application iPhone et Android. Voyageurs du Monde est membre de l'association ATR (Agir pour un tourisme responsable) et a obtenu sa certification Tourisme responsable AFAQ AFNOR.

Comment aller à Roissy et à Orly ?

Toutes les infos sur le site *• routard.com •,* à l'adresse suivante : *• bit.ly/aeroports-routard •*

> Conservez dans votre bagage cabine vos médicaments, vos divers chargeurs et appareils ainsi que vos objets de valeur (clés et bijoux). Et on ne sait jamais, ajoutez-y de quoi vous changer si vos bagages n'arrivaient pas à bon port avec vous.

En Belgique

▲ TERRES D'AVENTURE

– Bruxelles : 23, chaussée de Charleroi, 1060. ☎ 02-543-95-60. • terdav.com • Lun-sam 9h30-19h.

Voir texte dans la partie « En France ».

LE MONDE AU FIL DES PAGES

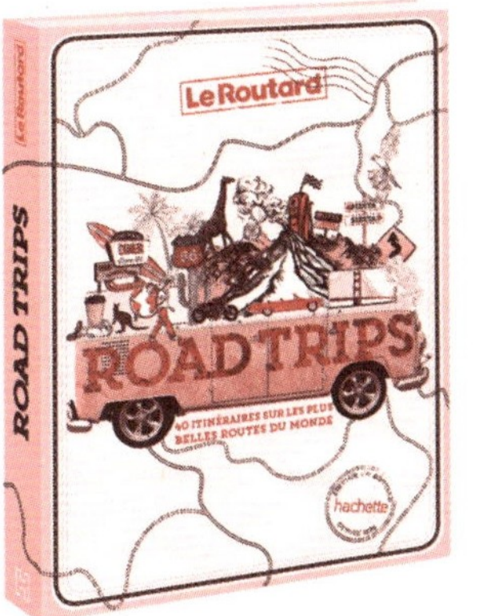

Le Routard

▲ **VOYAGEURS DU MONDE**
• voyageursdumonde.com •
– Bruxelles : chaussée de Charleroi, 23, 1060. ☎ 02-543-95-50.
Le spécialiste du voyage en individuel sur mesure.
Voir texte dans la partie « En France ».

En Suisse

▲ **TERRES D'AVENTURE**
– Genève : 19, rue de la Rôtisserie, 1204. ☎ 022-519-12-20. • geneve@terdav.com • Lun-ven 10h-19h, sam 9h-18h.
Voir texte dans la partie « En France ».

▲ **VOYAGEURS DU MONDE**
• voyageursdumonde.ch •
– Genève : 19, rue de la Rôtisserie, 1204. ☎ 022-519-12-10. Lun-ven 9h30-19h, sam 9h30-18h30.
– Lausanne : 6, rue du Bourg (2e étage), 1003. Lun-ven 9h-18h30, sam sur rdv. ☎ 021-519-10-65.
Le spécialiste du voyage en individuel sur mesure.
Voir texte dans la partie « En France ».

Au Québec

▲ **EXOTIK TOURS**
Rens sur • exotiktours.com • ou auprès de votre agence de voyages.
Exotik Tours offre une importante programmation en été comme en hiver sur la Méditerranée et l'Europe. Leurs circuits vous amènent jusqu'en Tunisie. On peut également opter pour des combinés plage + circuit.

EN TRAIN, PUIS...

Rens et résas : ☎ 36-35 (prix d'un appel local). • sncf.com • Également dans les gares, les boutiques SNCF et les agences de voyages agréées SNCF.

➢ Nombreux trains à destination de ***Marseille,*** notamment au départ de Paris (gare de Lyon), Bordeaux, Lille, Lyon, Montpellier et Toulouse.

... EN BATEAU

– *Conseil :* si vous partez en voiture, réservez le plus à l'avance possible pour bénéficier des meilleures promotions.
Durée des traversées dans des conditions normales de navigation : Marseille-Tunis (24h), Gênes-Tunis (21h-23h), Civitavecchia (près de Rome)-Tunis (24h).

■ **LA CENTRALE DES FERRIES**
Infos et résas : ☎ 01-84-80-06-12. • lacentraledesferries.com •
Spécialiste des traversées en ferry et représentant des compagnies *GNV, CTN (Compagnie tunisienne de navigation), Grimaldi Lines* et *Corsica Linea.* Prix direct, sans intermédiaire. Liaisons vers Tunis au départ de Marseille, Gênes, Civitavecchia (près de Rome), Naples, Salerne et Trapani.

▲ **CORSICA LINEA**
– Marseille : quai de la Joliette, 13002. ☎ 0825-88-80-88 (service 0,15 €/mn + prix appel). Agence : 42, rue de la République, 13001. ☎ 04-91-56-33-90. • corsicalinea.com •
Corsica Linea propose plusieurs traversées/sem entre ***Marseille*** et ***Tunis.*** Nombreux tarifs promotionnels en fonction de la durée du séjour.

▲ **COMPAGNIE TUNISIENNE DE NAVIGATION (CTN)**
• ctn.com.tn •
– Tunis : 122, rue Radhia-Haddad. ☎ (00-216) 71-322-802.
Propose plusieurs liaisons/sem entre Marseille et Tunis, Gênes et Tunis.

Trouvez les mots QUI SAUVENT !

Le Routard

TUNISIE UTILE

ABC de la Tunisie

- ***Superficie :*** 163 610 km² (environ le tiers de la France), dont 25 000 km² de désert.
- ***Population :*** env 11,8 millions d'hab. (2022).
- ***Densité :*** 75 hab./km² ; les 2/3 habitent en zone urbaine.
- ***Capitale :*** Tunis (744 000 hab.).
- ***Religions :*** islam, religion officielle. On compte 98 % de musulmans, 1 % de juifs et 1 % de chrétiens.
- ***Langue officielle :*** l'arabe.
- ***Monnaie :*** le dinar tunisien (Dt). 1 dinar = env 0,33 € (soit 1 € pour 3 Dt).
- ***Chef de l'État :*** Kaïs Saïed depuis octobre 2019.
- ***Indice de développement humain*** (espérance de vie, éducation, niveau de vie) ***:*** 0,731. Rang mondial : 97 sur 191 pays.
- ***Salaire minimum :*** 403 Dt (env 134 €) ; salaire moyen net entre 650 et 800 Dt (autour de 267 €).

AVANT LE DÉPART

Adresses utiles

En France

Office National du Tourisme Tunisien : *16, rue Friant, 75014. ☎ 01-47-42-72-67. • ontt.france@discovertunisia.com • discovertunisia.com • Ⓜ Alésia. Lun-ven 9h-13h, 14h-17h30 (16h ven).*

Consulat général de Tunisie : *17, rue de Lübeck, 75016. ☎ 01-53-70-69-10. • paris.cgt@wanadoo.fr • consulat-general-tunisie-paris.com • Ⓜ Iéna ou Boissière. Mar-sam 9h-13h.*

– Des consulats sont également ouverts à Grenoble, Lille, Lyon, Marseille, Nantes, Nice, Pantin, Strasbourg et Toulouse.

Institut du monde arabe : *1, rue des Fossés-Saint-Bernard, 75005. ☎ 01-40-51-38-38. • imarabe.org • Ⓜ Jussieu. Fermé lun. Musée et expos 10h-18h (19h w-e et j. fériés) ; librairie ouv jusqu'à 18h45 ; bibliothèque 13h-19h. Accès payant pour le musée et les grandes expositions.* Médiathèque, nombreux spectacles, conférences et belles expos. Un lieu idéal pour découvrir et apprécier la culture arabe, et pour se préparer au voyage. Ensuite, aller boire un thé à la menthe au café de la mosquée, à 2 pas.

En Belgique

Office national du tourisme tunisien : *av. Louise, 162 (1er étage), Bruxelles 1050. ☎ 02-648-23-55 ou 30-78. • belgium@discovertunisia.com • discovertunisia.com • Lun-ven 9h-17h30 (17h ven).*

Consulat de Tunisie : *bd Saint-Michel, 103, Bruxelles 1040. ☎ 02-732-61-02. Mar-sam 9h-12h. Fermé dim-lun.*

En Suisse

Ambassade et consulat de Tunisie : *Kirchenfeldstrasse 63, 3005 Berne. ☎ 031-352-82-26. • atunisie-ch.org • Lun-ven 9h-13h.*

POUR SE FAIRE COMPRENDRE
dans tous les pays et toutes les langues

12 LANGUES DÉJÀ PARUES

RETROUVEZ AUSSI G'PALEMO :

Notre guide illustré de plus de 200 dessins pour communiquer quelle que soit votre destination + de 75 000 exemplaires vendus !

Le Routard

Au Canada

Office national du tourisme tunisien : 1155, rue Robert-Bourassa, suite 710, Montréal (Québec) H3B 3A7. ☎ 514-397-1182. • discovertunisia.com • Lun-ven 9h-16h.

■ **Consulat de Tunisie :** 1255, rue Robert-Bourassa, suite 300, Montréal (Québec) H3B 3B4. ☎ 514-844-6909. • consulat-tunisie.ca • Lun-ven 9h-14h.

Formalités

– ***Passeport*** en cours de validité pour tous les Français, Canadiens et Suisses ; il doit être valable 3 mois après la date de retour pour les ressortissants belges. La carte d'identité nationale en cours de validité est, en principe, tolérée par les autorités tunisiennes (même celle prolongée de 5 ans pour les Français majeurs – durée maximale de 15 ans –, dans le cadre de la nouvelle législation française datant du 1er janvier 2014), si le voyage s'effectue dans le cadre d'un forfait touristique organisé par une agence de voyages (vol et hébergements avec *vouchers* – bons d'échanges pour les hôtels – à présenter). Mais il arrive qu'elle soit refusée à l'entrée du territoire. ***On conseille à tous les ressortissants de partir avec un passeport.*** Pour les Canadiens, il est obligatoire. Pour des séjours de plus de 3 mois, il faut être muni d'un passeport et demander sur place une autorisation de séjour provisoire au commissariat de la localité où vous vous trouvez.

– *Attention :* pour les familles qui voyagent avec un passeport, il n'est plus possible d'inscrire un enfant sur le passeport de ses parents. Désormais, quel que soit son âge, ***l'enfant doit disposer de son propre passeport.*** Si vous voyagez avec un enfant ne portant pas votre nom de famille, mieux vaut vous renseigner avant !

– Lorsque les mineurs voyagent sans responsable légal, chaque pays a mis en place sa propre régulation. Ainsi, ***les mineurs français*** doivent être munis d'une ***autorisation de sortie du territoire,*** d'un passeport, d'un formulaire signé par l'une des personnes titulaires de l'autorité parentale et de la photocopie de la pièce d'identité du responsable signataire. Renseignements auprès des services de votre commune et sur • service-public.fr •

– Notez que selon ***les conditions sanitaires*** au moment de votre départ, les formalités peuvent être ajustées. ***Se renseigner si besoin avant de partir*** auprès de votre ambassade en Tunisie *(celle de France : • tn.ambafrance.org •)* et auprès du ministère français des Affaires étrangères *(• diplomatie.gouv.fr •),* rubrique « Conseils aux voyageurs ». N'hésitez pas non plus à contacter votre compagnie aérienne, votre assurance ou votre agence de voyages. Pensez à scanner passeport, visa, carte de paiement et *vouchers* d'hôtel. Ensuite, adressez-les-vous par e-mail, en pièces jointes. Les démarches administratives seront ainsi bien plus rapides.

Ayez les bons réflexes sur le site du ministère de l'Europe et des Affaires étrangères

Ariane est un service gratuit, mis à disposition par le centre de crise et de soutien du ministère français des Affaires étrangères pour vous alerter en cas de risque sécuritaire lors de vos déplacements à l'étranger. Créez votre compte et inscrivez vos voyages personnels ou professionnels. Les informations renseignées sur Ariane seront utilisées uniquement en cas de crise pendant votre séjour et permettent notamment de contacter les proches lors des situations d'urgence. Pour en savoir plus : • diplomatie.gouv.fr •

MINISTÈRE DE L'EUROPE ET DES AFFAIRES ÉTRANGÈRES

Liberté
Égalité
Fraternité

VOUS VOYAGEZ À L'ÉTRANGER ?

AYEZ LES BONS RÉFLEXES SUR

diplomatie.gouv.fr

1.
CONSULTEZ LES

Conseils aux voyageurs

Toutes les recommandations pour préparer votre voyage, par pays et destination.

Retrouvez-nous sur Twitter @ConseilsVoyages et sur l'application.

2.
INSCRIVEZ-VOUS SUR

fil d'Ariane
vos alertes voyage

Si la situation le justifie, vous recevrez des messages d'alerte et des consignes de sécurité durant votre voyage.

AU SERVICE DE MILLIONS DE VOYAGEURS CHAQUE ANNÉE

Assurances voyage

Suite à la pandémie, ***certains pays exigent une attestation d'assurance mentionnant la garantie « Covid-19 ».*** Elle doit couvrir les éventuels frais de santé liés au virus (rapatriement, quarantaine, hospitalisation...). À l'heure où nous bouclons le guide, ça n'était pas le cas de la Tunisie, mais cela peut évoluer. ***Se renseigner impérativement auprès de votre assurance,*** de votre carte de paiement et de l'office de tourisme tunisien en France.

■ ***Routard Assurance :*** *AVI International, 10, av. de l'Arche, 92400 Courbevoie.* Ⓜ *La Défense.* ☎ *01-44-63-51-00.* • *routard@avi-international.com* • *avi-international.com* • Enrichie au fil des années par les retours des lecteurs, *Routard Assurance* reste l'assurance voyage référence des globe-trotters. Tout y est inclus, même les soins liés à la Covid : frais médicaux, assistance rapatriement, bagages, responsabilité civile... Avant votre départ, contactez *AVI* pour un conseil personnalisé. À la recherche d'une attestation Covid ? Vous la recevrez automatiquement après chaque souscription. Besoin d'un avis médical, d'une prise en charge dans un hôpital ? Le plateau d'Assistance d'*AVI* dispose d'un vaste réseau médical à travers le monde, disponible 24h/24 pour une réponse en temps réel. De simples frais de santé en voyage ? Téléchargez vos factures depuis l'espace assuré *AVI*, ils vous rembourseront sous une semaine.

■ ***AVA – Assurance Voyages et Assistance :*** *25, rue de Maubeuge, 75009 Paris.* ☎ *01-53-20-44-20.* • *ava.fr* • Ⓜ *Cadet.* Un autre courtier fiable pour ceux qui souhaitent s'assurer en cas de décès-invalidité-accident lors d'un voyage à l'étranger, mais surtout pour bénéficier d'une assistance rapatriement, perte de bagages et annulation. Attention, franchises pour leurs contrats d'assurance voyage.

■ ***Pixel Assur :*** *18, rue des Plantes, BP 35, 78601 Maisons-Laffitte.* ☎ *01-39-62-28-63.* • *pixel-assur.com* • *RER A : Maisons-Laffitte.* Assurance de matériel photo et vidéo tous risques (casse, vol, immersion) dans le monde entier. Devis en ligne basé sur le prix d'achat de votre matériel. Avantage : garantie à l'année.

Site utile

• ***routard.com*** • Le site de voyage n° 1, avec plus de 250 000 membres et plusieurs millions d'internautes chaque mois, ainsi que 600 000 abonnés sur Instagram et Facebook. Pour s'inspirer et s'organiser, près de 300 guides destinations actualisés, avec les infos pratiques, les incontournables et les dernières actus, ainsi que les reportages terrain et idées week-end de la rédaction. Partagez vos expériences avec la communauté des voyageurs : forums avec avis et bons plans, carnets de route et photos de voyage. Et retrouvez les meilleurs prix pour réserver vos voyages, vols, hébergements, voitures et activités.

– ***Bon à savoir :*** entre 2 parutions du *Routard,* des événements fortuits (conditions sanitaires, catastrophes naturelles mais aussi formalités, taux de change, conditions d'accès aux sites, fermetures inopinées, etc.) peuvent modifier vos projets de voyage. Pour éviter les déconvenues, nous vous recommandons de consulter la rubrique « Inspirations » par destination et cliquer sur l'onglet « Actus ».

ARGENT, BANQUES, CHANGE

Monnaie

Le ***dinar tunisien*** (Dt) est divisé en 1 000 *millimes.* Fin 2022, on avait environ 3,2 Dt pour 1 €, taux que nous avons arrondi à 3 par commodité dans ce guide.

La monnaie se compose de pièces de 5 dinars (jaune et argentée, attention aux fausses pièces en circulation, au poids et à la résonance distincts), de 2 dinars, 1 dinar, ½ dinar (de couleur argentée) et de 10, 20, 50 et 100 millimes (pièces jaunes). Attention à la pièce de 5 millimes (sorte de jeton blanc très léger) pouvant parfois être confondue avec celle de ½ dinar (500 millimes). Côté billets, les coupures sont de 5, 10, 20, 30 et 50 dinars. De nouveaux billets remplacent peu à peu les anciens (toujours valables) où figure la date du 7 novembre, date de l'accession au pouvoir de Ben Ali.
Dans l'affichage des prix, les 3 chiffres après le point ou la virgule représentent bien sûr les millimes. Exemple : 10,100 Dt = 10 Dt et 100 millimes. Parfois, cela dit, il n'y a ni point ni virgule.

Change

Pour disposer d'argent liquide, et cela est important en Tunisie car les cartes de paiement ne sont pas acceptées partout, le mieux est de changer dans les ***bureaux de change,*** qu'on trouve dans la plupart des coins touristiques. Aucune commission et le taux de change pratiqué est proche du taux officiel (avec toutefois des petites différences entre les bureaux, n'omettez pas de comparer). Sinon, on peut aussi changer à la poste (bon taux aussi) et dans les banques (à un taux parfois légèrement inférieur). Attention : il est ***impossible de changer des dinars en dehors de la Tunisie.*** On ne peut donc pas s'en procurer avant le départ et il faudra bien penser à vous en débarrasser avant de passer en zone internationale, lors du retour en avion. C'est possible dans les bureaux de change des aéroports, à condition d'avoir ***conservé un ou plusieurs bordereaux de change ou des tickets de retrait d'argent aux distributeurs.***

Horaires des banques et bureaux de change

– De septembre à juin : la plupart des banques sont ouvertes du lundi au vendredi de 8h à 16h (certaines avec une pause le midi). Différence possible de 30 mn-1h selon les établissements.
– En juillet-août : du lundi au vendredi de 7h15 ou 8h jusqu'à 12h30. Quelques-unes reprennent le travail de 16h à 18h (ou 19h).
– Pendant le ramadan (qui tombe actuellement en début de printemps) : du lundi au vendredi de 7h15 ou 8h15 jusqu'à 12h30 ou 13h15.
Les bureaux de change, eux, ont des plages horaires un peu plus larges et sont souvent ouverts tous les jours.

Cartes de paiement

Avertissement

Si vous comptez effectuer des retraits d'argent aux distributeurs, il est **très vivement conseillé** d'avertir votre banque avant votre départ (pays visité et dates). En effet, **votre carte peut être bloquée dès le 1er retrait** pour suspicion de fraude. C'est de plus en plus fréquent. Bonjour les tracasseries administratives pour faire rentrer les choses dans l'ordre, et on se retrouve vite dans l'embarras !

– Avant de partir, pensez à téléphoner à votre banque pour ***relever le plafond de retrait*** aux distributeurs et pour les paiements par carte, quitte à le rebaisser à votre retour.
– Pour se procurer de l'argent liquide, il y a des distributeurs automatiques (acceptant *Visa* et *MasterCard*) dans toutes les villes et zones touristiques. Notez

toutefois que l'opération comporte des frais (davantage qu'avec le change), mieux vaut donc ne pas effectuer un retrait tous les jours.
– Quand c'est possible, ***utiliser de préférence le*** distributeur automatique de billets (ATM) ***d'une banque pendant ses horaires d'ouverture.*** En cas de pépin (carte avalée, erreurs de code secret...), il est évidemment plus facile de récupérer sa carte.
– ***Important :*** on peut aussi utiliser sa carte de paiement pour régler ses notes, mais ce mode est moins répandu en Tunisie que dans d'autres pays, et notamment dans le Sud, où seuls les hôtels et restos d'un certain standing, et les magasins pour touristes, les acceptent. Dans les stations-service par exemple, il faut encore souvent payer en espèces. Certains commerçants prélèvent aussi une commission sur les règlements effectués par carte de paiement (n'hésitez pas à poser la question avant de régler).
– Afin d'éviter les frais lors de chaque paiement ou retrait, ***certaines banques offrent la gratuité des retraits*** dans leurs propres distributeurs (DAB) dans le monde entier (comme *HSBC,* pour ses clients) ou dans les banques avec qui elles ont un accord selon les pays (se renseigner avant le départ). Les néobanques comme *Max, My French Bank, Revolut,* ou *N26,* proposent des cartes gratuites qui ne facturent aucune commission pour les paiements et retraits. Les banques en ligne, *Boursorama* et *Fortuneo* proposent elles aussi ce type de cartes gratuites (carte *Ultim* et carte *Fosfo*) permettant à la fois de payer en devises et d'en retirer sans frais. Renseignements sur le site internet de chaque banque.
– Avant de partir, notez bien ***le numéro d'opposition*** propre à votre banque (il figure souvent au dos des tickets de retrait, sur votre contrat, ou à côté des distributeurs de billets), ainsi que le numéro à 16 chiffres de votre carte. Bien entendu, conservez ces informations en lieu sûr et séparément de votre carte.
N'oubliez pas non plus de VÉRIFIER LA DATE D'EXPIRATION DE VOTRE CARTE DE PAIEMENT avant votre départ !
En cas de perte ou de vol de votre carte bancaire, voir plus loin la rubrique « Urgences ».

Besoin urgent d'argent liquide

Vous pouvez être dépanné en quelques minutes grâce au système ***Western Union Money Transfer.*** L'argent vous est transféré en moins de 1h. La commission, assez élevée, est payée par l'expéditeur. Possibilité d'effectuer un transfert auprès d'un des bureaux *Western Union* ou, **plus rapide, en ligne,** 24h/24 par carte de paiement (*Visa* ou *MasterCard*) : on trouve des bureaux affiliés un peu partout en Tunisie, y compris dans des villes de moyenne importance.
Même principe avec ***MoneyGram.*** Transfert sécurisé en ligne en moins de 1h.
Dans tous les cas, se munir d'une pièce d'identité. Toutefois, en cas de perte/vol de papiers, certains organismes permettent de convenir d'une question/réponse type pour pouvoir récupérer son argent. Chacun de ces organismes possède aussi des applications disponibles sur téléphone portable. Consulter les sites internet pour connaître les pays concernés, les conditions tarifaires et trouver le correspondant local le plus proche :
● *westernunion.com* ● *moneygram.fr* ●

BAIGNADE

Avec ses 1 300 km de côtes bordées de belles plages, la Tunisie est un petit paradis pour les baigneurs, sauf quand les méduses envahissent le littoral en été, ou les algues avant le grand nettoyage de printemps vers mi-mars ou début avril. La mer n'est généralement pas dangereuse, excepté dans les zones de courants (rare). Se renseigner auprès des locaux. Quant à la fréquentation touristique, même si elle est irrégulière depuis la révolution, sachez que les plages des centres balnéaires peuvent être bondées en été. Si vous avez une voiture, n'hésitez pas à faire quelques kilomètres : il existe des coins sauvages où l'on peut se retrouver pratiquement seul. À noter que le nudisme (de toute façon très mal vu par la population) est interdit. Vous risqueriez de provoquer un attroupement, et même de vous voir jeter des pierres. Et même si dans les régions hautement touristiques, le topless sur les plages privées est toléré, on le déconseille fortement, cela reste choquant pour une grande partie de la population.

BAKCHICH OU POURBOIRE

À l'origine du mot, qui se perd un peu dans la nuit des temps, le bakchich était le petit cadeau de bienvenue offert à son invité en signe d'hospitalité et d'amitié. Aujourd'hui, les choses ont changé... Mais attention à ne pas faire de contresens. En Tunisie, le bakchich ne s'entend pas dans le sens de pot-de-vin, mais dans celui de petit pourboire. Si vous n'y consentez pas, faites-le avec le sourire.
Celui qui vous aide à garer votre voiture, le bagagiste... Tous attendent plus ou moins un petit quelque chose, pensez-y. Dans les restaurants, un serveur ne refusera jamais un petit geste. Certains sites touristiques sont gratuits (ils sont rares, certes, mais ça existe encore) ; n'oubliez pas alors de glisser une pièce à la sortie. Quant aux guides, fixez impérativement avec eux le tarif avant le départ de la visite. Il n'est nullement nécessaire de trop donner ; de toute manière, ça ne vous glorifiera pas pour autant. Quelques centaines de millimes, voire 1 ou 2 dinars au restaurant, sont des sommes très raisonnables pour un pourboire.

BUDGET

La vie en Tunisie est moins chère qu'en France. On peut, avec un budget « modeste-moyen », s'en sortir en saison pour 200-250 Dt (70-80 €) par jour pour 2 personnes, se décomposant ainsi : 80-100 Dt (environ 30 €) pour la chambre avec petit déj, repas idem (80-100 Dt), le reste étant consacré aux boissons, transports, visites, etc.

Variation de prix

– Selon la région : la vie est plus chère dans le Nord et sur la côte que dans le Sud à l'intérieur des terres (sauf dans les villes touristiques).
– Selon la période : ce paramètre joue moins depuis la révolution, à cause de la baisse générale du tourisme, mais, en gros, on peut dire que dans le Grand Sud, à Tunis et dans les villes non touristiques, la variation de prix est très faible. Ailleurs, elle peut osciller du simple au double, voire au triple, selon la saison. Dans les villes balnéaires, la ***basse saison*** va de début novembre à fin mars, et la ***haute saison*** de mi-juin ou début juillet à mi-septembre, avec un pic au mois d'août. Entre les 2, c'est la moyenne saison. Il faut, par ailleurs, se méfier de certaines périodes de ***fête*** (en fin d'année notamment) ou de grands festivals, qui sont l'occasion de majorer sérieusement les prix. En règle générale, avant de prendre une chambre, bien se faire préciser les tarifs.

Hébergement

Attention, à la réception des hôtels, les tarifs affichés indiquent le prix par personne. Nos prix, eux, correspondent à une ***chambre pour 2 personnes,*** généralement avec le petit déj (nous le précisons dans le texte). L'hiver, certains établissements demandent un supplément pour le chauffage ; idem pour la climatisation en été.
Depuis 2018, une ***taxe de séjour*** est demandée dans les hôtels touristiques classés. Son montant journalier varie selon la catégorie de l'hôtel (1-3 Dt/personne

du 2 au 5 étoiles). Cette taxe n'est pas appliquée pour les enfants de moins de 12 ans ni pour les tour-opérateurs et les agences de voyages ayant un contrat ou une convention avec les hébergeurs.
En basse saison (là où elle s'applique), pour les établissements « Prix moyens » et « Chic », enlevez de 30 à 50 %. Parfois même plus ! N'hésitez pas à négocier, car nombre d'établissements sont vides à cette période (ce qui ne vous empêche pas de négocier également le reste de l'année).
Si vous voyagez en famille, pas de problème, la plupart des hôtels proposent des chambres pouvant accueillir 3 ou 4 personnes. Réduction de 30 à 50 % pour les enfants de moins de 12 ans. Enfin, les voyageurs solo paient souvent 25 à 50 % de moins que 2 personnes ensemble.
- ***Bon marché :*** moins de 75 Dt (25 €).
- ***Prix moyens :*** 75-150 Dt (25-50 €).
- ***Chic :*** 150-300 Dt (50-100 €).
- ***Très chic :*** plus de 300 Dt (100 €).

Repas

La nourriture est bon marché dans les restaurants fréquentés par les locaux. On peut aussi se rabattre sur les snacks, les nombreuses cafétérias et les salons de thé – très à la mode depuis la révolution – ainsi que sur les pâtisseries. Bref, il existe plein d'endroits où l'on grignote sur le pouce des sandwichs souvent consistants pour 3-5 Dt environ, tout en pianotant sur sa tablette ou son smartphone, connecté au wifi. Dans la mesure du possible, préférer toujours les restos où il y a du passage (abords du marché, gare routière, centre-ville), ça évite d'attendre 3 plombes un couscous en se gavant de harissa, ou de tomber malade parce qu'on vous aura réchauffé un plat de la veille. Attention d'ailleurs aux conditions d'hygiène, pas toujours strictes dans les gargotes. Les Tunisiens eux-mêmes s'en méfient.
Sauf rares exceptions, il est permis de fumer dans les restaurants et les bars... Même les accros à la nicotine trouvent ça difficile, c'est dire !
Dans les endroits touristiques, les restos proposent généralement des menus dits... « touristiques ». À défaut d'être gastronomiques, ils sont complets (entrée, plat et dessert) et souvent abordables.
Quand il n'y a pas de menu ni de carte (normalement, le ministère du Tourisme impose des prix mentionnés par écrit, insister pour avoir la carte), toujours se faire préciser les prix avant de commander, cela évite bien des surprises. Un bon repère, le brick à l'œuf : en général, s'il coûte plus de 6 Dt, soit vous êtes dans un resto chic, soit... on vous prend pour un touriste ! Le poisson est parfois facturé au poids plutôt qu'à la portion, de même que la viande chez les « grilleurs ». Il faut donc le faire peser avant de l'envoyer à la casserole ou sur le gril, ce que rechignent à faire certains restaurateurs. Méfiez-vous alors de la note, qui peut être salée !
Le service est souvent compris, ce qui ne vous dispense pas de laisser un petit pourboire.
Même si la pratique n'est pas des plus plaisante, recomptez systématiquement les additions et la monnaie que l'on vous rend... les erreurs sont fréquentes.
Dans les petites villes, il vous sera généralement difficile de trouver une adresse ouverte après 21h.
Enfin, sachez que pendant le ramadan, à l'exception des restaurants « touristiques », la plupart des établissements sont fermés pour le déjeuner, et parfois même aussi pour le dîner. Autant dire que durant cette période, mieux vaut anticiper pour se restaurer.
Nos fourchettes de prix correspondent à un bon plat de résistance à la carte, souvent accompagné de la traditionnelle *kémia* (amuse-bouche avec toujours de la harissa et du pain frais).
- ***Bon marché :*** moins de 20 Dt (moins de 7 €).
- ***Prix moyens :*** 20-40 Dt (7-13 €).
- ***Chic :*** 40-60 Dt (13-20 €).
- ***Très chic :*** plus de 60 Dt (plus de 20 €).

Divers

Quelques exemples de prix (mais ils varient significativement selon les lieux) :
– une bouteille d'eau : environ 1 Dt (0,30 €) en épicerie et 2-3 Dt (0,70-1 €) au resto.
– Un litre d'essence : environ 2,40 Dt (0,80 €) pour le sans-plomb, 2 Dt (0,65 €) pour le diesel. Mais cela fluctue un peu.
– Un thé : 1-2 Dt (0,30-0,65 €) ; compter le double avec des amandes ou des pignons.
– Un café : 1 Dt (0,30 €) ; 3-5 Dt (1-1,70 €) dans un salon de thé.
– Une bière : 4-7 Dt (1-2 €) selon l'endroit.
– Une chicha dans un café : 5-9 Dt (1,70-3 €).
– Une baguette ou un pain : 0,50 Dt (0,20 €). Le pain étant subventionné par l'État, le prix reste très bas.
– Un kilo de viande d'agneau à faire griller : 20-30 Dt (6,70-10 €).

CLIMAT

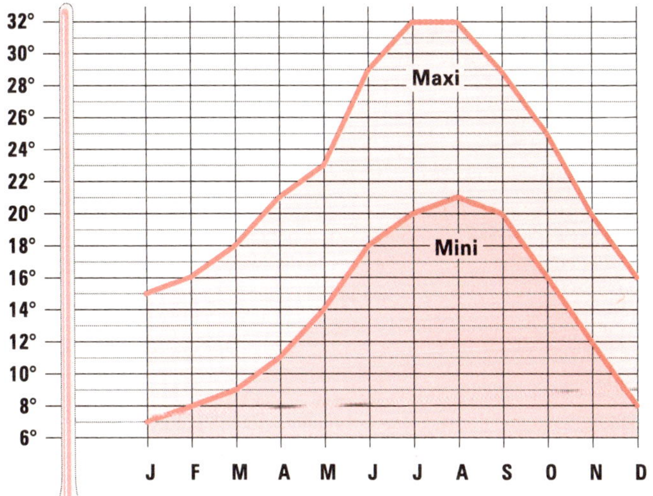

TUNISIE (Tunis) :
Moyenne des températures atmosphériques

Il varie considérablement du nord au sud et dépend donc de la région. Au printemps, il fait beau partout, mais les pluies sont fréquentes, comme dans tout le Bassin méditerranéen à cette période de l'année. En été, il fait chaud sur les régions côtières, mais la chaleur est souvent tempérée par les brises marines. En revanche, les températures sont étouffantes à l'intérieur du pays et dans le Sud : jusqu'à 45-50 °C à l'ombre. En automne, on a une saison idéale même si les jours raccourcissent. On peut se baigner jusqu'en octobre. En novembre, les 1res pluies – parfois abondantes, souvent brèves – font leur apparition. Elles peuvent couper temporairement certaines pistes. N'essayez jamais de franchir les oueds en crue (vous risqueriez de noyer le moteur, voire d'être emporté par le courant).
Pour visiter les oasis du Sud, l'arrière-saison (octobre-novembre) et le début du printemps constituent la période idéale. Les nuits peuvent être froides,

mais dans la journée le Sahara apparaît dans toute sa splendeur sous un ciel lumineux. Attention toutefois, car vous ne serez pas à l'abri d'une tempête de sable !

DANGERS ET ENQUIQUINEMENTS

AVERTISSEMENT : si vous êtes à proximité de rassemblements populaires, il est conseillé de ne pas se mêler à la foule. Certaines situations peuvent vite dégénérer. Par ailleurs, le ministère français des Affaires étrangères déconseille de rouler de nuit en dehors des grands axes routiers, de se rendre dans la région désertique au sud de la Tunisie (frontières libyenne et algérienne) et appelle à une certaine vigilance en dehors des grandes régions touristiques.
Avant de partir, renseignez-vous sur le site du ministère des Affaires étrangères : • *diplomatie.gouv.fr* •, rubrique « Conseils aux voyageurs ».

Vols

Comme dans la plupart des pays, il convient de faire attention à ses affaires dans les marchés, les médinas et les lieux touristiques, et plus particulièrement à Tunis. Attention aussi dans les transports en commun où les vols sont parfois discrets, parfois violents (il arrive de se faire arracher son sac...).
Comme partout, ne conserver que le minimum nécessaire sur soi et faire de la monnaie pour ne pas être obligé de sortir sa liasse de billets devant tout le monde. La bonne formule est une ceinture porte-billets pour conserver les grosses coupures et une pochette ventrale ou un porte-monnaie pour les achats courants de la journée. Faites des copies de vos papiers importants (passeport notamment) et conservez-les séparément. Pensez aussi à les scanner avant le départ et à les archiver sur votre boîte mail. Ce sera très utile en cas de perte. Ceux qui disposent d'une voiture liront attentivement les conseils de la rubrique « Transports intérieurs ». Ne laissez jamais rien en évidence dans les voitures.

Voyager au féminin

Il n'est pas forcément risqué de voyager toute seule, mais à moins d'être rompue à ce genre de voyage, on vous le déconseille, car le regard des hommes peut être pesant et leurs remarques parfois déplacées. Du coup, vous ne profiteriez pas autant de votre séjour que si vous étiez accompagnée d'un homme ou d'une autre femme. Mais là encore, certains n'hésitent pas à s'approcher d'un peu trop près de femmes en couple.
Attention, la Tunisie est en train de devenir une plaque tournante du ***tourisme sexuel*** et de nombreux Européens (et Européennes) viennent en Tunisie dans l'intention de dénicher la perle rare. De prime abord, pour un jeune Tunisien, il est parfois difficile de faire le distinguo entre 2 copines en goguette partant à la découverte du pays et 2 autres venues spécialement dans l'optique de trouver l'âme sœur. Donc, pour éviter cette inévitable « pression » et, du même coup, balayer les mauvaises intentions, pensez à vous vêtir le plus pudiquement possible (vêtements dissimulant les fesses et la poitrine) afin d'éviter d'échauffer les esprits, même si certaines jeunes Tunisiennes s'habillent, elles, de vêtements moulants à la mode. Les stratégies les plus efficaces pour décourager les « dragueurs » sont de les ignorer ou de solliciter les hommes plus âgés afin qu'ils dissuadent les importuns. Essayez aussi les lunettes de soleil !
Et puisqu'on parle soleil, ***le bikini est plutôt mal vu sur une plage publique,*** la plupart des femmes s'y baignant tout habillées ou en burkini. Seule solution, opter pour une plage privée où tout le monde est, cette fois, en maillot.

Cela dit, voyager en tant que femme en Tunisie n'a pas que des inconvénients. C'est aussi tout un pan de la société que vous pourrez entrevoir : le monde des femmes. Le lieu idéal de rencontres restant les ***hammams.***

Contrefaçon

Au même titre que le Maroc, la Turquie et plusieurs pays de l'Asie du Sud-Est, la Tunisie est l'un des 1ers producteurs mondiaux d'articles contrefaits, surtout dans le textile et les articles de sport. Comme c'est tentant de s'acheter une chemise Lacoste, des baskets Nike ou une montre de marque pour le dixième de son prix officiel ! Même si ces boutiques ont pignon sur rue et qu'elles sont tolérées en Tunisie, ces faux objets de luxe risquent de vous valoir une ***amende sévère à la douane*** française (sans compter que si vous avez plusieurs articles du même acabit dans vos valises, la douane peut vous inculper de recel). Mieux vaut donc éviter ce genre d'achat, même si les vendeurs s'acharnent à vous faire croire qu'ils sont vrais. Souvent, ce sont des produits de médiocre qualité, facilement reconnaissables.

Drogue

La législation tunisienne est TRÈS sévère. Il n'est pas rare de subir une fouille complète à l'aéroport, on ne rigole pas ! Toute consommation ou détention (voire même intention !) est passible d'emprisonnement. Il est fréquent dans les grandes villes de se faire aborder par des jeunes proposant des substances à fumer : refusez tout !

DÉCALAGE HORAIRE

La Tunisie ne change pas d'heure, ni en été ni en hiver ; le pays vit toute l'année à GMT + 1h. Si bien qu'il n'y a plus de décalage avec la France en hiver. En revanche, en été, le décalage est de 1h : il est 11h en Tunisie quand il est 12h en France. Pour plus d'infos : • *horlogeparlante.com* •

ÉLECTRICITÉ

Partout du 220 volts, prises identiques à celles que l'on trouve en France. Les Canadiens devront se munir d'un adaptateur.

FÊTES ET JOURS FÉRIÉS

Fêtes fixes

- ***1er janvier :*** Jour de l'an.
- ***14 janvier :*** fête de la Révolution et de la Jeunesse. Ce jour commémore le renversement de Ben Ali par le peuple en 2011.
- ***16 mars*** (non férié) ***:*** Journée nationale des habits traditionnels.
- ***20 mars :*** fête de l'Indépendance.
- ***9 avril :*** Journée des martyrs, en mémoire des manifestations de 1938 contre le protectorat français.
- ***1er mai :*** fête du Travail.
- ***25 juillet :*** fête de la République.
- ***13 août :*** Journée de la femme.
- ***15 octobre :*** fête de l'Évacuation, en mémoire du départ des dernières troupes françaises de la base de Bizerte en 1963.

Fêtes religieuses musulmanes

Elles sont déterminées d'après le calendrier lunaire et, de ce fait, leur date varie chaque année. Voici celles pour les années à venir (à 1 ou 2 jours près selon la lune) :
– ***Ramadan :*** il débute le 23 mars 2023 et le 11 mars 2024 et dure 1 mois. Si l'on voyage à cette période, il faut s'attendre à composer avec le rythme particulier de la journée (tout, ou presque, ferme l'après-midi).
– ***Aïd el-Fitr (ou Aïd es-Seguir) :*** fête de Rupture du jeûne qui intervient le lendemain de la fin du ramadan, prévue le 22 avril 2023 et le 10 avril 2024. Le jour suivant l'Aïd est férié.
– ***Aïd el-Adha (ou Aïd el-Kebir) :*** « la grande fête », en arabe, est la fête du Sacrifice du mouton. Il commémore le geste d'Ibrahim (Abraham) qui, alors qu'il s'apprêtait, sur ordre divin, à sacrifier son fils, vit un mouton se substituer à ce dernier. Elle est prévue autour du 29 juin 2023 et du 17 juin 2024.
– ***Ras el-Am :*** le Nouvel An, soit le 1er jour du 1er mois du calendrier hégirien. L'hégire correspond à l'exil du prophète Mahomet de La Mecque à Médine. Il tombe autour du 19 juillet 2023 et du 8 juillet 2024.
– ***El-Mouled :*** commémoration de la naissance du prophète Mahomet, vers le 27 septembre 2023 et le 16 septembre 2024.

Festivals

Les événements culturels ont souvent pour cadre les sites antiques. Signalons notamment, de juin à août, le *Festival international de Carthage,* le *Festival international de Dougga* et le *festival de Musique symphonique* d'El-Jem. Et il y en a bien d'autres ! Pour les détails, voir la rubrique correspondant à chaque ville.

HÉBERGEMENT

Ce n'est pas un scoop, le secteur touristique a dû faire face à plusieurs coups durs ces dernières années : la révolution, les attentats du Bardo et de Sousse et plus récemment la pandémie de Covid, comme partout. Certains établissements ont été, et sont encore, confrontés à de sérieuses difficultés.

Hôtels

L'Office national du tourisme tunisien (ONTT) procède chaque année à un classement allant de 1 à 5 étoiles. Il recense aussi certains établissements non classés (moins de 1 étoile). Les prix sont en principe affichés à la réception, à titre indicatif, car on peut souvent obtenir une petite réduction, selon la fréquentation. À noter que les hôtels refusent de louer une chambre double à un couple non marié si l'un des 2 est tunisien. C'est la loi qui le leur impose. Ou alors, il faut prendre 2 chambres...

Les petits établissements

Il y a à redire sur certains hôtels de Tunisie et leur état alimente régulièrement notre courrier des lecteurs. L'hiver, il est souvent préférable de payer un supplément pour avoir un chauffage électrique, type convecteur portatif, plutôt que d'avoir le chauffage central, qui est parfois coupé la nuit. De plus, passé 10h le matin et 19h le soir, il est souvent difficile d'avoir de l'eau chaude en quantité suffisante pour une bonne douche, car les ballons sont généralement sous-dimensionnés.
Bien entendu, n'attendez pas de la plupart des hôtels bon marché autre chose qu'une literie sommaire et une absence de déco. Dans ces établissements, on conseille d'avoir avec soi une serviette de toilette, un sac à viande ou sac de

couchage, une taie d'oreiller, des tongs pour la douche et des bouchons d'oreilles pour faire face aux bruits divers, tel l'appel du muezzin, véritable « réveille-matin » quand on dort à proximité d'une mosquée.

Les zones touristiques

Les hôtels de la côte, de classe internationale, regroupés le plus souvent dans une « zone touristique », sont quant à eux très classiques et leur confort s'avère standardisé selon les mêmes normes que chez nous. Enfin, en théorie, car on a vu des « 4-étoiles » vieillissants, qui n'en auraient pas 3 en France... Ces zones touristiques se situent à la périphérie des villes. Une voiture est alors bien utile pour pouvoir s'en échapper. Sinon, loin de tout, bonjour la galère !

Maisons de jeunes et auberges de jeunesse

La carte de membre des AJ est parfois demandée. Sinon, un arrangement est toujours possible ou l'achat de la carte peut s'effectuer sur place.
Bon marché, ces endroits disposent parfois de chambres privées (très sobres), mais plus souvent de dortoirs de 4 à 8 lits. Une cuisine est parfois à disposition. Les douches sont en général chaudes. La propreté varie beaucoup d'un établissement à l'autre, de même que l'atmosphère. Parfois, comme l'indique la note de service, « l'accès au dortoir des filles est formellement interdit aux garçons et réciproquement ». Interdiction d'apporter de l'alcool.
Certaines sont très bien et le rapport qualité-prix est imbattable. Fréquenter ces établissements est un bon moyen d'échanger avec les jeunes du pays. Dernière indication, préférez les AJ aux maisons de jeunes, ces dernières se révèlent souvent bruyantes. Et lors des vacances scolaires, il est souvent impossible d'y trouver de la place.

Marhalas ou gîtes d'étape

Gérées par le Touring Club de Tunisie, les *marhalas* se trouvent dans le Sud. Il s'agit d'hôtels pas trop chers et à l'architecture souvent typique : ils peuvent être aménagés dans des maisons troglodytiques, comme à Matmata, ou dans un ancien fondouk, comme à Djerba. Tous ne se valent pas.

Campings

Il existe peu de campings en Tunisie. Certains proposent aussi des chambres très simples pour un prix modique. Les auberges de jeunesse et les hôtels dans le Sud acceptent parfois que vous plantiez votre tente dans un coin, offrant aux campeurs la possibilité d'utiliser leurs douches et toilettes. Mais généralement, il n'y a pas d'ombre et le sol n'est pas toujours adapté. Dans le Sud toujours, on trouve fréquemment des campements réunissant des tentes bédouines, équipées d'une literie basique (sommier, matelas ou nattes, couverture). Les blocs sanitaires sont toujours en dur.
Se méfier des vols. Même dans les campings organisés, si vous logez en tente, on vous conseille de laisser vos objets de valeur à la réception.

Maisons d'hôtes

Assez peu nombreuses aussi, mais il y en a, notamment dans les régions touristiques. Cela dit, plutôt que de vraies chambres... d'hôtes, on a parfois affaire à une petite structure où ne résident pas les propriétaires. Afin d'encadrer l'activité et d'éviter les dérives, l'association Edhiafa (association tunisienne des chambres d'hôtes, gîtes, campements et hôtels de charme, • edhiafa.blogspot.fr •) a élaboré une règlementation en collaboration avec l'Office national de tourisme tunisien. Le principe étant que chaque chambre d'hôtes doit répondre à un cahier des charges pour obtenir l'agrément des autorités et le droit d'exercer.

LANGUE

L'arabe, la langue du Coran, a été importé d'Orient par les tribus bédouines. Maintenant, comme dans tous les pays arabes, on distingue l'arabe classique, langue de l'éducation, de l'administration et des médias, de l'arabe dialectal, celui de tous les jours, qui varie selon les régions et les classes sociales. Le berbère, lui, n'est plus guère parlé que par une petite minorité (moins de 1 % au total, dont 40 % se trouvent sur l'île de Djerba), même s'il a laissé des traces dans certains noms commençant par « T » : Touirat, Tataouine, Tamezret, Techine...

À EN PERDRE SON LATIN

La langue française possède plus de mots d'origine arabe qu'on ne le pense. Outre les bien connus bled, toubib, kif-kif, chouia et... zob, il y a aussi hasard, zéro, alchimie, flouze, alcôve, almanach, amiral, avarie. Et, plus surprenant encore : camelot, caramel, fanfare, goudron, jaquette, jupe, magasin, massage, matraque, nacre, orange, raquette, sorbet, timbale...

Dans les grandes villes et les zones touristiques, le français est très répandu, même si cela dépend beaucoup du niveau d'éducation de la personne. De toute façon, la gentillesse de la population facilite grandement la communication.

Il est plus que probable que vous n'aurez ni le temps ni forcément l'envie d'apprendre l'arabe pendant votre séjour, mais quelques mots peuvent tomber à point et vous permettre de nouer des liens avec la population. Essayez, par exemple, d'apprendre à compter, vous paierez ainsi moins cher dans certains souks et cela fera de l'effet auprès des marchands. D'ailleurs, pour vous aider à communiquer, pensez à notre ***Guide de conversation du routard en arabe du Maghreb.***

Formules de politesse

Bonjour	*Sebah el kheir*
Bonsoir	*Msa el kheir*
Bonne nuit	*Lila saïda*
Au revoir	*Besslâma, Filamen*
Oui	*Naam*
Non	*La*
Merci	*Choukrane* ou *'Aychek*
S'il vous plaît	*'Aychek*
Monsieur	*Si* (à un lettré), *Sidi* (à un noble)
Madame	*Lala*
Comment ça va ?	*Ach niah ahwalek ?*
Ça va bien	*Barak allahou fik* (grâce à Dieu) ou *Labès*
Soyez le bienvenu	*Ahlên, Marhaba*

Quelques phrases usuelles

Je ne sais pas	*Man'arafsh*
Je ne comprends pas	*Ma f'hamtech*
Je voudrais une chambre	*N'heb bit*
Quel est le prix ?	*Kadesh ?*
Quel est ton nom ?	*Ach esmak ?*
Quel âge as-tu ?	*Kadesh omrak ?*

Compter

0	*Sfer*	11	*Ahdesh*
1	*Wâhed ; Wahda* (fém.)	12	*Athnâsh*
2	*Zouz*	13	*Thlottash*
3	*Tlatha*	14	*'Arbaa'tâsh*
4	*Arba'a*	20	*'Ashrin*
5	*Khamsa*	21	*Wâhed wa 'Ashrin, etc.*
6	*Setta*	30	*Tlethin*
7	*Sab'aa*	100	*Miè*
8	*Thamnya*	200	*Mitin*
9	*Tes'aa*	300	*Tlethamia*
10	*'Ashra*	1 000	*Alf*

■ ***Institut Bourguiba des langues vivantes :*** *47, av. de la Liberté, Tunis.* ☎ *71-832-418.* • *utm.rnu.tn* • Pour ceux qui prévoient un long séjour à Tunis, l'institut propose en été des cours de 4 semaines destinés aux étrangers. Logement en cité universitaire ou en pension de famille possible.

LIVRES DE ROUTE

Romans et histoire

– ***Histoire de la Tunisie de Carthage à nos jours,*** de Sophie Bessis (2019 ; Tallandier, coll. poche « Texto », 2022). Un coup de projecteur intelligemment éclairé sur la Tunisie. L'historienne franco-tunisienne retrace l'histoire de la Tunisie depuis la construction de la puissance punique jusqu'à la révolution de 2011, en passant par l'Afrique romaine, la conquête arabe et la domination coloniale. Complet et bien documenté. De la même autrice, *Les Valeureuses* (Elyzad, 2017), ou le destin exceptionnel de 5 Tunisiennes (réelles ou fictives ? allez savoir !) qui ont forgé l'identité du pays.

– ***Pour un féminisme méditerranéen,*** de Fawzia Zouari (L'Harmattan, 2012). L'autrice s'interroge sur les aspirations des femmes du Sud, différentes de celles des femmes du Nord. Et en quoi ce féminisme-là peut profiter à toutes les femmes d'une part, et contribuer à construire l'avenir de la région d'autre part.

– ***Le Paradis des femmes,*** d'Ali Bécheur (2006 ; Elyzad Poche, 2017). Voilà une magnifique et longue déclaration d'amour aux femmes... Cet auteur compte parmi les grands noms de la littérature tunisienne.

– ***Fragments tunisiens,*** de Christian Giudicelli (Gallimard, 1998). Les carnets d'un voyageur sensible et plein d'humour qui trace, au gré de ses rencontres, un itinéraire singulier dans une Tunisie émouvante. Dans ***Tunisie, saison nouvelle*** (Gallimard, 2012), il dresse une série de portraits au lendemain de la révolution. Son regard et son rapport au pays ont changé ; la vie, elle, continue, parfois sans illusions.

– ***La Brûlante Rumeur de la mer,*** de Tahar Bekri (2004 ; Al Manar, 2008). Un recueil de poèmes lyriques sur l'exil et le voyage, l'Afrique et l'Europe, révélées dans leur diversité culturelle. Des chants empreints de gravité, d'une attachante sobriété.

– ***Ne vous résignez jamais,*** de Gisèle Halimi (2009 ; Plon Poche, 2020). Avocate, ancienne députée et féministe engagée, Gisèle Halimi raconte son enfance à Tunis, sa révolte, elle qui, depuis son plus jeune âge, s'est toujours battue pour changer de condition sociale et défendre les femmes contre toutes les résignations liées aux traditions.
– ***Salammbô,*** de Gustave Flaubert (1862 ; Le Livre de Poche, 2021). L'histoire d'un conflit entre des troupes de mercenaires et Hamilcar Barca, le seigneur de Carthage, au IIIe s av. J.-C. Le livre vaut surtout par la qualité du style et la précision de la reconstitution. Flaubert a su merveilleusement retrouver l'esprit du temps et s'imprégner des paysages du désert tunisien.
– ***Carthage,*** de Daniel Rondeau (Gallimard, coll. « Folio », 2009). Toujours sur le thème de l'histoire antique.
– ***Tunis, par hasard,*** d'Anne-Christine Tinel (Elyzad, 1999). Une femme au triste passé reprend vie lors de son exil à Tunis. Une rencontre entre 2 femmes, 2 sociétés et 2 cultures. Un court récit qui donne envie d'embarquer pour Tunis, où l'autrice a d'ailleurs habité.
– ***Quand ils rêvent les oiseaux,*** de Noura Bensaad (Elyzad, 2009). D'occasion. Une série de nouvelles où les personnages croisent ou fuient leur destin, sur fond de délicieux parfum méditerranéen.
– D'autres auteurs tunisiens à découvrir : Hélé Béji (***Une force qui demeure,*** Arléa, 2006) et bien sûr : Ibn Khaldûn, Abou el-Kacem Ech-Chabbi et, plus accessible et contemporain, Albert Memmi (voir la rubrique « Personnages » dans « Hommes, culture, environnement »).
– ***Les Corps intermédiaires,*** de Mamadou Mahmoud N'Dongo (Gallimard, 2014). Un roman passionnant, complètement atypique et surprenant, qui mêle art contemporain et thriller politico-économique sur fond de Printemps arabe dans un pays imaginaire qui ne l'est pas tant que ça.
– ***Bat d'Af'. La légende des mauvais garçons,*** de Feriel Ben Mahmoud (Mengès, 2005). D'occasion. Retour sur le bagne d'Afrique du Nord : Tataouine – où étaient relégués des militaires sanctionnés entre la fin du XIXe s et 1930.

Chroniques

De nombreux essais ont paru après la fuite de Ben Ali. D'autres établissent un bilan de la révolution du Jasmin. En voici une petite sélection :
– ***Les Intranquilles,*** d'Azza Filali (Elyzad, 2014). D'occasion. Un roman en forme de fresque lucide de la société tunisienne post-révolutionnaire en mal de repères. Entre pessimisme et espoir, dans un style à la fois sombre et ironique.
– ***Tunisie. Questions à mon pays,*** d'Emna Belhadj Yahia (L'Aube, 2014). Un essai sur la situation politique, entre rejet de l'Occident et soif de liberté et de parole.
– ***Dégage. La révolution tunisienne,*** ouvrage collectif (Éditions du Layeur, Alif, 2011 – éd. tunisiennes). D'occasion. Une centaine d'acteurs de la révolution ont participé à l'ouvrage racontant les angoisses, les souffrances de la détention, la mobilisation, les espoirs. Récits, extraits de blogs, photos, dessins, unes de journaux, tous les moments forts du mouvement qui résonnent encore dans toutes les têtes.
– ***La Révolution tunisienne,*** d'Olivier Piot (Les Petits Matins, 2011). Grand reporter au *Monde* et au *Monde diplomatique,* Olivier Piot retrace le déroulement de la révolution à travers son propre témoignage, puisqu'il se trouvait sur place, mais aussi à travers celui de nombreux Tunisiens. Un récit au plus près de l'action, qui trouve un écho dans tout le monde arabe.
– ***Printemps de Tunis,*** d'Abdelwahab Meddeb (Albin Michel, 2011). Pour cet intellectuel tunisien, décédé en 2014, la révolution a changé le sens de l'Histoire, dans les mêmes proportions que le 11 Septembre en son temps. Une analyse personnelle sur ces événements issus du peuple (et non de l'élite) et sur l'espoir qu'ils suscitent.

– ***Le Rire de la baleine,*** de Taoufik Ben Brik (Seuil, coll. « L'Histoire immédiate », 2000). D'occasion. Un récit très « incorrect » et autobiographique d'un anti-héros dont la grève de la faim, mondialement médiatisée, a fait frémir le mur de la dictature tunisienne. Taoufik Ben Brik est un journaliste engagé qui a longtemps écrit et montré l'envers du décor tunisien. On lui doit également : ***Une si douce dictature*** (La Découverte, Reporters sans frontières, coll. « Cahiers libres », 2000). D'occasion. Des articles, écrits pour des agences de presse, qui abordent des thèmes sociaux, politiques, environnementaux...
– ***Un printemps sans le peuple,*** de Saber Mansouri (Passés Composés, 2022). L'historien et essayiste replace le peuple au centre de l'histoire de la Tunisie, du protectorat français à la révolution du Jasmin. Or la période qui a suivi n'a été ni pensée ni conceptualisée. Alors que le pays expérimente la démocratie, la population a été abandonnée.

Religion

– ***L'Islam,*** d'Anne-Marie Delcambre (La Découverte, coll. « Repères », 2004). Très bonne introduction, concise et très accessible.

MARCHANDAGE

Ce n'est pas parce que vous êtes dans un pays arabe que le marchandage est automatique. Inutile, par exemple, de chercher à faire baisser les prix dans les magasins où ils sont affichés. En revanche, dans les souks, oui ! Et soyez rassuré, c'est valable aussi bien pour les Tunisiens que pour les étrangers.
Le marchandage est à la fois un plaisir, un jeu, un sport nécessitant humour, bagou, subtilité, patience et... sang-froid. Autant dire que ***pour bien marchander, il ne faut pas être pressé.*** Le marchandage est avant tout un rapport psychologique. L'erreur principale des touristes est de se fixer uniquement sur l'acte d'achat. Commencer par saluer en arabe est une bonne approche. Un vendeur appréciera aussi que vous parliez d'autre chose, de façon décontractée ; ça l'amusera que vous ayez compris le jeu des rapports de force. Il s'agit pour vous d'arriver à peu près au prix au-dessous duquel, de toute façon, le vendeur ne descendra pas. Et de savoir lâcher du lest selon l'intérêt que vous portez à l'objet. Pour bien marchander, il faut avoir une idée du prix de l'article que vous convoitez (en s'informant préalablement auprès des locaux), sinon le vendeur verra très vite que vous ne connaissez pas sa valeur. Sachez que dire son prix équivaut à s'engager et qu'il est fort inconvenant de faire marche arrière. En tout état de cause, évitez de vous faire accompagner d'un guide ou d'un rabatteur : ils ne vous aideront pas forcément et prendront inévitablement une commission.
Le principe de base est de ne pas afficher trop rapidement votre intérêt pour l'objet qui vous plaît. Tournez dans le magasin et attardez-vous sur quelque chose d'autre (dont, en fait, vous vous fichez). Discutez son prix, puis arrêtez-vous négligemment devant l'objet qui vous intéresse vraiment et demandez son prix d'un air détaché. Si vous avez bien su brancher le marchand sur le 1er objet, d'un prix plus élevé que l'objet qui vous intéresse, celui-ci vous dira que ce dernier ne vaut rien, une misère, tandis que le 1er objet, lui, est ancien et a de la valeur. Le tour est joué. « ancien », « nomade », « berbère » (des mots qui reviennent souvent dans la bouche des vendeurs) sont des attrape-touristes. Toutes les belles pièces sont depuis longtemps dans les musées.
Dans les endroits très touristiques, comme Hammamet ou Djerba, il faut négocier sec. Car les marchands y ont pris de mauvaises habitudes et tenteront de vous faire croire que les prix qu'ils proposent sont avantageux. Or, il n'en est rien ! En temps normal, n'hésitez pas à diviser le prix annoncé par 3, 4 voire 5, ce sont les Tunisiens qui le disent !

Quoi qu'il en soit, relativisez. Les vendeurs vivent essentiellement du tourisme (et avec la chute de la fréquentation touristique, les temps sont durs...), et même si vous vous faites un peu avoir, vous paierez toujours (enfin, souvent...) l'objet moins cher qu'en Europe !

MUSÉES, SITES ET MONUMENTS

Le droit d'entrée varie de 3 à 5 Dt pour les sites mineurs, autour de 8-12 Dt pour les principaux musées ou le site de Carthage, et jusqu'à 20-30 Dt pour les gros complexes réunissant plusieurs attractions.
Attention, avec la crise et le manque de budget pour assurer le salaire du personnel d'accueil de certains petits sites touristiques, les horaires d'ouverture affichés ne sont pas toujours respectés. Certains ferment plus tôt qu'annoncé (voire n'ouvrent pas du tout un jour de pluie hors saison !). Dans la médina de Tunis et même ailleurs dans le pays, ***nombre de monuments sont « en travaux »*** depuis la révolution... Officiellement fermés au public, on peut parfois y pénétrer en échange d'un petit pourboire laissé au gardien (ne pas hésiter à frapper aux portes closes !).
Pour une visite virtuelle de certains sites et musées, gérés par l'Agence de mise en valeur du patrimoine et de promotion culturelle (AMVPPC), surfez sur • *tunisiepatrimoine.tn* • Mais toutes les informations ne sont pas régulièrement mises à jour.

Réductions et gratuité

- Les personnes handicapées ont un accès gratuit aux sites sur présentation de leur carte d'invalidité si elles voyagent en individuel.
- Réductions enfants la plupart du temps, mais vous vous apercevrez vite que le passage à l'âge adulte varie d'un site à l'autre !
- La carte internationale d'étudiant ISIC donne parfois droit à une réduction, plus rarement à une gratuité.
- Pour les étrangers résidents, tous les musées et sites nationaux sont gratuits le 1er dimanche du mois.

ORIENTATION

Les noms des rues, dans certaines villes, ne sont pas toujours bien indiqués, voire pas du tout ! Il arrive que seul le nom en arabe soit inscrit, et les habitants ne les connaissent pas toujours ou alors sous une dénomination non officielle (la rue du père d'Untel...) ou ancienne. Ne nous en veuillez pas trop si les plans ne sont pas parfaits, certaines rues sont sans nom, d'autres ont perdu leurs indications, et parfois même le ravalement à la chaux a recouvert le numéro. En revanche, les panneaux routiers sont écrits en français et en arabe. Cela étant, avec les applications GPS, l'orientation n'est généralement plus un problème.
L'avenue Bourguiba reste souvent l'artère principale de la ville. Les incontournables boulevards de l'Environnement sont très à la mode. En revanche, les places et avenues du 7-Novembre-1987 (date à laquelle Ben Ali devint le 2e président de la République tunisienne) ont carrément été débaptisées.

PHOTO

La Tunisie est un pays multicolore et photogénique. Les amateurs d'images auront l'embarras du choix : portes colorées dans les médinas, magnifiques paysages de mer, dunes dans le désert... Il n'y a pas vraiment de recette pour faire une bonne image. L'important, c'est la lumière : préférez celle de début ou de fin de journée, qui modèle beaucoup mieux les paysages et donne plus de contrastes et de

reliefs. Évitez les prises de vue à l'heure du plein cagnard, le résultat est souvent décevant et médiocre ; d'ailleurs, à ces heures-là, on est mieux à l'ombre à siroter une boisson fraîche.
Pour ce qui est de photographier les gens, pensez que la photo est avant tout un rapport avec les autres, et que ce n'est pas toujours en se cachant qu'on fait les meilleurs clichés. En plus de demander systématiquement l'autorisation à la personne avant d'immortaliser son portrait, il faut prendre du temps pour le faire. Échanger et discuter, et hop, au bon moment, saisir le cliché (plus facile à dire qu'à faire !).
On apprend très vite qu'il est ***interdit de photographier tout bâtiment gouvernemental*** (police, gouvernorat) et toute caserne, même si celle-ci se résume à un mur surmonté de barbelés. Secret-défense !

POSTE

Les bureaux de poste sont habituellement ouverts du lundi au vendredi de 8h à 17h, parfois aussi le samedi matin. En juillet-août, ils n'ouvrent parfois que le matin ou font une pause dans l'après-midi, pour rouvrir ensuite jusqu'en début de soirée. La majorité des bureaux fait aussi le change, s'occupe de transfert d'argent via *Western Union* et possède un distributeur pour cartes *Visa* et *MasterCard.*

SANTÉ

Vaccinations

La Tunisie n'exige aucun vaccin pour l'entrée sur son territoire des visiteurs en provenance d'Europe, à l'heure où nous bouclons ce guide. Mais un point avant votre départ peut être nécessaire, notamment sur le site du ministère français des Affaires étrangères *(● diplomatie.gouv.fr ●),* rubrique « Conseils aux voyageurs ».
Il est également conseillé d'être à jour pour ***ses vaccinations « universelles »*** : tétanos, poliomyélite, diphtérie, coqueluche (Repevax® ou équivalent), rougeole, ainsi que l'hépatite B.
Par ailleurs, les maladies transmises par l'eau et les aliments étant assez fréquentes, il est recommandé de partir protégé contre ***l'hépatite A.*** Après la 1re injection (protectrice 15 jours plus tard, à quasi 100 %), une 2de injection faite 6 à 18 mois plus tard entraîne très vraisemblablement une immunité à vie. Ces vaccinations sont d'autant plus utiles que le séjour sera plus long.
Pour les séjours longs ou ruraux, la vaccination préventive contre ***la rage*** est fortement recommandée. Les symptômes apparaissent en moyenne entre 3 semaines et 3 mois, parfois en moins de 7 jours en cas de blessures graves, mais l'issue est alors toujours fatale. Le vaccin peut être délivré par tout pharmacien et les 3 injections (J0, J7, de J21 à J28) peuvent être réalisées par tout médecin. En cas de morsure, laver immédiatement et abondamment la plaie avec de l'eau et du savon pendant 15 mn. Puis contacter en urgence votre compagnie d'assurance qui doit pouvoir vous conseiller un centre médical ou un hôpital en mesure d'effectuer une vaccination antirabique ou vous faire rapatrier en urgence. Attention, même lorsqu'on est déjà vacciné, il faut se faire injecter aussi vite que possible le rappel, puis une autre dose 72h après.

Centres de vaccination

Pour les centres de vaccination partout en France, dans les DOM-TOM, en Belgique et en Suisse, consulter les sites de l'Institut Pasteur : *● pasteur.fr/fr/centre-medical/vaccination ● pasteur-lille.fr/vaccinations-voyages ●*

Quelques règles de base

Depuis la Covid-19, les établissements touristiques appliquent un protocole sanitaire précis (à consulter sur • discovertunisia.com •), tout comme les clients, qui doivent se laver les mains très régulièrement, soit avec du savon (n'importe lequel est efficace contre les infections, avec un lavage sérieux), soit en utilisant une solution hydro-alcoolique (en rapporter suffisamment de son pays d'origine). Privilégiez les ongles courts.

Rappelons que la Tunisie a été beaucoup moins touchée que la France. Chacun doit faire preuve de responsabilité pour limiter la circulation du virus dans le pays hôte.

Restent les autres problèmes sanitaires et notamment les maladies transmises par ***l'eau*** et les aliments mal cuits. Respecter les règles universelles en la matière :

– éviter les boissons non industrielles et non cachetées, et bien sûr les glaçons ;

– lorsque ces boissons sont indisponibles – c'est rare –, purifier soi-même son eau grâce à un procédé individuel et économique : une paille d'ultrafiltration de poche à 0,01 micron, qui, à travers 5 étages de filtration, piège absolument tous les parasites, virus et bactéries avec une capacité de 2 000 l d'eau purifiée. Grande autonomie, donc. Ni pile ni substance chimique, et un embout qui permet de fixer la paille à une bouteille en plastique (type « cola ») transformée alors en gourde : pratique !

– ***Fruits et légumes :*** appliquer le slogan de l'Organisation mondiale de la santé : « Lavez-les, pelez-les, faites-les bouillir ou laissez-les. »

– Viandes à consommer bien cuites et servies bien chaudes ; éviter le lait et ses dérivés non industriels.

Nourrissez-vous comme les Tunisiens d'excellents couscous, tajines, méchouis et autres plats traditionnels bien cuits qui ne posent aucun problème sanitaire.

Si, néanmoins, vous attrapez une ***diarrhée,*** sachez réagir correctement. Pensez d'abord à boire (de l'eau minérale, si possible sucrée et salée !). Ensuite, évitez l'alcool, les produits laitiers et les aliments gras. En Tunisie, attention à la harissa baignant dans l'huile d'olive et au thon en miettes !

1er cas : la diarrhée contient des glaires, du pus, du sang ou s'accompagne d'une fièvre. Ne cherchez pas à vous soigner tout seul : consultez très rapidement un médecin.

2e cas : s'il n'y a que des selles molles et fréquentes, vous pouvez vous soigner tout seul avec ce que vous aurez emporté, à savoir l'association d'un antibiotique en une prise, une seule fois, type azithromycine (Zithromax® ; 2 comprimés en 1 seule prise, 1 seule fois), allié à un ralentisseur du transit intestinal, tel que l'acécadotril (Tiorfan® ; une gélule d'emblée, puis une gélule 3 fois par jour, si possible avant les 3 principaux repas ; durée maximale : 7 jours). Se réhydrater fréquemment, manger du riz et boire de l'eau de riz, du thé ou des boissons de préférence sans bulles. On conseille aussi de prendre des sachets de réhydratation orale...

– ***Prévoir une assistance internationale.***

– Bien qu'en Tunisie il n'y ait quasi plus aucune maladie grave transmise par les moustiques, ceux-ci prolifèrent dans de nombreuses zones et sont de plus en plus résistants aux insecticides : prévoir sprays, diffuseurs et répulsifs cutanés efficaces.

Les produits et matériels utiles aux voyageurs, assez difficiles à trouver, peuvent être achetés par correspondance sur le site de *Santé Voyages* • astrium.com • Infos complètes toutes destinations, boutique web, paiement sécurisé, expéditions So Colissimo (48h) ou Chronopost (24h). ☎ *01-45-86-41-91.*

La Tunisie dispose d'un ***bon réseau pharmaceutique*** ; il y a des pharmacies partout et elles sont très bien approvisionnées. Dès que les pharmacies de jour ferment leurs portes, celles de nuit les ouvrent, et réciproquement. Il existe une pharmacie de nuit dans la quasi-totalité des délégations (l'équivalent de nos communes).

Pour le reste :
– éviter de se baigner ou de patauger en eaux douces stagnantes ;
– se méfier du soleil partout – il est indispensable d'emporter un chapeau et une crème solaire d'indice élevé ;
– dans le Sud, attention aux vipères cornues et autres scorpions ;
– la mer est peu dangereuse, à condition de ne pas tomber sur une vive ou une rascasse vénéneuse ;
– éviter tout contact avec les chiens, notamment à cause du kyste hydatique et de la rage.

TÉLÉPHONE, INTERNET

Téléphone

L'indicatif des villes est intégré au numéro du correspondant, qui comporte donc 8 chiffres.
Les communications internationales sont parfois très difficiles à obtenir, principalement en été, le réseau étant surchargé. On vous demandera de renouveler votre appel pendant plusieurs heures. Réduction de 20h à 7h, ainsi que les dimanche et jours fériés. Évitez d'appeler d'un hôtel, c'est évidemment plus cher.

Tunisie → Tunisie

– Composez directement le numéro à 8 chiffres de votre correspondant, qu'il soit dans la même ville ou dans une autre région.
– Renseignements : ☎ *1200.* • *pagesjaunes.com.tn* •
– Les n^os^ Verts commencent par 80-100-900.

Tunisie → France

00 + 33 + le numéro de votre correspondant à 9 chiffres (c'est-à-dire le numéro à 10 chiffres sans le « 0 »).
L'indicatif de la Belgique est le 32, celui de la Suisse le 41 et celui du Canada le 1.

France → Tunisie

00 + 216 + le numéro du correspondant. Pour connaître le tarif, contactez votre opérateur habituel.

Portables

Le téléphone portable en voyage

On peut utiliser son propre téléphone portable en Tunisie. Bien se renseigner avant le départ sur les propositions de votre opérateur :
– ***Activer l'option « international » :*** elle est en général activée par défaut. Pensez sinon à contacter votre opérateur pour souscrire à l'option (gratuite) au moins 48h avant le départ.
– ***Le « roaming » ou itinérance :*** c'est un système d'accords internationaux entre opérateurs. Concrètement, cela signifie que lorsque vous arrivez dans un pays, le nouveau réseau local s'affiche automatiquement. Vous recevez rapidement un SMS de votre opérateur qui propose un ***pack voyageurs*** plus ou moins avantageux, incluant un forfait limité de consommations téléphoniques et de connexion Internet.
– ***Forfaits « Étranger » inclus :*** certains opérateurs proposent des forfaits où ***35 jours de roaming par an sont offerts*** dans le monde entier. On peut donc

cumuler plusieurs voyages à l'étranger sans se soucier de la facture au retour. Attention, si SMS, MMS et appels sont souvent illimités, la connexion Internet est, elle, limitée. D'autres opérateurs offrent carrément le ***roaming toute l'année vers certaines destinations.*** Renseignez-vous auprès de votre opérateur.

– ***Tarifs :*** ils sont propres à chaque opérateur et varient en fonction des pays (le globe est découpé en plusieurs zones tarifaires). Gare à la facture, le prix des appels de la Tunisie vers la France sont souvent ***prohibitifs*** !

N'oubliez pas qu'à l'international vous êtes facturé aussi bien pour les appels sortants que pour les appels entrants (ces derniers étant moins chers évidemment) ; idem pour les textos. Donc quand quelqu'un vous appelle à l'étranger, vous payez aussi. Soyez bref !

– ***À savoir :*** pour être sûr que votre appareil est compatible avec votre destination, renseignez-vous auprès de votre opérateur.

– ***Acheter une carte SIM/puce sur place :*** c'est l'option la plus avantageuse pour appeler dans le pays... et avoir une connexion Internet sur son téléphone. Il suffit d'acheter à l'arrivée une carte SIM locale, pas chère du tout et vite installée ! Il faut juste présenter son passeport. On vous proposera alors différents forfaits, à choisir selon vos besoins.

– Enfin, il existe des ***forfaits touristiques,*** valables 15 jours, qui permettent d'appeler aussi bien en Tunisie qu'en Europe pour un prix vraiment intéressant. Voir également ● *tunisietelecom.tn* ● *ooredoo.tn* ● *orange.tn* ●

La connexion Internet en voyage

– ***Se connecter au wifi*** est le meilleur moyen d'avoir accès au Web gratuitement, si vous ne disposez pas d'un forfait avec *roaming* offert. Le plus sage consiste à ***désactiver la connexion*** « Données à l'étranger » ou « Données cellulaires ». On peut aussi mettre le portable ***en mode « Avion »*** et activer ensuite le wifi. Attention, le mode « Avion » empêche, en revanche, de recevoir appels et messages.

– Une fois connecté au wifi, vous avez accès à tous les services de la ***téléphonie par Internet*** ! ***WhatsApp, Messenger Viber, Skype*** permettent d'appeler et d'envoyer des messages sans frais.

Attention piratage !

Les wifi publics sont devenus de véritables passoires ! Il est devenu très facile, même pour un débutant, de pirater un réseau. La seule parade véritablement fiable est de ne fréquenter que des sites « certifiés ». Ils commencent par « https:// » et affichent souvent un petit cadenas à côté de l'adresse. Dans ce cas, vos transmissions sont cryptées et donc sécurisées. Les sites les plus sensibles et populaires, comme les banques, ont tous une connexion certifiée.

Enfin, si vous utilisez un ordinateur en libre-service, évitez, dans la mesure du possible, d'entrer votre mot de passe ou toute information sensible ! Une quantité phénoménale de ces postes sont infectés par des « enregistreurs de frappes », qui peuvent transmettre vos données à un destinataire mal intentionné. Et si, malgré tout, vous utilisez ces postes, pensez à bien vous déconnecter et à ne pas cliquer sur l'option « enregistrer mon mot de passe ».

TRANSPORTS INTÉRIEURS

Le bus

La Société nationale de transport, la *SNTRI* (● *sntri.com.tn* ●), dispose de bus qui sillonnent le pays. Mais il existe aussi une dizaine de sociétés de transport régional *(SRT Bizerte, SRTG Nabeul, SRT Le Kef, SRT Médenine...)* pour les plus petites villes, ou encore la compagnie semi-privée *STCI,* aux tarifs légèrement plus élevés que

Distances entre les villes (en km)	BIZERTE	DOUZ	TATAOUINE	GABÈS	DJERBA	KAIROUAN	MEDENINE	TOZEUR	SFAX	SOUSSE	TABARKA	TUNIS	ZARZIS	NABEUL	LE KEF
BIZERTE															
DOUZ	553														
TATAOUINE	596	274													
GABÈS	471	149	125												
DJERBA	570	249	118	100											
KAIROUAN	218	344	397	212	372										
MEDENINE	547	225	49	76	69	348									
TOZEUR	522	124	334	212	383	293	285								
SFAX	335	285	261	136	236	136	212	293							
SOUSSE	208	401	388	263	363	57	339	349	127						
TABARKA	136	492	649	493	623	251	569	431	387	261					
TUNIS	65	488	531	406	506	153	482	433	270	143	175				
ZARZIS	609	287	111	138	52	410	62	363	274	401	631	544			
NABEUL	132	494	484	359	541	114	435	406	223	96	243	67	493		
LE KEF	202	371	526	383	571	173	476	316	305	228	116	170	538	235	

ceux des compagnies publiques. Les prix demeurent un peu plus intéressants que ceux du train. Dans le Sud, prendre le bus devient une expérience enrichissante, en particulier lorsqu'il s'arrête dans tous les villages. Contacts humains garantis. La plupart des bus (notamment ceux de la *SNTRI*) sont confortables et climatisés. Pour les autres, les places assises sont rares, et veillez à vous protéger des rayons du soleil : il n'y a pas toujours de rideaux. En règle générale, pensez à réserver.

Le train

Le réseau ferroviaire compte 2 165 km de voies. Il existe plusieurs types de trains : l'autorail (confortable et rapide), les DC (climatisés), les AEX (express) et les omnibus. Les trains, lents mais économiques, disposent de 3 classes : la « confort », la 1re et la 2de (qui est donc la dernière), celle-ci étant la plus bondée, mais, pour certains, la plus intéressante (sociologiquement, financièrement...). Assez peu de différences entre les 2 autres classes : pour un dinar de plus (en classe Confort), vous disposerez d'un fauteuil plus large et basculant. Cela vaut le coup pour un long parcours, comme Tunis-Gabès. Certains trains sont avec supplément. En prenant un aller-retour, on bénéficie automatiquement d'une réduction de 15 %.
La ***carte Bleue*** (rien à voir avec la carte de paiement française !) offre la possibilité d'un nombre illimité de voyages pour une durée de 7, 15 ou 21 jours. Elle coûte 40-60 Dt (*pass* 7 j.), 80-120 Dt (*pass* 15 j.) et 120-180 Dt (*pass* 21 j.) selon la classe.

Aucune restriction d'âge ni de nationalité pour son obtention. Achat dans les gares. Venir avec son passeport et une photo d'identité. La ***carte Jeune*** offre une réduction de 25 à 35 % en 2de classe aux jeunes de 10 à 25 ans et aux étudiants jusqu'à 30 ans. Coût : 10 Dt, valable 1 an. Prévoir une pièce d'identité et sa copie, plus une carte d'étudiant. Ou encore la ***carte de fidélité,*** qui propose des réductions de 20 à 30 % selon les périodes pour 5 Dt : rentable dès le 1er aller-retour ! *Rens : gare SNCFT, pl. de Barcelone, Tunis. ☎ 71-34-55-11 ou 71-33-44-40 (bureaux centraux).* ● *sncft.com.tn* ● On peut vérifier les horaires des différentes lignes sur le site internet. Les chemins de fer tunisiens sont ponctuels.
Voici quelques lignes importantes :
- *Tunis-Bizerte* (2h45).
- *Tunis-Hammamet-Nabeul* (1h pour la gare Bir-bou-Rekba d'Hammamet et 25 mn de plus pour Nabeul).
- *Tunis-Sousse-Sfax* (2h20 pour Sousse, 3-4h pour El-Jem, 4-5h pour Sfax selon les arrêts).
- *Tunis-Gabès* (via Sfax) *:* liaison effectuée en train confort et express. Durée : 6-7h.
- *Tunis-Jendouba* (3h30). Cette gare est à 9 km de Bulla Regia. La ligne continue jusqu'à la frontière algérienne, et certaines voitures jusqu'à Annaba, l'ancienne Bône, Constantine et Alger.
- Le *TGM* relie Tunis à La Marsa et dessert La Goulette, Carthage et Sidi-bou-Saïd. Toujours garder son ticket, qui peut être exigé à la sortie. On ne peut pénétrer sur un quai de gare sans titre de transport.

Le taxi

De couleur jaune et équipé d'un compteur. Exigez absolument sa mise en marche. Le tarif officiel va de 0,50 à 0,80 Dt/km, plus une prise en charge de 0,50 Dt. Dans l'ensemble, c'est un moyen de transport économique. En dehors (et encore...) des trajets au départ des aéroports où les arnaques sont plus fréquentes, les chauffeurs sont très corrects. Sachez aussi que les taxis qui ont une petite lumière rouge sont... libres. Si elle est verte, inutile de les héler. Les tarifs sont majorés de 50 % entre 21h et 5h.

Le taxi collectif ou louage

Le taxi collectif est appelé « louage » en Tunisie. C'est un moyen de transport populaire, un peu plus cher que le bus mais un peu plus rapide. Il s'agit de fourgonnettes qui partent une fois pleines, il n'y a donc pas d'horaires, mais la fréquence est assez élevée. Dans chaque ville, il existe une station de louages, souvent à proximité de la gare routière principale.
Les louages à bande bleue relient les localités importantes à l'intérieur d'un même gouvernorat, ceux à bande rouge desservent les destinations plus lointaines. Ces derniers partent surtout le matin. Il existe aussi une catégorie à bande jaune ; ce sont les transports ruraux qui desservent les petites localités. On trouve généralement dans chaque station un responsable ou un guichet pour indiquer le prix officiel.
Mais attention, on reproche souvent aux conducteurs leur manque de prudence. Et inutile de miser sur les ceintures de sécurité : elles sont soit inexistantes, soit inutilisables. Sur les longues distances, l'expérience peut s'avérer fatigante (voitures surchargées et innombrables arrêts). Pour les fauchés et les aventuriers !

La voiture

Si on entre en Tunisie avec sa voiture, il faut présenter sa carte grise, une attestation d'assurance (carte verte) et son permis de conduire. Le permis international est souhaité mais non exigé. ***La réglementation peut changer, il convient de se renseigner avant le départ.*** Si le véhicule n'est pas à votre nom, la douane exige une procuration du propriétaire, dûment légalisée par la mairie de votre domicile. La douane délivre un permis de circulation de 3 mois au maximum, exigé à la sortie du territoire.

Location de voitures

Les loueurs sont implantés partout et on n'a aucune difficulté à trouver une voiture. Mais ***il est préférable de réserver sa voiture depuis la France,*** les tarifs sont plus avantageux.
Un âge minimum est requis : en principe, entre 21 et 25 ans selon les compagnies, qui imposent aussi parfois un âge maximum. Il faut avoir le permis depuis au moins 2 ans (parfois 1 an, renseignez-vous auprès du loueur). Le permis de conduire national suffit. Une carte de paiement internationale (*Visa* ou *MasterCard*), au nom du conducteur, est indispensable. Mais attention, il existe une différence entre une ***carte de débit*** et une ***carte de crédit.*** Souvent, les agences refusent votre location de voiture en cas de paiement par carte de débit. Certains loueurs acceptent les cartes de débit mais ils vous demanderont alors de souscrire une assurance complémentaire souvent très chère en supplément. Il faut donc avoir une carte de crédit. Donc vérifiez bien si une mention « CREDIT » (débit différé) ou « DEBIT » (débit immédiat) est inscrite sur votre carte bancaire, sinon renseignez-vous auprès de votre banque (avant votre départ). Vous pouvez accéder à ces informations concernant les conditions de location des loueurs sur le site ● *bsp-auto.com* ● après avoir lancé votre recherche dans la rubrique « Informations détaillées ».
Le loueur prendra l'empreinte de la carte pour la caution (correspondant au montant de la franchise), qui sert à couvrir les frais en cas de dommages occasionnés au véhicule.
L'assurance couvre, au-delà de la franchise, la casse et le vol. Mais elle ne joue pas si vous quittez l'asphalte et que vous vous aventurez sur les pistes... Les véhicules de location sont souvent sans option (à cause des vols), même dans les agences internationales. Vérifiez le bon état du véhicule avant de partir (en particulier la présence d'un cric, d'une roue de secours gonflée, les pneus non lisses, etc.).
Enfin, prudence avant de louer un GPS ! D'abord ils coûtent cher, et sont rarement réactualisés... donc peu efficaces, d'autant que beaucoup d'établissements n'ont pas d'adresse précise. Mieux vaut utiliser une application sur votre téléphone !

■ **BSP Auto :** ☎ *01-43-46-20-74 (tlj 9h-21h30, 20h w-e).* ● *bsp-auto.com* ● Les prix proposés sont attractifs et comprennent le kilométrage illimité et les assurances. *BSP Auto* propose exclusivement les grandes compagnies de location sur place, assurant un très bon niveau de services. Les plus : vous ne payez votre location que 5 jours avant le départ. Remise spéciale de 5 % aux lecteurs de ce guide avec le code « ROUTARD23 ».

Essence

On trouve de l'essence partout. Elle est 2-3 fois moins chère qu'en France. Attention, beaucoup de stations-service n'acceptent pas les cartes de paiement, mieux vaut donc toujours ***avoir assez de liquide sur soi !***
Les empilements de bidons que l'on trouve de plus en plus dans les villes du Sud, et repérables de nuit à leur éclairage rouge, stockent de l'essence de contrebande importée de Libye, sans taxes... donc moins chère. Les autorités laissent faire ce trafic qui satisfait la population locale.

Routes et conseils divers

Dans le Nord, le réseau est assez dense, les routes sont goudronnées et bonnes. L'autoroute est payante. Dans le Sud, le réseau routier s'est également amélioré et le goudron a gagné du terrain. Sur les routes secondaires et les pistes, attention aux nids-de-poule qui peuvent survenir après de fortes pluies.
– Conduire en Tunisie n'est pas de tout repos, surtout en ville : mobylettes à contresens, piétons marchant sur la rue et traversant n'importe où sans regarder, klaxons pour vous avertir que le feu va bientôt passer au vert, usage du clignotant anecdotique (conducteurs qui déboîtent sans avertir ou qui freinent d'un coup et s'arrêtent en plein milieu de la rue)... on en passe et des meilleures. Lorsque vous arrivez au niveau d'un rond-point, cédez le passage, même si cette

priorité n'est pas toujours bien respectée. En ville, c'est davantage la loi du plus fort que le code de la route qui prime ! On vous recommande donc un haut niveau de vigilance...

Sur route, la circulation est relativement fluide, mais il faut prendre en considération le travers vraiment pénible des automobilistes qui consiste à se garer n'importe où, et même en sortie de virage.

Pour finir, la signalisation est assez floue. Il y a bien des panneaux, généralement bilingues (arabe-français), mais souvent contradictoires et pas toujours placés au bon endroit.

– Se méfier des enfants qui traversent sans regarder. Les troupeaux de chèvres et les dromadaires constituent aussi des obstacles ambulants imprévisibles. Attention également aux mules attelées (de grandes oreilles, mais pas de clignotant), et surtout aux bus et aux louages qui roulent souvent très vite. Gare aussi aux dos-d'âne (de dromadaire même !), fréquents et redoutables.

– Votre attention devra encore augmenter d'un cran à la tombée de la nuit pour repérer piétons, vélos, mobylettes, charrettes, chameliers et autres cavaliers qui circulent sur le bord de la route. Ils n'ont pas de lumière pour se signaler et les routes elles-mêmes sont peu (voire pas du tout) éclairées...

– Le port de la ***ceinture de sécurité*** est obligatoire.

– Attention, la ***vitesse*** est limitée à 90 km/h, sauf à Djerba (70 km/h). Sur l'autoroute, la barre est à 110 km/h, et dans les agglomérations, à 50 km/h. Sur certaines routes de campagne, en ligne droite, la limitation s'abaisse parfois brutalement à 50, voire à 30 km/h. Inutile de dire que si c'est 30, ce n'est pas 40 km/h : la police veille. La contravention est payable immédiatement (le retrait de permis n'est pas effectif sur-le-champ, sauf cas grave). Il y a peu de radars et les excès de vitesse sont appréciés au « pifomètre ». Pourtant, de nombreuses routes sont dites contrôlées par radars, panneaux à l'appui. La technique des « appels de phares » pour s'avertir entre automobilistes est utilisée.

– Dans le Sud, en cas de ***tempête de sable,*** arrêtez-vous tout de suite sur le bas-côté, dos au vent, et attendez que ça passe. Le sable peut faire de gros dégâts dans les filtres et sur le pare-brise.

– Pour s'orienter, il existe certes encore des cartes (la carte touristique IGN au 1/750 000 ou la Michelin n° 744 au 1/800 000), mais elles n'égalent évidemment ni en précision ni en efficacité les applications GPS qu'on peut télécharger sur son téléphone, type *Google Maps, Maps.me* ou *Waze* (ces 2 dernières se téléchargent, puis fonctionnent sans connexion).

– ***En cas d'accident grave,*** l'automobiliste a toujours tort et il est conduit au poste de police pour une garde à vue plus ou moins longue. Dans ce cas, avertissez le service consulaire de votre ambassade à Tunis (pour les coordonnées, se reporter à ce chapitre).

– ***Gardez bien vos papiers*** sous le coude (passeport, permis et assurance du véhicule), les contrôles de police sont nombreux.

Circuler dans le Grand Sud

Dans l'extrême sud du pays, certains secteurs (à proximité des frontières libyenne et algérienne) sont soit des zones militaires, soit des zones fortement déconseillées par le ministère des Affaires étrangères en raison de l'instabilité de la situation avec les pays limitrophes. Toute circulation dans ces parages nécessite une autorisation préalable délivrée par les autorités (par exemple le gouvernorat ou le commissariat du tourisme de Tataouine). De nombreux détails vous seront demandés... et il vous faudra être patient (délai de 4 à 6 semaines). Les environs proches de Tataouine (circuit des ksour, Ksar-Ghilane), Douz et Tozeur sont sécurisés et ne nécessitent aucune autorisation. N'hésitez pas à consulter le site du ministère des Affaires étrangères français pour d'éventuelles infos de dernière minute : • *diplomatie.gouv.fr* •, rubrique « Conseils aux voyageurs ».

L'avion

Il existe plusieurs aéroports internationaux : Tunis, Djerba, Sfax, Tozeur et Monastir. Celui d'Enfidah, au sud d'Hammamet, accueille quelques vols charters en provenance de Belgique, des Pays-Bas et d'Allemagne, principalement.

■ ***Tunisair :*** *☎ 71-942-322 (call center) ou 81-10-77-77 (abonnés Tunisie Télécom). • tunisair.com •*
■ ***Tunisair Express :*** *☎ 70-101-300 (central de résas, à Tunis). • tunisairexpress.net •* La compagnie *Tunisair Express* (filiale de *Tunisair*) assure au départ de Tunis des liaisons vers Djerba et Tozeur.

URGENCES

■ ***Police-secours :*** *☎ 197.*
■ ***Samu :*** *☎ 190.*
– ***En cas de perte ou de vol :*** rendez-vous en priorité au poste de police le plus proche. À Tunis, pas de problème, il y en a au moins un par avenue. Puis adressez-vous à votre consulat.

Pour les cartes de paiement

En cas de perte, de vol ou de fraude, quelle que soit la carte que vous possédez, chaque banque gère elle-même le processus d'opposition et le numéro de téléphone correspondant.
Le plus simple est de faire opposition en ligne via le site de votre agence bancaire ou son application mobile, ou en les appelant directement. Sinon, voici les numéros des centres d'assistance des différentes cartes :

– ***Carte Visa :*** *numéro d'urgence depuis la Tunisie, ☎ + 1-303-967-1096 (appel en PCV). • visa.fr •*
– ***Carte MasterCard :*** *numéro d'urgence depuis la Tunisie, ☎ + 1-636-722-7111 (appel en PCV). • mastercard.fr •*
– ***Carte American Express :*** *numéro d'urgence, ☎ (00-33) 1-47-77-72-00. • americanexpress.com •*
Il existe aussi un serveur interbancaire d'opposition : *☎ 0892-705-705 (service 0,34 €/mn + prix d'un appel).*

Besoin urgent d'argent liquide

Se reporter plus haut à la rubrique « Argent, banque, change ».

Pour les téléphones portables

En cas de perte ou de vol, suspendre aussitôt sa ligne permet d'éviter de douloureuses surprises au retour du voyage ! Le plus simple est de demander la suspension de votre ligne depuis le site internet ou l'appli de votre opérateur. Voici sinon les numéros des 4 opérateurs français, accessibles depuis la France et l'étranger :

– ***Free :*** *depuis la France : ☎ 3244 ; depuis l'étranger : ☎ + 33-1-78-56-95-60.*
– ***Orange :*** *depuis la France : ☎ 3900 ; depuis l'étranger : ☎ + 33-969-39-39-00.*
– ***SFR :*** *depuis la France : ☎ 1023 ; depuis l'étranger : 📱 + 33-6-1000-1023.*
– ***Bouygues Télécom :*** *depuis la France, ☎ 1064 ; depuis l'étranger, 📱 + 33-6-60-61-46-14.*

Avant de partir, notez (ailleurs que dans votre téléphone portable !) votre numéro IMEI, utile pour bloquer à distance l'accès à votre téléphone en cas de perte ou de vol. Comment avoir ce numéro ? Il suffit de taper sur votre clavier *#06#

TUNIS ET SES ENVIRONS

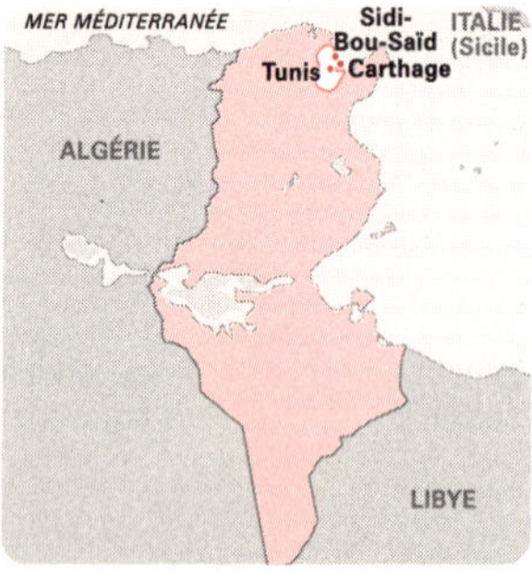

Dans sa gangue moderne, la capitale tunisienne abrite en son cœur l'une des plus belles médinas du monde arabe. Seule la blancheur des murs éclaire ses ruelles, où les artisans perpétuent des métiers ancestraux que rien ne semble pouvoir ébranler.

À seulement quelques kilomètres au nord-est, la bande côtière aligne des villes aux noms mythiques, la palme revenant à Sidi-bou-Saïd, petit village aux murs blanc et bleu perché sur son éperon rocheux. Dans cette arrière-cour balnéaire des Tunisois, les plages ne manquent pas, ni les bars et les boîtes de nuit d'ailleurs ! C'est à La Marsa et Gammarth, 2 petites villes en bord de mer, que la jeunesse tunisienne prend ses quartiers en fin de semaine pour s'encanailler jusqu'aux petites heures du jour... Avis aux amateurs !

Quant aux routards passionnés d'histoire, ils visiteront bien sûr Carthage, dont les vestiges révèlent, ici et là, la riche épopée phénicienne.

TUNIS

744 000 hab. (2 000 000 avec l'agglomération)

• Plan d'ensemble *p. 73* • La médina (zoom I) *p. 74-75*
• Centre (zoom II) *p. 77* • Les souks (zoom III) *p. 79* • Plan du métro *p. 81*

Tunis n'est souvent qu'une escale de quelques heures pour la plupart des touristes qui se rendent en Tunisie. Pourtant, cette capitale mérite que l'on s'y arrête 1 ou 2 jours, ne serait-ce que pour visiter sa belle médina et l'incontournable musée du Bardo. Bien sûr, les banlieues modernes et le trafic automobile chaotique ont atténué le charme de la ville. Mais il suffit de s'y balader pour sentir combien cette cité a une vraie personnalité. Le vieux centre, autour de l'avenue Habib-Bourguiba et son alignement de terrasses de cafés très « parisiennes », grouille de monde à toute heure de la journée. Les jeunes, les anciens, les costumes occidentaux ou traditionnels, les cireurs de chaussures et les vendeurs de jasmin, les mélopées des muezzins... tout se mêle pour créer un tourbillon de vie dans lequel se rencontrent Orient et Occident, Afrique et Méditerranée, passé et futur... Ce centre-ville où trônent ici et là de beaux vestiges de l'architecture coloniale n'est donc pas dénué d'intérêt.

Mais c'est évidemment dans la médina que bat le cœur de la capitale. Il faut prendre le temps de flâner dans ses petites ruelles pavées, de se perdre dans les souks, de déambuler au gré des parfums de fleurs, d'épices, de fruits, de cuir, avant de grimper sur le toit-terrasse d'un café

pour embrasser la vue sur cette vieille ville aux maisons blanches, au milieu de laquelle trône la majestueuse mosquée jamâa Ez-Zitouna. Revers de la médaille, avec la baisse de la fréquentation touristique, certains des monuments qui faisaient la renommée du vieux Tunis sont aujourd'hui totalement à l'abandon. Nombre de *dar* (vieux palais) et de mausolées sont fermés au public depuis la fin de l'ère Ben Ali, ou « en travaux » pour une durée indéterminée, et personne ne semble savoir s'ils rouvriront un jour...

UN PEU D'HISTOIRE

L'existence d'une petite localité, *Tunes,* semble remonter au IVe s av. J.-C. Son histoire est d'abord liée à celle de Carthage. Tunis subira le même sort que la capitale punique, à laquelle elle s'allie contre Rome, et sera, comme elle, détruite au IIe s av. J.-C. C'est bien plus tard que les Arabes, à la fin du VIIe s, vont fonder la médina.
Alors que les Almohades, depuis leur capitale Marrakech, ont réussi à unifier le Maghreb de l'Espagne musulmane à la Libye, des descendants de leur ennemi almoravide s'emparent de Tunis en 1202, faisant prisonnier le gouverneur almohade. Le calife régnant à Marrakech part à la reconquête de l'*Ifriqiya* et parvient à rétablir l'autorité des Almohades. Il installe (attention, prenez votre souffle !) le cheikh Abû Muhammad Abd al-Wâhid ben Abî Hafs à Tunis. Pas très reconnaissant, son fils et successeur s'affranchit de la tutelle de Marrakech et profite de l'éloignement pour proclamer son indépendance en 1228, fondant la dynastie des Hafsides, qui régnera sur la Tunisie pendant 3 siècles. Tunis prend alors son essor et s'affirme définitivement comme capitale du pays.
Proche de la mer, mais protégée de ses ennemis par une lagune, Tunis est un carrefour qui vit du commerce entre la Méditerranée et les régions subsahariennes. Son rayonnement intellectuel accompagne son développement économique. La poussée des croisés lors de la *Reconquista* chrétienne ne menacera pas Tunis. Saint Louis meurt aux portes de la ville lors de la dernière croisade, en 1270, des suites de complications liées au scorbut. Un traité scelle une alliance avec les chrétiens, les autorisant à vivre librement et à commercer à Tunis.
Les siècles suivants, les Maures musulmans et les juifs andalous chassés d'Espagne trouveront refuge à Tunis, où ils importeront, par exemple, leur technique de céramique et de mosaïques qui marque tant l'architecture.
En 1re ligne dans le commerce méditerranéen, la ville intéressera les pirates à partir du XVIe s, ce qui déplaît fortement à Charles Quint, qui y voit la mainmise de son ennemi de Constantinople. Les Espagnols, à la tête de 400 navires, s'installent alors à Tunis, mais la cité passe sous l'autorité de son grand rival, l'Empire ottoman, à la fin du siècle, et pour 300 ans. Très affaiblie par des difficultés économiques, la ville, comme tout le pays, est obligée d'accepter le protectorat français en 1881, jusqu'à ce qu'Habib Bourguiba, « le Père de la Nation », effectue un retour triomphal le 1er juin 1955.

Arrivée à l'aéroport

– ***Renseignements :*** *☎ 71-115-800, 71-848-000 et 71-102-100. • oaca.nat.tn •*
– ***Services :*** nombreux bureaux de change rapide (dont plusieurs ouverts 24h/24), au rdc pour les arrivées et à l'étage pour les départs. Distributeurs en pagaille, disséminés sur les 2 niveaux. Également un office de tourisme et une poste au rdc. Agences de voyages au 1er étage.
ℹ ***Office de tourisme :*** *au centre de l'aérogare, au rdc. ☎ 71-848-000. Tlj, 24h/24.* Bonnes infos, plan de Tunis et brochures touristiques du pays, classées par thèmes (sites historiques, plages, etc.).
– ***Antenne médicale :*** *au rdc, à*

gauche, après les loueurs de véhicules. Tlj, 24h/24.

Comment se rendre au centre-ville ?

Tunis n'est qu'à 9 km.

➢ ***En bus :*** pour se rendre au *centre-ville,* prendre le bus n° 35, arrêt juste après la sortie du parking de l'aéroport, sur la gauche. À peu près 1 bus ttes les 35 mn en sem et ttes les heures le w-e pour l'av. Habib-Bourguiba, la station de train Tunis-Marine et pour la pl. de Palestine, derrière la station de tram République. Durée : 30 mn (fonctionne 6h15-21h).

➢ ***En taxi :*** *la station de taxis « officiels » se trouve sur la gauche en sortant de l'aérogare.* Les taxis mettent le compteur, sinon soyez ferme et demandez-le. Une course pour le centre-ville en taxi officiel jaune tourne autour de 10 Dt (le double à partir de 21h) pour, par exemple, 3 personnes et un enfant, bagages compris (en principe, mais dans les faits, on vous facturera ce dernier parfois en plus). Décliner les propositions des rabatteurs de taxis privés dans l'aérogare, aux prix prohibitifs. Bon à savoir : les taxis jaunes circulent dans Tunis, les taxis blancs se rendent dans les villes alentour (Nabeul, Sousse, Sidi-bou-Saïd...) et peuvent transporter de 5 à 12 personnes.

Vers les autres destinations

➢ ***En bus :*** pour ***Hammamet*** et ***Nabeul,*** 2 bus/j. de la compagnie *SRTGN,* en principe vers 13h30 et 18h (tte l'année). Liaisons pour ***Bizerte*** avec la *SRTB.* Départ ttes les heures, 6h45-19h.

Arrivée en bateau

ℹ *Office de tourisme :* *à la station Goulette Village Harbor, ouv selon les arrivées de bateaux.* Infos, plan de Tunis et brochures touristiques.

– Au port de La Goulette, refusez de prendre les taxis privés qui vous guettent à la descente du bateau. Ils n'ont pas l'autorisation de vous conduire et exigent des sommes exorbitantes.

– Les taxis officiels, jaunes, vous attendent à la sortie du port.

Se déplacer dans Tunis

Le centre-ville se visite essentiellement à pied. Cependant, on pourra aussi avoir besoin des transports locaux.

Taxis

Très nombreux et très visibles (ils sont jaunes). Peu cher (la course dépasse rarement les 5 Dt), c'est le moyen le plus pratique de visiter la ville (sauf aux heures de pointe, évidemment !). Ils disposent tous d'un compteur, que les chauffeurs enclenchent automatiquement (s'ils ne le font pas, demandez-le !). Sachez aussi qu'à Tunis les taxis ne peuvent prendre que 3 personnes au maximum. Si vous êtes un homme seul, l'usage est de monter à l'avant à côté du chauffeur.

– Les taxis ont une petite ***lumière rouge*** s'ils sont libres. Si elle est verte, inutile de les héler.

– Un ***tarif de nuit*** est appliqué de 21h à 6h (en gros, c'est le double).

Bus

Économiques et omniprésents, mais pas faciles à utiliser. Il existe bien un plan officiel des lignes, en principe disponible aux guichets, mais il est ancien et toutes les lignes n'y figurent pas. On le trouve en français (mais vraiment peu compréhensible) et en arabe. Pas d'indication non plus sur les bus, hormis un numéro et un nom en arabe ! Achat des tickets à l'intérieur du bus. On monte par l'arrière et on descend par l'avant.

Où dormir ?

16 Hôtel Ariha (B1)
19 Hôtel Les Ambassadeurs (B1)

Où manger ?

46 Paradiso (B1)

Où manger une pâtisserie ?

54 Les Galets (B1)

Où boire un verre ? Où sortir ?

63 Le Duplex (B1)

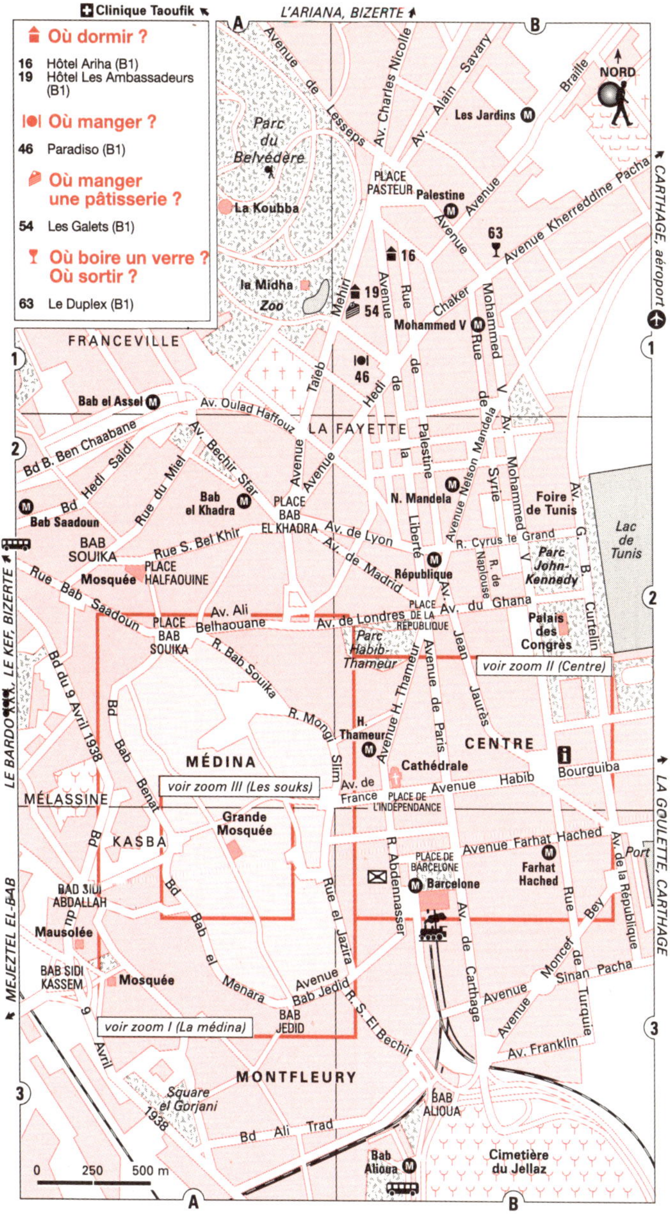

TUNIS – Plan d'ensemble

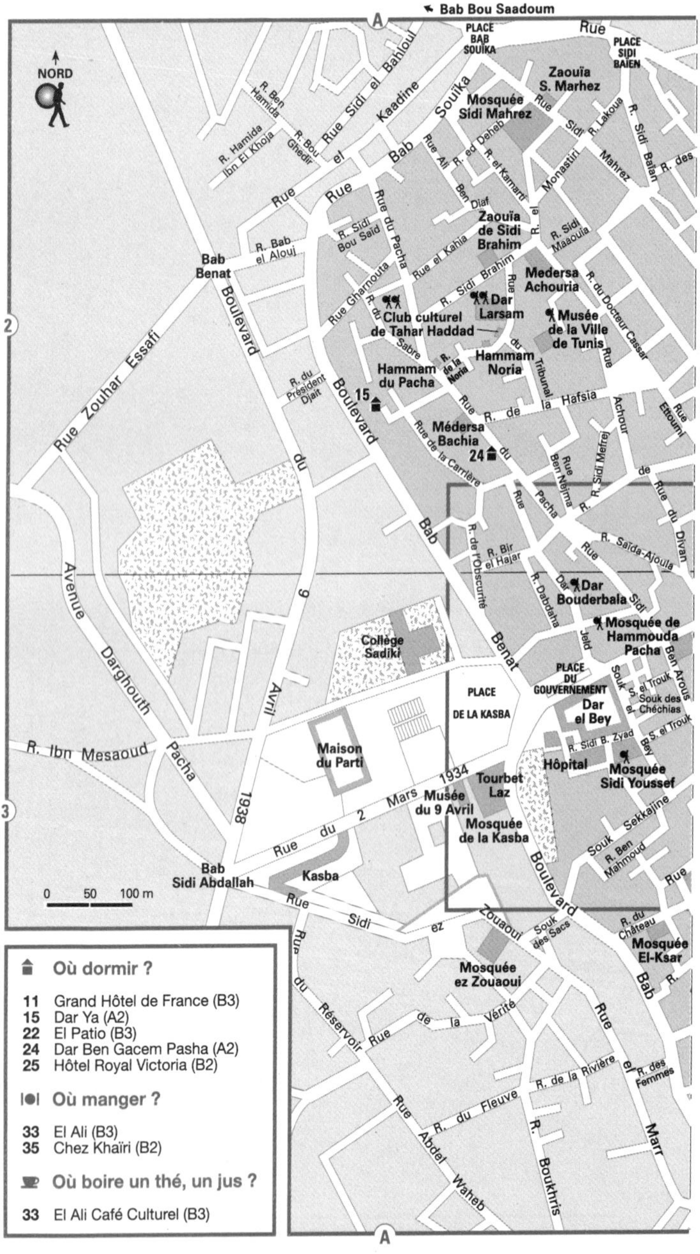

Où dormir ?

11 Grand Hôtel de France (B3)
15 Dar Ya (A2)
22 El Patio (B3)
24 Dar Ben Gacem Pasha (A2)
25 Hôtel Royal Victoria (B2)

Où manger ?

33 El Ali (B3)
35 Chez Khaïri (B2)

Où boire un thé, un jus ?

33 El Ali Café Culturel (B3)

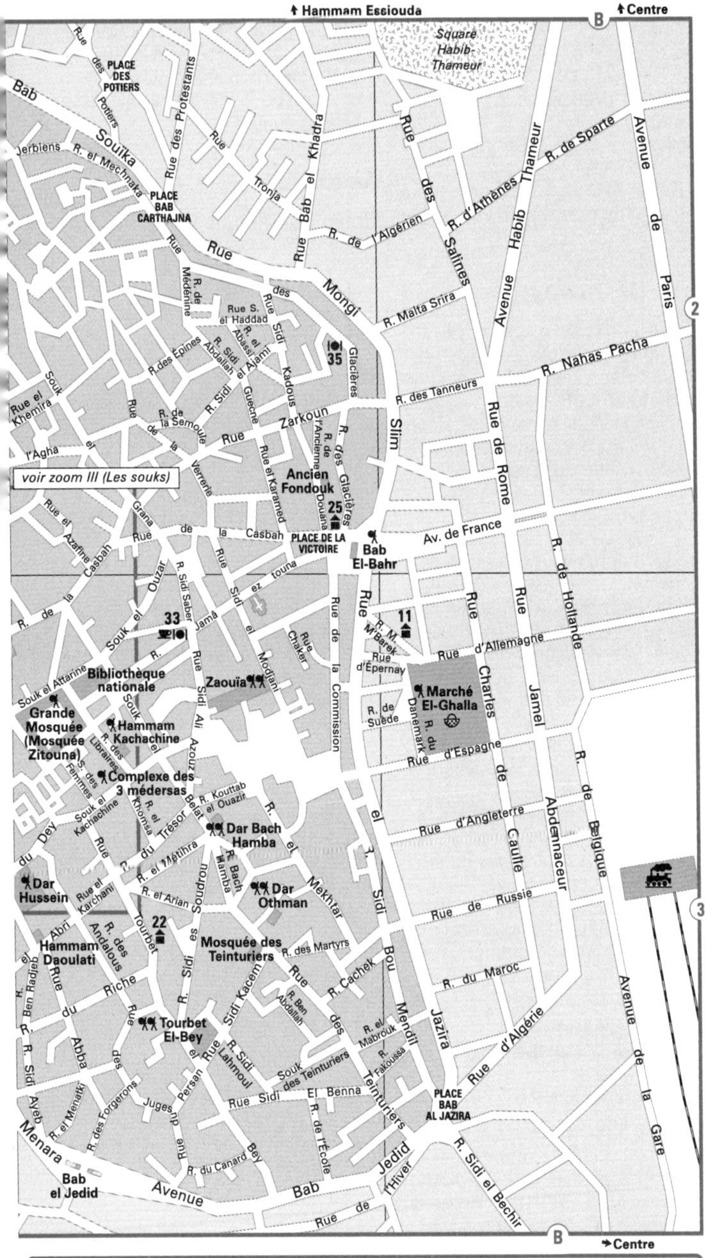

TUNIS – La médina (Zoom I)

3 compagnies sillonnent la ville :
- ***STT :*** ☎ *71-904-894.* La gare principale se trouve à l'angle sud du parc Habib-Thameur *(zoom II, B2).*
- ***TCV :*** ☎ *70-838-991.* Compagnie privée aux bus vert et blanc, plus chers mais plus confortables, ne prenant que des passagers assis.
- ***TUT :*** ☎ *71-331-003.* Compagnie privée aux bus blancs avec une bande bleue.

Métro (tramway)

- ***Terminus*** *(zoom II, B3)* **:** *devant la gare ferroviaire, pl. de Barcelone.* ☎ *71-904-894.* Il s'agit en fait d'un tramway (que tout le monde appelle « métro »). On y pense rarement. Dommage, car il est bien pratique et plutôt simple d'utilisation (un plan imprimé en français existe, pensez à le demander à une station). On achète les tickets au petit guichet de la station ; tarifs par zone. Sur nos plans, nous indiquons les principaux arrêts par le sigle « M ». Fonctionne de 6h30 à minuit en été, 22h30 en hiver. Un court déplacement dans le centre-ville coûte 320 millimes (achat au kiosque). Seul bémol, c'est souvent bondé et, au moment de monter ou de descendre, ça vire parfois à la foire d'empoigne ! Évitez donc, autant que possible, les heures de pointe... et faites attention à vos affaires.
- ***6 lignes :*** la n° 1 relie la station Tunis-Marine du ***TGM*** (train qui dessert les villes côtières) au centre-ville (station Barcelone), puis continue vers la station Bab-Alioua (gare des bus pour le sud du pays). La n° 2 dessert l'axe nord-sud et passe notamment près du parc du Belvédère. Les n°s 3, 4 et 5 rallient la gare routière nord Bab-Saadoun (la n° 4 en direction du campus de Mannouba dessert le musée du Bardo). Une 6e ligne rejoint les quartiers sud-ouest de Tunis, entre Mohamed-Ali et El-Mourouj.

Voiture

Très utile pour la périphérie. Déconseillé dans Tunis, où le trafic en fin de journée est infernal, le code de la route respecté de façon plus qu'aléatoire, et les places de parking se révèlent bien rares.

🅿 ***Parkings :*** autour de l'av. Habib-Bourguiba, le plus facile à trouver est av. de Paris *(zoom II, B2),* mais il est souvent complet ; sinon, il y a celui derrière l'hôtel *Africa (zoom II, B2-3),* ouv 24h/24 ; celui sous le Palmarium (centre commercial), derrière le théâtre *(zoom II, B3),* accès par la rue de Grèce, tlj 6h-22h ; ou rue Moktar-Attia *(zoom II, B2)* ; quelques places aussi à côté de la gare ferroviaire *(zoom II, B3)* ; av. Mohammed-V, à côté de l'hôtel Laïco *(zoom II, B2)* ; et rue de Russie *(zoom II, B3),* tlj 7h-20h. Compter 2 Dt/h et 10 Dt/j. ou la nuit.
- ***Attention :*** en ville, la police municipale veille, et le risque de se retrouver bloqué par un « sabot de Denver » n'est pas à écarter. On vous conseille donc de ne pas oublier les parcmètres, d'autant que ce n'est pas bien cher *(compter 0,50 Dt/h, exigible lun-sam 8h-20h, 2h max).* Les plus malchanceux trouveront la fourrière av. Mohammed-V pour le centre-ville et av. du Ghana pour le quartier de la place de la République.

Adresses utiles

Infos touristiques

ℹ ***Office de tourisme*** *(zoom II, B2)* **:** *1, av. Mohammed-V (au croisement avec l'av. Habib-Bourguiba).* ☎ *71-120-300. Site généraliste national : • discovertunisia.com • Lun-ven 8h-17h30 ; fermé w-e et j. fériés. Un autre bureau à l'aéroport (en principe tlj, 24h/24), ainsi qu'au musée du Bardo (hors plan d'ensemble par A2 ; tlj sauf lun 9h-16h).* Plan de la ville gratuit et brochures régionales à dispo. Accueil chaleureux et plein de bonne volonté.

Services

■ ***SOS Remorquage 24h/24 :*** ☎ *71-840-840.*

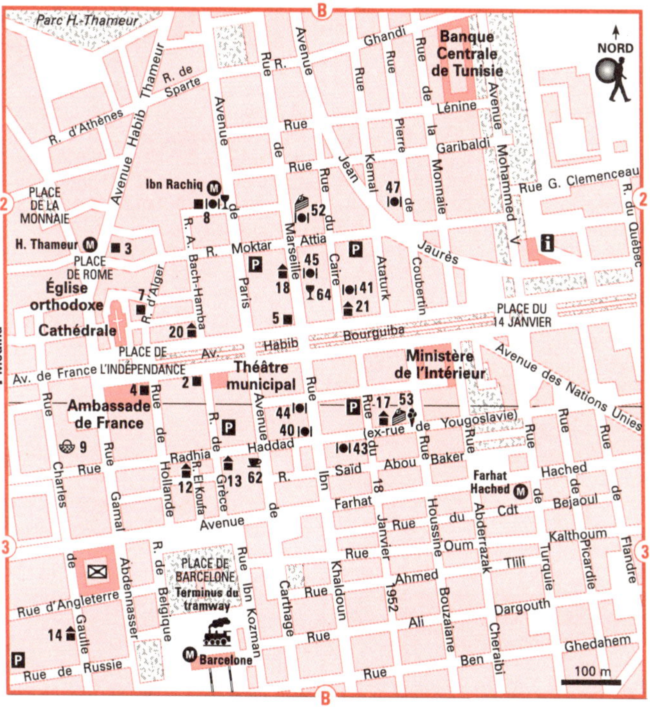

TUNIS – Centre (Zoom II)

Adresses utiles

- Office de tourisme (B2)
- **2** Banque BIAT (B2)
- **3** Société Tunisienne de Banque (B2)
- **4** Ambassade et consulat général de France (B2)
- **5** Librairie Al Kitab (B2)
- **7** Librairie Clairefontaine (B2)
- **8** Institut français (B2)
- **9** Monoprix (B3)

Où dormir ?

- **12** Hôtel Maison Dorée (B3)
- **13** Hôtel Salammbo (B3)
- **14** Hôtel de l'Agriculture (B3)
- **17** Golf Royal Hôtel (B3)
- **18** New Oscars Hôtel (B2)
- **20** Hôtel Tiba (B2)
- **21** Hôtel Carlton (B2)

Où manger ?

- **8** Le Carnot (B2)
- **40** Why Not ? (B3)
- **41** Neptune (B2)
- **43** Ton Ton Ville (B3)
- **44** Santorini (B2-3)
- **45** La Mamma (B2)
- **47** Chez Slah (B2)

Où manger une pâtisserie ? Où déguster une glace ?

- **52** Gourmandise (B2)
- **53** Chez Salem & Fils (B3)

Où boire un thé, un jus ? Où fumer la chicha ?

- **62** Café Bab Bhar (B3)

Où boire un verre ? Où sortir ?

- **8** Le Carnot (B2)
- **64** Espace Bouabana (B2)

■ ***Commissariat de police :*** *pl. Moncef-Bey. ☎ 71-252-752.*

Argent, change

■ ***Distributeurs automatiques :*** ils sont nombreux dans l'avenue Habib-Bourguiba, où se trouvent la plupart des banques, ainsi que dans l'avenue de Paris. Distributeurs également dans les bureaux de poste, dans le hall de la gare et même dans la médina (près de la Grande Mosquée, en face du resto *Mahdaoui ; zoom III, A3,* ***31***).

■ ***Banque BIAT*** *(zoom II, B2,* ***2****) : 12, av. de France, à côté du théâtre. Bureau de change : lun-ven 8h-16h30, w-e 7h15-12h30.* Distributeur et service *Western Union,* pour les envois d'argent en urgence depuis son pays de résidence.

■ ***Société Tunisienne de Banque*** *(zoom II, B2,* ***3****) : 1, av. Habib-Thameur. Lun-ven 8h-16h15, sam 9h-12h (été et ramadan, lun-sam 7h15-12h30). Également au 50, av. Habib-Bourguiba, à côté du « gratte-ciel » de l'hôtel Africa, avec une permanence de change (lun-sam 7h-19h).*

■ Il existe un changeur automatique à la **Banque de Tunisie** *(av. de France ; zoom II, B2),* qui permet de changer des euros à n'importe quelle heure.

– En dehors des heures d'ouverture des banques, adressez-vous aux grands hôtels. Leurs taux étant peu avantageux, cela reste une solution de dépannage.

– Le week-end, plusieurs bureaux sont ouverts à l'aéroport.

Représentations diplomatiques

■ ***Ambassade et consulat général de France*** *(zoom II, B2,* ***4****) : 1, pl. de l'Indépendance. ☎ 31-315-000 (permanence 24h/24). • tunis.consulfrance.org • Tlj 8h30-16h (ven jusqu'à 13h), fermé w-e.* L'endroit à consulter, en priorité, en cas de problème. Certains services reçoivent sur rendez-vous uniquement.

■ ***Ambassade de Belgique :*** *47, rue du 1er-Juin (c'est le quartier des ambassades, au nord de la ville). ☎ 71-781-655 (demander le service consulaire). • tunisia.diplomatie.belgium.be • Lun-jeu 8h-12h, 13h-16h. En été : lun-jeu 7h30-11h30, 11h45-14h45. Horaires restreints pdt le ramadan. Sur rdv uniquement.*

■ ***Ambassade de Suisse :*** *22, rue Platon, Z.A. Kheireddine, 2015 Le Kram. ☎ 71-191-997 (demander le service consulaire). • eda.admin.ch/tunis • Par tél, lun-ven 9h-12h30, 13h30-16h30 (fermé ven ap-m).*

■ ***Ambassade du Canada :*** *24, rue de la Feuille-d'Érable, 1053, Les Berges-du-Lac. ☎ 70-010-200. • canadainternational.gc.ca/tunisia-tunisie • Service consulaire lun-jeu 8h30-11h sur rdv seulement.*

Santé

Bon à savoir : en cas de problème, les quotidiens nationaux comme *La Presse* ou *Le Temps* publient chaque jour une liste exhaustive de numéros d'urgence : pharmacies de garde et de nuit, médecins de nuit... et plein d'autres infos pratiques moins urgentes.

Les 2 premières cliniques sont conventionnées avec la Sécurité sociale française.

✚ ***Clinique Saint-Augustin :*** *17, rue Abou-Hanifa, Tunis Mutuelleville. ☎ 71-783-033 ou 71-791-093.*

✚ ***Clinique Taoufik*** *(hors plan d'ensemble par A1) : bd du 7-Novembre-1987. ☎ 71-143-000. Proche du centre, quasi à l'angle nord-ouest du parc du Belvédère.*

■ ***Médecin conventionné avec la Sécurité sociale française :*** ***Dr Hedi Tira,*** *16, rue du Miel, Bab-el-Assal. ☎ 71-566-905.*

■ ***Allô Docteur :*** *☎ 71-959-200.*

■ ***Police secours :*** *☎ 197.*

■ ***SAMU :*** *☎ 190.*

Transports

■ ***Allô Taxi :*** *6, rue Ahmed-Amine, à El-Omrane. ☎ 71-840-840.*

■ ***Location de voitures :*** les principales agences se trouvent dans le quartier nord d'Ariana, dans la Z.I. Charguia *(hors plan d'ensemble par B1).* Le plus simple est de louer un véhicule à

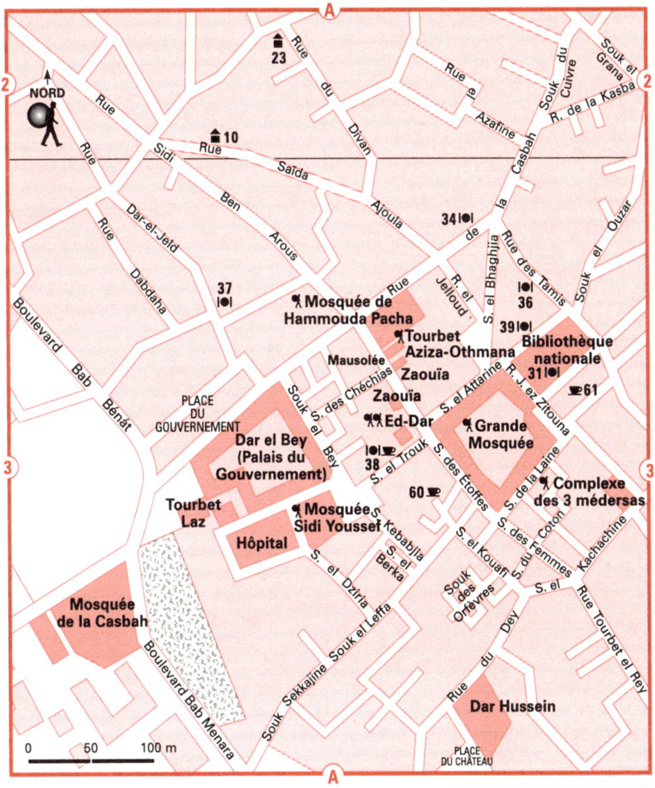

TUNIS – Les souks (Zoom III)

Où dormir ?

10 Auberge de jeunesse Tunis-Médina (A2)
23 La Chambre Bleue (A2)

Où manger ?

31 Mahdaoui (A3)
34 Dar Slah (A3)
36 Restaurant Dar Belhadj (A3)
37 Dar El-Jeld (A3)
38 El Mrabet (A3)
39 Fondouk El Attarine (A3)

Où boire un verre, un thé, un jus ? Où fumer la chicha ?

38 El Mrabet (A3)
60 Café Panorama la Médina (A3)
61 Café Ezzitouna (A3)

l'aéroport où elles possèdent toutes un bureau.

Culture

■ ***Livres français :*** pour les romans et ouvrages de collection sur la Tunisie, faire un tour à la librairie ***Al Kitab*** *(43, av. Habib-Bourguiba ; zoom II, B2,* ***5*** *; ☎ 71-258-566 ; tlj 8h-20h)* ; on y trouve même le *Routard* !

■ ***Clairefontaine*** (*zoom II, B2,* ***7***) **:** *4, rue d'Alger. Tt près de la pl. de l'Indépendance. ☎ 71-255-366. Tlj sauf* *dim 9h-19h.* Grand choix de livres de poche et de beaux livres sur la Tunisie, le monde arabe et à peu près tous les sujets possibles...

■ ***Théâtre municipal*** *(zoom II, B2) : av. Habib-Bourguiba. ☎ 71-259-499. Guichet : 2, rue de Grèce.* Un petit bijou d'architecture Art nouveau. Le *Café du Théâtre,* attenant, est l'un des plus beaux de l'avenue Habib-Bourguiba.

■ ***Institut français*** *(zoom II, B2,* ***8****) : 20, av. de Paris. ☎ 31-325-200. • institutfrancais-tunisie.com • Médiathèque : mar-mer, ven-sam 10h-18h, jeu 11h-19h.* Outre les cours de français dispensés aux Tunisiens, ce grand institut dispose d'une médiathèque (en accès libre) où sont organisés spectacles, projections, conférences et expositions. On y trouve également un super resto, *Le Carnot* (voir plus loin, « Où manger ? »).

■ ***Cinémas :*** *on trouvera la plupart des salles dans l'av. Habib-Bourguiba et les rues avoisinantes. Généralement 3 séances/j. Billets 4 fois moins chers qu'en France !* Pour les programmes, consulter les journaux comme *La Presse.* Certaines salles se présentent encore comme de véritables théâtres avec parterre, balcon et mezzanine.

■ ***Journaux français :*** *quasi partout dans le centre, en particulier av. Habib-Bourguiba. Un kiosque à côté de la cathédrale, un autre à l'angle nord-ouest de la pl. du 14-Janvier.*

■ ***Mains de Femmes :*** *3, rue de Hollande. ☎ 71-325-208. 📱 25-31-08-06. Tlj sauf dim 9h-16h30 (jusqu'à 12h sam).* Une association qui vient en aide aux femmes issues de milieux ruraux et isolés de Tunisie en leur fournissant matériel et formation à la broderie et au tissage. Ce magasin propose les produits conçus par leurs soins (tapis berbères traditionnels, nappes, serviettes, tuniques, etc.). Commerce on ne peut plus équitable, beaux produits et accueil adorable.

Hammams

Lire notre petit topo dans la rubrique « Hammam » du chapitre « Hommes, culture, environnement ». Populaire avant tout, le hammam est bon marché (en moyenne, compter 10 Dt maximum, massage et gommage inclus). N'oubliez pas serviette, gant (de crin), shampoing et un bout de savon.

Réservés aux femmes

– Les routardes iront au hammam du ***63, rue du Pacha*** *(zoom I, A2 ; tlj 8h-19h).* L'un des plus petits hammams de la capitale, mais rarement plein (éviter tout de même les samedi et dimanche).

– Possibilité aussi de se rendre ***rue de la Noria*** près du *dar* Larsam *(zoom I, A2 ; tlj 8h-17h30).*

Réservés aux hommes

– ***Hammam Kachachine*** *(zoom I, A3) : rue des Libraires, à côté de la Grande Mosquée. Accès par un barbier. Tlj 7h-16h.* L'un des plus authentiques de la capitale. Vaut autant pour l'ambiance que pour le décor, même si la propreté laisse franchement à désirer par endroits (ne pas oublier ses sandales !).

– Également un hammam dans la ***rue El-Adjamine*** (n° 100), à proximité de la *bab* Jédid. Ici, ni bains collectifs ni chauffage au bois. L'endroit est agréable et propre.

À chacun ses horaires

– ***Hammam Essiouda*** *(hors zoom I par A2) : rue Bab-el-Khadra, en dehors de la médina. Ouv le mat pour les hommes, l'ap-m pour les femmes.* L'un des plus connus de Tunis.

– ***Hammam Halfaouine*** *(zoom I, A2) : rue Sidi-Chicha, près de la bab Souika. Ouv mat et soir pour les hommes, l'ap-m pour les femmes.*

Alimentation

Marché central El-Ghalla *(zoom I, B3) : entre les rues Charles-de-Gaulle, d'Allemagne, d'Espagne et du Danemark.* Grand marché couvert (fruits, légumes, poisson). Animé surtout le matin.

Supermarchés : Magasin général *(av. de France ; tlj 8h-21h).* Vente d'alcool *(sauf ven),* mais très peu de fruits et légumes. Également un ***Monoprix*** *(8, rue Charles-de-Gaulle ; zoom II, B3,* ***9*** *; tlj 8h30-22h).* Vente d'alcool *(sauf ven).*

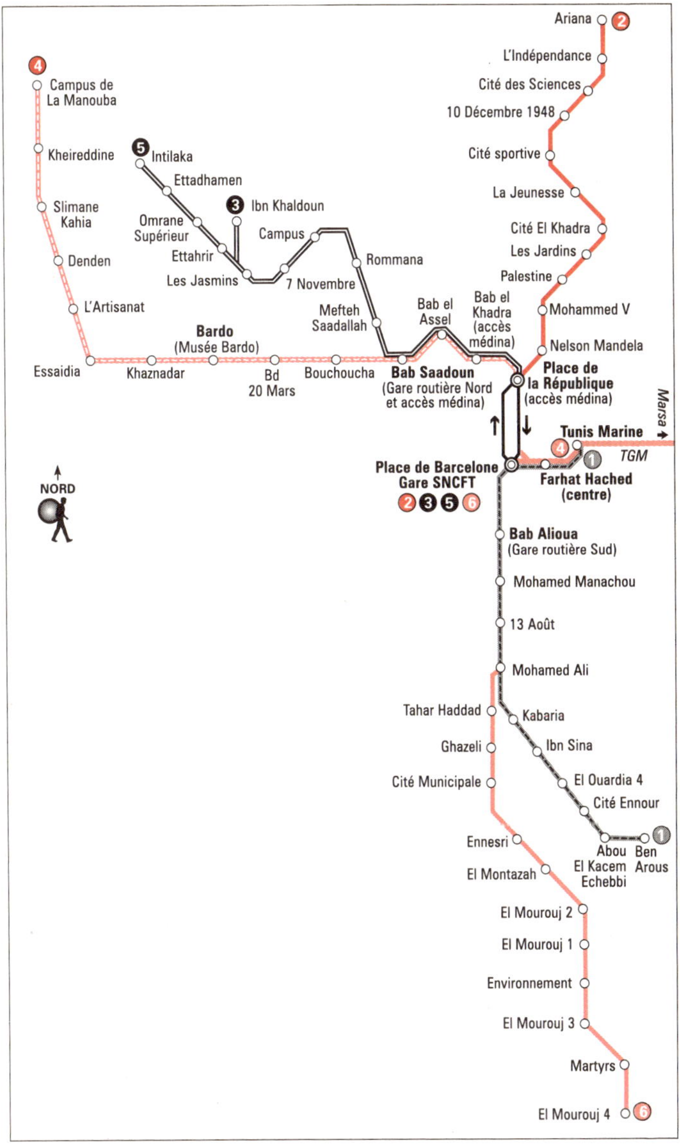

TUNIS – Plan du métro

Où dormir ?

Autant le savoir, le centre de Tunis compte une grande majorité d'hôtels aux tarifs très abordables, mais peu présentent des infrastructures récentes et modernes. Certains établissements ne semblent pas avoir bougé depuis l'époque de Bourguiba ! Demandez à jeter un œil sur une chambre, voire plusieurs avant de fixer votre choix. Dans la médina, en revanche, c'est tout de suite beaucoup plus glamour... mais bien plus cher, évidemment.

Bon marché (moins de 75 Dt / 25 €)

Auberge de jeunesse Tunis-Médina *(zoom III, A2,* ***10****)* **:** *25, rue Saïda-Ajoula. ☎ 71-574-884. 📱 98-578-638. • auberge.medina@topnet.tn • Accès soit par la médina, soit par la pl. du Gouvernement. Ouv 24h/24. Résa fortement conseillée. Compter 25-45 Dt/pers avec petit déj, en dortoir ou chambre double. Sdb commune. Panier repas et dîner possibles.* Cette auberge, nichée au cœur de la médina dans une ancienne demeure du XIXe s, est bourrée de charme. Patio tapissé de céramiques anciennes et, dans la petite salle sur la droite, un joli plafond du XVIIIe s avec les armoiries du bey. Les dortoirs climatisés de 4 et 6 personnes se trouvent à l'étage, les 4 petites chambres doubles au rez-de-chaussée (plus sombres). Salle de bains carrelée. Agréable balcon donnant sur le patio. Propose aussi des visites guidées de la médina, des excursions, ainsi que des cours de cuisine tunisienne.

Grand Hôtel de France *(zoom I, B3,* ***11****)* **:** *8, rue Mustapha-M'Barek. ☎ 71-326-244 ou 71-324-991. • hotelfrancetunis@yahoo.fr • Double avec sdb env 60 Dt.* Proche de la médina et de la porte de France, un hôtel « historique » qui a su conserver un certain charme, malgré le poids des années tout de même bien visible. Les chambres spacieuses, claires et hautes de plafond, disposent pour certaines d'une cheminée. Certes, l'ensemble n'est pas tout jeune, la literie est inégale (visiter plusieurs chambres), tout comme la propreté, mais c'est calme (particulièrement celles sur la courette intérieure, avec le petit balcon en prime). Accueil agréable.

Hôtel Maison Dorée *(zoom II, B3,* ***12****)* **:** *3, rue El-Koufa. ☎ 71-240-631 et 632. • hotelmaisondoree@gmail.com • Doubles 50-60 Dt sans ou avec sdb, petit déj copieux compris. Clim en sus.* L'un des plus vieux hôtels de Tunis, avec son mobilier et sa déco inchangés depuis les années 1950. Un brin désuet donc. Chambres correctes, quoique bien sombres, et salles de bains à l'entretien aléatoire. Évitez, tant qu'à faire, celles qui donnent sur la rue bruyante. Bar, salon et restaurant sans âme.

Hôtel de l'Agriculture *(zoom II, B3,* ***14****)* **:** *25, rue Charles-de-Gaulle. ☎ 71-326-394. Double 35 Dt avec douche, w-c et chauffage central, petit déj inclus.* Dans une rue animée et populaire, un hôtel de centre-ville aux chambres modestes, avec carrelage, murs « hôpital » et sanitaires d'époque. Évitez celles situées juste au-dessus du bar *Le Baccalauréat* si vous cherchez un minimum de tranquillité ! Une adresse vraiment pas chère (et ça se ressent !).

Hôtel Salammbo *(zoom II, B3,* ***13****)* **:** *6, rue de Grèce. ☎ 71-334-252 ou 71-350-732. • hotelsalammbo.com • Doubles env 40-60 Dt (avec lavabo, douche seulement ou douche/w-c), petit déj inclus. Clim en sus.* Derrière une belle façade coloniale plus que centenaire se cachent quelques chambres plutôt propres, même si l'ensemble mériterait un sacré lifting. Pour une différence de prix minime, choisissez-en une avec salle de bains, assez spacieuse, avec petit balcon et carrelage à l'ancienne qui donne un côté vintage pas déplaisant. Les sportifs seront à la fête : 4 étages et pas d'ascenseur ! Accueil inégal.

Prix moyens (75-150 Dt / 25-50 €)

Dar Ya *(zoom I, A2,* ***15****)* **:** *6, impasse de la Carrière. 📱 22-880-044 (WhatsApp). • contact@dar-ya.net • dar-ya.net • Double avec sdb commune*

120 Dt, petit déj inclus. L'une des rares adresses de la médina aux tarifs abordables. Pas le grand luxe, mais cette maison du XIXe s aux murs tapissés de belles mosaïques a énormément d'allure. Chambres organisées sur 2 niveaux, autour d'un grand patio, toutes simples et pas bien lumineuses, mais d'une propreté irréprochable. Grand toit-terrasse avec vue sur la vieille ville et cuisine à dispo pour les clients. Accueil fort agréable.

Hôtel Ariha *(plan d'ensemble, B1,* ***16****)* **:** *110, rue de Palestine. ☎ 71-281-599. ● hotel-ariha.com ● Double avec sdb env 130 Dt, avec petit déj.* Un 3-étoiles à l'écart de l'agitation, près du parc du Belvédère et de la mignonne place d'Afrique. Les chambres coquettes sont réparties sur 6 étages et disposent pour la plupart de petits balcons. Grand lit côté jardin, lits *twin* côté rue. Tout confort, mobilier en fer forgé et salles de bains agréables. Accueil professionnel et très aimable. Un hôtel moderne, parmi les meilleurs de cette catégorie et à des prix fort raisonnables. Un peu excentré, mais un taxi devrait vous conduire vers les restos de l'avenue Bourguiba pour quelques dinars.

Golf Royal Hôtel *(zoom II, B3,* ***17****)* **:** *51-53, rue Radhia-Haddad. ☎ 71-344-311. ● golfroyalhotel.com.tn ● Double env 150 Dt, petit déj inclus.* Fonctionnel et sans charme, un établissement classique pour businessmen de passage, mais qui a le mérite de proposer ce que la plupart de ses voisins du centre-ville n'offrent pas : à savoir une grande propreté et du confort « moderne » ! Personnel très compétent. Oubliez le bar et le resto qui n'apportent pas grand-chose à l'ensemble.

New Oscars Hôtel *(zoom II, B2,* ***18****)* **:** *12-14, rue de Marseille. ☎ 71-344-755. Double avec sdb et clim 120 Dt, petit déj compris.* Dans l'une des seules rues piétonnes du centre-ville, un hôtel qui tient la route, sans pour autant déborder de charme. Les amateurs de « glamour » apprécieront les rideaux et les dessus-de-lit en satin synthétique rouge. Pour le reste, c'est propre, l'accueil est agréable et certaines chambres, aux derniers étages, disposent d'un grand balcon assez sympa.

Chic (150-300 Dt / 50-100 €)

Hôtel Les Ambassadeurs *(plan d'ensemble, B1,* ***19****)* **:** *75, av. Taïeb-Mehiri. ☎ 71-846-000. ● ambassadeurs-hotel.tn ● Double avec sdb env 190 Dt, petit déj compris.* Situé juste en face du joli parc du Belvédère et de son zoo, que l'on peut d'ailleurs voir du balcon de la plupart des chambres. Préférez celles en étage élevé, moins bruyantes. Chambres modernes irréprochables, toutes avec baignoire et bel évier en marbre. Un peu excentré, mais des taxis passent souvent en maraude et rejoignent le centre en quelques minutes pour un prix riquiqui. Resto et bar lounge sur place. Accueil très pro et chaleureux.

Hôtel Tiba *(zoom II, B2,* ***20****)* **:** *4, rue Ali-Bach-Hamba. ☎ 71-240-322. ● hoteltiba.com ● Double avec sdb 180 Dt, petit déj compris. CB acceptées.* Dans une rue tranquille à 2 pas de la place de l'Indépendance, ce petit hôtel de 4 étages se cache derrière une façade impersonnelle et froide. À l'intérieur, surprise : l'accueil est sympa comme tout et les chambres, bien qu'assez exiguës, se révèlent plutôt agréables avec leurs tonalités orangées très seventies. Net, confortable et fonctionnel. Pour couronner le tout, le petit déj varie tous les jours et tient son rang. Au final, un bon rapport qualité-prix.

El Patio *(zoom I, B3,* ***22****)* **:** *36, rue Tourbet-el-Bey. 📱 52-168-862 et 29-522-476. ● elpatio-tunis.com ● Doubles 60-90 €, petit déj inclus. Loc de la maison en entier possible.* Au sud de la grande mosquée, cette belle maison d'hôtes abrite 3 chambres de tailles variables (la moins chère n'est pas bien grande), toutes décorées avec un goût certain (tapis épais, salle de bains en marbre, portes et têtes de lit ornées de délicats motifs arabo-andalous). Atmosphère intimiste et assez classe, notamment dans le grand patio couvert du rez-de-chaussée où l'on prend le petit déj sur les tables colorées. Une très belle adresse en plein cœur de la médina !

La Chambre Bleue *(zoom III, A2,* ***23****)* **:** *24, rue du Divan. 📱 22-579-602*

(WhatsApp). • lachambrebleue.net • En plein cœur de la médina (aucune indication sur la façade) ; pour éviter de traverser les souks, accès par la pl. du Gouvernement. Résa indispensable. Doubles 70-90 €, petit déj inclus. Dans un très beau *dar* datant du XIXe s, Sondos, l'adorable maîtresse des lieux, propose 2 chambres aux styles radicalement différents. Celle de l'étage fait plutôt penser à une suite. Immense et tapissée de faïence bleue, avec coin salon et lit dans une alcôve de boiseries sculptées, elle est typique du style tunisois italianisant, un poil mégalo mais franchement superbe ! Au rez-de-chaussée, dans la partie la plus ancienne de la maison, plantée d'une colonne romaine, une chambre au style arabo-musulman classique (murs à la chaux, voûtes), plus épurée mais également pleine de charme. Un bel endroit en vérité.

Dar Ben Gacem Pasha *(zoom I, A2,* ***24****) : 38, rue du Pacha. ☎ 71-563-742. • darbengacem.com • Résa conseillée. Doubles 80-95 €, petit déj compris.* Le propriétaire de cette maison d'hôtes a sollicité l'aide de l'Association pour la sauvegarde de la Médina pour restaurer cette superbe demeure du XIXe s... et bien lui en a pris ! Le résultat est tout simplement magnifique. Dans chacune des chambres, réparties sur 2 niveaux, ce n'est pas Tunis, mais Byzance ! Alcôves sculptées de stuc, mosaïques multicolores, mobilier en bois d'olivier, lustres... sans oublier l'immense toit-terrasse avec son boudoir drapé de voiles blancs. Bref, un sans-faute pour cette adresse parmi les plus chics de la ville. D'ailleurs, le proprio a ouvert une autre belle maison d'hôtes, du XVIIe s cette fois, à 300 m de la 1re (***Dar Ben Gacem Kahia*** : *16, rue Kahia ; ☎ 71-573-086*).

Hôtel Royal Victoria *(zoom I, B2,* ***25****) : 5, pl. de la Victoire. ☎ 71-320-066. • hotel-royalvictoria.com • Résa conseillée très à l'avance. Doubles avec sdb 180-240 Dt, petit déj inclus. CB acceptées.* À quelques mètres de l'entrée de la médina par la *bab* El-Bahr (« porte de la Mer »), le *Royal Victoria* propose une quarantaine de chambres irréprochables et un accueil à l'avenant. Le bâtiment date du XVIIe s et a longtemps abrité l'ambassade du Royaume-Uni avant d'être entièrement rénové. Demandez une chambre avec balcon au 3e étage pour profiter tôt le matin du réveil de la médina !

Hôtel Carlton *(zoom II, B2,* ***21****) : 31, av. Habib-Bourguiba. ☎ 71-335-351. • hotelcarltontunis.com • Résa conseillée bien à l'avance. Doubles avec sdb 210-240 Dt, petit déj compris. CB acceptées.* Très bien situé sur l'avenue principale du centre-ville, ce bel hôtel 3 étoiles à la façade Art déco reste une valeur sûre du centre-ville. Chambres modernes, confortables et plaisantes. Quelques-unes sont plutôt petites : essayez d'en visiter plusieurs. Celles donnant sur l'avenue bénéficient d'un balcon et d'un triple (!) vitrage qui assure un certain calme. Location de voitures, navette aéroport (chère). Pleins de conseils à dispo des clients (plans, adresses shopping, de restos...).

Où manger ?

On peut manger correctement et pour pas cher à Tunis. Les restos sont essentiellement concentrés autour de l'avenue Habib-Bourguiba *(zoom II)*, ainsi que dans la médina *(zooms I et III)*, où vous trouverez les établissements les plus réputés de la ville, ouverts midi et soir. Dans le centre-ville, ambiance populaire et pas chère mais, malheureusement, souvent... enfumée ! Si vous ne voulez pas que votre cantine rime avec nicotine, mieux vaut éviter l'heure de pointe (les Tunisiens dînent tôt, entre 18h et 20h généralement).

Dans la médina

Attention, les petits restos sont en général fermés le soir et le dimanche. Sachez que l'on passe sans transition, y compris pour le porte-monnaie, du resto populaire aux adresses beaucoup plus chics, installées dans d'anciens palais.

Bon marché (moins de 20 Dt / 7 €)

Mahdaoui *(zoom III, A3, **31**)* : *rue Jamâa-ez-Zitouna. En face de l'escalier de la Grande Mosquée, sous le passage voûté. Tlj sauf dim 12h-16h.* Resto populaire aux bons petits plats du jour (couscous à la viande ou poisson, tajine, etc.). On mange en salle ou à l'extérieur, sous les arcades du souk. Nombre de travailleurs de la médina y déjeunent, accueillant volontiers les touristes un peu perdus au milieu de la bousculade des plats. Hyper copieux et sans chichis. Service rapide et accueil souriant.

Prix moyens (20-40 Dt / 7-13 €)

El Ali *(zoom I, B3, **33**)* : *45 bis, rue Jamâa-ez-Zitouna. ☎ 71-321-927. Tlj sauf dim 12h-17h.* Installé dans une belle demeure ancienne faite de coins et de recoins, ce resto est l'un des plus appréciés des Tunisois pour son ambiance et la délicatesse de sa cuisine traditionnelle. On s'installe dans l'une des 2 charmantes petites salles pour découvrir les spécialités à base de poisson ou de viande *(kabhabou, boulis m'kattaf)*, préparées grillées ou mijotées. Goûtez, par exemple, le poisson farci aux crevettes, ou la marmite kerkennaise... un délice ! Excellent service et atmosphère conviviale. Au dernier étage, un super café culturel qui vaut également le détour (voir « Où boire un thé... ? »).

Dar Slah *(zoom III, A3, **34**)* : *145, rue de la Casbah. ☎ 71-261-026. Tlj sauf dim 12h-15h30. Pas d'alcool.* Sadri, le chaleureux patron, aime à faire découvrir des saveurs et produits que ne proposent pas ses concurrents. S'apprêter donc à faire un voyage culinaire en commençant par un assortiment d'entrées, suivi d'un copieux plat traditionnel enrichi de produits variant au fil des saisons. Pour finir, un dessert maison (demander à goûter à l'*assidat zgouzgou*, à se damner !). Un excellent rapport qualité-prix-accueil, servi dans une salle agréable, à l'abri de l'agitation du souk.

Chez Khaïri *(zoom I, B2, **35**)* : *32, rue des Glacières. ☎ 71-575-907. Tlj sauf dim 12h-17h.* Hors des sentiers battus de la médina (mais à seulement 2 rues de la porte de France), une cantine comme on les aime, pas chère et fréquentée par une clientèle d'habitués. Une seule salle, tout en longueur, où les bols de *chorba* fumants et les copieux plats de poisson grillé et de viande mijotée circulent de table en table. Une vraie tranche de vie, doublée d'une réelle gentillesse envers les clients, comme cette tradition qui veut qu'on les parfume à la fleur d'oranger à la fin du repas (inutile de protester, vous n'y échapperez pas !).

Chic (40-60 Dt / 13-20 €)

Restaurant Dar Belhadj *(zoom III, A3, **36**)* : *17, rue des Tamis. ☎ 71-200-894. À proximité de la Grande Mosquée. Sonnez à la grande porte verte et attendez que l'on vienne vous ouvrir. Tlj sauf dim, midi et soir. Pdt le ramadan, ouv seulement à partir de l'iftar (rupture du jeûne). CB acceptées. Pas d'alcool.* Les tables sont disposées au sein d'un superbe patio ancien tapissé de mosaïques, mais aussi dans plusieurs petites salles intimes au 1er étage avec plusieurs alcôves très cosy pour prendre le thé ou manger une pâtisserie. Un joli écrin où l'on prépare une cuisine tunisienne goûteuse, avec un large choix de poissons, couscous et spécialités à base d'agneau.

Dar El-Jeld *(zoom III, A3, **37**)* : *5, rue Dar-el-Jeld. ☎ 71-560-916. Il faut sonner à la porte jaune pour qu'on vous ouvre. Lun-sam, le soir seulement, dès 19h30. Résa indispensable. Sert de l'alcool. CB acceptées.* Cadre exceptionnel d'une vieille maison traditionnelle : murs recouverts de superbes zelliges polychromes, plafond de stuc sculpté en de véritables dentelles, balcons et petits salons surplombant un patio. Dans l'assiette au dressage soigné, cuisine traditionnelle tunisienne convaincante, comme ce goûteux couscous de poisson à accompagner d'un vieux magon. Le soir, les tourtereaux apprécieront un tête-à-tête à la lueur d'une bougie, accompagné par le doux son du *qanûn* (sorte de cithare sur table). Une véritable institution considéré comme l'un des meilleurs restaurants de Tunis !

El Mrabet (*zoom III, A3,* ***38***) *: 27, rue Souk-el-Trouk. 93-420-895. Tlj 11h-18h. Fermé pdt le ramadan. CB acceptées.* En plein cœur des souks, voici encore un lieu très agréable, niché dans une ancienne demeure comme il se doit. Après avoir traversé le bar à chicha du rez-de-chaussée (voir « Où boire un thé... ? »), on atteint le restaurant situé à l'étage de la maison, lumineux et élégant dans sa simplicité. Plats soigneusement préparés et joliment mis en scène dans les assiettes. La carte, relativement réduite, invite à découvrir une cuisine fine et fraîche, servie avec grande gentillesse. Une adresse délicate pour se restaurer, ou juste pour boire un verre.

Fondouk El Attarine (*zoom III, A3,* ***39***) *: 9 bis, Souk-Attarine. ☎ 71-322-244. Tlj sauf dim 10h-18h. Le café et les boutiques ouvrent à partir de 10h15. Pas d'alcool. CB acceptées.* Cet ancien caravansérail abrite aujourd'hui un restaurant qui prend ses aises dans un vaste patio, assez sobre. Autour, au rez-de-chaussée et à l'étage, quelques pièces converties en boutiques d'artisanat proposent une sélection d'objets et de textiles particulièrement bien choisis, assez chers mais d'une rare qualité. Possibilité aussi de boire un café. Côté cuisine, du traditionnel bien fait et généreux. Le patio, tout en vert et ocre, est encore plus séduisant en fin de journée quand l'éclairage, bien pensé lui aussi, ajoute un brin de féerie au lieu !

Dans la ville moderne

Bon marché (moins de 20 Dt / 7 €)

Comme les hôtels, la plupart des restos du centre-ville semblent ne pas avoir bougé depuis les années 1970 ! Mais si le cadre est rarement glamour, l'assiette, elle, est plutôt convaincante, et les tarifs restent largement abordables. Évitez les terrasses qui fleurissent le long de l'avenue Bourguiba, les touristes y paient le prix fort, et optez plutôt pour les petites rues perpendiculaires, bien plus typiques.

Why Not ? (*zoom II, B3,* ***40***) *: à l'angle des rues Ibn-Khaldoun et Radhia-Haddad. Tlj 6h-22h.* Un petit comptoir de bois et de brique prisée de la jeunesse tunisoise, qui vient dévorer ici de délicieux sandwichs préparés devant vous. 3 sortes de pains différents (et qu'il est bon, leur pain !), plein de garnitures au choix (*chawarma,* agneau kebab, fromage, omelette, etc.) et des prix vraiment tout doux. À emporter ou à engloutir debout, accoudé aux petits comptoirs sur le trottoir. Un pur bonheur !

Neptune (*zoom II, B2,* ***41***) *: 3, rue du Caire. ☎ 71-254-820. Tlj 12h-22h.* Dans une salle tout en longueur (et non-fumeurs !), à la déco « marine » faite de bric et de broc (poissons en porcelaine et un Neptune en mosaïque qui surveille les tables du coin de l'œil), on y sert une cuisine toute simple, mais copieuse et pas chère, davantage réputée pour son poisson que pour ses viandes. Bon à savoir : c'est l'un des rares restos à être ouverts le dimanche soir.

Prix moyens (20-40 Dt / 7-13 €)

Le Carnot (*zoom II, B2,* ***8***) *: 20, av. de Paris (dans l'Institut français). 31-325-217. Tlj sauf dim 9h-minuit. Sert de l'alcool.* Niché dans la cour centrale de l'Institut français. Oubliez la déco, ce resto-bar vaut surtout pour sa très grande terrasse. Plats du jour affichés chaque midi sur l'ardoise (pas cher !), à la carte le soir pour des recettes un peu plus élaborées (souris d'agneau, *fettucine* aux fruits de mer, saumon *a la plancha,* etc.). Sélection de vins français et tunisiens, pâtisseries maison, bon café et accueil aux petits oignons, que demander de plus ?

Ton Ton Ville (*zoom II, B3,* ***43***) *: 96, rue Radhia-Haddad (ex-rue de*

Yougoslavie). ☎ 71-253-918. Tlj sauf dim 12h-22h. Sert de l'alcool. Derrière ces vitres opaques se cache une véritable institution en matière de resto populaire. Une salle carrelée, tout en longueur, coupée en 2 par une vitre pour un espace censé être non-fumeurs (mais qui l'est rarement, malheureusement !). Les serveurs y virevoltent depuis bien des années, sous l'œil du patron planté derrière son bar. Ses poissons grillés sont excellents, ses fruits de mer éclatants de fraîcheur et ses plats de viande et brochettes copieux. Sacrée ambiance certains soirs quand le brouhaha peine à couvrir le « plop » des bouteilles de vin.

La Mamma *(zoom II, B2, **45**) : 11 bis, rue de Marseille. 36-117-688. Tlj sauf dim. Sert de l'alcool.* Une adresse originale, regroupant 2 restos, chacun avec son entrée. On ne conseille pas forcément celle de gauche, qui mène à une salle très simple, à l'ambiance masculine et « nicotinée » à souhait, même si le concert live est plutôt sympa. À droite, en revanche, un tout autre univers, fait de coins et recoins sur différents niveaux, décorés de quelques objets de brocante (gramophone, tourne-disque, etc.). On y sert une cuisine mi-tunisienne, mi-italienne, plutôt bonne et variée. Éviter cependant les pizzas, peu convaincantes. Service efficace et ambiance tamisée assez agréable.

Paradiso *(plan d'ensemble, B1, **46**) : 16, av. des États-Unis. ☎ 71-786-863. Tlj sauf dim 12h-22h (23h sam). Sert de l'alcool.* Dans la jolie avenue des États-Unis frangée de palmiers, un resto méditerranéen qui navigue entre Italie (bonnes pâtes fraîches aux recettes originales) et Tunisie (daurade grillée, bricks, salade méchouia, etc.) avec un certain talent. Salle chic et sobre, avec murs vert canard et poutres apparentes. Carte assez réduite (c'est bon signe) et accueil prévenant. Une adresse excentrée mais très correcte pour ceux qui logent vers le parc du Belvédère.

Santorini *(zoom II, B2-3, **44**) : 7, rue Ibn-Khaldoun (en face du cinéma ABC). 52-679-666. Tlj 7h-minuit.* Dans un décor « cycladisant » à souhait (mosaïques, galets, tons bleus et blancs), le *Santorini* propose une carte qui joue le pas de côté dans un quartier typique et populaire du centre. Omelettes hyper copieuses, paninis, yaourts grecs, jus frais pressés à la minute sont un vrai régal pour des prix très abordables. Un conseil au manager pour la suite : arrêter les pailles en plastique !

Chic (40-60 Dt / 13-20 €)

Chez Slah *(zoom II, B2, **47**) : 14 bis, rue Pierre-de-Coubertin. ☎ 71-258-588. Fermé lun et pdt le ramadan. Résa conseillée. CB acceptées. Voiturier. Sert de l'alcool.* Le rendez-vous des notables tunisiens et des expatriés de tous horizons. À l'écart du flot touristique, le resto se situe dans une maison particulière. La salle, élégante mais sans esbroufe, avec ses nappes colorées et ses belles mosaïques aux murs, accueille une quinzaine de tables autour desquelles se bousculent des serveurs sympa et « nœud papillonnés ». Dans l'assiette, du poisson principalement, avec une mention spéciale pour le loup grillé. Attention toutefois aux mauvaises surprises au moment de l'addition : le prix affiché vaut pour 100 g de poisson, il peut donc facilement tripler. Une très bonne table, dont la réputation n'est plus à faire.

Où manger une pâtisserie ?
Où déguster une glace ?

Les Galets *(plan d'ensemble, B1, **54**) : 69 bis, av. Taïeb-Mehiri. À côté de l'hôtel Les Ambassadeurs. Tlj sauf dim 8h30-19h.* Cette petite boutique qui ne paie pas de mine compte parmi les meilleures pâtisseries de Tunis. Autre enseigne à La Marsa.

Chez Salem & Fils *(zoom II, B3, **53**) : 49, rue Radhia-Haddad (ex-rue de Yougoslavie). Lun-ven 7h-19h.* Même proprio que l'enseigne de La Marsa. Glaces artisanales exceptionnelles. Les Tunisois y viennent aussi pour goûter des spécialités qui ne se font plus ailleurs :

les *cannoli,* uniquement sur commande car la ricotta fraîche ne se garde pas, ou cette excellente gélatine aux amandes.

Gourmandise *(zoom II, B2,* ***52****) : 17, rue de Marseille. Entre les rues Garibaldi et Moktar-Attia. Tlj sauf dim 9h-18h.* Il s'agit d'une chaîne dont la propriétaire est originaire de Sfax, ville réputée pour ses pâtisseries et sa cuisine en général. Aux gâteaux d'inspirations française et tunisienne qui ne sont pas donnés, on préfère les bons sandwichs, comme ces petites fricassées, que l'on pourrait avaler par dizaines !

Plusieurs ***marchands*** dans la médina, à l'angle du souk El-Belat et du souk Esseraïria *(zoom I, A3),* préparent des pâtisseries devant vous et notamment des *makroud,* composés d'une pâte de semoule frite et fourrée aux dattes, spécialité de Kairouan.

Où boire un thé, un jus ? Où fumer la chicha ?

Dans la médina

Café Panorama la Médina *(zoom III, A3,* ***60****) : impasse Wargla, derrière la Grande Mosquée (fléché). Tlj 8h30-19h, plus tard en été.* Bienvenue sur l'une des plus grandes et des plus hautes terrasses de la vieille ville ! Vue superbe, donc, sur ce *rooftop* en mosaïques bleues, plein de coins et de recoins pour bavarder, fumer la chicha ou avaler une gourmandise (crêpes, gaufres, etc.). En été, super ambiance (concerts, soirée poésie, slam, etc.).

El Mrabet *(zoom III, A3,* ***38****) : 27, rue Souk-el-Trouk. 93-420-895. Tlj 8h-20h ; fermé le midi pdt le ramadan. CB acceptées.* En plein cœur des souks, ce joli bar – avec ses hauts plafonds, ses colonnes torsadées et ses banquettes recouvertes de tapis – offre un cadre idéal pour siroter un thé aux amandes ou fumer une chicha. Vous pouvez aussi opter pour l'une des belles terrasses aux murs à la chaux, agrémentées de quelques mosaïques et plantes, en profitant de la vue sur les minarets voisins. Un de nos endroits préférés à Tunis.

El Ali Café Culturel *(zoom I, B3,* ***33****) : 45 bis, rue Jamâa-ez-Zitouna. ☎ 71-321-927. Tlj sauf dim 8h-17h.* On aime aussi beaucoup ce lieu atypique, gentiment branché bien que fréquenté par une clientèle éclectique. Selon l'humeur et la météo, on prend place dans la salle cosy où quelques bouquins sont à disposition, ou sur la grande terrasse sur 2 niveaux où chacun peut trouver son intimité. Très sympa et sans chichis (ni chicha, d'ailleurs !).

Café Ezzitouna *(zoom III, A3,* ***61****) : rue Jamâa-ez-Zitouna, ruelle face à l'entrée de la Grande Mosquée. Lun-sam 4h-19h30, dim 5h-14h.* En plein cœur des souks, à 2 pas de la Grande Mosquée, on y fume la chicha sous les arcades de la Bibliothèque nationale. Dans la salle ouverte sur la ruelle, superbe déco, mariage réussi de mosaïques polychromes, boiseries et cuivre martelé. Une institution masculine, certes, mais où les routardes sont toujours très bien accueillies.

Dans la ville moderne

Vous avez l'embarras du choix parmi les nombreuses terrasses sur l'avenue Habib-Bourguiba. Outre l'immanquable et traditionnel ***Grand Café du Théâtre,*** avec ses grands parasols jaunes, les terrasses du centre-ville réunissent jeunes et moins jeunes, dans un mélange assez sympa de grosses lunettes de soleil très bling-bling et de chéchias traditionnelles. Attention, cependant, à bien regarder les prix avant de commander, le café atteint parfois des prix presque parisiens !

Café Bab Bhar *(zoom II, B3,* ***62****) : angle rue Radhia-Haddad (ex-rue de Yougoslavie) et av. de Carthage. Tlj jusqu'à 22h.* Décor marocain très coloré, aux murs de mosaïques et plafond de bois sculpté et peint, petites tables octogonales en bois et banquettes rembourrées. L'ensemble, inondé de lumière, est exagérément voyant, mais ce café-chicha connaît un vrai succès auprès d'une clientèle hétéroclite et surtout mixte, ce qui reste assez rare pour ce genre d'endroit. Bon, évidemment, ça fume beaucoup...

Où boire un verre ? Où sortir ?

Le Duplex *(plan d'ensemble, B1,* ***63****)* **:** *4, av. Kheireddine-Pacha. 29-830-830 (WhatsApp). Tlj sauf dim 12h-2h.* Ce grand bar tout en longueur à la déco sobre et assez classe (parquet, tables hautes, personnel en chemise blanche) n'a pas volé sa réputation officieuse d'établissement le plus cool de Tunis. Ici, on parle, on drague, on boit, on chante beaucoup aussi (concerts quasi tous les soirs), le tout dans une ambiance très bon enfant, pas bling-bling pour un sou. Entre 2 cocktails, possibilité de picorer des tapas, assiettes de fromage et petites pizzas assez réussies. Bondé tous les soirs, réservation conseillée si vous êtes nombreux.

Le Carnot *(zoom II, B2,* ***8****)* **:** *20, av. de Paris (dans l'Institut français). 31-325-217. Tlj sauf dim 9h-minuit.* Le resto de l'Institut français (voir « Où manger ? ») fait également très bien l'affaire à l'heure de l'apéro, bien installé sur la terrasse, un verre de *Magnifique* (bon petit cru Tunisien) ou de bière à la main.

Espace Bouabana *(zoom II, B2,* ***64****)* **:** *11, rue de Marseille. Tlj 10h-23h30. Sert de l'alcool.* Il faut grimper au 1er étage du restaurant *Al Mazar* pour se rendre à l'Espace Bouabana... c'est là que ça se passe ! Repaire historique de la gauche intellectuelle et contestataire du temps de Ben Ali, ce café-resto-bar enfumé composé de plusieurs salles est l'endroit idéal pour rencontrer quelques « anciens », refaire le monde autour d'une (ou plusieurs !) *Celtia* et assister à des concerts assez déjantés (souvent un synthétiseur, une boîte à rythmes et un micro suffisent !). Une belle tranche d'histoire de la Tunisie entre 4 murs.

À voir

LA VILLE COLONIALE

Comme souvent à l'arrivée des Européens, la ville indigène incarne à leurs yeux l'archaïsme, le désordre et la saleté. Rapidement, les autorités coloniales imposent un nouveau plan d'urbanisme pour matérialiser la rationalité, la modernité et les préoccupations hygiénistes, en bref, la « civilisation »... Ainsi la ville coloniale s'organise-t-elle autour d'avenues rectilignes et larges, conformément aux exigences de l'époque, déjà expérimentées à Paris par le préfet Haussmann, au XIXe s. C'est d'ailleurs en 1860 que le consul de France, Léon Roches, obtint du bey l'autorisation de bâtir la chancellerie hors les murs, sur l'avenue de la Marine tout juste tracée. Ce choix marque la naissance de la ville nouvelle, qui se construit sur des marécages insalubres de part et d'autre de l'avenue qui deviendra plus tard l'avenue Habib Bourguiba. Progressivement, les terrains sont comblés puis construits. Ils présentent aujourd'hui de beaux exemples architecturaux, notamment d'inspiration Art nouveau, comme le grand bâtiment du 114, rue Radhia-Haddad (ex-rue de Yougoslavie) ou le Théâtre municipal (sur l'av. Bourguiba). Cette ville coloniale s'étend entre le lac et la médina, et s'articule autour d'un axe formé par l'avenue Habib-Bourguiba prolongée par l'avenue de France. Elle aboutit à la **porte de France** *(bab El-Bahr ; zoom I, A2),* qui donne accès à la vieille ville (voir plus loin « La médina »).

ZINA ET AZIZA

Il s'agit de 2 danseuses très populaires dans les années 1960. Elles dansaient toujours ensemble. Voilà pourquoi les Tunisiens surnomment les bus doubles reliés par un soufflet... Zina et Aziza.

*** **L'avenue Habib-Bourguiba :** au début de l'avenue Habib-Bourguiba (côté ouest) se trouve la station Tunis-Marine du *TGM,* le train qui permet de se rendre sur la côte. Place du 14-Janvier-2011 (ex-place du 7-Novembre, rebaptisée en hommage au jour de l'abdication de Ben Ali), la statue équestre géante du « Combattant suprême » (Habib Bourguiba), d'abord déboulonnée pour céder la place à une horloge métallique en moucharabiehs créée par des architectes franco-tunisiens, a été replacée depuis, quelques dizaines de mètres plus loin. L'avenue est hyper propre, agréable et plantée d'une rangée d'arbres sur son allée centrale en granit, ce qui procure une ombre bienfaisante et appréciable aux heures chaudes. Entre les innombrables terrasses où il fait bon siroter un thé ou un café (pas d'alcool), les vendeurs de jasmin ont cédé la place aux bonshommes verts de la propreté municipale et aux policiers armés qui assurent le calme de cette avenue mythique, sorte de Champs-Élysées tunisois, vue dans tous les médias pendant la révolution. Certains immeubles datant du protectorat, de pur style Art déco, sont des morceaux d'anthologie, comme le ***Théâtre municipal*** *(zoom II, B2),* à l'angle de la rue de Grèce, ou l'***hôtel Carlton*** au n° 31. La « bonbonnière » de Tunis (comprenez le théâtre) a d'ailleurs eu chaud dans les années 1980, car il a été question de la raser. Sur fond de tollé général, un mouvement de défense s'est organisé avec l'aimable participation de Jean-Claude Brialy. Finalement, le théâtre a été restauré. Une petite maquette est présente au guichet (rue de Grèce), même si l'on peut faire encore mieux : s'offrir un spectacle et voir l'intérieur du lieu (même si les représentations en français s'y font de plus en plus rares...).

La place de l'Indépendance est bordée d'un côté par la ***cathédrale Saint-Vincent-de-Paul,*** patchwork de tous les styles en vogue lors de sa construction en 1882, et, de l'autre côté, par le ***consulat et l'ambassade de France,*** plus discrets.

En suivant la rue Charles-de-Gaulle, on parvient au marché couvert, appelé ***marché central El-Ghalla*** *(zoom I, B3),* qui s'étend entre les rues d'Espagne, d'Allemagne et du Danemark. On y trouve de tout, des fruits aux légumes en passant par le poisson, la viande, les épices... L'occasion d'une chouette balade (surtout en début de matinée, quand l'animation atteint son pic).

La découverte architecturale de cette ville coloniale ne serait pas complète sans une incursion dans l'***avenue Habib-Thameur*** *(zoom II, B2)* où se dresse, au n° 10, le très bel immeuble de la *Trésorerie générale,* et dans l'***avenue de la Liberté,*** au n° 22, l'étonnante façade de la *Banque centrale de Tunisie (zoom II, B2).*

Il faut aussi flâner ***avenue de Carthage et avenue de Paris*** *(zoom II, B2-3),* ainsi qu'***avenue de Londres,*** près du square Habib-Thameur, où il y a de belles découvertes à faire. À vous de jouer.

LA MÉDINA

Exceptionnelle, un monde à elle toute seule ! La médina de Tunis constitue l'un des plus beaux ensembles de mosquées, *médersas* (école coranique), *tourbets* (tombeau d'une famille) et *zaouïas* (mausolée abritant la tombe d'un saint) du Bassin méditerranéen. Sans oublier les *dar* (habitations nobles) qui se cachent dans le dédale des ruelles, derrière de lourdes portes ouvragées. Rien ne laisse deviner qu'ils abritent en leur centre un jardin qui rafraîchit l'atmosphère et illumine l'intérieur. Sous le patio central des plus belles maisons, une citerne, ou *mejen,* récupère encore les eaux de pluie pour le nettoyage. Cette gestion de l'eau existe depuis l'époque romaine. Aujourd'hui, ces demeures servent parfois de lieux d'exposition ou de restaurants, et témoignent à coup sûr de la richesse artistique

du pays. Pas un hasard si l'Unesco a inscrit la médina au Patrimoine mondial de l'humanité en 1979. Sa visite est une fascinante incursion dans le temps et une leçon d'histoire vivante.
La médina (« ville ») est fondée par les Arabes à la fin du VIIe s et deviendra définitivement capitale au XIIe s. Elle occupe un vaste espace clos par des remparts et ouvert sur l'extérieur par quelques portes, les *bab* (prononcer « bèb »). Ces remparts ont cédé la place à un boulevard de ceinture. On peut pénétrer dans la médina par n'importe quelle rue ou porte ; la plus fréquentée est la *bab* El-Bahr *(zoom I, A2)*. Les quartiers sud et nord de la médina réservent également leur lot de bonnes surprises.
L'ensemble est ponctué de palais et grandes demeures entièrement isolés de la rue, seulement reconnaissables à ces portes monumentales ouvragées qui ornent les cartes postales. Pendant la 2de quinzaine du ramadan, dès la nuit tombée, la fête s'empare des ruelles et des demeures secrètes ouvrent leurs portes pour l'occasion. Le festival de la Médina joue sur tous les rythmes et fait battre à l'unisson le pouls des Tunisois qui viennent là pour se ressourcer et se rappeler que le cœur de la ville est aussi un peu le leur.

LES MYSTÈRES DE LA PORTE JAUNE

Ces magnifiques portes de la médina s'ouvrent sur de belles histoires. Elles sont souvent jaunes, couleur fréquemment citée dans le Coran et considérée comme sacrée. Plantés sur les portes, les clous dessinent les signes religieux comme l'étoile et le croissant pour l'islam. Mais sur une même porte, on peut voir la croix chrétienne, et, plus surprenant, des étoiles de David. Cette représentation de la religion juive est aussi un puissant symbole magique et un talisman supposé éloigner le mauvais sort. Toutes ces marques religieuses sont censées protéger la maison et assurer le bonheur aux heureux propriétaires...

➢ ***Pour visiter la médina :*** prévoir au moins une journée, davantage si vous le pouvez. Évitez les vendredi et dimanche, l'activité y est quasi inexistante et la plupart des restos, souks et monuments sont fermés. Le reste du temps, il est bien sûr possible d'y déjeuner (ce ne sont pas les gargotes qui manquent), mais pour le dîner, seuls les restos chics sont ouverts. La visite des lieux en compagnie d'un guide peut s'avérer judicieuse (renseignez-vous auprès de votre hébergement qui pourra vous conseiller quelqu'un) : outre le fait qu'il soit parfois difficile de s'y retrouver dans le dédale des ruelles, un guide saura à qui s'adresser pour faire ouvrir les monuments fermés au public depuis la révolution (et ils sont nombreux, hélas !). Pour plus de clarté, nous avons réservé aux souks une description séparée, mais en pratique, les 2 visites s'effectuent en même temps.

🚶 ***Bab El-Bahr*** *(zoom I, A2)* **:** en français, « porte de la Mer », car sous Charles Quint la mer battait la muraille, ou presque. Il s'agissait à l'époque de l'une des entrées principales de la vieille ville. Elle est aussi connue sous le nom qu'elle portait à l'époque du protectorat : la ***porte de France.*** Elle donne sur l'agréable place de la Victoire, avec ses jets d'eau et ses petites gargotes, qui commémore le retour d'exil de Bourguiba en 1955. C'est en la traversant que l'on pénètre, à proprement parler, dans la médina.
À l'époque des beys, tout ce quartier était occupé par des représentations diplomatiques étrangères, comme le fondouk des Français, plus ancienne représentation des autorités françaises (1660).

🚶 ***La rue Jamâa-ez-Zitouna*** (ancienne rue de l'Église) est bordée d'échoppes pour touristes (ne vous attendez pas à faire des affaires ici...). Elle devait son nom à l'ancienne église Sainte-Croix, visible encore sur la gauche et transformée en bureau de la municipalité. Un peu plus loin, sur la droite, une ancienne caserne turque a été aménagée en bibliothèque.

La zaouïa, au 7 bis de la rue Sidi-Ali-Azouz *(zoom I, A3),* date de la fin du XVIIIe s. Si le gardien est sur place, on y entre, en échange d'un sourire et d'une formule polie, pour admirer une superbe coupole de stuc incisé et de beaux carreaux de céramique.

Autour de la Grande Mosquée

La Grande Mosquée *(jamâa Ez-Zitouna ; zoom I, A3)* **:** *entrée interdite aux non-musulmans.*
Le plus grand (5 000 m²) et le plus vénérable sanctuaire de la capitale est plus connu sous le nom de *jamâa Ez-Zitouna,* c'est-à-dire « mosquée de l'Olivier ». Fondée en 732, elle fut reconstruite au siècle suivant par un émir aghlabide, puis sans cesse modifiée par des ajouts successifs. La salle de prière, très sombre, ne compte pas moins de 184 colonnes et chapiteaux antiques, provenant pour la plupart des temples de Carthage. Dans cette salle de 15 nefs et de 6 travées, des grands lustres de Venise sont suspendus. Le lanternon du minaret, reconstruit en 1894, est recouvert de céramiques. L'accès à l'immense cour intérieure n'est plus autorisé aux *roumis* (non-musulmans). N'écoutez surtout pas les « guides » qui vous assurent que ses portes sont ouvertes à toutes les confessions, c'est pour mieux vous y conduire et vous soutirer quelques dinars. Pour avoir un aperçu de sa beauté, la meilleure solution consiste à monter sur l'une des terrasses voisines, comme celle du *Café Panorama la Médina* (voir plus haut « Où boire un thé, un jus ? Où fumer la chicha ? »).

Le tourbet Aziza-Othmana *(zoom III, A3)* **:** *rue Sidi-ben-Arous, juste à côté de la mosquée de Hammouda Pacha.* Il s'agit d'un mausolée dans lequel reposent les membres de la famille d'Aziza, une princesse (décédée en 1669) célèbre pour sa générosité. Elle avait affranchi ses esclaves, distribué ses biens à des œuvres pieuses et financé un hôpital (l'actuel hôpital Aziza-Othmana, rue de la Kasbah). Dans ses dernières volontés, elle avait émis un souhait : « Je veux qu'il y ait, chaque jour, des fleurs sur ma tombe. » L'histoire ne dit pas pendant combien d'années son désir fut exaucé. La belle chambre funéraire, que l'on observe derrière une grille (frustrant !), est tapissée de céramique polychrome et de stuc finement ciselé, ce qui vaut bien un bouquet de fleurs.

La mosquée de Hammouda Pacha *(zoom I, A3)* **:** *à 2 pas de la Grande Mosquée par la rue Sidi-ben-Arous. Accessible uniquement aux musulmans.* L'élégance du minaret et la grande richesse du décor caractérisent cet édifice que les non-musulmans peuvent seulement admirer depuis la rue ou mieux, d'une terrasse voisine.

À proximité s'élève la *médersa Ech-Chammaia,* une école coranique fondée en 1274. Elle abrite maintenant un ***centre d'artisanat.***

Ed-Dar *(zoom III, A3)* **:** *8, rue Sidi-ben-Arous et 7, souk El-Trouk. ☎ 71-561-732. Tlj sauf dim 9h-18h (ferme plus tard l'été).* La maison à elle seule mérite l'attention. Construite à la fin du XVe s, elle était à l'origine la seule maison d'habitation autorisée si près de la Grande Mosquée. En effet, seule une étroite ruelle aux fins arcs voûtés la sépare des murs de l'édifice religieux. Aujourd'hui reconvertie en boutique-musée sur 5 niveaux, on y trouve tapis, tissus, bijoux, cuivres et poteries. Tout est à vendre, mais pas forcément accessible à toutes les bourses ! On passera du salon à la cave, de la cuisine aux chambres, émerveillé par ce superbe bric-à-brac digne de la caverne d'Ali Baba. Du toit, jolie vue sur la médina avec, au 1er plan, le minaret de la Grande Mosquée. N'hésitez pas à tailler le bout de gras avec le chaleureux patron, qui connaît la médina comme sa poche et s'implique beaucoup dans sa préservation.

La mosquée de Sidi Youssef *(zoom I, A3)* **:** *rue Sidi-ben-Ziyad.* Encore une très belle mosquée que l'on ne peut malheureusement pas visiter... Elle fut construite par Youssef Dey en 1615 et rassemblait tous les artisans turcs qui travaillaient

dans les souks voisins (souks des esclaves, des tailleurs et des babouches). Observez le minaret (ça au moins, c'est autorisé !), il fut le 1er de type octogonal à Tunis. À son sommet, un balcon circulaire avec un auvent permettait aux muezzins d'appeler à la prière sans se faire mouiller les jours de pluie.
À proximité, les services du 1er ministre occupent le *dar El-Bey*. Inutile de vous préciser qu'il ne se visite pas.

Le complexe des 3 médersas *(zoom III, A3)* **:** *revenir sur ses pas et repasser devant la Grande Mosquée, puis suivre la rue des Libraires pour découvrir sur la droite un ensemble de 3 écoles coraniques construites au XVIIIe s (seule celle de Slimania est ouv aux visiteurs ; tlj, fermé dim ap-m et lun mat).*
– La 1re (et la plus ancienne des 3), la ***médersa du Palmier,*** tire son nom d'un palmier planté dans le jardin. Elle abrite encore une association religieuse chargée d'enseigner le Coran.
– La 2e, ***Bachia,*** toujours rue des Libraires, fut construite par Ali Pacha en 1752. Voir, à côté de l'entrée, la fontaine publique. C'est aujourd'hui une école d'apprentissage d'orfèvrerie... sévèrement gardée !
– À l'angle du souk des libraires et du souk Kachachine s'élève la ***médersa Slimania*** *(zoom III, A3)*, dédiée par le même Ali Pacha à la mémoire de son fils Suleiman, empoisonné par... son propre frère ! Sa construction remonte à 1754. Dès l'entrée, le porche est couvert de splendides carreaux en céramique représentant des bouquets de fleurs. À l'époque où la Grande Mosquée était un des plus importants centres intellectuels d'Afrique, les étudiants logeaient dans les cellules monacales fermées par des grilles, disposées autour de la cour rectangulaire. L'étage a été ajouté plus récemment. Faire un tour dans la salle de prière (« désacralisée ») avec ses colonnes en marbre rose de Carthage et le mihrab creusé dans le mur, indiquant la direction de La Mecque.

Les quartiers au sud de la Grande Mosquée

Le dar Bach Hamba *(zoom I, A3)* **:** *40, rue Kouttab-el-Ouazir. ☎ 71-323-115. • facebook.com/LartRueTunisie • instagram.com/lartruetunisie/ •*
Cette superbe demeure du XVIIe s, sans doute l'un des plus beaux palais de la médina, appartenait à des militaires de haut rang, d'origine turque, qui l'ont habitée jusqu'en 1923. À cette date, des sœurs franciscaines s'y installèrent pour ouvrir un dispensaire. Elle accueille aujourd'hui le siège de l'association « L'Art Rue », qui a pour objectif de rendre la culture accessible à tous, gratuitement auprès des enfants du quartier à travers des ateliers artistiques, mais aussi à destination du plus grand nombre avec des concerts, des expositions, des rencontres et des débats. Agenda à suivre sur leurs pages Facebook et Instagram.
Si vous en avez l'occasion, ne pas manquer l'architecture voûtée soutenue par des piliers dans une des pièces du rez-de-chaussée, lieu des anciennes écuries, que les sœurs transformèrent en chapelle. Ce n'est qu'à la fin du XVIIIe et au début du XIXe s que les murs se sont parés de faïence polychrome. Chaque zellige peint à la main est unique. Pour vous en convaincre, cherchez donc le carreau où la grappe a été purement et simplement oubliée par l'artiste.

Le tourbet El-Bey *(zoom I, A3)* **:** *après la visite de la médersa Slimania, suivre sur la gauche la rue du tourbet El-Bey. Visite parfois possible avec le gardien moyennant un pourboire.*
C'est le plus vaste monument de ce genre dans la capitale. Ce mausolée datant du XVIIIe s est surmonté de plusieurs dômes de tuiles vernissées vertes en forme d'écailles. À l'intérieur, pas moins de 160 tombes réparties dans plusieurs chambres funéraires dans un faux désordre apparent. Les murs sont couverts de céramique et de marbre, et les voûtes et coupoles en stuc, ciselées dans le plâtre et la poussière de marbre.

La 1re salle, à gauche de la cour, une des plus belles, surmontée d'une coupole soutenue par 4 piliers, renferme les tombes de dignitaires tunisiens sous l'Empire ottoman. Celles dans lesquelles reposent les beys (équivalent de nos préfets) sont surmontées d'un turban, tandis que les pachas (gouverneurs de province) ont droit à un tarbouche (sorte de fez).
De l'autre côté de la cour, la salle des reines et des princesses, surmontée de 2 superbes coupoles. Sur leurs tombes, comme sur celles de toutes les autres femmes du mausolée, une petite coupelle en forme de fleur est sculptée dans le marbre. Le jour de la fête des Morts, de l'eau et des graines y sont déposés pour les oiseaux.
On continue le tour vers les tombes des princes et des ministres. Dans la longue salle voûtée, on trouve un peu partout ce motif traditionnel de l'islam : l'étoile à 8 branches, pouvant symboliser la représentation du Ciel et les 8 portes du paradis ouvrant sur ses 8 chambres. Regardez bien, toutes les étoiles sont différentes, de même que les turbans surmontant les tombes, tous sculptés d'une façon unique ! Un lieu d'une grande solennité, qui doit beaucoup aux anecdotes du gardien des lieux, le vénérable Moncef.

Le dar Othman *(zoom I, A3)* **:** *16, rue El-M'Bazaa.* Ce palais, construit en 1598, fut la demeure d'Othman Dey, le seul dey (chef militaire) ayant choisi d'habiter dans la médina, les autres préférant le fort de la kasbah, jugé plus sûr. Il occupa ce havre de paix jusqu'à sa mort, en 1610. Au bâtiment original de style ottoman furent ajoutés des éléments italiens et andalous. Seuls le patio intérieur et les salles attenantes se visitent (lorsque le palais est ouvert). Son jardin, qui fut aménagé par une congrégation religieuse dans les années 1930, s'étend entre 2 portiques avec des colonnes supportant des arcs brisés où alternent marbres blanc et noir. Quelques panneaux de céramique sont d'origine.

Le périple peut s'arrêter là, mais il reste encore bien d'autres choses à voir. Les infatigables porteront leurs baskets rue du Dey *(zoom I, A3),* où se dresse le ***dar Hussein*** *(tlj sauf dim 8h30-16h ; GRATUIT),* siège de l'***Institut national du patrimoine.*** Visitable durant les heures d'ouverture de bureau, ce beau palais du XVIIIe s vaut le coup d'œil, notamment pour sa cour monumentale, toute de stuc, de marbre et de mosaïques superbes.

En sortant de la médina par la porte située près du dar Hussein, les passionnés de céramique peuvent rejoindre à pied (compter 10 bonnes minutes) le ***Centre national de la céramique d'art*** *(en taxi, demander le monument à Sidi Kacem Jelizi ; lun-ven 8h30-17h, sam 9h-13h, fermé dim ; GRATUIT).* Ce centre culturel comporte une école de formation à la céramique d'art et une salle d'exposition avec de belles pièces d'artistes du monde entier. Mais le must, c'est surtout la partie de la maison où repose l'ancien propriétaire des lieux, le céramiste Sidi Kacem Jelizi. Autour de son mausolée, les murs portent encore quelques splendides carreaux réalisés par le maître en personne, au milieu du XIVe s.

Les quartiers au nord de la Grande Mosquée

La rue Dar-el-Jeld *(zoom III, A2-3)* **:** intéressante rue qui commence par un des meilleurs restos de la médina (voir plus haut « Où manger ? »). Plusieurs galeries de peinture au début de la rue, dans lesquelles on peut entrer « pour le plaisir des yeux ». Cette rue « du cuir » abrite quelques-unes des plus belles maisons de la médina, comme le *dar El-Kheirat,* à l'architecture typique et fascinante. Au bout de cette rue se trouvaient autrefois les anciennes tanneries de la ville, qui n'existent plus.

Le musée de la Ville de Tunis *(zoom I, A2)* **:** *pl. du Tribunal. ☎ 71-561-780. Tlj sauf dim 10h-19h. GRATUIT.* Ce musée est aménagé dans l'ancien palais

Kheïreddine, construit entre 1860 et 1870, qui servit de tribunal pendant le protectorat français. Il accueille des expositions temporaires (photos, peintures, installations) qui tentent de faire oublier une restauration « à la truelle » quelque peu contestable...

Le centre culturel de Tahar Haddad *(zoom I, A2)* **:** *20, rue du Tribunal. ☎ 71-564-695. Lun-ven 9h-18h, dim 10h-13h ; fermé sam. GRATUIT.* Centre aménagé dans les anciennes écuries du *dar Larsam,* le palais voisin. Grandes et magnifiques salles voûtées en pierre et en brique, s'appuyant sur d'imposants piliers. Fichés dans les épais murs de la 1re salle, il reste quelques crochets qui servaient à attacher les animaux. Le centre accueille de temps à autre des manifestations culturelles (expositions, rencontres littéraires, concerts, projection de films, festival de musique) et abrite une bibliothèque. L'occasion de papoter avec des étudiants en art ou avec des passionnés autour d'un thé à la menthe (buvette sur place). À ne pas manquer, ne serait-ce que pour la beauté des lieux.

Le dar Lasram *(zoom I, A2)* **:** *24, rue du Tribunal. ☎ 71-563-618. Fermé w-e. GRATUIT.* Abrite l'Association pour la sauvegarde de la médina. Riche expo de photos de la médina sous toutes les coutures, avant et après restauration. Grand palais du XVIIIe s, aux pièces vides mais pas nues, puisque les murs sont couverts de faïence et les plafonds richement peints. Dans l'atelier d'urbanisme, au rez-de-chaussée, une incroyable carte détaillée de la médina, où figurent chaque maison, chaque bout de mur... Un travail de fourmi ! À 50 m de là, jeter un coup d'œil dans le patio de la *Maison de la poésie.*

Et si vous n'êtes pas repu, vous pourrez aller jusqu'à la ***mosquée de Sidi Mahrez*** *(zoom I, A2)*, qui servait autrefois de refuge aux fugitifs. Cet édifice, construit entre 1675 et 1692 suivant le style turc, présente un large dôme flanqué sur les côtés de 4 demi-dômes. Sur les murs et les piliers intérieurs, le revêtement est en céramique. En face de la mosquée, vous trouverez le ***tombeau*** richement décoré ***de Sidi Mahrez,*** patron de la ville et saint extrêmement vénéré par les fidèles de Tunis. On raconte que cet homme pieux aurait fondé le quartier juif.

Les souks

Les différents corps de métiers sont regroupés dans des secteurs bien délimités. Les souks ouvrent en principe vers 9h et sont surtout animés le matin. Tout ferme le soir, à l'heure où, jadis, de lourdes portes isolaient les différents quartiers et facilitaient ainsi leur protection, ou permettaient de contenir leurs débordements.

– *Petits conseils pratiques :* ne pas hésiter à pénétrer dans le labyrinthe des ruelles et passages couverts. Vous vous perdrez peut-être (et tant mieux, c'est aussi le charme des souks !), mais il y aura toujours une âme charitable pour vous aider à retrouver votre chemin, la plupart du temps de façon désintéressée. – Attention à ne pas étaler vos richesses, qui feraient la bonne fortune des pickpockets.

– Dans les souks, tout peut se marchander. Lire à ce sujet la rubrique « Marchandage » dans la partie « Tunisie utile » en début de guide.

– Pour faire vos emplettes, inutile de vous attarder dans la rue Jamâa-ez-Zitouna et autour de la Grande Mosquée : plus on s'éloigne du centre touristique, plus il y a de bonnes affaires à faire.

– D'une manière générale, préférez les boutiques les moins voyantes et les échoppes d'artisans, car, comme partout, les articles estampillés made in China commencent à fleurir sur nombre d'étalages.

– ***Le souk El-Attarine*** *(zoom III, A3)* **:** construit par le 1er souverain Hafside (1225-1249), il est spécialisé dans les parfums. Son atmosphère suggère « le luxe, le calme et la volupté d'un Orient de rêve ». En Tunisie, chaque parfum a son sens et son opportunité. La fleur d'oranger pour les invités d'un mariage, le géranium les bébés, ou encore l'ambre la veille des fêtes religieuses. À la fin d'un repas, les invités sont parfumés à la rose. On peut y acquérir les différents ingrédients utilisés dans la préparation des produits de beauté, ainsi que des copies de célèbres parfums : « les mêmes qu'à Grasse », nous a-t-on assuré...

UN SOUK BIEN ORDONNÉ

L'organisation de la médina obéit à une logique très précise. Au centre se trouve le siège du pouvoir religieux et politique, la Grande Mosquée de la Zitouna, à partir de laquelle rayonnent les rues principales. Tout autour, en auréoles concentriques, se trouvent les souks positionnés en fonction de leur « respectabilité » ; d'abord, les souks des libraires, des orfèvres, des parfumeurs, des étoffes précieuses (soieries), puis, en s'éloignant, ceux des chéchias, des babouches, de la laine, et enfin les étameurs, les teinturiers, les tanneurs...

– ***Le souk El-Koumach*** ou *souk des étoffes (zoom III, A3)* est divisé en 3 allées par 2 rangs de colonnes de pierre. Le ***souk des femmes,*** qui le prolonge, est consacré aux fripes. À côté se trouvent le ***souk de la laine*** et celui ***du coton*** qui conduit au ***souk des orfèvres,*** véritable caverne d'Ali Baba. Faut-il rappeler que l'or, en Tunisie, n'est souvent que du 14, voire du 12 carats ? Et encore faut-il, pour cela, qu'il soit vrai !

– En revenant un peu sur ses pas, on gagne le ***souk El-Leffa*** *(zoom III, A3)* consacré aux tapis et aux couvertures. Le ***palais d'Orient,*** bazar pour touristes, propose une terrasse ornée de magnifiques carreaux anciens de faïence émaillée. Si vous n'êtes intéressé que par le panorama, préparez-vous à refuser la traditionnelle démonstration de tapis !

– ***Le souk El-Berka*** *(zoom III, A3)* ressemble à une place couverte. C'est là qu'étaient exposés les esclaves vendus à la criée. Les acheteurs tâtaient « la marchandise », puis assistaient aux enchères, mollement allongés sur les banquettes entourant l'estrade centrale. Aujourd'hui, les bijoutiers ont investi les lieux. Les enseignes de leurs boutiques, dans les ruelles autour, peintes à la main, sont souvent de véritables œuvres d'art.

– À la sortie du ***souk Kebabjia,*** consacré à la passementerie, on débouche sur le ***souk El-Trouk*** ou *souk des Turcs (zoom III, A3),* l'un des plus colorés. Une petite halte pour récupérer au *magasin-musée Ed-Dar* (voir « Autour de la Grande Mosquée ») ; encore un très beau panorama à découvrir depuis la terrasse.

– ***Le souk Ech-Chaouachiya*** ou *souk des chéchias* s'étend du *dar* El-Bey jusqu'à la mosquée de Hammouda-Pacha. C'est l'une des plus anciennes corporations de Tunisie, créée par des émigrés andalous ayant quitté l'Espagne au XVIIe s. À cette époque, quelque 15 000 artisans fabriquaient jusqu'à 1 million de chéchias par an ! La réalisation d'une chéchia répond à des rites de fabrication très précis. On peut assister ici aux dernières opérations, notamment la teinture, le 2^{d} cardage et la mise en forme dans les presses. Un spectacle à ne pas rater.

CHÉCHIA ET BÉRET BASQUE

La technique de fabrication de la chéchia est très proche de celle du... béret basque. Elle est faite d'un bonnet de laine, à l'origine blanc, tricoté par des femmes de la région de l'Ariana à l'aide de 5 aiguilles. Mieux vaut ne pas perdre le fil ! Ce bonnet est ensuite feutré par un séjour prolongé dans une grande bassine d'eau chaude avant d'être teint en rouge dans la ville de Zaghouan. L'opération du foulage est pratiquée à Tébourba, puis le cardage est effectué à Tunis, avec des outils en forme de chardon. Bref, tout le monde s'y met...

– Maintenant que vous voilà coiffé, allez au ***souk El-Blaghjia*** ou *souk des babouches (zoom III, A3)*. Vous y trouverez chaussures à vos pieds.
– Continuez par le ***souk En-Nahas*** (ou *souk du cuivre*) et par le ***souk El-Grana,*** très populaires et toujours animés. Ils vous ramèneront à la rue de la Kasbah *(zoom III, A2),* la sortie place de la Victoire est toute proche.
– À 2 pas de la médina : à partir de la place Bab-Souika, qui marque la limite nord de la médina, continuez la visite du Tunis populaire en vous promenant dans le ***quartier d'Halfaouine*** *(plan d'ensemble, A2)*. Il vaut le détour pour son ambiance, loin des circuits touristiques. Ce quartier a été aménagé au début du XIXe s et tient son nom de l'alfa. C'est ici que l'on vendait cette herbe fibreuse utilisée dans la fabrication des nattes, des cordages et du papier. Allez jusqu'à la très belle place El-Halfaouine, bordée de monuments (mosquée Sahib Et-Tâba, Théâtre national et bains maures), de cafés et de quelques échoppes.

LES QUARTIERS MODERNES

Le parc du Belvédère *(plan d'ensemble, A1)* **:** Ⓣ *Palestine (ligne n° 2) ou bus de la pl. du 14-Janvier jusqu'à la pl. Pasteur.* Si vous éprouvez le besoin de quitter l'animation du centre-ville, rendez-vous au parc du Belvédère, à une petite demi-heure à pied, au nord de l'avenue Bourguiba. Ce grand espace vert de 260 ha pourrait être un havre de paix si les voitures n'étaient pas autorisées à y circuler... On y trouve une jolie *koubba,* coupole construite au XVIIIe s pour un palais, qui fut ensuite transportée ici au début du XIXe s. En fin de journée et le soir, ne pas trop s'éloigner des allées fréquentées. Le parc abrite aussi un café en plein air (moyennement accueillant) et un petit *zoo (fermé le lun)* assez modeste.

N'hésitez pas à faire un tour du côté des quartiers modernes d'***Ennaser, El-Menzah, El-Manar*** *(hors plan d'ensemble par A2)* ou encore vers les ***Berges du Lac*** *(plan d'ensemble, B2)*. Véritables lieux de rencontre des jeunes de la capitale et de la bourgeoisie tunisienne, ils regorgent de cafés et de restos. Les enfants y trouveront 2 parcs d'attractions.

LE MUSÉE NATIONAL DU BARDO
(hors plan d'ensemble par A2)

À env 6 km du centre-ville, sur la route de Bizerte, dans la ville du Bardo. • bardomuseum.tn • Le plus pratique est de venir par le Ⓣ n° 4 (compter 25 mn ; arrêt Bardo). Grand parking pour les motorisés. ***Fermé jusqu'à nouvel ordre.*** *S'il rouvrait lors de votre séjour, voici les anciens horaires à titre indicatif : tlj sauf lun 9h-17h (16h pdt le ramadan, 16h30 de mi-sept à fin mai). Entrée : 13 Dt. Gratuit avec la carte internationale étudiante.*
Cet ancien palais du XIXe s, qui abritait jadis le harem des beys de Tunisie, a été transformé en musée en 1888, sous le règne d'Ali Bey. Il accueille aujourd'hui ***le plus important des musées archéologiques du Maghreb*** et l'un des plus riches du monde pour ce qui concerne les mosaïques romaines. Ce haut lieu de la culture a été la cible d'une attaque terroriste le 18 mars 2015, causant la mort de 22 personnes. Ne voulant pas céder à la terreur, les autorités l'ont rouvert quelques jours plus tard. Il a de nouveau été fermé après le 25 juillet 2021, date du coup de force et de la prise de pouvoir totale du président Kaïs Saïed, qui limogea son 1er ministre et suspendit le Parlement ce jour-là. Situé dans le même bâtiment que le Parlement tunisien, le musée a donc été sacrifié « pour des raisons de sécurité nationale ».
Le Bardo rassemble tous les plus beaux vestiges des sites tunisiens : Carthage, Dougga, Bulla Regia, Thuburbo Majus... dans 2 palais qui mêlent le style local

andalo-mauresque aux apports européens de style italianisant : colonnades de marbre blanc, harmonie des formes et des couleurs, plafonds en stuc ou en bois, panneaux en céramique vernissée, etc. Une richesse dans l'ornementation qui reflète le faste avec lequel devaient être célébrées les réceptions données par l'ancien propriétaire des lieux. L'aile la plus récente, de conception moderne, joue plus sur la lumière tout en s'intégrant à l'architecture des bâtiments d'origine. Dommage, toutefois, que la conception labyrinthique et le manque de repères ne rendent pas la visite un peu plus fluide.
Nous vous proposons un parcours à la fois chronologique et thématique (certaines salles sont parfois fermées pour travaux).

Rez-de-chaussée
– Face à l'accueil du ***nouveau hall d'entrée*** : on peut admirer le pavement romain du *Triomphe de Neptune* (en provenance de Sousse, l'antique Hadrumète) où le dieu marin est entouré de 56 médaillons figurant ses proches parents (néréides, sirènes, tritons). Impressionnante (12 m x 10 m), elle est considérée comme l'une des plus grandes mosaïques du monde.

1er étage
– ***En haut de l'escalier Byrsa à droite, la salle punique :*** de forme ovale, elle recèle les stèles de Baal Hammon et Tanit. La statue du Baal sur son trône, dont les accoudoirs rappellent le Sphinx, jouxte la célèbre stèle du prêtre et l'enfant. Nombreuses statues en terre cuite (Ploutos, Coré, Déméter...). La galerie punique qui entoure la salle présente des céramiques grecques, chypriotes, orientales et carthaginoises. Nombreux objets égyptiens également (gourdes en faïence, jarres en albâtre, masques de Prométhée, amulettes, scarabées...).
– À gauche de l'escalier Byrsa, on accède à la ***salle du mausolée.*** On y voit l'une des plus belles mosaïques romaines, représentant ici les animaux « utilisés » lors des jeux d'amphithéâtre, réunies autour du mausolée de plusieurs officiers romains.
– ***La salle des mosaïques marines :*** terrifiantes chimères aquatiques, monstres marins chevauchés par de souples néréides, Amours pêcheurs côtoyant de simples poissons et crustacés... Tout un univers qui tourne autour de la mère nourricière du pays : la mer.
– ***Les salles numides :*** stèles de différentes divinités libyques. Statue du dieu Saturne.
– ***La salle des trésors et des œuvres exceptionnelles :*** cette petite pièce octogonale, carrelée de céramique sous un dôme de plâtre ciselé, est en fait l'ancien cœur du harem. Elle abrite aujourd'hui des trésors monétaires et des œuvres exceptionnelles, telle la cuirasse campanienne dite « d'Hannibal ». Voir également le trésor de Chimtou, bijoux et intailles (pierres gravées servant de sceau).
– ***La salle de Carthage romaine :*** c'était à l'origine le patio du palais, et certainement la plus belle pièce de la demeure avec ses arcs suspendus, ses voûtes et sa galerie reposant sur des portiques à arcades. La salle est pavée de 2 importantes mosaïques, toutes 2 trouvées à Oudna (entre Tunis et Zaghouan) : celle de *Dionysos offrant la vigne au roi Ikarios* et une scène de vie rurale (IIe s apr. J.-C.), très intéressante pour comprendre la vie dans les campagnes à l'époque romaine, avec des représentations de labours, de semailles et de chasses. Les statues, statuettes et bas-reliefs viennent du site de Carthage avec, au centre, le fameux autel de la Gens Augusta datant de l'époque d'Auguste.
– ***La salle d'Althiburos :*** ancienne salle de concerts du palais, avec une tribune où se tenaient les musiciens. Au sol, une *Mer poissonneuse avec des bateaux* (IIIe-IVe s). En regardant bien, vous compterez près d'une vingtaine de bateaux de types différents, encore un témoignage précieux sur la navigation dans l'Antiquité.
– ***La salle de Sousse (ou salle des Villas romaines) :*** c'était la salle des fêtes du palais, au mirifique plafond de bois doré. Voir la mosaïque du *Seigneur Julius* extraite de Carthage (fin IVe s), témoignage inestimable qu'on lit comme une véritable bande dessinée sur la vie d'un noble dans une colonie romaine d'Afrique. Pas de jaloux, tout comme celle de son seigneur de mari, la vie de la maîtresse de maison est aussi représentée. Voir, à sa gauche, une grande mosaïque illustrant les jeux du cirque, où des spectateurs assistent à une course de chars.

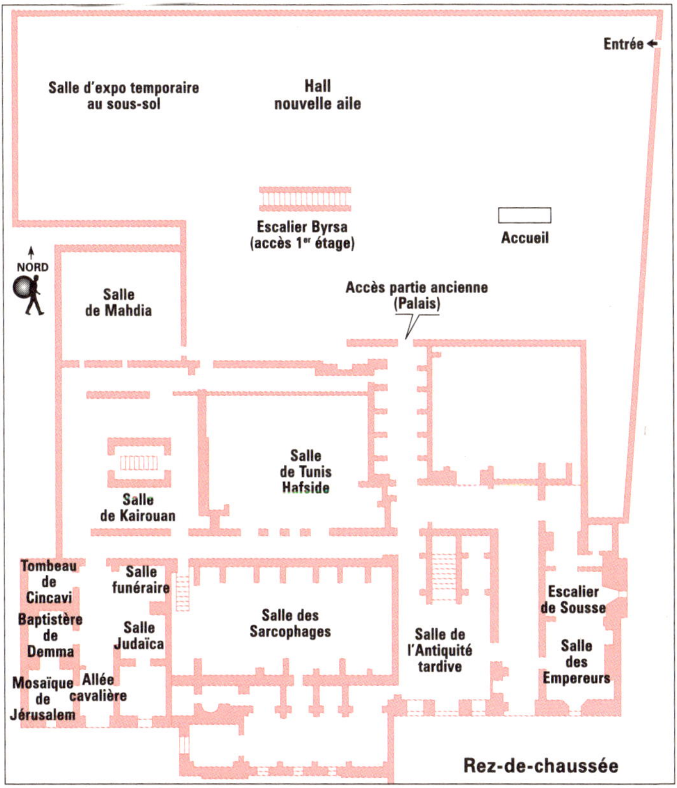

MUSÉE NATIONAL DU BARDO
(rez-de-chaussée)

– ***La salle de Dougga :*** on y trouve la mosaïque de *Neptune et les 4 saisons,* d'une finesse restée inégalée. En face, les *Cyclopes dans l'antre de Vulcain* (IIIe s), forgeant les foudres de Jupiter, impressionne par le réalisme des traits, renforcé par le fait que les cyclopes sont représentés avec 2 yeux, et non pas avec un œil unique comme le veut la tradition.

– ***La salle d'Ulysse :*** un des musts du musée ! Petite pièce dotée d'un remarquable pavement de mosaïques provenant de Dougga, où est relaté le plus célèbre épisode de *L'Odyssée.* Comme il l'a demandé, Ulysse est ligoté à son mât pour ne pas succomber au chant des sirènes. Celles-ci sont symbolisées ici par une étrange créature munie d'ailes et de pattes d'oiseaux.

2e étage

– Emprunter l'escalier de Sousse pour accéder à la ***galerie de Carthage,*** consacrée aux arts du feu, datant de l'époque punique et romaine (verre, céramique et bronze).

– ***Salles d'Acholla, de Diane, du Minotaure :*** des mosaïques et encore des mosaïques... Des jeux du cirque où panthères, ours et lions luttent entre eux ou contre des hommes, un labyrinthe dans lequel Thésée tue le Minotaure, etc.

Retour au 1er étage

– ***Le petit palais :*** à droite de l'escalier, dans une partie bien distincte puisqu'il s'agit du petit palais intégré au musée en 1899. En décalage total avec le reste, mais pas dépourvu d'intérêt pour autant. Reconstitution d'appartements d'époque, objets relatifs à la vie quotidienne et à la culture de la Tunisie moderne, etc. Puis retour dans la nouvelle aile du musée.

– ***La salle du navire :*** il s'agit de pièces retrouvées au début du XXe s dans un navire échoué au large de Mahdia, sans doute au Ier s av. J.-C. On peut admirer les regards criants de vérité d'Ariane et Dionysos, ou le mouvement si réaliste des satyres cornus, des Éros joufflus et des nains dansants.

– Une ***alcôve*** avec vue sur le paysage extérieur abrite la célèbre ***mosaïque de Virgile.*** Il s'agit de l'un des seuls portraits connus (l'unique, diront même certains) du poète latin. Il se trouve en galante compagnie, avec Melpomène et Clio, muses de la Tragédie et de l'Histoire.

– ***La salle de Bulla Regia :*** superbe mosaïque narrant la légende de Persée et Andromède (IIIe s apr. J.-C.), statues monumentales de Minerve, Cérès, Esculape, Saturne et d'Apollon appuyé sur sa lyre.

Retour au rez-de-chaussée

– ***La salle des Empereurs :*** galerie de portraits des empereurs romains et de certains membres de la famille impériale (comme Vespasien et Septime Sévère, empereur d'origine africaine). En bas des escaliers qui ramènent à la salle de Dougga, bustes des 2 empereurs associés Marc Aurèle et de son frère adoptif Lucius Verus de Bulla Regia.

– ***La salle de l'Antiquité tardive (ou Département byzantin) :*** où se trouvent la cuve baptismale de Demna (cap Bon), les mosaïques de la synagogue antique d'Hammam Lif, et celle trouvée dans la basilique de Aïn-Younga représentant le Golgotha et le Saint-Sépulcre à Jérusalem.

De cette salle, on accède à la ***salle des Sarcophages*** où se trouvent les... sarcophages romains ornés des 9 Muses. Notez que le matériau utilisé est représentatif de l'époque : marbre importé d'Italie aux IIe et IIIe s apr. J.-C. (apogée de l'Empire) et mosaïques tombales du IVe au VIe s (période de déclin).

CHÈRE SÉPULTURE

Le terme « sarcophage », d'origine grecque, signifie « mangeur de chair ». Dans l'Antiquité, on pensait que ces boîtes en bois ou en pierre éliminaient les corps. Après une longue évolution, ce mot a donné « cercueil » en français.

Viennent ensuite les ***salles d'art islamique.***

– La ***salle de Kairouan*** présente différents manuscrits, dont le célèbre Coran bleu écrit en caractères coufiques en or sur un parchemin en peau teinté en bleu. Voir aussi les éléments du 1er minbar de sa Grande Mosquée, puis la ***salle de Mahdia*** avec ses collections de céramiques, de tissus Tiraz, de bronzes et de pièces de monnaie datant de l'époque fatimide (Xe s). Au fond à gauche, la ***salle de Tunis Hafside*** expose une collection d'astrolabes, des carreaux et de la poterie de Qallaline (quartier de Tunis où se fabriquait ce type de céramique vernissée).

Reste à visiter les sites antiques en pierre et en os... Et donner un début de réponse à la question que tout le monde se pose : pourquoi avoir retiré les œuvres de leur lieu d'origine, quitte à en ôter une part de magie ? Pour les préserver. Une fois les sites mis au jour, les mosaïques risquaient de se dégrader à l'air libre, sous les assauts des intempéries, de la végétation, les soubassements fragiles, usés par le temps, pouvant aggraver les fissures...

Si vous avez un petit creux en sortant du musée, vous trouverez plusieurs ***snacks*** sur l'avenue du 2-Mars-1934, qui longe le musée jusqu'au métro. Les plus courageux iront sur l'avenue Bourguiba, à gauche de la banque *Société Générale* sur la place de la Constitution. Plusieurs ***pizzerias,*** dont la convaincante ***Adèle Plus*** au n° 58, au bout de l'avenue à droite (compter 15 mn de marche). Bon accueil et cuisine copieuse.

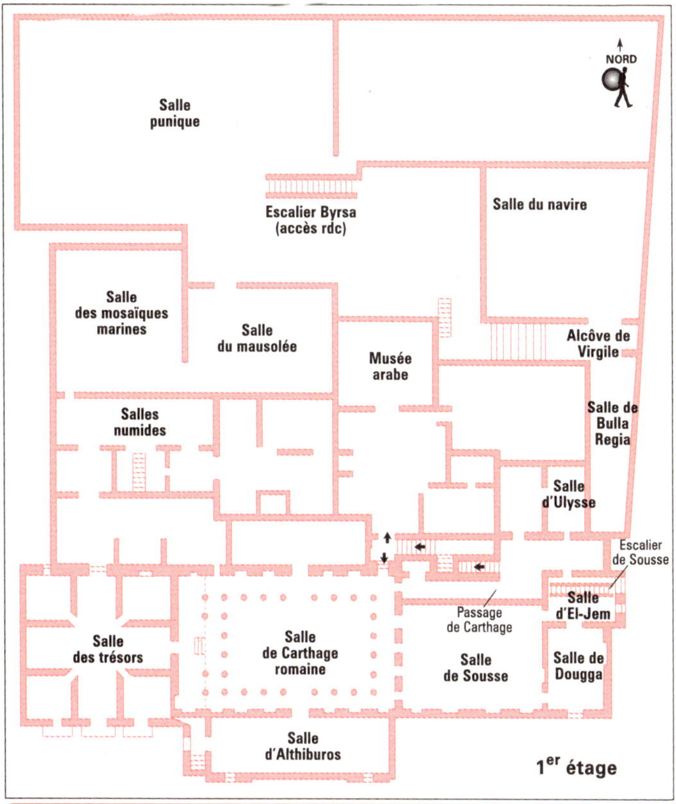

MUSÉE NATIONAL DU BARDO (1er étage)

Où se baigner ?

Les Plages : elles se situent dans la banlieue nord et sont accessibles facilement par le *TGM* pour Sidi-bou-Saïd et La Marsa ; pour Gammarth, il faut descendre à La Marsa et continuer en taxi. Les plages les plus agréables sont à La Marsa et à Gammarth.

Manifestations

– ***Jazz à Carthage :*** *pdt 10 j. en avr.*
– ***Journées cinématographiques de Carthage :*** *généralement en automne, ts les 2 ans.* Ce festival se déroule à Tunis depuis 1966. Il aborde des genres très divers.
– ***Festival de la Médina :*** *pdt les 3 sem du ramadan.* Les palais et centres culturels de la médina ouvrent leurs portes à l'occasion de concerts, récitals et spectacles divers.

QUITTER TUNIS

En avion

✈ ***L'aéroport*** *(hors plan d'ensemble par B1)* se trouve à 7 km de la capitale.
➢ ***En bus :*** prendre le n° 35 ou le 635. Env 1 bus ttes les 35 mn en sem, et ttes les heures le w-e depuis le centre de l'av. Habib-Bourguiba, de la station de train Tunis-Marine ou de la pl. de Palestine, derrière la station de tram République. Durée : 30 mn.
➢ ***En taxi :*** exigez le compteur ; une course jusqu'à l'aéroport ne devrait pas excéder 10 Dt, bagages compris, avec un taxi jaune.

En *TGM*

Au départ de la station Tunis-Marine, à l'est de l'av. Habib-Bourguiba. Pour rejoindre les villes côtières proches : La Goulette, Carthage, Sidi-bou-Saïd et La Marsa, le terminus. De là, rallier Gammarth en taxi. Voir plus loin « Arriver – Quitter » dans « Les environs de Tunis ».

En train

Gare centrale *(SNCFT ; plan d'ensemble et zoom II, B3)* **:** *pl. de Barcelone.* ☎ *71-345-511.* ● *sncft.com.tn* ● Consigne à bagages, supérette, *ATM* et un guichet de renseignements *(tlj sauf dim 6h-19h)* où se procurer des fiches horaires très pratiques. Attention, fréquences réduites le w-e. Liaisons avec :
➢ ***Hammamet et Nabeul :*** 1 train direct/j. en fin d'ap-m. Compter 1h15 pour Hammamet, 1h30 pour Nabeul.
➢ ***Bizerte :*** 3 trains/j., l'ap-m. Compter 2h45 de trajet.
➢ ***Sousse :*** 7 trains/j., tte la journée. Compter env 3h.
➢ ***Monastir :*** 3 trains/j. Durée : env 3h.
➢ ***Sfax :*** 7 trains/j., tte la journée. Compter 4h-4h30 selon arrêts. Préférez l'express de l'ap-m (en principe 16h45).
➢ ***Gabès :*** 4 trains/j. Compter env 6h30.
➢ ***Jendouba :*** 4 trains/j. (aucun le dim). Au moins 3h30 de trajet.
➢ ***Le Kef :*** 1 train/j. l'ap-m (durée : 3h15).

En bus

Tous les bus partent de 2 gares routières :

Gare routière Nord *(hors plan d'ensemble par A2)* **:** *à la bab Saadoun, au nord-ouest, direction Bizerte.* ☎ *71-562-299 ou 71-562-532. Pour s'y rendre, mieux vaut prendre un taxi si vous avez des bagages ; le* Ⓣ *n° 4 s'arrête env 300 m avt.* Les bus partant de cette gare desservent tout le nord et le nord-ouest du pays. Pas de consigne à bagages. Liaisons avec :
➢ ***Bizerte :*** 1 bus ttes les 30 mn, 6h30-19h, avec la compagnie *SRT Bizerte.* Compter env 1h de trajet en bus confort, plutôt 1h30 avec un bus classique.
➢ ***Tabarka :*** 4 bus/j., 7h30-14h30, avec la compagnie *SNTRI.* Après, il reste les louages (taxis collectifs).
➢ Des bus *SNTRI* desservent aussi ***Le Kef*** (quasi ttes les heures, 5h-21h) et ***Aïn-Draham*** (4 liaisons, 7h-14h30).

Gare routière Sud *(plan d'ensemble, B3)* **:** *à la bab Alioua.* ☎ *71-399-391. Très simple de venir en tram par la ligne n° 1 (arrêt Bab-Alioua). Les bus n°s 72 et 78 permettent d'aller d'une gare routière à l'autre (arrêt sur le petit parking devant la gare).* Les bus partant d'ici desservent les directions sud et centre. Consigne à bagages 5h-20h30 (1 Dt la journée).
– Avec la compagnie *SRT Nabeul,* liaisons avec :
➢ ***Hammamet et Nabeul :*** départs ttes les heures, 8h-20h, répartis entre 2 catégories de confort, pour les 2 destinations.
➢ ***Le cap Bon :*** Kelibia ttes les heures, 6h-19h ; Korba 3 départs/j. ; El-Haouaria 7 départs/j., tte la journée, et 2 *confort* le midi et en soirée.
➢ ***Zaghouan :*** ttes les heures, 6h30-18h30.
– Avec la compagnie *SNTRI,* liaisons avec :
➢ ***Sousse :*** 4 bus/j., le mat. Durée : au moins 2h15.
➢ ***Djerba :*** 2 bus/j., le mat et le soir. Durée : 7h45.

➢ ***Tozeur :*** 5 bus/j., tte la journée. Compter 7h de trajet. 2 bus poursuivent jusqu'à ***Nefta.***
➢ Également des bus pour ***Kairouan*** (ttes les heures, 6h-17h), ***Kasserine*** (3 bus/j.), ***Tataouine*** (3 bus/j.)...

En taxi collectif (louage)

➢ ***Pour les villes du Sud :*** départs en face de la gare routière Sud, avant le pont pour les villes proches. Pour les longues distances, passer le pont et remonter l'avenue Moncef-Bey.
➢ ***Pour les villes du Nord*** *(Bizerte, Jendouba, Tabarka et Aïn-Draham)* ***:*** départs devant la gare routière Nord.

En bateau

Voir le chapitre « Arriver – Quitter » en début de guide.

LES ENVIRONS DE TUNIS

Dans l'ordre depuis Tunis, vous trouverez La Goulette, Carthage, Sidi-bou-Saïd, La Marsa et Gammarth. Ces villes ne sont pas bien loin de la capitale et sont très faciles d'accès. Sidi-bou-Saïd, sublime archétype de la cité méditerranéenne, mérite une journée de visite, voire davantage.
Les routards amateurs de fêtes et d'adresses branchées sortiront à La Marsa et à Gammarth, hauts lieux de la nuit locale. La Goulette est réputée pour la qualité de son poisson, on y vient surtout pour un déjeuner en bord de plage. Quant à Carthage, même si tous ses sites ne se valent pas, difficile de faire l'impasse sur ce monument de l'Antiquité nord-africaine.

Arriver – Quitter

➢ ***Par le TGM*** *(Tunis-Goulette-Marsa)* ***:*** *☎ 71-259-422. Départ à la station Tunis-Marine (hors plan d'ensemble par B2) au bout de l'av. Habib-Bourguiba, que l'on rejoint par les lignes de métro n*[os] *1 et 4 et certains bus.* Cette sorte de RER dessert, depuis Tunis, Le Bac, La Goulette Vieille, La Goulette Neuve, Khérédine, Le Kram, Carthage-Salammbô, Carthage-Byrsa, Carthage-Dermech, Carthage-Hannibal (site des thermes romains), Carthage-Présidence, Carthage-Amilcar, Sidi-bou-Saïd, Sidi Dhrif, La Corniche et La Marsa. Départs ttes les 10 mn env en sem, ttes les 20 mn le w-e. Fonctionne de 3h30 à 00h30 depuis Tunis, 4h10-minuit au départ de La Marsa. 2 classes (les tickets de 2de sont vendus par défaut) et plusieurs zones. Compter 35 mn et env 0,70 Dt entre Tunis et La Marsa (le trajet le plus long) ; 1,10 Dt en 1re classe. Attention à quelques pickpockets qui semblent, ici, particulièrement adroits.
➢ ***Un pont à haubans*** relie Radès à La Goulette et permet d'éviter Tunis quand on vient du cap Bon (ou que l'on y va). Il remplace l'ancien bac qui assurait la traversée pittoresque, mais souvent lente, de ce petit bras de mer.

LA GOULETTE

45 700 hab.

C'est le vrai port de Tunis, une station populaire (et polluée !) où les Tunisois viennent déjeuner en famille. Pas hyper glamour, mais on y mange l'un des meilleurs poissons de la côte. À seulement 10 mn de route de la capitale (ou, encore plus rapide, par le *TGM*), une escale sympa pour un bon repas et une petite balade digestive en bord de mer.

Charles Quint, après le raid de Barberousse, enleva cette ville stratégique aux Turcs en 1535 et la fortifia. L'histoire de La Goulette fut très mouvementée. Près de 10 000 chrétiens furent détenus dans le fort *Borj-el-Karrak* (face au port, aujourd'hui en ruine) avant d'être vendus comme esclaves. On prétend même que saint Vincent de Paul y aurait été enfermé. Les Français, durant le protectorat, s'en servirent pour y incarcérer des forçats.

UN AIR DE SICILE ?

La Goulette est parfois appelée « la petite Sicile » en souvenir de la grande vague d'immigration italienne qui eut lieu dès la fin du XIXe s. Peu de traces pourtant de ce passé italien. Si ce n'est, dans les esprits, le souvenir nostalgique de l'élection de Claudia Cardinale comme « la plus belle Italienne de Tunisie » en 1957, elle qui est née à Tunis !

– On trouve des banques (change et distributeur) à l'entrée de la ville, à l'angle des avenues Franklin-Roosevelt et Habib-Bourguiba.

Où manger ?

Débutant au rond-point à l'entrée sud de la ville (2e parallèle à la mer), l'avenue Franklin-Roosevelt est la rue des restos. Elle est parallèle à l'avenue Habib-Bourguiba qui, elle, s'élance vers Carthage. Difficile de recommander une adresse plutôt qu'une autre, la plupart proposent la même chose (poisson et fruits de mer essentiellement) et la différence de prix dépend surtout du cadre. Faire son choix à la tête du poisson – le plus souvent présenté sur un plateau ou l'étal de la poissonnerie attenante – et à l'affluence, toujours bonne conseillère.

De bon marché à prix moyens (20-40 Dt / 7-13 €)

Restaurant El Mosli : *22, av. F.-Roosevelt. 📱 98-259-176. À gauche, 100 m après le rond-point, à l'entrée sud de la ville. Tlj. Bon marché.* Poissonnerie-resto populaire qui n'a l'air de rien, avec ses tables jetées en terrasse sur le trottoir et sa petite salle sans histoire. Pourtant, le poisson frais du jour, grillé au feu de bois, est tout simplement délicieux. L'occasion de goûter à moindre coût rougets, daurades, espadon et toutes sortes de fruits de mer.

Restaurant Baghdadi : *23, av. F.-Roosevelt, un peu après le Mosli. 📱 21-140-293. Tlj. Bon marché.* Une autre excellente gargote. Poisson grillé (daurade, rouget, loup...), accompagné d'un menu complet et copieux. Petite terrasse agréable, à la bonne franquette.

Restaurant Dar-Amen, Le Vert Galant : *4, av. F.-Roosevelt. 📱 93-110-512. À gauche, à 100 m du rond-point à l'entrée sud de la ville. Tlj midi et soir. Prix moyens.* Petite salle en longueur et rapport qualité-prix satisfaisant. Nous déconseillons cependant la formule complète, plus alléchante sur la carte que dans l'assiette.

Chic (40-60 Dt / 13-20 €)

La Spigola : *52, av. F.-Roosevelt. ☎ 71-738-345. Tlj 12h-minuit. Fermé pdt le ramadan. Sert de l'alcool. CB acceptées.* Un des restos prisés de La Goulette, fréquenté par une clientèle assez huppée. Bons poissons à la fraîcheur incontestable et quelques spécialités italiennes et siciliennes, notamment un carpaccio d'espadon vraiment réussi. Service attentionné.

Le Café Vert : *68, av. F.-Roosevelt. ☎ 71-736-156. Tlj sauf lun midi. Sert de l'alcool.* Resto un brin chic dont les nappes blanches accueillent des tablées de Tunisois en vadrouille. Poisson au poids (choisissez bien la bête avant), excellente soupe de poisson aux fruits de mer. Un peu cher, tout de même.

Où boire un verre ? Où sortir ?

Plusieurs cafés populaires disséminés sur le front de mer, avec terrasse. On aime bien ***La Marina,*** tout au bout de la promenade, au bord du canal où mouillent les petits bateaux de pêche. Sinon, ils se ressemblent tous plus ou moins, allez-y au feeling !

Daisy Joe's Pub : *20, rue Ali-Bach-Hamba (à côté de l'hôtel* Lido, *près du front de mer). 54-555-365. Tlj 18h (17h les ven et dim)-4h.* Un pub chaleureux et plutôt classe, avec ses tables hautes en bois massif et ses éléments de déco façon western (roue de chariot, fers à cheval, etc.). Rock'n'roll dans les enceintes (fort !). Large choix de whiskies pour les cow-boys (et les cow-girls) de passage, bière pression, et même quelques tapas pour éponger le tout. Grosse ambiance en fin de semaine.

CARTHAGE

24 200 hab.

• Plan *p. 107*

Banlieue résidentielle réputée pour son site classé au Patrimoine mondial de l'Unesco. Il paraît presque impossible d'imaginer, aujourd'hui, le rayonnement et même la physionomie de la Carthage antique, tant la cité est noyée entre villas cossues et résidences secondaires. C'est aussi à Carthage que l'on trouve l'immense palais présidentiel, bâti par Habib Bourguiba.
Sous son successeur, le tristement célèbre Zine El-Abidine Ben Ali, une quinzaine de parcelles du site furent déclassées afin de construire à tout-va en toute « légalité ». Heureusement, la chute du tyran, en 2011, a mis un coup d'arrêt définitif (du moins, on l'espère) à ces constructions prévues au pied de la colline de Byrsa, centre de l'ancienne cité...
Les vestiges archéologiques, très disséminés, apparaissent souvent peu spectaculaires au visiteur de passage. À Carthage, l'Histoire, avec un très grand H, est souvent plus intéressante que les ruines. Mais certains sites, comme le théâtre et les termes d'Antonin, entre autres, donnent une bonne idée du faste de la cité au temps de sa splendeur. Pour mieux appréhender les lieux, on vous conseille de commencer par la visite du Musée national de Carthage, incontournable.

UN PEU D'HISTOIRE

Les Phéniciens implantèrent en cet endroit stratégique une « ville neuve », ce qui se dit *Kart Hadasht* en phénicien, origine du nom « Carthage ». La cité étendit progressivement son influence commerciale au point d'apparaître au IVe s av. J.-C. comme une rivale de Rome et d'Athènes, occupant de nombreux territoires.
Tout le monde se rappelle l'épopée fabuleuse d'Hannibal au cours de la 2e guerre punique. L'armée carthaginoise, constituée de fantassins, de cavaliers et... d'éléphants, fit trembler la puissance de Rome.

MALIGNE, DIS DONC !

D'après Virgile, Didon, une princesse phénicienne en exil, originaire de Tyr, débarqua sur les côtes tunisiennes en 814 av. J.-C. pour y établir une nouvelle capitale. Elle passa un accord avec les chefs locaux en acceptant de n'occuper que la terre « que pourrait contenir la peau d'un bœuf ». Mais, pas bête, Didon découpa ladite peau en fines lamelles et put ainsi entourer toute une colline... C'est ainsi que, selon la légende, Carthage fut fondée !

Ce sont les rois égyptiens et syriens qui, les 1ers, utilisent des éléphants comme « chars d'assaut », tactique déroutante pour leurs adversaires européens ! Au IIIe s av. J.-C., Hannibal convoque à son tour des pachydermes pour mener sa guerre contre l'Italie. Après avoir « dompté » l'Afrique, l'Espagne et le sud de la France, le plus célèbre des Carthaginois traverse les Alpes avec près de 70 000 hommes, 9 000 chevaux et 38 « blindés » sur pattes, et avance jusqu'aux portes de Rome. Cet exploit a inspiré Napoléon pour sa route transalpine et fasciné de nombreuses générations.
Profitant de l'immobilisme d'Hannibal bloqué à Capoue, dans l'attente de renforts qui ne viendront jamais, Scipion (surnommé plus tard l'Africain) vainquit de 210 à 206 les Carthaginois en Espagne, puis en Afrique lors de la bataille de Zama (202). À la suite de ces défaites, Carthage perdit la plupart de ses colonies et comptoirs, et se replia sur elle-même.
Pour peu de temps, car un sénateur romain, Caton, n'ayant pas digéré le coup des éléphants, ne cessa pendant des années de terminer ses discours par « *Delenda est Carthago !* » (« Il faut détruire Carthage ! »). La méthode Coué dut réussir puisque, profitant des difficultés de Carthage avec l'un de ses voisins, Rome fit à nouveau le siège de la cité, qui, au bout de 3 ans (149-146 av. J.-C.) de résistance héroïque, fut prise, livrée au pillage et définitivement rasée (lire aussi la partie consacrée à Carthage dans la rubrique « Histoire » du chapitre « Hommes, culture, environnement »).
À la Carthage punique succède la Carthage romaine (sous l'impulsion de César en 44, suivie ensuite par celle d'Auguste), devenant la capitale de la province romaine d'*Ifriqiya*. Avec l'effondrement de l'empire, Carthage est la proie des envahisseurs (Vandales, Byzantins puis Arabes). À partir de cette époque, elle ne servira plus que de carrière pour édifier les monuments musulmans de Tunis.
Les 1res fouilles du site commencèrent en 1857, l'année même où Flaubert écrivit *Salammbô*, et depuis lors n'ont pas cessé. Il reste d'ailleurs encore beaucoup à découvrir.

Arriver – Quitter

➢ Par le ***TGM depuis Tunis,*** descendre à la station qui correspond au point de départ souhaité pour votre balade (il y en a 6 ; voir le plan de la ville). Pour les thermes, descendre à Hannibal.

Adresses et infos utiles

■ ***Banque UBCI*** *(plan B3,* ***1****)* **:** *50, av. Habib-Bourguiba, à côté du resto Tché-vap'. Lun-ven 8h-16h15, sam et en été 7h45-13h ; fermé dim.* Distributeur *Visa* et *MasterCard*.
■ Autre distributeur et service *Western Union* à la banque **Amen Bank,** en face, à côté du *Monoprix* (mêmes horaires), ainsi qu'à la ***poste*** *(plan B2),* face au poste de police *(tlj sauf dim 8h-12h, 14h-17h ; en été : 8h-12h30).*
■ ***Centre culturel de Carthage*** *(plan B3,* ***2****)* **:** *av. Habib-Bourguiba, à côté du Monoprix.* Une équipe dynamique gère une salle de cinéma et de théâtre, ainsi qu'une salle d'expos temporaires d'art contemporain (en saison).
■ ***Fahrenheit 451*** *(plan B3,* ***2****)* **:** *av. Habib-Bourguiba. ☎ 71-733-676. Dans la galerie marchande à droite du café Uranium. Lun 9h30-13h, mar-sam 9h30-19h, dim 10h-17h.* On aime beaucoup cette librairie qui offre un grand choix de romans et de beaux livres. Des rencontres littéraires et des expos temporaires sont souvent organisées.
Location de vélos – Lemon Tour *(plan B3,* ***3****)* **:** *15, rue de La Goulette. 📱 56-262-282. • lemontour.com • Tlj 9h-21h (19h en hiver). Fermé fin juil-début août. Compter env 15 Dt la*

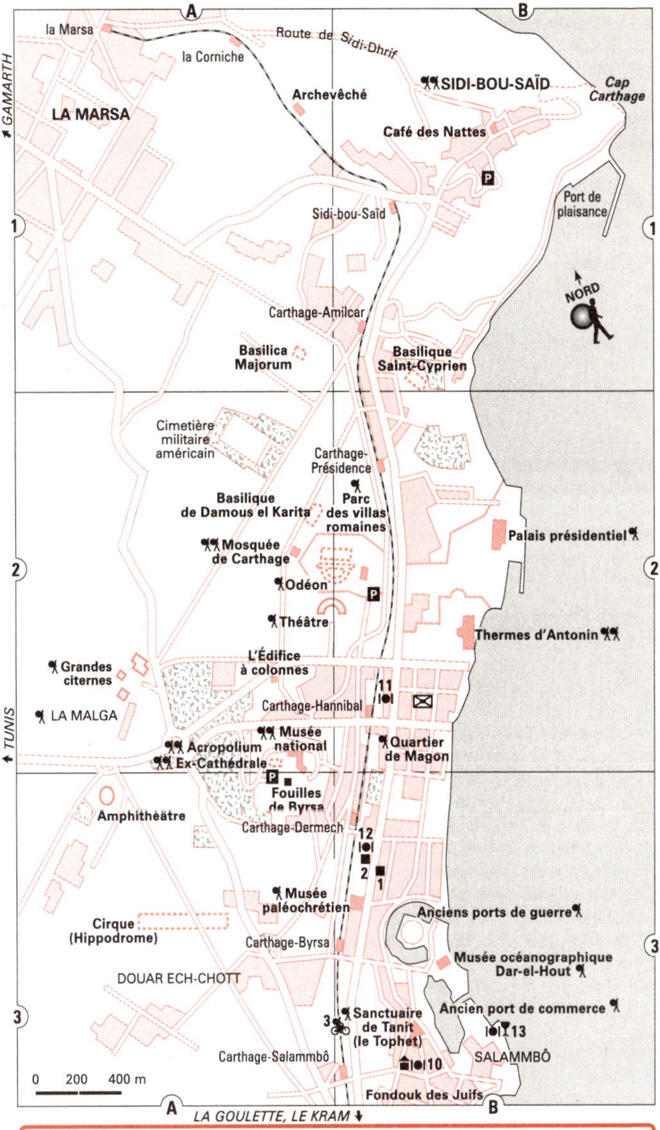

CARTHAGE

Adresses utiles	**Où dormir ? Où manger ? Où boire un verre ?**
1 Banque UBCI (B3)	10 Résidence Carthage (B3)
2 Centre culturel de Carthage et librairie Fahrenheit 451 (B3)	11 Pizza Phone (B2)
3 Lemon Tour (location de vélos ; B3)	12 Uranium (B3)
	13 Punic'Art (B3)

½ journée, 25 Dt la journée complète. Pour découvrir les sites archéologiques carthaginois ou simplement se balader sur la promenade en bord de mer.

– Ce petit centre-ville est aussi le quartier des commerces. On y trouve une pharmacie, un *Monoprix,* une pâtisserie, un salon de thé, etc.

Où dormir ?

Le site étant protégé, on ne trouve presque aucun hébergement.

Prix moyens (75-150 Dt / 25-50 €)

Résidence Carthage (plan B3, **10**) : *16 bis, rue Hannibal. ☎ et fax : 71-730-786. Doubles env 90-110 Dt ; plus des suites avec balcon ; petit déj inclus. Légère réduc en basse saison.* Chambres climatisées, au mobilier simple et au charme relatif, mais qui a le mérite d'être très au calme. Suite familiale spacieuse, à la déco très kitsch. Agréable jardin fleuri. Les prix sont corrects, même si les prestations ne sont pas toujours à la hauteur (salles de bains propres mais fatiguées). Le resto est assez réputé, notamment pour son gibier. Clientèle d'habitués.

Où manger ? Où boire un verre ?

Prix moyens (20-40 Dt / 7-13 €)

Pizza Phone (plan B2, **11**) : *69, av. Habib-Bourguiba. ☎ 71-276-387. Au bord de la route principale allant à Sidi-bou-Saïd. Tlj midi et soir. Pas d'alcool.* Une seule grande salle intérieure bien agencée, avec tables séparées par des panneaux de bois ajourés et plantes vertes pour égayer le tout. Pizzas honorables, excellents spaghettis bolognaise à la harissa (si, si, et pas forte !), omelettes, crêpes... Également de belles moules marinière, poissons grillés et quelques plats de viande (plus chers). Une bonne petite adresse.

Uranium (plan B3, **12**) : *av. Habib-Bourguiba, à côté du centre culturel. 98-594-250. Tlj.* Un café-resto à la déco contemporaine et aux lignes épurées (long bar, coins salon avec banquettes en cuir, grande terrasse ombragée...). Parfait pour grignoter sur le pouce (paninis, crêpes, gaufres, etc.) ou pour boire un bon jus frais. Rien d'exceptionnel cependant.

Punic'Art (plan B3, **13**) : *impasse Diar-el-Bahar, à côté du jardin public Salammbô. ☎ 71-720-204. Tlj 8h-minuit. Pas d'alcool.* Vous aurez beau chercher à Carthage, vous ne trouverez pas plus belle vue que celle proposée par la terrasse du *Punic'Art.* À gauche, Sidi-bou-Saïd perchée sur son djebel, à droite le cap Bon, en face... la Sicile ! Alors oui, la carte pèche par un manque d'originalité (burgers, pizzas, crêpes) mais les smoothies au coucher du soleil (celui à la banane-dattes-miel-amandes grillées est à tomber) rattrapent largement l'affaire.

À voir

Sites ouv tlj : de début juin à mi-sept 8h-18h ; de mi-sept à fin mai 8h30-17h. Entrée : 12 Dt. Le billet est commun à la visite de l'ensemble des sites sauf l'Acropolium et le Musée océanographique ; on peut l'acheter à l'entrée de la plupart des sites, mais il n'est valable qu'une journée.

– Si vous n'avez que 2-3h devant vous, concentrez votre visite sur les thermes d'Antonin et le Musée national de Carthage.

– Sachez que toutes les pièces de monnaie « authentiques » et autres vestiges archéologiques proposés à la vente autour de ces sites sont des faux.

Les vestiges de la période punique

Le tophet *(plan B3)* **:** *rue Hannibal (la même que la Résidence Carthage). Suivre le panneau indicateur dans la rue principale à hauteur de la station Carthage-Salammbô.*
Appelée aussi sanctuaire de Tanit et Baal-Hammon, cette nécropole où furent trouvés des squelettes brûlés d'enfants est le plus ancien lieu de culte punique de la ville. Ce site intéressera les routards pétris d'archéologie, bien sûr, mais aussi les amoureux des aventures d'Alix (lire les B.D. de Jacques Martin parues aux éditions Casterman et en particulier, pour Carthage, *L'Île maudite* et *Le Spectre de Carthage*).
Le mot *tophet* vient de l'hébreu et désigne un sanctuaire décrit dans la Bible, proche de Jérusalem, où ont été sacrifiés des enfants. Le terme est utilisé par les archéologues pour nommer d'une manière générale les nécropoles d'enfants dans les cités puniques.
Ici, le *tophet* est situé dans un lieu calme et serein, malheureusement mal entretenu et sans beaucoup d'explications. Il est l'objet des fantasmes les plus fous sur l'image de Carthage sacrifiant ses propres enfants au dieu Baal-Hammon. On soupçonne les Romains, par l'intermédiaire d'auteurs comme Diodore de Sicile ou Plutarque, d'avoir fait naître au Ier s av. J.-C. cette propagande des sacrifices, afin de discréditer la civilisation du vaincu qui avait osé inquiéter Rome. Une idée reprise par Flaubert dans son roman *Salammbô.* Et voilà que les archéologues découvrent en 1921 une nécropole d'enfants. Issus en général de familles nobles, ils étaient brûlés sur des bûchers sacrés, les cendres recueillies dans des urnes et enterrées sous une stèle. Tout semble alors concorder pour que la propagande, le mythe littéraire et la réalité se rejoignent et démontrent la véracité de sacrifices humains à Carthage.
Pourtant, aujourd'hui, certains chercheurs doutent qu'il ait pu s'agir de sacrifices d'enfants vivants, ce qui change tout ! Il s'agirait plutôt de rites d'incinération d'enfants que de sacrifices, une manière d'offrir les enfants morts à la divinité et d'en faire le lien entre le dieu et les vivants. Élément troublant, les enfants étaient tous brûlés dans la même position, 1 ou 2 à la fois seulement, ce qui contredit l'idée de sacrifices massifs d'enfants jetés dans les flammes. Il y eut peut-être de telles pratiques, mais qui correspondent à des temps très reculés de l'histoire de Carthage et à des circonstances exceptionnellement dramatiques. Les fouilles ont exhumé plusieurs niveaux de stèles sur près de 4 m de profondeur. Celles-ci changent de forme au fil des siècles, mais comportent toujours des dessins assez stylisés, souvent au trait grossier, figurant des symboles magiques et religieux, notamment le disque solaire coiffé d'un croissant de lune, symbole de Baal-Hammon, ou le signe de Tanit (que l'on voit de part et d'autre de la porte d'entrée).

Les anciens ports puniques *(port de guerre et port de commerce ; plan B3)* **:** il ne reste pas de vestiges significatifs de ce qui fut peut-être le symbole de la puissance carthaginoise. Les 2 lagunes actuelles qui abritaient le port ont été creusées par l'homme à l'intérieur des terres. La plus au sud, rectangulaire, servait de port de commerce. L'autre, circulaire, reliée à la 1re, était le fameux port militaire de Carthage. Y mouillaient jusqu'à 200 navires, dont 30 dans des cales construites sur un îlot central. Pourtant, on doute que ce port, finalement assez petit, ait pu accueillir le formidable arsenal marin qui rivalisait avec Rome. On pense plutôt que ces anciens ports puniques furent construits seulement un demi-siècle avant la chute de Carthage, au moment de son déclin. Des reconstitutions, dont celle qui figure à l'îlot de l'Amirauté (dans l'ancien port de guerre ; présenter son billet d'entrée), aident à se représenter la grandeur du lieu.

Le quartier de Magon *(plan B2)* **:** ancien quartier d'habitation punique en bord de mer, mis au jour entre 1974 et 1984. Pas grand-chose à voir, juste quelques fondations.

Les vestiges de la période romaine

Les thermes d'Antonin *(plan B2)* **:** ces ruines, les plus significatives de Carthage, datent de la période romaine. Par leur importance, les thermes se situaient juste derrière ceux de Caracalla et de Dioclétien. Détruits par les Vandales, il n'en subsiste aujourd'hui que la partie inférieure et les sous-sols (en gros, les réserves de bois et les chaudières !), mais cela donne un aperçu suffisant de l'ampleur de la construction. Pour mieux visualiser, rendez-vous sur la terrasse surplombant les thermes : une maquette reconstitue cet édifice gigantesque.
Les différents travaux ont permis de redresser la colonne du *frigidarium,* haute de 15 m. Cela donne une idée de la taille des thermes impériaux.
Dans la partie haute du jardin, une nécropole punique (ex-voto dédiés à Baal-Hammon) et les vestiges de la basilique byzantine de Douimès. Étonnants restes de mosaïques sur le dallage.

Des thermes d'Antonin, remontez l'avenue en direction de la colline et passez sous le pont pour découvrir sur la droite le ***parc des villas romaines*** *(plan B2)* qui contient également les vestiges d'un ***odéon*** (près des toilettes, pardon pour ce manque de poésie, mais on veut être sûr que vous ne le manquerez pas !). Attention, le site est truffé de trous parfois très profonds masqués par des herbes folles. Toujours le long de la même route mais un peu plus haut, le ***théâtre*** (IIe s apr. J.-C.). Un peu trop restauré, il est utilisé aujourd'hui lors du Festival international de théâtre (en juillet-août).

Les citernes romaines de La Malga *(plan A2)* **:** il s'agit des restes des grands réservoirs d'eau qui alimentaient Carthage grâce à l'aqueduc venant de Zaghouan. Chaque étage irriguait un secteur différent de la ville, en fonction de la dénivelée.

Le Musée national de Carthage *(plan A2)* **:** *au sommet de la colline de Byrsa.* ***Fermé pour travaux jusqu'à nouvel ordre.***
Ce musée rassemble le produit d'un siècle de fouilles, et vous êtes ici dans le cœur même de l'antique cité de Carthage. Depuis l'esplanade, vue splendide sur la baie de Tunis, tout simplement. On ne peut s'empêcher de penser au Vésuve et à Pompéi, une autre Carthage prospère, réduite à néant en un rien de temps.
Dans la cour du musée, quelques mosaïques, sarcophages et restes de statues. Au rez-de-chaussée, vastes pavements, dont certains particulièrement osés. Intéressants dessins de Carthage au IIe s, qui permettent de se faire une idée de cette ville rectiligne et organisée. Exposition de pièces qui portent la marque des nombreuses cultures qui ont fécondé le Bassin méditerranéen, de la fin du Néolithique (IXe s av. J.-C.) à celle de la période romaine (VIe et VIIe s apr. J.-C.). Des objets familiers pour la plupart, d'un dessin pur et simple : biberons d'argile délicatement décorés, rasoirs de bronze surmontés d'une tête de lion, flacons de verre teinté... En un mot, le témoignage de civilisations aux goûts raffinés.
À l'étage, riche résultat des fouilles de Carthage, détruite en 146 av. J.-C. : nombreuses statues d'empereurs, tête colossale d'une princesse antonine, des armes et munitions, des objets familiers portant les traces de la vindicte romaine (on peut voir des pots d'étain ou de plomb percés à l'arme blanche !). Belle collection également d'objets en os, de pierres semi-précieuses, de bijoux, poteries et statuettes... Des témoignages émouvants des dernières heures de la cité punique.
À côté du musée, grande salle d'expo temporaire *(entrée en sus, 2 Dt ; fermé dim).*

MIEUX VAUT TARD QUE JAMAIS !

Authentique : en 1985, le maire de Rome se rendit en délégation officielle à Tunis pour signer le traité de paix mettant fin à l'état de guerre entre Rome et Carthage, que les Romains avaient prise et détruite en... 146 av. J.-C. !

L'Acropolium *(plan A2)* **:** *à côté du Musée national. Entrée : 6 Dt (non comprise dans le billet commun). Toilettes sur place.*
Cathédrale de style byzantin mauresque de la fin du XIXe s, bâtie en l'honneur de Saint Louis (Louis IX), roi de France mort à Tunis en 1270. Sous la dernière arcade à droite, monument en onyx ayant contenu les reliques du souverain. Désacralisée en 1964, elle fut rendue à l'État, qui fit appel à des architectes florentins et tunisiens en 1992 pour la rénover à partir des ruines restantes.
L'intérieur, bien que moderne, intéresse par son mélange de styles, ses 174 colonnes de marbre, ses armoiries et ses reproductions géantes de peintures sur verre dans son chœur représentant des combats entre Byzantins et musulmans. Débauche d'arabesques, de rosaces et d'entrelacs multicolores, c'est un peu une hérésie architecturale, mais bon... Exposition de reproductions de tapisseries de la prise de Tunis en 1535 dans le transept droit et tombeau du cardinal et primat d'Afrique Lavigerie dans la crypte (vide, sa sépulture est aujourd'hui au Vatican).
Cette cathédrale accueille les concerts du Festival international de musique classique en octobre. Au niveau de la billetterie, remarquez la statue d'Apollon dans la citerne souterraine, astucieusement mise en valeur par un jeu de miroir.

Le Musée paléochrétien *(plan A3)* **:** *fermé dim.* Une série de documents explique l'urbanisation de la ville moderne et la menace que cela entraîne sur la Carthage antique. Pas grand-chose à se mettre sous la dent, juste quelques objets épars. Citerne souterraine dans laquelle on peut descendre, vestiges d'une basilique byzantine et romaine envahie par les fleurs.

Les vestiges... du présent

Le Musée océanographique Dar-el-Hout *(plan B3)* **:** *28, rue du 2-Mars-1934. ☎ 71-730-420. Entre les 2 ports puniques. Tlj sauf lun 10h-18h (19h en été, 16h pdt le ramadan). Fermé 15-30 sept. Entrée : 1 Dt. Photos interdites.* Passons le squelette de rorqual en guise de bienvenue, l'intéressante salle de navigation qui ouvre la visite permet d'avoir un aperçu complet des bateaux utilisés sur les côtes tunisiennes et des techniques de pêche à travers les âges. Après une étonnante collection de poissons pas frais des XVIIIe et XIXe s, conservés dans des bocaux de formol, riche expo de coquillages et crustacés trouvés sur la plage abandonnée. Galerie très complète d'oiseaux et rapaces naturalisés, et au sous-sol, aquariums d'eau de mer accueillant mérous, murènes, poulpes et anémones. Un musée pas mal fichu dans son genre, qui abrite la plus grande bibliothèque maritime d'Afrique.

Le palais présidentiel *(plan B2),* devant lequel vous passerez fatalement, fut la résidence du « Combattant suprême », Habib Bourguiba, avant d'être occupé par les différents présidents du pays. Il est formellement interdit de le photographier.

L'imposante ***mosquée de Carthage*** *(plan A2),* érigée sur la colline de l'Odéon, fut construite en 2003 et baptisée initialement El-Abidine, du nom de l'ancien président, Zine el-Abidine Ben Ali. Bâtie sur une esplanade de 2 500 m^2, elle comporte un minaret haut de 55 m et une salle de prière pouvant accueillir plus de 1 000 fidèles. Célèbre pour être représentée sur les billets de 10 dinars ; on peut accéder (le matin sauf vendredi) à son immense cour et entrevoir sa salle de prière.

Festivals

– ***Festival international de Carthage :*** *début juil et en août, dans l'enceinte du théâtre antique.* Musique, spectacles et cinéma.
– ***Festival international de musique classique :*** *en oct, à l'Acropolium.* Plus connu sous le nom d'*Octobre musical.*

SIDI-BOU-SAÏD

7 000 hab.

• Plan *p. 114-115*

Accroché au flanc du djebel Manâr qui veille sur le golfe de Tunis, Sidi-bou-Saïd est le bijou le plus délicat du nord du pays. Petit village aux maisons blanc et bleu, carte postale méditerranéenne par excellence, « Sidi-bou » dégage un charme fou. Il fait bon se perdre dans ses petites ruelles tortueuses (et pentues !), à l'ombre des *dar* au style arabo-andalou typique, entre moucharabiehs délicats, balcons en fer forgé et, surtout, ces superbes portes ornées de motifs à clous qui ont fait la renommée du village.
Haut lieu de tourisme, mais doté d'une infrastructure hôtelière très insuffisante, Sidi-bou-Saïd est en été au bord de la saturation. Il est bon dans ce cas de se lever très tôt ou de revenir en fin d'après-midi. Le soleil rasant vient alors vous gratifier des plus belles lumières que l'on puisse imaginer sur le blanc.
Dans les temps anciens, alors que Carthage rivalisait en puissance avec Rome, les signaux guidant les galères puniques vers le port partaient d'ici. Chateaubriand en route pour Jérusalem, Flaubert à la recherche de Salammbô et Lamartine découvrirent le golfe de Tunis de ce promontoire naturel. Plus près de nous, Bernanos, Gide, Colette, Simone de Beauvoir et Montherlant (excusez du peu) trouvèrent refuge ici. Michel Foucault y écrivit notamment *L'Archéologie du savoir,* le peintre Paul Klee tomba lui aussi sous le charme... On les comprend !

UN PEU D'HISTOIRE

Le baron Rodolphe d'Erlanger (1872-1932), fils d'une famille de riches banquiers français, découvre Sidi-bou à l'âge de 16 ans et en tombe amoureux. Séduit par la lumière et les couleurs, il y développe sa vocation de peintre. Avec sa femme, ils entreprennent en 1912 la construction d'une somptueuse demeure (devenue aujourd'hui le *Centre des musiques arabes et méditerranéennes*) en même temps qu'ils restaurent les maisons anciennes. Le baron obtient du bey, en 1915, la protection intégrale du site et choisit d'imposer une couleur unique pour les boiseries. Ce bleu lumineux, devenu la couleur fétiche et le symbole de la Tunisie, fut donc inventé par un aristocrate européen.
Depuis le XIXe s, les notables de Tunis s'étaient fait construire des résidences secondaires dans ce village maraboutique dont l'origine remonte au XIIIe s. En effet, un ermite marocain, Abou Saïd Khalafa ben Yahia el-Termini el-Beji (ouf !), vint se retirer ici pour vivre selon les principes du soufisme, entraînant dans sa retraite de nombreux disciples. Mort en 1231, il devint le saint patron du village (auquel il ne donna son nom qu'au XIXe s). Son tombeau fut pendant des siècles le lieu de rencontre des membres des différentes confréries religieuses. Les corsaires choisirent même Sidi-bou comme repaire de la piraterie contre les navires chrétiens. D'ailleurs, jusqu'en 1820, l'accès au village, haut lieu de spiritualité, fut interdit aux roumis. Ils prennent aujourd'hui leur revanche, puisque l'on peut y compter, en juillet et août, plusieurs milliers de visiteurs par jour !

Arriver – Quitter

➢ Par le ***TGM,*** c'est le plus simple et le moins cher. Descendre à la station Sidi-bou-Saïd. Compter 25 mn depuis Tunis.

➢ Sinon, un ***taxi*** sera toujours prêt à vous y conduire au départ de Tunis pour env 10 Dt.

Adresses utiles

Services

■ ***Banques :*** *distributeurs automatiques à l'UIB et au port.*
– ***UIB*** *(plan A3,* ***1****) : av. Habib-Bourguiba. Lun-ven 8h15-16h30 (7h15-12h30 en été). La seule à faire une permanence de change sam 9h-12h.*
– ***Zitouna*** *(plan B2,* ***2****) : pl. du 14-Janvier. Mêmes horaires d'ouverture que la précédente.*

Urgences

■ ***Police :*** *av. de la République. ☎ 71-730-780.*
■ ***Pharmacie de nuit*** *(plan A2-3,* ***3****) : 13, av. Habib-Bourguiba. ☎ 71-740-958. À côté du* Magasin Général. *Il existe une 2de pharmacie sur le trottoir d'en face.*

Alimentation

Supermarché Proxi *(plan A2,* ***4****) : av. Habib-Bourguiba. Tlj 8h-22h. Rayon alcools fermé le ven.* On y trouve de tout, et notamment de la fleur d'oranger bien moins chère que dans les boutiques de souvenirs.
Marché : *dans la ruelle, sous le supermarché. Tlj 8h-14h, 16h-18h30.* Petit marché de fruits, légumes et poissons.

Divers

■ ***Hammam*** *(plan A3,* ***5****) : rue Ali-Belhaouane, à côté de la pl. du 14-Janvier. Tlj sauf mar : hommes 19h-21h30 ; femmes 10h-18h. Entrée : env 5 Dt.*
P ***Parking payant*** *(plan B2) : prendre la rue qui monte à droite après le rond-point du 14-Janvier jusqu'à l'entrée des souks. Compter 2 Dt quelle que soit la durée.* Pas de voiture dans le village. Pour faire des économies, garez-vous dans la ville basse et montez à pied.

Où dormir ?

Il y a peu d'hôtels abordables à Sidi-bou-Saïd. On aura donc avantage à dormir à Tunis, surtout en saison, à 25 mn à peine en *TGM* ou en taxi.

Chic (150-300 Dt / 50-100 €)

Dar-el-Fell *(plan C2,* ***13****) : 3 bis, rue Korsi-Essoleh. 28-291-717. Doubles 50-80 €.* À 2 pas du *Café des Nattes,* la maison natale du peintre Mounir Letaief abrite un hôtel-atelier-galerie d'art assez génial, avec des centaines de toiles accrochées un peu partout et une déco très « pop » qui détonne au milieu des *dar* traditionnels de la vieille ville. Chambres confortables et grandes suites, où les céramiques anciennes cohabitent avec les toiles du maître dans un cocktail de couleurs très réussi. Toit-terrasse avec vue sur la mer, cuisine commune. Ambiance un peu bohème, très conviviale.

Hôtel Sidi-bou-Farès *(plan C1,* ***10****) : 15, rue Sidi-bou-Farès. ☎ 71-740-091. Juste avt* Le Café des Nattes, *prendre à gauche la rue en escalier (fléché). En été, résa conseillée plusieurs jours à l'avance. Doubles avec sdb, chauffage et clim 70-80 €, petit déj inclus. CB acceptées.* Dans une vieille maison de style mauresque, une dizaine de chambres pour 1 à 3 personnes, presque toutes carrelées de céramiques, sous une voûte en briques apparentes. Au cœur de la maison, une cour très calme, fleurie de bougainvillées et de jasmin. Accueil vraiment adorable. Un hôtel de charme, très pittoresque.

Hôtel Sidi-bou-Saïd *(hors plan par B1,* ***11****) : route de Sidi-Dhrif, en allant à La Marsa. ☎ 71-740-411. Doubles 150-200 Dt et des suites.* Un petit 4-étoiles tout confort, aux tarifs assez élevés. D'autant que les chambres, à la moquette bleue et au mobilier de bois recouvert de faux marbre, sont plutôt impersonnelles, dommage. On y apprécie malgré tout la vue depuis

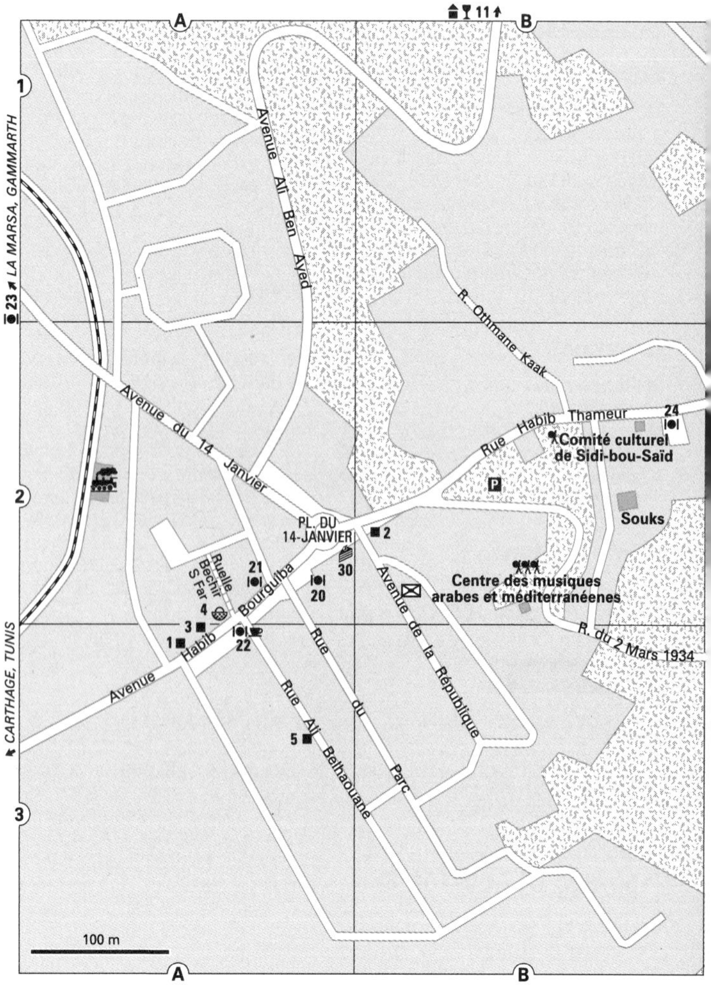

■ **Adresses utiles**

- **1** Banque UIB (A3)
- **2** Banque Zitouna (B2)
- **3** Pharmacie de nuit (A2-3)
- **4** Supermarché Proxi (A2)
- **5** Hammam (A3)

Où dormir ?

- **10** Hôtel Sidi-bou-Farès (C1)
- **11** Hôtel Sidi-bou-Saïd (hors plan par B1)
- **12** Dar Fatma (C1)
- **13** Dar-el-Fell (C2)

Où manger ?

- **20** Les Sept Merveilles du Monde (A2)
- **21** Restaurant Raies Labhaar (A2)
- **22** Cook's (A2-3)
- **23** Positano (hors plan par A1)
- **24** Le Chergui (B2)
- **25** Au Bon Vieux Temps (C2)

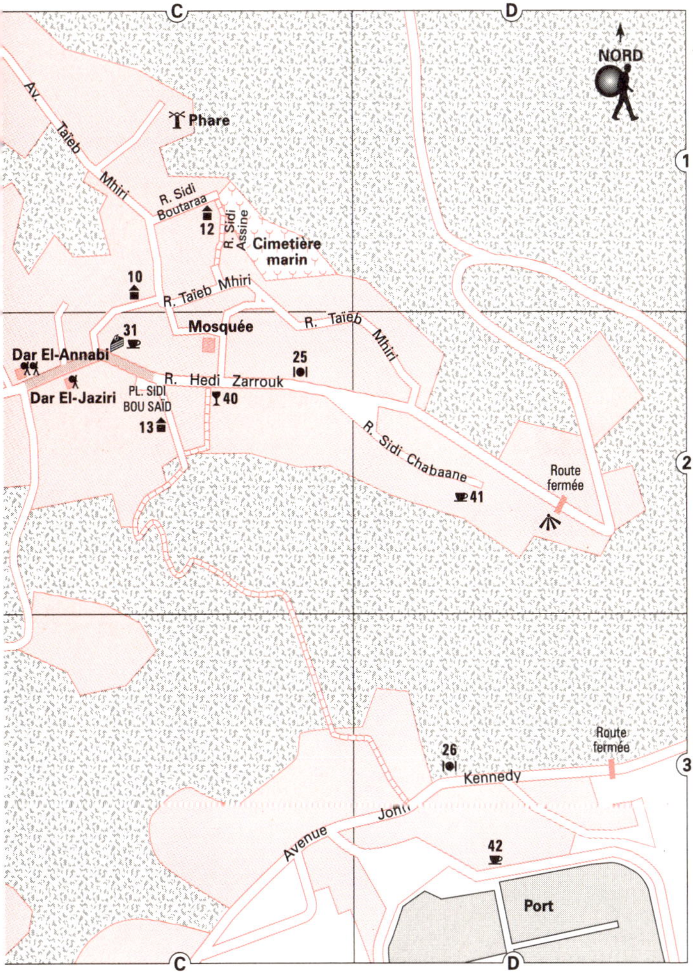

SIDI-BOU-SAÏD

26 Le Pirate (D3)

Où manger une bonne pâtisserie ?

30 Pâtisserie Madame Hachicha (A2)
31 Dégustation de bonbalouni (C2)

Où boire un thé ? Où fumer la chicha ?

31 Le Café des Nattes (C2)
41 Café des Délices (ou Café Sidi-Chabaane ; D2)
42 Café Le Glacier (D3)

Où boire un verre ? Où sortir ?

11 Bar de l'Hôtel Sidi-bou-Saïd (hors plan par B1)
40 Bar du restaurant Dar Zarrouk (C2)

les balcons, surplombant toute la côte, de La Marsa à Gammarth. Piscine très agréable, tennis et belle terrasse où l'on peut venir prendre un verre sans être client.

Très chic (plus de 300 Dt / 100 €)

Dar Fatma *(plan C1,* ***12****) : rue Sidi-Boutaraa. ☎ 71-981-284. • darfatma.com • À côté du cimetière, dans le haut du village. Résa conseillée en saison. Doubles avec sdb 100-120 €, petit déj inclus.* Une maison d'hôtes, tenue par Amel et Patrick, couple franco-tunisien. Des chambres à la déco très sobre, dans les tons blancs et gris, une photo du vieux Tunis en guise de tête de lit, un luminaire traditionnel, un peu de mobilier contemporain et une petite salle de bains intégrée à la chambre. Certaines offrent une vue dégagée de ses moucharabiehs sur le cimetière (au calme, donc !) et la mer au loin. Le tout s'organise autour d'un patio. Sur le toit, petite piscine, solarium et vue exceptionnelle. Du calme et de la sérénité. Accueil délicieux, mais une adresse tout de même onéreuse.

Où manger ?

Bon marché (moins de 20 Dt / 7 €)

Les Sept Merveilles du Monde *(plan A2,* ***20****) : av. Habib-Bourguiba, un peu après le resto* Chez Christine. *Ouv jusqu'à minuit.* Une enseigne uniquement en arabe, sous un auvent en bois et avec une miniterrasse. Les habitants s'y bousculent pour déguster d'excellents petits sandwichs à composer à la demande... Que des produits frais et sans huile. Jus de fruits de saison réalisés avec une imagination délirante : demandez ce que vous voulez, le charmant patron peut le faire ! Tout petits prix.

Restaurant Raies Labhaar *(plan A2,* ***21****) : av. Habib-Bourguiba. 98-819-867. Tlj jusqu'à minuit.* Snack à la déco marine, mosaïques bleues et banquettes en skaï à haut dossier formant des box. Une autre salle en sous-sol. On y mange salades, sandwichs, pâtes et des plats traditionnels bien exécutés. Une solide petite gargote.

Prix moyens (20-40 Dt / 7-13 €)

Cook's *(plan A2-3,* ***22****) : av. Habib-Bourguiba. 99-460-963. Tlj 8h-23h. Pas d'alcool.* Grande salle à l'étage avec larges baies vitrées, déco tendance hipster (mélange de briques et de bois, tables hautes, coins salons, etc.). On y vient à toute heure, pour le petit déj (super formules de brunch), le déj (salades, très bons burgers, pâtes fraîches...) ou le goûter (pâtisseries, smoothies, bon café...). En un mot : top !

Positano *(hors plan par A1,* ***23****) : sur la route de La Marsa, au 1er rond-point en quittant Sidi-bou-Saïd. 31-130-435. Tlj.* Ne cherchez plus, c'est dans ce minuscule resto à la sortie de la ville que vous mangerez les meilleures pizzas de Sidi-bou-Saïd ! Cuites au feu de bois et préparées sous vos yeux par une équipe de pizzaiolos virtuoses, elles sont absolument délicieuses. À dévorer dans la petite salle aux murs tapissés de photos de stars hollywoodiennes ou aux tables sur le trottoir. Demandez la tarte aux pommes napolitaine en dessert, un régal !

Le Chergui *(plan B2,* ***24****) : dans le centre du village, juste en face du* Café des Nattes. *Ouverture aléatoire hors saison.* Immense terrasse blanc et bleu, qui domine la mer. Des chats se prélassent, des artistes croquent la ville, le soleil mordille le visage. Cadre plaisant pour grignoter salades, couscous ou grillades merguez-poulet. Ne pas s'attendre à de grands émois culinaires, mais c'est la seule adresse pas encore trop chère dans la médina.

On peut aussi se contenter d'un thé en contemplant la mer...

Chic (40-60 Dt / 13-20 €)

Le Pirate *(plan D3,* ***26****) : au port de plaisance. ☎ 71-980-004. Accès par la route (parking payant 1 Dt) ou en taxi. Tlj. CB acceptées. Sert de l'alcool.* Beau cadre avec poutres apparentes, murs en pierre, et en hiver, le feu crépite dans la cheminée. L'été, on choisit la grande terrasse extérieure avec sa tonnelle recouverte de lierre. Une carte inventive aussi bien dans la manière de cuisiner que dans les sauces et accompagnements : risotto aux crevettes et à l'huile de truffe, poisson à la crème de poireau, daurade en croûte de sel... Épices et parfums variés agrémentent les plats. Bien alléchant tout ça, dommage que les portions soient un peu chiches, les prix un peu excessifs et l'accueil pas toujours au niveau...

Au Bon Vieux Temps *(plan C2,* ***25****) : 56, rue Hedi-Zarrouk. ☎ 71-744-733. Dans la rue piétonne du centre, juste en face de la descente qui conduit au Café des Délices. Tlj. CB acceptées.* De nombreuses personnalités ont déjà honoré cet établissement de standing où séjourna André Gide (voir la collection de photos dédicacées dans l'escalier). En haut des marches, on tombe sur une jolie petite terrasse-jardin et une salle voûtée cosy offrant une vue sur les ruelles typiques et la mer. La carte ? Une convaincante cuisine tunisienne qui propose un beau choix de produits de la mer et un très bon couscous. Belle carte des vins et service impeccable. Un des meilleurs restos de « Sidi-bou ».

Où manger une bonne pâtisserie ?

Pâtisserie Madame Hachicha *(plan A2,* ***30****) : pl. du 14-Janvier. Tlj 9h30-19h30.* Bonne pâtisserie traditionnelle proposant gâteaux, petits-fours et macarons.

Dégustation de bonbalouni *(plan C2,* ***31****) : 48, rue Hedi-Zarrouk, sous Le Café des Nattes.* Les *bonbalouni* sont des beignets sucrés, gras, excellents et économiques. Une institution de Sidi-bou-Saïd, bondée du soir au matin. À faire au moins une fois !

Où boire un thé ? Où fumer la chicha ?

Le Café des Nattes *(plan C2,* ***31****) :* appelé *Qahwa-el-Alya* (le « café d'en haut ») par les habitants, c'est le café maure traditionnel, et aussi l'un des hits touristiques de Sidi-bou. On est si bien, allongé sur ces nattes ! Ça fait quand même quelque chose de savoir qu'avant vous Gide, Montherlant, Bernanos, Paul Klee et Simone de Beauvoir, entre autres, se sont arrêtés ici pour profiter d'un « instant de bonheur ». Touristique, certes, mais encore largement fréquenté par une clientèle d'habitués. En fin de journée, lorsque le soleil se couche, les chichas glougloutent sur fond de chants d'oiseaux qui semblent avoir tant à raconter. Magique...

Café des Délices *(ou Café Sidi-Chabaane ; plan D2,* ***41****) :* l'autre café « mythique » du village (même proprio). Mais contrairement à celui *des Nattes,* celui-ci se transforme en piège à touristes. Alors oui, le cadre est sublime (petites terrasses à flanc de colline, surplombant le golfe et le port) et la vue tout autant, mais entre les prix délirants et l'accueil à peine aimable, l'expérience peut s'avérer loin d'être « délicieuse »... À vous de voir !

Café Le Glacier *(plan D3,* ***42****) : sur le port de plaisance. Pas d'alcool.* Une grande terrasse ombragée devant les yachts, très sympa à l'heure du petit déj. Également des crêpes, des sandwichs et des pizzas.

TUNIS ET SES ENVIRONS

Où boire un verre ? Où sortir ?

🍷 ***Bar du restaurant Dar Zarrouk*** *(plan C2,* ***40****) : rue Hedi-Zarrouk. Tlj 12h30-23h (3h en été).* Dans un superbe patio à l'ombre d'un vénérable ficus ou dans le lounge à la déco seventies-chic (oh, le joli bar doré !), on aime bien cette adresse décalée qui attire une clientèle jeune et festive. Bières et cocktails à prix raisonnables, à déguster au son d'une excellente musique. En revanche, le resto ne nous a pas convaincus.

🍷 ***Bar de l'Hôtel Sidi-bou-Saïd*** *(hors plan par B1,* ***11****) : voir « Où dormir ? » plus haut. Alcool servi.* Belle terrasse offrant une vue panoramique sur la baie de La Marsa-Gammarth. Salon agréable et confortable pour les jours de grand vent.

À voir

Si, au printemps et à l'automne, le village se visite sans trop de monde, ce n'est pas le cas en été, à moins d'y aller tôt le matin. Pas d'itinéraire conseillé pour découvrir les charmes de Sidi-bou. On flâne au gré des venelles qui se terminent parfois en cul-de-sac, on grimpe des escaliers au hasard, guidé par son instinct et par la lumière. C'est elle qui décide de tout : comme sur une scène de théâtre, les projecteurs mettent certains éléments du décor en exergue, avant de les faire basculer dans l'ombre un peu plus tard. Il faudrait visiter Sidi-bou-Saïd à différentes heures. C'est le matin et le soir que la lumière y est la plus belle. Elle révèle la courbe harmonieuse des dômes et des angles des murs adoucis par des centaines de coups de badigeon.

GARÇON, UNE CHANSON !

En 2000, la chanson de Patrick Bruel « Au Café des Délices », qui évoque la nostalgie des pieds-noirs de Tunisie et leur arrivée en France, est un tube, y compris de l'autre côté de la Méditerranée. À l'époque, quelques plans du clip sont tournés au Café Sidi-Chabaane, *adresse historique depuis les années 1960. Il n'en faudra pas plus pour que le patron des lieux, malin et opportuniste, débaptise l'endroit illico et lui donne le nom de...* Café des Délices *!* Ya lil ya lil, habibi ya lil...

🍷🍷🍷 Partez à la découverte des ***portes*** aux arcatures de pierre sculptée, dont les battants sont ornés de motifs dessinés à l'aide de clous, typiques de l'art arabo-andalou. Admirez les ***kharraj,*** ces grilles renflées qui forment une dentelle métallique devant les fenêtres, et ces ***moucharabiehs,*** véritables loges qui permettaient aux femmes du village d'observer le spectacle de la rue sans être vues. La plus modeste ouverture est prétexte à décor. La promenade dans les fraîches ruelles révèle des jardins secrets remplis de figuiers, d'eucalyptus, de bougainvillées dont les draperies de fleurs font le mur. Monter jusqu'au ***phare*** et au ***cimetière marin*** où repose un autre sage, Sidi Dhrif (le Gracieux), qui répertoria les différents modes de musique malouf en compagnie de quelques autres mystiques. Ne vous étonnez pas s'il plane dans l'air quelque chose d'indéfinissable et revenez sur terre en faisant halte au *Café des Nattes* (il occupe depuis le XVIIIe s l'entrée monumentale de la mosquée construite un siècle plus tôt pour abriter le mausolée de Sidi bou Saïd), au *Chergui* ou au *Sidi-Chabaane.* Oubliez les marchands du temple et du mauvais goût, qui campent au pied de la ville et dans les rues piétonnes, en dégustant un thé à la menthe et en vous grisant du parfum entêtant d'un bouquet de jasmin fraîchement cueilli.

🍷🍷🍷 ***Le Centre des musiques arabes et méditerranéennes*** *(plan B2) : 8, rue du 2-Mars, au-dessus du parking sur la droite (c'est la porte cloutée jaune).* ☎ *71-740-102.* • *cmam.tn* • *Musée ouv tlj sauf lun et j. fériés 9h-13h, 14h-17h (9h-15h en juil-août ; 8h-14h pdt le ramadan). Entrée : 3 Dt ; réduc. Audioguide : 2 Dt. Photos autorisées à l'intérieur, seulement avec le portable.*

On entre dans une demeure EX-TRA-OR-DI-NAIRE de style arabo-andalou, construite entre 1912 et 1922 sur une ancienne bâtisse par le baron Rodolphe d'Erlanger (1872-1932), peintre musicologue réputé et mécène. Le palais Ennejma Ezzahra (« l'étoile resplendissante ») offre un exemple exceptionnel d'architecture traditionnelle : matériaux précieux à foison, dentelle de bois et de stuc, murs, sols et colonnes de marbre blanc, rose ou vert, mobilier constellé de nacre...
La visite commence au rez-de-chaussée à droite par la salle à manger installée dans le patio couvert, au superbe plafond en bois sculpté. En face de la grande table en marbre de Chemtou, le fumoir et, dans la pièce d'à côté, le salon de musique. Sur le vénérable piano Pleyel, des photos du baron et de son épouse.
Creusée dans le mur de droite du fumoir, la niche donne accès à la citerne de la maison, le *mejel.* L'eau est ici un élément primordial. Entre les 2 ailes du rez-de-chaussée, un chemin d'eau creusé dans le sol parcourt la « galerie d'honneur » et permettait de rafraîchir la maison. Dans l'aile opposée se trouve le 2d patio, ouvert et au sol de marbre, où des concerts et des conférences sont organisés régulièrement.
À l'étage, les appartements privés, le hammam, l'atelier de peinture, qui regorge d'œuvres d'Erlanger, et le musée. La gigantesque pièce au-dessus du patio de marbre est la chambre de madame. Remarquez, au-dessus du lit, le plafond en nid-d'abeilles, recouvert de feuilles d'or. Donnant sur le patio de bois, on trouve la « petite chambre dorée », occupée par le fils des Erlanger. Là encore, beau plafond sculpté, peint et décoré de feuilles d'or. À côté, l'atelier du baron, avec des portraits des habitants de Sidi-bou, quelques estampes japonaises et, au fond à droite, un « effet miroir » du peintre au travail assez bluffant.
De retour du côté du patio de marbre, on découvre une collection d'instruments de musique traditionnels de toute la Méditerranée, dont la plupart ont été rassemblés par Rodolphe d'Erlanger, musicologue averti. Magnifiques instruments arabes : oudh, rabab, cithare... et partitions manuscrites. Son œuvre considérable sur la musique arabe a permis de sauver de l'oubli une part importante de cette culture jusqu'alors transmise oralement, car il a su écrire cette musique. Lui-même jouait du qanûn, instrument à la sonorité aussi variée qu'extraordinaire, sorte de harpe à plat. En sortant, ne pas hésiter à aller visiter le beau jardin, qui embrasse le golfe de Tunis dans un panorama incroyable.

LA FONTAINE AU PARFUM

Qui peut se douter que la fontaine en marbre noir en forme de mihrab, creusée en face de l'entrée du Centre des musiques arabes, cache un dispositif secret ? Le demi-cercle supérieur n'est autre qu'une plaque de marbre pivotante, qui s'ouvre sur un réservoir. On y versait des eaux parfumées à la fleur de jasmin ou d'oranger qui, s'écoulant goutte à goutte par le petit trou un peu plus bas au centre, exhalaient leurs enivrantes odeurs dans les patios de la maison...

***Le dar El-Annabi** (plan C2)* **:** *au début de la rue piétonne. ☎ 22-313-331. Tlj 9h-18h (8h30-19h en été). Entrée : 5 Dt. Demander la feuille de visite libre à l'entrée.*
Superbe maison à l'architecture arabo-musulmane du XVIIIe s, ancienne résidence d'été du *mufti* Mohammed el-Annabi. On déambule au travers d'espaces et de pièces mettant en scène des personnages de cire aux habits traditionnels. Chambres d'été pour la

LE MARIAGE, C'EST PARFOIS PESANT !

En visitant le beau Dar El-Annabi, ne manquez pas (difficile, vu sa taille) la sublime robe traditionnelle de mariée, couverte de broderies et de bijoux. Elle affiche, sur la balance, le joli score de... 22,6 kg ! C'est ce qu'on appelle porter le poids des responsabilités...

sieste, salle de prière familiale et des ablutions, salon d'amis de style mauresque avec ses douillettes alcôves, jardin andalou avec son impluvium, bibliothèque où sont conservés de très anciens ouvrages, manuscrits et parchemins... À l'étage, cuisine tout équipée, chambre et salon meublés. N'oubliez pas de monter sur la terrasse ; d'un seul coup d'œil, on contemple tout le golfe de Tunis. Thé offert au cours de la visite.

Le dar El-Jaziri (plan C2) **:** *dans la rue piétonne, presque en face du dar El-Annabi, la boutique avec le panneau « centre d'animation touristique et artisanale ». 98-327-870. Tlj 9h30-19h30 (20h en été). GRATUIT.* À l'étage d'une boutique de souvenirs, dans une belle demeure historique, intéressante collection privée de céramiques, de jarres, de cruches et plats en faïence du XVIe s en provenance d'Iznik (Turquie), capitale mondiale de la céramique sous le règne de Soliman le Magnifique. Quelques costumes traditionnels de mariage habillent des personnages en cire. Le but est bien entendu de vous vendre une babiole à la sortie, mais le vendeur n'est guère insistant et le lieu mérite un coup d'œil. Belle vue également de la terrasse sur le toit.

Le comité culturel de Sidi-bou-Saïd (plan B2) **:** *dans la rue principale, après les souks sur la droite en montant. Tlj 8h30-13h30, 15h-18h. GRATUIT.* Salle d'expositions de peinture, principalement.

Ne pas manquer par ailleurs d'aller faire un tour au ***port*** et à la ***plage.*** Parking payant au port. Évitez de descendre à pied par les escaliers qui démarrent sur la droite depuis le centre du village, ils deviennent très vite glissants, complètement défoncés et impraticables !

Fête

– ***Fête de la Kharja :*** *le 2e dim d'août.* Manifestation religieuse en l'honneur de Sidi bou Saïd. Musique religieuse et danses dans les rues.

LA MARSA

93 000 hab.

La Marsa – qui signifie « le port » en arabe – est un lieu de villégiature prisé par la jeunesse branchée bobo-hipster (au choix... ou tout à la fois !) tunisoise. Idéalement située en bord d'une belle plage, avec en ligne de mire la kobet El-Hawa (« coupole des vents »), un ancien palais de beys battu en hiver par les flots rageurs, la ville offre de nombreux restos, mais le parc hôtelier est très réduit ; on y vient généralement à la journée (ou la soirée) depuis Tunis.

Arriver – Quitter

Gare TGM : *à La Marsa-plage (gare terminus). ☎ 71-348-555, poste 315.* Très pratique, à 35 mn de Tunis.

Station de bus : *pl. du 14-Janvier. À l'entrée de La Marsa-ville.*

Adresses utiles

Services

■ ***Banques : ATB, UIB*** *et* ***BIAT,*** *pl. du 14-Janvier, où s'arrêtent les bus. Lun-ven 8h-16h (7h30-12h45 juil-août), fermé le w-e.* Plusieurs distributeurs *Visa* et *MasterCard.* Possibilité de change. Autre banque *UIB,* plus centrale, à gauche de la mosquée (mêmes horaires).

Urgences

■ ***Pharmacie de nuit :*** *9, rue Ali-Belhaouane, à 50 m de la pl. du 14-Janvier, dans la rue après les banques ATB et UIB. ☎ 71-775-770.*
■ ***Cabinet médical :*** *7, rue Mohamed-Ali. ☎ 71-740-494. 📱 98-336-595. Ouv 24h/24, y compris dim et j. fériés.*

Culture

■ ***Librairie Espace d'Art Mille Feuilles :*** *99, av. Habib-Bourguiba ; sur le rond-point, face au terminus du TGM. ☎ 71-744-229. Tlj 9h-19h30.* Littérature française et beaux livres, expos au 1er étage. Quelques rencontres littéraires.

■ ***Cinéma Alhambra :*** *dans le centre commercial Zéphyr.* Bonne programmation internationale et quelques spectacles, souvent humoristiques.

Achats

Monoprix : *dans le centre commercial Zéphyr. Tlj 8h30-22h.* On y trouve de tout, sauf de l'alcool. L'enseigne a également ouvert un magasin près du marché couvert avec, cette fois, un rayon alcools.

Divers

■ ***Journaux français :*** *dans le bureau de tabac en face du centre commercial Zéphyr.*
■ ***Hammam Sfaxi*** (ou Masmoudi) **:** *rue Ali-Belhaouane. Hommes, le mat et le dim ; femmes, l'ap-m lun-sam.*

Où dormir ?

Bon marché (moins de 75 Dt / 25 €)

Maison des jeunes : *rue Bach-Chamba, sur le front de mer. ☎ 71-774-074. Prendre l'av. Habib-Bourguiba et descendre après la longue rambarde blanche en direction de la plage, c'est sur la droite, dans l'enceinte blanche. Résa indispensable. Compter env 20 Dt/pers sans petit déj. Pas de wifi.* Une cinquantaine de lits en chambres de 4 ou 5. Douche et w-c communs. Le lieu est parfois bruyant, jeunesse oblige, ce qui peut aussi être sympa. Bien placé à 2 pas de la plage. Mais attention, très souvent complet en saison.

Chic (150-300 Dt / 50-100 €)

Hôtel Plaza Corniche : *22, rue du Maroc. ☎ 71-743-577. Au rond-point de la gare, route de gauche longeant la voie ferrée ; fléché. Selon saison, doubles 180-200 Dt, suites 200-300 Dt, petit déj inclus.* Un établissement d'une douzaine de chambres confortables, toutes décorées différemment, allant du papier peint un peu démodé au style marin. Quelques chambres romantiques avec balcon donnant sur la mer. Jardin, bar et resto truffés de loupiotes et lampions (voir plus loin « Où boire un verre ? »). Ensemble un peu vieillissant et prix tout de même fort élevés, n'hésitez donc pas à négocier. Même s'il n'y a pas grand-chose d'autre à se mettre sous la dent à La Marsa...

Où manger ?

Bon marché (moins de 20 Dt / 7 €)

Café Saf-Saf : *face à la mosquée. Tlj.* Vaste café-resto populaire sur 2 niveaux, avec des terrasses couvertes ou ensoleillées et une cuisine à ciel ouvert à l'entrée du patio. Bricks, couscous, grillades et casse-croûte très simples et bon marché. On peut aussi y fumer la chicha. Le superbe puits en faïence, au milieu de la cour centrale, vaut le coup d'œil. Touristique et très animé en soirée. L'institution inamovible de la ville.

Doodle : *17, rue Mohamed-ben-Amara. Tlj 12h-minuit.* Une petite adresse gentiment hipster, où l'on prépare des burgers maison plutôt réussis. À emporter sur la plage ou à manger aux tables en terrasse, dans une rue calme.

Sandwicherie Weld El Bey : *rue Naceur-Bey. À proximité de l'arrêt de bus, dans une ruelle face aux banques. Tlj jusqu'à 22h.* On vient de partout, été comme hiver, pour tester les sandwichs au thon, au poulet ou à l'escalope de dinde (les meilleurs selon nous) de cette petite sandwicherie installée dans une agréable rue piétonne. Rien d'original ni de typique, tout est dans le goût.

@Tipico : *rue Imam-Chefai. En face de la mosquée. Tlj.* Une pizzeria-bar à pâtes à la déco moderne. Salle lounge sympa, populaire chez les jeunes.

De prix moyens à chic (20-60 Dt / 7-20 €)

Le Bon Vieux Temps : *1, rue Abou-el-Kacem-ech-Chabbi. ☎ 71-749-060. En face du cinéma l'Alhambra. Tlj 12h-minuit (hiver), seulement le soir en été. Sert de l'alcool.* Voilà un lieu qui cumule les bons arguments ! Le cadre d'abord, très réussi dans le style contemporain créatif et chaleureux, avec son vaste patio arboré (couvert en hiver) et ses 2 petites salles accueillantes. Puis la cuisine italienne exécutée par un chef originaire de la Grande Botte, aussi savoureuse que généreuse, invite à de belles sensations gustatives. Enfin, un service à l'image du lieu, sympathique et tout en douceur. On aime !

Restaurant Le Golfe : *5, rue Larbi-Zarrouk. ☎ 71-748-219. Après La Marsa-ville vers le nord et avt l'embranchement pour Gammarth, tourner à droite, descendre et tourner encore à droite. Tlj 12h-minuit. Fermé pdt le ramadan. CB acceptées. Sert de l'alcool.* Dans une élégante salle dont les grandes baies vitrées offrent une jolie vue sur la plage, une table réputée pour ses poissons, crustacés et fruits de mer, dont les fameux *ritzi* (oursins, la spécialité locale). C'est très classe, feutré, mais ne pas s'attendre cependant à des émois gastronomiques inoubliables. Disons que l'on paie surtout pour le cadre. Excellente sélection de vins en revanche.

The Cliff : *sur la corniche de Sidi-Dhrif menant à Sidi-bou-Saïd, sur la droite au niveau du grand croisement avt l'Hôtel Sidi-bou-Saïd. ☎ 29-777-529. Tlj 12h30-minuit. Sert de l'alcool.* Restaurant sur 2 niveaux à la clientèle aisée. Assiettes méditerranéennes, ceviches, merlan, daurade, thon rouge, pagre... le tout arrosé de crus du monde entier à savourer sur une terrasse spectaculaire, suspendue au-dessus de la mer et accrochée à la falaise, d'où le nom du lieu. Incontestablement la plus belle vue de La Marsa. Mais ne vous y trompez pas : elle est largement comprise dans l'addition ! On peut aussi se contenter d'y boire un verre.

Où manger une bonne pâtisserie ? Où déguster une glace ?

Les Galets : *10, av. de l'Indépendance. ☎ 71-980-299. En venant de Tunis, à l'entrée de La Marsa, à droite au 1er grand rond-point. Tlj sauf dim 9h30-20h.* Une succursale du célèbre pâtissier de Tunis. Pas donné mais raffiné.

Chez Salem : *sur le rond-point en face du TGM. Tlj.* Glaces réputées, jus frais. Ici, par choix, rien n'a changé. Tout a le goût d'autrefois, alors que plus loin, dans la même rue, le *Petit Salem* est plus conforme aux normes actuelles.

Où boire un verre ? Où sortir ?

Bar de l'Hôtel Plaza Corniche : *voir « Où dormir ? ». Alcool servi.* Pour sa déco où le mélange de couleurs, de lampions et de guirlandes crée un fouillis rigolo. Restez concentré au moment de payer, il peut arriver qu'une petite erreur de calcul se glisse dans l'addition.

Carpe Diem : *mar-sam 18h-2h. Alcool servi.* Bar convivial et boîte branchée, avec DJ et musique live quasi tous les soirs. Clientèle jeune, joyeusement plongée dans les décibels ! En été, le grand jardin avec ses tables faites de palettes de bois disséminées un peu partout est bien agréable. Immense *dance floor,* souvent désert en semaine, bondé le week-end !

GAMMARTH

9 500 hab.

Moins charmante que sa voisine La Marsa, cette station balnéaire de la banlieue de Tunis se divise en 3 parties : Gammarth Supérieur, juché sur une colline parsemée de luxueuses villas, propriété de la bourgeoisie de la capitale, Gammarth Village, où l'on trouve cafés et commerces, et la zone touristique et ses gigantesques hôtels de luxe. Pourquoi y venir ? La fête, pardi ! On y trouve les bars et les clubs les plus hype de la banlieue tunisoise. Avis aux amateurs : les nuits sont chaudes à Gammarth, très chaudes...

Où manger ? Où boire un verre ?

Restaurant Les Ombrelles : *107, av. Taïeb-Mehiri. ☎ 71-742-964. De La Marsa, en direction de Gammarth, prendre à droite au feu, au début de la montée, puis longer la mer. Résa conseillée, surtout en saison. CB acceptées. Parking payant.* Y aller de préférence le midi pour profiter de la terrasse océanique, avec les embruns qui arrosent la baie vitrée. Cadre enchanteur à la déco sans esbroufe. Grande variété de poissons, mais belles pièces de viande également (côte de bœuf, magret, etc.). Longue carte des vins. Une table de solide réputation, néanmoins assez chère.

Bungalow : *zone touristique sur la route de Raoued (derrière l'hôtel El Mouradi). 27-555-000. Tlj 17h-tard. Fermé lun en hiver. Sert de l'alcool.* Un bel endroit, chic et sobre (grandes baies vitrées, tables hautes en bois et en fer), fréquenté par une clientèle branchée. Mais ne pas se fier à l'atmosphère feutrée qui règne dans la salle principale. L'été, les fêtards investissent le jardin à l'arrière, pour danser jusque tard au bord de la piscine. Large choix de vins, cocktails et tapas. Fait également resto, même si on n'y vient pas pour manger en général.

Yuka : *zone touristique sur la route de Raoued (derrière l'hôtel El Mouradi), à l'intérieur de l'hôtel Ardjan. 95-183-218. Tlj 11h-4h. Entrée libre (sauf événement spécial).* Immense bar-club posé sur la plage. Grande salle, grand bar, grande piscine, grande terrasse (« esplanade », serait sans doute le terme exact !)... Bref, de la place ! Des centaines, voire des milliers de fêtards investissent les lieux en saison, avec des événements (DJ set, concerts, etc.) organisés tous les soirs. C'est chaud, très chaud. Alors on danse ?

El Omnia : *rue Hassen-Hosni-Abdelwaheb (à droite du magasin d'alimentation El Baraka), Gammarth Village. 24-135-165. Tlj 5h-2h.* Toujours bien de quitter la zone touristique et ses hôtels de jet-setters pour s'aventurer dans le village, 3 km plus haut. N'hésitez pas alors à gravir les 3 marches qui vous séparent de la terrasse de ce café typique où les Gammarthois y fument la chicha et tapent le carton en refaisant le monde (et le match de foot de la veille...).

À voir. À faire

Le cimetière militaire français : *sur les hauteurs de Gammarth. Tlj sauf dim et j. fériés 9h-17h.* Au total, 4 190 tombes de soldats français, tombés durant la Seconde Guerre mondiale, entre novembre 1942 et mai 1943.

L'Espace Sadika : *même direction que pour* Les Ombrelles *(voir « Où manger ?... ») et continuer sur quelques km direction Raoued ; c'est ensuite fléché sur la droite. 28-242-505. Tlj 8h-19h, l'atelier ouv tlj 7h-15h. GRATUIT. Également une boutique à l'aéroport.* Bel espace où Sadika Keskes, une artiste souffleuse de verre de renommée nationale, a installé son atelier. Elle exerce son art selon la tradition de Murano. Très belle salle d'expo-vente pour apprécier ses créations, d'une grande finesse : lampes, verres, calices, etc. Certes, tout n'est pas facile à loger dans sa valise, mais les pièces, uniques, sont très bon marché au regard de leur qualité. Également un « espace de réhabilitation des métiers d'art » où l'on pourra acheter des tissus filés et tissés par des femmes déshéritées de la région de Kasserine.

Les plages : on recommande celles des établissements branchés, comme *Yuka* ou, non loin, *Le Sélect*.

LA CÔTE CORAIL

• Carte Le nord de la Tunisie *p. 126-127*

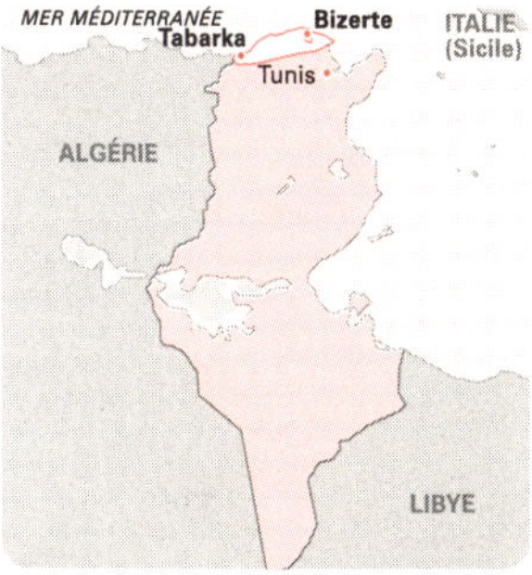

300 km d'un littoral rocheux et escarpé séparent Bizerte de Tabarka. C'est la côte Corail. Elle doit son nom aux coraux rouges que l'on y pêchait autrefois (rarissimes aujourd'hui). Au pied des montagnes de Kroumirie, qui oscillent entre 800 et 1 000 m, les criques succèdent aux caps, avec parfois une falaise, ou une plage, comme à Sidi-Mechrig. L'arrière-pays, quant à lui, est un paysage de douces collines où les cultures de céréales sont ponctuées, çà et là, d'oliviers. Mis à part les mois les plus chauds de l'été, c'est le vert qui tient le haut de l'affiche dans l'arrière-pays de cette côte nord, dont Rome avait fait, à juste titre, son grenier. La région est également l'un des rares endroits de Tunisie, où, en hiver, on peut apercevoir des sommets enneigés. Surprenant !

BIZERTE

125 000 hab.

• Plan *p. 129*

Dès leur arrivée en Tunisie, en 1881, les Français entreprennent de faire de Bizerte une base navale importante. Ils l'utilisent jusqu'en 1963, ce qui provoque des conflits avec la Tunisie indépendante. C'est la situation stratégique de cet ancien comptoir phénicien, devenu plus tard un repaire de corsaires, posté juste en face de la Sicile, qui est à l'origine de cette vocation.

La ville est traversée par un canal qui relie le lac de Bizerte à la Méditerranée. Ce canal n'était autrefois qu'un goulet. L'ayant passé, Alexandre Dumas écrivait : « Rien de plus enchanteur que les rives de ce lac, avec ses grands oiseaux aux ailes de flammes, avec ses marabouts perdus sous les palmiers. » Si, depuis le passage de l'écrivain, Bizerte a connu un développement industriel et touristique important, la ville reste agréable, avec sa vieille architecture coloniale et son joli port bordé par les murs de la petite médina, où il fait bon se promener en fin de journée. Depuis la révolution de 2011, Bizerte ne reçoit plus beaucoup de touristes. Cette baisse de fréquentation n'est d'ailleurs pas sans conséquence sur l'entretien des hôtels, de plus en plus aléatoire...

– Festival de Bizerte en été.

BIZERTE 1 – TUNIS 0

C'est avec attention que Bizerte a suivi les élections municipales parisiennes de mai 2001. Et pour cause : l'enjeu opposait 2 natifs du nord de la Tunisie. D'un côté, l'enfant de Bizerte, Bertrand Delanoë, qui y a vécu les 14 premières années de sa vie. Et de l'autre, le Tunisois Philippe Séguin, qui passa son enfance dans la capitale jusqu'à l'indépendance.

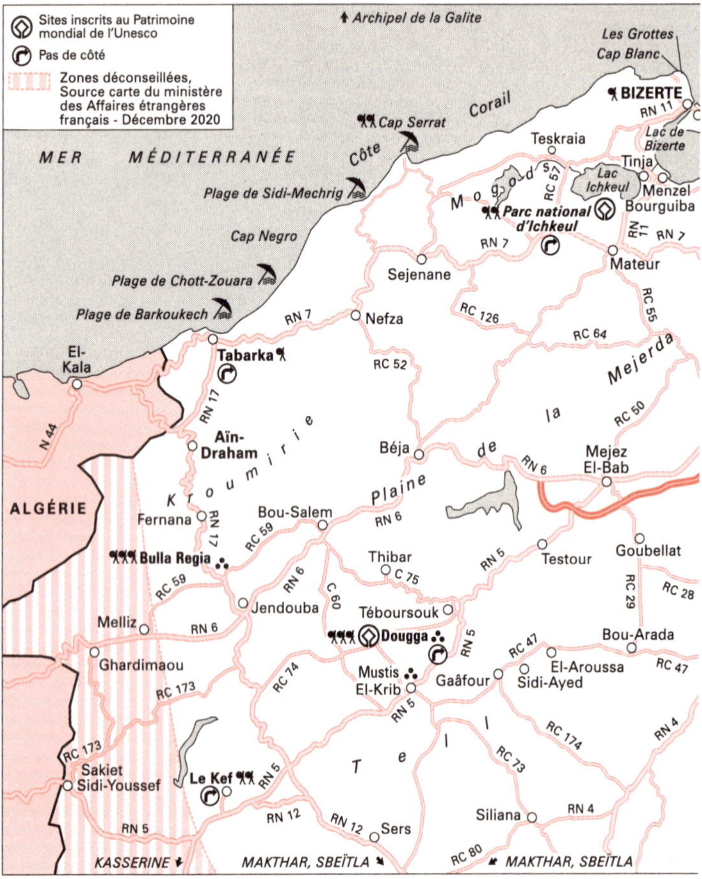

Arriver – Quitter

En train

Gare ferroviaire (plan A3) **:** rue de Russie. ☎ 72-431-071.

➢ ***Tunis :*** 3 liaisons/j., 5h10-7h45-15h05. Le trajet en train est plus long qu'en bus (compter env 1h45), mais les paysages sont superbes.

En bus ou en louage

Gare routière SRTB *(pour* ***Tunis*** *; hors plan par B3,* **5**) **:** *route de Tunis, gare Zarzouna, à côté du 1er rond-point. ☎ 72-432-278 (ou compagnie SRTB : ☎ 72-431-371 ou 736 ; ● srtbizerte.com.tn ●).* Consigne à bagages sur place. Liaisons avec :

➢ ***Tunis :*** ttes les heures, 5h-12h30, pour la gare de *bab* Saadoun dans la capitale ; certains bus vont directement à l'aéroport.

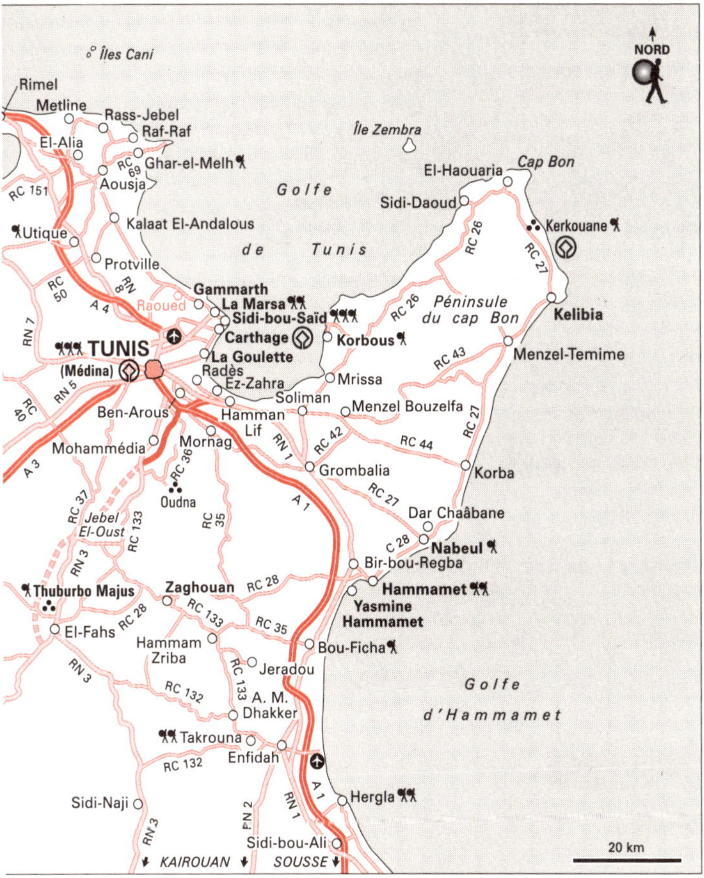

LE NORD DE LA TUNISIE

Gare routière SRTB *(plan A2,* ***6****) :* *sur les docks, à l'angle de l'av. de Russie et de la rue Moncef-Bey.* ☎ *72-432-278 (ou compagnie SRTB :* ☎ *72-431-371 ou 736 ;* ● *srtbizerte.com.tn* ●*).*

➢ ***Sousse :*** 1 bus/j., tôt le mat.

Ticket à prendre directement dans le bus pour :

➢ ***Tabarka :*** 1 bus/j., tôt le mat.
➢ ***Béja :*** ttes les 2h, 9h-16h30.
➢ ***Le Kef :*** 1 bus/j., tôt le mat.

Gare routière SNTRI *(plan A2,* ***7****) :* *angle rue d'Alger et rue Habib-Thameur.* ● *sntri.com.tn* ●

➢ ***Tunis, Sousse, Sfax, Gabès*** et ***Djerba :*** 1-2 liaisons/j., tôt le mat et en soirée. Compter 4h de trajet pour Sousse, 9h jusqu'à Djerba.

Station de louages *(plan A3,* ***8****) :* *rue de Russie, près de la gare ferroviaire.* Liaisons avec :

➢ ***Tabarka*** (direct ou via Sejenane), ***Béja*** et ttes les villes proches de Bizerte.

Adresses utiles

Office de tourisme (hors plan par B1) : route de la Corniche, à l'hôtel Bizerta Resort, entrée sur le pignon droit. ☎ 72-432-897. Lun-ven 8h-17h (juil-août 8h-13h) ; fermé le w-e. Quelques brochures régionales, plan de la ville et de bons conseils pour l'hébergement.

Banques : nombreuses dans le centre, avec des distributeurs Visa et MasterCard. Banques **Amen Bank** face à Tunisair (plan A2, **4**) et **UIB** face au Monoprix (plan A2, **2**). Lun-sam 8h-16h (7h45-13h en été). La poste centrale possède aussi un distributeur et fait le change. Toutes ont un bureau *Western Union*.

Parking (plan B1) : sur le port, à côté du café Le Pacha. Compter 3 Dt à la journée ou la nuit. Surveillé.

Urgences

Pharmacie de nuit : 28, rue Ali-Belhaouane. ☎ 72-439-545. Près du vieux port.

Hôpital : rue Hedi-Saidi. ☎ 72-431-470. Sur la route de Mateur.

Police (plan B2) : av. du 20-Mars-1956. ☎ 72-431-200.

Achats

Monoprix (plan A2, **2**) : rue d'Espagne, en face de l'UIB, et av. Habib-Bourguiba, face à la station-service Oilibya. Tlj 8h30-22h. Ne vend pas d'alcool.

Souk (plan A1) : mar et dim, pl. du Marché, devant la casbah.

Transports

Location de voitures : Avis, 33, rue Habib-Thameur ; ☎ 72-433-076. **Hertz,** quai Tarak-ibn-Ziad ; ☎ 72-438-388.

Divers

Hammam : dans la casbah. Prendre la ruelle qui part à gauche de la mosquée ; entrée sous 2 arches, par la porte bleue, côté gauche de la rue. Hommes le mat et le soir, femmes en journée. Bain traditionnel chauffé au bois d'eucalyptus. Les hommes rapportent du bois à longueur de journée. Bien entretenu.

Où dormir ?

Camping

Centre de vacances et camping Rimel (hors plan par B3, **10**) : à **Rimel.** ☎ et fax : 72-440-819. À env 6 km du centre de Bizerte. Au rond-point pour l'autoroute, prendre à droite l'ancienne route N 8 pour Tunis, puis encore à droite direction « Remel » (et non Rimel) ; continuer et passer à gauche sous le pont, c'est ensuite fléché. Ouv tte l'année. Compter 20 Dt pour 2 avec véhicule. Lit 15 Dt/pers. Camping calme et bien ombragé dans une forêt de pins et d'eucalyptus, à 2 mn de la plage. Également des chambres de 2-4 lits dans des bâtiments proprets et même... un terrain de pétanque ! Souvent pris d'assaut en été par les colonies de vacances (pas le calme absolu, donc !).

Bon marché (moins de 75 Dt / 25 €)

Auberge de jeunesse de Rimel (hors plan par B3, **11**) : à 3,5 km de Bizerte. ☎ et fax : 72-440-560. 📱 98-472-863. • aubergerimel@gmail.com • Prendre la direction de Tunis et, au rond-point de l'entrée de l'autoroute, suivre la petite route à gauche entre l'autoroute et les dunes. Tte l'année. Résa conseillée en saison. Compter 20 Dt/pers, petit déj compris, ½ pens possible. Alcool interdit. Une petite structure aux façades recouvertes de joyeuses fresques, nichée dans un jardin de pins et d'eucalyptus avec accès direct à la plage. Au total, 16 chambres de 2 à 4 lits avec douche et toilettes privatives, TV et clim. Celles à l'étage jouissent d'une belle terrasse

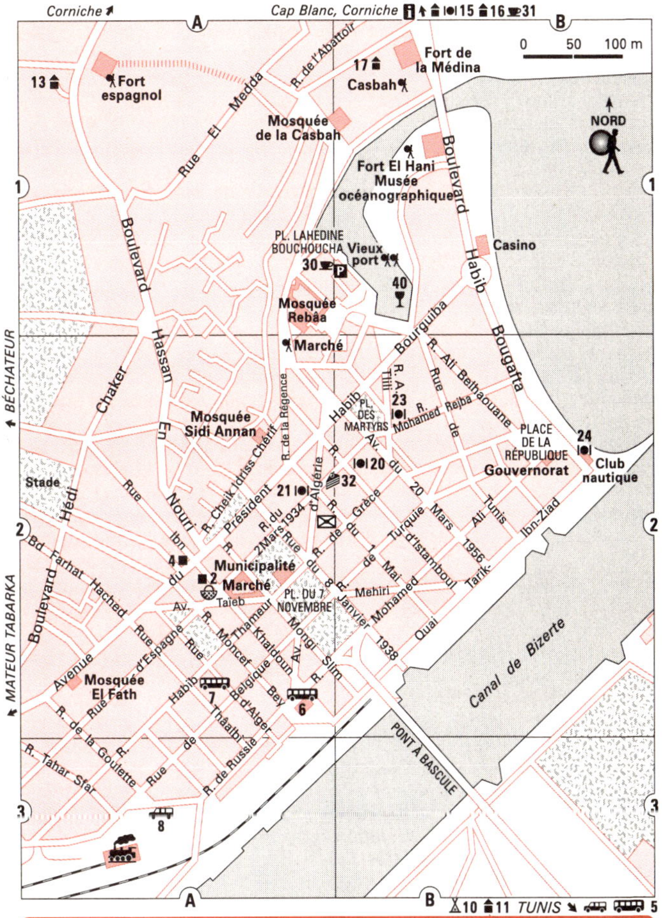

BIZERTE

Adresses utiles

- Office de tourisme (hors plan par B1)
- 2 Monoprix et banque UIB (A2)
- 4 Amen Bank (A2)
- 5 Gare SRTB (pour Tunis ; hors plan par B3)
- 6 Gare SRTB (A2)
- 7 Gare SNTRI (A2)
- 8 Station de louages (A3)

Où dormir ?

- 10 Centre de vacances et camping Rimel (hors plan par B3)
- 11 Auberge de jeunesse de Rimel (hors plan par B3)
- 13 Maison des jeunes (A1)
- 15 Hôtel Le Petit Mousse (hors plan par B1)
- 16 Hôtel Nour (hors plan par B1)
- 17 Dar El Kasba (B1)

Où manger ?

- 15 Restaurant Le Petit Mousse (hors plan par B1)
- 20 La Cuisine Tunisienne (B2)
- 21 Chez Jendoubi (A2)
- 23 Le Grand Bleu (B2)
- 24 Restaurant Sport Nautique (B2)

Où boire un thé ? Où manger une pâtisserie ?

- 30 Café Le Pacha (A1)
- 31 Pop Café (hors plan par B1)
- 32 Pâtisserie La Bizertine (A-B2)

Où boire un verre ?

- 40 Le Phénicien (B1)

commune. Ensemble propre et bien entretenu. Accueil adorable d'un directeur plein d'allant. Buvette, cuisine commune et possibilité de planter sa tente dans le jardin. Véhicule indispensable (assez excentré).

Maison des jeunes (*plan A1,* ***13***) **:** *bd Hassan-en-Nouri, en face du fort espagnol. ☎ 72-431-608. • salem.bouchen2015@gmail.com • Résa à l'avance pdt les vac (priorité aux groupes). Résa conseillée en été. 16 Dt/pers sans petit déj.* Chambres toutes simples, avec salle de bains nickel, clim et chauffage dans ce petit complexe hôtelier qui s'adresse avant tout aux célibataires ou aux groupes d'amis (pas de lits doubles). En saison, pas mal d'animations organisées avec les jeunes du coin (danse, sorties VTT, randos, ateliers de musique, etc.). Un bon plan pour les routards au budget serré.

De prix moyens à chic (75-300 Dt / 25-100 €)

Hôtel Le Petit Mousse (*hors plan par B1,* ***15***) **:** *à 5 km, sur la route de la corniche. 📱 53-459-185. Doubles 90-120 Dt, avec petit déj. CB acceptées.* Un petit hôtel qui vaut surtout pour son emplacement imparable, au bord de la plage, avec vue sur la mer depuis le balcon des chambres. Très bien tenu. Dommage qu'il y ait cette route passant sous les fenêtres... difficile à certaines heures d'entendre la douce musique du ressac ! Bon resto sur place (voir « Où manger ? »).

Hôtel Nour (*hors plan par B1,* ***16***) **:** *juste à la sortie nord de Bizerte, en direction de la Corniche, à droite peu après le Bizerta Resort. ☎ 72-425-003. • hotelnour.com • Doubles 150-190 Dt, petit déj inclus. CB acceptées.* Un *resort* (presque) à taille humaine, en bord de mer, à des tarifs relativement abordables. Les chambres, réparties dans 2 bâtiments, sont spacieuses, fraîches, avec lit *king size,* grande salle de bains et balcon pour certaines. Belle piscine à 2 pas de la plage, jardin, resto, bar. Repas en revanche très moyen, que ce soit le petit déj ou le dîner.

Dar El Kasba (*plan B1,* ***17***) **:** *dans la casbah. 📱 23-311-219. Prendre la ruelle qui longe la mosquée sur la gauche jusqu'au passage sous une double voûte, tourner à gauche, passer sous une triple voûte, puis de nouveau à gauche (ouf !). Doubles 100-160 Dt, avec petit déj.* Pour ceux qui souhaitent loger au cœur de la vieille ville, cette petite maison d'hôtes tenue par un couple charmant propose une poignée de chambres dans une maison traditionnelle, joliment tapissée de mosaïques blanches et vertes. Dommage que le confort ne soit pas tout à fait à la hauteur des prix (les salles de bains, notamment, assez riquiqui). Accueil adorable.

Où manger ?

Bon marché (moins de 20 Dt / 7 €)

La Cuisine Tunisienne (*plan B2,* ***20***) **:** *7, rue du 2-Mars-1934. Tlj midi et soir, fermé dim soir. Pas d'alcool.* Petit resto populaire avec une cheminée rigolote, en briques apparentes, qui donne un côté « comme à la maison ». En dégustant un brick, un succulent *ojja* ou un plat du jour bien frais et épicé (grillades, tajines, couscous), vous ferez peut-être connaissance avec la personne qui s'installera en face de vous, par manque de place.

Chez Jendoubi (*plan A2,* ***21***) **:** *rue du 1er-Mai. À l'angle de la rue d'Algérie. Tlj. Pas d'alcool.* Vénérable cantine locale, sympa pour déjeuner au soleil ou dans une petite salle conviviale aux murs couverts de mosaïques. Une carte en arabe, que le chaleureux (et volubile !) patron se fera une joie de traduire et de commenter. Spécialités de produits de la mer (poisson du jour grillé), couscous au poisson ou, plus traditionnel, à l'agneau. En face, la bonne *Pâtisserie*

La Bizertine mérite bien une halte pour le dessert (voir plus loin « Où boire un thé ?... »).

De prix moyens à plus chic (plus de 20 Dt / 7 €)

Le Grand Bleu *(plan B2,* ***23****) : rue Ahmed-Tlili. ☎ 72-423-584. Au 1er étage, par la petite porte à gauche du café. Tlj. Prix moyens. CB acceptées. Pas d'alcool.* Resto italien au cadre un peu kitsch de carton-pâte mais très soigné. Spaghettis, farfalles et consorts, sélectionnés par le couple de patrons, originaires de Sicile, valent bien une petite entorse au couscous et à la salade méchouia. Pizzas bien croustillantes, produits frais et portions copieuses. Ah oui, la salle est non-fumeurs... On respire !

Restaurant Sport Nautique *(plan B2,* ***24****) : quai Tarik-ibn-Ziad. ☎ 72-432-262. Tlj. Fermé pdt le ramadan. Plus chic. Résa conseillée le w-e.* Une vaste salle un peu dénudée, avec une grande baie vitrée donnant sur le port de plaisance, qu'on quitte avec plaisir aux beaux jours pour s'installer sur la terrasse. Côté culinaire, sa réputation n'est plus à faire. On vient de loin pour déguster toutes sortes de poissons et de fruits de mer de saison. Également des huîtres, mais chères. Fraîcheur garantie. Couscous et paella, sur commande (24h à l'avance).

Sur la route de la Corniche

Chic (40-60 Dt / 13-20 €)

Restaurant Le Petit Mousse *(hors plan par B1,* ***15****) : route de la Corniche, à 5 km de Bizerte. 53-459-185. Tlj jusqu'à 22h30. CB acceptées. Sert de l'alcool.* Belle salle intérieure avec piano et cheminée où flambe un beau feu les soirées d'hiver. Le soir, on dîne aux chandelles et l'été en terrasse. La mer, à quelques mètres, apporte ses spécialités de poisson, huîtres ou langoustes. Quelques plats d'une cuisine française bien traditionnelle comme le tournedos au roquefort ou la côte de bœuf. Une table de solide réputation. Quelques chambres simples également (voir plus haut, « Où dormir ? »).

Où boire un thé ? Où manger une pâtisserie ?

Café Le Pacha *(plan A1,* ***30****) : sur le vieux port, immanquable avec sa façade bleu et blanc. Tlj.* Café récent mais construit dans le style traditionnel, aux murs recouverts de mosaïques et de stuc. Salle en longueur, avec une succession de petites alcôves où l'on fera vite connaissance avec son voisin. Une grande terrasse sur le toit. Dès la fin de l'après-midi, tout le monde s'y retrouve pour fumer la chicha. Clientèle masculine, sans surprise.

Terrasse du Musée océanographique *(plan B1) : dans la ksiba, sorte de presqu'île face à la casbah.* Sur le toit du fort El-Hani, très agréable pour boire un thé ou un café.

Pop Café *(hors plan par B1,* ***31****) : route de la Corniche, à 4,5 km au nord de Bizerte. 98-523-090. Tlj 6h30-2h du mat.* Un agréable café moderne et design en bordure de plage (mais séparé du sable, hélas, par une route passante), avec d'élégants canapés dans un décor épuré gris et blanc. Terrasse pour prendre un café au soleil. Beaucoup de monde le week-end.

Pâtisserie La Bizertine *(plan A-B2,* ***32****) : 26, rue d'Algérie, en face du restaurant Chez Jendoubi. Tlj jusqu'à 19h.* Bonne pâtisserie, réputée pour ses spécialités... françaises ! Opéra, mille-feuilles, baba, etc. Également quelques sandwichs et gâteaux.

Où boire un verre ?

Le Phénicien *(plan B1,* ***40****) : ancré dans le port. ☎ 72-424-480. Tlj.* Ce resto aux allures chics, installé dans une imposante réplique de bateau phénicien, sent l'attrape-touriste à plein nez... Et effectivement, la cuisine est assez chère et globalement décevante. En revanche, aux beaux jours, la grande terrasse sur le pont est parfaite pour boire un verre en regardant l'animation du port.

À voir

La ville moderne

Prolongeant la route de Tunis, le ***pont à bascule*** *(plan B2-3)* traverse le large canal (240 m) qu'empruntent les gros bateaux pour accéder au port de pêche et à l'arsenal militaire de Menzel-Bourguiba. Attention, lorsque son tablier doit se lever pour laisser passer un navire, prévoir 30 mn d'attente au minimum.

BEAUCOUP DE MORTS... POUR QUELQUES MÈTRES DE PISTE !

En 1961, la Tunisie est indépendante, mais Bizerte encore sous contrôle militaire français pour un an. Les Français agrandissent une piste d'aéroport en mordant sur le territoire tunisien... de 1,50 m ! L'occasion rêvée pour Bourguiba d'attaquer les anciens colons. Après 3 jours de combat, les Tunisiens sont défaits. Résultat : 650 morts (dont 630 Tunisiens) !

Si la ville moderne ne présente pas un intérêt majeur, une balade en empruntant le ***quai Tarik-ibn-Ziad*** *(plan B2)* jusqu'au club nautique, puis le ***boulevard Habib-Bougafta,*** en direction de la corniche, offre l'occasion de découvrir l'architecture coloniale avec ses grands immeubles à façade blanche, style Art nouveau ou années 1930.

Près du vieux port se tient le ***marché*** quotidien *(plan A-B1-2)* où règne une importante agitation. Un 1er bâtiment est réservé aux étals de poissons de toutes sortes. Dans le 2e, on déambule parmi des montagnes de chlorophylle... ça rafraîchit !

La vieille ville

Plus intéressante, elle se compose de plusieurs parties : le vieux port, la médina, la casbah et la *ksiba.*

Le vieux port *(plan A-B1)* constitue le cœur de l'ancienne ville, avec son petit bassin entouré de maisons blanches, ses cafés et ses grosses barques aux couleurs vives. Il fait bon s'y balader, particulièrement en fin de journée, à l'heure où les terrasses des cafés se remplissent. Les autorités ont eu l'heureuse idée de paver les quais à neuf et de ravaler quelques façades pour redonner du lustre à ce petit port croquignolet. Notre endroit préféré à Bizerte.

Depuis le port, le long des quais, on trouve la porte d'accès principale à la ***médina,*** place Lahedine-Bouchoucha *(plan A1)* où l'on voit, à l'angle d'une ruelle, une ancienne fontaine désaffectée avec une inscription, en turc et en arabe, vantant la qualité de son eau « qui rend Bizerte plus agréable avant d'aller se désaltérer au fleuve du paradis » (rien que ça !). Un autre passage voûté, contigu au marché couvert, conduit à un véritable dédale de ruelles occupées autrefois par des corporations. Dans la 1re parallèle de cette médina, on entend les bruits de scie des menuisiers. Au milieu, encadré par 2 arches, le plus vieil atelier est installé sous une très ancienne voûte en pierre soutenue par d'imposants piliers. La ruelle des armuriers passe devant la Grande Mosquée de 1652, dotée d'un curieux minaret octogonal de style ottoman. Noter son dernier étage à encorbellement, plus large que le reste de la tour.

Avant d'entrer dans la ***casbah*** *(plan A-B1),* faites un tour juste en face dans le quartier des ferronniers, avec toujours des artisans au travail. Dans la rue des Forgerons, on voit encore des anneaux pour attacher les animaux à l'extérieur des maisons. Retour à la casbah. Cette ancienne forteresse byzantine sertie de remparts est un enchevêtrement de ruelles dont beaucoup se terminent en cul-de-sac, où il est presque impossible de suivre un itinéraire précis. On pénètre à l'intérieur par un unique passage voûté en chicane destiné à ralentir la progression des envahisseurs. Ici, plus de commerces, mais un hammam et des habitations bordant de très étroites venelles, où l'on flâne parmi une myriade de chats faméliques. On y retrouve de jolies portes ouvragées, décorées de clous multipliant les symboles : des poissons pour cette ville de pêcheurs, des mains de Fatma, des étoiles à 5 branches et, en bas des portes, des dessins de vases remplis d'eau de fleur d'oranger, un symbole porte-bonheur pour la maison.
– On peut monter sur les ***remparts*** moyennant 500 millimes pour observer les vieux quartiers et le port ; accès au niveau du pont.

Le fort espagnol *(plan A1)* **:** à l'extrémité des remparts. Il fut en réalité construit par les Turcs à la fin du XVIe s pour le compte d'un pacha d'Alger et transformé, il y a quelques années, en théâtre de plein air. C'est un ouvrage militaire formé de 13 côtés réguliers. Les angles furent choisis de façon à faire ricocher les boulets des assaillants.

La ksiba, sorte de presqu'île face à la casbah, abrite le *fort El-Hani,* transformé en ***Musée océanographique*** *(plan B1 ; tlj 9h30-12h, 14h-18h30 – 17h30 en hiver ; petit droit d'entrée).* Quelques poissons rouges et tortues s'y ennuient à mourir. En fait, les visiteurs viennent surtout pour jouir de la terrasse du toit en prenant un thé ou un café au soleil (voir « Où boire un thé ?... »).

Au nord de la ville

Outre la longue plage de Sidi-Salem, le long de la corniche, squattée en grande partie par les hôtels et *resorts,* on recommande celle du lieu-dit ***Les Grottes,*** à 13 km au nord du centre-ville. Lieu très fréquenté par les familles tunisiennes en été, on y trouve encore quelques criques tranquilles creusées par les vagues. Gargote et resto sur place. Possibilité de balades vers le superbe et sauvage cap Blanc.

SUR LA ROUTE DE TUNIS

UTIQUE

À 30 km de Bizerte, sur la N 8 pour Tunis, tourner au panneau « Utique ruines » et continuer sur 3 km. Une voiture est nécessaire. Musée fermé lun, site ouv tlj 8h-19h (8h30-17h de mi-sept à fin mai). Entrée combinée site + musée : 8 Dt. Pour quelques dinars, un guide vous fera revivre les heures glorieuses d'Utique.
Il est difficile d'imaginer que ce champ de ruines, à 12 km de la mer, fut jadis un port prospère, fondé par les Phéniciens près de 3 siècles avant Carthage. Utique, proclamée ville libre, a même été la capitale de la *provincia Africa.* Mais la mer s'est retirée vers le VIIIe s, causant le déclin de cette cité portuaire.
Il ne reste plus rien de la nécropole punique, à part quelques sarcophages en pierre ou en terre cuite. Les Romains ont bâti leur ville au même endroit, aussi la plupart des ruines datent-elles de cette époque. La maison la mieux conservée est celle de « la Cascade », au sol couvert de mosaïques et de marbre. La maison du « Trésor » est appelée ainsi parce qu'on y a trouvé un lot de pièces en bronze. On a aussi commencé à mettre au jour 2 amphithéâtres, un stade, etc. La balade

sur ces lieux chargés d'histoire s'avère fort agréable (vous aurez sans doute le site pour vous tout seul...). Difficile, cependant, de ne pas regretter davantage d'investissements de la part des autorités tunisiennes : de fait, le site est quasi à l'abandon, et seule une poignée d'archéologues étrangers poursuivent les fouilles de manière sporadique. Il faut donc faire preuve d'un peu (de beaucoup) d'imagination pour deviner, dans ce décor de ruines très champêtre, l'ancien faste de cette cité considérée comme l'une des plus anciennes de la Méditerranée occidentale (fondée aux alentours du Ier millénaire avant notre ère).

Dans le petit ***musée,*** situé 800 m avant l'entrée du site, ont été regroupés les résultats des fouilles, principalement des bijoux, lampes et urnes trouvés dans les tombes puniques. Une salle est consacrée à l'époque romaine (statuettes, stèles gravées en latin, mosaïques de chasse...). L'une des plus belles mosaïques provenant du site, représentant des « Amours jouant avec des dauphins », est conservée au musée du Louvre à Paris.

RAF-RAF

L'occasion d'un après-midi sympa pour ceux qui disposent d'un véhicule. Pour y aller, on traverse des paysages vallonnés d'une grande douceur. Raf-Raf est éparpillée sur la colline et au fond d'une baie rocheuse aux eaux cristallines, face à un îlot. Tout autour, nombreuses calanques qui raviront les amateurs de pêche sous-marine. Mais ce n'est pas la peine de s'attarder dans le village. Il vaut mieux monter sur la colline pour la vue phénoménale sur les alentours ou descendre directement à la plage. Sur la promenade, face à la mer, nombreux petits restos et cafés. Beaucoup de monde en saison, par conséquent, la plage est plutôt sale.

GHAR-EL-MELH

De l'autre côté de la pointe, face à Raf-Raf et à la lagune, un petit village de pêcheurs paisible avec ses forts bâtis par les corsaires et le vieux port au charme désuet. Bien agréable pour une pause « thé à la menthe » ou même un déjeuner. En fin d'après-midi, on assiste au retour des pêcheurs sur cette étendue parfaitement lisse, avec le cap Bon qui se dessine à l'arrière. Atmosphère très paisible, avec un superbe coucher de soleil en prime. Le tour de la pointe, en partant de la belle plage Sidi-Ali-el-Mekki (à 6 km de Ghar-el-Melh) jusqu'à Raf-Raf, est une superbe balade de 4h environ où les touristes sont rares. Environ 30 mn après le départ de la plage, possibilité de visiter le tombeau troglodytique d'un saint.

Variante depuis la plage : on peut grimper à travers la garrigue en direction du djebel pour profiter d'une belle vue sur la lagune, la côte, le rocher de Sidi-bou-Saïd et au loin le cap Bon.

Restaurant Le Pirate : *route de Sidi-el-Mekri (en direction du port de pêche). 27-045-649. Tlj midi et soir.* Une belle surprise que ce resto planté au bord de l'eau, à mi-chemin entre le port de pêche et le village. On s'installe, au choix, dans le petit jardin sur le côté avec ses parasols confectionnés à partir de filets de pêche, sous la grande paillotte sur pilotis ou, tout simplement, sur la terrasse couverte qui donne sur la mer. Déco marine assez géniale (murs incrustés de galets, lavabo en forme de coquillage...), cuisine bien fraîche et copieuse (choisir le poisson du jour, tant qu'à faire). Accueil adorable, pour ne rien gâcher.

SUR LA ROUTE DE TABARKA

Entre Bizerte et Tabarka, compter environ 150 km en passant par *Mateur* et *Nefza.* Il est possible aussi d'emprunter la C 51 qui rejoint la route principale à *Sejenane* et qui passe à proximité de la côte (bitume mal entretenu). Elle

traverse une région sauvage et vallonnée particulièrement belle. Remarquez les nids de cigogne qui ont investi la région entière. À *Sejenane* en particulier, elles ont envahi la gare, une ancienne usine, le moindre poteau électrique...

Le parc national d'Ichkeul : *à env 30 km de Bizerte. 20-271-554. Véhicule indispensable.* ***Demande d'autorisation nécessaire*** *auprès de la direction des Forêts (☎ 71-848-892), car pas plus de 20 pers sur le site au même moment. Réponse, en principe, dans la journée. Accès : suivre la direction de Mateur par la P 11, puis passer Tinja ; ensuite, c'est fléché depuis la route principale (P 11) ; l'entrée du parc est située 5,5 km plus loin. La petite route en cul-de-sac zigzague sur encore 3,5 km à l'intérieur du parc et mène à des sources thermales au pied de la colline. Un escalier grimpe à l'écomusée. Tlj 8h-17h en hiver ; ferme au coucher du soleil l'été. GRATUIT.* Le mont Ichkeul et le lac sont inscrits au Patrimoine mondial de l'Unesco et comme Réserve de la biosphère. Possibilité de visite guidée en s'adressant au gardien, ou, au moins, d'emprunter des jumelles au musée.

UN LAC... SUCRÉ-SALÉ !

Phénomène assez unique, l'eau du lac d'Ichkeul est, pendant une moitié de l'année, aussi douce qu'une source de montagne, puis, à la fin de l'été, plus salée que la mer Méditerranée ! L'explication est simple, ou presque. Durant l'hiver, le canal qui relie les lacs d'Ichkeul (doux) et de Bizerte (salé) est coupé par l'oued Tinja, une rivière d'eau douce, formant une barrière naturelle qui empêche l'eau salée de passer. En été, lorsque l'oued est à sec, l'eau salée se fraie un passage jusqu'à Ichkeul, puis s'évapore à la fin de l'été. Le lac à sec se remplit à nouveau d'eau douce grâce à l'oued gorgé de précipitations... Vous y êtes ?

Cette réserve constitue une étape essentielle sur le parcours des oiseaux migrateurs entre l'Europe et l'Afrique. On peut y observer, entre octobre et mai, des dizaines de milliers d'oiseaux de plus de 180 espèces. En hiver, ce sont les oiseaux d'eau européens (hérons, aigrettes, cigognes...) qui descendent hiverner ici, tandis qu'au printemps les rapaces font halte dans le parc en remontant d'Afrique sub-saharienne... Un véritable carrefour de becs et de plumes ! Avec un peu de chance, on pourra y apercevoir des espèces très rares, comme le rouge-queue de Moussier et l'érismature à tête blanche ou la poule sultane, endémiques du Maghreb ; plus nombreux sont les balbuzards pêcheurs, foulques, oies cendrées, ainsi qu'une grande variété de fuligules et de canards. Petit ***écomusée*** au sommet du djebel, avec planches ornithologiques, animaux naturalisés et des panneaux sur l'écosystème du parc. De là, vue panoramique et départ de nombreux sentiers qui font le tour du djebel. Sans oublier les mammifères qui peuplent les abords du lac : loutres, buffles, sangliers...

Après le parc national d'Ichkeul, reprendre la route principale en direction de Tabarka et bifurquer au niveau de Sejenane vers le ***cap Serrat,*** à 22 km. En chemin, sur la belle route dite « des Écoliers », des enfants de tribus berbères proposent parfois des poteries d'une facture très simple, qui ont la particularité d'être cuites à même le sol avec des branchages d'eucalyptus. Elles représentent l'ultime manifestation d'un art datant du Néolithique. Très beau, mais aussi extrêmement fragile, gare au transport.

La magnifique ***plage du cap Serrat,*** l'une des plus belles de Tunisie, est propice à une pause baignade. Les amoureux de la nature pourront même s'offrir une belle robinsonnade de 1 nuit ou 2.

Auberge Le Pirate : *au bout de la route, sur la plage. Louages depuis Bizerte ou Tabarka, via Sejenane ; sinon appelez, on vous enverra une voiture contre quelques dizaines de dinars. 23-968-939 (Jamel) ou 22-600-733 (Samir). • capserrat.com • Tte l'année. Doubles 140-180 Dt en ½ pens, et des suites. Loue également des tentes 50 Dt/pers en ½ pens ou juste l'emplacement*

45 Dt. Menus 20-40 Dt, ouv aux non-résidents. Un petit coin de paradis, tout simplement. Un bon resto dans un jardin bordant une plage magnifique et une poignée de chambres climatisées, dont 6 face à la mer, vraiment nickel, avec salle de bains alimentée à l'énergie solaire. À l'étage, 2 grandes suites bien agréables, avec terrasse donnant sur la plage. C'est la maison du grand-père que les frères Jamel et Samir ont transformée avec cœur pour accueillir leurs hôtes. Belles balades à faire jusqu'au phare, à 5 km, ou possibilité de sortie en bateau vers quelques criques désertes. Des plaisirs d'un bout du monde...

Conseillé aussi de faire halte à la ***plage de Sidi-Mechrig,*** accessible, après Sejenane, par une piste de 17 km.

TABARKA

20 000 hab.

• Plan *p. 137*

Ce port de pêche, à proximité de la frontière algérienne, bénéficie d'un cadre de choix. Les montagnes de Kroumirie couvertes d'eucalyptus, de mimosas, de pins et de chênes-lièges forment un magnifique écrin de verdure qui met en valeur les eaux limpides du golfe, prisées par les plongeurs. À flanc de colline, cette cité aux toits rouges a réussi à conserver son caractère tout en s'ouvrant aux visiteurs. La ville est également connue pour son festival de jazz, qui se tient (en principe) chaque année en juillet.

UN PEU D'HISTOIRE

Les marins phéniciens avaient déjà établi un comptoir connu sous le nom de *Thrabaca.* Mais c'est surtout sous la domination romaine que ce port prend toute son importance. Les vaisseaux de l'empire viennent y charger les marbres précieux extraits des carrières de Chemtou, le liège, les céréales, l'huile et les produits miniers provenant de l'intérieur. Tabarka devait ensuite devenir l'un des principaux évêchés d'Afrique. Basiliques, églises, couvents, cimetières se substituent aux demeures païennes. On dit même que sainte Maxime aurait été abbesse de l'un de ces couvents.
Au XVIe s, Charles Quint fait cadeau de la ville à une puissante famille génoise, en échange du célèbre corsaire Dragut, lieutenant de l'un des frères Barberousse. Les Génois construisent le fort, développent la pêche, le commerce et le travail du corail. Puis les soldats turcs de l'armée d'Ali Pacha s'emparent du comptoir en 1741 et démantèlent la forteresse. Quelques années plus tard, vers 1781, la France obtient, avec son comptoir de la Compagnie royale d'Afrique, l'exclusivité de la pêche au corail. Pour mater les turbulents Kroumirs postés aux portes de l'Algérie, la France envoie en 1881 une flotte qui bombarde efficacement le port. Cet épisode marque alors le début d'un renforcement de la présence française, qui conduit au protectorat. Plus près de nous, la ville servit en 1942-1943 de base à l'armée française pour verrouiller l'accès à l'Algérie par le col de Babouch, distant d'une vingtaine de kilomètres seulement.

Arriver – Quitter

En voiture

➢ De Tunis, compter 180 km. Ceux qui viennent de Bizerte ou s'y rendent (140 km) feront bien d'emprunter la route des Écoliers : voir plus haut la rubrique « Sur la route de Tabarka ». Pour info, la frontière algérienne n'est

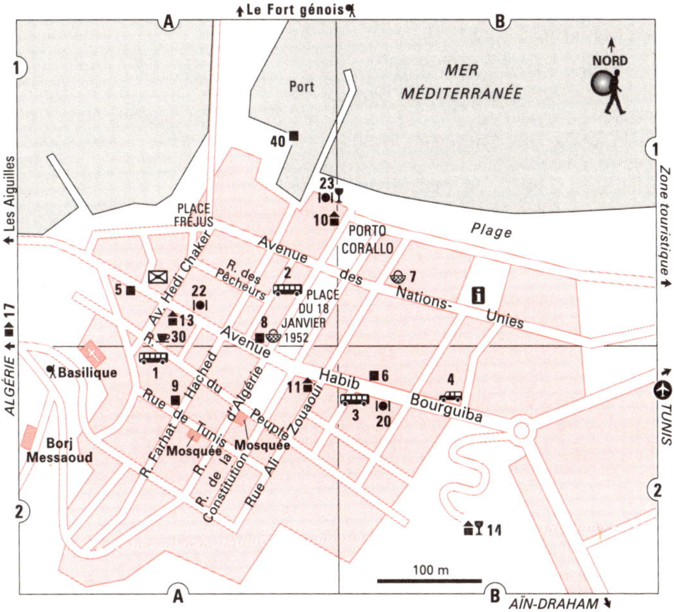

TABARKA

Adresses utiles

- Office de tourisme (B1)
- 1 Station SNTRI (A2)
- 2 Station SRTB (A1)
- 3 Station SRTJ (B2)
- 4 Station de louages (B2)
- 5 Banque de l'Habitat (A1)
- 6 BNA (B2)
- 7 Monoprix (B1)
- 8 Pharmacie de nuit Blagui Ridha et Magasin Général (A1)
- 9 Hammam (A2)

Où dormir ?

- 10 Agence Diar el Bahr (A-B1)
- 11 Hôtel Novelty (A2)
- 13 Hôtel de France (A1)
- 14 Hôtel Les Mimosas (B2)
- 17 Couleur Méditerranée (hors plan par A1-2)

Où manger ?

- 20 Le Corail, chez Chérif (B2)
- 22 Restaurant Khémir (A1)
- 23 Restaurant Touta (A1)

Où boire un thé ? Où fumer la chicha ?

- 30 Café Andalous (A1)

Où boire un verre ?

- 14 Les Mimosas (B2)
- 23 Restaurant Touta (A1)

À faire

- 40 Diving Center Étoile de Mer (A1)

qu'à 16 km et les contrôles de police sont nombreux dans la région... Gardez vos papiers sous la main !

En bus

Station SNTRI *(plan A2, **1**) :* *rue du Peuple.* ☎ *78-670-404.*

➢ ***Tunis :*** 4 bus/j., 4h-15h45, via ***Mateur.*** Prévoir 3h15 de trajet en bus confortable et climatisé.

Pour les villes de la région

Station SRTB *(plan A1, **2**) :* *arrêt à l'angle de la rue des Pêcheurs et du parc de la pl. du 18-Janvier-1952.*

➢ **Bizerte :** 1 bus/j., à 12h30. Paiement dans le bus.

Station SRTJ (plan B2, **3**) **:** *av. Habib-Bourguiba. ☎ 78-670-087.* Pour les autres destinations.
➢ **Jendouba :** env 6 liaisons/j., le mat et l'ap-m. 2h de route.
➢ **Le Kef :** 2 bus/j., le mat. 3h de trajet.
➢ **Aïn-Draham :** 1 bus/h, 6h15-18h15. 1h45 de route.

➢ **Bizerte :** 1 liaison/j., tôt le mat. Compter 3h.

En louage

Station de louages (plan B2, **4**) **:** *av. Habib-Bourguiba, presque à la hauteur du rond-point et proche de la station de la SRTJ.*
➢ Louages pour **Aïn-Draham, Tunis** et **Le Kef** (avec changement à **Jendouba**).

Adresses utiles

Office de tourisme (plan B1) **:** *bd des Nations-Unies (ex-7-Novembre). ☎ 78-673-496 et 78-671-491. • crt.tabarka@discovertunisia.com • Lun-ven 8h-13h, 14h-17h (juil-août lun-ven 7h30-14h), fermé le w-e.* Accueil sympa, mais pas énormément de documentation.
■ **Banques :** en dehors des heures classiques d'ouverture et en été, les principales banques de la ville assurent (à tour de rôle) une permanence de change *(lun-ven 17h-19h ; w-e et j. fériés 9h-12h ; planning à l'office de tourisme).* Pour les transactions courantes : ***Banque de l'Habitat*** *(plan A1, **5**), av. Habib-Bourguiba, à côté de l'hôtel* Les Aiguilles *;* ***BNA*** *(plan B2, **6**), av. Habib-Bourguiba, en face de la station de bus. Lun-sam 8h-11h30, 13h-16h.* Également un distributeur et change possible à la poste centrale.
■ **Allô Taxi :** *☎ 78-673-636.*

Santé

■ **Pharmacie de nuit Blagui Ridha** (plan A1, **8**) **:** *av. Habib-Bourguiba, à côté du Magasin Général. ☎ 78-670-240.*
■ **SAMU :** *☎ 190 ou 78-673-665.*

Divers

Supermarchés : ***Monoprix*** *(plan B1, **7**), av. des Nations-Unies (ex-rue du 7-Novembre). Tlj 8h30-21h.* ***Magasin Général*** *(plan A1, **8**), av. Habib-Bourguiba. Tlj 8h-20h.* On y trouve un magasin d'alcool (sauf le vendredi) à l'arrière, accès par la rue du Peuple.
Souk hebdomadaire : *ven, à la sortie de Tabarka, sur la route d'Aïn-Draham.* Sinon, marché quotidien et plusieurs poissonneries autour de la rue des Pêcheurs *(plan A1)* pour ceux qui sont en appartement avec cuisine.
■ **Hammam** (plan A2, **9**) **:** *rue Farhat-Hached. Hommes 5h-12h, 17h-20h ; femmes 12h-17h.*

Où dormir ?

La capacité hôtelière de Tabarka est importante, mais surtout cantonnée aux grands complexes en bord de mer, alignés le long de la « zone touristique ». Dans le centre, quelques petites adresses plutôt bien tenues et à prix raisonnables, même si le charme fait souvent défaut. Dernière chose : il n'y a aucun camping à Tabarka, ni dans la région.

Location d'appartements

Agence Diar el Bahr (chez Mme Khadhraoui ; plan A-B1, **10**) **:** *résidence Corallo. 97-176-731 et 24-306-386. • diarelbahrtabarka@yahoo.fr • Pour 2, compter 50-80 Dt la nuit en basse saison, 80-140 Dt/nuit en hte saison ; apparts 4-6 pers 700-1 000 Dt/sem. En été, résas seulement à la sem.* Une vingtaine d'appartements dans une résidence située en plein centre, à 2 pas du port. Cela va du studio au 4-pièces pour 6 personnes, spacieux, avec balcon et cuisine équipée. Un système de logement intéressant pour les longs séjours, mais en visiter plusieurs avant de s'engager, tous ne sont pas de confort égal.

De prix moyens à un peu plus chic (75-200 Dt / 25-70 €)

Hôtel Novelty (plan A2, **11**) : 68, av. Habib-Bourguiba (entrée au 2, rue Ali-Zouaoui). ☎ 78-670-176. Double env 110 Dt, avec petit déj. Nombreuses chambres, plutôt petites mais toutes agencées différemment. En voir plusieurs, car certaines ont un balcon et d'autres pas. Chambres au confort correct (TV et clim), peintes dans des couleurs vives (rouge pétant ou vert émeraude). Salles de bains bien entretenues. Le bâtiment a du charme, avec sa façade en angle très découpée. Resto également, à la déco très fleurie.

Hôtel de France (plan A1, **13**) : av. Habib-Bourguiba. ☎ 78-670-600. Double env 120 Dt, avec petit déj. Hôtel bien tenu, avec des chambres un peu kitsch mais impeccables. Quelques-unes disposent d'un petit balcon, dont certains en coin offrent une vue dégagée sur la ville et la mer, au loin. Un bel effort également dans le choix du mobilier en bois qui procure une vraie touche d'originalité. Accueil souriant.

Hôtel Les Mimosas (plan B2, **14**) : prendre le chemin qui monte au-dessus de la station-service à l'entrée de Tabarka. ☎ 78-673-018 et 028. • reception@hotel-lesmimosas.com • Double 130-220 Dt selon saison, avec petit déj. CB acceptées. Surplombant la baie, l'hôtel jouit sans conteste de l'un des meilleurs emplacements de la ville. La maison centenaire aux portes et fenêtres jaunes dégage un charme indéniable et beaucoup de classe. Léo Ferré, Aragon, Myriam Makeba et... Roger Lemerre ont séjourné ici. La demeure principale ne compte que 2 suites et 6 chambres, dont certaines avec une belle terrasse-balcon qui donne sur la mer. Les autres sont réparties dans 2 annexes sans charme à l'arrière. L'ensemble (surtout la déco) est un brin démodé, mais c'est propre et lumineux. Resto à la cuisine inégale, mais sympa pour venir boire un verre, notamment dans le beau jardin au bord de la piscine (voir plus loin « Où boire un verre ? »).

Très chic (plus de 300 Dt / 100 €)

Couleur Méditerranée (hors plan par A1-2, **17**) : route touristique Larmel, à proximité de l'amphithéâtre. 📱 52-040-314. • couleur-mediterranee.com • Résa min 2 nuits le w-e. Double env 100 €, avec petit déj. CB acceptées. Situé sur la pointe qui fait face au fort génois, à 1 petit km du centre-ville, un *B & B* de charme, tenu par une sympathique famille française. Chambres spacieuses, hyper confortables (douches à l'italienne, lit *king size*...), chacune avec un thème décoratif spécifique (marine, corail, oriental, etc.). Les plus chères disposent d'une grande terrasse avec vue sur la mer. Pour couronner le tout, une belle piscine à débordement, un délicieux petit déj maison et plein de bons conseils sur Tabarka et ses environs.

Où manger ?

De bon marché à prix moyens (moins de 40 Dt / 13 €)

En centre-ville, il existe quelques ***gargotes*** où l'on mange correctement à des prix riquiqui, notamment le long de l'avenue Habib-Bourguiba.

Le Corail, chez Chérif (plan B2, **20**) : 90, av. Habib-Bourguiba. Tlj midi et soir. Fermé pdt le ramadan. Bon marché. Un resto populaire et animé, avec ses chaises en « osier plastifié » dans la salle ou sous les arcades donnant sur la rue. Menu très convaincant et quelques plats traditionnels (spaghettis aux fruits de mer, couscous de poisson, etc.) à la carte. C'est sympa, bon et pas cher. Accueil adorable du charismatique Chérif.

Restaurant Khémir (plan A1, **22**) : *av. Habib-Bourguiba. ☎ 78-671-586. Tlj. Prix moyens.* Un resto dont la clientèle est aussi bien tunisienne que touristique, dans une grande salle ouverte sur la rue. Au menu, bricks, calamars, couscous et poissons (au poids)... Du classique, bien exécuté.

Chic (40-60 Dt / 13-20 €)

Restaurant Touta (plan A1, **23**) : *à Porto Corallo. ☎ 78-671-018. Fermé lors du ramadan. CB acceptées. Pas d'alcool.* Un des meilleurs restos de poisson de la ville. On vous le propose au poids selon arrivage. Sinon, des plats appétissants à la carte, comme les bricks aux fruits de mer parfumés aux câpres, très recommandables. Tout est bien présenté et bon. Agréable terrasse sur le port avec, en prime, la vue sur le fort. En pleine saison, c'est souvent bondé.

Où boire un thé ? Où fumer la chicha ?

Café Andalous (plan A1, **30**) : *en haut de l'av. Hedi-Chaker. Tlj.* Le café le plus étonnant à des kilomètres à la ronde, très populaire et à la déco pour le moins chargée. Au plafond, des marionnettes de soldats et chevaliers se livrent bataille avec leurs armes de bois, tandis que les murs sont couverts d'une accumulation de faïences, boiseries sculptées, masques africains, tableaux, etc. Tout est beau, jusqu'aux grilles en fer forgé à l'extérieur. On croirait presque que rien n'a changé depuis sa création au début des années 1950. Grande terrasse ombragée. Ambiance masculine et enfumée, mais très bon enfant.

Où boire un verre ?

Restaurant Touta (plan A1, **23**) : *à Porto Corallo.* Sur la terrasse, en face des bateaux et l'animation du port, l'endroit stratégique pour l'heure de l'apéro.

Les Mimosas (plan B2, **14**) : *voir « Où dormir ? ».* Dans les jardins de l'hôtel, pour profiter de la vue imprenable sur la mer, au bord de la piscine. On a été moins convaincu par le resto.

À voir

Les Aiguilles : *on y accède à pied en 5 mn en suivant le chemin côtier (hors plan par A1).* Pierres monolithiques d'une vingtaine de mètres, sculptées par l'érosion en de multiples formes originales. L'une d'elles, percée, forme une porte naturelle. C'est le lieu de rassemblement favori des jeunes de Tabarka, principalement en fin de journée. Sympa bien qu'un peu « trop bien » aménagé à la truelle et au béton.

Le fort génois (hors plan par A1) : *accès en voiture par la route le long du port ; possibilité de se garer tt en haut, au pied du fort. En principe, visite interdite, mais au prix d'un petit sourire, le gardien vous guidera à l'intérieur.* Cette puissante construction du XVIe s s'élève au sommet d'une île reliée au continent par une langue de terre. Du haut de ses remparts, vue splendide sur la ville et la baie. On se promène dans le dédale des escaliers de pierre et sur des terrasses. On conseille la visite le soir, la couleur ocre des pierres est sublimée par le soleil couchant.

La basilique (plan A1-2) : *visite seulement en été pdt le festival.* Il s'agit d'une ancienne citerne transformée en église par les Français. C'est là que se tient chaque année le ***Tabarka Jazz Festival,*** à la fin du mois d'août.

➢ 2 routes touristiques permettent de bénéficier de beaux ***points de vue*** sur Tabarka et sur son golfe.
– Pour la 1re, prendre la direction d'***Annaba.*** Attention, la route est par endroits ravinée, voire carrément effondrée. À flanc de colline, des promesses de villas prétentieuses autour desquelles broutent quelques moutons. Heureux propriétaires ! De là-haut, la vue sur la baie est superbe. Attention, c'est la route de l'Algérie, toute proche, et la police est très sourcilleuse avec les voitures qui ont l'air d'errer sans but précis. En contrebas, impossible de manquer l'oreille couchée d'un amphithéâtre de béton dont les travaux entamés en 2014 ne semblent jamais finir.
– À l'opposé, emprunter la direction de ***Tunis*** *(plan B2)* et suivre ensuite la route de la zone touristique où ont été construits les grands complexes de vacances et le golf.

VIE, MORT ET RÉSURRECTION D'UN FESTIVAL MYTHIQUE

Lancé en 1973, le festival de jazz de Tabarka a rapidement connu une renommée internationale, grâce au passage d'un nombre incroyable de légendes entre ses murs (d'enceintes), de Miles Davis à Léo Ferré en passant par Keith Jarret ou Claude Nougaro. Mais malgré son succès, le festival a régulièrement été victime de querelles administratives et financières entre les organisateurs, le ministère de la Culture et la Ville de Tabarka. Il disparut une 1re fois en 1977, avant d'être relancé en 1997. Entre 2008 et 2016, de nouveaux problèmes empêchèrent son relancement. Mais la volonté populaire, conjuguée à la pression de nombreux artistes, le fit renaître de ses cendres en 2017, avant une nouvelle interruption pendant la crise sanitaire. Il a enfin pu reprendre. Espérons que cette fois sera la bonne !

Plusieurs belles plages de sable. Les plus propres se trouvent du côté de la zone touristique. Ceux qui disposent d'un véhicule auront intérêt à s'écarter vers des endroits encore déserts. On aime bien la plage de ***Melloula,*** à 5 km de Tabarka en direction de la frontière algérienne. Ambiance très sympa le week-end, lorsque l'on peut déguster du bon poisson grillé à l'ombre des paillotes disposées sur les galets (eh oui, pas de sable ici). Citons également la plage de ***Chott-Zouara*** (voir « Dans les environs de Tabarka ») ou celle de ***Barkoukech,*** à 12 km de Tabarka sur la route de Tunis. Belles eaux translucides garanties, propreté de la plage un peu moins.

À faire

Activités sportives

Les fonds sous-marins du coin sont exceptionnels et l'on peut faire des découvertes surprenantes ; mais point de coraux ici.

■ ***Diving Center Étoile de Mer*** *(plan A1,* ***40****)* **:** *sur le quai nord du port, repérez le bateau bleu et jaune amarré en face du resto Chahrazed. ☎ 54-193-995. Ouv tte l'année. Prévoir 60 Dt pour un baptême, matériel compris, et guère plus pour une plongée, matériel en sus. Également des forfaits de 6, 8 et 10 plongées.* Centre sérieux, tenu par le sympathique Mongi. Moniteurs expérimentés et tarifs vraiment abordables.

Festival

– ***Tabarka Jazz Festival* :** *en juil, dans l'enceinte de la basilique.* • *tabarkajazzfestival.com* • Un festival mythique qui a connu une histoire pour le moins mouvementée et a su renaître à chaque fois !

DANS LES ENVIRONS DE TABARKA

La plage de Chott-Zouara : *emprunter la route de Tunis et à 25 km, à la hauteur de Ouchtata, prendre à gauche vers Zouara et le barrage ; reste à parcourir 14 km sur une belle route goudronnée.* La plage de Chott-Zouara est immense. Elle s'étend jusqu'au Cabo Negro, que l'on distingue à l'horizon, sur la droite. Attention aux courants, la mer est dangereuse. Rester prudent, même quand on est bon nageur. On trouve un point d'eau douce sur la plage, une gargote et des cabanes louées à la journée.

LE CIRCUIT DES SITES ANTIQUES

• Pour situer les sites antiques, se reporter à la carte Le nord de la Tunisie *(p. 126-127)* et à la carte Le Sahel et la basse steppe *(p.196-197)*.

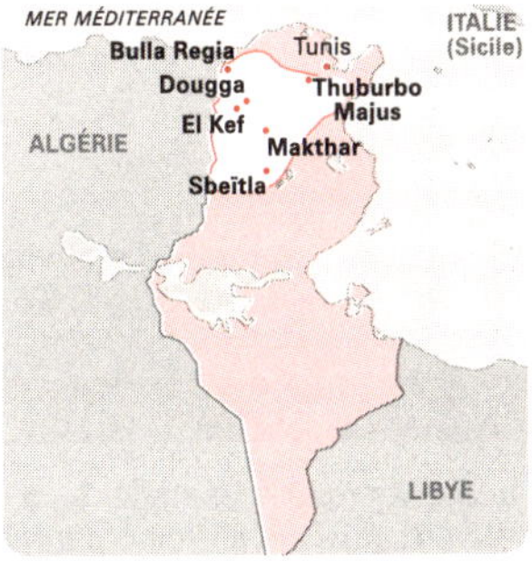

Les amateurs de sites antiques et d'Histoire avec un grand H ne manqueront pas d'arpenter cette partie du pays où sommeillent depuis l'occupation romaine (et même avant !) des sites parmi les plus impressionnants du Bassin méditerranéen, à commencer par Dougga et Bulla Regia, dont la visite nous paraît indispensable. Les archéologues en herbe seront donc comblés, mais le voyage vaut autant que la destination. Car visiter la *Kroumirie,* cette région qui étend le long de la frontière algérienne ses collines et montagnes boisées, ses nappes moutonnantes de chênes-lièges et de pins où rôdaient encore, à la fin du XIXᵉ s, lions et panthères (la dernière aurait été abattue en 1932), c'est découvrir un visage inattendu de la Tunisie... Été comme hiver, c'est le vert qui domine ici, donnant au coin de faux airs de Suisse nord-africaine. En se dirigeant vers les ruines romaines situées plus au sud, on traverse les plaines céréalières du Tell, qui firent la renommée de cette province considérée comme le grenier à blé de l'Empire romain en Afrique du Nord.
Nous partons de Tabarka, en direction du site de Bulla Regia, puis vers Dougga, en passant par Le Kef. L'utilisation d'une voiture personnelle est indispensable pour effectuer le circuit, à moins d'être très débrouillard et d'avoir beaucoup de temps.

AÏN-DRAHAM

9 700 hab.

Entre Tabarka et Aïn-Draham, la route serpente dans de magnifiques forêts de chênes et de pins, tandis qu'au pied des vallons frétillent de petits ruisseaux argentés comme des poissons. Puis, soudainement, la pente s'accentue pour rejoindre, à 25 km de Tabarka, Aïn-Draham, dont le nom signifie « source d'argent ».
Ce gros village de montagne est bâti sur les pentes du djebel Bir, qui culmine à plus de 1 000 m. Station autrefois très prisée pour son air frais et sa nature riante, il ne reste de la grande époque que quelques bâtisses aux persiennes délabrées et une ambiance de station balnéaire un peu désuète. Mais les environs, entre forêts et montagne, n'ont rien perdu de leur beauté. En été, les Tunisiens viennent en famille pour profiter du bon air de la montagne. En hiver, il n'est pas rare d'y voir des flocons et une route d'accès bloquée par la neige. Et en automne, le village est le rendez-vous des chasseurs. Certains

restos du coin proposent à cette époque des pièces de gibier à leur carte. Bref, voilà surtout une étape paisible où l'on peut faire aux 4 saisons de belles randos, à pied ou à cheval.

Arriver – Quitter

Liaisons avec :
➢ ***Tabarka :*** bus ttes les heures, 6h-18h15, avec la compagnie *SRT Jendouba*.
➢ ***Le Kef :*** 2 bus/j., le mat, avec la *SRT Jendouba*.
➢ ***Bizerte :*** 1 bus/j., le mat, toujours avec la *SRTJ*.
➢ ***Tunis :*** 3 bus/j., avec la compagnie *SNTRI*.

Station de louages devant la petite gare routière, dans la rue principale.

Infos utiles

Dans la rue principale, une ***poste,*** des ***taxiphones*** et une ***banque STB*** (à côté de l'hôtel *Les Pins*), ainsi qu'une autre ***banque*** (la ***BNA***) à la gare routière.

Où dormir ? Où manger ?

Quelques gargotes face à la gare routière ainsi qu'en remontant la rue principale, mais pas grand-chose à se mettre sous la dent, il faut bien le dire. Tant qu'à faire, privilégiez les restos des hôtels (notamment celui du *Royal Rihana*).

Bon marché (moins de 75 Dt / 25 €)

Maison des jeunes : *en haut de la rue principale en allant vers Jendouba, 200 m sur la gauche après l'hôtel de ville. ☎ 78-655-087. Tte l'année. Compter 10 Dt/pers en chambre de 2-3 lits, petit déj inclus. Pas de wifi.* Des bâtiments plus que vieillots, sans aucun confort, pour les routards qui ont l'habitude de voyager à la dure ! Chambres monacales mais propres, avec un lit correct, toilettes et lavabo privatifs pour certaines. Chauffage et eau chaude branchés seulement quand il y a du monde.

Hôtel Les Pins : *dans la rue principale qui monte après le croisement du centre, en face de la mosquée. ☎ 78-656-200. Double env 70 Dt, petit déj inclus.* Chambres bien équipées, avec balcon pour certaines, dans un bâtiment propre orné de petits sapins bien kitsch, donnant à l'hôtel un look presque alpin. Certaines chambres ont leur salle de bains dans une petite pièce surélevée, une originalité qui leur assure un certain cachet. Sinon, assez classique. Au dernier étage, une terrasse offre une belle vue sur toute la ville et la campagne environnante. Accueil agréable. Fait également café et resto (bon marché).

Chic (150-300 Dt / 50-100 €)

Dar Ismaïl Nour el Aïn : *à 1 km avt Aïn-Draham, en venant de Tabarka, prendre la direction « Col des Ruines ». ☎ 78-655-000. Double env 160 Dt, petit déj inclus.* Au sommet d'une colline qui offre, au choix, une vue sur Tabarka et la côte ou sur Aïn-Draham et sa vallée. Grand bâtiment teinté d'ocre, à l'intérieur aux faux airs Art déco. Impeccables chambres rose orangé, au carrelage rustique, dotées de tout le confort et d'un balcon-terrasse qui donne soit sur la montagne, soit sur la mer. Resto offrant une belle vue, bar et salon avec cheminée pour se la couler douce. C'est aussi un bon point de départ de sentiers pédestres, avec une piscine couverte et un salon de massage pour le retour de balade.

Hôtel Royal Rihana : *à la sortie sud de la ville en allant vers Jendouba, à gauche au bout de la petite rue qui* *monte (fléché). ☎ 78-655-391. Double 180 Dt, avec petit déj. CB acceptées.* Un hôtel de petit luxe installé dans un relais de chasse encore actif. Le lieu a donc une forte personnalité, le bâtiment en pierre et crépi recouvert de vigne vierge est assez joli. Chambres confortables, avec bonne literie, chauffage, TV, la plupart disposant d'un balcon donnant sur la vallée. Resto réputé, proposant charcuterie et gibier (marcassin, sanglier) – servis dans une salle pleine de trophées de chasse et de photos de « belles prises ». Le charmant patron, Nabil, organise également des randos pédestres ou à vélo. Piscine couverte chauffée. Une valeur sûre.

BULLA REGIA

• Plan *p. 147*

Voici Bulla Regia résumé en un mot : étonnant ! Une ville entière y a été découverte, avec son théâtre, un temple, des thermes, des habitations, etc. Et dire que « seulement » un ¼ du site a été mis au jour ! Ces ruines à la géométrie si précise auraient souffert d'un tremblement de terre au VIe s, détruisant le 1er étage des habitations mais révélant, au passage, l'attrait principal de cette cité : à savoir, ses villas construites en partie en sous-sol et parfaitement conservées. En effet, les riches patriciens romains, pour se protéger de la chaleur accablante de l'été, s'étaient fait aménager de luxueuses demeures souterraines. Toutes les maisons datent des IIIe et VIe s, période de prospérité de la cité. Bulla Regia est la seule de toutes les cités romaines où furent bâties ces villas enterrées. À voir absolument, donc ! Attention d'ailleurs aux nombreux trous dans le sol qui ne sont pas signalés. Autre attrait du site : les magnifiques mosaïques, véritables tapis de tesselles dont les guides se plaisent à révéler l'éclat des motifs en les aspergeant d'eau. Les couleurs, que l'on pourrait croire uniformément marron, prennent alors des teintes vives. Les plus beaux pavements, comme celui de la *maison de la Chasse,* ont été transférés au musée du Bardo. On regrette que la plupart des mosaïques originales qui restent sur place ne soient pas mieux protégées. L'ensemble du site souffre d'ailleurs d'un sérieux manque d'entretien depuis la révolution de 2011.

L'ANCÊTRE DE LA CLIM

Les Romains ont tout de suite su s'adapter aux conditions climatiques d'Afrique du Nord. Dans leurs constructions, la disposition judicieuse des salles distribuées autour d'un atrium favorisait la ventilation de la maison. Mais le plus malin réside dans la présence de citernes sous les patios et de puits qui permettaient de faire circuler l'eau et, par évaporation, d'entretenir une fraîcheur constante. Un vrai raffinement, 15 siècles avant l'invention de l'air conditionné !

Arriver – Quitter

➢ ***En train :*** 6 A/R par j. entre Jendouba et Tunis (160 km).

➢ ***En bus et louage :*** bus entre Jendouba et Tabarka ou Le Kef. Mais avec Le Kef, le louage semble plus avantageux. Ensuite, prendre le bus (ttes les heures) qui part de la gare routière ou un taxi.

Infos utiles

Le site est à environ 65 km de Tabarka et du Kef, et à 7 km de Jendouba, la ville la plus proche, animée à l'occasion du souk du mercredi. Il existe de petits hôtels corrects dans le centre-ville, mais dormir ici ne présente aucun intérêt. Il est par ailleurs interdit de passer la nuit sur le parking du site. En arrivant de Tabarka, prendre à gauche au rond-point situé à l'entrée de Jendouba (direction « Sidi Bousalem/ Tunis »). Indiqué ensuite.

|●| Possibilité de manger un morceau face à l'entrée du site (côté billets).

À voir

De début juin à mi-sept, tlj 8h-19h ; de mi-sept à fin mai, tlj 8h30-17h30 (17h pdt le ramadan). Entrée : 8 Dt. Il existe une buvette-snack à l'entrée du site. Plan à l'entrée, avec explications en français.

On a choisi de commencer la visite par les quartiers résidentiels, avant de revenir par le quartier public.

– ***La maison du Trésor*** donne déjà une idée de ces demeures souterraines. Elle tient son nom de la découverte d'un coffre contenant des pièces d'or datant de l'époque byzantine, aujourd'hui au Bardo.

– Avant d'arriver à la maison de la Chasse, passer par les 2 ***basiliques chrétiennes*** datant des VIe et VIIe s. Dans la plus grande, un profond baptistère en forme de croix permettant l'immersion totale du corps. Au centre de la 2de, une belle mosaïque en tesselles de verre représentant un calice, accompagné de 2 paons bleu et vert.

– ***La maison de la Chasse :*** c'est l'une des plus vastes villas enfouies, à l'état de conservation spectaculaire. Même le rez-de-chaussée est encore visible. À l'entrée, les 2 bassins circulaires sont les anciennes meules à blé et à olives. Le grand trou sur la gauche donne dans un puits profond. Au niveau souterrain, les différentes pièces voûtées sont réparties autour d'un atrium, lui-même encadré d'un péristyle à colonnes corinthiennes. Les ouvertures hexagonales en haut du péristyle ne se retrouvent pas ailleurs. La citerne située sous la salle à manger, le triclinium, est alimentée par des conduites en terre cuite, chargées de récupérer l'eau de pluie depuis le péristyle. Pour savoir où se trouvaient les chambres, cherchez les pièces avec une plateforme recouverte de mosaïque. C'était le socle sur lequel on faisait son lit. Sur la gauche de la salle à manger, remarquez un autre accès au puits que l'on a vu en haut. Les maisons romaines disposaient d'un accès par étage à leur réserve d'eau. Si ce n'est pas du sens pratique ! Avant de quitter la maison, un petit tour par les thermes privés de la villa, à l'extérieur sur la partie ouest, avec une baignoire bien visible, des toilettes à 2 places (c'est plus convivial !) et une évacuation des eaux usées par une conduite qui part vers la ruelle.

– Dans la ***maison de la Nouvelle Chasse,*** on a mis au jour une mosaïque, riche en détails et en couleurs, représentant des chasseurs et toutes sortes d'animaux : lion, sanglier, loup, gazelle, lapin... C'est tout simplement magnifique.

– ***La maison de la Pêche,*** la plus vaste du site, doit son appellation à la superbe mosaïque qui orne le sol du triclinium, représentant des Amours pêcheurs évoluant avec des canards dans une mer aux eaux poissonneuses.

AMUSANTE ORIGINE

Dans l'Antiquité, le terme « mosaïque » signifiait « grotte des muses ». On ornait de pierres multicolores ces lieux qui abritaient les statues vénérées par les Grecs et les Romains. Le terme « musée » a la même étymologie.

– Continuer jusqu'à la ***maison de Vénus Marine.*** L'escalier descend vers un couloir semblant dissimuler le joyau de la salle à manger souterraine : la plus époustouflante mosaïque du site, représentant Vénus chevauchant un centaure marin

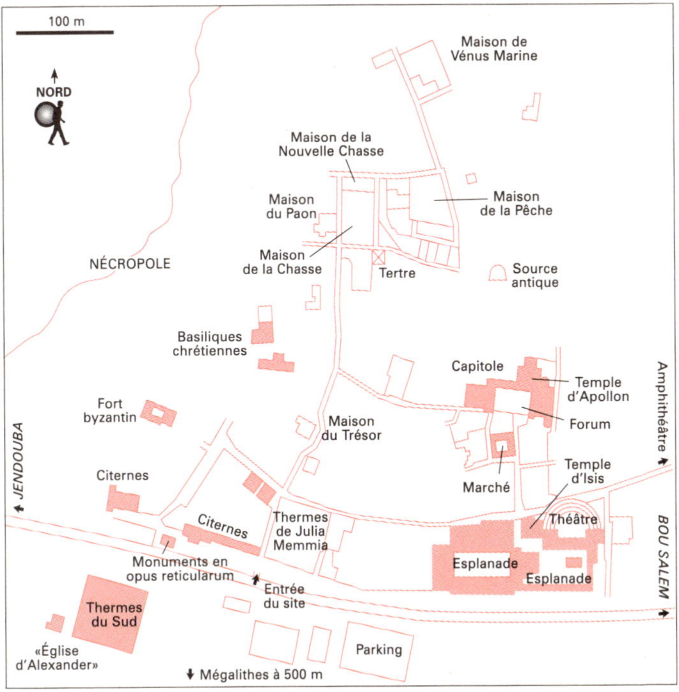

LE SITE DE BULLA REGIA

en compagnie de Neptune et Triton. Que la beauté de la déesse de l'Amour ne vous empêche pas d'admirer les autres œuvres qui ornent cette maison, comme ce portrait d'une jeune femme dont l'identité reste à ce jour mystérieuse. La pièce maîtresse de la villa, un pavement provenant du rez-de-chaussée et représentant la *Délivrance d'Andromède,* est exposée au Bardo.

– Revenons vers les ***quartiers publics*** de la ville, en passant devant le *capitole,* le *temple d'Apollon,* le *forum* et le *marché.* Juste avant le théâtre, des *thermes privés,* avec 3 bassins en forme de trèfle, symbole porte-bonheur à l'époque romaine. Le ***théâtre*** a sauvegardé sa série de gradins inférieurs, des éléments de la scène et une mosaïque intacte représentant un ours au pied de celle-ci. Les habitants de Bulla Regia, bons vivants, appréciaient, semble-t-il, les distractions. Saint Augustin, d'ailleurs, leur reprocha, dans l'un de ses sermons, de trop fréquenter le théâtre et les lieux de plaisir. Les censeurs sévissaient déjà à la fin du IVe s. Il est vrai que l'on ne devait pas s'ennuyer. N'a-t-on pas retrouvé dans le temple d'Apollon un squelette de femme portant un collier de plomb sur lequel était gravé « Adultère, courtisane, arrête-moi, je me suis enfuie de Bulla Regia » ?

– Pour finir, les ***thermes de Julia Memmia*** (début du IIIe s) constituent, avec leurs ruines gigantesques (30 m de haut par endroits !), le monument le plus spectaculaire. En entrant dans le vestiaire (1re pièce), prendre à gauche. Sur la pierre imposante posée au pied de l'escalier, on a retrouvé une inscription gravée, qui donne son nom aux thermes. La plus grande salle au centre est le frigidarium, salle d'eau froide, aux bassins très bien conservés. Quelques centimètres devant le mur du fond, on aperçoit partant du sol des départs de plaques de marbre, laissant supposer que la salle en était recouverte. Quelques fragments de mosaïque d'époque byzantine sont encore visibles.

LE KEF

137 300 hab.

• Plan *p. 149*

Réputé pour le raffinement de sa gastronomie, la pureté de son air et la qualité de ses eaux, Le Kef – dont le nom signifie « rocher » – est une ville pittoresque et paisible, bâtie à flanc de montagne. De l'imposante casbah qui surplombe la cité, on jouit d'un panorama superbe : plaines dénudées à perte de vue au sud et forêts de chênes-lièges au nord.
Cette ville œcuménique (édifices chrétiens, juifs et musulmans s'y côtoient), à la médina parfaitement conservée, mérite vraiment une halte, ne serait-ce que pour une journée. À l'écart des circuits touristiques majeurs, presque « abandonné » depuis la révolution, Le Kef ne dispose pas d'une offre hôtelière et gastronomique à la hauteur de ses attraits culturels. Mais cette désaffection touristique a aussi du bon : la ville est paisible, même en pleine saison, et les habitants y cultivent une douceur de vivre très communicative.
Préparez-vous à distribuer les « bonjour » et les sourires lors de vos flâneries dans les ruelles en escaliers qui mènent à la casbah et à sa jolie place. Le temps y semble comme suspendu depuis des siècles, pour le plus grand bonheur du visiteur.
– ***Souk :*** *le jeu.*

UN PEU D'HISTOIRE

Le Kef, d'origine très ancienne, fut le théâtre de la « rébellion des Mercenaires » (240-237 av. J.-C.) contre Carthage. Alors que la cité s'appelait encore *Sicca*, plusieurs milliers de soldats défaits en Sicile au cours de la 1re guerre punique (voir la rubrique « Histoire » dans le chapitre « Hommes, culture, environnement ») y furent relégués, ce qui favorisa leur coalition et leur révolte. Cette rébellion ensanglanta 3 années durant les territoires carthaginois et inspira à Flaubert *Salammbô* (un chapitre du roman s'intitule d'ailleurs « Sicca »).
La ville devint ensuite une colonie romaine – *Sicca Veneria,* du nom de Vénus, à laquelle les Romains assimilaient la déesse dont on célébrait ici le culte. Aux IIe et IIIe s, Sicca Veneria connut la prospérité, ce qui engendra une forte expansion urbaine. Les Romains édifièrent temples, théâtres, thermes, etc. La cité fut prise par les Arabes au VIIe s et rebaptisée, quelques siècles plus tard, Le Kef. Sous la domination ottomane, elle devint stratégique pour la Régence de Tunis, face à d'éventuelles attaques par l'ouest. À la fin du XIXe s, les Français en firent une importante place militaire, et durant la Seconde Guerre mondiale, elle fut choisie comme capitale provisoire de la Tunisie libre.

Arriver – Quitter

En bus et louage

Gare routière *(hors plan par A2) : av. Mongi-Slim, dans un quartier du sud de la ville ; s'y rendre en taxi.* ☎ *78-224-366.* Gare récente et bien organisée. Attention, certains bus partent en pleine nuit ou très tôt (du genre 1h ou 4h du mat !).
➢ ***Par la SNTRI :*** ☎ *78-226-205.*

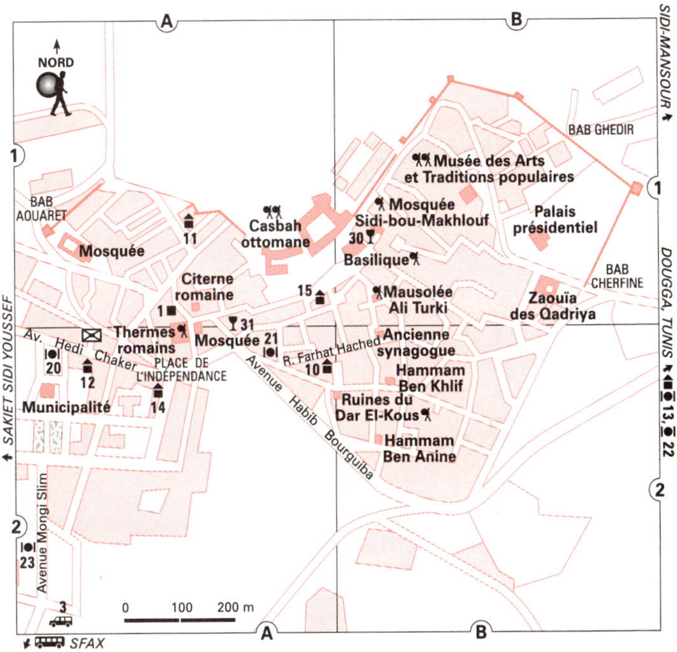

LE KEF

Adresses utiles	
1 Association pour la sauvegarde de la médina (A1)	
3 Gare des louages (A2)	

Adresses utiles

1 Association pour la sauvegarde de la médina (A1)
3 Gare des louages (A2)

Où dormir ?

10 Hôtel El-Medina (A2)
11 Résidence Vénus (A1)
12 Hôtel Ramzi (A2)
13 Hôtel Les Pins (hors plan par B2)
14 Hôtel Sica Veneria (A2)
15 Dar Boumakhlouf (A1)

Où manger ?

20 Restaurant Boumakhlouf (A2)
21 Restaurant Vénus (A2)
22 Restaurant Panorama (hors plan par B2)
23 Malibu Food (A2)

Où boire un thé, un jus ? Où fumer la chicha ?

30 Café Sidi-bou-Makhlouf (B1)
31 Café Ras-el-Aïn (A1-2)

12 bus/j. pour ***Tunis,*** 1h du mat-18h30. Compter 3h de trajet.

➢ ***Par la SRT du Kef :*** *☎ 78-223-168.* 1 bus/j., le mat, pour ***Bizerte.*** 2 bus directs/j. pour ***Gafsa*** et ***Kairouan*** (mat et midi). Également 1 bus/j. pour ***Sfax*** (à l'aube) et 2 pour ***Sousse*** (mat et midi).

➢ ***Par la SRT de Jendouba :*** 1 bus/j., à la mi-journée, pour ***Tabarka.***

Gare des louages *(plan A2,* ***3****) : av. Mongi-Slim, l'av. principale qui descend vers le sud depuis le centre-ville, à env 400 m de la municipalité.*

➢ Liaisons avec ***Tunis, Jendouba, Sousse, Tabarka*** et ***Makthar.*** Pour ***Kairouan,*** changer à Makthar (et en profiter pour visiter le site dans la même journée).

En train

➢ 2 trains « express » relient Le Kef à Tunis en un peu moins de 3h, vraiment un bon plan pour routards non véhiculés. Départs à l'aube et en tout début d'ap-m.

Adresses et infos utiles

ℹ Pas d'office de tourisme. Se rendre à l'***Association pour la sauvegarde de la médina*** *(plan A1,* ***1****)* installée dans le *dar El-Kahia,* à 50 m de la mosquée. Une annexe pour l'accueil des touristes est située sur la place de l'Indépendance, à côté du magasin *Orange* *(☎ 78-205-955 ou 📱 96-312-112 ; tlj en principe 8h-18h).* Association dynamique qui propose une visite guidée de la ville et d'intéressants circuits culturels et de randonnées, ainsi qu'une brochure très complète sur la ville (restaurants, hôtels, monuments, etc.).

■ ***Change et distributeurs :*** *à la* ***STB,*** *pl. de l'Indépendance, à la* ***BNA,*** *derrière l'hôtel Sica Veneria, et à l'****UIB,*** *face à la gare de louages (cette dernière a des heures d'ouverture plus larges). Également à la poste centrale.*

🚕 ***Taxis :*** une particularité du Kef, tarif unique pour les taxis quel que soit le trajet : 700 millimes. Les taxis s'arrêtent en cours de route pour prendre d'autres passagers.

■ ***Pharmacie de nuit :*** *av. Hedi-Chaker, au rdc de l'hôtel Ramzi. ☎ 78-200-016.*

✚ ***Clinique Jugurtha :*** *rue du Docteur-Salah-Majed. ☎ 78-202-611. Médecin 24h/24.*

■ ***Hammam Ben Anine*** *(plan B2)* **:** *rue Ben-Anine. Ouv le mat pour les hommes, l'ap-m pour les femmes.* Les plus anciens bains maures de la ville. Beaucoup de charme.

■ ***Hammam Ben Khlif*** *(plan B2)* **:** *rue Scipion. Hommes mat et soir, femmes l'ap-m (à partir de 12h). Horaires quasi inversés pdt le ramadan.* Plus moderne, mais très populaire également.

🧺 ***Magasin Général*** *(hors plan par A2)* **:** *av. Mongi-Slim, après la gare de louages sur la droite. Tlj 8h-21h.*

Où dormir ?

Bon marché (moins de 75 Dt / 25 €)

🏠 ***Hôtel El-Medina*** *(plan A2,* ***10****)* **:** *18, rue Farhat-Hached. ☎ 78-204-183. Doubles sans ou avec sdb 20-30 Dt, sans petit déj. Pas de wifi.* 4 murs, 1 fenêtre et 1 lit, n'en demandez pas plus. Pas de chauffage, ni d'eau chaude, et des sanitaires communs qui donnent moyennement envie. Chambres toutefois calmes, propres et à prix imbattables. Pour quelques dinars de plus, celle au sous-sol (sur cour), avec ses 2 lits simples et sa salle de bains privative paraît presque luxueuse ! Accueil sympa.

🏠 ***Résidence Vénus*** *(plan A1,* ***11****)* **:** *rue Mouldi-Khamessi. ☎ 78-204-695. • hotel-lespins.com • Indiqué depuis la pl. de l'Indépendance. Double avec sdb env 60 Dt, petit déj inclus.* Une jolie maison de 2 étages dans un quartier calme. Chambres de 1 à 4 personnes, grandes, décorées sobrement, mais à l'entretien toutefois inégal, dommage. Grande terrasse sur le toit qui domine la casbah avec, en prime, le joyeux bourdonnement de la cour de récré située à 2 pas (dès 8h), à moins que la mosquée voisine n'ait occasionné un réveil encore plus matinal. Piscine de l'hôtel *Les Pins* à disposition gratuitement. Accueil adorable, on vous fournira plein d'infos, y compris sur les environs. Organise des excursions dans le coin.

🏠 ***Hôtel Ramzi*** *(plan A2,* ***12****)* **:** *av. Hedi-Chaker, à quelques mètres de la pl. de l'Indépendance. ☎ 78-203-079. Compter 50 Dt pour 2 (même tarif avec ou sans sdb !), petit déj compris. Quelques chambres familiales. Pas de wifi.* Une petite adresse qui ne paie pas de mine vue de l'extérieur, mais dont les chambres, toutes simples et tenues au cordeau, sont vraiment mignonnes.

On apprécie les touches de déco ici ou là, comme le mobilier en bois d'olivier et la céramique au sol dans certaines parties de l'hôtel. Excellent accueil.

Hôtel Sica Veneria *(plan A2, **14**)* : *pl. de l'Indépendance. ☎ 78-202-389. Doubles 45-55 Dt, petit déj inclus (mais vraiment pas terrible). Pas de wifi.* Son emplacement, on ne peut plus central, est sans doute le meilleur argument de cet hôtel aux chambres assez quelconques, globalement bien tenues (en visiter plusieurs tout de même, notamment les salles de bains) et à la déco très « hospitalière » (murs blancs et vert pâle), pas bien joyeuse... Une adresse qui dépanne.

Hôtel Les Pins *(hors plan par B2, **13**)* : *à l'entrée de la ville en venant de Dougga et Tunis, et à 2,5 km du centre. ☎ 78-204-300 ou 021. • hotel-lespins.com • Double env 70 Dt avec petit déj.* Établissement calme, situé à l'entrée de la ville, en bordure d'un petit vallon couvert de pins. Aménagées autour d'un patio intérieur où gazouillent des oiseaux, les chambres sont d'un confort et d'une propreté que l'on retrouve difficilement en centre-ville. Carrelage au sol, grands lits, salle de bains nickel, et même une jolie piscine avec terrasse et transats pour lézarder. Une bonne adresse pour les routards véhiculés.

Chic (150-300 Dt / 50-100 €)

Dar Boumakhlouf *(plan A1, **15**)* : *13, rue Kaireddine-Bacha. Dans la vieille ville, au pied du fort. 20-447-116. • dar-boumakhlouf.com • Doubles sans sdb 180-250 Dt, petit déj inclus.* Une situation exceptionnelle, au pied du fort et à 2 pas de la plus jolie place de la vieille ville, une déco soignée (plafonds peints à la main, mobilier en bois d'olivier, grand patio central aux murs tapissés de mosaïques)... Voici, sans l'ombre d'un doute, l'adresse de charme du Kef. 3 chambres seulement, de taille modeste mais richement décorées dans un style arabo-andalou. Accueil familial et délicieux repas traditionnels « kéfois » sur demande (super petit déj également). Seul petit bémol : pas de salle de bains privative, mais 2 sanitaires (parfaitement entretenus) à partager.

Où manger ?

La cuisine « kéfoise » est réputée dans tout le nord de la Tunisie pour la finesse de ses mets... Malheureusement, on trouve peu de bons restos au Kef. Choix restreint et, passé une certaine heure, plus de choix du tout !

Bon marché (moins de 20 Dt / 7 €)

Restaurant Boumakhlouf *(plan A2, **20**)* : *av. Hedi-Chaker. 25-517-575. Tlj jusqu'à 21h.* Le resto populaire de la ville, ultra-fréquenté et pas cher du tout. Les coudes dans l'assiette du voisin, on y mange un couscous, un tajine ou une délicieuse *chakchouka* maison. Carte en arabe, on vous l'expliquera volontiers. Une valeur sûre.

Malibu Food *(plan A2, **23**)* : *av. Mongi-Slim, à un peu plus haut que la gare de louages. 98-989-489. Tlj.* Resto/fast-food à la déco gentiment hipster, avec son parquet, ses grandes baies vitrées sur la rue et ses murs couverts de logos stylisés. Clientèle jeune et cool, donc, mais aussi des familles. On y vient surtout pour les sandwichs (*chawarma,* chevrettes, agneau, etc.), préparés dans de bons pains chauds. Pas de quoi se pâmer, mais cadre et ambiance vraiment sympa. Et puis ça change un peu des gargotes traditionnelles...

Restaurant Panorama *(hors plan par B2, **22**)* : *sur la route menant à l'hôtel* Les Pins, *à côté de l'hôtel* Darna. *29-029-294. Tlj midi et soir.* À 1 petit km du centre-ville, un établissement un peu fourre-tout, qui sert des pizzas honorables, des grillades, sandwichs et crêpes à prix doux. De « panorama », il n'y a que celui qui donne sur la route (dommage !), mais la grande terrasse reste agréable et la salle, bien qu'un peu froide, a le mérite d'être non-fumeurs. Une adresse qui dépanne, surtout le soir.

Prix moyens (20-40 Dt / 7-13 €)

Restaurant Vénus *(plan A2, **21**) : rue Farhat-Hached. Facilement repérable avec sa devanture vert bouteille. Tlj sauf ven soir. Sert de l'alcool.* Cadre sympa très animé, à l'ambiance bistrot. Beaucoup de monde, du bruit, de la fumée, de la vie, des voisins de table à qui causer. Quelques spécialités tunisiennes du jour (mais peu de choix et pas de carte) ; en gros, c'est couscous, poisson ou simple grillade. Une cuisine nourrissante et tout à fait correcte, que l'on peut arroser d'un bon magon (à prix imbattable) ou d'une bière locale. Service attentionné. En revanche, pour les allergiques à la cigarette, l'expérience peut s'avérer étouffante certains soirs.

Où boire un thé, un jus ? Où fumer la chicha ?

Café Sidi-bou-Makhlouf *(plan B1, **30**) : en haut de la médina. Ferme vers 21h, parfois plus tard en été.* Blotti dans la ruelle en escalier, pavée de grosses pierres, sous le minaret octogonal de la mosquée, voilà pour le joli décor de ce café maure des plus authentique. Mais le must, c'est de boire son thé en tirant sur sa chicha, en fin de journée, installé à l'une des tables en bois dans la ruelle. Les lumières du coucher du soleil fléchissant sur la vallée viennent alors caresser les murs blancs de la rue. Quel bonheur ! Ambiance assez animée en été.

Café Ras-el-Aïn *(plan A1-2, **31**) : nom en arabe seulement, face à la mosquée.* Le café typique où les vieux viennent taper le carton et passer le temps en sirotant des thés à la menthe. Un lieu éternel, hors du temps, qui mérite au moins de passer devant.

À voir

Si vous voulez visiter la ville consciencieusement, allez à l'*Association pour la sauvegarde de la médina (plan A1, **1**)*. Dans un ancien *dar* où s'entassent quelques livres anciens et des photos jaunies, vous rencontrerez des gens charmants, passionnants et passionnés de la culture et de l'histoire du Kef. Sinon, pour tâter le pouls de la ville, c'est évidemment dans les ruelles au pied de la casbah qu'il faut grimper. Autour de la belle place Sidi-bou-Makhlouf notamment, attablé au café, on goûte alors un moment magique, avec l'impression de toucher l'âme de la cité.

La casbah ottomane *(plan A1) : sur les hauteurs de la ville, au-dessus de la pl. Sidi-bou-Makhlouf. Ne pas hésiter à frapper à la grosse porte si elle est fermée. Tlj 7h-19h. GRATUIT (pourboire à discrétion).* Aujourd'hui rénovée, elle trône au-dessus de la cité sur le rocher d'Al Kasbah, sur lequel furent édifiés son ancêtre punique, l'acropole romaine et la citadelle byzantine. Inutile de préciser qu'il s'agit d'un haut lieu stratégique. La casbah date du XVIIe s et constitue le complexe militaire le plus important du pays, qui assurait le dernier rempart défensif face à l'ouest. On y voit entre autres l'ancienne mosquée, l'ancienne citerne, le grand fort... Mais surtout, la vue y est époustouflante : du bastion nord-est, le regard plonge au cœur de la Grande Mosquée et embrasse les remparts, tout Le Kef et ses environs sur des dizaines de kilomètres. En juillet-août, l'édifice sert de cadre au festival culturel de Sidi-bou-Makhlouf.

La mosquée Sidi-bou-Makhlouf *(plan B1) : pl. Sidi-bou-Makhlouf, au pied de la casbah. Visite possible ; pensez à laisser une petite pièce pour l'entretien.* Sa fondation remonte vraisemblablement au début du XVIIe s. Très élégante avec son minaret octogonal et ses 2 dômes côtelés. Riche décoration intérieure faite de stucs ciselés et de carreaux de céramique. Pour bénéficier d'une vue sur la cour intérieure et les dômes, il suffit de grimper dans le bastion nord-est de la casbah. Elle abrite le mausolée de Sidi Abdallah bou Makhlouf, originaire de Fès (Maroc), fondateur de la confrérie des Aïssawa et saint patron de la ville.

La Basilique *(plan B1)* **:** *sur la même place. GRATUIT.* Cette « basilique » fut bâtie vers le IVe s, convertie en mosquée au VIIIe s, en service jusqu'en 1968, puis désaffectée et restaurée. Après la petite cour (atrium) carrée à portique soutenu par 12 piliers massifs, on pénètre dans une salle voûtée cruciforme qui abrite des stèles chrétiennes en vrac. On se demande encore à quoi servaient ces niches ou guichets creusés dans les parois : marché ? magasin ? banque ? Entre ces guichets, on remarque des crochets en pierre qui pouvaient servir à attacher les animaux. Sur le toit se trouvait le fameux cadran solaire actuellement exposé au musée (lire ci-après).

Le musée régional des Arts et Traditions populaires *(plan B1)* **:** *complexe Sidi-Ali-ben-Aïssa, facilement accessible depuis la casbah en longeant le rempart vers le nord-est. ☎ 78-204-503. Tlj sauf lun : de début juin à mi-sept, 9h-13h, 16h-18h ; le reste de l'année, 9h30-16h30. Entrée : 5 Dt. On recommande la visite guidée, qui compensera le manque d'explications en français.*
Dans une ancienne zaouïa dédiée à Sidi Ali ben Aïssa en 1784, du temps où Le Kef était une « métropole » confrérique du Nord-Ouest tunisien et de l'Est algérien, un musée qui vaut surtout le coup d'œil pour la majesté de ses lieux. Dans la 1re salle, épatant dôme de stuc ciselé et percé de vitraux, typique du style arabo-andalou. Tout autour, la frise sur fond bleu, à lire de droite à gauche évidemment, énumère les 99 épithètes données à Allah : « le Puissant », « l'Unique », « le Généreux »... Dans les vitrines, des tenues de mariage traditionnelles du Kef, ainsi que quelques belles parures en argent. La 2e salle (avec la tente bédouine et des outils agricoles) possède un mihrab creusé dans un mur, indiquant la direction de La Mecque ; il s'agissait donc de la salle de prière. On y retrouve une autre frise avec les épithètes d'Allah et les figures symboliques de la rosace à 8 branches et de l'arbre de vie, élément qu'on distingue dans de nombreux monuments religieux, puisque l'arbre est souvent associé à l'immortalité. Dans l'islam, à la porte du paradis, 2 sources jaillissent au pied de cet arbre grandiose. À la 1re coule de l'eau potable : ainsi, ceux qui entrent au paradis ne souffriront plus de maladie. La 2de sert pour les ablutions. Plus loin, dans le foyer, poteries, galerie d'herbes médicinales, moulin du XIXe s made in Marseille et atelier de forgeron avec outils d'époque.
Dans la cour, voir ce cadran solaire du début du XIXe s, à l'origine sur le toit de la « basilique ». Exposé dans un patio ombragé, il ne peut évidemment pas donner l'heure ! Les arcs de cercle gravés sur la plaque servaient, grâce au passage des ombres, à indiquer les heures de prière. Enfin, la salle de l'ancienne école coranique, au plafond voûté offrant de troublantes résonances, expose une petite collection de harnachements équestres d'apparat de la fin du XVIIIe s, utilisés pour la fantasia. Un beau musée, très complet.

En contrebas de la place Sidi-bou-Makhlouf, voir aussi le ***mausolée Ali-Turki*** *(plan B1),* rue du Soudan et rue Marakit-Karama (érigé fin XVIIe s pour le père de Hussaïn ben Ali, fondateur de la dynastie husseinite), et les ***ruines du dar El-Kous*** *(plan B2),* une basilique chrétienne dédiée à saint Pierre. Les linteaux de porte décorés de symboles chrétiens ont été en partie détruits par les musulmans. À voir encore, l'***ancienne synagogue*** *(plan B2).*

Derrière la place de l'Indépendance, des ***vestiges de thermes romains*** *(plan A2)* témoignent de l'importance du Kef dans l'Antiquité. De l'autre côté de la rue *(plan A1),* ***les citernes*** qui les alimentaient pouvaient contenir jusqu'à 6 000 m^3 d'eau !
– Les gardiens se trouvant à proximité de certains sites se feront un plaisir de vous donner quelques explications en échange d'une petite pièce.

Festival

– ***Festival Sidi-bou-Makhlouf :*** *2 sem fin juil-début août.* Des manifestations culturelles (concerts et pièces de théâtre) se déroulent dans la casbah et la basilique.

DOUGGA

• Plan Le site de Dougga *p. 155*

Les ruines de l'antique *Thugga* constituent l'un des ensembles archéologiques les plus intéressants de toute l'Afrique romaine. Par sa taille, par l'état de conservation de ses monuments et par la majesté du panorama qu'il offre au visiteur, ce site est le plus spectaculaire de Tunisie. Perchés sur un plateau incliné à près de 600 m d'altitude, entourés de champs d'oliviers, ces vestiges, qui s'étendent sur des dizaines d'hectares (dont beaucoup restent à fouiller), ont encore fière allure.
Alliée de Rome contre les Carthaginois, Thugga, cité numide, puis punique importante, fut ainsi épargnée par les troupes romaines qui ravagèrent Carthage en 146 av. J.-C. Elle ne fut annexée qu'un siècle plus tard, en 46, par Jules César. Devenue romaine, Dougga connaîtra une grande prospérité, dont témoignent les ruines du site. Ce n'est qu'à partir du milieu du IIIe s que le déclin se fera sentir. La ville renoue à 2 ou 3 reprises avec son illustre passé, sous la domination byzantine notamment (VIe s), sans pour autant retrouver de façon durable la richesse et le rayonnement d'une époque révolue. Puis Dougga s'endort...
L'endroit ne sera pourtant jamais réellement abandonné. Les descendants des Thuggenses ont continué à y vivre, parmi les ruines, jusqu'à ce que l'État tunisien, sous Bourguiba, ne les « chasse » vers la Nouvelle Dougga, construite – seulement au milieu du XXe s ! – 3 km plus bas pour laisser champ libre aux archéologues et surtout, protéger le site.

Arriver – Quitter

➢ ***En voiture :*** Dougga est sur la route P 5 (en bon état) entre Tunis (à 110 km env) et Le Kef (60 km). Ceux qui viennent de Bulla Regia emprunteront la C 59, puis la C 75 par Bou-Salem. Le paysage est très beau et les monts de Téboursouk laissent un souvenir tenace.

➢ ***En bus :*** plusieurs liaisons quotidiennes entre Téboursouk (6 km de Dougga) et Tunis (2h de trajet) ou Le Kef (en 1h30). Depuis Téboursouk, il faut prendre un transport local (taxi non officiel) pour Dougga-ville, puis un autre jusqu'aux ruines à 3 km ou continuer à pied (pas pratique). Préférer prendre un taxi (compter env 20 Dt l'A/R, attente comprise).

Infos utiles

– Il existe 2 entrées : l'accès sud, à 11 km de Téboursouk, à partir de Dougga-ville et de la route nationale (P 5), atterrit au parking en bas du site. On vous conseille cette entrée. L'entrée nord, à 6 km de Téboursouk, par la C 74, permet d'arriver directement en haut du site.

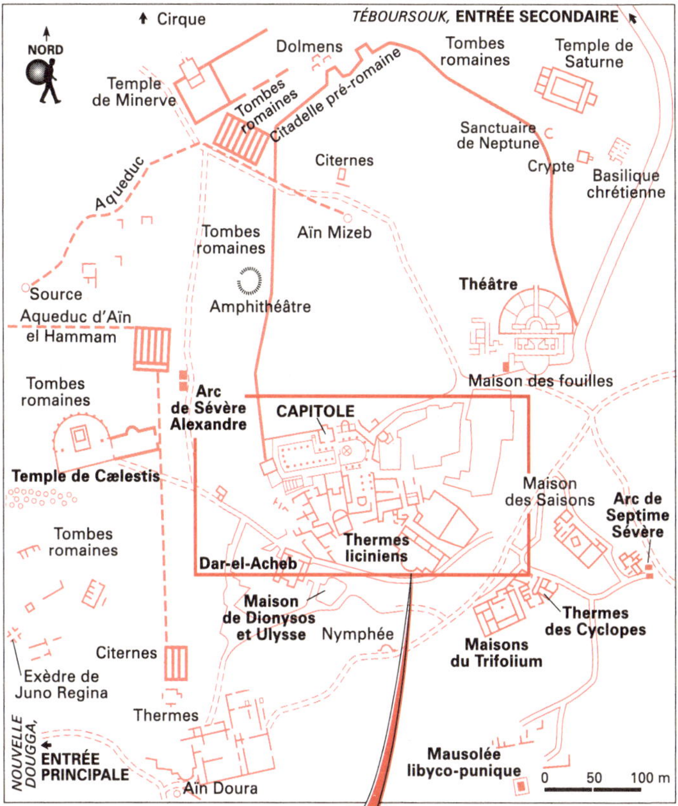

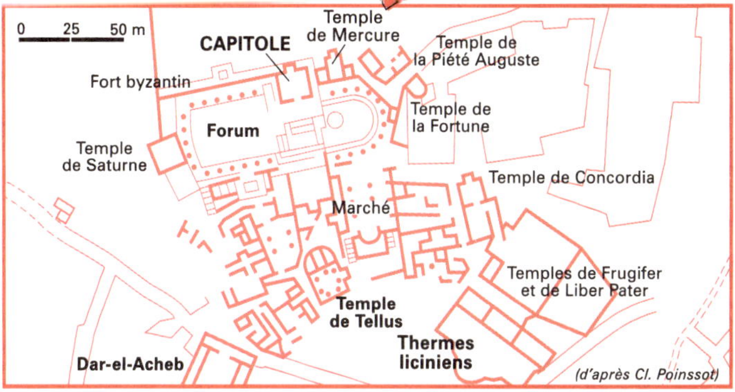

LE SITE DE DOUGGA

– Buvettes, snacks et toilettes à chacune des entrées, ainsi qu'un bon resto à l'accès sud (voir « Où manger ? »).
– À Téboursouk, on trouve tout ce qu'il faut : magasins, petits restos, station-service, et même une banque avec distributeur.

Où dormir ? Où manger ?

Hôtel Thugga : *en contrebas de Téboursouk, en dehors de la ville, sur la route principale P 5 en direction de Testour et Tunis (fléché). ☎ 78-466-647. Résa conseillée en hte saison. Double env 100 Dt avec petit déj. Repas env 25 Dt.* Une halte sympa pour les voyageurs qui veulent se payer une petite tranche de campagne. L'architecture un peu grandiose du hall avec ses colonnes à l'entrée et le vaste patio donnent le ton : voici un hôtel de petit luxe, tout à fait correct. Les chambres, organisées autour du patio, sont spacieuses, avec une bonne literie et un agréable balcon. Le resto pas cher est intéressant, car cet endroit sert de relais de chasse : on retrouve donc du gibier à la carte. Bar avec alcool. Accueil aux petits soins.

Dar Jdoud Dougga : *à l'entrée sud du site. 📱 97-306-697. Tlj 8h30-19h.* Un resto très sympa aux beaux jours, avec son jardin et sa grande terrasse qui fait face au site. Au menu, du classique tunisien bien exécuté (couscous, gargoulette, etc.), du régional de l'étape (*ftet* d'agneau, *borzgen,* etc.) et de l'international (steaks, *pasta,* etc.). Bref, du choix ! On peut aussi se contenter d'un café ou d'un jus frais pour reprendre des forces après la visite.

À voir

Le site archéologique : *☎ 78-466-636. Tlj 8h-19h (8h30-17h30 de mi-sept à fin mai). Entrée : 8 Dt.*
À quoi pouvait ressembler une ville romaine ? Ici, vous allez tout comprendre. De nombreux guides, plus ou moins compétents, proposent leurs services à l'entrée. Si vous choisissez cette solution, discutez le prix avant la visite, car ils sont assez gourmands *(env 25 Dt).* On peut facilement y passer 2 ou 3h sans s'ennuyer : il y a tant de choses à voir et le coin est enchanteur ! On suggère de commencer par l'entrée sud et de remonter l'ensemble du site. De cette façon, on a du bas une vue magistrale en contre-plongée de l'ensemble de l'espace, dominé par son majestueux capitole quasi intact. Pensez à emporter à boire ; l'ombre se fait rare.
– En bas du site, sur la droite, un édifice sans rapport avec le reste retient l'attention. Plus ancien que la ville romaine, il date de l'époque numide, les 1ers occupants des lieux : le ***mausolée libyco-punique.*** Monument haut de 21 m coiffé d'un toit de pierre pyramidal, construit vers le début du IIe s av. J.-C. pour servir de sépulture à un chef numide. Ce mausolée avait traversé les siècles sans trop souffrir jusqu'en 1842, lorsque le consul d'Angleterre à Tunis l'endommagea gravement en cherchant à arracher l'inscription bilingue, libyque et punique, qui l'ornait. Cette inscription, d'une importance capitale puisqu'elle a permis de comprendre la langue libyque, se trouve aujourd'hui au British Museum. Le mausolée a été restauré au début du XXe s par un archéologue français.
– Parmi les 1res maisons, vers le bas du site, en contrebas d'un petit théâtre, demandez que l'on vous indique l'emplacement de ce que l'on pense avoir été des ***maisons closes*** (maisons du Trifolium), à cause d'une pierre pour le moins « évocatrice » (elle représentait un symbole phallique) retrouvée non loin et qui indiquait le chemin à suivre...
– Juste à côté de ce supposé « quartier rouge », on trouve les ***thermes des Cyclopes,*** très dégradés à l'exception des... latrines.
– Près de ces latrines, l'***arc de triomphe de Septime Sévère,*** très endommagé, enjambait une route qui conduisait à Carthage.

– En remontant par la voie principale, sur la droite, le quartier était aussi doté de thermes d'hiver : les ***thermes liciniens,*** qui sont encore en bon état (ne comptez tout de même pas utiliser le *frigidarium* pour vous rafraîchir). Ils comprenaient un gymnase, des salles à différentes températures et des salles de massage. Ne manquez pas de parcourir les tunnels souterrains.
– Presque en face, sur la gauche, la ***maison de Dionysos et d'Ulysse,*** l'une des mieux conservées et d'où provient la fameuse mosaïque conservée au Bardo représentant le héros d'Homère.
– En contrebas du forum et des monuments qui le jouxtent, on trouve un édifice appelé ***Dar-el-Acheb,*** probablement un temple, daté de 164-166. Son arche est l'une des seules à ne pas s'être effondrées.
– À proximité, sous le marché, le ***temple de Tellus,*** précédé d'une cour à portique.
– Un peu plus loin à l'ouest du site, le ***temple de Cælestis*** : construit sous Sévère Alexandre et dédié à Junon Céleste, il est entouré d'oliviers. Le sanctuaire se dresse au milieu d'un hémicycle bordé de colonnes. Il était jadis entouré de murs qui cachaient aux profanes le rituel du culte rendu à cette déesse de la fertilité.
– À proximité, l'***arc de Sévère Alexandre*** (empereur de l'an 222 à 235). Il est assez bien conservé, quoique ayant perdu ses parties hautes.
– On arrive à la section la plus passionnante du site, les ***quartiers publics.*** Contourner le capitole par le nord. Juste devant celui-ci se trouve la ***place de la Rose-des-Vents.*** Une rose portant les noms de 12 vents est gravée dans le dallage de cette place destinée à compenser l'exiguïté du forum. On y trouve une statue d'empereur sans tête : par souci d'économie, on ne sculptait que la tête du nouveau dignitaire, que l'on posait sur un tronc commun !
– ***Le capitole :*** ce monument, dédié à la grande triade romaine, Jupiter, Junon et Minerve, se trouve dans un état de conservation exceptionnel, ce qui en fait un édifice majeur de l'Afrique du Nord antique. D'une taille considérable, il présente des proportions harmonieuses, même s'il a subi, comme le forum, des modifications dues aux Byzantins.
Un escalier conduit à un portique que l'on gravit pour accéder au sanctuaire. Belle colonnade aux chapiteaux corinthiens. Sur la frise au-dessus, la dédicace rappelle que le capitole fut construit aux frais d'un riche donateur... berbère ! Sur le fronton, le bas-relief représentant un homme enlevé par un aigle figure l'apothéose de l'empereur Antonin le Pieux. La tête d'une statue colossale de Jupiter a été retrouvée dans la crypte située sous le monument.
– ***Le forum,*** sur le côté du capitole. La configuration du terrain explique ses dimensions relativement réduites. Il fut modifié au VIe s par l'édification des fortifications byzantines. Il était autrefois bordé de colonnes dont seules les bases subsistent.
– Remonter enfin la voie romaine jusqu'au ***théâtre.*** Construit entre l'an 168 et 169, cet édifice est de taille relativement modeste mais bien conservé. Il pouvait accueillir 3 500 personnes ; il est d'ailleurs toujours utilisé, en été, pour un festival d'art dramatique et des spectacles folkloriques. Des gradins, on a une vue splendide sur la plaine.
– On trouve aussi sur le site de nombreuses ***tombes romaines,*** des ***dolmens,*** plusieurs petits ***temples*** (souvent très endommagés, voire complètement rasés), des ***citernes,*** qui permettaient de stocker l'eau, et, au nord du site, le temple de Saturne, qui surplombe la route de Téboursouk et dont quelques colonnes ont conservé la verticale. Plus à l'ouest se trouve le temple de Minerve. À côté encore, un ***stade,*** ou cirque, ne présentant qu'un intérêt limité.

Fête

– De mi-juillet à mi-août, ***spectacles de folklore*** certains jours dans l'amphithéâtre.

DANS LES ENVIRONS DE DOUGGA

Le site archéologique de Mustis : *sur la route du Kef, à 15 km de Dougga, avt l'entrée du village d'El-Krib. Tlj 9h-19h. GRATUIT. Guide sympathique sur place.* Un petit site oublié du circuit touristique, qui recèle pourtant quelques intéressants vestiges. Mustis était une ville importante située le long d'une route romaine reliant Carthage et Tébessa (en Algérie). La ville perd son aspect romain lorsque les Byzantins la transforment en bastion durant leurs luttes contre les Vandales. Partiellement excavé, le site dévoile les restes de temples dédiés à Cérès, Pluton et Apollon. Au bout du site, belles ruines d'une forteresse byzantine du XIe s, jouxtant une basilique chrétienne comportant 3 nefs et un baptistère. Voir également, sur la partie gauche, les restes d'un forum romain, du marché, de l'huilerie et d'un bon nombre de maisons autour d'un atrium. Mais un large secteur reste encore à fouiller...

MAKTHAR

32 000 hab.

• Plan Le site de Makthar *p. 159*

Encore un site archéologique, à l'écart des circuits touristiques, sur le bord d'un haut plateau fertile à plus de 900 m d'altitude. Cette ancienne forteresse numide, élevée 3 siècles avant notre ère pour contrôler les mouvements des nomades, allait au fil du temps devenir une cité importante avant d'être annexée, comme tout le royaume numide, par Jules César, 46 ans avant notre ère. Sous le règne de Marc Aurèle (160-180), ses habitants devinrent des citoyens romains à part entière. Mais la prospérité de *Mactaris* fut de courte durée et sa décadence commença dès le IIIe s, période à laquelle Vandales, Byzantins puis Arabes démolirent ses monuments pour construire des forteresses. Le site, abandonné à partir du XIe s, fut redécouvert et fouillé sous le protectorat français. Les ruines sont très dispersées (rues pavées, thermes et villas). Il reste en effet encore beaucoup à découvrir. Un bon complément aux autres sites plus spectaculaires.
L'actuel village, à côté des ruines, fut fondé il y a un siècle. Il ne présente que peu d'intérêt.
– ***Souk :*** *le lun.*

Arriver – Quitter

Les liaisons sont rares et le site est mal desservi.
➢ ***En bus :*** seulement 2 lignes. L'une rejoint Tunis (160 km), l'autre relie Kairouan (115 km) au Kef (70 km) et fait étape à Makthar (2 bus/j.).
➢ ***En louage :*** liaison seulement avec Le Kef.
➢ ***En train :*** la gare la plus proche est à Sers (28 km). Pas pratique du tout !
➢ ***En voiture :*** Makthar se situe en bordure de la P 12, entre Le Kef et Kairouan.

À voir

Le site archéologique : *tlj sauf lun 8h-17h. Entrée : 8 Dt. Visite non guidée.*
– Le petit ***musée*** et son ***jardin*** contiennent de belles pièces, principalement des stèles funéraires (dont les épitaphes sont encore lisibles) et des fragments de sculptures.

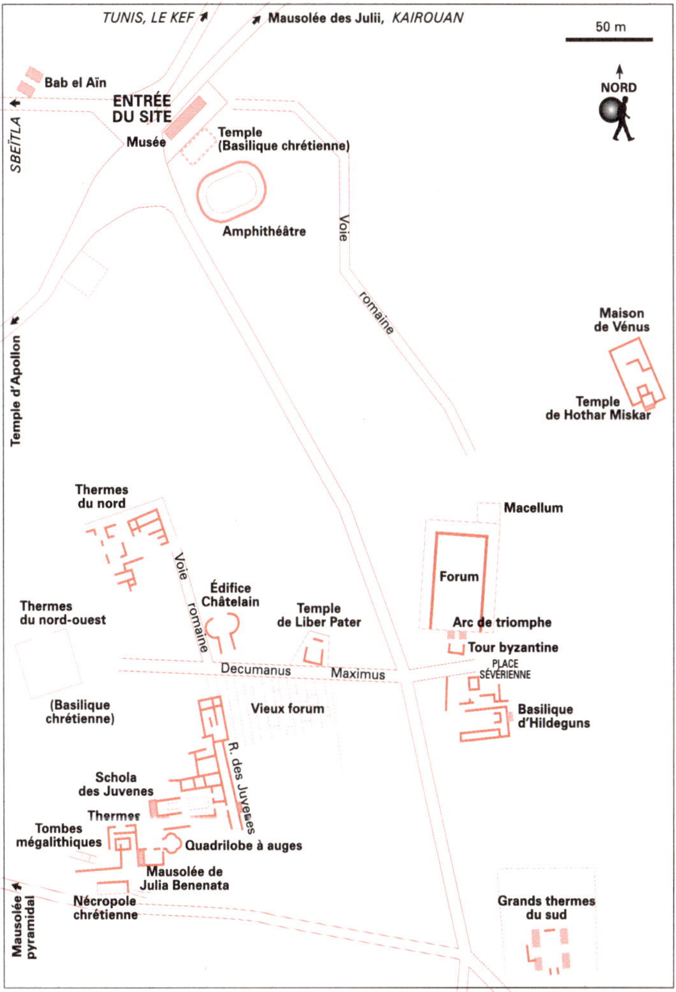

LE SITE DE MAKTHAR

– Suivre la voie romaine jusqu'au ***forum,*** avec son dallage presque intact, dominé par un arc de triomphe dont la frise d'origine indique qu'il fut élevé en l'an 116 à la gloire de l'empereur Trajan, « le meilleur des Princes ». Trajan fut, notons-le au passage, le 1er empereur romain à ne pas être né dans la capitale de l'empire. Autour de cet arc, plusieurs monuments hétéroclites : une *tour* transformée en fort par les Byzantins, une petite *place* avec des vestiges d'une fontaine et la *basilique d'Hildeguns,* du nom d'un Vandale, qui abrite sous ses 3 nefs des tombes byzantines.
– ***Les grands thermes du Sud,*** clou de la visite, sont les mieux conservés de toute l'Afrique du Nord. Il faut voir le *frigidarium* avec son pavement de mosaïques

à motifs noirs. Les murs impressionnants donnent une idée de l'importance de ce monument du IIe s dont les voûtes se sont écroulées.

– Revenir sur ses pas pour suivre le *Decumanus Maximus* et tourner à gauche pour découvrir la ***schola des Juvenes*** ou Assemblée des jeunes gens de Mactaris.

– Derrière s'étend une vaste nécropole ; le reste des ruines, éparpillées dans un large périmètre, n'intéressera que les spécialistes.

SBEÏTLA (SUFETULA)

23 800 hab.

• Plan Le site de Sbeïtla (Sufetula) *p. 161*

Sbeïtla se trouve près de Kasserine, une ville formellement déconseillée par le ministère français des Affaires étrangères. Pour plus d'infos, reportez-vous à la carte du MAE sur leur site • *diplomatie.gouv.fr* •

Sbeïtla est une petite ville agréable qui possède un site archéologique de toute beauté, l'un des plus beaux et des mieux conservés de Tunisie. On vous conseille de passer une nuit sur place, pour profiter du site, avant ou après le départ des bus. C'est une excellente étape dans le cœur du pays.

UN PEU D'HISTOIRE

Sufetula fut fondée tardivement (Ier s) sous la dynastie romaine des Flaviens. Bénie d'un climat idéal pour la culture de l'olivier, elle connut une grande prospérité du IIe au IVe s, période dont datent la plupart des édifices. Pendant près de 100 ans, la cité fut aux mains des Vandales, jusqu'à la reconquête byzantine en 533. Au VIIe s, le patrice Grégoire, ayant rejeté l'autorité de Byzance, se réfugia à Sufetula pour en faire sa capitale. Il la fit fortifier afin de résister aux armées berbères et musulmanes. En 647, la cité fut néanmoins saccagée par les Arabes et le patrice Grégoire mis à mort. Sufetula sombra alors peu à peu dans l'oubli...

Arriver – Quitter

En bus

Gare routière : *pl. Echouada, au bout de l'av. Habib-Bourguiba, en direction de la route de Kairouan.* Bus et louages. Liaisons avec :

- ***Tunis :*** 8 bus/j. Durée : 4h30.
- ***Sfax :*** 3 bus/j. Durée : 3h.
- ***Gafsa :*** 2 bus/j. Durée : 2h.
- ***Kairouan :*** 3 bus/j. Durée : 1h30.

En louage

À la gare routière. Pas de guichet, on paie directement dans la voiture.

➢ Pour ***Tunis,*** durée : 4h. Pour ***Kairouan,*** durée : 1h. Pour ***Gabès,*** durée : 3h. Pour ***Gafsa,*** durée : 1h30. Pour ***Monastir,*** durée : 2h30.

Orientation

Le site se trouve sur la route principale, celle de Kairouan et Kasserine. La plupart de nos adresses sont en retrait de cette route, à une dizaine de minutes à pied des ruines.

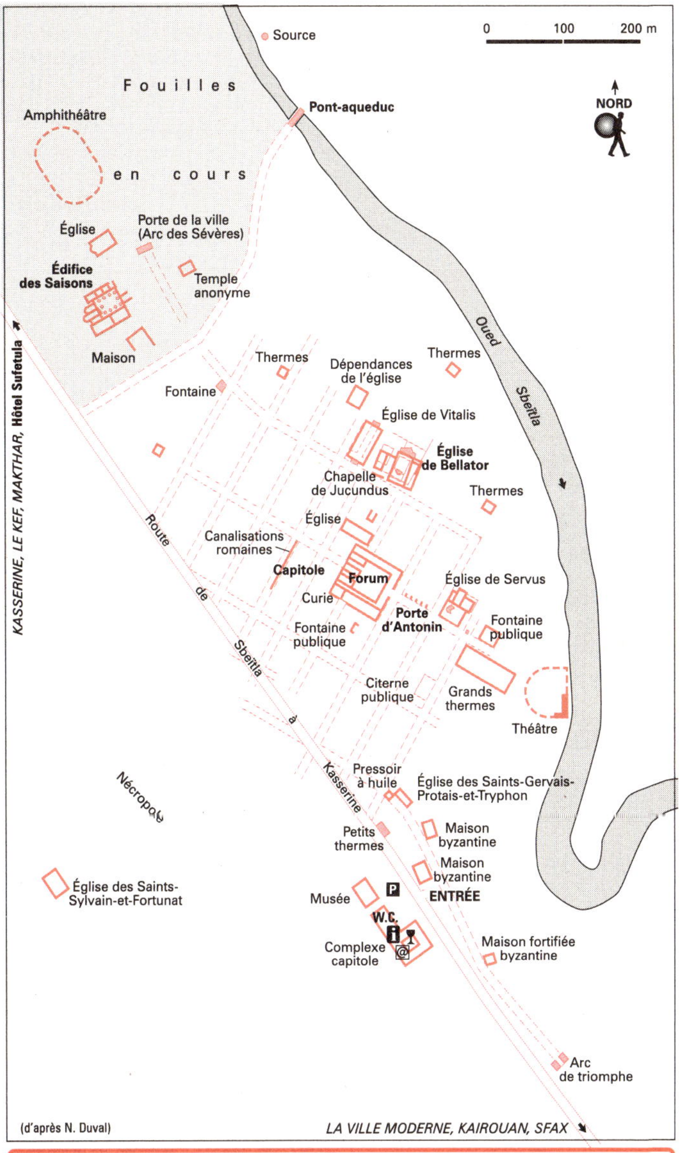

LE SITE DE SBEÏTLA (SUFETULA)

Adresses et infos utiles

– ***Le complexe touristique Capitole,*** juste en face de l'entrée du site archéologique, regroupe l'office de tourisme, la vente de billets, des w-c publics, diverses boutiques et un point Internet.

Office de tourisme : *dans le hall du complexe touristique. ☎ 77-466-506 et 507.* Bon accueil et une brochure gratuite en français avec un petit plan de Sbeïtla. C'est également à eux que vous vous adresserez pour obtenir les services d'un guide, 1 j. à l'avance de préférence.

■ **AMVPCC :** *dans le hall du complexe touristique. ☎ 77-465-813.* Vente des billets pour le site et le musée.

Où dormir ?

Bon marché (moins de 75 Dt / 25 €)

Hôtel de la Jeunesse-Motel : *sur la pl. Echouada, près de la station de bus, au bout de l'av. Habib-Bourguiba. ☎ 77-466-528. Doubles 30-40 Dt, sans ou avec sanitaires privés, petit déj en sus. Dîner possible sur résa (min 6 pers) 12 Dt/pers.* C'est l'hôtel le moins cher de la ville, et aussi notre préféré, du moins aux beaux jours ! Une petite vingtaine de chambres hyper clean, très simples, réparties le long d'un patio à ciel ouvert qui se termine par une fontaine. C'est frais, c'est clair et on est toujours accueilli à la perfection. Une excellente adresse à mettre entre toutes les mains, mais à éviter en hiver car, sans chauffage d'appoint, le bâtiment reste froid et humide.

Prix moyens (75-150 Dt / 25-50 €)

Hôtel Sufetula : *sur la route de Kasserine. ☎ 77-465-311. • hotelsufetula.com • À 2 km de Sbeïtla la moderne ; sur la droite en venant de Sbeïtla, après les ruines. Double env 120 Dt, petit déj inclus.* Les chambres sont spacieuses et modernes, décorées dans les tons crème, le marbre, les matériaux naturels et la brique de Tozeur. Malheureusement, l'entretien a pâti de la baisse du tourisme. Le bar au rez-de-chaussée offre une vue imprenable. Resto.

Où manger ?

Bon marché (moins de 20 Dt / 7 €)

Relais Erridha : *dans le centre, rue Essalloum. C'est une rue perpendiculaire à l'av. Belhaouane (une des artères principales). Tlj.* Cuisine tunisienne de qualité servie avec le sourire, dans une mignonne salle à manger au caractère très enfantin. Collection de nounours au poil fluo. Une bonne adresse que l'on aime bien. Idéal en famille.

Restaurant Tabassi : *av. Belhaouane, le long de laquelle on trouve le marché, parallèle à l'av. du 2-Mars-1934. Tlj 7h-21h.* Une gargote familiale, très simple. Les produits sont très frais et les plats savoureux. Tous les standards de la cuisine tunisienne.

Prix moyens (20-40 Dt / 7-13 €)

Restaurant de l'hôtel Sufetula : *voir plus haut.* Menu et buffet servis dans une salle à manger impersonnelle, mais cuisine fraîche et de bonne qualité.

Restaurant Carthage : *parc de loisirs Sufetula, à côté des ruines. Impossible à rater avec ses statues kitsch. Au rdc, à gauche de la pizzeria.* Plusieurs menus proposant une cuisine tunisienne et internationale. Prisé par les groupes.

À voir

Le site archéologique : *sur la route principale dans la ville de Sbeïtla. Tlj 8h-17h30 (19h de début juin à mi-sept ; 17h pdt le ramadan). Achat des billets en*

face, dans le complexe touristique Capitole. Entrée : 8 Dt. Le billet donne aussi accès à la visite du petit musée. Des guides pourvus de cartes officielles proposent leurs services à l'entrée du site ; compter env 15 Dt/h, jusqu'à 5 pers.
Pour les amateurs de photos, il est préférable de visiter les ruines éclairées par la lumière du matin. L'idéal serait de les revoir au soleil couchant. Au début du parcours, très bien fléché, vous trouverez un plan des ruines, et chaque édifice d'intérêt porte une plaque explicative.
– ***Arc de triomphe*** (imposant et assez bien conservé), 200 m avant l'entrée du site.
– À l'entrée, on découvre quelques ruines de ***maisons byzantines fortifiées.*** Un peu plus loin, celles de la petite ***église des Saints-Gervais-Protais-et-Tryphon,*** byzantine également.
– Accolé à l'église, un ***pressoir à huile*** : la vie économique de la région durant l'Antiquité reposait essentiellement sur l'huile d'olive.
– ***Les petits thermes privés :*** en face du pressoir à huile. Belles mosaïques représentant des poissons surmontés d'une frise.
– En continuant la promenade, on trouve ensuite une ***citerne,*** puis, près de l'oued, les ***grands thermes publics,*** qui furent utilisés jusqu'au VIe s.
– ***Le théâtre :*** restauré. Bien qu'il soit très ancien par rapport au reste du site, les archéologues ont pu retrouver des pierres semblables à celles utilisées pour sa construction originelle. Il accueille des représentations musicales et quelques festivals locaux.
– On passe ensuite à travers ce qui fut un marché et un ensemble de boutiques, ainsi que de maisons romaines et byzantines, pour rejoindre ce qui est, quand même, le clou du spectacle : le forum. L'entrée du forum (ou capitole) est marquée par une ***porte monumentale*** construite sous Antonin le Pieux (138-161), assez bien conservée.
– ***Le forum :*** mesure 60 m sur 70. Il est entouré d'un haut mur. La place est dallée et ceinte de portiques dont quelques colonnes ont été redressées.
À l'intérieur du forum, en face de la porte monumentale, s'élèvent ***3 temples*** dont on pense qu'ils étaient dédiés à la triade capitoline romaine (Jupiter, Junon, Minerve). L'ensemble est superbe. Il montre à quel point la cité a été prospère. Les temples étaient reliés par des arcs qui passaient au-dessus des petits passages qui les séparent. Il n'existe qu'un seul autre exemple (en Andalousie) de capitole composé de 3 temples séparés. Habituellement, un seul et même temple abrite le culte des 3 dieux qui y font, si l'on peut dire, chambre à part. L'état de conservation des temples est étonnant, tous 3 semblent défier le temps. Notez les détails sur les frises, les admirables chapiteaux et les belles feuilles d'acanthe.
– En quittant le forum vers le nord, on trouve une série d'***églises*** : contre le forum et les temples capitolins, d'abord, les vestiges d'une église que l'on date de la fin du IVe ou du début du Ve s. À une cinquantaine de mètres, toujours vers le nord, on trouve ensuite les ***basiliques chrétiennes,*** qui sont considérées comme tout à fait remarquables en Afrique du Nord. Il faut dire que l'ensemble est singulier. La 1re église est l'*église de Bellator* : datant du IVe s, elle fut jadis cathédrale. La suivante est l'*église* dite *de Vitalis,* érigée environ un siècle après celle de Bellator, pour l'agrandir. Comme quoi, à l'époque, on manquait de place dans les églises. Celles-ci ne comportaient pas de clocher, qui ne devint à la mode dans l'architecture religieuse que beaucoup plus tard. On y découvre, en revanche, de belles mosaïques. L'*église de Vitalis* fait une cinquantaine de mètres de long et compte 5 nefs. Entre les 2, très belles mosaïques (d'époque), et au fond de la basilique, une cuve baptismale quadrilobée également recouverte de mosaïques représentant des poissons.

Le musée : *à côté du complexe Capitole, face à l'entrée des ruines. Tlj sauf lun 8h-17h30 (19h de début juin à mi-sept).* Pièces de monnaie almohades et hafsides, cruches, plats et quelques très belles mosaïques (notamment celle du triomphe de Vénus) en partie reconstituées, venant des églises du site. Stèles funéraires et votives. Un excellent complément de visite.

THUBURBO MAJUS

• Plan Le site de Thuburbo Majus *p. 165*

Le site est à 3 km au nord d'El-Fahs (une bourgade sans intérêt), à 60 km de Tunis et à 27 km de Zaghouan... Niché dans un écrin magnifique, Thuburbo Majus n'a néanmoins pas l'ampleur de Bulla Regia ni de Dougga. Seulement 1/6 du site a été fouillé. Cette cité, dont la fondation remonte au Ve s av. J.-C., fut colonisée par les Phéniciens. Partisane de Carthage, elle fut condamnée à acquitter un lourd tribut après la défaite.
Sous le règne d'Hadrien, elle fut élevée au rang de municipe puis nommée, 60 ans plus tard, colonie romaine. C'était alors une petite ville prospère et si tranquille que l'on n'avait pas jugé nécessaire de la protéger de remparts. Elle devait, aux IIe et IIIe s de notre ère, abriter près de 8 000 âmes. Mais les Vandales (encore eux) vont précipiter son déclin et réduire cette fière cité à une modeste bourgade. Les beaux édifices seront convertis en huileries. Abandonnée après la conquête arabe, elle fut redécouverte par un archéologue français en 1857 et livra de belles mosaïques, transportées au musée du Bardo de Tunis. Ces ruines romantiques, dévorées par les fleurs et les herbes folles, mériteraient une meilleure conservation.

Arriver – Quitter

Les gares ferroviaire, routière et de louages d'El-Fahs sont groupées dans le centre, à proximité de la place du marché. Sur place, une banque (distributeur et change) et des gargotes. Prendre ensuite un taxi jusqu'à Thuburbo Majus, en négociant le prix de l'aller et du retour. Pour se rendre à El-Fahs :

➢ ***En train :*** 2 A/R par jour avec ***Tunis.***
➢ ***En louage :*** liaisons avec ***Tunis, Nabeul, Zaghouan*** et ***Hammamet.***
➢ ***En bus :*** liaisons avec ***Le Kef, Zaghouan, Hammamet*** ou ***Sousse.*** Attention, l'arrêt pour les bus reliant ***Tunis*** à ***Kairouan*** se trouve 200 m après le grand carrefour d'El-Fahs. Pas de guichet, prendre le ticket dans le bus.

Où dormir dans les environs ?

Dar Zaghouan : *à env 26 km à l'est de Thuburbo Majus, juste avt Zaghouan. 26-309-103. • darzaghouane.com • Prévoir 220-300 Dt pour 2 selon hébergement, petit déj inclus. Table d'hôtes 30-50 Dt. CB acceptées. Pas d'alcool.* Une ancienne propriété familiale transformée en une très touristique ferme-gîte rural. 2 belles maisons en pierre et 3 chalets dans un grand verger planté d'oliviers, d'amandiers et d'eucalyptus. Tout est superbement décoré dans différents styles rustiques et thématiques. Boiseries sculptées, mobilier ancien, objets insolites... une déco conviviale et chic, au charme indéniable. À cela s'ajoutent 2 piscines, 1 hammam traditionnel et 1 spa. Dans le jardin, tente berbère pour le thé et à l'arrière, un resto, très fréquenté le dimanche.

À voir

Le site archéologique : *tlj 8h30-17h30 (8h-17h de début juin à mi-sept). Entrée : 8 Dt. Éviter les heures les plus chaudes : pas d'ombre, et les ruines sont assez dispersées. À l'entrée, un guide propose parfois ses services.*

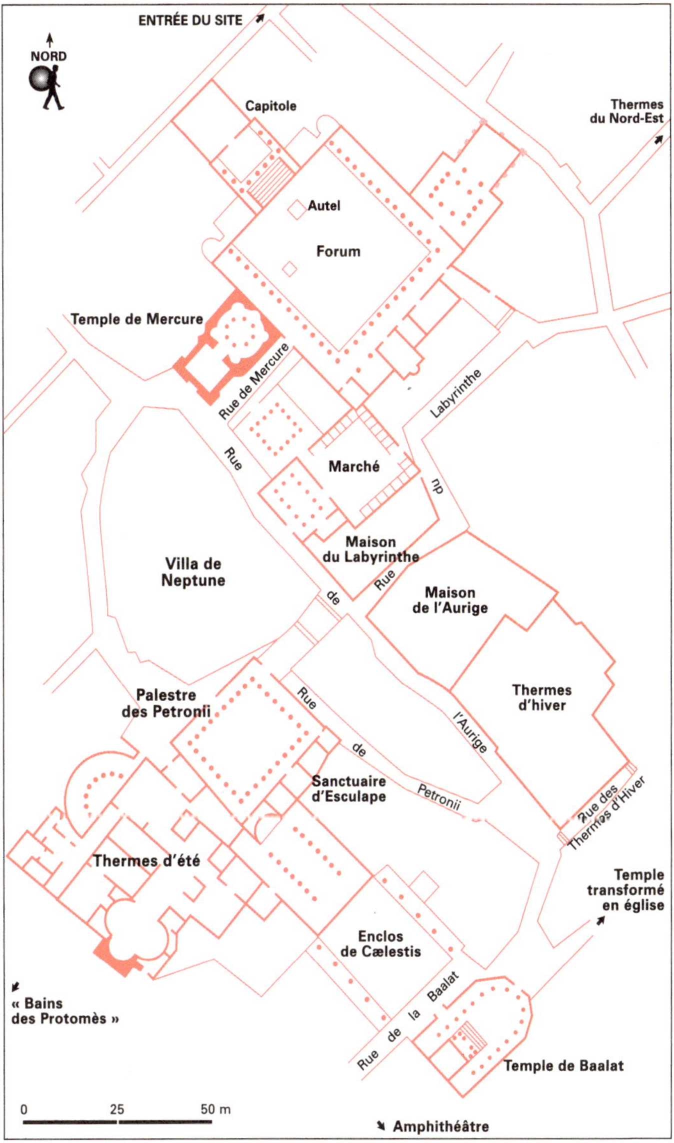

LE SITE DE THUBURBO MAJUS

– La visite commence par le ***capitole,*** l'un des plus importants d'Afrique, dont il reste le podium surmonté de colonnes corinthiennes (4 ont été reconstituées). Dans la *cella,* sanctuaire des idoles, trônait une effigie de Jupiter mesurant près de 7 m de haut. On a retrouvé sa tête décapitée et quelques fragments, transférés au musée du Bardo.

De la terrasse du capitole, on découvre l'ensemble du site avec, au 1er plan, le *forum,* autrefois bordé de colonnes. Sur sa droite, des marches conduisent au *temple de la Paix.* Beaucoup plus intéressant est celui dédié à *Mercure,* le dieu de l'Argent et du Commerce, érigé sur le chemin du marché sous les Sévères, en l'an 211. Il a conservé son architecture intérieure à péristyle avec 8 colonnes en cercle. Du *marché,* il ne subsiste que quelques vestiges de boutiques dans un angle, mais avec un peu d'imagination il est possible de recréer l'animation qui régnait ici avec la foule des acheteurs en toge.

– Sur la droite de la voie romaine, on découvre la ***villa de Neptune.*** Un financement de l'Unesco a permis de mettre au jour de très belles mosaïques (qui ne sont pas encore parties au Bardo !).

– Traverser les anciens quartiers d'habitation avec leurs maisons en ruine pour atteindre, en face, la ***palestre des Petronii,*** du nom de la famille du généreux donateur, où l'on a découvert la fameuse *mosaïque des Boxeurs obèses* exposée au Bardo. Dans un angle se trouve gravé le jeu latin dit « des 36 lettres ». Ne nous demandez pas les règles, elles doivent être perdues depuis longtemps. Les habitants venaient s'exercer à la lutte dans cette palestre (gymnase) avant de se rendre aux bains.

– ***Les thermes d'été :*** beaucoup plus vastes, ils comportaient plusieurs piscines et de beaux pavements de mosaïque (certains sont encore en bon état). En théorie, on passait successivement du vestiaire *(apodyterium)* à la chambre froide *(frigidarium)* avant de pénétrer dans la salle tiède *(tepidarium)* et de conclure dans la plus chaude *(caldarium),* où l'on se faisait masser vigoureusement avant de se faire racler la peau avec des grattoirs. En pratique, cet ordre n'était pas forcément respecté. Le chauffage était assuré par un savant système de canalisations aménagées dans le sol et dans les murs. Certaines demeures particulières étaient aussi équipées d'un chauffage mural dans plusieurs pièces. Ses ablutions terminées et après avoir perdu un peu d'eau, le patient revenait dans le *frigidarium* avant de regagner le vestiaire.

– ***Les thermes d'hiver :*** en remontant, on passe ensuite devant de nombreux bassins, moins bien conservés mais dotés eux aussi de belles mosaïques.

– ***Le temple de Baalat :*** ce petit sanctuaire du IIe s permet d'avoir une vue générale sur l'ensemble des ruines.

DANS LES ENVIRONS DE THUBURBO MAJUS

Oudna : *à Khelidia, env 25 km au sud-est de Tunis. De Thuburbo Majus, prendre la P 3 vers Tunis. De Tunis, prendre direction Kairouan, puis sortir à Khelidia, traverser le village (à 6 km de là), le site se trouve 4 km plus loin sur la C 36. Tlj 9h-17h (16h pdt le ramadan). Entrée : 8 Dt. Photos interdites.*

L'ancienne ville d'*Uthina* est encore en fouilles. On connaît peu de chose de cette cité, sauf qu'elle entra en conflit avec Carthage lors de la 1re guerre punique au IIIe s av. J.-C. Elle devint sous le règne d'Auguste (Ier s) l'une des 6 premières colonies romaines d'Afrique, et connut son apogée au IIe s, peuplée de vétérans de l'armée romaine.

Il reste encore beaucoup à découvrir, les archéologues estimant par exemple qu'un théâtre est enfoui sous la terre à gauche du capitole. L'ensemble du site est déstabilisant, en grande partie à cause des rénovations en cours, relativement contestables. En effet, on a commencé à reconstruire les parties manquantes des monuments sur les fondations d'origine. On aboutit à un mélange étrange assez mal assorti entre éléments romains anciens et parties nouvelles aux pierres trop bien polies.

On peut voir le *capitole,* sous lequel se trouvent des salles voûtées gigantesques, des *thermes publics* (en cours de fouille) et des *mosaïques* aux motifs épurés, presque stylisés, représentant des scènes de chasse et des angelots.
Mais le site vaut surtout la visite pour son *amphithéâtre* de 16 000 places, de plan elliptique, à moitié reconstitué et très impressionnant. Les fouilles ont mis au jour des salles sous l'arène centrale, des voûtes souterraines ayant été dégagées. Comme à El-Jem, ces « coulisses » ont pu être des salles où se trouvaient les fauves avant de monter sur la piste par des ouvertures rectangulaires creusées à même l'arène, caractéristiques des amphithéâtres construits à partir de l'empereur Auguste (Ier s).

LE CAP BON

• Carte *p. 169*

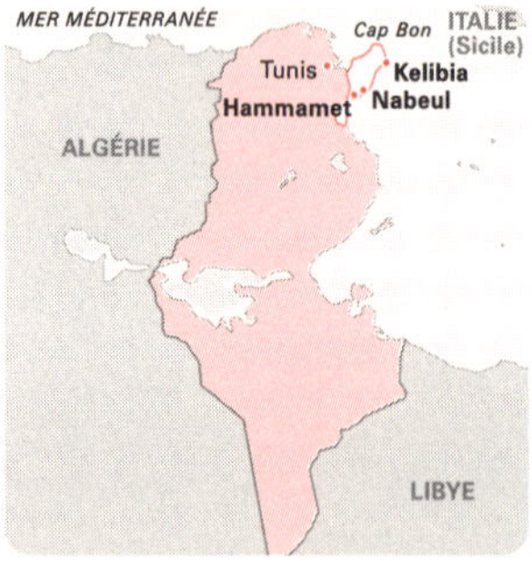

Bande de terre qui s'étire vers la Sicile (à peine à 140 km), le cap Bon assure la transition entre l'Afrique et l'Europe. Plaines et plateaux se succèdent, gorgés de vignes, d'arbres fruitiers et de céréales. Un véritable grenier pour la capitale, d'où le nom de « cap Bon » ou de « péninsule des Vergers ». Il permet d'entreprendre un petit circuit sympa qui, même s'il n'a rien d'époustouflant (de la route C 27, on bénéficie rarement de vues sur la côte), donne l'occasion de découvrir une Tunisie plus authentique : petits bourgs paisibles, souks colorés, mulets et chameaux aux travaux des champs. Profitez de ce petit bol d'air champêtre avant de rejoindre les villes plus touristiques de Nabeul et d'Hammamet.

Circuler dans la région

Le tour est facilement réalisable en voiture : une journée suffit, mais on peut aussi prendre 2 jours et passer la nuit à Kelibia ou Korbous. En revanche, il faut beaucoup de temps pour faire l'excursion en bus. Mais cela reste possible, car les liaisons sont assez fréquentes.

KORBOUS

3 500 hab.

En arrivant par la route du nord, du haut de la falaise, l'apparition de la baie de Korbous, majestueuse et baignée d'eaux cristallines, est tout simplement sublime. En bord de mer, ce petit village perché sur une colline est organisé autour d'une seule et unique rue. Les Tunisois viennent ici « recharger les batteries » dans les hammams et les centres thermaux, réputés dans tout le pays. De fait, celle que les Romains appelaient *Aquae Calidae Carpitanae* ne compte pas moins de 7 sources jaillissant à une température de 40 à 60 °C ! Pas grand-chose à y faire à proprement parler, et ça tombe plutôt bien : les lieux sont propices à la détente, à la contemplation et, pourquoi pas, à une petite cure de remise en forme !

– Notez que la route entre Korbous et Mrissa au sud est fermée depuis des années. En attendant sa réouverture (on parle de 2024), on accède à Korbous par la C 26.

Où dormir ? Où manger ? Où boire un thé ?

Hôtel Dar Ismail Les Sources : *dans l'unique rue, sur le côté gauche. ☎ 72-284-540. Double 150 Dt, petit déj inclus.* Difficile de rater cet imposant hôtel à la façade ocre, qui occupe tout le côté gauche de la rue principale.

LE CAP BON

Chambres réparties sur 3 étages, décorées de jolies teintes méditerranéennes (vert olive, bleu, jaune), impeccables, avec balcon donnant soit sur la mer, soit sur la montagne. En prime, eau thermale dans les salles de bains. Piscine intérieure et extérieure, un resto et un spa. Accueil très pro.

Résidence des Thermes : *sur la route principale, côté droit. ☎ 72-284-524. Ne pas confondre avec l'*Hôtel des Thermes*, juste en face, vieillot. Doubles 80-90 Dt, petit déj inclus ; plus 5 Dt/pers pour la ½ pens. Pas de wifi.* Confortable petit hôtel aux chambres climatisées sans déco particulière, à la blancheur immaculée. Salles de bains irréprochables, mobilier moderne. Toutes possèdent un balcon, mais aucune ne donne sur la mer (vue montagne). Accueil un peu expéditif.

Restaurant Le Chalet : *sur la corniche, au-dessus du village. 98-465-015. Tlj jusqu'à 18h en hiver, 23h en été. Prix moyens.* Resto touristique proposant de classiques pizzas et du poisson, qui dispose d'une situation exceptionnelle, perché en haut d'une falaise avec vue panoramique sur la baie. On pourrait rester des heures sur la grande terrasse, à prendre le soleil et écouter le doux chant du ressac...

À faire

Le hammam Araka : *en bas de la route du village, au milieu des vendeurs de boissons. À ne pas confondre avec l'établissement thermal juste à côté. Ouv 24h/24 ; femmes mar, jeu et sam 8h-19h ; hommes le reste du temps. Entrée : env 3 Dt. Gommage ou massage 8 Dt. Apporter savon, gant de crin et serviette.* Il s'agit d'une grotte où jaillit l'eau de source naturellement chaude. Un lieu obscur et fascinant, faiblement éclairé, où l'épaisse humidité habille l'atmosphère d'un voile presque inquiétant, créant une ambiance « draculesque ». Un escalier à la raideur impressionnante conduit à la salle la plus chaude, pour un bain dans la source, perdue dans la profondeur des lieux. Chambre de repos au rez-de-chaussée. On vous proposera de boire une décoction d'herbes de montagne pour une sudation odorante. Une expérience à ne pas manquer.

La source d'eau chaude Aïn-Atrous : *1 km avt d'arriver à Korbous, au nord. Elle se jette dans la mer.* Les différentes sources de Korbous conviennent dans des cas aussi variés que les maladies du tube digestif, l'eczéma, le surpoids, etc. Celle-ci est appréciée des rhumatisants. Avis aux routards un peu « rouillés », l'eau est prétendue miraculeuse !

Balade sur l'ancienne route de Soliman : fermée au trafic, mais n'hésitez pas à vous promener à pied le long de la côte. Mais pas trop près de la falaise, à cause des éboulements. Les reliefs plongeant dans l'eau rappellent certaines îles grecques ou la Corse. Pas besoin d'en dire plus, c'est superbe !

KELIBIA

54 600 hab.

Port de pêche animé au-dessus duquel se dresse une forteresse byzantine du VIe s. Avec ses belles plages à proximité (Mansourah, en 1er lieu), Kelibia-la-Blanche se transforme année après année en une station balnéaire appréciée. Les hôtels de luxe fleurissent d'une saison à l'autre en bord de mer, mais la ville, distante de 2 km dans les terres, a su garder son authenticité, notamment autour de son marché animé. Ça frime un peu en été, mais on est encore loin d'Hammamet.
– ***Festival du Cinéma amateur :*** *ts les ans, fin août-début sept.*

Adresses et infos utiles

■ ***Banques :*** *av. Habib-Bourguiba. Lun-ven 8h-16h (7h30-12h30 en été).* ***BNA*** ou ***STB*** avec distributeur et possibilité de change.

Marché et supermarché Proxi : *av. des Martyrs.* Plusieurs commerces côte à côte, dont un grand magasin général d'alimentation *(tlj jusqu'à 21h)* et un petit centre d'artisanat. Un ***Carrefour Express*** également *(av. Ibn-Khaldoun).*

Où dormir ?

Bon marché (moins de 75 Dt / 25 €)

Maison des jeunes : *quartier du port, quasi en face de la route qui monte au fort. ☎ 72-296-105. Compter env 15 Dt/pers.* Bâtiment à l'entrée en arcades bleu et blanc dans ce qui ressemble à un vaste terrain vague. Une cinquantaine de places dans des chambres très propres de 4 lits, dont certaines avec vue sur la mer. Sanitaires communs bien tenus, eau chauffée à l'énergie solaire. Restauration possible en saison. Très belle plage un peu plus loin. Pour l'anecdote, une extension était prévue, mais les travaux ont dû être arrêtés à la suite de la découverte de ruines romaines et de très belles mosaïques. Jetez-y un œil au passage.

De prix moyens à chic (75-150 Dt / 25-50 €)

Pension Anis : *av. Erriadh. ☎ 72-295-777. Dans le centre-ville, dans la rue principale passant le long du marché. Doubles sans ou avec sdb 50-90 Dt, petit déj inclus.* Chambres plaisantes, avec douche et w-c sur le palier pour les plus simples. Également de grandes suites avec salle de bains de taille démesurée pour certaines, décorées sans excès de charme mais confortables. Le tout est absolument nickel. Évitez celles qui donnent sur la rue principale (bruyante). Accueil amical. Bon resto au rez-de-chaussée (voir « Où manger ? »).

Hôtel Palmarina : *à env 300 m sur la droite avt le port. ☎ 72-274-063. Doubles 80-110 Dt, petit déj inclus. Parking privé.* Les chambres, d'un blanc éclatant et au mobilier en fer forgé, possèdent tout le confort (clim, frigo...) et un soupçon de charme en plus avec mosaïques et marbre qui habillent les salles de bains. Toutes ont un balcon donnant sur la piscine et la mer. Plusieurs terrasses avec bar ou salon de thé et solarium sur le toit. Un petit coup de peinture de-ci de-là ne serait pas superflu, mais l'ensemble tient bien la route. Accueil souriant.

Chic (150-300 Dt / 50-100 €)

Dar Kenza : *à 4 km du centre-ville, sur la route de Tunis (derrière l'hôtel Beausoleil). 28-000-865 ou 27-740-779. Doubles 130-230 Dt, petit déj inclus.* Très bel endroit, idéalement situé au bord d'une belle plage, un ensemble de bâtiments blancs et bleus qui abritent des chambres pas très grandes, mais joliment agencées (salle de bains en marbre et mosaïques, déco « orientale », têtes de lit en bois sculpté, etc.). Évitez celles au rez-de-chaussée, vraiment sombres. Salle de resto qui surplombe la plage et depuis laquelle on aperçoit le fort de Kelibia. Un bel endroit, à la configuration plus adaptée aux couples qu'aux familles. Dommage que les prix soient un peu excessifs en saison.

Où manger ? Où boire un verre ?

Prix moyens (moins de 20 Dt / 7 €)

Restaurant Le Vieux Port : *au port de pêche ; fléché. 50-428-717. Ouv tte l'année.* Un drôle de resto dans une jolie bâtisse bleue avec un grand balcon-terrasse qui domine le port. C'est la maison natale de Raouf Gara, artiste peintre et céramiste dont les œuvres, assez délirantes, sont exposées un peu partout. Une sorte d'espace culturel où se retrouvent jeunes et moins jeunes, artistes et musiciens dans une ambiance un peu bohème. Dans l'assiette, du poisson frais de la criée, vendu au poids et servi avec une soupe et des fruits. On peut aussi se contenter d'un verre en terrasse accompagné d'une crêpe ou d'une gaufre sucrée. Ne pas manquer de visiter, au dernier étage, l'atelier du sympathique maître des lieux.

Restaurant Anis : *av. Erriadh, près du marché, au centre-ville (voir « Où dormir ? »). Alcool servi.* Bonne table à prix correct, et réputée comme une des meilleures de la ville. Mélange de cuisine européenne (steak au poivre, filet de bœuf aux champignons...) et tunisienne assez réussi. Spécialités de poisson et de fruits de mer. Salle chaleureuse, nappes blanches et paravents en bois rustique. Service impeccable.

Toro Fish : *un peu avt le port, face à une petite plage. 28-777-536. Tlj midi et soir.* Petit snack accolé à une poissonnerie. 2 ambiances. À gauche, dans la salle bleue, où l'on choisit son poisson au poids et on se le fait griller à la bonne franquette. Bon choix d'accompagnements, *chorbas*, bricks, *ojjas*... Quelques plats simples également comme des spaghettis aux fruits de mer, calamars, poulpes, etc. À droite, dans la partie rouge, c'est le *steak house*, réservé aux viandards. De quoi trouver son bonheur, donc.

Café du Fort : *juste à l'entrée du fort. Tlj midi et soir.* Un des lieux les plus agréables de Kelibia. Ce café installé dans un ancien marabout sur les hauteurs de Kelibia dispose d'un grand jardin et d'un beau *rooftop*, offrant une vue exceptionnelle sur l'eau aux couleurs changeantes de la baie, et sur le fort, dans son dos. Rien que ça ! Jus frais, thé, café turc et chicha. Un endroit très apaisant.

Restaurant El Mansourah : *sur le parking principal de la plage de Mansourah. ☎ 72-295-169. Tlj jusque tard. Résa impérative pour la terrasse !* Si le restaurant est cher et, selon nous, plutôt surcoté, le bar de cet établissement posé à l'entrée de la plage possède de très bons atouts. Grande salle tout en bois, avec baie vitrée circulaire qui offre une vue à 180° sur la mer et, surtout, terrasse... sur les rochers ! On s'installe à table, au bord de l'eau, en évitant bien sûr de finir à l'eau après un cocktail de trop... Super ambiance en saison.

À voir. À faire

Le fort de Kelibia : *tlj 9h-17h (18h de début juin à mi-sept ; 9h30-17h pdt le ramadan). Entrée : 8 Dt.*
Sur cette cité punique, qui connut le même sort que Carthage, les Byzantins bâtirent cette forteresse au XVIe s, qui tomba ensuite entre les mains des Espagnols, puis des Turcs, gardant à chaque fois une trace architecturale des occupants. Le soubassement en pierres cyclopéennes de l'enceinte date même des Zirides (vers 1160), alors que la partie haute en moellons plus petits est un souvenir des Ottomans. Même les Anglais y ont laissé un canon de la Seconde Guerre mondiale. Une petite partie du fort autour du phare est zone militaire, interdite au public, et dans l'autre ne restent que des vestiges de la citadelle byzantine avec ses 3 profondes citernes.
À droite de l'entrée, dans l'angle des fortifications, un escalier souterrain conduit aux anciennes prisons du fort (prévoir une lampe torche). À l'opposé, quelques habitations plus récentes, creusées dans les remparts. En fait, la visite vaut surtout pour la vue épatante du chemin de garde sur les remparts à 77 m au-dessus du niveau de la mer. Mais vous pouvez tout aussi bien faire le tour du fort par l'extérieur.

La plage de Mansourah : *route du fort, puis continuer 2 km en direction de la Mansourah, appelée également Kelibia-la-Blanche. Grand parking.* Très belle et longue plage de sable fin, bordée par des arbres et qui garde un caractère assez sauvage, malgré les nombreux restos (sur le parking) et les luxueuses habitations qui s'alignent non loin.

DANS LES ENVIRONS DE KELIBIA

KERKOUANE

À env 15 km au nord de Kelibia. ☎ 72-330-466. Pas de transports collectifs pour s'y rendre. Seule solution pour les non-motorisés : un taxi de Kelibia ;

compter env 10 Dt A/R max avec le temps d'attente. Site ouv tlj 9h-16h (18h en été ; 9h30-17h pdt le ramadan). Musée fermé lun. Entrée : 8 Dt.
Situé sur un promontoire de quelques mètres au-dessus de la mer, ce site antique semble inviolé depuis des siècles. C'est toute la différence avec Carthage : aucune construction n'est venue détériorer le lieu. Cela dit, ne vous attendez pas à de belles et majestueuses ruines. Celles de Kerkouane ne dépassent pas le niveau des fondations.
La ville punique de Kerkouane aurait vu le jour au VIe s av. J.-C., et périclité à l'époque de la destruction de Carthage, 3 siècles plus tard. Le plan de la ville apparaît de façon très claire. La maison type comprend un seuil formé d'une dalle, un couloir menant à un patio central où l'on trouve presque toujours une salle de bains. On remarque les différentes cuvettes et le système d'écoulement. Ailleurs, des sols composés de ciment coloré en rouge et d'éclats de pierre blanche sont encore visibles. Ces maisons confortables démontrent le haut niveau de la civilisation punique. La ville possédait aussi une enceinte, dont les fondations ont été dégagées.
Le petit ***musée archéologique*** abrite un étonnant sarcophage sculpté dans du cyprès, tombeau d'une déesse de la fin du IVe s au début du IIIe s av. J.-C., « la Dame de Kerkouane », et de multiples objets (vases, bijoux, amphores grecques, etc.) très bien conservés.

DE KELIBIA À NABEUL

KORBA

Ceux qui ne sont pas pressés pourront s'arrêter dans ce gros village au petit charme, avec ses constructions typiques et son labyrinthe de ruelles, installé sur un ancien site romain. Très longue plage mais mal entretenue, avec quelques cafés et petits restos ouverts en saison. Au nord s'étendent sur plusieurs kilomètres des étangs lagunaires très prisés par certains oiseaux migrateurs ; en mars et avril, il est fréquent d'y observer des regroupements de flamants roses.
– ***Marché :*** *le dim.*

Où dormir ? Où manger ? Où boire un verre ?

Les 3 adresses suivantes se trouvent à l'entrée sud de la ville en venant de Nabeul.

Prix moyens (20-40 Dt / 7-13 €)

Bel Horizon : *à la sortie sud de Korba, av. Habib-Bourguiba. ☎ 72-388-562. Au fond d'un immense parking, face au centre commercial* El Ambra. *Tlj 11h-23h. Sert de l'alcool.* Bonne cuisine tunisienne, avec quelques plats d'influence française, comme des rognons à la moutarde ou une escalope cordon-bleu, servie dans une salle climatisée, sans charme particulier, mais très propre. À l'arrière, café populaire dans une cour et snack assez tristounet et enfumé, très fréquenté le soir.

Centre commercial El Ambra : *côté gauche de la route en venant de Kelibia, galerie commerciale repérable à l'enseigne de l'*Amen Bank *sur le toit. Entrée par les grandes arches ocre.* Le centre commercial, construit dans un style mauresque, abrite quelques petites boutiques et un supermarché *Carrefour.* Mais c'est plutôt pour le grand café maure installé autour de la fontaine du patio que l'on fait le déplacement. Des musiciens y égrènent les classiques de la chanson arabe à partir de 22h tous les soirs en juillet et août, ainsi que pendant le mois du ramadan. On peut manger au resto de la terrasse, ou simplement prendre une glace.

Très chic (plus de 300 Dt / 100 €)

Hôtel Africa Jade Thalasso : *entrée à gauche du centre commercial* El Ambra. ☎ *72-384-633.* • *africajadethalasso.com* • *Doubles 150-360 Dt, avec petit déj. Parking. Possibilité également d'y passer la journée pour 140 Dt.* Un des plus beaux *resorts* de Tunisie ! Une déco africaine époustouflante (masques, statues, fresque subsaharienne sous une immense coupole dans le hall... de gare !), des petits salons sur des îlots dans des serres tropicales, une piscine dans un jardin de palmiers, d'eucalyptus et de bananiers. Accès direct à la plage, entretenue au grain de sable près et dominée par un café maure dans une rotonde. Chambres de grand confort, de vrais petits nids d'amour décorées « à l'africaine ». Et puis, et puis... un centre thalasso, plusieurs restos (buffet exceptionnel avec des plats tunisiens finement travaillés...) et un service impeccable, discret et sans chichis. À quelques kilomètres d'Hammamet, mais à des années-lumière de ses complexes sans âme. Bon, évidemment, les prix atteignent des sommets en saison...

NABEUL

83 700 hab.

• Plan d'ensemble *p. 176-177* • Zoom *p. 179*

Nous arrivons à la fin du cap Bon. Nabeul, outre son front de mer et ses belles plages, a longtemps été réputée pour son artisanat, à commencer par la poterie. Il est vrai que les échoppes ne manquent pas dans le souk et aux abords de la vieille ville, mais les tourneurs, ainsi que leur technique traditionnelle héritée des céramistes andalous, ont presque disparu. Difficile aujourd'hui de trouver des pièces véritablement faites à la main, et les motifs, bien que de toute beauté, ont tendance à s'uniformiser. Idem pour l'autre spécialité de la ville, les nattes en alfa, qui ornent encore les salles de prière de quasiment toutes les mosquées du pays, mais dont la confection se fait de plus en plus à l'usine... Vous l'aurez compris, mieux vaut bien comparer et se renseigner sur l'origine du produit avant d'acheter ! Du shopping donc, mais aussi quelques belles balades à faire, notamment dans le souk, très animé, de cette ville à l'atmosphère plus tranquille que sa voisine Hammamet.

LA COULEUR, ON EN FAIT TOUT UN PLAT

En Tunisie, Nabeul est la capitale de la poterie et de la céramique. Et chacune des couleurs dominantes utilisées pour la confection des bols, jarres, assiettes et autres plats ont toutes une signification bien précise. Le bleu pour symboliser le ciel et la mer, le blanc pour la pureté, le jaune pour évoquer le soleil et le désert. Et enfin le vert, la couleur de l'espoir et de l'islam.

UN PEU D'HISTOIRE

Nabeul est la traduction en arabe du grec ancien *Neapolis* signifiant « cité nouvelle ». Les Carthaginois puis les Romains conservèrent le nom du site occupé par les Grecs avant eux. Le comptoir fut fondé par des colons phéniciens au Ve s av. J.-C., le long d'un superbe cordon de plages de sable blanc. La 3e et dernière guerre punique sonna le glas de Neapolis, alliée à Carthage. Elle fut prise et détruite par les Romains en 148 av. J.-C., avant de renaître un siècle plus tard, après avoir soutenu César.

Arriver – Quitter

Gare routière *(louages et bus ; plan et zoom B1, **1**)* **:** *av. Habib-Thameur. ☎ 72-287-000.* On y trouve un dépliant avec les horaires précis (l'office de tourisme le donne aussi, voir ci-après). En bus de la *SRTGN,* liaisons avec :

➢ ***Tunis :*** bus ttes les 30 mn, 7h-20h30 (dès 6h30 en été).

➢ ***Aéroport de Tunis :*** 1 bus/j., le mat tôt.

➢ ***Hammamet :*** liaisons ttes les 30 mn, 6h45-22h (23h45 en été).

➢ ***Kairouan :*** 3 bus/j.

➢ ***Sousse :*** 2-3 bus/j., mat et ap-m.

– Voir aussi les louages qui desservent Tunis et de nombreuses villes du Sud.

Autre gare *(louages ; plan et zoom C1, **2**)* **:** *rue Larbi-Zarrouk, à côté du marché.* Les louages desservent les villes du cap Bon.

Quant au **train** *(plan et zoom C1-2),* 5 départs/j. pour ***Tunis*** ; compter env 1h de trajet. ● *sncft.com.tn* ●

Adresses utiles

Office de tourisme *(plan C2)* **:** *av. Taïeb-Mehiri. ☎ 72-286-737 ou 800.* ● *crt.nabeul@ontt.tourism.tn* ● *Tte l'année, lun-ven 8h-17h (14h en été), fermé le w-e.* Pas mal d'infos sur l'ensemble des activités du cap Bon. Plan des villes de Nabeul et d'Hammamet.

■ ***Distributeurs et banques :*** *principalement dans l'av. Habib-Bourguiba, l'av. Habib-Thameur et rue Hedi-Chaker. Les banques ferment vers 13h en été et 16h30 le reste de l'année.*

Urgences

■ ***Pharmacie de nuit*** *(zoom B1)* **:** *av. Habib-Thameur, près du supermarché Carrefour Market (zoom B1, **11**). ☎ 72-287-542.*

Hôpitaux : *av. Habib-Thameur (zoom B1, **7**). ☎ 72-285-022. Et à **Sillonville,** sur la route d'Hammamet (hôpital universitaire). ☎ 72-285-017.*

■ **Police** (zoom C1, **8**) **:** *av. Habib-Bourguiba. ☎ 197 et 72-285-474.*

Divers

■ ***Hammam – Bain Maure Sidi Maaouia :*** *face à l'hôpital, sur l'av. Habib-Thameur (zoom B1), un des plus réputés de la ville. Hommes jusqu'à 14h, femmes l'ap-m.*

Achats : *supermarché **Carrefour Market** (zoom B1, **11**), av. Habib-Thameur, face à l'hôpital. Également un **Magasin Général** (zoom C1, **12**), dans la même rue, et un **Monoprix Express** (zoom C1, **13**), rue Hedi-Chaker. Tous sont ouv tlj 8h30-22h. Vente d'alcool (sauf ven).*

Où dormir ?

Camping

Camping Les Jasmins *(plan A3, **20**)* **:** *voir l'hôtel du même nom pour les coordonnées. Tte l'année. Prévoir 21 Dt pour 2 avec tente et voiture (douche payante). Pas de wifi.* Pas de pelouse, mais de petits espaces en terre, ombragés sous des oliviers. Plutôt agréable malgré le bruit de la circulation. Sanitaires nickel, même si l'eau chaude se fait rare. 2 restos sur place. Possibilité d'accéder à la piscine de l'hôtel du même nom *(payant),* mais la mer n'est qu'à 300 m.

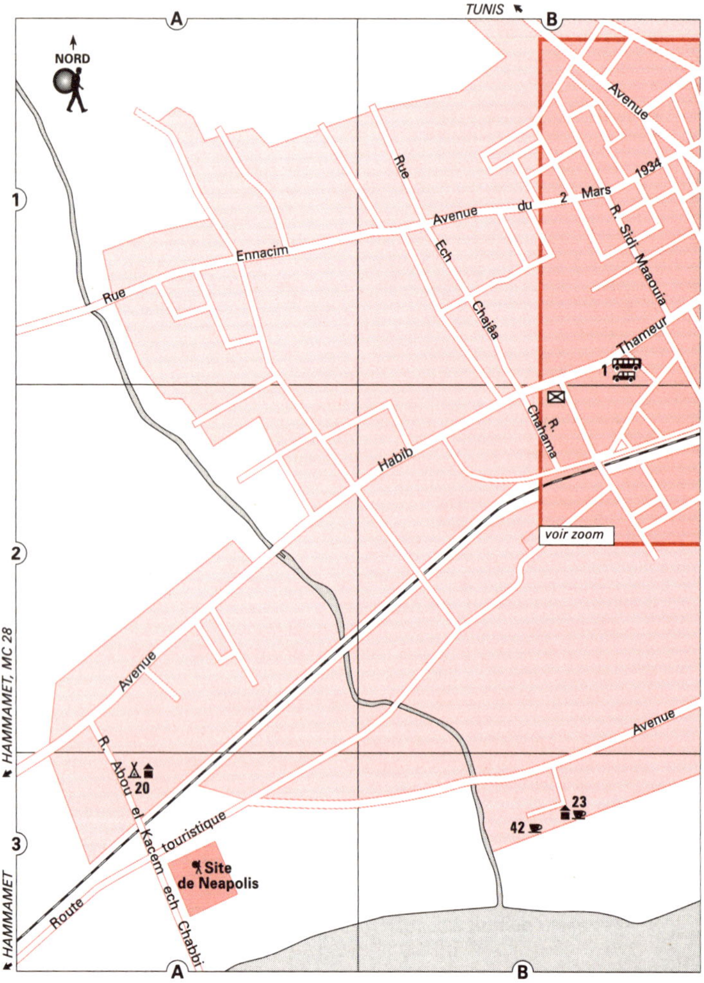

■ **Adresses utiles**	2 Gare routière pour le cap Bon (louages ; C1)
Office de tourisme (C2)	**Où dormir ?**
1 Gare routière (louages et bus ; B1)	**20** Camping et hôtel Les Jasmins (A3)

Bon marché (moins de 75 Dt / 25 €)

Complexe de la Jeunesse *(plan C2,* ***21****)* **:** *av. Taïeb-Mehiri. ☎ 72-286-689. Ouv tte l'année. Compter env 20 Dt/pers, petit déj en sus (4 Dt). Repas env 10 Dt.* Dans un grand bâtiment proche du centre-ville et de la mer, des chambres

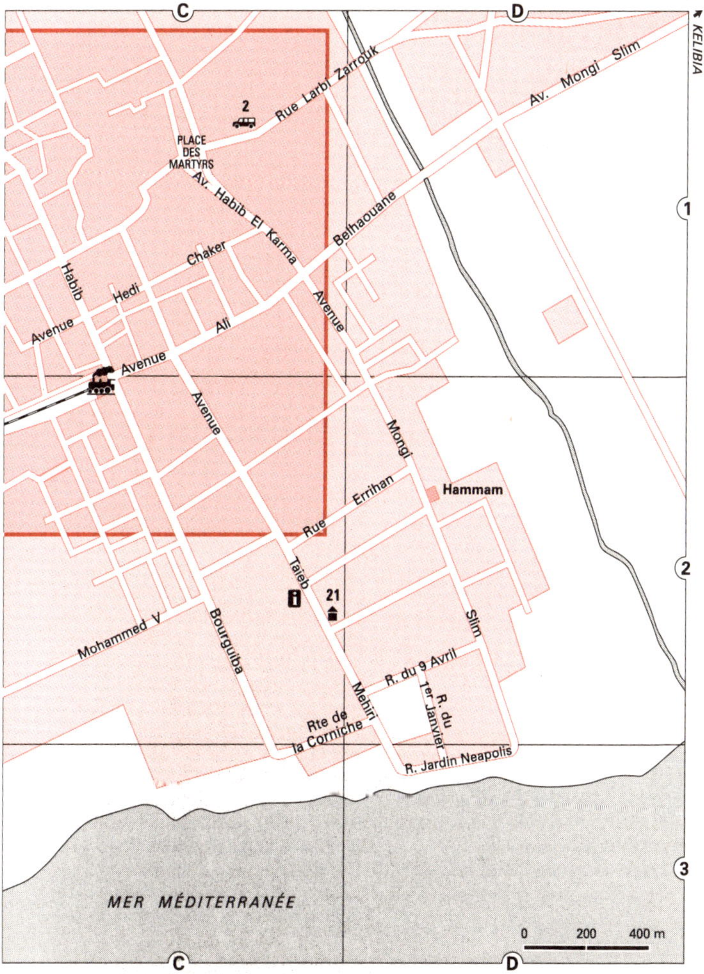

NABEUL – Plan d'ensemble

21 Complexe de la Jeunesse (C2)	**Où boire un thé ? Où fumer la chicha ?**
23 Khayam Garden (B3)	**23** Coco Beach (B3)
	42 Sidi Slimane (B3)

disposées autour d'un jardin calme. Propres et bien tenues, toutes possèdent 3 lits (bien douillets) et des sanitaires privatifs impeccables. Pour les routards en solo ou duo, possibilité de « privatiser » toute une chambre (en payant les 3 lits). Sur place, resto et salle de musculation. Bon accueil. Une super adresse « petit budget ».

De prix moyens à chic (75-300 Dt / 25-100 €)

🏠 ***Hôtel Les Jasmins*** *(plan A3,* ***20****) : rue Abou-el-Kacem-ech-Chabbi. ☎ 72-285-343. • hotelcampinglesjasmins.com • Doubles 70-130 Dt, petit déj inclus.* L'hôtel se compose de plusieurs petits bâtiments avec balcon donnant sur la grande terrasse recouverte de faïence ou sur le jardin planté de pins et d'oliviers. Chambres au plafond voûté, décorées de couleurs vives, avec salles de bains parfaitement entretenues. À l'arrière, un autre jardin avec une belle et grande piscine. Également un bar et 3 restaurants (rien que ça !), dont le *Slovénia,* d'excellente réputation, et *El Gusto,* une pizzeria-lounge sympa.

🏠 ***Dar R' Bat*** *(zoom C1,* ***26****) : 20, rue Ibn-Charrouf. 📱 28-310-610. • darrbat.com • Doubles env 75-100 €, petit déj inclus. Table d'hôtes sur demande.* Véronique, une Française, a transformé cette maison traditionnelle du XIXe s en un petit cocon cosy à souhait. Autour du patio central, d'adorables chambres nichées sous des voûtes croisées, avec lit dans une alcôve surélevée, salle de bains tapissée de céramiques et douche à l'italienne. L'une d'entre elles, qui donne sur la petite piscine, dispose même d'un grand bain en pierre assez incroyable. Super terrasse sur le toit et petit hammam privé. Une adresse comme on les aime.

🏠 ***Khayam Garden*** *(plan B3,* ***23****) : av. Mohammed-V. ☎ 72-223-133. • khayamgarden.com • Doubles env 180-200 Dt en ½ pens ; familiales et suites.* Une grosse « machine » (360 chambres !) en bord de mer, pas hyper sexy vue de l'extérieur, mais qui propose confort et tranquillité pour un rapport qualité-prix imbattable. Chambres spacieuses, décorées de teintes orangées, un brin vieillottes mais tenues au cordeau et toutes équipées d'un grand balcon, avec vue sur la mer (pour la plupart). Grande piscine en bord de plage, spa, resto et tout le toutim.

Très chic (plus de 300 Dt / 100 €)

🏠 ***Dar Sabri*** *(zoom C1,* ***25****) : av. Farhat-Hached, impasse 7 (au cœur du souk). ☎ 72-272-877. • dar-sabri.com • Doubles 100-130 €, petit déj inclus.* Au fond d'une petite ruelle reculée, on ne s'attend pas à cette demeure de charme, de grand charme même ! Sabri, le chaleureux maître des lieux, a modernisé avec talent ce vénérable *dar* en créant des chambres à la déco contemporaine, presque design (sol chauffant en béton brut, toiles colorées et même, pour les suites à l'étage, du mobilier griffé Philippe Starck, rien que ça !). Le rez-de-chaussée, avec ses immenses plafonds voûtés, est plus classique, mais tout aussi classe. Terrasse, petite piscine à débordement, hammam (gratuit, quand même !)... Pas donné, mais c'est justifié.

Où manger ?

De bon marché à prix moyens (20-40 Dt / 7-13 €)

🍴 ***Restaurant de la Jeunesse*** *(zoom C1,* ***32****) : av. Farhat-Hached. Dans le souk. Tlj en principe 8h-17h (21h en été).* Une agréable gargote, avec sa terrasse en plein cœur de l'animation du souk. Couscous, poisson et plats tunisiens impeccables, à prix très doux.

🍴 ***Brooks Café*** *(zoom C2,* ***30****) : av. Habib-Bourguiba, en face de la pâtisserie Sellem. ☎ 52-301-000. Tlj 7h-minuit.* Un café-resto ouvert non-stop du petit matin à la nuit tombée, c'est assez rare à Nabeul ! Même si ça n'est pas ici que vous trouverez des plats tunisiens typiques, l'endroit a beaucoup d'autres atouts à faire valoir. Une très belle terrasse, une vaste salle propre et joliment décorée, une carte copieuse et variée (notre conseil : l'escalope panée) et des prix qui ne matraquent pas le touriste. Que demander de plus ?

🍴 ***Amigo's*** *(zoom B1,* ***33****) : rue de Sousse. 📱 23-750-787. Tlj.* Ne vous

LE CAP BON

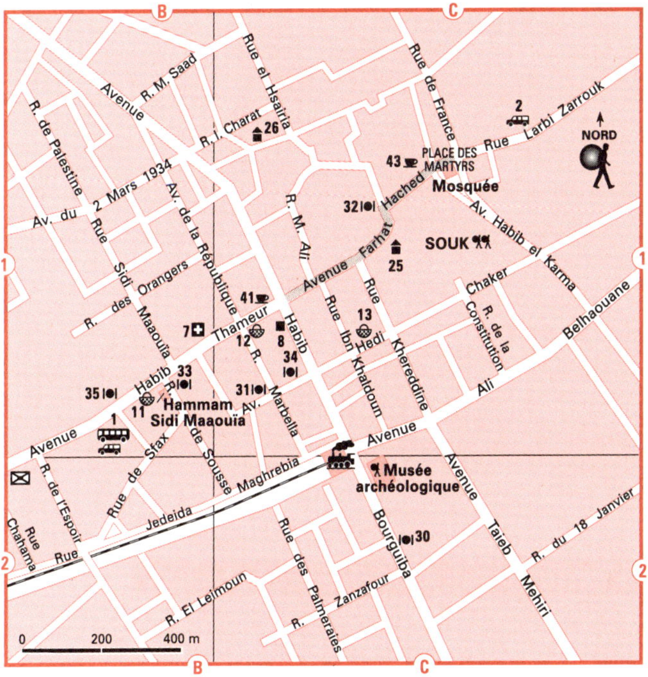

NABEUL – Zoom

Adresses utiles

- **1** Gare routière (louages et bus ; B1)
- **2** Gare routière pour le cap Bon (louages ; C1)
- **7** Hôpital (B1)
- **8** Police (C1)
- **11** Carrefour Market (B1)
- **12** Magasin Général (C1)
- **13** Monoprix Express (C1)

Où dormir ?

- **25** Dar Sabri (C1)
- **26** Dar R'Bat (C1)

Où manger ?

- **30** Brooks Café (C2)
- **31** Le Patio (C1)
- **32** Restaurant de la Jeunesse (C1)
- **33** Amigo's (B1)
- **34** Restaurant L'Olivier (C1)
- **35** Restaurant Les Orangers (B1)

Où boire un thé ?
Où fumer la chicha ?

- **41** Café Errachida (C1)
- **43** Café Maure (C1)

fiez pas à ce nom qui laisse présager un redoutable tex-mex à la sauce tunisienne, voici l'un des restos branchés de Nabeul. On se presse midi et soir dans cette petite salle à la déco soignée (tables en bois, carrelage de céramiques, luminaires suspendus...) pour avaler de délicieux sandwichs *makloub*, préparés dans un bon pain chaud, ainsi que des plats du jour plus traditionnels (poisson grillé, tajine, etc.) ou internationaux (pizza, paninis, pâtes) mais tout aussi réussis. Service ultra-efficace et accueil au top. Petite terrasse.

Restaurant Les Orangers (*zoom*

B1, **35**) : *54, av. Habib-Thameur. ☎ 72-271-468. En face de la gare routière du centre. Fermé dim.* Un resto populaire et très propre, fréquenté par les familles, les jeunes et les moins jeunes, dans une salle orange pétant ! En déco, de vieux postes de radio et des photos de cinéma. Pizzas ou pâtes, et surtout de bons plats du jour que l'on choisit sur l'ardoise, spécialités tunisiennes très bien préparées et aux saveurs surprenantes. Prix doux et accueil très aimable. Une valeur sûre.

Chic (40-60 Dt / 13-20 €)

Le Patio *(zoom C1, **31**) : 19, rue Marbella. ☎ 53-534-389. Tlj midi et soir. CB acceptées. Sert de l'alcool.* Convaincante cuisine d'inspiration gastronomique, servie dans un atrium d'allure très contemporaine, bordé de petits salons intimes au mobilier design. Dès la mise en bouche, on devine que l'on a affaire à un chef, un vrai ! Des plats variés et originaux, d'inspirations tunisienne, italienne et française (les ravioles sont plus que correctes), travaillés avec justesse. Une des meilleures tables de la ville.

Restaurant L'Olivier *(zoom C1, **34**) : 98, av. Hedi-Chaker. ☎ 72-286-613. Tlj. CB acceptées. Sert de l'alcool.* Belle petite salle feutrée avec lumière tamisée, fauteuil en skaï et déco sobre. Carte alléchante proposant de bons plats, mettant bien en valeur le goût et la qualité du produit proposé (couscous, poissons, viande tendre et bonnes pâtes fraîches). Pour le dessert, on vous conseille le *zabayon,* petite douceur locale dont vous nous direz des nouvelles. Super accueil et service aux petits soins.

Où boire un thé ? Où fumer la chicha ?

Café Errachida *(zoom C1, **41**) : av. Habib-Thameur. Pas d'alcool.* Un très beau café maure traditionnel où les tables basses peintes en bleu ciel côtoient des banquettes coincées dans des alcôves. Thé à la menthe, chicha et pâtisseries appétissantes. Clientèle mixte. Sympa comme tout.

Café Maure *(zoom C1, **43**) : souk El-Belgha, au fond d'une ruelle.* Sous une multitude de voûtes soutenues par des arches blanc et bleu, cette salle offre de nombreux recoins. Avachi sur des coussins bas sur des estrades, ou assis sur des chaises au confort approximatif, un bon cru local et poussiéreux, décoré de vieilleries hétéroclites, de gravures et de poteries. Belles pâtisseries. Un lieu hors du temps.

Sidi Slimane *(plan B3, **42**) : non loin de l'hôtel Khayam Garden.* Terrasse située au bord de la plage où se retrouvent les Nabeuliens qui veulent respirer. Pas le grand chic mais populaire et, surtout, en plein air. On y vient pour boire un jus ou manger une crêpe. Ambiance familiale, avec le petit parc Sidi-Slimane juste à côté.

Coco Beach *(plan B3, **23**) : un des bars de l'hôtel Khayam Garden (voir plus haut « Où dormir ? »). Juil-août seulement. Sert de l'alcool.* Cadre idéal avec sa terrasse située au bord de la plage. Parfait pour un rafraîchissement après une balade au bord de l'eau.

Achats

Les ateliers de poterie se font malheureusement de plus en plus rares à Nabeul. On trouve encore quelques créations originales (et faites à la main) dans certains magasins comme celui de ***Hassen Kharraz*** *(zoom C1 ; av. Habib-Thameur, angle av. de la République ; 98-345-445)* ou ***El Gharbi*** *(zoom C1 ; à l'angle de Habib-Thameur et Habib-Bourguiba ; ☎ 72-231-541).* Les prix sont plus élevés qu'au souk, évidemment, mais la qualité est au rendez-vous, beaucoup de grosses pièces.

À voir. À faire

Le souk *(zoom C1)* **:** très animé tout au long de la journée. C'est ici que les Nabeuliens viennent faire l'essentiel de leurs courses. Autour de l'avenue Farhat-Hached et de ses vieilles demeures bien restaurées, où il fait bon flâner sans but précis, s'étendent des boutiques en tout genre, notamment quelques belles poteries (et pas mal d'inévitables « chinoiseries » !). Le vendredi, jour principal du marché, la fréquentation de la vieille ville atteint son pic (attention aux pickpockets cependant !). C'est également ce jour-là que se tient le ***marché aux bestiaux*** (en continuant la rue vers l'est), odorant, bruyant et pittoresque à souhait.

Le Musée archéologique *(zoom C2)* **:** *44, av. Habib-Bourguiba. ☎ 72-285-509. Tlj sauf lun 9h-13h, 16h-18h (9h30-16h30 de mi-sept à fin avr). Entrée : 8 Dt.* Très pédagogique, le petit musée est réparti en quelques salles, chacune consacrée à une époque historique du pays (punique, romaine, thinissut...) : objets de la vie quotidienne (lampes, vase-biberon...), statues antiques (déesse léontocéphale en terre cuite, déesse nourricière donnant le sein à un bébé, Athéna...), objets en bronze (anses de vases, vases, appliques de meubles...), et surtout de très belles mosaïques. La plus intéressante, dans un état remarquable, représente l'ambassade de Chrysès auprès d'Agamemnon pour le rachat de sa fille Chryseïs. Un peu moins bien conservée, « les Nymphes se baignant à la source d'Hippocrène » (du IVe s) vaut également le coup d'œil, ne serait-ce que pour sa taille, impressionnante. On en fait peut-être le tour en moins d'1h... mais on y repense encore le lendemain.

La corniche de la plage de la Rotonde : lieu populaire de promenade. En fin d'après-midi et le soir en été, on vient manger dans les nombreux petits restos des *fricassés* (beignets fourrés au thon, pommes de terre et harissa) et du *lablabi* (soupe de pois chiches).

Le site de Neapolis *(plan A3)* **:** *tlj sauf lun 9h-13h, 16h-18h (9h30-13h, 14h-17h de mi-sept à fin avr ; 9h30-16h30 pdt le ramadan). Entrée : 5 Dt.* À son apogée au IIe s apr. J.-C., la cité romaine de Neapolis doit son dynamisme à son industrie de la pêche et à ses usines de salaison de poisson. Les vestiges de tels entrepôts sont assez rares et valent le détour. On y découvre, près de la mer, une véritable « usine » de traitement du poisson, composée de 6 bassins profonds de 2 m, qui servaient à la fabrication de *garum,* la saumure de poisson épicée, très appréciée des Romains. La mixture était réalisée par fermentation de restes d'arêtes et de viscères de poissons « bleus » (sardines, maquereaux et thons), salés et réduits à la chaleur du soleil pendant plusieurs semaines (bonjour l'odeur !). Cette pâte avait, paraît-il, des vertus aphrodisiaques... Également sur le site, quelques demeures pavées de mosaïques comme la maison des Nymphes de 1 500 m^2. Dommage que les services d'un guide ne soient pas proposés.

La plage de Sidi-Mahrsi : *à mi-chemin entre Nabeul et Hammamet (indiqué).* Une belle et longue plage aux eaux cristallines, à 2 km du centre-ville. Nettoyée régulièrement en saison (et très fréquentée !).

Festivals

– ***Festival des Orangers :*** *en principe, la 2de quinzaine de mars, à **Menzel-Bouzelfa,** à 30 km, au centre du cap Bon.* On célèbre la fin de la saison des oranges.
– ***Festival des Fleurs et Grande Foire :*** *pdt 15 j. en avr, av. Habib-Bourguiba.* On peut assister à la distillation de pétales de rose, de géranium et surtout de fleur d'oranger. En fait, il s'agit des fleurs de son cousin, le bigaradier, avec lesquelles on obtient le savoureux parfum culinaire à la fleur d'oranger, *zhar* en arabe.
– ***Festival d'été :*** *en juil-août.* Concerts et théâtre.

HAMMAMET

90 400 hab.

• Plan p. 183

À 12 km au sud de Nabeul. La ville fut lancée par le milliardaire roumain Georges Sebastian au début des années 1930. Dans sa villa romantique, Sebastian recevait ses amis Gide, Bernanos, Klee...

Vous avez dit romantique ? Les hôtels ont rapidement essaimé, transformant la station en un haut lieu du tourisme tunisien sous l'ère Ben Ali. Depuis 2011 et, surtout, les attentats de Port-el-Kantaoui et du Bardo en 2015, la chute brutale du nombre de visiteurs étrangers s'est longtemps fait ressentir. Cette « pause » a pu freiner le développement des gros complexes hôteliers, au nord et au sud de la ville, même si la tendance est aujourd'hui à l'optimisme mesuré. Autour de la médina ceinte de vieux remparts pleins de charme, dans les rues animées du centre ou le long de ses belles plages encore préservées, Hammamet retrouve peu à peu les allures d'une agréable station balnéaire, loin du « Las Vegas tunisien » de ses années fastes. Évidemment, en plein été, ça se remplit vite. Mais rien à voir avec la démesure (et le mauvais goût !) de Yasmine Hammamet, excroissance complètement artificielle bâtie plus au sud, où des architectes mégalos s'en sont donné à cœur joie.

DE CHURCHILL À SOPHIA LOREN !

La douceur du climat de la baie d'Hammamet a depuis longtemps attiré les personnalités de tous horizons. Le peintre Paul Klee a contribué à en faire une destination à la mode au début du XXe s. Churchill viendra ensuite y écrire une partie de ses Mémoires, avant l'arrivée, dans les années 1960-1970, d'artistes comme Jean Cocteau, Alberto Giacometti ou Sophia Loren.

Arriver – Quitter

En train

Gares ferroviaires : *la plus petite station se situe en centre-ville (plan B1) et la principale, Bir-bou-Rekba (ou Bir-Bouregba), en dehors de la ville (hors plan par A1), 7 km à l'ouest (y aller en taxi pour 2-3 Dt). ☎ 72-317-027.* Les trains longue distance partent de ***Bir-bou-Rekba.*** On vous conseille donc de vous rendre directement à cette gare et d'éviter ainsi la petite station d'Hammamet, qui oblige à un changement. Pour ceux qui y tiennent vraiment, il y a une dizaine de trains quotidiens entre Hammamet et la gare principale de Bir-bou-Rekba. Depuis Bir-bou-Rekba, liaisons avec :

- ***Tunis :*** env 8 trains/j. Trajet : 1h.
- ***Sousse :*** 4 trains/j. Trajet : 50 mn.
- ***Gabès :*** 3-4 trains/j. Trajet : 5h.
- ***Tozeur :*** 1 train/j., le mat. Trajet : 8h30.

En bus

Gare routière (hors plan par B2) **:** *à 5 km du centre, à Baraket Sahel, mais il y a une station plus pratique 200 m avt la gare ferroviaire (plan B1) pour les destinations proches (Tunis, Nabeul). ☎ 72-233-200. Les bus de Nabeul et Tunis s'arrêtent également en plein centre, av. de la Libération, en face de la poste, juste à côté de l'office de tourisme, sur le même trottoir (plan B2). L'achat des billets se fait alors dans*

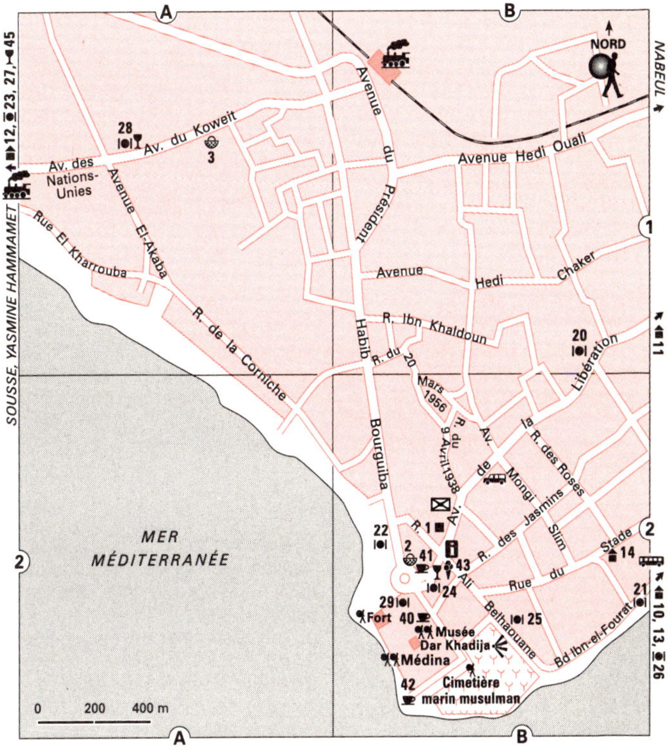

HAMMAMET

Adresses utiles

- Office de tourisme (B2)
- 1 Banques STB, UBCI et BIAT (B2)
- 2 Magasin Général (B2)
- 3 Épicerie Royale (A1)

Où dormir ?

- 10 Complexe de la Jeunesse (hors plan par B2)
- 11 Hôtel Résidence Amine (hors plan par B1)
- 12 Hôtel Les Citronniers (hors plan par A1)
- 13 Hôtel Résidence Romane (hors plan par B2)
- 14 Villa Phoenicia (B2)

Où manger ?

- 20 Ettahrir (B1)
- 21 La Rambla (B2)
- 22 Resto La Plage (B2)
- 23 El Condor (hors plan par A1)
- 24 Le Pêcheur (B2)
- 25 Chez Achour (B2)
- 26 Black and White (hors plan par B2)
- 27 Germaine Restaurant (hors plan par A1)
- 28 O'Pub (A1)
- 29 Le Barberousse (B2)

Où boire un thé ? Où déguster une glace ?

- 40 Café Achiri (B2)
- 41 Café Sidi Mnasser (B2)
- 42 Café Sidi bou Hdid (B2)
- 43 Canari Tutti Frutti (B2)

Où boire un verre ? Où sortir ?

- 45 L'Opéra (hors plan par A1)

le bus. Liaisons avec la compagnie *SRTGN* pour :
➢ ***Tunis :*** ttes les heures, 6h-19h30 (moins nombreux dim et en hiver). 1h de trajet par l'autoroute, 1h30 en omnibus, renseignez-vous avant.
➢ ***Aéroport de Tunis :*** 1 bus/j. seulement, sauf dim, le mat tôt.
➢ ***Nabeul :*** ttes les 30 mn, 7h20-22h (23h45 l'été).
➢ Également des liaisons avec ***Sousse*** et ***Monastir.***

En louage

Liaisons avec :
➢ ***Tunis :*** au croisement de la rue Mongi-Slim et de l'av. de la Libération *(plan B2).*
➢ ***Toutes les autres villes :*** principalement pour les destinations du Sud, arrivée et départ à la gare routière de Baraket-Sahel, située au nord-ouest, à 5 km du centre.

Adresses utiles

Office de tourisme *(plan B2)* **:** *av. de la Libération, au croisement de la rue Ali-Belhaouane. ☎ 72-280-423 (pas toujours opérationnel). Tte l'année, lun-sam 8h-18h, dim 9h-17h.* Plein d'infos données par une équipe sympa et efficace (plans d'Hammamet et de Nabeul, liste des hôtels).
■ ***Change :*** *aucun problème pour faire du change ou trouver un distributeur dans le centre. Les banques ouvrent en principe lun-ven 8h-16h (seulement 7h-13h en été). Le w-e, certaines banques comme la* ***STB,*** *la* ***UBCI*** *et la* ***BIAT*** *(plan B2,* ***1****) assurent une permanence (planning à l'office de tourisme).*

Urgences

■ ***Médecine d'urgence*** *(hors plan par B2)* **:** *bd Ibn-el-Fourat. 22-181-667 ou 98-30-85-41. En face de l'hôtel Bel Azur, sur la route allant à Nabeul. Ouv 24h/24.*
Hôpital *(plan B2)* **:** *av. Mongi-Slim, au centre-ville. ☎ 72-280-136. Service d'urgences 24h/24.*
■ ***Pharmacie de nuit*** *(plan B2)* **:** *av. de la Libération, face à l'hôtel Le Mirage, en descendant la rue. ☎ 72-266-425.*
■ ***Police*** *(plan B1)* **:** *av. Habib-Bourguiba. ☎ 197 ou 72-280-542.*

Transports

■ ***Location de voitures :*** la plupart des « grosses » agences ont désormais leur bureau à Tunis (aéroport). Parmi les petits loueurs, on vous conseille *Med Car Tunisie (av. Moncef-Bey ; ☎ 98-345-525).*
Taxi Hammamet : *25-717-775.*

Divers

■ ***Hammams :*** *les plus fréquentés se trouvent av. Habib-Bourguiba et av. de la Libération, comme le* ***hammam Romane*** *(plan B2) ; les autres, plus confidentiels, se situent dans la médina (le* ***bain maure Hbiss*** *et le* ***hammam Belgith****), près de la mosquée. Femmes 13h-21h ; hommes 8h-13h, 21h-23h. Beaux et propres.*
Magasin Général *(plan B2,* ***2****)* **:** *au début de l'av. de la Libération.* Magasin d'État. Vente d'alcool, sauf le vendredi.
Épicerie Royale *(plan A1,* ***3****)* **:** *av. du Koweït.* Vente d'alcool également dans l'annexe (sauf le vendredi).
– ***Marchés locaux :*** ne pas manquer le « marché du jeudi », connu sous ce nom par tout le monde. Ce grand marché hebdomadaire se déroule tous les jeudis matin, près de l'autoroute, après la gare ferroviaire, 2 km à l'intérieur des terres. Y aller en taxi. Également un petit marché quotidien à côté de l'office de tourisme, beaucoup plus classique celui-là.
Parking : grand parking au pied de la médina, face à la mer. Surveillé seulement la journée *(1 Dt).*

Où dormir ?

Baisse du tourisme ou pas, difficile de trouver de véritables adresses bon marché à Hammamet, surtout en été. Les routards à la recherche d'un établissement avec piscine trouveront leur bonheur dans l'enfilade des hôtels 3 et 4 étoiles de la zone nord (essayez notamment la brochette des hôtels *Azur* où il est possible de négocier les prix, voire de se faire surclasser), en bordure de plage, dans le prolongement du boulevard Ibn-el-Fourat. Dans le centre-ville (Hammamet nord), ambiance un peu moins glamour, mais pas mal d'adresses à prix raisonnables, bien tenues dans l'ensemble.

Camping

⛺ ***Camping Samaris*** *(hors plan par A1)* **:** *av. Mohammed-V. ☎ 72-226-353. Suivre l'av. des Nations-Unies en direction de l'autoroute ; au croisement à la sortie d'Hammamet, camping situé à côté de la station-service Staroil. Tte l'année. Compter env 15 Dt pour 2 avec tente et voiture, douche chaude en supplément.* À l'arrière de l'hôtel du même nom, camping au milieu des oliviers, sur un terrain bien entretenu et pourvu d'une dense végétation. Malheureusement, on est loin de la plage et, surtout, en bordure d'un carrefour très bruyant... Pour dépanner, donc.

Bon marché (moins de 75 Dt / 25 €)

🏠 ***Complexe de la Jeunesse*** *(hors plan par B2,* ***10****)* **:** *bd Ibn-el-Fourat, sur le front de mer. ☎ 72-280-440. Fermé aux touristes indépendants en juil-août. Compter 18 Dt/pers.* Face à la plage, c'est le bon plan hors saison. En tout, 100 places – dont une trentaine en chambres doubles, réparties dans 4 blocs face à la mer. Draps, chambres et sanitaires (avec eau chaude) très propres. 2 blocs ont même des balcons avec une chouette vue sur la Méditerranée. Grande plage juste devant.

De prix moyens à chic (75-300 Dt / 25-100 €)

🏠 ***Hôtel Résidence Amine*** *(hors plan par B1,* ***11****)* **:** *av. de la Libération. 📱 21-900-431 ou 20-407-700. À 1 km de l'office de tourisme. Double sans sdb env 80 Dt, sans petit déj.* Autour d'un patio intérieur ocre et bleu, des chambres au mobilier bleu détonnant, réparties sur 3 étages. Salles de bains communes aux équipements pas tout jeunes, mais les pièces sont assez vastes et propres. Essayez de dormir dans l'une des 3 chambres les plus spacieuses au dernier étage, sorte de minisuites dont la déco en faïence polychrome est bien plus originale que les autres chambres, qui manquent de caractère. Le tout possède un certain cachet, et l'accueil est extra. Un excellent rapport qualité-prix. Si c'est complet, l'hôtel *Bel Horizon,* un peu plus haut dans la rue, propose des chambres au confort et aux prix équivalents.

🏠 ***Hôtel Les Citronniers*** *(hors plan par A1,* ***12****)* **:** *rue de Nevers ; tt de suite après le rond-point d'entrée à Hammamet, prendre à droite (rue des agences de loc de voitures), puis à gauche. ☎ 72-281-650 ou 72-282-088. • hotellescitronniers.tn • Doubles 110-150 Dt, petit déj compris.* Bel hôtel à 150 m de la plage, d'une soixantaine de chambres. Si la déco est simple, le mobilier est assez joli, en fer forgé ou en bois. Chambres bien tenues aux couleurs douces, pourvues d'agréables salles de bains et d'un grand balcon-terrasse. Entretien impeccable. Piscine, bon resto et bar sympa. En prime, un excellent accueil. Une bonne adresse.

🏠 ***Hôtel Résidence Romane*** *(hors plan par B2,* ***13****)* **:** *bd Ibn-el-Fourat. ☎ 72-263-103. 📱 55-463-743 (WhatsApp). • hotelresidenceromane.com • À 1 km du cimetière marin. Doubles 100-150 Dt, avec petit déj. Parking gardé.* Belle bâtisse blanche à l'architecture très découpée, un peu à l'écart de l'animation du centre. Chambres de bonne taille, la plupart avec balcon, dont certains donnent sur la mer (à 200 m de là). Éviter celles du rez-de-chaussée, un peu sombre. Entretien impeccable. Grande piscine et agréable salon de thé.

Très chic (plus de 300 Dt / 100 €)

🏠 ***Villa Phoenicia*** *(plan B2,* ***14****)* **:** *rue du Stade (petit panneau devant la porte).*

LE CAP BON

☎ 24-702-451. 📱 29-160-012. Double env 120 €, petit déj inclus. B & B tenu par un couple de retraités milanais, sorte d'ancien hôtel particulier rénové avec beaucoup de goût. Sur 2 étages, 4 chambres spacieuses (voire carrément immenses, pour les plus chères), joliment décorées (marbre et céramiques dans les salles de bains, mobilier contemporain...), lits *king size,* grandes baignoires, clim, la totale. Emplacement idéal, dans le centre mais au cœur d'une rue calme et, surtout, à 50 m de la plage. Beau, propre, confortable... et pas donné, forcément !

Où manger ?

Bon marché (moins de 20 Dt / 7 €)

🍽 ***Ettahrir*** *(plan B1,* ***20****)* **:** *av. de la Libération (ettahrir en arabe). Face au rond-point. Tlj jusqu'à minuit.* Petit resto populaire à la déco assez recherchée (pour une gargote, c'est presque le luxe !). On s'installe dans une jolie salle aux tons neutres, impeccable, avec toiles d'artistes locaux aux murs, ou aux quelques tables disposées sur le trottoir. Cuisine « tradi » à prix imbattables (*koucha* d'agneau, couscous, etc.), service efficace, assiettes copieuses... Rien à redire !

Prix moyens (20-40 Dt / 7-13 €)

🍽 ⛱ ***La Rambla*** *(plan B2,* ***21****)* **:** *bd Ibn-el-Fourat. 📱 51-777-778. Tlj. Pas d'alcool.* Une immense terrasse de bois posée sur la plage, à quelques mètres de l'eau, des parasols, des fauteuils multicolores... Vous l'aurez compris, le cadre de ce resto-bar est assez exceptionnel ! On se croirait dans une station balnéaire (ça tombe bien, c'est le cas !). Dans l'assiette, outre les habituels snacks (crêpes, gaufres, sandwichs...), de copieux plats de pâtes et des pizzas tout à fait honorables. Bien aussi pour un cocktail (sans alcool) au coucher de soleil.

🍽 ⛱ ***Resto La Plage*** *(plan B2,* ***22****)* **:** *av. Habib-Bourguiba, directement sur la plage. ☎ 72-282-280. Tlj 24h/24. Pas d'alcool.* Emplacement idéal, et grande terrasse les pieds dans le sable, bien plus attrayante que la salle intérieure au décor « rustico-moderne » malgré tout assez réussi, avec murs de pierre, belles tables en bois et fer forgé, cheminée rectangulaire au style très épuré. Selon le marché du jour, poissons ou viandes bien cuisinés et délicieux, plats de pâtes ou pizzas. Pas de doute, on est bien dans un resto de plage. Mais un bon.

🍽 ***El Condor*** *(hors plan par A1,* ***23****)* **:** *av Moncef-Bey (la rue des discothèques ; voir « Où boire un verre ? Où sortir ? » pour l'accès). ☎ 📱 98-698-641. Tlj jusque tard. Musique live et danse le w-e en saison. Sert de l'alcool.* On aime bien ce resto d'allure moderne pour ses bons petits plats tunisiens accompagnés de sauces goûteuses (et très épicées). Excellents bricks à la crevette, bon choix de viandes, avec une mention spéciale pour les cailles, et vin gouleyant à souhait à siroter avant d'aller s'ambiancer dans les boîtes du coin. En prime, un service attentionné et chaleureux que l'on ne s'attend pas à avoir dans cette rue.

🍽 ***Le Pêcheur*** *(plan B2,* ***24****)* **:** *au début de l'av. de la Libération, en face de la médina. ☎ 72-282-434. 📱 21-36-44-36. Tlj.* Surtout ne pas se laisser rebuter par le côté assez « rustique » de l'endroit. La salle est joliment colorée en bleu ciel et blanc et quelques tables trônent en terrasse à l'ombre d'un grand arbre, sur la place en face de la médina. Délicieux couscous, merguez grillées, bricks et poissons frais du jour, que le patron va « pêcher » au marché municipal le matin. À la fois touristique, populaire... et pas cher.

Chic (40-60 Dt / 13-20 €)

🍽 ⛱ ***Chez Achour*** *(plan B2,* ***25****)* **:** *rue Ali-Belhaouane. ☎ 72-280-140. Tlj midi et soir. Résa conseillée le w-e* *et en saison. CB acceptées. Vend de l'alcool.* Dès l'entrée, ravissante terrasse dans la cour d'une belle demeure à créneaux. Intérieur feutré avec ses tissus tapissant le plafond et ses boiseries. Bon *ojja* aux crevettes, poulpe caramélisé, langoustes et poisson grillé que l'on choisit soi-même. *Achour* est un resto très réputé, surtout pour ses fruits de mer. Avec un service un peu plus souriant, ce serait parfait.

Black and White *(hors plan par B2,* ***26****) : route Touristique (en face du Bel Azur). ☎ 72-282-979. Tlj 10h-minuit. Sert de l'alcool.* Le seuil franchi, c'est d'abord la déco qui interpelle, un poil chargée et très hétéroclite, entre inspiration marine, scènes médiévales et postes à galène (vieilles radios)... Et puis vient le temps de l'assiette, assez vite, et l'on est conquis par les poissons frais proposés à la carte, peut-être encore plus que par le filet au poivre vert. La playlist de vieilles chansons italiennes des années 1960 finit d'emporter le morceau ! Seule question : pourquoi avoir appelé cet endroit si sympa le *Black and White* ?

Germaine Restaurant *(hors plan par A1,* ***27****) : rue de Nevers (en face du Hammamet Hôtel). 📱 22-616-038. Tlj 10h-19h. Pas d'alcool.* Une adresse qui sort du lot à Hammamet ! Ce « café-brocante », à la déco très végétale, déploie son bric-à brac (fauteuils en rotin, bibelots en tout genre, antiquités, etc.) sur 3 grandes terrasses disposées autour d'une maison de plain-pied. Et des lanternes, des lanternes partout ! On y vient pour manger (pizzas, poissons frais, grillades, etc.), festoyer (concerts en juillet-août) ou simplement faire du shopping, puisque tout est à vendre dans ce joyeux « désordre organisé ». Plein de petits coins cosy pour s'installer, il y a même un jardin avec piscine à l'arrière... Prix un peu surévalués, malgré le cadre.

O'Pub *(plan A1,* ***28****) : 156, av. du Koweït. Tlj 18h-tard. Bon marché pour la partie pub. CB acceptées. Sert de l'alcool. En été, côté pub, concerts quasi tous les soirs.* Un 2 en 1 assez extra. En entrant, une 1re salle toute de bois vêtue, avec ses tabourets hauts, son long bar et sa bonne ambiance. Large choix d'alcools en tout genre, tapas, burgers... voilà pour la partie pub ! À l'arrière, un autre univers : atmosphère tamisée, petites alcôves et carte d'inspiration française assez élaborée (tartare, fondue bourguignonne, côte à l'os, etc.).

Très chic (plus de 60 Dt / 20 €)

Le Barberousse *(plan B2,* ***29****) : dans la médina. ☎ 72-280-037. Tlj 12h-tard. CB acceptées. Sert de l'alcool.* L'institution gastronomique d'Hammamet jouit d'un emplacement exceptionnel, posé sur les remparts de la médina et avec vue sur toute la baie. Cadre splendide, romantique à souhait, et cuisine au diapason. Les portions relèvent plutôt de la cuisine nouvelle, mais avec beaucoup de saveur. Goûtez aux sardines marinées aux agrumes ou encore au *charmoula hamamia* (sorte de tajine). Une grande table ! À l'étage inférieur, élégant bar à vins ouvert à partir de 18h. Seul bémol : l'accueil pourrait être un chouia plus sympa.

Où boire un thé ? Où déguster une glace ?

Café Achiri *(plan B2,* ***40****) : à l'ombre des remparts, côté boulevard.* Très populaire avec ses arcades blanc et bleu. L'un des plus anciens cafés de la ville, que l'on adore, semblant figé dans une tranquillité bienvenue. Grande terrasse.

Café Sidi Mnasser *(plan B2,* ***41****) : dans le centre de loisirs touristiques en plein air, derrière l'av. de la Libération. Tlj jusqu'à minuit (3h en été).* Adorable petit café maure traditionnel un peu caché. On se pose à l'extérieur sur des banquettes, sur le toit entre les dômes et les voûtes, ou dans la salle avec de multiples tables basses, estrades et petites pièces isolées. Jolie déco classique de mosaïques et de belles peintures. Les marmites de thé bouillent tranquillement sur du charbon de bois dans la cheminée, tandis que les chichas font des bulles de fumée. Beaucoup de couples tunisiens.

Café Sidi bou Hdid *(plan B2,* ***42****)* **:** *au pied des remparts, côté plage. Tlj jusqu'à 22h (3h en été).* LE spot incontournable des vacanciers à Hammamet, pour voir et être vu. Très bel emplacement derrière les remparts de la médina et superbe panorama sur la mer en terrasse. En haut des marches, le café maure, adossé au fort, propose des coussins à même le sol pour paresser. Touristique, donc assez cher, mais que ne ferait-on pas pour admirer le coucher du soleil sur la grande bleue ?

Canari Tutti Frutti *(plan B2,* ***43****)* **:** *av. de la Libération, proche de l'office de tourisme.* Pour un jus de fruits, une glace bien généreuse ou une excellente crêpe. Salle populaire sur rue, un brin chic et de style contemporain à l'étage. Excellente pâtisserie en face (à côté de l'office de tourisme).

Où boire un verre ? Où sortir ?

L'âge d'or des discothèques à taille démesurée semble quelque peu passé de mode à Hammamet. La jeunesse tunisienne lui préfère aujourd'hui les clubs branchés de Gammarth et La Marsa, en banlieue proche de la capitale. En saison, les routards fêtards trouveront tout de même de quoi danser dans la rue Moncef-Bey, à la sortie de la ville, en direction de Yasmine Hammamet.

L'Opéra *(hors plan par A1,* ***45****)* **:** *av. des Nations-Unies. 22-566-035. Tlj 12h-3h.* Un bar festif et très cool, avec ses murs recouverts de planches de bois, ses tables hautes, son magasin d'alcool bien fourni et, surtout, ses soirées à thème. Musique tous les soirs, DJ set, karaoké, etc. Bref, de quoi trouver son bonheur ! Équipe super sympa.

Discothèque Calypso La Mamma *(hors plan par A1)* **:** *rue Moncef-Bey. Ouv jeu-dim (en pleine saison seulement).* Très bel ensemble blanchi à la chaux, où se retrouve la jeunesse huppée d'Hammamet pour dîner ou faire la fête en plein air. Musique pop-rock, assurée par des DJs et artistes internationaux très réputés.

À voir

Dans la médina

La médina *(plan B2)* **:** entourée de remparts en bord de mer. Dès que l'on sort du minisouk inévitablement (trop ?) racoleur, la balade dans cette petite médina aux murs joliment peints en bleu et autour des remparts se révèle agréable. Elle avait déjà tapé dans l'œil de Bernanos, Gide, Klee, Martin du Gard, Frank Lloyd Wright... Les portes des habitations sont particulièrement belles et diversifiées. Partez à leur découverte toutes affaires cessantes.

Le fort d'Hammamet *(plan B2)* **:** *de mi-sept à fin mai, tlj 8h30-18h ; tlj 8h-19h en été ; tlj 9h-17h pdt le ramadan. Entrée : 8 Dt.* Cette casbah est en fait une ancienne caserne de la Légion dont la fondation remonte au IXe s par les Aghlabides, les occupants de l'époque, et qui appartient à la chaîne défensive des *ribat* (se reporter au *ribat* de Sousse pour les explications). Pas grand-chose à voir hormis les panneaux relatant l'histoire de la ville, dans une petite salle à gauche dans la cour, et le mausolée de Sidi-bou-Mohamed (saint homme du XVe s), au centre du fort. En revanche, la vue imprenable depuis les remparts (on peut en faire le tour) vaut bien un petit effort. Café turc en haut de la tour la plus élevée (obligation de payer l'entrée au fort pour y monter).

Le musée Dar Khadija *(plan B2)* : *en plein centre de la médina, derrière la mosquée. 29-315-319. Tlj 9h-17h. Entrée : 10 Dt.* ***Fermé pour travaux ; réouverture prochaine.***
Sur 3 niveaux, un intéressant musée qui retrace les 2 000 ans d'histoire de la ville. Accompagnés de textes érudits, des mannequins de cire rejouent les scènes marquantes dans des décors reconstitués. Dans l'escalier, belle collection de robes de mariée cousues de fils d'or. On sait qu'un mariage traditionnel dure 7 jours et exige 7 robes. Leur fabrication pouvait prendre 6 mois, et parfois bien plus.
À l'étage, présentation de vieux métiers (traditions de pêche, d'arboriculture, de broderie et de tissage des tapis) et de l'utilisation variée des fleurs d'oranger et de jasmin, ainsi qu'un historique de la villa du mécène Georges Sebastian, devenue centre culturel (voir plus loin).
Au 2e étage, évocation de l'habitat traditionnel, du fonctionnement du *majeul* (la citerne) pour le stockage de l'eau de pluie et explications des techniques d'irrigation agricole importées par les Maures, puis améliorées par les juifs andalous chassés d'Espagne au XVIIe s.
Pour finir, on ne manquera pas de grimper sur la terrasse qui offre la plus belle vue de la ville.

En bord de mer, le charmant ***cimetière marin musulman*** *(plan B2)* ; plusieurs entrées possibles, mais celle de la rue Ali-Belhaouane (en face du resto *Chez Achour, plan B2,* **25**) est la plus sympa. Dans la médina, essayez de trouver l'impasse Borj-Ziadi ; elle vous conduira au sommet d'une tour des remparts offrant l'une des plus belles vues sur ce cimetière. Voir aussi le petit ***cimetière chrétien*** coincé au pied de la muraille. Bettino Craxi, l'ancien président du Conseil italien, y est enterré.

Les plages de sable fin des zones touristiques et du centre-ville sont propres, car entretenues régulièrement.

Loin du centre

Le Centre culturel international d'Hammamet *(hors plan par A1)* : *97, av. des Nations-Unies. ☎ 72-280-410. • ccih.gov.tn • À 3 km du centre. Tlj 9h-17h (18h mar-jeu). Entrée : 5 Dt.* Centre d'exposition d'art moderne (peintures, principalement d'artistes tunisiens), dans la superbe villa du mécène Georges Sebastian. Rommel en avait fait son quartier général fin 1942, avant d'être récupéré par les Alliés. Montgomery et Eisenhower passèrent par ici, Klee, Gide, Giacometti et Churchill également... Une maison théâtre de la grande Histoire. Bassin entouré d'arcades, petites salles voûtées autour d'un vaste patio, jacuzzi en marbre, quelques meubles d'époque, cuisine laissée dans son jus... le lieu est vraiment un superbe écrin pour les œuvres exposées. Ne pas hésiter à faire un petit tour dans le ravissant jardin botanique, qui abrite la tombe de Woodrof, l'ami de Sebastian. Beaucoup de mimosas et de cactus. De l'autre côté de la propriété, petit écomusée consacré à l'agriculture et à la distillation de la fleur d'oranger. Un théâtre a été conçu en bord de mer, selon l'aménagement antique de l'espace et du jeu, mais en vilain béton. Chaque été a lieu le Festival international d'Hammamet, un événement important avec au programme, danse, théâtre, jazz et folklore. Projection d'un film certains samedis. Buvette pour se rafraîchir.

Le site archéologique de Pupput *(hors plan par A1)* : *dans la zone hôtelière sud, à côté du Samira Club. Tlj 9h30-16h30 (9h-17h juin-sept). Entrée : 5 Dt.* De l'ancienne cité romaine de Pupput, il ne reste qu'un ensemble d'habitations et un ensemble thermal de moyennes dimensions. Quelques mosaïques géométriques en noir et blanc (rares en Afrique). Rien d'emballant pour autant, tout le reste est enseveli sous les hôtels avoisinants.

Où plonger ?

Le seul centre affilié *CMAS* se trouve à Yasmine Hammamet (voir plus loin).

Festivals

– ***Hammamet en fête :*** *début juil.* Folklore, concerts et films dans le centre-ville et au centre culturel, bref, une sorte d'échauffement avant le festival.
– ***Festival international d'Hammamet :*** *de mi-juil à mi-août.* • *festivaldehammamet.com* • Manifestations folkloriques, danses, poésie (en présence de vedettes internationales). La plupart des événements se déroulent au théâtre du Centre culturel international.

YASMINE HAMMAMET

Située à environ 10 km au sud d'Hammamet, cette expansion artificielle est carrément devenue une ville nouvelle avec de larges avenues bordées de colosses de béton. C'est à qui construira l'hôtel le plus vilain et le plus mégalo, fantomatique hors saison, rempli de jet-setters l'été. On y a même créé de toutes pièces une sorte de parc d'attractions, *Carthage Land,* avec une médina que l'on peut qualifier de tout sauf d'authentique, des sons et lumières, des montreurs de serpents et des éléphants en carton-pâte pour vous indiquer le chemin. Bref, de l'orientalisme bon marché...
« La fine fleur du tourisme tunisien », peut-on lire sur les affiches. Vous l'aurez compris, ce ne sont pas les mots que l'on aurait choisis d'emblée... Toutefois, la marina, plutôt sympa, abrite quelques restaurants très en vogue. Le cadre y est agréable pour boire un verre ou manger en terrasse. Pour le reste, ce sera sans nous !

Arriver – Quitter

➢ Bus entre ***Yasmine*** et ***Nabeul*** via ***Hammamet*** ttes les 30 mn avec la ligne n° 320 (env 3 bus/j.). À Hammamet, les bus se prennent av. de la Libération. Sinon, emprunter un taxi pour quelques dinars, avantageux à plusieurs et plus rapide.

Adresse utile

ℹ ***Office de tourisme :*** *à l'extérieur de la médina, le long du rempart, côté opposé aux éléphants de l'entrée.* ☎ *72-244-103.* • *crt.yasminehammamet@discovertunisia.com* • *Lun-ven 8h-17h (7h30-14h en été). Fermé le w-e.* Plan de la station, brochure des activités et animations, liste des hôtels (avec les tarifs), etc.

Où manger ?

De bonnes tables sur la marina, mais assez onéreuses. Nous en avons tout de même déniché quelques-unes d'un bon rapport qualité-prix. Pour un repas bon marché ou à prix moyens, voir les restos de la « médina » qui proposent tous des salades, pizzas, paninis et quelques petits plats. Rien d'exaltant, vous serez sûrement racolé par un serveur ; vous voilà prévenu !

De prix moyens à chic (20-60 Dt / 7-20 €)

La Boussole : *à la marina. 53-888-744. Tlj 7h-minuit. Prix moyens. Ne sert pas d'alcool.* Ce resto-terrasse avec vue sur le port de plaisance est une valeur sûre. Les plats sont faits à la minute par Mouna (bricks au thon, spaghettis aux fruits de mer...) avec une mention spéciale pour le couscous à la daurade, à tomber. Accueil souriant, et le thé à la menthe est même offert par le patron.

Novastoria : *à la marina. 28-798-000. Tlj sauf lun, midi et soir.* Au cœur de la marina, cet agréable restaurant à l'allure chic et moderne propose d'excellents plats tunisiens, et ce, tout en y ajoutant une petite touche italienne très appréciée. Du poisson grillé, des fruits de mer, un bon filet de bœuf ou d'excellentes pâtes fraîches, tout y est. On retrouve également dans les classiques, salades et pizzas napolitaines. Ambiance familiale. Un rapport qualité-prix remarquable et un service au top.

Le Cap : *tt au bout de la marina. ☎ 24-240-404. Tlj 7h-minuit (3 ou 4h en été !). Chic. Ne sert pas d'alcool.* En plus de l'indéboulonnable combiné pizzas-burgers, ici on mange local et plutôt très bien : brochettes d'agneau, *ojja* aux fruits de mer... Mais les plats les plus remarquables restent le loup grillé et les fruits de mer sautés à l'ail. Demandez une table au 2e étage pour profiter pleinement d'une jolie vue sur la marina.

Où siroter un café ? Où fumer une chicha ?

Le Canari : *à la marina. Même enseigne qu'à Hammamet. Tlj 8h-minuit.* Un 1er *Canari* à l'entrée de la marina, spécialisé dans les glaces, et un peu plus loin, une autre grande volière où gazouille une clientèle plus chic dans une ambiance cosy de couleurs gaies, de l'orange au jaune... L'un des meilleurs cafés du port, mais le service est un peu dépassé les soirs d'affluence.

Cahwa Alia : *dans la médina, pl. Sidi-bou-Saïd.* Il s'agit d'une reproduction du célèbre *Café des Nattes* de Sidi-bou-Saïd, avec vue du 1er étage sur la place centrale (le hall) de la médina. Idéal pour fumer une chicha ou boire un café. Animation musicale le soir en été. Allez savoir pourquoi, on préfère quand même l'original...

À voir

La médina : *☎ 72-240-111. • medina.com.tn •* Fruit de l'imagination d'un riche industriel tunisien, Abdelwaheb ben Fayed, il s'agit d'une médina totalement artificielle, sortie de terre en 2004 et plantée au cœur d'une zone éminemment touristique. Des guerriers juchés sur des éléphants donnent le ton (pas forcément le bon) et accueillent les visiteurs à l'entrée. À l'intérieur, boutiques de souvenirs, discothèques et restos à touristes se battent en duel.

– Cette médina abrite plusieurs attractions. Les sculptures d'éléphants conduisent au forum où se situe l'entrée du **parc Carthage Land,** du **parc Ali Baba** et de l'attraction **King Kong** *(horaires très variables selon j. et mois, mieux vaut appeler avt, mais en gros, ouv au min 10h-18h – jusqu'à 19h au printemps et 2h en été ; attention, fermé lun-ven en janv et fév ; billet combiné 27-40 Dt ; sinon, 14-25 Dt selon le site visité ; réduc enfants de moins de 1,30 m).* **Aqualand :** *ouv de mi-mai à fin sept, tlj 9h-19h ; fermé le reste de l'année.* Un parc d'attractions à la *Disneyland,* en plus petit, et moins féerique. L'architecture et les attractions retracent

les différentes époques de l'histoire tunisienne (punique, romaine, berbère et musulmane) et évoquent les personnages qui les ont marquées.
– **Cinéma 5D :** *au centre de la médina, sur la place principale. 2-5 projections/j. selon saison. Entrée seule : env 12 Dt ou combinée avec Carthage Land et King Kong.* Un long-métrage grand public projeté en 5D, en général un film d'animation qui date un peu.
– **Le souk :** il s'agit en fait d'une reconstitution des différentes médinas des villes tunisiennes. Piscine de luxe, pub irlandais, centre de conférences, musique tapageuse... On vous laisse apprécier. Côté souvenirs, peu de choix et les prix sont bien plus élevés qu'ailleurs (et étiquetés, inutile d'essayer de marchander !).
– **Des concerts** ont lieu, en principe, l'été et pendant le ramadan. On peut alors profiter du spectacle à partir des terrasses des cafés (on paie la conso, évidemment, mais on est bien installé).
– **Le hammam :** *tlj 9h-19h. Pour les hommes d'un côté et les femmes de l'autre. Entrée simple 10 Dt ; hammam et gommage 30 Dt.* Magnifique : son style et son architecture en font une copie des vieux bains maures tunisiens. Ajouter un côté « mille et une nuits » avec ses senteurs, son luxe et son ambiance, et voici un hammam fort agréable. Certains jours, on peut même assister à des spectacles orientaux. Bon marché pour une séance de base, beaucoup moins si on ajoute le gommage, le massage et autres soins traditionnels. À goûter pour le plaisir quand on a déjà fréquenté les hammams populaires.

À faire

– Pour toutes les ***activités sportives*** et autres, comme les balades à cheval, à dos de dromadaire, le golf, la location de planches à voile, adressez-vous en priorité à l'office de tourisme : ils connaissent les gens de confiance et vous éviteront tout désagrément...

■ ***Plongée sous-marine :*** **Yasmine Dive Center** *(sur la marina, à côté du bâtiment « Rodriguez » ; 98-319-741).* Un club de plongée de bonne réputation, qui propose baptêmes, explorations, stages, certifications, etc. Le matériel (masque, palmes, combi, bouteilles...) est sans cesse révisé et d'excellente qualité.

LE GOLFE D'HAMMAMET

En partant d'Hammamet, on quitte le cap Bon. S'étire alors un golfe sur près de 80 km, d'Hammamet à Sousse, longé par l'autoroute A 1. Mais en empruntant la route P 1, et si l'on dispose de temps, il est possible de partir à la découverte de villages authentiques en bord de mer ou à l'intérieur des terres. Bien entendu, pour suivre cet itinéraire bis, une voiture est nécessaire. Autant le savoir, dans ces villages (berbères, pour la plupart), les habitants tiennent à préserver leur authenticité. Soyez donc poli et discret.

BOU-FICHA

Le village Kèn : *à Sidi-Khlifa, à 5 km env au sud de Bou-Ficha, sur le bord de la route P 1, en direction de Sousse. 97-308-697. Tlj en principe 8h-17h (18h en été). Entrée : env 3 Dt (visite guidée comprise).* En venant à Ken, on pénètre dans l'intimité d'un rêve devenu réalité, partagé par Nora et Slaheddin, une sorte d'utopie qui refuserait les ravages du présent... *Ken* signifie « Il était une fois ». Tout a commencé en 1985 avec l'envie de construire de toutes pièces un « village » qui deviendrait un lieu où pourrait s'inventer et s'exprimer une création contemporaine puisant dans le savoir-faire et les techniques ancestrales. Le village, avec ses jolies maisons blanches aux formes arrondies, est à la fois un musée, un hôtel et un centre artisanal (tissage, céramique, menuiserie). Également un lac artificiel, une salle d'exposition et des rencontres musicales en été.

Hébergement - Restaurant Kèn : *au sein du village Ken. Double 130 Dt avec petit déj. Compter 30 Dt/pers dans des chambres de 5 lits, côté auberge. Suites également env 250 Dt pour 4 pers. Au resto, repas env 20 Dt (tlj 12h-23h).* Dans un espace d'art et d'artisanat, ce complexe, avec son ensemble de petites maisons blanches aux boiseries bleues, surmontées de dômes, et sa piscine ceinturée de bougainvillées *(accès pour les non-résidents : 10 Dt),* fait un peu village de vacances. Loin de l'agitation de la côte, il se dégage des lieux une grande sérénité. L'architecture est douce, les petites maisons basses liées par des arches et des courettes adorables. Bon resto agréablement décoré d'objets et de meubles en bois fabriqués par les artisans du village. Seiches, calamars, volailles et poissons. Service pas pressé, car ici on aime prendre son temps.

TAKROUNA

À environ 5 km au nord-ouest d'Enfidah, sur la route de Zaghouan, un splendide village berbère perché au sommet d'un promontoire que Maupassant a subtilement décrit dans *La Vie errante*. Une poignée de familles persistent à vivre là-haut. Les autres ont préféré s'installer dans des maisons plus récentes au pied du rocher, parmi les figuiers de Barbarie. D'en haut, le regard embrasse la plaine à 360°, où les plantations d'oliviers dessinent des formes géométriques parfaites. On aperçoit au loin le trait du littoral. Une vue époustouflante !

Le Rocher Bleu : *☎ 73-381-780. 52-775-599. Tlj 8h30-17h30 (21h en été). Entrée du musée : env 3 Dt.* Tout en haut de la colline, derrière le mausolée de Sidi Abd el-Kader, le saint patron du village, ce café-musée ne manque vraiment pas de charme. Cet écomusée, particulièrement soigné, présente une intéressante collection d'objets berbères de la vie courante (certains, comme ces gros peignes de fer pour la laine de moutons, sont vraiment étonnants) et quelques belles pièces de l'artisanat local.

Après la visite, offrez-vous une pause dans l'agréable ***café*** pour déguster une délicieuse crêpe (à la farine de semoule !). N'hésitez pas à discuter avec Aïda, qui a créé cet endroit hors du temps. Artiste peintre, céramiste, antiquaire, créatrice de bijoux, elle est passionnée par son pays et en parle avec chaleur et plaisir, tout en vous servant le traditionnel thé à la menthe et aux pignons de pin (on paie le cadre).

Entre Takrouna et Enfidah, émouvant ***cimetière de la France libre.*** Environ 230 tombes, dont une trentaine musulmanes et juives, chacune avec un casque posé dessus conservant la mémoire des 1ers soldats ayant répondu à l'appel du général de Gaulle, au cours de la campagne de France en Tunisie (de novembre 1942 à mai 1943). De violents combats entre Français et Allemands eurent notamment lieu pour occuper Takrouna, dont l'emplacement était considéré comme stratégique. Le gardien du cimetière se fera un devoir de vous évoquer ces faits d'armes parfois oubliés. Tous les ans, le 18 juin, une cérémonie y a lieu, en présence de l'ambassadeur de France.

HERGLA

À mi-distance entre Enfidah et Sousse. On peut y accéder depuis Sousse en taxi ou en bus *STS* (départ toutes les heures environ). Hergla est un paisible village de pêcheurs. Il reste encore des ruines de l'époque romaine. Voir le cimetière marin, avec ses tombes blanches en désordre qui regardent la mer. Si les tombes semblent étroites, c'est que les défunts sont couchés sur le côté, face à La Mecque. À proximité, belle mosquée au dôme éclatant, incrusté de petits cailloux à l'intérieur. Un peu en contrebas, un marabout consacré aux femmes et aux enfants malades. Ceux-ci venaient y passer plusieurs jours (on peut y observer un four à pain et des pièces d'habitation). Les habitants ne vivent plus tant de la pêche, activité devenue secondaire, que du tressage et de la vannerie que l'on peut voir dans de nombreuses échoppes. Remarquez les costumes berbères des femmes, surtout les jours de marché : des fichus aux couleurs rouge orangé, presque fluo.

Dar Khadija : *rue du 9-Avril. 99-260-042. Résa indispensable. Doubles et suites 180-240 Dt avec petit déj. Repas sur résa.* Au cœur du village, luxueuse maison d'hôtes avec 4 chambres confortables et une suite s'articulant autour d'une très belle piscine. De bons volumes sous un plafond voûté, une déco épurée, pensée dans le moindre détail, des baignoires carrelées dans la plupart des chambres et d'agréables parties communes (patio, chaleureux salon et terrasses pour la bronzette, cuisine à disposition...), tout confère au lieu une atmosphère de bien-être et de repos.

Restaurant Sidi Said : *au-dessus du cimetière marin. ☎ 73-251-718. Tlj sauf lun. Prix moyens.* Superbe vue dominant le cimetière marin et le port, sympathique petit resto-galerie d'art contemporain avec une agréable terrasse dans un jardin ombragé. On y déguste un poisson du jour extra-frais, une salade du pêcheur ou un fameux *bech-bech* (mélange de poissons et de fruits de mer poêlés). Accueil jeune et détendu. Excellent rapport qualité-prix.

KAIROUAN ET LE SAHEL

● Carte Le Sahel et la basse steppe *p. 196-197*

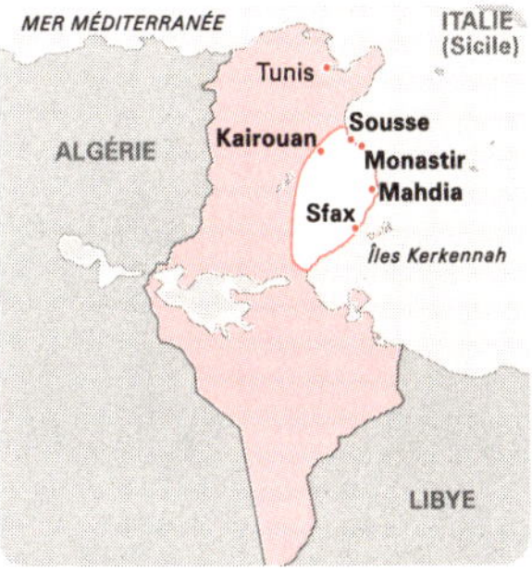

Sahel **est un mot arabe qui signifie « bordure », « lisière ». Le Sahel tunisien correspond au littoral oriental, là où le désert vient buter contre la mer, depuis le nord de Sousse jusqu'à Sfax. À ne pas confondre avec la bande sahélienne au sud du Sahara, qui s'étire de l'Atlantique à la mer Rouge. Historiquement, le Sahel tunisien a connu assez tôt un peuplement sédentaire, qui aujourd'hui est d'une grande densité. C'est le pays des oliviers, dont la culture s'est perpétuée depuis la plus haute Antiquité. C'est aussi une région de commerce, ce qui explique le développement de grands ports comme Sousse et Sfax.**

PORT-EL-KANTAOUI

Kantaoui **veut dire « que tout se passe bien » en arabe ; c'est la formule que l'on adresse à un ami qui part en voyage. Ce port de plaisance a été créé en 1977. C'est une marina conçue dans le style arabo-andalou, au joli décor bien propret avec ses petits immeubles blancs aux balcons de bois peint. De beaux voiliers viennent y accoster devant de gros matous qui se prélassent au soleil sur les pontons et les quais.**
Hôtels luxueux, luna-park ultra-kitsch avec ses machines à sous dans un temple romain, de faux vieux galions... font de Port-el-Kantaoui une station artificielle. Cependant, de nombreux Tunisiens et des touristes du monde arabe aiment y passer la journée.

Arriver – Quitter

Situé à 8 km au nord de Sousse, Port-el-Kantaoui est facilement accessible en taxi, et même en petit train touristique.

En bus

➢ ***Sousse :*** min 2 bus/h. Prendre le n° 12 ou le n° 18. Arrêt sur la route principale Port-el-Kantaoui/Sousse.

Adresses utiles

Magasin Général : *sur la place, à l'entrée de la marina. Tlj 8h-20h.* On y trouve de tout, y compris de l'alcool.

Juste en face, ***banque*** (distributeur) et ***pharmacie.***

■ ***Petit train touristique :*** *à l'entrée de*

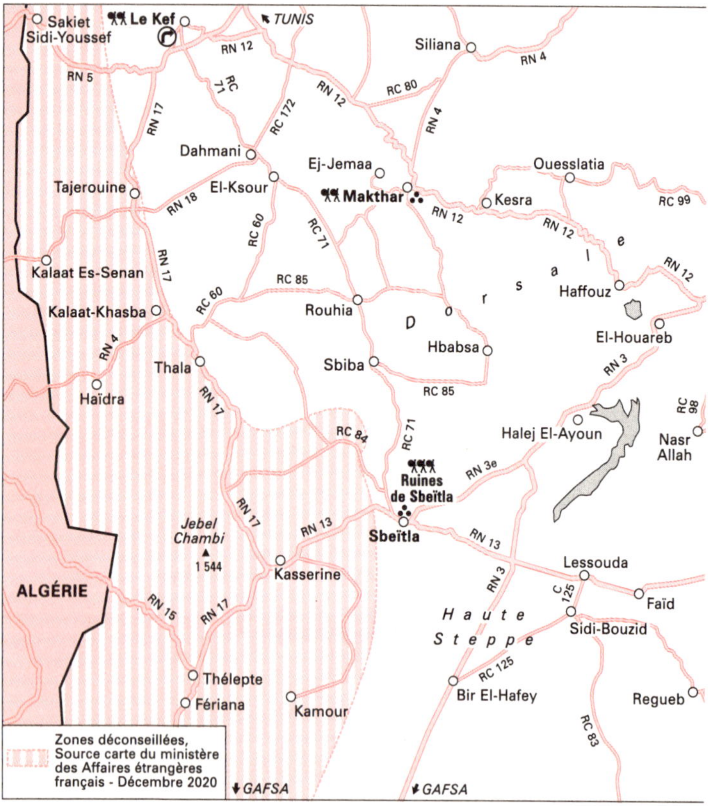

la marina, à côté de la station de taxis. ☎ 73-240-353. 1-2 départs/h pour Sousse.

■ ***Centre de plongée – El Kantaoui Diving Center :*** *au bout de la marina, sur la gauche, près du chantier naval. 📱 25-402-428. • salah_diving@yahoo.fr • Tlj 8h-17h. Parfois fermé le dim en hiver.*

Où dormir ? Où manger ?

La station compte un paquet d'hôtels allant du 3 au 5-étoiles. Pas d'adresses bon marché donc, il est préférable de loger à Sousse.
Pour manger, il y a certes plus d'options, mais la gamme « Prix moyens » ne vous laissera pas de grands souvenirs culinaires.

Prix moyens (20-40 Dt / 7-13 €)

|●| En face de la porte d'entrée de la marina, tout autour de la place de la fontaine musicale, plusieurs restos proposent, à prix moyens, des *ojjas,*

LE SAHEL ET LA BASSE STEPPE

bricks, grillades, pâtes, crêpes, pizzas... Cuisine assez prévisible. On pourra se laisser tenter par la ***Brasserie des Jardins*** (la seule qui serve de l'alcool). Cadre et terrasse agréables.

De chic à plus chic (plus de 40 Dt / 13 €)

Iol ⛱ ***Le Méditerranée :*** *à l'extrémité droite de la marina quand on arrive. ☎ 73-348-788. Tlj sauf lun 12h30-23h. Sert de l'alcool. CB acceptées.* Vaste et belle salle voûtée de style mauresque, avec de grandes fenêtres en demi-lune dominant la marina. Grande terrasse également. Spécialités franco-tunisiennes (couscous à commander 12h à l'avance). La cuisine est goûteuse, l'accueil agréable et le service irréprochable. Zone non-fumeurs (c'est rare !).

Iol ⛱ ***La Daurade :*** *à l'extrémité gauche de la marina. ☎ 73-348-893. Tlj midi et soir. Sert de l'alcool. Résa conseillée.* L'autre resto sérieux et réputé de la marina. On s'installe dans une salle cossue ou, l'été, en terrasse. Plats copieux et correctement réalisés. Un peu de tout à la carte : poissons, viandes, couscous, bouillabaisse, paella, pâtes. Pianiste et danseuse (du ventre, entre autres !) les vendredi et samedi soir. Coin non-fumeurs là encore.

Où boire un thé, un jus ?

Café du Quai : *à l'extrémité gauche, à côté du poste d'essence et du centre de plongée. Tlj. Pas d'alcool.* On peut regarder les ouvriers qui s'affairent sur les bateaux du chantier naval. Plus calme et moins touristique que les grandes terrasses qui précèdent.

Pour ceux qui cherchent une bonne bière ou un petit verre de rosé, il y a le ***Bar du Quai*** ou ***La Roseraie,*** 2 sympathiques terrasses au milieu de la marina.

SOUSSE

239 000 hab.

• Plan d'ensemble *p. 199* • Zoom *p. 201*

Sousse est la 3e ville de Tunisie (après Tunis et Sfax), et ses quartiers industriels lui confèrent une place économique de 1er choix. Les loups de l'immobilier ont dévoré la côte toute crue et, avant le Printemps arabe, la ville frisait parfois l'asphyxie en été.
Elle fut fondée au IXe s av. J.-C. par des marins phéniciens. Au sommet de la vieille ville, la casbah restaurée domine une superbe médina entourée de remparts crénelés tandis que, à ses pieds, s'étendent le vaste port de commerce et les rues grouillantes de la ville moderne. Plus au nord, la zone touristique et ses grands hôtels s'étire jusqu'à Port-el-Kantaoui.

Arriver – Quitter

En avion

✈ Sousse n'est qu'à 15 km env de l'***aéroport international Habib-Bourguiba de Skanès-Monastir*** (hors plan par B3). *☎ 73-520-000.*

■ ***Tunisair :*** *à l'aéroport. ☎ 73-520-043/000 ou 70-837-000 (centre d'appel en Tunisie). • tunisair.com •*

En bus

Horaires disponibles à l'office de tourisme.

Gare routière souk El-Ahad (hors plan par A3) **:** *à 2 km au sud-ouest du centre ; s'y rendre en taxi (compter 2 Dt le trajet). ☎ 73-237-973 ou 80-104-433 (n° Vert info).* C'est la principale gare pour les longues distances. Liaisons avec :

➢ ***Kairouan :*** env 5 bus/j. Durée : 1h.

➢ ***Tunis :*** 2 bus/j., plus 1 bus de nuit. Durée : 2-3h.

➢ ***Sfax et Gabès :*** 4 bus/j. 8h-14h, plus 1 bus de nuit. Durée jusqu'à Gabès : 5h.

➢ ***Hammamet et Nabeul :*** 4 bus/j., mat et ap-m. Les bus pour Tunis s'y arrêtent également. Durée : env 1h.

➢ ***Djerba :*** 2 bus/j., un le mat, l'autre de nuit. Durée : env 6h.

➢ Également 1 liaison directe/j. avec ***Nefta, Tozeur, Gafsa, Bizerte*** (bus de nuit) et 2 le mat avec ***Tataouine.***

Bus STS, station Sidi-Yahia (zoom B2) **:** *bd Yahia-ibn-Omar. Derrière le ribat. ☎ 73-221-910.* La gare la plus centrale. Bus locaux.

➢ ***Monastir :*** bus n° 52, ttes les 20-30 mn, 6h-21h30. Durée : 30 mn.

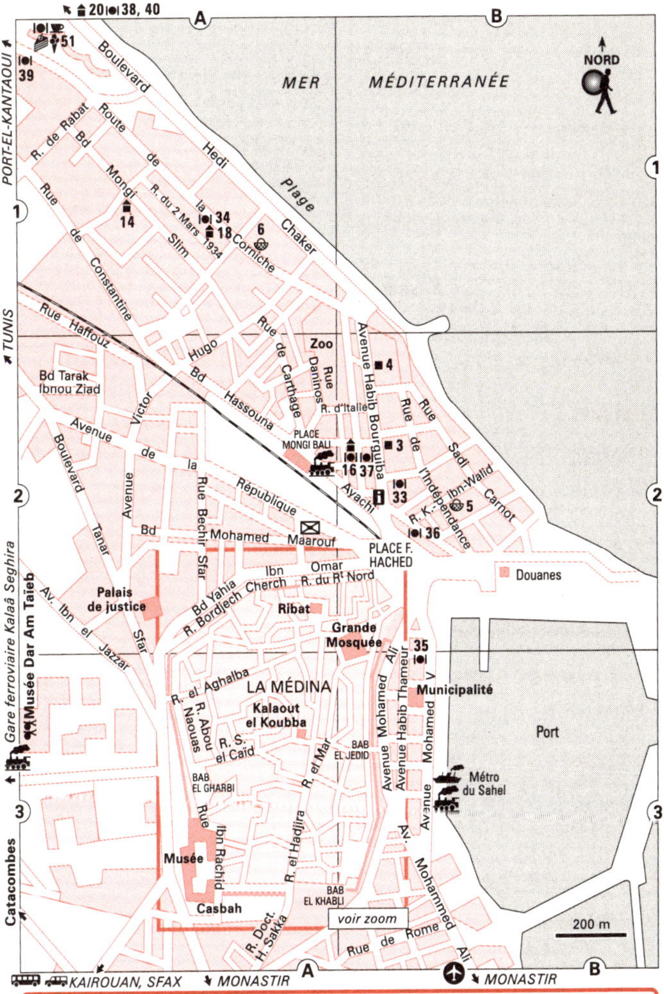

SOUSSE – Plan d'ensemble

Adresses utiles

- Office de tourisme (B2)
- 3 Banque STB (B2)
- 4 Banque BNA (B2)
- 5 Magasin Général (B2)
- 6 Magasin Général (A1)

Où dormir ?

- 14 Résidence Jeunesse 21 (A1)
- 16 Hôtel Résidence Monia (B2)
- 18 Résidence Rimel El Corniche (A1)
- 20 Hôtel Les Palmiers (hors plan par A1)

Où manger ?

- 16 El Ons (B2)
- 33 El-Ferdaws (B2)
- 34 Planet Food (A1)
- 35 Le Lido (B2-3)
- 36 Le Cristal (B2)
- 37 La Marmite (B2)
- 38 La Gondole (hors plan par A1)
- 39 L'Escargot (A1)
- 40 Surfin (hors plan par A1)

Où déguster une pâtisserie, une glace ?

- 51 Gourmandise (A1)

➢ ***Port-el-Kantaoui :*** bus n°s 12 et 18, ttes les 30 mn. Durée : 20 mn.
➢ ***Mahdia :*** ttes les 30-45 mn. Durée : 2h.

En louage

Gare d'Utica *(hors plan par A3) : à 1 km après la gare routière El-Ahad ; prendre un taxi.* Acheter le ticket au guichet.
➢ Pour ***Tunis,*** durée : 1h30. Pour ***Nabeul,*** durée : 1h. Pour ***Kasserine,*** durée : 2h30. Pour ***Kairouan,*** durée : 45 mn. Pour ***El-Jem,*** durée : 1h30. Pour ***Gafsa,*** durée : 4h.

En train

Horaires affichés à l'office de tourisme.

2 gares : *bd Hassouna-Ayachi, dans le centre (plan A2), et à Kalaâ Séghira à l'ouest de la ville (hors plan par A3). ☎ 73-224-955.* Attention, vérifiez de quelle gare vous partez, cela peut varier pour une même destination.
➢ ***Tunis :*** 6-10 trains/j. dont 4 de nuit. Durée : env 3h (1h40 pour l'*Express*).
➢ ***Sfax :*** 4-5 trains/j., dont 2 le soir (de Sousse). Durée : 1h50.
➢ ***Gabès :*** 4 trains/j., dont 1 de nuit (de Sousse). Durée : 4h.
➢ ***Hammamet et Nabeul :*** changement à *Bir-bou-Rekba* (env 12 trains/j.). Bus plus pratique.
➢ ***Monastir et Mahdia :*** peu de liaisons, préférez le bus ou le « métro du Sahel ».

Le « métro du Sahel » (train de proximité)

Gare de départ *(plan B3) : av. Mohammed-V, à côté du port. ☎ 73-224-955.*
➢ 1-2 trains/h, 6h-20h env, pour l'***aéroport Monastir-Skanès*** (durée : 20 mn), ***Monastir*** (durée : 35 mn) et ***Mahdia*** (durée : 1h45).

Adresses utiles

Infos touristiques

Office de tourisme *(plan B2) : 1, av. Habib-Bourguiba. ☎ 73-225-157. • crt.sousse@ontt.tourism.tn • Lun-sam en général 8h-17h. Fermé dim.* Excellent accueil du personnel, compétent et qui fera tout pour vous aider.

Argent, change

■ ***Distributeurs :*** *entre l'av. Bourguiba et la pl. Farhat-Hached.* Plusieurs distributeurs pour cartes *Visa* et *MasterCard.* Notamment, à la ***BNA*** *(plan B2,* ***4****).*
■ ***Banque STB*** *(plan B2,* ***3****) : av. Habib-Bourguiba. Lun-ven 8h-16h15, sam 9h-12h. Fermé dim.* Fait du change.

Urgences, santé

■ ***Police*** *(plan B2) : rue Pasteur, à l'angle de l'av. Habib-Bourguiba. ☎ 73-214-735.*
Clinique des Oliviers *(hors plan par A1) : bd du 14-Janvier, sur la route de Port-el-Kantaoui. ☎ 73-242-711 et 453. • clinique.oliviers@gnet.tn •* Médecins très compétents, imagerie médicale, soins dentaires et service d'urgences.
■ ***Pharmacies de nuit :*** *38, av. de la République (plan A2), ☎ 73-224-795 ; et av. Mohamed-Karoui (hors plan par A2), ☎ 73-228-619.*

Transports

Station de louage : *rue El-Masjed-el-Aksa.* Transports vers tout le Sahel ; achat de billets au guichet. Économique.
■ ***Petit train touristique :*** *☎ 73-240-353. Départ pl. Boujâafar (au bout de l'av. Habib-Bourguiba, sur le front de mer ; plan B1), ttes les 30 mn-1h, 9h-18h, pour Port-el-Kantaoui.*

Achats

Magasin Général *(plan B2,* ***5****) : à l'angle de la rue de l'Indépendance et de la rue Khaled-ibn-Walid. Tlj 8h-21h.* Vente d'alcool. Autre ***Magasin Général*** *(plan A1,* ***6****) : bd de la Corniche. Tlj 8h-20h.* Vente d'alcool également.
Souk : *du jeu ap-m au sam mat, à*

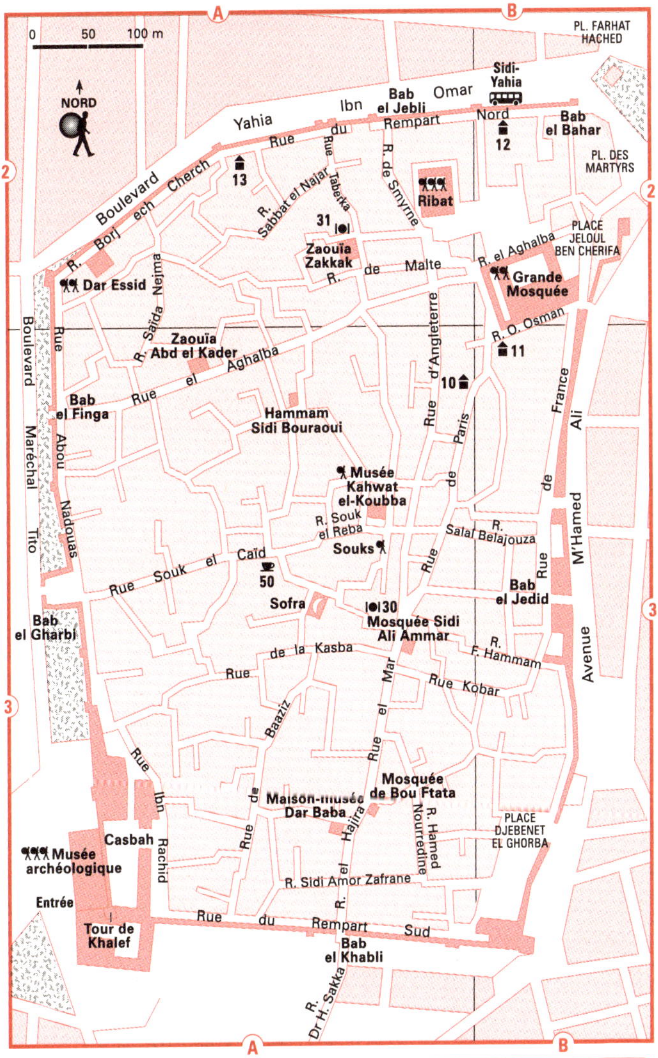

SOUSSE – La médina (Zoom)

Où dormir ?

- **10** Hôtel Gabès (A3)
- **11** Hôtel Médina (B3)
- **12** Hôtel de Paris (B2)
- **13** Hôtel Résidence Sarra (A2)

Où manger ?

- **30** El Soffra (A3)
- **31** Restaurant Dar Hbibti (A2)

Où boire un thé ?

- **50** Café El Kasbah (A3)

Hammam-Sousse. Mais le plus grand est celui du dim mat au souk El-Ahad, à côté de la gare routière du même nom (hors plan par A3). Prendre un taxi.

Où dormir ?

Dans la médina

Bon marché (moins de 75 Dt / 25 €)

Hôtel Gabès (zoom A3, **10**) : *12, rue de Paris. ☎ 73-226-977. Double env 20 Dt, sans petit déj.* En plein cœur du souk. Chambres d'une simplicité monacale, avec lavabo. Draps à la fraîcheur limite (prévoir un sac à viande), literie bien fatiguée et sanitaires communs sommaires et pas toujours propres. En revanche, toit-terrasse avec vue sur la ville. Pour les budgets très serrés seulement.

Prix moyens (75-150 Dt / 25-50 €)

Hôtel Médina (zoom B3, **11**) : *15, rue Othman-Osman. ☎ 73-221-722. • hotel-medina.com • Doubles avec sdb 60-80 Dt, avec petit déj. La nuit, possibilité de garer sa voiture devant.* Hôtel traditionnel au cœur de la médina, à côté de la Grande Mosquée. Chambres spacieuses, calmes, bien tenues et confortables. Les plus chères proposent la clim, disposent d'un balcon ou partagent une terrasse. Bar dans le hall. Service pro, notre meilleure adresse dans cette catégorie. La plage est à 10 mn à pied.

Hôtel de Paris (zoom B2, **12**) : *15, rue du Rempart-Nord. ☎ 73-220-564. • hotelparis-sousse.com • Doubles 50-75 Dt ; pas de petit déj.* Autour d'un calme patio, des chambres avec salle de bains et clim à l'étage supérieur, ou plus petites et avec sanitaires communs à l'entresol. L'ensemble est bien tenu pour un excellent rapport qualité-prix. Une adresse qui a tout pour plaire : prix, accueil, propreté et situation centrale (avec, en prime, un bon petit resto au rez-de-chaussée !).

Hôtel Résidence Sarra (zoom A2, **13**) : *rue du Rempart-Nord, non loin du dar Essid. ☎ 73-227-737. Doubles 50-75 Dt, sans ou avec sdb ; petit déj (en sus) servi en saison seulement.* Simple mais très propre, sur 2 étages autour d'un patio. Un lieu surtout fréquenté par les locaux car on y trouve de nombreuses chambres familiales. Bon accueil.

Dans la ville moderne

Bon marché (moins de 75 Dt / 25 €)

Résidence Jeunesse 21 (plan A1, **14**) : *21, bd Mongi-Slim. ☎ 73-213-373. • residencejeunesse21@gmail.com • Résa conseillée en été. Compter 20 Dt/pers.* Chambres pour 2-4 personnes un peu faites de bric et de broc mais bien tenues, la plupart avec clim et salle de bains. Certaines ont un balcon avec vue sur la mer. Agréable salon tunisien équipé d'un écran géant. Et comme dit le patron, « s'il n'y a pas tout le confort, on a la qualité, le sourire et la propreté ». Et c'est vrai. De plus, la plage n'est qu'à 100 m...

Hôtel Résidence Monia (plan B2, **16**) : *5 rue Remada. ☎ 73-210-469. Double avec sdb env 50 Dt. Pas de petit déj.* Emplacement idéal en centre-ville, et calme, car dans une rue piétonne. Chambres avec balcon pour certaines, clim et chauffage. Un bon rapport qualité-prix-situation. Accueil familial.

Résidence Rimel El Corniche (plan A1, **18**) : *9, rue du 2-Mars-1934. 📱 28-636-388. Double avec sdb et clim env 60 Dt. Pas de petit déj.* Des chambres plutôt spacieuses, meublées à l'ancienne. Tenue correcte, sans plus. Accueil aimable.

Prix moyens (75-150 Dt / 25-50 €)

Hôtel Les Palmiers (hors plan par A1, **20**) : *rue des Palmiers (Khézama est). ☎ 73-270-756 ou 757. • residencelespalmiers.sousse@gmail.com • À 3 km env au nord de Sousse sur la route de Port-el-Kantaoui, à gauche au niveau* *du rond-point de la discothèque Bora-Bora. Double env 100 Dt, petit déj inclus. CB refusées. Parking privé.* Un 2-étoiles confortable et fonctionnel. Chambres agréables, avec clim ou chauffage et salle de bains équipée d'une baignoire. Grande piscine ou mer à 600 m. Excentré car dans la zone touristique mais d'un bon rapport qualité-prix. Personnel pro, disponible et chaleureux.

Où manger ?

Dans la médina

De bon marché à prix moyens (moins de 40 Dt / 13 €)

|●| ***El Soffra*** *(zoom A3,* ***30****)* **:** *6, rue El-Soffra. Tlj 12h-16h. Bon marché. Pas d'alcool.* En pleine médina mais un peu à l'écart du souk, cette authentique petite cantine nous a séduits ! Le patron, accueillant, sert une cuisine de marché qui change tous les jours, en plus de son excellent couscous, le tout à prix très sages. Agréable salle aux couleurs locales, essentiellement fréquentée par les gens du coin. Parfait pour le midi.

|●| ***Restaurant Dar Hbibti*** *(zoom A2,* ***31****)* **:** *en face de la zaouïa Zakkak. Tlj 12h-16h. Prix moyens. Pas d'alcool.* Dans un *dar* plein d'authenticité et superbement restauré, belle salle aux murs recouverts de faïence et une autre à l'étage offrant une vue sur la médina de ses fenêtres en moucharabieh. Le patron propose 2 menus comprenant une soupe, une salade méchouia, un plat copieux (couscous, poisson grillé ou tajine au choix) et le dessert. Pour savourer une cuisine tunisienne fraîche et parfumée dans un cadre élégant, on y file dare-dare ! Accueil et service aux petits soins.

|●| ***Chez Bibichou :*** *sur le port, en face de la médina. Tlj 13h-23h.* Ce tout petit restaurant confectionne de très bons plats traditionnels à base de poissons qui sortent tout droit du port.

Dans la ville moderne

Bon marché (moins de 20 Dt / 7 €)

Pas d'alcool dans cette catégorie.

|●| ***El-Ferdaws*** *(plan B2,* ***33****)* **:** *au coude de la rue Braunschweig, à gauche de l'hôtel Claridge. Tlj 8h-23h30.* Tables sur le trottoir pour partager avec les habitués un gros sandwich à la viande ou une pizza maison, également une salle pour une cuisine simple, genre couscous (lundi et vendredi), *makloub,* ragoûts, poulet rôti, paninis et poisson grillé. Pas cher et accueil aimable. Bon rapport qualité-prix.

|●| ***El Ons*** *(plan B2,* ***16****)* **:** *rue Remada. Tlj 10h-23h.* Un petit restaurant populaire assez classique où l'on se rassasie d'un poulet rôti, d'un poisson grillé, de pâtes ou d'un couscous royal. Copieux et économique.

Prix moyens (20-40 Dt / 7-13 €)

|●| ***Planet Food*** *(plan A1,* ***34****)* **:** *49, route de la Corniche. Tlj 11h30-23h30. Pas d'alcool.* D'accord, d'aucuns pourraient trouver ce décor à l'américaine un peu chargé (genre *Hard Rock Café*), d'autres (les cinéphiles notamment) y apprécieront les nombreuses photos de films et d'acteurs. Le contenu de l'assiette n'est pas d'une finesse inouïe, mais, en revanche, c'est très copieux et il y en a pour tous les goûts à la carte, jusqu'à la paella. Ambiance très animée (le lieu ne désemplit pas) et service efficace.

|●| 🍸 ***Le Lido*** *(plan B2-3,* ***35****)* **:** *bd Mohammed-V. 📱 29-016-017. En face du port. Tlj jusqu'à 23h. Sert de l'alcool.* Devanture originale, tables avec nappes en tissu en salle ou, l'été, en terrasse en retrait de la rue. Comme les habitués, faites l'impasse sur le couscous et profitez des spécialités de poisson et fruits de mer. Paella et bouillabaisse également. On déplore cependant une baisse de qualité, mais cette adresse reste appréciée des locaux.

|●| 🍸 ***Le Cristal*** *(plan B2,* ***36****)* **:** *pl. Farhat-Hached. 📱 24-220-019. Tlj*

10h-23h. Sert de l'alcool. L'un des plus anciens restos de Sousse. Carte tunisienne et européenne pour une cuisine classique mais sans mauvaises surprises. Terrasse agréable les soirs d'été. Accueil tantôt routinier, tantôt charmant. Juste à côté, le restaurant ***Fleurs Orientales*** n'est pas mal non plus.

Chic (40-60 Dt / 13-20 €)

La Marmite *(plan B2,* ***37****) : 15, rue Remada. ☎ 73-226-728. Tlj midi et soir. Sert de l'alcool.* Dans une rue piétonne très centrale, un resto au cadre un peu rétro, empreint de la nostalgie du vieux Sousse (photos d'antan, lustres imposants, tables rondes conviviales...). On y apprécie une cuisine tunisienne un rien gastronomique, à base de produits sélectionnés avec soin. Hors saison, la logistique a du mal à suivre (plats indisponibles et de l'attente à prévoir). Service, en revanche, attentionné.

Au nord de la ville moderne

Chic (40-60 Dt / 13-20 €)

La Gondole *(hors plan par A1,* ***38****) : av. du 14-Janvier (presque en face de l'Hôtel Mövenpick). 55-554-377. Tlj jusqu'à minuit. Résa conseillée, surtout le w-e. Menu déj env 15 Dt, plus cher le soir. Sert de l'alcool.* Ce resto détonne à Sousse. Cadre original à la déco carnavalesque, avec une partie bar et seulement une dizaine de tables joliment dressées. Choix varié à la carte de plats terre-mer, un peu plus chers qu'ailleurs mais savoureux et présentés avec soin. Pour les petits budgets, les pâtes à l'*arrabiata,* calamars et chevrettes bien fraîches sont un régal ! Ambiance jeune et détendue, festive et joyeuse en fin de semaine.

L'Escargot *(plan A1,* ***39****) : 87, route de la Corniche. ☎ 73-224-779. Tlj 12h-minuit. Résa conseillée le w-e. Sert de l'alcool.* Certainement l'une des plus belles tables du coin. Cuisine franco-tunisienne servie dans un étonnant cadre rétro-médiévalo-tamisé. Mobilier cossu au sein d'un joyeux capharnaüm d'objets kitsch, de dorures et ferronneries diverses, et surtout fort belle cuisine, concoctée par un chef très pro (membre de l'éminente confrérie des Maîtres rôtisseurs). Quelques plats à la carte : brochette de mérou à l'aïoli, loup à l'estragon, cassoulet de fruits de mer gratiné et, bien sûr, escargots... Service efficace.

Surfin *(hors plan par A1,* ***40****) : av. Taïeb-M'Hiri. ☎ 73-225-871. Dans l'avenue en face de l'hôtel* Riadh Palms. *Tlj midi et soir. Menu unique. Sert de l'alcool.* Un resto très populaire, au cadre classique égayé de quelques touches de déco marine. À l'étage, le week-end, réunions des familles avec l'ambiance qui va avec. Menu unique, comprenant une soupe de poisson, 9 petits hors-d'œuvre (certains bien goûteux), un beau poisson-frites, et en dessert un sorbet et des fruits. Très correct dans l'ensemble, bons produits et le poisson est frais. Et bien sûr, c'est très copieux. Service affable et efficace.

Où boire un thé ?
Où déguster une pâtisserie, une glace ?

Dans la médina

Café El Kasbah *(zoom A3,* ***50****) : rue Souk-el-Caïd. Tlj jusqu'à 20h. Pas d'alcool.* Une vraie caverne d'Ali Baba là encore, à l'exotisme habilement distillé. Petites tables basses, collections disparates d'objets usuels, recoins intimes pour fumer la chicha, etc. Tout en haut, une sympathique terrasse sous des paillotes.

Également le petit café logé sur la terrasse du musée ***dar Essid*** (lire plus loin « À voir. Dans la médina »).

Dans la ville moderne

Gourmandise *(plan A1,* ***51****) : av. Taieb Mehiri. En face de L'Escargot. Tlj 7h-22h (voire plus tard en été).* On se pose en terrasse de ce grand salon de thé pour déguster une de leurs belles et délicieuses pâtisseries, un excellent jus ou bien une glace. Adresse très appréciée des locaux, surtout le soir, lorsque la carte apporte quelques notes salées (pizza, pita, quiche ou paninis). Ambiance décontractée.

Nombreux ***cafés*** en terrasse sur la place Farhat-Hached et tout au long de l'avenue Bourguiba. On y sert de l'alcool ou non, mais toujours des jus de fruits naturels. Essayez le cocktail orange-fraise : un régal !

À voir. À faire

Dans la médina

L'épaisse muraille crénelée dissimule quelques belles réalisations architecturales. Mais plutôt que de rester dans les rues centrales de la médina, où l'ambiance est plus mercantile, on vous conseille de partir à la découverte des ruelles populaires où flotte un doux parfum de sérénité et d'authenticité. La médina réserve alors de belles balades tranquilles, ce qui ne veut pas dire que vous ne vous perdrez pas dans son dédale, bien au contraire.

Les remparts : ils dateraient de 859, intégrant probablement d'anciens éléments de la forteresse byzantine, et furent restaurés en 1205. Peu de changements depuis. Les bombardements de 1943 créèrent, au niveau de la place des Martyrs, une grande brèche, là où s'ouvrait la porte de la Mer – *bab* El-Bahar –, qui, à l'époque des Aghlabides (la mer arrivait alors au pied des remparts est de la ville), permettait aux vaisseaux de pénétrer dans le port intérieur creusé entre la Grande Mosquée et le *ribat.* Pour Guy de Maupassant, cette muraille évoquait l'épopée des croisades avec son « long rempart crénelé, si haut, si mince, avec ses tours de loin en loin, ses portes rondes, et les hommes à turban qui rôdent à ses pieds » encerclant une ville « pleine de Sarrasins ».

La Grande Mosquée (zoom B2-3) **:** *sam-jeu 8h-13h de mi-sept à fin mai ; 8h-15h en été et pdt le ramadan ; ven 8h-12h. Accès : env 5 Dt. Achat du billet dans le kiosque en face de l'entrée. Prêt d'une djellaba pour ceux qui n'ont pas les jambes couvertes.* On ne peut visiter que la cour intérieure. Fondée au milieu du IXe s, elle a fait l'objet, en 1991, d'une restauration réussie qui lui a redonné son aspect d'antan. Elle ne possède pas de minaret (rare) : c'est celui du *ribat* (forteresse) en face qui était utilisé pour l'appel à la prière avant l'utilisation d'un haut-parleur.

Le ribat (zoom A2) **:** *à 100 m de la Grande Mosquée. Tlj 8h-17h (19h de juin à mi-sept). Entrée : 8 Dt.*
Un magnifique exemple d'architecture musulmane, à ne manquer sous aucun prétexte. Fondée en 821, la forteresse est flanquée de colonnes antiques à l'entrée. On remarque encore l'emplacement de la herse. La voûte d'arêtes du vestibule donne l'illusion du gothique. Grimpez à la tour de guet pour surprendre la joyeuse cacophonie des teintes, couleurs et formes de la médina. Vue splendide sur la Grande Mosquée (du coup, même pas besoin d'en payer l'entrée), la médina, le port et la ville moderne. Impressionnant !
Le *ribat* (du verbe arabe *rabata* : « tenir garnison ») était un maillon du système de défense côtière. Il arborait des allures de forteresse inexpugnable, mais sa vocation première n'en était pas moins religieuse. Du temps où les musulmans ne possédaient pas encore de flotte militaire, il servait en effet de refuge aux populations alentour en cas d'attaque ennemie ou de structure d'accueil pour les pèlerins embarquant pour La Mecque. Les *mourabitin,* genre de moines-soldats, se consacraient autant à la prière et au prosélytisme qu'au combat contre les infidèles. Plus tard, les *ribat* retrouvèrent leur fonction uniquement religieuse.

Le dar Essid (zoom A2) : *65, rue du Rempart-Nord. 96-923-470. Tlj 10h-19h (18h en hiver). Si la porte est fermée, appeler la propriétaire : elle est à l'étage. Entrée : 5 Dt.*

Cette maison traditionnelle du XVIIe s appartenait à une célèbre et influente famille. Aujourd'hui, c'est toujours la famille Essid qui la gère. Demandez la feuille d'explication en français, avec des détails parfois inattendus sur la vie de la maison, y compris sur les mœurs nocturnes de ses locataires !

Les pièces, où l'on peut déambuler seul, sont garnies d'objets usuels et même de quelques œuvres d'art : baignoire en marbre de Carrare, vieux contrats de mariage, lit en alcôve richement ornementé (notez, dans la chambre de la 1re femme, le coq, symbole de liberté, et le poisson, symbole de santé), vêtements d'apparat tout chamarrés... Les murs, quant à eux, présentent un festival de faïence polychrome. Au 1er étage, la petite cuisine avec ses jolies céramiques andalouses. Puis la très grande, avec ses énormes jarres.

Enfin, grimpez tout en haut : vue superbe sur la médina et la mer (mieux que depuis le *ribat*) et petit café bien tranquille installé sur la terrasse. La tour, pour l'édification de laquelle tous les habitants avaient cotisé, servait à déterminer le 1er jour du ramadan en fonction de la position de la lune.

LES FEUX DE L'AMOUR

Dans une petite niche à la tête du lit, on plaçait, jusqu'à la fin des années 1930, une petite lampe à huile qui devait brûler le temps de l'acte sexuel. Car l'homme, pour exulter, devait attendre que la flamme s'éteigne... Question : qui décidait de la quantité d'huile ?

Les souks : *de la Grande Mosquée, emprunter la rue d'Angleterre.* À droite, on découvre le *souk El-Reba* (tissus, parfums, quelques bijoux) qui se prolonge par le *souk El-Caïd,* vers la *bab El-Gharbi.* La partie couverte est la plus intéressante. Elle présente de jolies échoppes sous des voûtes en brique rouge. On y trouve tout l'artisanat traditionnel, des bijoux en argent aux parfumeries, jusqu'aux peintures sur verre représentant des versets du Coran.

– Si vous n'êtes pas pressé, vous pouvez pousser jusqu'au ***dar Baba*** (zoom A3), une modeste maison-musée *(99-287-995 ; tlj 9h-19h – 18h en hiver ; entrée : 3 Dt)* sise dans une demeure de la fin du XIXe s ayant appartenu au 1er maire de la ville. On peut y voir 2 chambres restées en l'état et le sous-sol où se réfugia la famille dudit maire pendant la Seconde Guerre mondiale. Thé servi dans la cour.

Le Musée archéologique (zoom A3) : *rue Abou-el-Kacem-ech-Chabbi. ☎ 73-219-011. • patrimoinedetunisie.com.tn • Tlj sauf lun 9h-17h (19h en été). Entrée : env 10 Dt.*

Le musée, entièrement rénové, se trouve dans la casbah, à l'angle sud-ouest des remparts (entrée côté route). Cette dernière fut construite entre le IXe s et le XVIIe s (avec l'ajout du chemin de ronde à l'époque ottomane) autour de la tour de Khalef, un *manar* (genre de phare) de 30 m de haut (mais on n'y monte pas).

Les amoureux de mosaïques antiques seront aux anges : c'est tout simplement la 2e collection du pays, après celle du Bardo de Tunis, et l'une des plus riches de la région méditerranéenne. Des merveilles au rendu exceptionnel provenant de plusieurs sites du Sahel antique, exposées au sous-sol de la casbah sur quelque 2 000 m^2. On peut citer, entre autres chefs-d'œuvre, le *Portrait du dieu Océan,* un vrai travail de peintre (fines nuances de rose, tons subtils pour exprimer les filets d'eau qui sourdent des lèvres) ; le *Triomphe de Bacchus* (admirez le pelage des tigres), symbolisant sa victoire sur les forces du Mal ; ou encore *Neptune,* sur un char tiré par 2 hippocampes. Les nombreuses *scènes de pêche,* autour de l'entrée, constituent quant à elles de véritables pages d'histoire naturelle.

Plus loin, outre les mosaïques illustrant les mois de l'année, à la précision extraordinaire, on découvre la *Méduse* : un pavement étonnant où la tête de la célèbre Gorgone à chevelure de serpents (dont le regard était censé pétrifier quiconque

le croisait) est rehaussée par un décor rayonnant qui produit un curieux effet d'optique et accentue le magnétisme du regard. Également l'*Enlèvement de Ganymède,* où l'on voit le jeune prince de Troie emporté par Zeus qui s'est transformé en aigle. Au fond, des grands pavements montrant Achille, Orphée et des combats d'amphithéâtre ou d'arène mettant en scène gladiateurs et animaux, ou encore le pavement de *triclinium* (salle à manger) en forme de T, où 4 chasseurs dominent une multitude d'animaux effarouchés (autruche, cerf, antilope, cheval...).
Le musée abrite aussi une collection de stèles puniques (VIe s av. J.-C. – Ier s apr. J.-C.), uniques dans le bassin occidental de la Méditerranée, de statuettes et vases romains (voir ceux représentant « la vieille femme ivre », personnage du théâtre grec), et de mosaïques funéraires trouvées dans les catacombes d'Hermès, à Sousse.

Le musée Kahwat El-Koubba *(zoom A3)* **:** *☎ 73-229-574. Lun-jeu et sam 9h30-14h, 15h-17h (8h-14h seulement juil-août) ; dim 10h-14h. Fermé ven. Entrée : 3 Dt.*
Cette construction, datant du XIe s, est coiffée d'un dôme côtelé afin de repousser les rayons du soleil. Elle servit de relais pour les Français sous le protectorat et abrite désormais un musée des arts et traditions populaires. On y découvre des mannequins en costume et en situation dans des scènes de la vie quotidienne, reconstitutions de boutiques et autres négoces tels que l'on pouvait encore les voir il y a quelques décennies : orfèvre, café, étude de notaire, huilerie, tisserand ou salon de coiffeur, ce dernier faisant aussi office de circonciseur et d'arracheur de dents !

En dehors de la médina

Le musée privé d'Art contemporain Dar Am Taïeb *(hors plan par A3)* **:** *rue Ali-ben-Ghedem, dans une rue perpendiculaire à la rue du 25-Juillet-1957. ☎ 73-234-081. Suivre le fléchage à partir de la bab El-Gharbi. Tlj 9h-19h (17h en hiver). Entrée : env 10 Dt ; réduc.*
Un musée unique, qui séduira amateurs d'art et néophytes. Une visite à ne pas rater. Installé dans une grande demeure de pierre dont la façade déjantée, déjà, donne le ton... Taïeb, sculpteur à l'imagination débridée, utilise des matériaux de récup et, comme il le dit lui-même : « de l'ordure à l'or dur... qui dure » (il n'y a qu'un pas !).
Le gros de ses créations est exposé dans les cours intérieures de la maison et les salles tout autour, qui abritent des accumulations de mille et une choses les plus loufoques : horloges, radios, boutons, vases, statues de pierre, bonshommes en ferraille... Voir, par exemple, les *Hommes farcis* : ils ont tous quelque chose de différent dans le ventre, mais rien dans la tête. À noter aussi la très belle série de *Faucons,* des oiseaux qui jouent avec les mots. À la vue de certaines pièces, on peut penser à des artistes comme César et Rauschenberg, le Facteur Cheval ou Nek Chand (à Chandigarh en Inde). Mais l'œuvre est unique et, comme le dit Taïeb : « L'inspiration est une télépathie entre tous les artistes. » Au 1er étage, loin du capharnaüm merveilleux, on peut admirer des œuvres de jeunesse. Des marbres taillés, d'une facture beaucoup plus classique et lisse.
Taïeb a exposé à la Biennale de Dakar, au Cap, mais aussi à Marseille et en Bretagne, et il présente régulièrement son travail en Tunisie. De temps à autre, il réalise aussi des installations sur le bord du littoral tunisien. Un personnage étonnant et attachant.

Les plages : elles s'étendent de la digue, jusqu'à la station de Port-el-Kantaoui. Location de planches à voile sur la plage.

Fêtes et festivals

– ***Tourisme en fête :*** *de mi-juil à mi-août.* Folklore et animations sur la plage et dans les rues.
– ***Merveilles russes :*** *2 j. en été (dates variables).* Spectacles et danses russes.

– ***Festival international :*** *2 sem fin juil-début août.* Théâtre, folklore et musique arabes. De grands noms s'y produisent.
– ***Carnaval international (Festival d'Aouassou) :*** *le 24 juil.* Carnaval (le plus grand d'Afrique, paraît il !) avec folklore et défilés de chars en fin d'après-midi, sur le front de mer.
– ***Kantaoui Disco Night :*** *tte une nuit à la mi-août.* Spectacles en continu le long des quais.

MONASTIR

104 500 hab.

• Plan *p. 209*

La ville a été fondée en 960 av. J.-C. par les Carthaginois. Elle s'appelait *Rous Penna,* qui devint, sous les Romains, *Ruspina.* Elle possédait alors une triple enceinte. Elle fut le point de départ de la conquête de l'Afrique du Nord par César en 46 av. J.-C. pour contrer les partisans de Pompée et devint le siège du 1er *ribat,* sous les Arabes. Cette citadelle de la foi, véritable forteresse à vocation militaire et religieuse, fut édifiée sur la côte en 796. La vie était organisée autour d'un monastère, ce qui lui donna son nom actuel. Elle devait servir à lutter contre les Byzantins et surtout contre les Berbères christianisés.
Après le sac de Kairouan par les *Beni Hilal* au XIe s, beaucoup de religieux et d'intellectuels s'installèrent à Monastir. Ils développèrent l'influence du *ribat* et Monastir devint la ville religieuse de la Tunisie. Après un déclin, suite aux luttes permanentes contre les chrétiens, les Ottomans renforcèrent au XVIe s le *ribat* et redonnèrent vie à la ville. Les terrains de Monastir font toujours l'objet de nombreuses fouilles.
Monastir est aussi la ville où naquit le président Bourguiba, le 3 août 1903. Le fait d'être la ville natale du « Combattant suprême » a largement contribué à son essor touristique et à son développement, du moins jusqu'à l'arrivée de Ben Ali (en 1987) qui, étant originaire de Sousse, n'a pas fait grand-chose pour l'entretenir. Du coup, la ville semble un peu négligée par endroits. Cela étant, elle mérite que l'on s'y arrête une journée pour visiter dans une atmosphère calme ses quelques monuments, profiter des restaurants de sa marina et, bien sûr, de la plage.

Arriver – Quitter

En avion

✈ ***Aéroport Monastir-Habib-Bourguiba :*** *à 8 km sur la route de Sousse. ☎ 73-520-000 (standard).* ***Distributeurs et change*** à la poste et à la *STB Bank. Tunisie Telecom* et *Orange* vendent des ***cartes SIM*** rechargeables, à insérer dans un portable préalablement débloqué. Tarif intéressant.
■ ***Tunisair :*** *☎ 73-520-043/000 ou 70-837-000 (centres d'appel en Tunisie). • tunisair.com •*

Pour se rendre en ville, 4 solutions :
➢ ***Le métro du Sahel,*** sorte de train qui relie Sousse à Mahdia, via Monastir (arrêt à 150 m devant l'aéroport et à la gare ferroviaire ; *plan A2*). Ttes les 20-50 mn, 6h-20h30 env. Compter 15 mn pour rejoindre le centre.
➢ ***Le bus*** Sousse-Monastir (le n° 52 de la compagnie *STS*) passe par l'aéroport ttes les 20 mn, 5h-20h45 env.

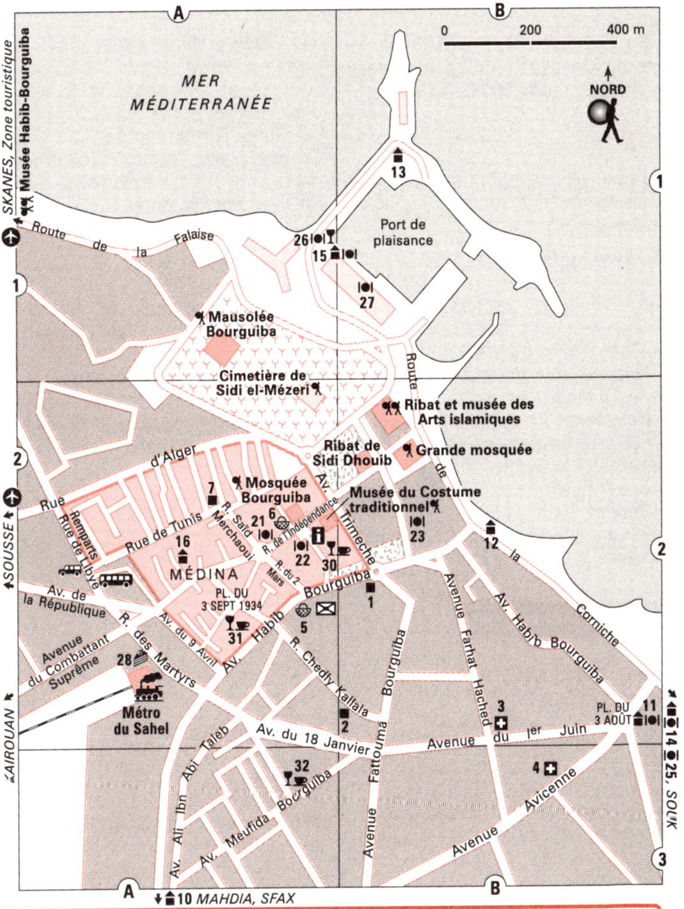

MONASTIR

Adresses utiles

- Office de tourisme (A2)
- 1 IUB Banque (B2)
- 2 Pharmacie de nuit (B2)
- 3 Hôpital universitaire (B2)
- 4 Clinique Debbabi (B3)
- 5 Monoprix (A2)
- 6 Magasin Général (A2)
- 7 Hammam Erbat (A2)

Où dormir ?

- 10 Hôtel Kahla (hors plan par A3)
- 11 Hôtel-résidence Corniche (B2)
- 12 Monastir Beach (B2)
- 13 Marina Cap Monastir (B1)
- 14 Hôtel Mezri (hors plan par B2)
- 15 Regency Monastir Hotel & Spa (A-B1)
- 16 Dar Benti (A2)

Où manger ?

- 21 Restaurant El Medina (A2)
- 22 Restaurant Dar Chraka (A2)
- 23 Le Roi du Couscous (B2)
- 25 Restaurant Le Pirate (hors plan par B2)
- 26 Marina The Captain (A1)
- 27 Cap Grill (B1)

Où manger une pâtisserie ?

- 28 Pâtisserie Le Pacha (A2)

Où boire un thé ? Où boire un verre ?

- 26 The Captain (A1)
- 30 Café Bir Andalous (A2)
- 31 Café Culturel Dar el Habib (A2)
- 32 Friends Coffee (A3)

➢ ***En taxi,*** avec compteur, compter env 15-20 Dt.
➢ ***En taxi collectif,*** à prendre sur la route de Monastir, à droite en sortant de l'aéroport, compter env 1 Dt/pers.

En bus

Très peu de destinations desservies depuis Monastir, il faut pour la plupart transiter par Sousse.

Gare routière *(plan A2)* **:** *av. de la République, dans le quartier Bab-el-Gharbi. ☎ 73-460-926.* Liaisons avec :
➢ ***Sousse :*** 1 bus ttes les 20-30 mn, 5h-20h45. Durée : env 1h.
➢ ***Nabeul :*** 1 bus seulement, vers 10h30. Durée : 1h30.
➢ ***Kairouan :*** 2 bus/j., vers 10h30 et 17h (10h15 seulement en juil-août). Durée : 1h30. Sinon, changement à Sousse (1 bus/h).
➢ ***Sfax et Tunis :*** 1 bus direct/j. pour Tunis vers 14h30, sinon changement à Sousse.

En louage

Station de louages *(plan A2)* **:** *départ av. de la République, devant la gare routière.* Prendre son billet au guichet, les tarifs sont affichés.
➢ Pour ***Tunis,*** durée : 2h. Pour ***Sousse,*** durée : 30 mn. Pour ***Kairouan,*** durée : 1h15. Pour ***Kasserine,*** durée : 3h. Pour ***Sbeïtla,*** durée : 2h30.

En train

Gare ferroviaire et métro du Sahel *(plan A2)* **:** *rue des Martyrs, en face de la station Agil. ☎ 73-460-755.*
➢ ***Pour Sousse ou Mahdia :*** avec le *métro du Sahel,* ttes les 20-50 mn, 6h20-20h30 env. Compter respectivement 30 mn et 1h10 de trajet.
➢ ***Pour Tunis :*** 3 trains/j., 6h30-17h15. Durée : 2h10-2h50. Plus de trains pour Tunis au départ de Sousse.
➢ ***Pour Sfax, Gabès, Gafsa et Tozeur :*** changement à Sousse.

Adresses utiles

Infos touristiques et services

Office de tourisme *(plan A2)* **:** *av. de l'Indépendance, face à l'entrée de la mosquée. ☎ 73-460-434. Tlj sauf dim 8h-17h.* ***Doit rouvrir en 2023.*** Accueil gentil, mais fort peu d'infos, il faudra vous contenter d'un plan succinct de la ville.
■ ***IUB Banque*** *(plan B2,* ***1****)* **:** *av. du Combattant-Suprême. Lun-ven 8h-14h (7h15-12h30 juil-août) ; fermé le w-e.* Distributeur automatique, change et service *Western Union.* Plusieurs banques dans cette avenue.
■ ***Police touristique :*** *au bout de la marina. ☎ 73-462-305.*

Santé

■ ***Pharmacie de nuit*** *(plan B2,* ***2****)* **:** *rue Chedly-Kallala. ☎ 73-463-311. 57-562-505.*
Hôpital universitaire *(plan B2,* ***3****)* **:** *av. du 1er-Juin-1955. ☎ 73-461-144.*
Clinique Debbabi *(plan B3,* ***4****)* **:** *av. Avicenne. ☎ 73-447-100.* Établissement privé.

Hammam

■ ***Hammam Erbat*** *(plan A2,* ***7****)* **:** *dans la médina. De la pl. de l'Indépendance, prendre la rue à droite de la Banque de Tunisie (en la regardant), c'est la 2e rue à gauche ; le hammam est au début de la rue, côté droit. Inscription en arabe, entrée discrète ; c'est la porte blanc et bleu, en face du garage à mobylettes. Hommes 6h-14h, femmes 14h30-20h30. Entrée : env 3 Dt. Gommage possible.* Très populaire et animé. N'oubliez pas d'apporter savon, shampoing et serviette.

Achats

Monoprix *(plan A2,* ***5****)* **:** *av. Habib-Bourguiba, face à la bab Brichk. Tlj 8h30-22h.* Vend de l'alcool (porte à l'arrière du supermarché).
Magasin Général *(plan A2,* ***6****)* **:** *rue*

de l'Indépendance (dans la médina). Tlj 8h-21h. Vend de l'alcool.
Souk *(hors plan par B2)* **:** *ven ap-m et sam mat, sur la route d'El-Agba, après le port de pêche.*

Où dormir ?

Pas énormément d'hôtels dans la ville elle-même et ils sont plutôt chers. Sinon, les complexes hôteliers (réservés aux groupes de touristes surtout) se concentrent dans la zone « touristique », qui se situe du côté de l'aéroport, au nord-ouest de la ville, donc assez excentrée.

Bon marché (moins de 75 Dt / 25 €)

Monastir Beach *(plan B2,* ***12****)* **:** *route de la Corniche, entrée en contrebas, sur la plage (attention, pas très bien indiqué). ☎ 73-464-766 ou 767. • monastirbeach.magix.net • Doubles 55-65 Dt, petit déj inclus ; clim en supplément.* Une adresse insolite par son emplacement. Hôtel à l'aspect un peu troglodytique, construit sous la promenade de bord de mer... sur une longueur de 50 m ! Les chambres ressemblent à des cabines de plage et on a presque les pieds dans le sable. Quoiqu'un peu vieillot et sommairement équipé, l'ensemble est correctement tenu. En été, bar avec vue sur la mer.

Hôtel Kahla *(hors plan par A3,* ***10****)* **:** *av. Taïeb-M'Hiri. ☎ 73-464-570. 98-406-486. À 20 mn à pied du centre-ville, au bout de l'av. Habib-Bourguiba, à droite du rond-point. Double env 70 Dt ; clim en sus. Pas de petit déj.* Petit hôtel sans charme mais bien tenu, aux chambres fonctionnelles et équipées de salle de bains propres. Quelques appartements pour 4 personnes aux 3e et 4e étages, à prix négociable. Pratique en famille ou entre amis. Évitez les chambres côté rue, bruyantes. Accueil courtois.

Prix moyens (75-150 Dt / 25-50 €)

Hôtel Mezri *(hors plan par B2,* ***14****)* **:** *route de la Corniche, face au vieux port. ☎ 73-468-400. • hotelmezri.com.tn • Double avec sdb et clim env 140 Dt, petit déj inclus.* Des chambres aux boiseries vertes, confortables et agréables. Certaines possèdent un balcon. Quelques-unes sont communicantes. Préférez celles avec vue sur la mer, au même tarif. Resto et bar (très bruyant en fin de journée). Terrasse panoramique et petite piscine. Accueil charmant. La plage est à 100 m.

Hôtel-résidence Corniche *(plan B2,* ***11****)* **:** *pl. du 3-Août, sur un rond-point. ☎ 73-461-451. • hotelcorniche@topnet.tn • Double env 100 Dt, petit déj inclus.* Gros avantage : le bord de mer. Ce petit hôtel propose des chambres carrelées et un peu nues, ornées de quelques céramiques, avec salle de bains et, pour certaines, un balcon. Tapisseries dans les couloirs. La mer est à 300 m. Resto de poisson et bar à côté. Personnel attentionné.

Marina Cap Monastir *(plan B1,* ***13****)* **:** *au bout de la jetée du port de plaisance. ☎ 73-462-305. • marinamonastir.tn • Studettes 2 pers avec clim 100-130 Dt en moyenne saison ou apparts 4-6 pers 110-210 Dt.* Les logements sont bien tenus et équipés d'un coin cuisine et d'un balcon ou d'une terrasse pour la plupart avec vue sur la marina ou le large. Pas de service hôtelier à proprement parler, mais le ménage est fait 2 fois par semaine. Une adresse que l'on recommande surtout pour sa situation privilégiée et sa vue. Personnel disponible.

De chic à très chic (plus de 150 Dt / 50 €)

Regency Monastir Hotel & Spa *(plan A-B1,* ***15****)* **:** *légèrement en retrait de la marina. ☎ 73-460-033. Double env 180 Dt, petit déj inclus. Parking.* Grand complexe hôtelier élégant de quelque 200 chambres de style oriental, vastes, confortables et joliment aménagées. Elles donnent sur la falaise, la marina ou la mer. 2 restos réservés aux résidents (dont un ouvert en saison seulement), café maure, bars (dont *Le Brigandin,* chic et tout en boiserie), piscines, spa et centre thalasso. Accueil pro. Sans doute le meilleur choix dans cette catégorie à Monastir même.

Dar Benti *(plan A2,* ***16****) :* *bab El-Gharbi, av Mahmoud-Bourguiba. 25-02-00-40. Dans une ruelle de la médina. Doubles 250-480 Dt selon saison, petit déj inclus.* Dans une petite ruelle cachée et derrière un mur banal, on ne soupçonne pas l'élégance de cette maison de 1850, rénovée par un tandem d'architectes père-fille. Ils ont conservé la pierre d'origine et allié habilement l'architecture traditionnelle au confort moderne. Autour du vaste patio, les 8 chambres et suites avec salle de bains ouverte sont raffinées et charmantes. Dans certaines, un lit en mezzanine, tout indiqué pour les enfants. Pas de doute, on se requinque à bloc dans ce havre de tranquillité : excellente literie, couloir de nage en terrasse, hammam (payant). Délicieux petit déjeuner servi avec le sourire par Abderrazek et Carolina, qui accueillent leurs hôtes à bras ouverts.

Où manger ?

De bon marché à prix moyens (moins de 40 Dt / 13 €)

Le Roi du Couscous *(plan B2,* ***23****) :* *entre le ribat et le rond-point avec la statue dorée de Bourguiba. 97-315-737. Tlj sauf dim soir. Pas d'alcool.* Petite salle aux murs crème, claire et proprette, et quelques tables sur le trottoir. On y sert une honnête petite cuisine tunisienne : viandes, grillades, hors-d'œuvre et, bien sûr, couscous (avec de délicieuses brochettes dans sa version *Royal*). Atmosphère authentique, très appréciée des locaux. Parfait pour une halte le midi.

Restaurant El Medina *(plan A2,* ***21****) :* *pl. de l'Indépendance. 98-939-050. Tlj jusqu'à 23h (20h en hiver). Pas d'alcool.* À 2 pas des souks, resto-pizzeria d'allure plus moderne que le reste, avec terrasse sur le trottoir et une mezzanine à l'intérieur. Plats plutôt bons et copieux, couscous, bon choix de viandes et de poissons grillés, pizzas maison agrémentées de produits frais, le tout servi avec le sourire. Une petite adresse populaire qui plaît aux familles locales.

Restaurant Dar Chraka *(plan A2,* ***22****) :* *rue de l'Indépendance. ☎ 73-460-528. Dans une cour. Pas d'alcool.* Dans une ancienne maison, plusieurs salles soignées aux murs blancs, et un agréable patio où l'on s'installe aux beaux jours. L'ensemble est décoré de belles céramiques. Joli choix d'entrées et de salades. Nombreuses spécialités à commander à l'avance. Cuisine de bonne facture mais les palais sensibles opteront pour des grillades, moins épicées que le couscous ! Propreté impeccable et, bien que touristique, service souriant comme tout.

De prix moyens à chic (20-60 Dt / 7-20 €)

Marina The Captain *(plan A1,* ***26****) :* *sur la marina. ☎ 73-461-449. Tlj sauf ven 12h30-22h (minuit les mer, sam, dim). Fermé pdt le ramadan. Sert de l'alcool.* Salle assez classique (boiseries vernies et nappes en tissu) pour une cuisine plutôt bien troussée et assez originale : crêpe aux fruits de mer, paillard de bœuf aux pétales de rose, saumon au safran... Service efficace et souriant. Souvent du monde, même en semaine. Grande terrasse sur le port de plaisance et bar très vivant à côté (voir plus loin « Où boire un thé ? Où boire un verre ? »). Une des meilleures tables de Monastir.

Cap Grill *(plan B1,* ***27****) :* *sur la marina (entrée par la galerie ou par le port). ☎ 73-462-136. Tlj sauf dim, jusqu'à 23h. Sert de l'alcool. Menu 45 Dt ; plats env 20-40 Dt.* Réputé pour ses bonnes grillades, servies dans un cadre soigné par des serveurs en costumes. Mais il y a d'autres plats à la carte : rognons flambés, poisson à la sfaxienne, couscous royal à l'agneau et un bon choix de plats traditionnels français réalisés avec savoir-faire. Prix raisonnables pour la qualité. Une valeur sûre.

Restaurant Le Pirate *(hors plan par B2,* ***25****) : dans la zone portuaire, à 3 km du centre-ville, derrière la Marine nationale. ☎ 73-468-126. À 20 mn à pied du centre en longeant le littoral, ou prendre un taxi. Tlj sauf lun 12h-16h, 19h-22h (23h sam, 21h dim). Fermé pdt le ramadan. Résa conseillée le w-e en saison. Menu unique env 50 Dt. Pas d'alcool.* Bâtisse en bois, facilement repérable à sa gigantesque tête de mort, son ancre et ses canons sur le toit, l'entrée se fait par la poupe d'un galion, bref, tout pour mettre dans l'ambiance ! Côté cuisine, le lieu est à la hauteur de sa grande réputation. Menu unique composé de 10 entrées, d'un poisson grillé et de fruits et sorbets pour le dessert. Salle soignée et agréable, bien que plus conventionnelle que la déco extérieure. La bourgeoisie locale fait d'ailleurs largement honneur à ce haut lieu de la piraterie culinaire. Très bon accueil.

Où manger une pâtisserie ?

Pâtisserie Le Pacha *(plan A2,* ***28****) : rue des Martyrs. ☎ 73-463-631. Entre les gares routière et ferroviaire, dans un bâtiment fraîchement rénové. Tlj 6h-23h (voire plus tard). Un peu cher.* Fines au palais et excellentes pour les bourrelets ! Comme nous, les gourmands se laisseront tenter par ces pâtisseries qui mettent les papilles en joie. Glaces maison également. Une belle adresse !

Où boire un thé ? Où boire un verre ?

Café Bir Andalous *(plan A2,* ***30****) : dans une rue perpendiculaire à la rue de l'Indépendance, derrière l'office de tourisme. Tlj jusqu'à minuit. Pas d'alcool.* Grand jardin intérieur ombragé, très agréable et tout fleuri, précédé d'un vaste patio. Spécialités de jus, notamment le cocktail « bir » (tous les fruits de saison), et on peut y fumer la chicha. Animation musicale tous les soirs vers 20h.

Café Culturel Dar el Habib *(plan A2,* ***31****) : pl. du 3-Septembre-1934. Tlj jusqu'à minuit (2h en été). Pas d'alcool.* Dans la maison traditionnelle où a grandi Habib Bourguiba, un café culturel agréable, vaste et lumineux, décoré d'objets d'antan. Coin salon avec bibliothèque, petites salles calmes et terrasse sur la place. Idéal pour une pause-café ou un jus de fruits frais à toute heure.

The Captain *(plan A1,* ***26****) : sur la marina. Tlj sauf ven, jusqu'à minuit (2h le w-e). Fermé pdt le ramadan. Sert de l'alcool.* Dans le prolongement du resto *Marina The Captain* (même proprio), un bar *afterwork* à la déco moderne mêlant briquettes peintes en blanc, ferronnerie et mobilier contemporain. Une clientèle de tous âges (mais principalement masculine) se retrouve autour d'une bière, d'un whisky, d'un cocktail ou d'un smoothie alcoolisé, en regardant des matchs de foot ou des clips sur des écrans géants. On peut également boire un coup en terrasse sur la marina.

Friends Coffee *(plan A3,* ***32****) : av. Taher-Ben-Achour. Tlj 8h-23h.* Un joli petit café bien soigné qui propose toute une panoplie de boissons originales et rafraîchissantes. Large choix de cafés et de jus notamment.

À voir

L'ambiance et l'entretien de la ville ne sont plus, dit-on, ce qu'ils étaient quand régnait Bourguiba, qui était originaire de Monastir. Et c'est vrai qu'elle semble parfois plongée dans une vague léthargie (surtout hors saison). Reste toutefois une poignée de monuments, à commencer par le plus ancien *ribat* d'Afrique...

Le ribat et le musée des Arts islamiques (plan B2) : ☎ 73-461-272. *De mi-sept à fin mai : tlj 8h30-17h30 ; 8h-19h en été et 8h-17h pdt le ramadan. Entrée : env 8 Dt.*
Selon une légende, on gagnait le paradis (rien que ça !) si l'on y avait tenu garnison 3 jours durant. Fondé en 796, le *ribat* d'origine, déjà fortifié, s'entoura par la suite d'autres épais remparts. Il a été soigneusement restauré en 1970 et a servi de lieu de tournage pour plusieurs films, notamment le fameux *Deux heures moins le quart avant Jésus-Christ* de Jean Yanne, en 1982. L'ensemble mêle différents styles architecturaux : escaliers, passages étroits, mur d'enceinte, logements des défenseurs, *ribat* des femmes, tours octogonales... pas une de ces structures ne ressemble à une autre, pas l'ombre d'une symétrie entre tous ces éléments.
Dans la cour, bordée sur 3 côtés par 2 ou 3 étages de cellules, s'élève le *nador,* la tour ronde de guet des moines-guerriers. On peut en gravir les 87 marches pour jouir d'une belle vue sur l'ensemble et les environs.
Enfin, le *musée des Arts islamiques* est installé au-dessus de l'ancien oratoire, dit *ribat* des femmes. On y trouve des boiseries du minbar de la Grande Mosquée de Kairouan, des fragments de stèles et de manuscrits en écriture coufique, des céramiques, des enluminures, des pièces de monnaie, des tissus anciens et des miniatures.
De l'autre côté de la route, le ***ribat de Sidi Dhouib,*** plus petit, héberge aujourd'hui une école coranique *(cour en accès libre).*

La Grande Mosquée (plan B2) : *juste à côté du ribat. Accessible aux musulmans uniquement.* Elle date du IXe s et fut agrandie au XIe s par les Zirides. Mais elle porte mal son nom, car, en réalité, elle est plus petite que la mosquée Bourguiba. À l'intérieur, certaines des colonnes reposent sur des chapiteaux antiques.

Le mausolée Bourguiba (plan A1) : *dans le cimetière. Tlj 9h-17h de mi-mars à mi-sept, jusqu'à 16h le reste de l'année. GRATUIT. L'entrée se fait par le côté droit.* Le lieu pour la construction du mausolée de Bourguiba n'a pas été choisi au hasard, il a été érigé au bout d'une allée solennelle, sur l'emplacement exact de la sépulture des parents du « Père de la Nation ». C'est une construction symétrique, flanquée de 2 minarets de 25 m. À l'aplomb de la coupole dorée repose le président. La construction dura plus de 20 ans et les matériaux les plus nobles furent employés : bois d'olivier, marbre, or fin... Dans une pièce adjacente, les effets personnels du « Combattant suprême » sont exposés dans une reconstitution de son bureau. Notons sa carte d'identité qui porte le numéro 0000001, ses diplômes, ainsi que ses photos de classe et de famille.

Le musée Habib-Bourguiba (hors plan par A1) : *route de l'aéroport, à env 5 km du centre-ville.* ☎ *73-529-555. Tlj sauf lun 9h-17h (16h pdt le ramadan). Entrée : 10 Dt.* Après la mosquée et le mausolée, il manquait un musée consacré au père de l'indépendance et ancien président, natif de Monastir. C'est chose faite, au sein de l'ancien palais présidentiel, qui plus est. Construit en 1962, il fut utilisé comme résidence d'été jusqu'en 1987 par l'ancien chef d'État. Il se caractérise par un style moderne par rapport aux normes de l'époque. Au rez-de-chaussée, la voiture présidentielle et une exposition de photos du président tunisien en compagnie d'hommes d'État. À l'étage, laissé intact et sans aménagement particulier, on visite l'imposante salle de réception décorée par Maxime Old, un architecte-décorateur réputé, la vaste salle à manger, agrémentée de tapisseries margoum (en laine) provenant de la région de Gafsa, la chambre à coucher du président et celle de sa femme Wassila, toutes 2 aux murs laqués, séparées par une salle de bains commune avec baignoire en marbre taillé dans un seul bloc et portes en feuille d'or. Puis le bureau présidentiel avec quelques objets personnels. Au 2e étage, la suite de Hajer, la fille adoptive du couple Bourguiba.

Malgré le manque d'informations, la visite de ce petit palais de marbre au charme et à la déco bien sixties s'avère passionnante, autant que son immersion dans un lieu chargé d'histoire.

Le cimetière de Sidi el-Mézeri *(plan A-B1-2)* **:** entre le mausolée et le *ribat* s'étend un vaste cimetière, en partie rogné par l'urbanisation et la route le long de la corniche. Le président Bourguiba, en voulant enrichir sa ville natale, a beaucoup contribué à la destruction de ses anciens quartiers. On dit qu'un tiers de la médina fut détruit dans les années 1960. Précédant le cimetière, 2 édifices octogonaux, dont le *monument aux Sept Résistants martyrs.*

La mosquée Bourguiba *(plan A2)* **:** *à l'intérieur de la médina, rue de l'Indépendance. La cour centrale est en accès libre 15 mn avt et après la prière, sinon la mosquée est fermée.* Dédiée à l'ancien président et construite en 1963. Conception et architecture traditionnelles. Salle de prière pouvant contenir 1 000 personnes et reposant sur 86 colonnes de marbre rose. Les plus grands artistes travaillèrent à l'agencement intérieur. Le mihrab est recouvert d'une demi-voûte ornée de mosaïque d'or. Une vingtaine de portes en teck ont été réalisées par des artisans de Kairouan.

Le musée du Costume traditionnel *(plan B2)* **:** *à l'angle de la rue de l'Indépendance et de l'av. Trimeche, près de l'entrée de la mosquée Bourguiba. Tlj sauf lun 9h-16h (15h pdt le ramadan). Entrée : 5 Dt.* Un petit musée, 2 pièces voûtées dépouillées, archi-succinctes, où sont présentés en vitrine une large collection d'habits de mariage et quelques bijoux. La visite est d'un intérêt limité, sauf si Amor, l'administrateur du musée, est présent. Il saura vous expliquer avec passion le symbolisme des motifs brodés sur les costumes (belle variation autour de représentations florales, végétales, géométriques, humaines ou animales).

Fêtes et festivals

- ***Fête du Retour d'Hannibal :*** *à **Lamta** (15 km au sud de Monastir) : 5 j. mi-mai.* Simulation du débarquement d'Hannibal et vente de produits du terroir.
- ***Fête de la Mer :*** *fin juin-début juil.* Animations sur la plage.
- ***Festival international de Monastir :*** *15 juil-15 août, au ribat et au stade olympique.* Spectacles et musique.
- ***Tournoi international de pétanque :*** *début sept.*
- ***Festival international des arts plastiques :*** *10 j. en sept.* Un des festivals les plus populaires de la région, auquel participent des artistes (essentiellement des peintres) du monde entier. La ville se transforme en un immense atelier de plein air.
- ***Fête de l'Olivier :*** *à **Jemmal** (18 km au sud de Monastir), 1 j. en déc.* Dégustation de l'huile nouvellement extraite.

DANS LES ENVIRONS DE MONASTIR

LAMTA

Cette petite ville paisible, qui s'étire le long de la côte, témoigne au gré des fouilles et des découvertes d'un passé glorieux. Car Lamta est l'ancienne *Leptisminus* (ou *Leptis Minor*). Moins grandiose (comme son nom l'indique) que la ville de Leptis Magna en Libye, son activité portuaire avait néanmoins rendu cette ancienne cité punique florissante. Aujourd'hui, on s'y arrête volontiers pour déambuler dans les petites rues autour de son *ribat* et pour visiter l'intéressant Musée archéologique, magnifiquement situé face à la mer.

Un peu d'histoire

Si les Phéniciens ont débarqué sur ces côtes dès le XIIe s av. J.-C., c'est au cours de l'Antiquité que la cité connaît un véritable essor. Les Carthaginois en font un port prospère et Hannibal s'y pose de retour d'Italie lors de la 2e guerre punique. Mais pour survivre, Leptisminus choisit ses alliés : lors de la 3e guerre punique, elle se range aux côtés de Rome contre Carthage et devient, en 146 av. J.-C., l'une des 7 villes libres de la province romaine d'Afrique. Un siècle plus tard, elle s'allie à Jules César contre Pompée. Au début du IIe s, l'empereur Trajan l'élève au rang de colonie. La cité se romanise de plus en plus, on y vénère Bacchus et Vénus, et sa production agricole s'exporte vers le reste de l'Empire romain. Ce commerce est à l'origine de la prospérité de la région, qui durera jusqu'au milieu du IIIe s apr. J.-C.
Ouverte sur l'extérieur, la ville est aussi le lieu de rencontres de nombreuses influences, notamment chrétienne, et ce dès le IIIe s. Aux VIe et VIIe s, on dénombrait au moins 3 basiliques dans le secteur.
À partir du VIe s, les Byzantins en font un siège de commandement militaire et construisent une forteresse. Sur ses ruines, les Aghlabides érigent un *ribat,* 3 siècles plus tard.

Arriver – Quitter

À env 15 km au sud de Monastir via la route côtière.
– Le ***métro du Sahel,*** sur la ligne Sousse-Mahdia : départs ttes les 20-50 mn, env 6h45-20h55 en direction de ***Mahdia,*** 5h50-19h45 vers ***Monastir*** et ***Sousse.***

À voir

Le musée archéologique : *av. Habib-Bourguiba, à l'entrée de la ville, sur la gauche, en venant de Monastir.* ***Fermé pour restauration.*** *Anciens horaires et tarifs : tlj sauf lun 9h30-15h30 (16h30 en hiver). Entrée : 5 Dt.*
Le résultat des fouilles réalisées dans la région est exposé dans ce musée sobre et modeste mais instructif, sur un site peu connu.
Le bâtiment est précédé d'un jardin d'où émergent de nombreux vestiges, notamment d'anciens thermes (remarquer à droite en entrant une chambre chaude dont une partie est encore pavée de mosaïques). La salle de lutte et la bibliothèque sont moins évidentes à repérer. On peut également voir la reproduction d'un chapiteau de Carthage sur la gauche.
L'intérieur du musée retrace l'histoire de Leptisminus à travers différentes salles consacrées à la civilisation punique (rites funéraires : céramique, sarcophage en bois du IIIe s av. J.-C.) et à sa prospérité pendant la période romaine (l'économie, son architecture, les bâtiments publics et ses traditions funéraires). Les très belles mosaïques reflètent cette époque, comme la *mosaïque de Vénus,* au centre de la dernière salle, découverte à Lamta ; elle daterait de la fin du IIe s, début du IIIe s. Ou la *mosaïque des Saisons* (IIIe s apr. J.-C.) qui pavait le sol d'une demeure romaine à Uzita, sur la route de Sousse. Ne pas manquer non plus, toujours dans la dernière salle, le très beau sarcophage chrétien, retrouvé non loin de Lamta. En marbre sculpté, complet et en bon état de conservation, il s'agit d'une pièce unique.

Le ribat : *à 500 m du musée en direction du sud, prendre une tte petite rue à gauche (fléché, mais peu clair quand on vient du nord). Ne se visite pas.* Le *ribat* se trouve face à une belle mosquée blanche, au cœur du vieux village aux ruelles pavées. Il fut érigé en 859 par les Aghlabides, qui cherchaient à former un véritable chapelet de forteresses le long de la côte. Son enceinte carrée est flanquée de tours circulaires.

KAIROUAN

139 000 hab.

• Plan p. 218-219

Capitale spirituelle de la Tunisie, 1re ville sainte du Maghreb, 4e ville sainte pour les musulmans sunnites (après La Mecque, Médine et Jérusalem), Kairouan fut fondée au VIIe s au tout début de l'ère islamique. On la surnommait alors « la ville aux 300 mosquées ». Vous ne serez donc pas surpris d'apprendre qu'elle est inscrite au Patrimoine mondial de l'Unesco. C'est d'ailleurs, en dehors des stations balnéaires évidemment, l'une des cités les plus visitées du pays. Le matin, les touristes sillonnent les souks, réputés pour leurs tapis. Mais ils ne s'attardent pas, pas plus d'ailleurs que les fidèles qui, souvent, ne font que passer, et la ville se vide dès l'après-midi. C'est pourquoi il est intéressant d'y passer au moins une nuit.

La riche histoire de Kairouan et son importance pour l'islam sont encore palpables derrière les hauts remparts de pierre qui entourent sa belle et vaste médina. Au détour des petits passages, dans ce labyrinthe de ravissants *dar* aux portes cloutées, on découvre, ébloui par l'éclat des murs chaulés, ici une série d'échoppes colorées, là une zaouïa de style hispano-mauresque... et tout au bout la Grande Mosquée, une des perles de la Tunisie. La lumière y est très particulière, un peu mystérieuse ; elle envoûtait déjà le peintre Paul Klee et l'écrivain Guy de Maupassant.

UN PEU D'HISTOIRE

L'histoire de Kairouan est très mouvementée : la ville est fondée en 671 par Oqba ibn Nafi, à la recherche d'une base pour la conquête de l'*Ifriqiya* byzantine (elle servira aussi de point de départ pour la conquête de l'Espagne par Tarik ibn-Ziad). Et c'est en 762 que l'enceinte est édifiée, notamment pour protéger Kairouan des incursions berbères.

L'endroit, au centre du pays, en plaine, est choisi pour des raisons stratégiques : à la fois loin des montagnes (territoire des Berbères) et à l'écart de la côte sous contrôle byzantin. Cette ville-étape, « campement de caravanes » (signification d'*Al Qayrawan*), est ainsi la 1re ville du Maghreb à devenir musulmane. Se rendre 7 fois en pèlerinage à Kairouan équivaut à un *haj* à La Mecque.

L'*Ifriqiya,* jusqu'alors province des Omeyyades, puis des Abbassides, conquiert son indépendance en 800 avec l'avènement d'Ibrahim ibn al-Aghlab. À partir de là, Kairouan, alors capitale des Aghlabides, va connaître une grande prospérité. Ceux-ci construisent notamment la Grande Mosquée et les bassins. Au IXe s, le rayonnement culturel de Kairouan s'étend dans tout le monde arabe. Un siècle plus tard, les Fatimides prennent le pouvoir. Ces chiites se heurtent rapidement à la population, en majorité sunnite. Pour éviter tout soulèvement, les Fatimides s'éloignent de Kairouan et s'installent à Raqqada, puis à Mahdia. Du coup, Kairouan perd peu à peu de son importance.

À la fin du Xe s, les Fatimides transfèrent leur capitale au Caire et confient l'administration de l'*Ifriqiya* à Belogin ibn Ziri, fondateur de la dynastie des Zirides. La période est assez florissante, du moins jusqu'à ce que les Zirides délaissent les Fatimides pour prêter allégeance aux Abbassides de Bagdad. Vous suivez toujours ? Par vengeance, le souverain fatimide abandonne Kairouan à la vindicte de la tribu des Hilal, qui assiège et pille la ville en 1057. Kairouan est ruinée et ne doit sa survie qu'à son aura religieuse et culturelle. Elle se relève lentement de ses cendres au XIIIe s, mais il faudra attendre le XVIIIe s pour que la ville retrouve une certaine importance.

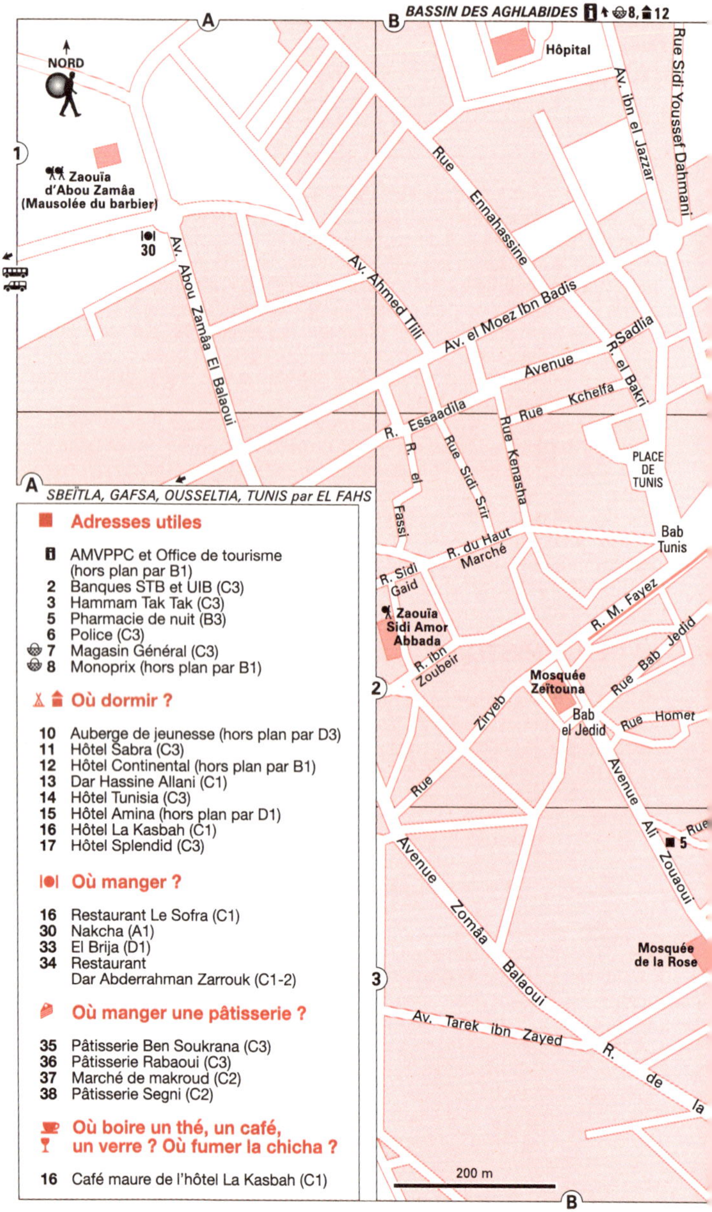

Adresses utiles

- AMVPPC et Office de tourisme (hors plan par B1)
- 2 Banques STB et UIB (C3)
- 3 Hammam Tak Tak (C3)
- 5 Pharmacie de nuit (B3)
- 6 Police (C3)
- 7 Magasin Général (C3)
- 8 Monoprix (hors plan par B1)

Où dormir ?

- 10 Auberge de jeunesse (hors plan par D3)
- 11 Hôtel Sabra (C3)
- 12 Hôtel Continental (hors plan par B1)
- 13 Dar Hassine Allani (C1)
- 14 Hôtel Tunisia (C3)
- 15 Hôtel Amina (hors plan par D1)
- 16 Hôtel La Kasbah (C1)
- 17 Hôtel Splendid (C3)

Où manger ?

- 16 Restaurant Le Sofra (C1)
- 30 Nakcha (A1)
- 33 El Brija (D1)
- 34 Restaurant Dar Abderrahman Zarrouk (C1-2)

Où manger une pâtisserie ?

- 35 Pâtisserie Ben Soukrana (C3)
- 36 Pâtisserie Rabaoui (C3)
- 37 Marché de makroud (C2)
- 38 Pâtisserie Segni (C2)

Où boire un thé, un café, un verre ? Où fumer la chicha ?

- 16 Café maure de l'hôtel La Kasbah (C1)

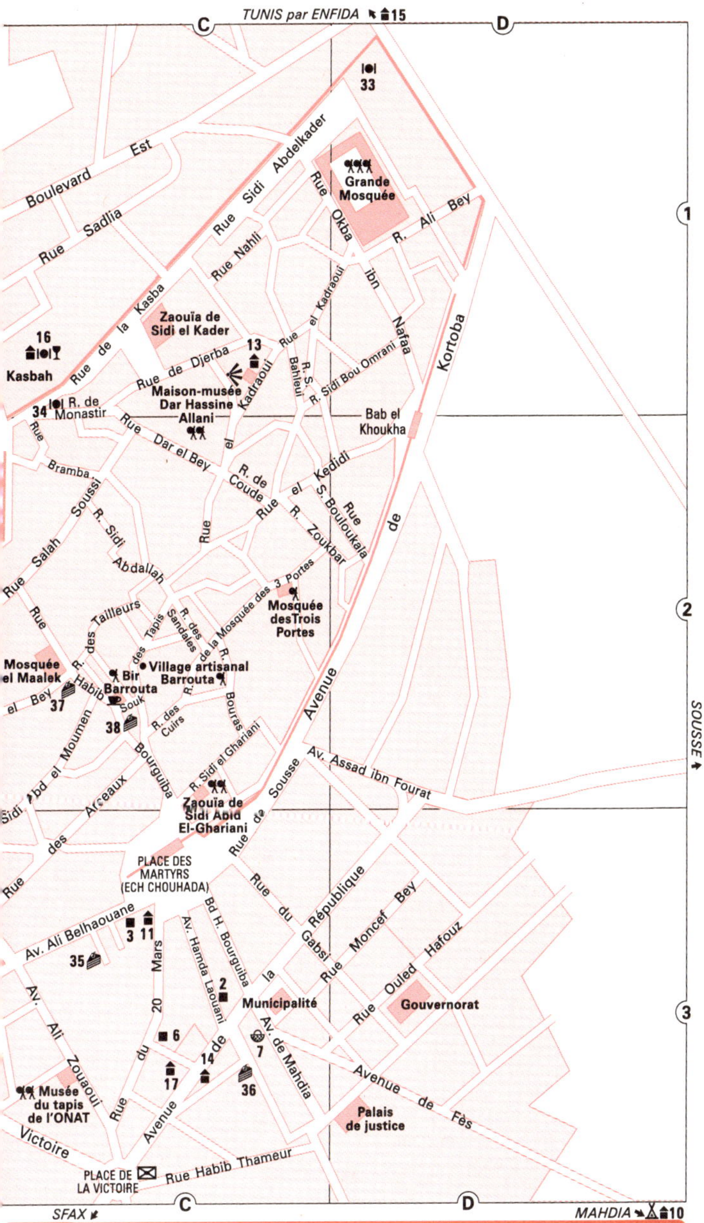

TUNIS par ENFIDA 15
C
D
1
2
3
SOUSSE
SFAX
MAHDIA 10
33
Grande Mosquée
Boulevard Est
Rue Sadlia
Rue Sidi Abdelkader
Rue Okba ibn Nafaa
R. Ali Bey
Rue Nahli
Rue de la Kasba
Zaouïa de Sidi el Kader
16
Kasbah
13
Rue de Djerba
Rue el Kadraoui
R. S. Bahleui
R. Sidi Bou Omrani
Kortoba
Maison-musée Dar Hassine Allani
34
R. de Monastir
Rue Bramba
Rue Dar el Bey
Bab el Khoukha
R. de Coude
Rue el Kedidi
Rue S. Bouloukala
R. Zoukbar
Avenue de Kortoba
Rue Salah Soussi
R. Sidi Abdallah
Rue des Tailleurs
R. des Sandales
R. des Tapis
R. de la Mosquée des 3 Portes
Mosquée des Trois Portes
Mosquée el Maalek
Village artisanal Barrouta
Bir Barrouta
Souk
37
38
R. des Cuirs
R. Bourras
R. Sidi el Ghariani
Rue Habib Bourguiba
el Bey
Rue Abd el Moumen
Sidi
Rue des Arceaux
Zaouïa de Sidi Abid El-Ghariani
Rue de Sousse
Av. Assad ibn Fourat
PLACE DES MARTYRS (ECH CHOUHADA)
Av. Ali Belhaouane
3
11
35
Bd H. Bourguiba
Av. Hamda Laouani
Rue du 20 Mars
Rue du Gabsi
Rue de la République
Rue Moncef Bey
Rue Ouled Hafouz
2
Municipalité
Gouvernorat
6
7
14
17
36
Avenue de la République
Av. de Mahdia
Avenue de Fès
Av. Ali Zouaoui
Musée du tapis de l'ONAT
Victoire
Palais de justice
PLACE DE LA VICTOIRE
Rue Habib Thameur

KAIROUAN

Arriver – Quitter

En bus

Gare routière *(hors plan par A1)* **:** *sur la route de Gafsa, à 400 m derrière le mausolée du Barbier (zaouïa d'Abou Zamâa). Un peu excentré, prendre un taxi. 2 compagnies :* ***SNTRI*** *(☎ 77-300-125) et* ***SORETRAK*** *(☎ 77-300-011).* Liaisons avec :

- ***Tunis :*** env 10 départs/j. Compter 2h, en bus climatisé.
- ***Sousse :*** ttes les 45 mn-1h30, 6h30-16h. Durée : 1h-1h30.
- ***Monastir :*** 2 bus/j., l'un le mat tôt et l'autre (sauf en juil-août) en début d'ap-m. Durée : 1h30.
- ***Hammamet et Nabeul :*** 6 bus/j., le mat. Durée : 2h30.
- ***Sfax :*** 2 bus/j., le mat tôt et en début d'ap-m. Durée : 2h30.
- ***Gafsa :*** 7 bus/j., dont 4 vont jusqu'à ***Tozeur.*** Durée jusqu'à Tozeur : 5h.
- ***Le Kef :*** 2 bus/j., le mat tôt et en début d'ap-m. Durée : 4h.
- ***Gabès :*** 4 bus/j., dont 2 continuent jusqu'à ***Djerba*** (le mat seulement). Durée jusqu'à Djerba : env 6h30.
- ***Kasserine*** (via ***Sbeïtla***) **:** 2 bus/j., dans l'ap-m. Durée : 2h30.

En louage

Station de louages *(hors plan par A1)* **:** *un peu avt la gare routière.* Achat des billets au guichet à la porte principale.

- Pour ***Tunis,*** durée : 2h. Pour ***Sousse,*** durée : 1h. Pour ***Sfax,*** durée : 2h. Pour ***Monastir,*** durée : 1h. Pour ***Nabeul,*** durée : 1h40. Pour ***Hammamet,*** durée : 1h30.

Enquiquinements

On vous prévient de quelques menues tracasseries causées par des rabatteurs lorsque vous arrivez en voiture. Ces derniers, souvent à mobylette, essaient d'attirer les touristes dans les boutiques de tapis, dans l'espoir d'obtenir une commission. Tous les prétextes sont bons : la médina est fermée, une fête bloque le passage... l'imagination ne manque pas. Bref, soyez vigilant, votre meilleure parade restant le sourire et l'humour (c'est bien connu, ça désarçonne les baratineurs).

Adresses utiles

Infos touristiques

Agence de mise en valeur du patrimoine et de la promotion culturelle – AMVPPC *(hors plan par B1)* **:** *rue Ibn-Aghlab, près des bassins des Aghlabides, devant l'hôtel Continental. ☎ 77-270-452. • tunisiepatrimoine.tn • De début mai à mi-sept : tlj 7h30-14h (13h ven) ; le reste de l'année : lun-jeu 8h-17h, ven 8h-13h, w-e 8h-15h. Fermé pour les grandes fêtes musulmanes. Billet pour les principaux monuments 12 Dt, valable pour la journée.* C'est ici que s'achète le billet d'entrée pour les monuments de la ville *(on peut également l'acheter à la Grande Mosquée, et au mausolée du Barbier/zaouïa d'Abou Zamâa).* Vous trouverez également, si vous le souhaitez, un bon guide officiel (compter 30 Dt pour 2h, pour 1 à 10 personnes). Profitez-en pour monter sur la terrasse du bâtiment : vue sur les bassins, le minaret de la Grande Mosquée et le mausolée du Barbier. Également un petit café pour se rafraîchir.

Office de tourisme *(hors plan par B1)* **:** *bureau à l'entrée des locaux de l'AMVPPC (voir ci-dessus). ☎ 77-274-282. • crt.kairouan@discovertunisia.com • Mêmes horaires.* Brochures sur Kairouan et la région, ainsi qu'un plan de la ville.

Services

Banques *(change et distributeurs)* **:** *nombreuses dans le centre (plan C3, **2**), notamment la* ***STB,*** *av. Docteur-Hamda-Laouani, et l'****UIB,*** *un peu plus loin.*

■ ***Police*** *(plan C3,* ***6****) : à l'angle de la rue du 20-Mars, en face de l'hôtel* Splendid. *☎ 197.*

Hammam

■ ***Hammam Tak Tak*** *(plan C3,* ***3****) : à côté de l'hôtel Sabra (même proprio). Tlj, hommes seulement 4h-21h. Entrée : 3 Dt, 5 Dt avec gommage.* Un vieux hammam bien restauré. Propre et bien tenu. N'oubliez pas gant et savon.

Santé, urgences

■ ***Pharmacie de nuit : Gouider Moncef*** *(plan B3,* ***5****), av. Abi-Zamâ-el-Balaoui en remontant vers la bab Tunis. ☎ 77-230-069. Tlj 19h30-8h30.*

■ ***Clinique privée El Aouani :*** *rue Ibn-Aghlab, près des bassins des Aghlabides. ☎ 77-271-444.*

Achats

Souk du Lundi : *le lun, pardi ! À l'extérieur des remparts, à la hauteur de la Grande Mosquée, sur l'axe Tunis-Sousse (plan D1).*

Supermarchés : Magasin Général *(plan C3,* ***7****), av. de Mahdia. Tlj 8h-21h. Pas d'alcool. Ou* ***Monoprix*** *(hors plan par B1,* ***8****), av. de la République, à côté des bassins des Aghlabides. Tlj 8h-21h. Pas d'alcool non plus.*

Où dormir ?

Vu le faible nombre de touristes choisissant de loger à Kairouan, la scène hôtelière n'y est pas très développée. La plupart des catégories y sont toutefois représentées.

Bon marché (moins de 75 Dt / 25 €)

Auberge de jeunesse *(hors plan par D3,* ***10****) : av. de Fès. ☎ 77-228-239. Installée dans une « Maison de jeunes », à env 1,5 km de la pl. des Martyrs. Pas d'enseigne, c'est le bâtiment blanc avec un portail vert, sur la droite face au stade. Compter 20 Dt/pers.* Pas une auberge à proprement parler, c'est plutôt une sorte de centre pour jeunes avec des chambres à l'étage... nues mais propres, pour 2-4 personnes. Douches et toilettes assez sommaires. Pour les fauchés uniquement. Accepte aussi les camping-cars sur le parking pour quelques dinars.

Hôtel Splendid *(plan C3,* ***17****) : av. du 9-Avril-1939. ☎ 77-227-522 ou 77-230-041. • spendidhotel_kairouan@hotmail.com • Doubles 60-70 Dt, petit déj inclus.* En plein centre mais au calme. Un ancien hôtel français dont la façade de 1903 a conservé sa déco de carreaux de céramique. La plupart des chambres, spacieuses (certaines pour 3-4 personnes) et fonctionnelles, sont presque coquettes, les salles de bains quasi étincelantes... Bar au rez-de-chaussée mais très bruyant (sert de l'alcool). Accueil courtois. Un très bon rapport qualité-prix. Sans hésiter, le meilleur hôtel dans cette catégorie.

Hôtel Sabra *(plan C3,* ***11****) : av. Ali-Balhaouane. ☎ 77-230-263. En face de la porte des Martyrs. Doubles env 40-50 Dt sans ou avec douche (w-c à l'extérieur), petit déj compris.* Les chambres sont assez basiques et petites, mais l'entretien est convenable. Celles donnant sur les remparts sont agréables au coucher du soleil, mais un peu bruyantes le matin. Petit salon à chaque étage et café très fréquenté au pied de l'hôtel. Du toit, terrasse avec belle vue sur la médina. Accueil chaleureux.

Hôtel Tunisia *(plan C3,* ***14****) : av. de la République. ☎ 77-231-855 ou 775. Double 50 Dt, petit déj inclus.* Une adresse un peu vieillotte, très simple mais bien tenue. Chambres sans prétention ni fioritures, avec clim et salle de bains ou douche. Toutes de taille et style différents, en voir plusieurs avant de s'engager. Celles sur l'avant possèdent un balcon, mais préférer loger sur l'arrière, bien plus calme. Personnel disponible et aimable.

De chic à très chic (plus de 150 Dt / 50 €)

Hôtel Continental *(hors plan B1, **12**) : rue Ibn-al-Jazzar. ☎ 77-232-006. • hotelcontinental.tn •* Non loin de la médina, à quelques minutes du centre, voici un hôtel très agréable. Belle piscine pour se rafraîchir et transats pour se reposer. Accueil aux petits soins. De grandes chambres confortables avec balcon, et pour certaines vue sur la jolie piscine extérieure entourée de végétation. Bon petit déjeuner. Resto le soir, pas beaucoup de choix mais ça dépanne.

Hôtel Amina *(hors plan par D1, **15**) : av. des Nations-Unies. ☎ 77-274-555. • hotelamina.com.tn • Sur la route de Tunis, à 2 km du centre-ville. Double env 140 Dt en moyenne saison, petit déj inclus. Parking privé.* À la sortie de la ville, cet hôtel agréable, à l'architecture évoquant les Aghlabides, reçoit les hommes d'affaires et les voyageurs indépendants en quête de tranquillité. Une centaine de chambres simples mais confortables, avec clim et balcon. En prime, piscine, bar (alcool servi) et 2 restaurants. Personnel serviable et (très) disponible.

Hôtel La Kasbah *(plan C1, **16**) : 3140, rue de la Kasbah. ☎ 77-237-301. • goldenyasmin.com • Doubles 300-350 Dt, petit déj inclus. Voir aussi les promos sur leur site.* Le meilleur hôtel de Kairouan. Il est logé dans une forteresse (en fait, une ancienne caserne) adossée aux remparts de la ville et possède une centaine de chambres à la déco orientale soignée, avec murs en carreaux de faïence et tout le confort. Au milieu de l'ensemble, un grand patio où s'étale une belle piscine turquoise (pataugeoire pour les enfants). Hammam (payant, non-résidents admis), resto (voir « Où manger ? Chic ») et un café maure (voir « Où boire un thé, un café, un verre ? Où fumer la chicha ? »). La classe et, en prime, pas mal de charme, d'autant que l'hôtel est un site classé de l'architecture musulmane.

Dar Hassine Allani *(plan C1, **13**) : 37, rue Kadraoui. ☎ 77-235-760. 📱 25-258-684. Env 300 Dt pour 2-4 pers avec ou sans sdb ; petit déj et garage inclus.* La maison-musée du même nom (se reporter à la rubrique « À voir » plus loin) offre aussi le gîte aux touristes en mettant à leur disposition les 3 chambres qui, normalement, se visitent. Du coup, on loge dans l'une des plus belles demeures traditionnelles kairouanaises. Attention, si la chambre double possède ses propres sanitaires, les suites pour 3 et 4 personnes (au même prix) ont la douche (plus les w-c pour la triple) dans la cour. Petit déj servi sur la superbe terrasse du toit aux beaux jours. Bon restaurant. En prime, accueil charmant.

Où manger ?

Pas énormément d'options, et les amateurs de bière ou de vin au dîner trouveront refuge au *Sofra.*

De bon marché à prix moyens (moins de 40 Dt / 13 €)

El Brija *(plan D1, **33**) : derrière la Grande Mosquée. ☎ 77-229-019. Tlj midi et soir jusqu'à 22h (1h en été).* Intégré aux remparts de la ville, il arbore une déco un peu chic, avec au choix une salle feutrée genre salon (boiseries et canapés moelleux, le tout dans les tons chauds) ou, aux beaux jours, une agréable terrasse en pierre claire. C'est le rendez-vous des familles tunisiennes un peu aisées, qui viennent y prendre un jus ou grignoter un morceau. Cuisine assez soignée : filet sauce au poivre, filet de veau gratiné, ou paupiette de dinde... en plus des traditionnelles pâtes et grillades. Beau cadre et souvent animé.

Nakcha *(plan A1, **30**) : av. Abi-Zamâa-el-Balaoui, face au mausolée du Barbier. ☎ 77-300-380. Tlj midi et soir.* Très beau restaurant au cœur d'un jardin paysager, un resto touristique de qualité où l'on s'installe au choix dans l'une des 2 salles tout en longueur, décorées de peintures murales colorées ou en terrasse. Bon choix à la carte, pour tous les goûts et tous les budgets. Un bon plan pour le midi, avant ou après la visite de la zaouïa d'Abou Zamâa.

Chic (40-60 Dt / 13-20 €)

Restaurant Dar Abderrahman Zarrouk *(plan C1-2,* ***34****) :* *rue Mohamed-Bouhaha. ☎ 77-231-307. Tlj 12h-16h, 19h-22h. Menu complet 40 Dt, carte. Pas d'alcool.* D'abord un lieu d'exception, une maison de 1835 ayant appartenu à un gouverneur turc. On s'installe dans l'une des salles aménagées dans les chambres (avec leur lit en alcôve) ou dans le patio central. Belles faïences, nombreux objets d'époque, somptueux plafonds peints de motifs floraux... Un vrai musée ! L'assiette est à la hauteur, dressée avec panache : savoureux couscous au mérou, *aknaf* (viande d'agneau aux herbes, cuit à la vapeur) ou poisson frais du jour livré de Monastir. Excellent brik au thon et *ojja* aux crevettes à tomber. Service attentionné, incontestablement une très belle table de la ville.

Restaurant Le Sofra *(plan C1,* ***16****) :* *à l'hôtel La Kasbah (voir « Où dormir ? De chic à très chic »). ☎ 77-237-301. Ouv aléatoire, mieux vaut téléphoner avt de se déplacer.* Dans un cadre voûté de brique ravissant, bonne cuisine simple et traditionnelle (grillades, poissons ou couscous...).

Où manger une pâtisserie ?

Kairouan est réputée pour son pain et ses pâtisseries, dont la spécialité est le *makroud,* un petit gâteau à base de semoule. Ces petites douceurs se mangent à n'importe quelle heure de la journée, ce qui explique le nombre d'échoppes qui en exposent des pyramides. Comme elles sont confectionnées sans œufs ni produits laitiers, elles peuvent se conserver longtemps.

Pâtisserie Ben Soukrana *(plan C3,* ***35****) :* *rue R'dat-el-Hadid. Tlj 8h-19h. De la pl. des Martyrs, suivre l'av. Ali-Belhaouane puis prendre la 2e ruelle sur la gauche ; c'est un peu plus loin sur la droite ; petite enseigne dans un angle.* L'extérieur ne paie pas de mine (l'intérieur non plus d'ailleurs). Mais il s'agit de la pâtisserie la plus ancienne de la ville (1925), gérée par la même famille depuis 3 générations, où vous goûterez parmi les meilleurs *makroud* de Kairouan, fabriqués avec des produits de 1re qualité. En forme de losange, ces *makroud* sont frits et glacés au sirop de sucre. Plusieurs parfums : datte, sésame, amandes, ces derniers étant plus chers mais divins !

Pâtisserie Segni *(plan C2,* ***38****) :* *rue Habib-Bourguiba. Tlj 8h-18h30.* C'est ici que l'on trouve le plus grand choix de *makroud* (y compris des blancs, à base de farine) et, face aux montagnes de ces petites douceurs, les yeux se mettent vite à pétiller. Prix un peu plus élevés qu'ailleurs mais la boutique est chic et jouit d'une solide réputation.

Le marché de makroud *(plan C2,* ***37****) :* *tlj 7h-20h.* Des étals de *makroud* (un peu en retrait de la rue Habib-Bourguiba). Sans doute les moins chers de la ville.

Pâtisserie Rabaoui *(plan C3,* ***36****) :* *3, rue Soukeina-bint-el-Houcine. Tlj 7h-21h.* Une excellente pâtisserie... qui ne vend aucun *makroud,* juste de succulentes autres douceurs tunisiennes et des viennoiseries.

Où boire un thé, un café, un verre ?
Où fumer la chicha ?

Kairouan regorge de petits cafés populaires aux terrasses souvent bondées. Peu de femmes et donc, chères routardes, vous préférerez peut-être passer votre chemin. Ils ne servent pas d'alcool.

Café maure de l'hôtel La Kasbah (plan C1, **16**) **:** *dans l'enceinte de l'hôtel éponyme (voir « Où dormir ? »). Tlj 16h-20h.* Hautes voûtes en pierre et plusieurs petites alcôves avec des coussins. C'est ici que les amoureux de Kairouan et les jeunes femmes fuyant les cafés à fréquentation exclusivement masculine se retrouvent, à l'abri des regards. Thé à la menthe, café et chicha, mais aussi bière et vin, vu qu'il travaille avec le bar de l'hôtel. Fraîcheur garantie grâce aux vieilles pierres bien épaisses. Prix évidemment un peu plus élevés qu'ailleurs.

Café du bir Barrouta (plan C2) **:** *au cœur de la vieille ville. Tlj 7h-19h (22h en été).* Montez au 1er étage. Déco traditionnelle et excellent jus d'orange, café turc et thé à la menthe. Clientèle mixte. C'est aussi, hélas, une attraction touristique un peu pitoyable (lire plus loin dans « À voir »).

À voir

Kairouan étant une cité religieuse, on se permet d'insister sur la tenue vestimentaire, en particulier pour la visite de la Grande Mosquée.

Infos pratiques

Les différents sites de la ville se visitent avec un ***billet combiné*** à 12 Dt, valable une seule journée (attention au jour de fermeture de certains sites et aux horaires peu respectés) ; pas de réduc étudiants. Il s'achète à l'*Agence de mise en valeur du patrimoine et de promotion culturelle* (l'*AMVPPC* ; voir plus haut les « Adresses utiles ») ou à la Grande Mosquée (mais jusqu'à 14h seulement, 12h le vendredi) et permet de visiter 6 sites : la Grande Mosquée, le mausolée de Sidi Abid el-Ghariani, le mausolée d'Abou Zamâa, la zaouïa de Sidi Amor Abbada, les bassins des Aghlabides et le musée des Arts islamiques de Raqqada (mais d'un intérêt moindre et à 9 km du centre-ville sur la route de Sfax).

Les bassins des Aghlabides (hors plan par B1) **:** *av. de la République, à côté de l'AMVPPC (mêmes horaires). On peut aussi les observer de la terrasse de l'agence.* Il s'agit d'un réservoir à ciel ouvert ayant la forme d'une ellipse de 64 « côtés » et de 128 m de diamètre. Il fut construit au IXe s par le Grand Vizir, qui venait y faire la sieste dans un pavillon placé au centre. Un 2e bassin de 34 m de diamètre lui est accolé. À l'origine, il y aurait eu 15 réservoirs destinés à pourvoir la ville en eau. Ces installations hydrauliques sont considérées comme les plus importantes du Moyen Âge.

La Grande Mosquée (plan C-D1) **:** *tlj 8h-14h (12h ven) ; fermé pour les fêtes religieuses.*
Appelée aussi *jamâa Oqba Ibn Nafi* (du nom de son fondateur), c'est ***l'édifice religieux le plus ancien et le plus prestigieux du monde musulman occidental***. C'est aussi l'un des plus riches artistiquement parlant. La Grande Mosquée de Kairouan servit de modèle à la construction de nombreuses autres mosquées, tant au Maghreb qu'en Andalousie. Les non-musulmans sont autorisés à visiter la cour, mais, malheureusement, comme toujours, pour profiter de tous les trésors de la salle de prière, il vous faudra au préalable vous convertir à l'islam ! On peut toutefois admirer l'intérieur de la salle de prière depuis le seuil, d'où l'on distingue le principal.
Plutôt sévère d'aspect extérieur avec ses hauts murs dotés de contreforts, la mosquée fut fondée en même temps que la ville, puis en partie détruite. Reconstruite plusieurs fois au VIIIe s, elle subit tout au long de son histoire diverses modifications. L'enceinte, épaulée par de puissants contreforts, est percée de 6 portes monumentales ouvrant sur la cour (3 autres donnent directement accès à la salle de prière).

– ***La cour*** *(sahn),* impressionnante par ses dimensions, occupe tout le centre de l'édifice. Elle est légèrement déclive afin de permettre aux eaux de pluie de s'écouler dans un bassin dont l'astucieux système de chicane en alvéoles sert de filtre. Les eaux ainsi purifiées étaient stockées dans des citernes souterraines, tandis que des puits permettaient de prélever ce qui était nécessaire aux ablutions des pèlerins. La margelle de ces puits est constituée de socles de colonnes antiques évidées, récupérées sur le site romain de Sbeïtla, à 100 km. Un cadran solaire très sophistiqué, installé en haut du petit escalier, permettait de déterminer l'heure exacte des 5 prières quotidiennes. Les doubles galeries qui entourent la cour sont remarquables, surtout aux heures où la lumière joue sur la pierre. Les colonnes, là encore issues de temples romains, sont toutes différentes. Sur les 17 portes intérieures que compte la mosquée, aucune n'est identique. Ne pas hésiter à faire le tour complet.

– ***Le minaret*** carré, haut de 33 m, peut surprendre par son aspect massif avec ses 3 étages surmontés d'un dôme. Destiné à l'appel à la prière, il servait aussi de tour de guet. On y accédait (il est fermé au public) par un escalier de 129 marches, après avoir franchi une petite porte dont l'encadrement est constitué de belles frises antiques. On peut remarquer 2 inscriptions latines (dont une à l'envers, d'ailleurs). En effet, les architectes utilisaient toujours des matériaux provenant de monuments antérieurs. C'est ainsi que le minaret, probablement édifié au VIIIe s, repose sur une base faite de matériau de réemploi. Là encore, le site de Sbeïtla a fourni un grand nombre de ces pierres.

– ***La salle de prière*** *(haram),* profonde de 37 m et large de 70 m, est souvent comparée à une forêt de colonnes de marbre, de porphyre ou de granit (la plupart proviennent de monuments romains ou byzantins). Elles soutiennent des arcs plein cintre. Noter le bois au sommet des chapiteaux : il a été placé dès l'origine pour atténuer les vibrations. Il faut laisser le regard, peu à peu, s'habituer à la pénombre intérieure pour percer le mystère de ce vaste oratoire composé de 17 nefs. Malheureusement, même avec une bonne vue, il n'est pas possible de détailler l'étonnant mihrab du IXe s. Le 1er, réalisé sous Sidi Oqba en 670, était en brique. En rénovant la mosquée, les Aghlabides ont tenu à conserver le mihrab original, mais l'ont embelli de panneaux de marbre ajourés pour qu'on puisse toujours apercevoir l'œuvre du fondateur. Ils l'ont également entouré de 130 carreaux de faïence à reflets métalliques, tous différents, provenant de Bagdad. Ce qui témoigne d'un véritable échange culturel entre les 2 rives de l'islam. La technique utilisée reste un mystère. Une demi-coupole de bois peint coiffe ce Saint des Saints.

TÉLÉPHONE ARABE

Voici l'origine de cette célèbre expression : malgré l'excavation dans le mur du fond de la mosquée (le mihrab) pour faire caisse de résonance, la voix de l'imam ne portait pas toujours assez loin. Pour relayer ses paroles et que les fidèles du fond puissent bien écouter la prière, des « assistants » se tenaient un peu partout dans la mosquée. D'un bout à l'autre de l'auditoire, ils répétaient les prières de l'imam... Aujourd'hui, ce « téléphone arabe » a été remplacé par des haut-parleurs, qui ne jouent vraiment pas le jeu puisqu'ils répètent tout sans rien déformer !

À côté se dresse le minbar, escalier surmonté d'un trône destiné à la prédication de l'imam. Cette chaire, composée de plus de 240 panneaux de teck sculpté, est la plus ancienne de tout le monde islamique (IXe s). Pour imaginer sa richesse, il suffit de s'attarder devant les portes donnant sur les galeries et sur le grand tympan du portail central. Tout y est travaillé en une précieuse dentelle de bois. La *maksoura* (à droite du minbar) est une clôture en cèdre qui permettait au souverain ziride d'assister à la prière sans être vu. Cet espace privilégié communique directement avec l'extérieur.

La zaouïa de Sidi Abid el-Ghariani *(plan C2-3)* : *rue Sidi-Abid-el-Ghariani, dans la 2e ruelle à droite en entrant dans la médina par la bab Ech-Chouhada (pl.*

des Martyrs). Lun-ven 8h-14h (15h de mi-sept à fin avr). Fermé le w-e. Sidi Abid est un saint du XIVe s, d'origine libyenne. Très beau témoignage architectural de cette période. Voir à gauche, dans la cour entourée de galeries, le *mausolée* où se trouve le tombeau. Le plafond en marqueterie peinte est si finement travaillé qu'il donne l'impression d'être en cuir repoussé. Les stucs, tout autour, forment une guirlande de dentelle de plâtre, éclairée par la lumière colorée que filtrent les vitraux. À l'étage, une médersa avec salle d'ablutions et des chambres d'étudiants *(ne se visite pas).*

La zaouïa d'Abou Zamâa *(plan A1)* **:** *ouv en principe de début mai à mi-sept : tlj 7h30-14h (13h ven) ; le reste de l'année : lun-jeu 8h-17h, ven 8h-13h, w-e 8h-15h.*
C'est là qu'est enterré l'un des compagnons de Mahomet, Abou Zamâa el-Balaoui. Appelé également Sidi Sahbi ou « le Barbier », parce qu'il portait toujours sur lui 3 poils de la barbe du Prophète. C'est le mausolée le plus visité du pays. On y vient pour lui rendre hommage et célébrer avec faste le *Mouled,* fête commémorant la naissance du Prophète. Ce complexe est un bel exemple de l'architecture élégante du XVIIe s.
Après avoir traversé la 1re cour, celle de l'école coranique, on accède à une 2de cour à colonnades. Noter les superbes plafonds de bois de cèdre du portique longeant le sanctuaire. Sur les murs, d'étincelants panneaux de faïence d'influence ottomane et des frises de stucs (plâtres) avec des inscriptions coufiques. L'entrée du sanctuaire proprement dit est interdite aux non-musulmans, mais la vision que l'on en a depuis la porte de marbre est suffisante, quoique l'on distingue difficilement la superbe coupole de mosaïques au-dessus de la sainte sépulture.
Pendant les vacances tunisiennes a lieu la cérémonie de la circoncision dans la cour de la mosquée. Cette cérémonie s'assimile plutôt à une fête. Dans un coin, l'enfant, sa famille et l'infirmier ou le coiffeur familial. Dans une autre partie de la cour, une nuée d'enfants (la famille du circoncis) s'attroupe autour d'une jarre plâtrée, pleine de friandises. Au moment du coup de bistouri, on casse la jarre et tous les enfants se ruent sur les bonbons, ce qui détourne l'attention du jeune circoncis. Le tour est joué !

La maison-musée Dar Hassine Allani *(plan C1)* **:** *37, rue Kadraoui. 25-258-684. Tlj 8h-18h. Entrée : 10 Dt.*
Définie comme la plus belle demeure traditionnelle kairouanaise, typique de l'architecture arabo-musulmane du XVIIIe s, et qui offre même, depuis que l'endroit fait aussi chambre d'hôtes (voir plus haut « Où dormir ? »), l'occasion de goûter à ce délicieux mode de vie, à cet art de vivre exemplaire. C'est aussi un magasin de tapis.
Sur rue, déjà, un ravissant portail ciselé. À l'intérieur, une architecture qui révèle toute la tradition et l'organisation spatiale : ainsi les 3 *skifa,* ces pièces constituant un écran de séparation entre monde extérieur et intérieur et qui préserve l'intimité de la maison. Salon (appelé *tedbene*) pour les invités, aux banquettes en pierre *doukana,* puis la cuisine et son puits de 15 m de profondeur. Sur le patio, les 3 chambres où l'on peut passer la nuit si on le souhaite mais qui, autrement, se visitent : la chambre des filles (ravissant décor floral ciselé sur le lit dans l'alcôve), celle des garçons, puis celle des parents (toujours ces lits en alcôve et des meubles du XIXe s). En dessous du patio, le *dahliz,* la cave à température idéale pour conserver dans les *kollas* (jarres) l'huile d'olive, le miel, le couscous...
À l'étage, pièce centrale haute de plafond avec une fenêtre aux 4 coins cardinaux, la salle à manger et la salle de réception, où l'on découvre de vieux manuscrits, une belle robe de mariée des années 1950 et une malle pleine de cadeaux de mariage.
Sur le toit, enfin, la vaste terrasse avec son petit café ombragé permet de profiter du superbe panorama sur la médina et la Grande Mosquée.

La zaouïa de Sidi Amor Abbada *(plan B2)* **:** *fléché à partir de la mosquée Zeïtouna. Tlj sauf lun 8h-14h de début mai à mi-sept (9h-16h le reste de l'année).*

On l'appelle aussi « la mosquée aux 7 coupoles », comptez-les ! Mais elle est plus connue sous le nom de « mosquée des Sabres », car elle fut construite au XIXe s par un marabout qui était forgeron de son état ; transformée en un petit *musée* abritant des objets créés par le maître des lieux. Vu leur taille, ce devait être un géant ou un mégalo. Ces objets n'avaient néanmoins pas été conçus pour être utilisés. Trop grands, ils seraient en fait purement symboliques et créés d'après une unité de mesure sacrée. Ce sont donc plutôt des œuvres d'art, assez singulières, faisant référence aux religions du Livre...

La médina, les remparts et les souks : très certainement une des plus belles médinas de Tunisie. Encore plus belle dès que l'on quitte les principaux axes pour se perdre dans les ruelles tranquilles. Le meilleur moment sera vers 7h, après avoir photographié le soleil levant sur la Grande Mosquée et assisté à l'ouverture des boutiques et au démarrage de la vie quotidienne. Admirez la beauté de l'architecture des maisons, même les plus simples, les perspectives de rues cassées, chamboulées par mille recoins et avancées, le tout dans une blancheur immaculée.
Les plus courageux feront leur jogging autour des remparts. Ils font près de 4 km de long et leur hauteur varie de 4 à 8 m. Un chemin de ronde permettait de surveiller les alentours. La ville fut souvent menacée au cours de son histoire, et son enceinte détruite et reconstruite 7 fois (la dernière entre 1756 et 1772, sous les souverains husseinites).

La mosquée des Trois-Portes *(jamâa Tleta-Bibane ; plan C2)* **:** *en plein cœur de la médina, dans l'ancien quartier des tisserands. Ne se visite pas.* Élevée en 866, c'est l'une des plus anciennes de Kairouan, et elle a conservé sa façade originelle mêlant écritures coraniques et frises berbères.

Le bir Barrouta *(plan C2)* **:** *tlj 9h-17h30 (22h en été). GRATUIT.* Dans la médina, à l'étage d'une maison, une attraction touristique peu reluisante... *Bir* signifie « puits » et *Routa* était le nom du chien de l'accompagnateur du Prophète, devenu *Barrouta* par abus de langage. Le puits a été construit aux environs de 796 puis restauré en 1690, et fait 25 m de profondeur. Il fonctionne toujours. L'eau est extraite par un système de 2 roues actionnées par un dromadaire pelé qui tourne en rond, les yeux bandés. Les gens viennent ici boire l'eau considérée comme bénite, car on raconte que le puits communiquerait avec *zam zam,* l'eau sacrée de La Mecque.
Voir aussi plus haut « Où boire un thé, un café, un verre ? Où fumer la chicha ? ».

Le village artisanal Barrouta *(plan C2)* **:** *après le puits Barrouta, sur la droite du souk des tapis. Lun-sam 8h-17h. Fermé ven ap-m et dim. GRATUIT.* Cet ancien édifice, restauré par l'Association de sauvegarde de la médina et géré par l'ONAT, réunit une vingtaine d'ateliers de formation dans différentes spécialités (tissage, cuir, broderie, cuivre martelé, etc.). Malheureusement, avec la crise, plus de la moitié de ces échoppes ont fermé.

Le musée du Tapis de l'Office national de l'artisanat tunisien *(ONAT ; plan C3)* **:** *av. Ali-Zouaoui. Lun-ven 8h-12h30, 13h-17h (7h30-13h30 seulement en été). Fermé les w-e et j. fériés. GRATUIT. Visite guidée quand il y a des groupes.*
Une visite à ne pas manquer, qui n'est pas une visite mercantile. Pour préserver le patrimoine de la ville et du pays, ce musée, à la belle architecture traditionnelle, regroupe des collections de tapis réalisés d'après des maquettes datant du début du XXe s, d'autres de 1950 environ et les derniers d'après des maquettes très récentes. On les appelle alors les tapis « de création ». Le plus ancien spécimen exposé est un tapis kairouanais, qui se trouve en haut des marches en entrant et qui date de 1830. On y présente aussi les différents styles selon les régions : le tapis en haute laine à points noués en poil de chèvre ou de chameau, fabriqué surtout dans le Sud et réalisé par les hommes, non par les femmes. On s'en

sert de tapis de sol ou de couverture. Le tapis de Kairouan est réalisé à base de laine et de coton. On le reconnaît à ses motifs géométriques ; un tapis à semis possède un dessin qui se répète sur toute la superficie. Incollable, que vous allez ressortir ! Pour être estampillés par l'ONAT, les produits finis doivent répondre à des normes très précises et passer par une inspection dans la salle du contrôle qualité à l'étage.
Le prix d'un tapis se calcule au nombre de nœuds (il est affiché au cours du jour). Un tapis appelé 20/20 compte en réalité 40 000 nœuds au m^2, tandis qu'un modèle 50/50 (toujours en soie) en dénombre 250 000 au m^2 !
Si vous désirez acheter un tapis, ou simplement voir les productions récentes de la région de Kairouan, demandez la liste des magasins recommandés par l'ONAT, ils sont moins d'une dizaine sur la trentaine encore ouverte en ville. Car dans ce domaine-là aussi, la crise a frappé. La production annuelle qui atteignait 40 000 pièces (représentant près de 170 000 m^2) lors de son âge d'or, est tombée à 5 000 aujourd'hui ! Il ne reste qu'environ 80 femmes à en tisser, la plupart travaillant dans les bourgades environnantes, dans des conditions de travail très pénibles et mal rémunéré, c'est d'ailleurs l'une des raisons pour lesquelles les jeunes filles délaissent aujourd'hui ce métier. Le tapis n'est plus une denrée recherchée, à part pour les anciens qui le considèrent encore comme un produit de luxe. Aussi, peu à peu, se perd la coutume d'acheter un tapis de Kairouan à un couple de jeunes mariés. Si quelques vendeurs de tapis proposent encore de la qualité (on les trouve autour du souk des tisserands), beaucoup ont fermé boutique ou se sont reconvertis dans la vente de bijoux, breloques... ou copies d'articles de sport.

Festivals

– ***Festival international des arts du printemps :*** *1 sem fin mai-début juin.* Rendez-vous de chanteurs et poètes tunisiens. Animations dans la médina et autour des bassins des Aghlabides.
– ***Festival des Musiques sacrées :*** *2de quinzaine du ramadan.* Concerts dans les mausolées et autour de la Grande Mosquée.
– ***Festival El Mouled :*** *1 sem mi-oct.* Concerts de musiques folkloriques, spectacles équestres, salon d'artisanat... Très populaire.

EL-JEM

21 500 hab.

À une soixantaine de kilomètres de Sfax ou de Sousse, vous voici au cœur de la région des oliviers. Sur des centaines de kilomètres, cette contrée plate et ensoleillée en a fait sa richesse. On comprend mieux l'omniprésence de l'huile dans la cuisine du pays.
Passé les oliviers, la surprise qui vous attend à El-Jem est de taille... enfin, plutôt son amphithéâtre romain, qui écrase de sa masse les petites maisons basses du bourg. Essayez si possible d'arriver par la route de Sousse, l'approche du site est superbe. Vous êtes sur le site de l'antique *Thysdrus,* l'une des villes les plus riches de la Tunisie romaine, qui compta à son apogée près de 40 000 habitants. On ne recense plus, aujourd'hui, que 21 000 habitants, qui ne disposent que de très peu d'eau potable dans cette région aride. Du temps de Thysdrus, un astucieux réseau de canalisations permettait de recueillir les eaux de pluie tombées sur le théâtre.
– Souk particulièrement animé le lundi matin sur la route de Bou-Merdes.

UN PEU D'HISTOIRE

La petite bourgade d'El-Jem est érigée au rang de cité libre pour avoir prêté main-forte à Rome contre Carthage lors de la 2e guerre punique (146 av. J.-C.). Un siècle plus tard, la lutte entre Pompée et César fait rage. Les Pompéiens s'emparent brièvement de la ville, mais la victoire romaine est inéluctable. El-Jem n'est toujours qu'une modeste cité. Il faut dire que son expansion est limitée par un environnement aride. Des canalisations longues d'une vingtaine de kilomètres sont construites au Ier s apr. J.-C. pour acheminer l'eau vers la ville, puis un aqueduc est érigé. De cette époque date son ascension jusqu'à son apogée au IIIe s apr. J.-C. Elle prospère grâce au commerce de l'huile d'olive et du blé qu'elle exporte vers Rome, jusqu'à devenir l'une des 5 cités les plus importantes de la province avec Carthage, Hadrumète (Sousse), Utique (à l'ouest de Tunis) et Leptis Magna (dans l'actuelle Libye).

La cité se dote à partir du Ier s de 2 amphithéâtres, plus ou moins rudimentaires. Le 3e, au contraire, par ses dimensions, se rapproche du Colisée de Rome. L'affichage de cette insolente prospérité attire l'empereur en quête de fonds pour financer ses campagnes militaires. Il augmente les taxes dans toute la riche province africaine. Mais trop, c'est trop. En 238, la révolte gronde. Les notables puis l'ensemble de la province se soulèvent (voir encadré). Quelques années plus tard, El-Jem obtient le statut de colonie. Elle se christianise à la fin du IVe s avant de tomber aux mains des musulmans au VIIe s.

DE L'HUILE SUR LE FEU !

C'est la culture de l'olivier qui fit la prospérité d'El-Jem. C'est elle aussi qui causa sa ruine. En 238, à l'occasion de la vente de l'huile, les propriétaires terriens, appuyés par les paysans, jugèrent le pouvoir de Rome excessif et sa fiscalité trop pesante. Ils se révoltèrent contre le procurateur romain qu'ils tuèrent avant d'élever le proconsul d'Afrique, Gordien, au titre d'empereur. Rome entérina ce choix. Le brave homme n'en demandait pas tant, et il avait raison : l'empereur Maximin envoya, en représailles, ses troupes de Rome ravager la ville. Gordien se suicida. De là date le déclin d'El-Jem.

Arriver – Quitter

En train

Gare ferroviaire : *dans la rue principale, face à celle qui mène à l'amphithéâtre, repérer le bâtiment blanc aux volets bleus.* Liaisons avec :

➢ ***Sfax :*** 6 trains/j., dont 2 trains de nuit. Trajet : 45 mn-1h.

➢ ***Sousse et Tunis :*** 5-6 trains/j., dont 2 trains de nuit. Durée respective : 1h et 3h30.

En bus

Gare routière : *arrêt devant la gare ferroviaire.*

➢ ***Mahdia :*** 5 bus/j. Durée : 1h.

➢ ***Sousse :*** 3 bus/j. Durée : 1h30.

➢ ***Tunis :*** 2 bus/j. Durée : 3h30.

En louage

Station de louages : *dans une arrière-cour, à 200 m après la Grande Mosquée.* La fréquence des départs faiblit très nettement à partir de 15h. Pas de guichet, il faut payer dans la voiture.

➢ Pour **Sousse,** durée : 1h30 (dernier louage à 17h). Pour ***Sfax,*** durée : 1h (dernier louage à 14h). Pour ***Mahdia,*** durée : 30-45 mn (dernier louage à 16h). Pour ***Tunis,*** changer à Sousse.

Adresses utiles

■ ***Syndicat d'initiative :*** *dans une cour, à gauche de l'entrée de l'amphithéâtre. Tlj lun-ven 9h-16h (7h-13h en été).*

■ ***Association de sauvegarde de la médina :*** *même lieu et mêmes horaires que le syndicat d'initiative.* Dans l'enceinte du marabout de Sidi ben Aïssa. Son objectif : sensibiliser les habitants sur leur patrimoine à travers plusieurs thèmes, l'évolution urbaine d'El-Jem de l'époque romaine à nos jours, la tradition (cuisine, mariage...), le savoir-faire et l'artisanat. Peu d'objets mais des panneaux explicatifs en français, très pédagogiques. L'association organise le festival de Musique (voir plus loin).

■ ***Banques :*** *en face du resto* Le Bonheur 1, *proche de la gare. Lun-ven 8h-16h15 (7h15-12h30 en été et pdt le ramadan).* Change et distributeur de billets. Sinon plusieurs avenue Taïeb-Mhiri.

Où dormir ? Où manger ? Où boire un thé ?

Pas grand-chose pour se loger, malheureusement. Les petits budgets opteront pour un hébergement du côté de Mahdia ou de Kairouan.

Hôtel Julius : *rue Taïeb-Mhiri. À 2 pas de la gare.* ☎ *73-631-006.* • *julius.tn* • *Doubles env 170-200 Dt, petit déj inclus. Resto ouv aux non-résidents.* Un hôtel d'une quarantaine de chambres, en plein centre-ville, à la façade circulaire en forme de colisée. Les chambres climatisées, confortables et luxueuses, s'étagent autour d'un vaste hall à la déco d'inspiration romaine, tout en colonnades. Hall très élégant avec resto et à l'extérieur jardinet avec piscine, rien ne manque pour une escale douillette dans un cadre clinquant. Seul hôtel de la ville, il est surtout fréquenté par les groupes. Service pro.

|●| ***El Hana :*** *à côté de l'amphithéâtre. Tlj midi et soir.* Afin de profiter un peu plus longuement de ce bel amphithéâtre, voilà une adresse avec une vue superbe sur le monument. C'est d'ailleurs son principal atout... En cuisine, c'est grillades, viandes et poissons. Bon accueil.

|●| ***Restaurant Le Bonheur 1*** *(chez le Chef)* ***:*** *proche de la gare, à l'angle de la patte-d'oie, route de Sfax.* ☎ *73-633-882. Ne pas confondre avec* Le Bonheur 2, *derrière l'amphithéâtre. Tlj sauf ven. Prix moyens.* Au centre-ville, facilement repérables, 2 salles et une petite terrasse d'angle sur le trottoir. Rien d'exceptionnel mais cuisine fraîche et locale, servie généreusement. Bon accueil, mais prix surévalués en raison de la faible concurrence.

Le café de Dar El-Jem : *sur la longue avenue derrière l'amphithéâtre. Se reporter aussi plus loin, à la rubrique « À voir ». Tlj 7h-minuit.* Agréable terrasse en mosaïques pour boire thé, café, soda. Très calme et convivial. Il y a d'ailleurs une exposition de mosaïques dans la salle qui précède le café (lire plus loin).

À voir

L'amphithéâtre : *tlj 7h30-18h30 de début juin à mi-sept ; 7h30-17h30 de mi-sept à fin mai. Entrée : 12 Dt. Billet combiné avec le musée archéologique. Essayez de le visiter assez tôt pour éviter le cagnard en été, ou carrément en fin de journée. Il n'y a ni brochure ni guide, c'est un peu frustrant.*

Un des derniers grands édifices du monde romain

La date précise de sa construction reste inconnue, mais on la situe au début du IIIe s, sans doute dans les années 230, juste avant la révolte de 238. C'est le plus grand édifice romain de Tunisie encore debout et le 3e des plus grands amphithéâtres du monde romain après ceux de Rome et de Capoue. Avec ses 148 m de

long sur 122 de large et presque 430 m de circonférence, il surpasse les arènes de Nîmes et même celles d'Arles (136 m de long). Il est aussi remarquable pour plusieurs raisons : sa forme elliptique et massive, son grès de couleur dorée et le choix de l'ordre corinthien (contrairement à celui de Rome qui opte pour le dorique). Avec une hauteur de 36 m, c'est le seul édifice avec le Colisée à s'élever sur 3 niveaux de galeries en très bon état de conservation. Alors que la ville ne comptait que 15 000 habitants, il pouvait accueillir 30 000 spectateurs. Situé à un carrefour commercial sur les axes nord-sud et est-ouest, El-Jem était alors très fréquenté.
Si le Colisée servit de modèle, l'amphithéâtre d'El-Jem a bénéficié de nombreuses innovations techniques, puisqu'il fut érigé un siècle et demi après celui de Rome. C'est même sans doute un des derniers (sinon le dernier) monuments de cette importance bâtis dans le monde romain. Ce qui le rend particulièrement intéressant par rapport aux autres amphithéâtres.
Ainsi les coulisses se trouvent-elles sous le sol de l'arène, accessibles par 2 escaliers à chaque extrémité. 16 cellules bordent la galerie souterraine, dont la partie centrale se trouve à l'air libre. Elle était recouverte par des planches lorsque les jeux débutaient. Les cellules servaient soit aux animaux, soit à entreposer les cadavres des gladiateurs. Les fauves étaient hissés grâce à des monte-charge par les 2 ouvertures protégées par des grilles que l'on voit sur la piste. Dans l'une des niches du sous-sol, on aperçoit un puits qui permettait de stocker l'eau nécessaire à l'entretien de la bâtisse.
Le pourtour de l'arène était recouvert de marbre dans sa partie inférieure et d'un enduit peint de motifs imitant le marbre au-dessus. Chaque spectateur se répartissait dans les gradins *(cavea)* selon son rang dans la société. Certains sièges étaient numérotés et réservés aux notables de la région. Une partie a été reconstituée pour accueillir le festival de Musique symphonique.
Autre particularité de l'amphithéâtre : ses influences. Romaine dans l'ensemble, mais aussi punique, comme le prouvent le système et les unités de mesure utilisés pour la construction, et africaine (pas de brique). Un mélange de styles qui renforce l'originalité de l'édifice.
À noter que le monument servait aussi d'impluvium. Il recueillait les eaux de pluie, qui s'acheminaient ensuite dans de profondes citernes via un réseau de conduites.

Un amphithéâtre-forteresse

L'amphithéâtre servit de refuge à de nombreuses reprises : en 648, lorsque les Byzantins, défaits à Sbeïtla par les Arabes, se retranchent avec les habitants à l'intérieur du monument, le transformant ainsi en forteresse. En 693, la Kahena s'y réfugie pour échapper aux Omeyyades (voir encadré). Et au XIIIe s, les Almohades y subissent le siège des Almoravides. Beaucoup plus tard, en 1695, les partisans d'Ali Bey y trouvent refuge face aux troupes de Mohamed Bey. Ce dernier n'hésite pas, pour les déloger, à tirer quelques coups de canon sur l'amphithéâtre, ce qui vaut à l'édifice d'être en partie détruit. À partir de cette période, il servira aussi de carrière aux habitants qui piocheront allègrement dans ses ruines pour construire la ville nouvelle d'El Jem.
La protection et la restauration de l'amphithéâtre commenceront au début du XXe s.

LA « JEANNE D'ARC » BERBÈRE

La Kahena (Dihya de son vrai nom) était une reine zénète, native des Aurès (à l'est de l'actuelle Algérie). Parvenant à fédérer les tribus berbères à la fin du VIIe s pour lutter contre les Omeyyades, elle remporta 2 batailles contre les Arabes et régna sur l'Ifriqiya pendant 5 ans. En 693, son armée vaincue, elle partit se réfugier dans l'amphithéâtre d'El-Jem. Elle y fut capturée puis décapitée, sa tête envoyée en Syrie au calife Abd el-Malik. Le personnage, héroïque, servit aussi bien la cause des femmes que la cause berbère. Quant aux Occidentaux, ils la surnommèrent, non sans arrière-pensée, la « Jeanne d'Arc » d'Afrique du Nord.

Le Musée archéologique : *à la sortie de la ville, vers Sfax. À 10 mn à pied de l'amphithéâtre. Tlj 8h-18h30 (17h30 de début avr à mi-sept). Billet combiné avec l'amphithéâtre : 12 Dt.*
Un très beau musée qui présente une collection de mosaïques d'une extraordinaire qualité. Un plaisir visuel qu'il serait dommage de rater. À partir de l'élégant *patio des Paons* où trône une statue de César, salles lumineuses pour découvrir tous ces chefs-d'œuvre.
– ***Patio des paons :*** exposition de fragments de mosaïques décoratives du Ier et IIe s.
– ***Salle d'Orphée :*** on découvre Sélène la lune admirant le corps parfait d'Endymion le berger et un groupe de 4 petites mosaïques d'une grande grâce.
– ***Salle du génie de l'année :*** immenses compositions d'une richesse incroyable. Entre autres, les *Neuf Muses* entourées de leurs attributs (*Clio,* muse de l'Histoire, *Uranie,* de l'astronomie, *Melpomène,* de la tragédie, et notre préférée... *Érato*). À côté, plus exubérant encore dans son décor floral, le *ligotage de Silène* (ivrogne notoire). Plein de scènes vivantes aussi, comme Hercule tentant de mater un éléphant en colère. Explosion de nuances de couleurs.
– ***Salle des Muses :*** mosaïque de plusieurs muses dans des médaillons autour de Dionysos. Une autre avec 4 vigoureuses scènes de chasse d'animaux sauvages.
– ***Salle de la Procession dionysiaque :*** lions dévorant un sanglier au merveilleux dessin et, bien sûr, la ravissante procession elle-même.
– Dans la ***salle du Silène à l'âne,*** une maquette permet de resituer le contexte des mosaïques dans les villas. Encore une œuvre sur le thème de Silène ivre et, dans des médaillons, l'*enfance de Dieu...* Quelques masques mortuaires et objets en os taillé en vitrine.
– ***Salle de la Chouette :*** délicates statuettes en argile, têtes en marbre, poteries et une harmonieuse néréide étendue sur un cheval marin. En direction de la maison d'Africa, quelques statues aux fins drapés.
Derrière se trouve donc la ***maison d'Africa.*** Il s'agit de la reconstruction très réussie de la partie la plus noble d'une demeure romaine dominant les 3 000 m² d'un champ de fouilles. Les plus belles pièces retrouvées sur le site ont été replacées dans un contexte probable, ce qui permet de bien comprendre l'organisation d'une maison de cette époque. Parmi les mosaïques remarquables : une figuration allégorique de la *déesse Africa,* coiffée d'une dépouille d'éléphant et entourée des 4 saisons, et une *allégorie de l'Empire* avec, au centre, une personnification de Rome, et autour, les principales provinces de l'empire : l'Égypte (avec le sistre), l'Asie, l'Espagne (le rameau d'olivier), la Sicile (Diane chasseresse) et l'Afrique (la dépouille d'éléphant). La visite est vraiment bien présentée, très didactique.

Dar El-Jem : *contourner l'amphithéâtre sur la gauche pour déboucher sur une longue avenue ; c'est un peu plus loin, sur le trottoir de gauche. Tlj 8h-12h, 14h-18h. Entrée : 3 Dt.* Ce musée-atelier s'est spécialisé dans la micromosaïque, principalement des reproductions de peintures célèbres. Tout est à vendre. On y admire ainsi *La Joconde* (9 mois de travail !), *Guernica,* réalisée... à l'envers par une artiste d'El-Jem, en raison des droits d'auteur qu'on aurait pu lui réclamer. Certains tableaux sont créés en mosaïque et en calpinage, il s'agit alors de morceaux entiers de marbre ou de roche non taillée, qui, souvent, servent de décor, comme on peut le voir dans *Madame Vigée et sa fille.* En plus de l'exécution minutieuse pour assembler les petites pierres, encore faut-il trouver la roche de la bonne teinte, car toutes les couleurs sont naturelles. Il faut un œil et un vrai talent artistique.
Également un agréable café (voir plus haut « Où dormir ? Où manger ? Où boire un thé ? »).

Festivals

– ***Les Journées romaines :*** *fin mars, sur 3 j.* Dans l'amphithéâtre, danses romaines, combats de gladiateurs, ripailles, etc. Parade de César le dernier jour.

– **Festival de Musique symphonique :** *de mi-juil à mi-août (variable selon les dates du ramadan). ☎ 73-633-050. Infos sur ● festivaleljem.tn ● Bureau du festival à l'Association de sauvegarde de la médina.* L'amphithéâtre accueille les plus grands orchestres et cantatrices du monde, et parfois des musiciens de jazz. En tout, une dizaine de concerts, les plus importants le samedi.

MAHDIA

62 100 hab.

● Plan *p. 234-235*

Située sur une presqu'île rocheuse, terminée par le cap Afrique, la petite ville de Mahdia a vraiment beaucoup de charme. On flâne avec plaisir dans les ruelles de la médina qui, même si elle ne possède pas de monuments extraordinaires, n'en reste pas moins très agréable. Peu de logements toutefois dans cette partie de la ville, l'offre hôtelière s'étant plutôt développée dans la zone touristique à plusieurs kilomètres du centre, malgré la crise. Mais l'un des endroits les plus vivifiants de Mahdia se trouve vers la pointe du cap Afrique. On aperçoit les bateaux de pêche rentrer au port et passer devant le petit cimetière dont les pierres tombales subissent les incessantes attaques du vent. Les dernières sépultures voisinent avec un ancien et minuscule port fatimide creusé dans le rocher au Xe s, tout près du phare. D'ailleurs, la ville reste l'un des 1ers ports de pêche tunisiens.

UN PEU D'HISTOIRE

Vieille cité religieuse établie à proximité d'un ancien comptoir phénicien, elle vit naître une dissidence de l'islam : le mouvement fatimide, dont le chef Obaïd Allah, dit « El Mahdi » (« l'Élu de Dieu »), en fit la capitale de l'*Ifriqiya* en 916 et lui donna son nom. C'est à cette époque que fut construite la Grande Mosquée.
El Mahdi, en tant que chiite, s'opposait à la majorité sunnite et avait alors besoin d'une place forte. C'est pour cette raison qu'il choisit le cap Afrique, situé sur un promontoire, et qu'il fit édifier d'épais remparts pour le défendre. Mais les Fatimides abandonnèrent la ville pour Le Caire, qu'ils érigèrent en 973. Ils laissèrent à Mahdia le Berbère Belogin ibn Ziri, qui créa la dynastie ziride, et se détacha de son suzerain fatimide.
Pour se venger, Obaïd Allah envoya des hordes sanguinaires, appelées les *Beni Hilal,* afin de détruire toute trace ziride. S'ensuivit une période de feu et de sang dans la région. Les chrétiens, avec les Normands de Roger de Loria, en profitèrent pour envahir la ville en 1148. Puis arrivèrent les Almohades, Dragut et enfin les Espagnols de Charles Quint, qui s'en emparèrent en 1550. Ils détruisirent l'enceinte fortifiée et la Grande Mosquée. Au milieu du XVIe s, les remparts furent partiellement reconstruits par les Ottomans, et la ville retrouva un peu de sa prospérité.
C'est au large de ses côtes que fut découvert, en 1907, un navire qui aurait coulé aux alentours de 81 av. J.-C., chargé d'œuvres d'art qui devaient servir à l'édification d'un édifice somptueux : colonnes, chapiteaux, statues de pierre et de bronze... et dont le musée du Bardo, à Tunis, présente les pièces les plus intéressantes.

Arriver – Quitter

En train

Gare ferroviaire et « métro du Sahel » *(plan A3) : après la station-essence Oilibya en venant du centre. ☎ 73-680-177.* Liaisons avec :
➢ ***Monastir*** et ***Sousse :*** préférer la ligne du *métro du Sahel,* qui assure env

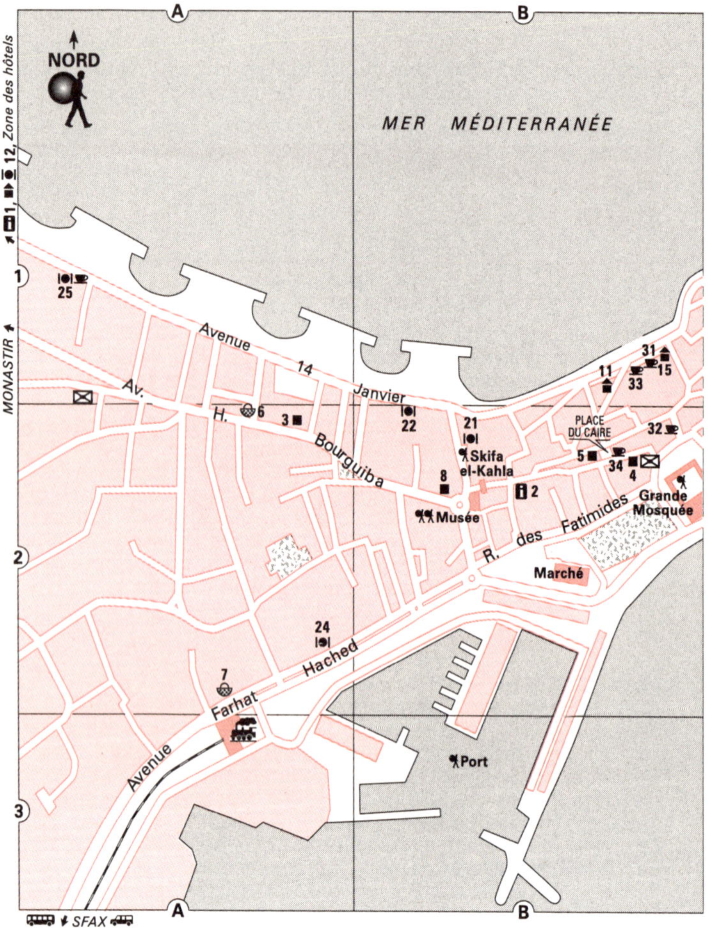

Adresses utiles

1 Bureau d'informations touristiques (hors plan par A1)
2 Bureau d'informations touristiques (B2)
3 Banque UIB (A2)
4 Hammam El Médina (B2)
5 Hammam Bain Maure (B2)
6 Magasin Général (A2)
7 Monoprix (A2)
8 Banque BIAT (B2)

Où dormir ?

11 Hôtel Al Jazira (B1)
12 Hôtel Houria House (hors plan par A1)

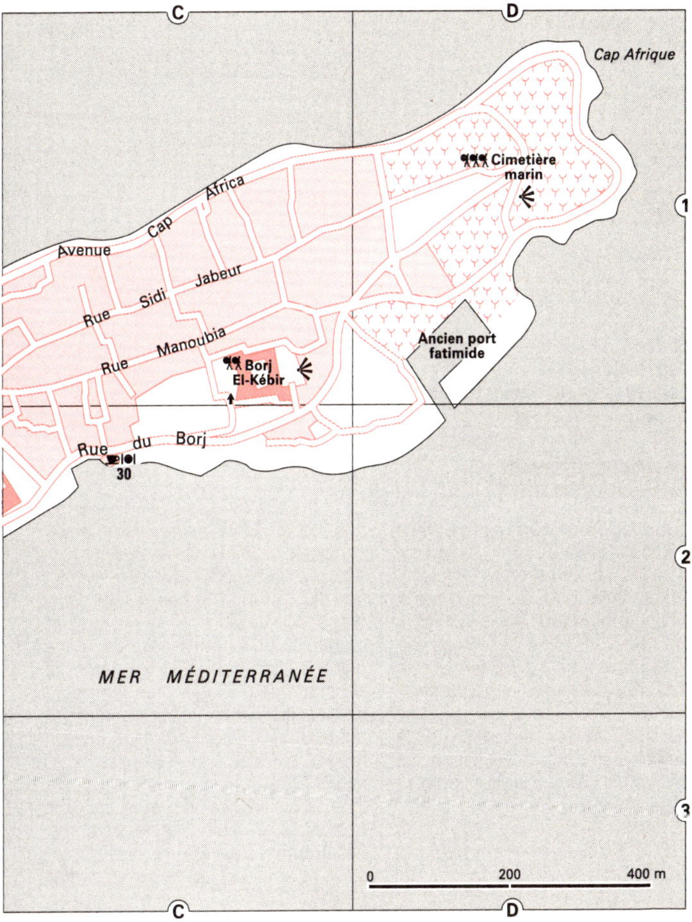

MAHDIA

15 Dar Jamila (B1)

Où manger ?

21 Restaurant Chez Naima (B2)
22 Borj Erras (B1-2)
24 Le Lido (A2)
25 La Terrasse Café (A1)

Où boire un thé, un jus ?

30 Café Sidi Salem (C2)
31 Café El-Koucha (B1)
32 Café El-Medina (B2)
33 Café Vitamin Sea (B1)
34 Cafés de la place du Caire (B2)

20 liaisons/j., 5h10-19h, et dessert ttes les gares entre Mahdia et Sousse. Au départ de Mahdia, compter 1h15 pour Monastir et 1h45 jusqu'à Sousse.
➢ ***Tunis :*** 1 train/j., tôt le mat. Durée : env 3h10. Sinon, prendre le *métro du Sahel* jusqu'à Sousse puis correspondance en train (nombreux pour Tunis).

En bus

Gare routière *(hors plan par A3)* **:** *rue Ibn-Charaf, à 2 km du centre (prendre un taxi).* ☎ *31-384-060.* Liaisons avec :
➢ ***El-Jem :*** 5 bus/j., tout au long de la journée Durée : 1h.
➢ ***Sousse :*** ttes les 30 mn, 5h-20h15. Durée : 2h.
➢ ***Hammamet :*** 2/j., le mat très tôt et en début d'ap-m. Durée : 2h30. Plus de bus au départ de Sousse.
➢ ***Sfax :*** 2/j., le mat et en dans l'ap-m. Durée : 1h45.
➢ ***Kairouan :*** 2/j., le mat très tôt et en début d'ap-m. Durée : 1h30.

En louage

Station de louages *(hors plan par A3)* **:** *av. Ali-Belhaouane, en bordure de voie ferrée à la sortie de la ville.* Billet au guichet, dans le parking. Minibus blanc à bande rouge.
➢ Pour ***Tunis,*** durée : 3h ; ***Sfax,*** durée : 2h ; ***Sousse,*** durée : 1h ; ***Monastir,*** durée : 45 mn ; ***Kairouan,*** durée : 1h30 ; ***El-Jem,*** durée : 30 mn.

Adresses utiles

Bureau d'informations touristiques *(hors plan par A1,* ***1****)* **:** *à l'angle de l'av. Tahar-Sfar et l'av. de la Corniche, au début de la zone des gros hôtels, face à l'hôtel* El Mehdi. ☎ *73-682-220. Lun-ven 8h-13h, 14h-17h (20h en juil-août). Fermé sam-dim.* ***Également un petit bureau à l'entrée de la médina,*** *dans un ancien marabout (plan B2,* ***2*** *; mêmes horaires, plus sam 8h-13h).* Bon accueil et plan de la ville à dispo. En dehors de cela, peu d'infos et de brochures en français.

Banques : *la* ***BIAT*** *(plan B2,* ***8****), en face de la Skifa (porte d'entrée de la médina), lun-ven 8h-16h30 (7h15-12h30 en été ; 8h15-13h15 pdt le ramadan) ; et l'****UIB*** *(plan A2,* ***3****), av. Habib-Bourguiba, mêmes horaires.* Distributeurs de billets à l'extérieur et service de transfert d'argent *Western Union.*

Hôpital universitaire Tahar-Sfar : *à l'entrée de la ville, au bout de l'av. Habib-Bourguiba, proche de la station de train Borj-Arif.* ☎ *73-671-744 ou 73-109-000.*

Hammam El Médina *(plan B2,* ***4****)* **:** *près de la petite poste, dans la rue principale de la médina.* 📱 *20-988-114. Tlj : hommes, 6h30-14h, 20h-minuit ; femmes, 14h-20h. Entrée : 4 Dt + gommage ou massage 3-15 Dt.* Joli et propre. Outre les massages dans une pièce à la chaleur plus tempérée, le hammam se distingue par une petite piscine ou plutôt un déambulatoire rempli d'eau fraîche, dans lequel on marche après avoir bien sué. Il faut parcourir 7 fois le bassin aller-retour, histoire de bien activer la circulation ! Très bon accueil et vente d'argile pas chère.

Hammam Bain Maure *(plan B2,* ***5****)* **:** *près de la pl. du Caire. Tlj : hommes 6h-14h, 18h30-22h ; femmes 14h-18h30. Entrée : 4 Dt ; gommage et massage en supplément.* L'accueil est plutôt souriant et les installations correctes.

Magasin Général *(MG Proxi ; plan A2,* ***6****)* **:** *av. Habib-Bourguiba. Tlj 8h-20h.* Bien approvisionné et vente d'alcool (sauf vendredi, bien sûr).

Monoprix *(plan A2,* ***7****)* **:** *av. Farhad-Hached, face à la gare ferroviaire. Tlj 8h30-21h.* Vaste choix. Vend de l'alcool.

Où dormir ?

La zone touristique, à l'ouest de la ville, aligne les complexes hôteliers plutôt luxueux. C'est en se promenant à l'extrémité du cap qu'on se rend compte du bétonnage du littoral. Nous avons privilégié les adresses du centre-ville, bien moins chères.

De bon marché à prix moyens (moins de 150 Dt / 50 €)

Hôtel Al Jazira *(plan B1,* ***11****) : dans une ruelle derrière l'av. Cap-Africa, non loin du café* Vitamin Sea. *☎ 73-681-629. Résa conseillée en saison. Doubles avec sdb 70-80 Dt selon saison, petit déj en sus.* Situation idéale dans la médina et face à la mer. Près de la moitié des chambres profitent d'une vue sur le large. À demander de préférence, elles sont au même prix. Gros atout pour cet hôtel bien tenu et aux chambres lumineuses, très correctement équipées malgré leur petite taille (TV satellite, chauffage, clim pour certaines). Salles de bains nickel mais peu fonctionnelles et tout aussi étroites. Aux beaux jours, le petit déj se prend sur la vaste terrasse du toit entièrement carrelée, genre piscine.

Hôtel Houria House *(hors plan par A1,* ***12****) : av. Tahar-Sfar (la Corniche). ☎ 73-690-001. • hotel.houriahouse@yahoo.fr • Facile à trouver, tt près de la place avec l'énorme poisson. Doubles avec sdb 60-100 Dt, petit déj compris. CB refusées.* Chambres de plain-pied, simples mais bien tenues et spacieuses, avec clim et murs bleu ciel. Toutes profitent d'une vue sur la mer, sauf les 2 familiales. La plage est à quelques pas seulement (accès direct). Fait aussi resto, spécialité de poisson (pas d'alcool). Très correct, agréable terrasse et pas mal d'habitués. Accueil gentil comme tout.

Chic (150-300 Dt / 50-100 €)

Dar Jamila *(plan B1,* ***15****) : 1, av. Cap-Africa. 98-631-372. • cm.dar.jamila@gmail.com • C'est la belle maison blanche à la porte jaune et aux balcons en fer forgé bleu. Congés : janv-avr. Pour la résa, contacter Brahim par e-mail (il vit en France une partie de l'année) ou Hichem (qui n'habite pas loin) par tél. Double 200 Dt, petit déj inclus.* Idéalement située face à la mer, dans un coin calme de la médina, une superbe maison d'hôtes sur 3 étages, de style traditionnel arabo-andalou. D'allure historique, ce *dar* est de construction récente, c'est à s'y méprendre ! Sur 2 niveaux, chambres de grand confort, à la déco tout en arabesques, soignée dans le moindre détail (mobilier élégant et coloré, salle de bains habillée de faïence). Celles à l'étage possèdent une belle terrasse avec vue panoramique. Un havre de paix et une belle adresse de charme pour qui en a les moyens.

Où manger ?

Bon marché (moins de 20 Dt / 7 €)

Pour un grignotage sur le pouce, consulter aussi notre rubrique « Où boire un thé, un jus ? », car les cafés proposent souvent sandwichs, bricks, paninis, pizzas ou viennoiseries.

Restaurant Chez Naima *(plan B2,* ***21****) : rue Mohamed-Turki, face à la Skifa. Tlj midi et soir.* Petit restaurant local et populaire souvent bien rempli. On y trouve au menu poisson frais, pâtes aux fruits de mer et couscous. Tout est bien généreux et préparé avec soin. Un rapport qualité-prix au top ! Personnel accueillant.

Borj Erras *(plan B1-2,* ***22****) : av. du 14-Janvier. Repérer la véranda bleue. Pas d'alcool.* Petit resto au cadre à l'ancienne, mais avec vue sur la mer. On y vient pour ses plats du jour, vraiment bon marché : poisson grillé, côtelettes d'agneau, couscous merguez ou daurade, riz poulet aux poivrons... La *chorba* est offerte en attendant sa commande. Une bonne cuisine familiale, fraîche et goûteuse, concoctée avec soin par la femme du patron qui, lui, est à la caisse et vous accueille chaleureusement.

Prix moyens (20-40 Dt / 7-13 €)

Les restos qui servent de l'alcool font également bars (dans la même salle) où de nombreux groupes de jeunes (et moins jeunes) viennent boire des bières en grignotant des frites. Hors saison, quand les terrasses sont fermées, difficile d'apprécier sereinement son repas dans un lieu si bruyant... et surtout si enfumé !

Le Lido *(plan A2, **24**) : av. Farhat-Hached. ☎ 73-681-339. Sur le port. Tlj 8h-minuit. Sert de l'alcool.* Belle salle à la déco moderne, tables bien dressées, avec AC et grande terrasse devant le port, en partie ombragée. Les produits sont frais, les portions copieuses et les tarifs encore raisonnables. Bon choix de poissons de pêche ou d'élevage (bien se le faire préciser). Demander le prix avant la commande pour éviter les mauvaises surprises au moment de l'addition (ça arrive !). Sinon, on vous recommande particulièrement les spaghettis aux fruits de mer, épicés à souhait. Fruits servis en dessert. Serveurs efficaces et sympathiques, mais cédant quelquefois à l'exaspération face aux groupes qui ne viennent que pour boire de l'alcool.

La Terrasse Café *(plan A1, **25**) : av. 14-Janvier. Tlj 7h jusque tard.* Une belle terrasse surélevée de laquelle on peut apprécier paisiblement la vue panoramique sur la mer. Ambiance et service agréable, déco moderne et à la carte, tout y est : viandes, pizzas, pâtes, salades. Également de très bons jus et de super petits déj. Une belle adresse !

Où boire un thé, un jus ?

Café Sidi Salem *(plan C2, **30**) : rue du Borj, après la mosquée. Tlj 8h-22h (non-stop en été !).* Magnifiques terrasses surplombant la mer, difficile de ne pas s'y arrêter pour contempler la vue. Haut lieu de sortie des jeunes Mahdois(es). Thé à la menthe et boissons gazeuses. Et même de quoi se sustenter : pizzas, bricks et plat du jour. Incontournable !

Café El-Koucha *(plan B1, **31**) : av. Cap-Africa. Tlj 8h-22h (minuit en été).* Un café aux arcades de pierre face à la mer, avec une élégante façade cachée par la véranda. Surtout fréquenté par des jeunes (hommes). Derrière la véranda, des salles voûtées aux divers recoins : celui du bar, de la pâtisserie et de la pizzeria. Dès 8h du matin, les viennoiseries chaudes investissent les lieux, puis se succèdent les glaces et les pâtisseries ; le tout fait maison.

Café Vitamin Sea *(plan B1, **33**) : av. Cap-Africa. Tlj 7h-21h (22h en été).* Ce petit café, qui change un peu des cafés traditionnels, arbore une belle décoration marine et une agréable terrasse face à la mer. Dans une atmosphère zen, on s'installe dans des fauteuils confortables pour boire un chocolat chaud, un yaourt glacé ou un cocktail de fruits. Viennoiseries, pâtisseries et gaufres maison sont proposées pour combler un petit creux. Bien également pour un solide petit déjeuner avec une formule survitaminée (œuf, dattes farcies, jambon, fromage...).

Cafés de la place du Caire *(plan B2, **34**) : au cœur de la médina. Tlj 6h-22h.* 2 cafés se partagent la grande terrasse ombragée par d'immenses arbres sur cette ravissante et pittoresque place. Tout autour, festival d'arcades vénérables, de portes ciselées et de céramiques.

Café El-Medina *(plan B2, **32**) : pl. de la Grande-Mosquée. Tlj 8h-jusque tard.* Un café avec une très belle terrasse qui s'étend sur la grande place. On y est bien à l'ombre sous les grands arbres. Fréquenté autant par les touristes que par les habitants qui viennent y boire un vrai café ou un cocktail de fruits, manger une crêpe, un panini ou fumer la chicha dans une atmosphère apaisante et conviviale. Une belle salle également.

À voir

Le port *(plan B2-3)* **:** très animé à certaines heures. Beaux chalutiers équipés pour la pêche de nuit au lamparo, technique héritée des Siciliens. On y négocie le mérou, la daurade, le loup et à la belle saison les poissons bleus (anchois, sardines, maquereaux). Mahdia est l'un des ports de pêche les plus importants du pays. Pour s'en rendre compte, ne pas manquer la visite du marché aux poissons. Conserveries de sardines et de maquereaux, traitant sur place les poissons fraîchement pêchés.

La Skifa El-Kahla *(plan B2)* **:** énorme porte de ville fortifiée, construite au milieu du XVIe s par les Ottomans, après le départ des Espagnols. Son nom signifie la « porte sombre ». Elle a été édifiée sur la base de l'ancienne porte fatimide. Il s'agit en fait d'une forteresse flanquée de 2 bastions sur lesquels étaient placées les pièces d'artillerie.

Le Musée régional de Mahdia *(plan B2)* **:** *juste à l'extérieur de la médina, collé à la Skifa. ☎ 73-692-752. Tlj sauf lun 9h-16h. Entrée : 8 Dt. Explications en français.*
Dans l'ancienne mairie, l'histoire de Mahdia, et plus largement celle du pays, est évoquée à travers différentes sections.
– ***Au rez-de-chaussée :*** se trouve la salle libyco-punique et romano-africaine. Belles mosaïques en provenance d'El-Jem (admirer la tête de Gorgone, du IIIe s apr. J.-C.) ou de Rougga (au sud d'El-Jem), *Orphée charmant les animaux,* de la fin du IIe s. Reconstitution partielle d'une tombe punico-romaine en céramique, datant du IIIe s apr. J.-C. et découverte par hasard. Grande stèle votive dédiée à Saturne.
– ***À l'étage :*** les expositions mettent en évidence la prospérité et l'essor culturel des cités, postérieurement à l'époque romaine, byzantine et arabe. La grande salle est consacrée à l'ethnographie : vêtements traditionnels de la région, coffres en bois sculpté du XIXe s, art islamique, stèles funéraires et corbeau en bois peint du Xe s provenant de la Grande Mosquée de Kairouan. La section « Trésors, bijoux et manuscrits » met en valeur le trésor de Chebba (109 pièces de monnaie) de l'époque byzantine (fin du VIe s) et celui de Rougga : 268 pièces d'or des années 582 à 647, contenues dans une petite cruche. Quant aux bijoux, ils constituent un parement indispensable à toute tenue. Leur qualité varie selon l'origine des femmes : celles habitant la campagne portent de l'argent massif, des coraux non taillés et de la pâte de verre. Les citadines préfèrent l'or. Également des feuillets du Coran des Xe et XIe s.
Avant de redescendre les escaliers, voir la salle de tissage avec une étonnante machine à bobinage pour filer la soie et des métiers à tisser.
– Par une porte à gauche de l'entrée du musée, on peut accéder au toit de la *Skifa* offrant une belle vue sur la ville et le port.

La Grande Mosquée *(plan B-C2)* **:** *interdit aux non-musulmans.* Reconstruite dans les années 1960 selon le plan exact de la mosquée fatimide de l'an 916. Elle avait été démolie par les Espagnols en 1554. L'entrée principale se présente sous la forme d'un porche monumental qui donne accès à une grande cour à arcades. Seul El-Mahdi et sa suite pouvaient emprunter ce porche. Les simples fidèles entraient par les portes latérales (aujourd'hui disparues). La salle de prière épouse le dessin et les proportions de celle de la mosquée de Kairouan. Elle ne possède pas de minaret.

Le borj El-Kébir *(plan C1)* **:** *accès par une rampe face à la mer. Tlj sauf fêtes de l'Aïd, 9h-16h (17h de mai à mi-sept). Entrée : 8 Dt.* Fort ottoman datant de la fin du XVIe s, situé à la pointe du cap Afrique, à l'endroit où s'élevait probablement la cité du Xe s. À l'époque du protectorat, le *borj* servit successivement de résidence aux régiments français, de siège de la gendarmerie et de prison, jusqu'en 1950. Quelques panneaux explicatifs dans 3 salles du bâtiment en pierre posé sur le toit de l'édifice apportant des informations (en français) sur les principaux monuments de la ville et l'art fatimide. Vue superbe sur le cimetière marin du haut des remparts.

🚶🚶🚶 « ***Le cimetière marin et l'ancien port*** *(plan D1)* **:** un moment de charme inoubliable, à ne pas rater. De la forteresse jusqu'à la mer, sur un promontoire, des milliers de tombes d'une blancheur éclatante, éparpillées sur un lit de verdure et de fleurs sauvages. Voilà un cimetière qui aurait plu à Paul Valéry et Georges Brassens ! Vue pittoresque assurée avec, en toile de fond, le phare et l'unique arche de la porte de la mer, vestige du port phénicien creusé dans le rocher. L'accès de ce bassin très étroit était défendu par une chaîne que les chrétiens, au cours d'une croisade, parvinrent à briser, s'emparant ainsi de ce refuge stratégique. Il abrite aujourd'hui les barques des pêcheurs. Profiter de ce site magnifique en poussant la balade jusqu'à la pointe.

À faire

La plage : *route de la Corniche.* L'une des plus belles du coin, mais elle n'est nettoyée de ses algues qu'à partir d'avril (environ). Prendre le temps d'un dernier bain en fin de journée pour admirer les ultimes caresses de la lumière sur la petite ville de Mahdia et le cap Afrique.

– ***Souk :*** *ven mat, du port à la Grande Mosquée.* Sous la *Skifa El-Kahla,* les vieilles tisseuses, brodeuses et couturières vendent des tenues de mariage traditionnelles.

Fêtes

– ***Nuits de Mahdia :*** *en juil-août.* Spectacle de variétés, de musiques locales et méditerranéennes.
– ***Fête de la Mer :*** *1 sem fin juil-début août.* Musiques et animations.

SUR LA ROUTE DE SFAX

Où dormir ?

El Kahena Résidence et Camping : *à* ***Ellouza*** *(parfois indiqué La Louza), à env 40 km au nord de Sfax, sur le littoral.* ☎ *74-896-002.* 📱 *98-481-518. À Jebiniana, bifurquer en direction de la côte. Double avec ou sans sdb env 60 Dt, petit déj inclus. ½ pens possible (et conseillée).* Un peu au bout du monde, un hôtel posé en bord de mer. C'est aussi bien la situation paisible que l'esprit du lieu qui attirent les voyageurs. Ismail, le patron, s'investit beaucoup dans la vie de la communauté. Il propose à ses hôtes de partager le quotidien des villageois en participant, par exemple, à la cueillette des olives de novembre à janvier, en visitant un atelier de tissage traditionnel, en faisant un repas chez l'habitant ou en prenant des cours d'arabe ou de cuisine. Des activités qui ont pour but de maintenir une vie rurale et de donner du travail aux jeunes du coin. De plus, son hébergement est à la hauteur de ses ambitions sociales et solidaires, tout est impeccablement tenu : de la façade blanche aux volets bleus à la quinzaine de chambres pour 1 à 4 personnes, certaines prolongées d'un balcon avec vue sur le large ou les champs d'oliviers. Les chambres sont équipées de clim réversible. Également un restaurant. Un excellent rapport qualité-prix et une forme de tourisme à encourager.

SFAX

295 500 hab.

• Plan p. 242-243

2e agglomération du pays, Sfax est une grande ville industrielle et moderne. Grâce à ses usines et à son port (le plus grand du pays), son bilan économique est plutôt prospère. Non seulement la pêche y est lucrative, mais les phosphates de Gafsa (la Tunisie est le 3e producteur mondial), le sel, les céréales et l'huile des oliviers qui entourent la ville sur des kilomètres y transitent avant d'être exportés. Malgré le calme de ses soirées, Sfax est aussi une ville étudiante. A priori pas enivrante pour le touriste, Sfax a pourtant des charmes cachés : des musées intéressants, une mosquée dont le minaret compte parmi les plus élégants de Tunisie et, bien sûr, sa médina, belle et vivante. Elle ne tire pas ses revenus d'un artisanat touristique. Pour preuve, on y trouve tous types de commerces de la vie courante (tissus, merceries, boulangeries, magasins de chaussures et de vêtements, etc.). Il est vraiment plaisant d'y flâner, au milieu d'une foule essentiellement tunisienne, à l'intérieur des remparts crénelés, très bien restaurés, dans un dédale de rues étroites où quelques orfèvres et forgerons maintiennent encore une forte tradition artisanale.
Du port, des ferries permettent d'accéder aux îles Kerkennah, endroit agréable pour se reposer et flâner le long de la mer.

UN PEU D'HISTOIRE

De l'antique *Taparura,* il ne reste rien ou presque, à part des vieilles pierres utilisées pour construire la casbah et des mosquées de la médina. Les fouilles n'ont pas permis de la localiser précisément, quoiqu'elles aient exhumé, dans un rayon de 7 km autour de l'actuelle Sfax et dans la ville de Thyna, des villas et des thermes romains ainsi qu'une basilique et des nécropoles de l'ère chrétienne. Au début de l'époque islamique (IXe s), un *ribat* (bâtiment fortifié à vocation religieuse et militaire) fut établi sur l'emplacement de l'actuelle Sfax, et c'est tout autour que la ville se développa au fil du temps. Certains vestiges de la Grande Mosquée et des remparts datent de cette période.
La ville a subi les mêmes tribulations que bien d'autres cités tunisiennes : attaques des Normands, des Espagnols et des Turcs. Elle a cependant toujours manifesté un grand esprit d'indépendance. Ses habitants affirmaient descendre en ligne directe du Prophète, et durant plusieurs siècles, ils portèrent comme signe de cette filiation un turban de couleur verte.
À la fin du XIe s (entre 1095 et 1099), alors que les guerres ravagent le pays et que l'anarchie règne partout, Sfax se constitue en capitale d'un petit État autonome. En 1881, la ville est un ***centre de résistance à l'occupation française*** et refuse le protectorat proposé par la France. Elle ne se soumettra qu'après un bombardement persuasif de la marine française. Il faut dire que c'est efficace comme argument...
Le syndicalisme est très développé et la ville a acquis, au fil des siècles, un caractère particulier, mélange d'indépendance et d'orgueil. Elle a fourni beaucoup de leaders à la classe politique, dont Hedi Chaker, le dirigeant nationaliste.

Arriver – Quitter

En avion

✈ ***Aéroport Sfax-Thyna*** *(hors plan par A2) : à 7 km en direction d'Agareb (route de Gafsa).* ☎ *74-278-000.*

Sfax est reliée à :
➢ ***Paris :*** avec *Tunisair.* 2 vols/sem.
– ***Pour rejoindre le centre-ville ou l'aéroport :*** pas d'autre solution que le taxi (bon marché).

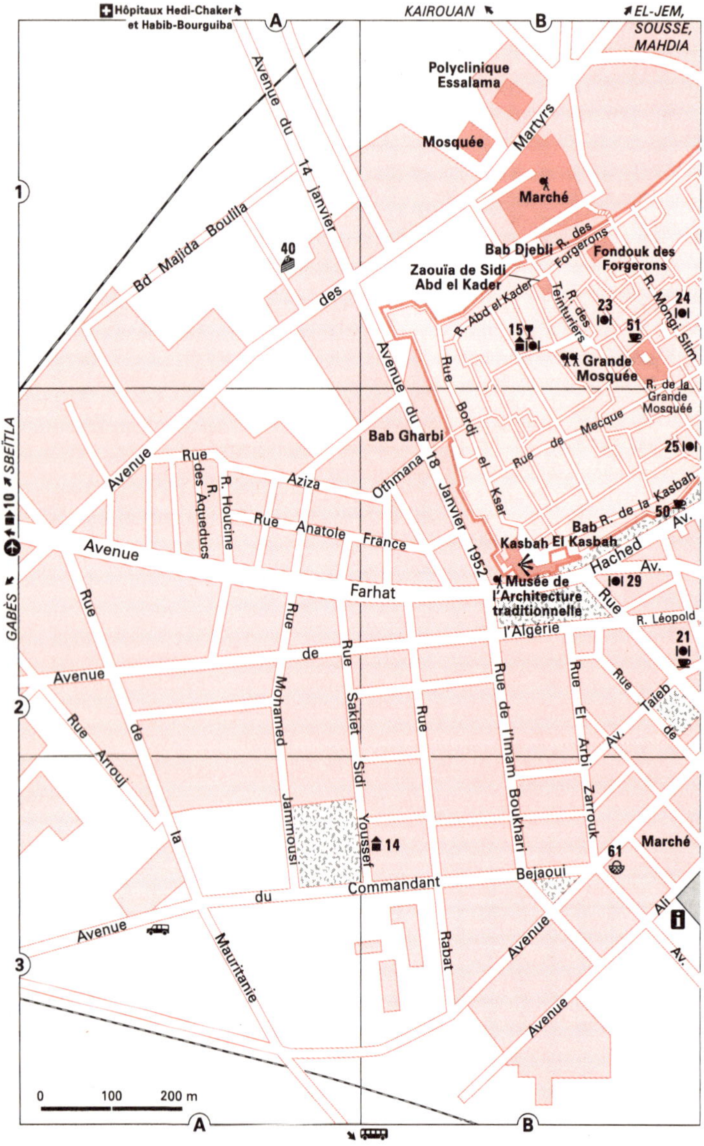

En bus

Gare routière principale *(hors plan par A3)* **:** *au sud de la ville. De l'av. Bejaoui, prendre la route du port de pêche et continuer tt droit ; c'est à env 700 m à droite après le rond-point.* Sont regroupées plusieurs compagnies

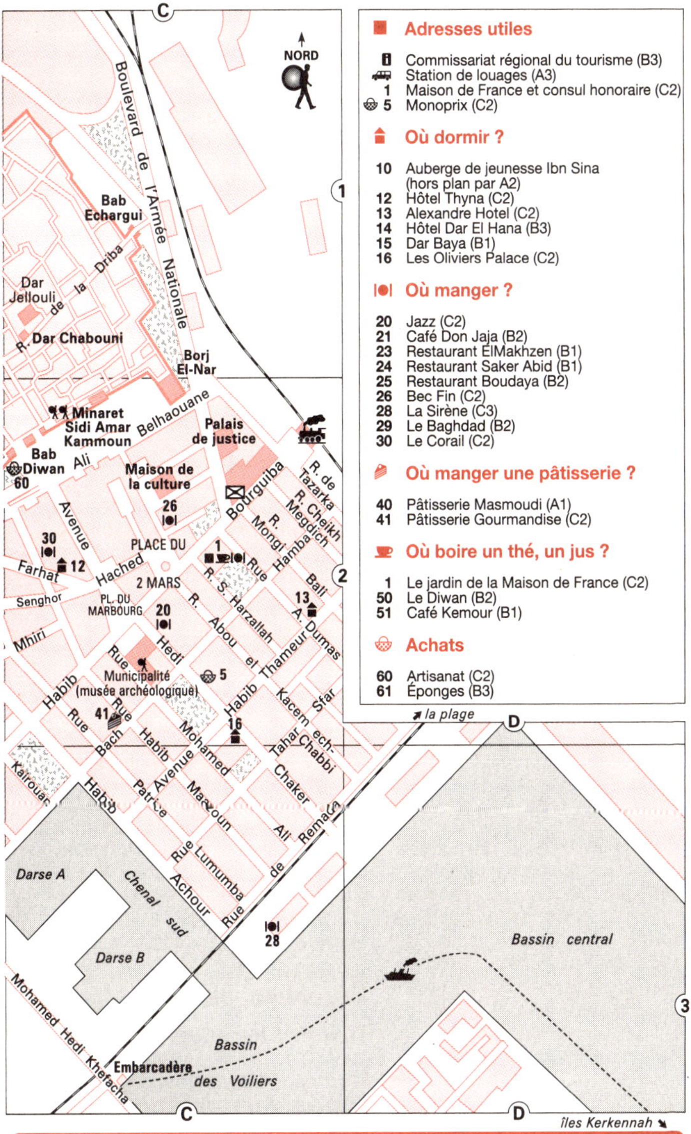

Adresses utiles

- Commissariat régional du tourisme (B3)
- Station de louages (A3)
- 1 Maison de France et consul honoraire (C2)
- 5 Monoprix (C2)

Où dormir ?

- 10 Auberge de jeunesse Ibn Sina (hors plan par A2)
- 12 Hôtel Thyna (C2)
- 13 Alexandre Hotel (C2)
- 14 Hôtel Dar El Hana (B3)
- 15 Dar Baya (B1)
- 16 Les Oliviers Palace (C2)

Où manger ?

- 20 Jazz (C2)
- 21 Café Don Jaja (B2)
- 23 Restaurant ElMakhzen (B1)
- 24 Restaurant Saker Abid (B1)
- 25 Restaurant Boudaya (B2)
- 26 Bec Fin (C2)
- 28 La Sirène (C3)
- 29 Le Baghdad (B2)
- 30 Le Corail (C2)

Où manger une pâtisserie ?

- 40 Pâtisserie Masmoudi (A1)
- 41 Pâtisserie Gourmandise (C2)

Où boire un thé, un jus ?

- 1 Le jardin de la Maison de France (C2)
- 50 Le Diwan (B2)
- 51 Café Kemour (B1)

Achats

- 60 Artisanat (C2)
- 61 Éponges (B3)

SFAX

qui assurent les dessertes longue distance à travers le pays. *Soretras* (☎ 74-224-000) ; *SNTRI* (☎ 74-497-177) ; *SRTG* (☎ 74-497-135). On paie dans le bus sauf avec la *SNTRI* (billets à acheter avant le départ). Liaisons avec :

➢ ***Djerba :*** 3-5 bus/j., dont 1 de nuit.

Durée : 4h15. Souvent complet pdt les fêtes dans le sens Sfax-Djerba, il faut dans ce cas prendre un bus pour Zarzis ou Gabès et changer. Le voyage dure alors 6h.
➢ ***Tunis :*** 7 bus/j., dont 3 de nuit. Durée : 4h30 (ou 5h30 pour le 1er bus du mat).
➢ ***Sousse :*** les bus à destination de Tunis passent par Sousse. Durée : 2h15.
➢ ***Tataouine :*** 2 bus/j. Durée : 3h45.
➢ ***Gabès :*** 8 bus/j. Durée : 2h-2h30.
➢ ***Douz :*** 1 bus/j. Durée : 5h30.
➢ ***Bizerte :*** 1 bus de nuit. Trajet : 6h.
➢ ***Gafsa :*** 4 bus/j. Durée : 3h.
➢ ***Tozeur :*** 2 bus/j. Durée : 5h.
➢ ***Mahdia :*** 4 bus/j. Durée : 2h.
➢ ***Kairouan :*** 3 bus/j. Durée : 2h.

En train

Gare ferroviaire *(plan C2)* ***:*** *av. Habib-Bourguiba. ☎ 74-225-999 (la journée) et 74-228-364 (à partir de 18h). • sncft.com.tn •* Horaires des trains disponibles au bureau des renseignements et sur un écran, dans le hall. Liaisons avec :
➢ ***Tunis :*** 8 trains/j. Durée : 2h50-4h selon les arrêts.
➢ ***El-Jem :*** 7 trains/j. Durée : env 50 mn.
➢ ***Sousse (Kalaa Sghira,** à 5 km à l'ouest)* ***:*** nombreux départs quotidiens. Durée : 2h en moyenne.
➢ ***Gabès :*** 4 trains/j., dont 1 de nuit. Durée : 2h.

En louage

Station de louages *(plan A3)* ***:*** *av. du Commandant-Bejaoui (indiquée sur des panneaux dans le centre-ville). ☎ 74-220-907.* Achat du billet au guichet.
➢ Pour ***Tunis,*** durée : 3h30 ; ***Gabès,*** durée : 1h30-2h ; ***Gafsa,*** durée : 3-4h ; ***Djerba,*** durée : env 4h30-5h ; ***Mahdia,*** durée : 1h ; ***Kairouan,*** durée : 1h30 ; ***El-Jem,*** durée : 1h ; ***Tozeur,*** durée : 3-4h ; ***Tripoli,*** durée : 8h30.

Adresses utiles

Commissariat régional du tourisme *(plan B3)* ***:*** *chott El-Kerkennah, sur la route de l'embarcadère ; dans un pavillon, face au bassin. ☎ 74-497-021 ou 022. • crt.sfax@ontt.tourism.tn • Lun-ven en principe 8h-13h, 14h-17h ; juil-août, lun-ven 8h-14h. Fermé le w-e.* Bon plan de la ville avec informations utiles sur Sfax et les îles Kerkennah.
■ ***Banques :*** *nombreuses banques avec guichets de retrait automatique tt autour de la pl. Marbourg (plan C2), face à la municipalité (mairie).* ***BNA,*** *av. Taïeb-Mehiri ;* ***STB,*** *av. Hedi-Chaker et av. Farhat-Hached ;* ***BIAT,*** *pl. Marbourg ;* ***UBCI,*** *rue Abou-el-Kacem-ech-Chabbi.*
■ ***Location de voitures :*** ***Avis,*** *48, rue Tahar-Sfar. ☎ 74-224-605. • avis.com •* ***DIMCAR,*** *rue Tahar-Sfar (proche de l'hôtel Oliviers Palace). 📱 25-298-081.* Des véhicules qui tiennent bien la route.

Représentation diplomatique

■ ***Maison de France et consul honoraire*** *(plan C2,* ***1****)* ***:*** *9, av. Habib-Bourguiba. ☎ 74-221-533. 📱 98-413-894 (permanence). • institutfrancais-tunisie.com • Lun-ven 8h-17h. Bibliothèque et médiathèque mar-sam 10h-18h (17h sam) et fermé jeu mat.* La Maison de France est bien intégrée dans la société sfaxoise et son beau jardin (voir plus loin « Où boire un thé, un jus ? ») est le lieu idéal pour lier connaissance avec les Sfaxois francophones. En cas d'urgence, le directeur assure les fonctions de consul honoraire.

Urgences, santé

✚ ***Hôpital Hedi-Chaker*** *(hors plan par A1)* ***:*** *route d'El-Aïn. ☎ 74-244-511.*
✚ ***Hôpital Habib-Bourguiba*** *(hors plan par A1)* ***:*** *av. El-Ferdaouss. ☎ 74-241-511.*
✚ ***Polyclinique Essalama*** *(ex-Taoufik ; plan B1)* ***:*** *av. des Martyrs, pl. Bab-Jebli. ☎ 74-404-224.* Clinique privée, on ne peut plus centrale.
■ ***Pharmacie de nuit :*** *pharmacie* ***Rekik Abderrazek*** *(plan A1), av. du 14-Janvier. Devant le centre commercial Akwika.*

Achats

Presse française (plan C2) : *kiosques pl. Marbourg, près du resto* Le Corail.

Monoprix (plan C2, **5**) : *40, av. Hedi-Chaker. Tlj jusqu'à 22h.*

Où dormir ?

De bon marché à prix moyens (moins de 150 Dt / 50 €)

Il existe quelques hôtels très bon marché dans la médina, en état de décrépitude avancé... L'hygiène n'étant pas incluse, on a préféré s'abstenir de les recommander.

Auberge de jeunesse Ibn Sina *(hors plan par A2,* ***10****) : rue de Mauritanie. ☎ 74-463-315. 28-460-888. • hihostels.com • À 1,5 km du centre (bus nº 13, près du jardin Dakar). Réception au 3ᵉ étage. Ouv tte l'année. Résa de préférence. Env 20-30 Dt/pers dans des chambres de 2 ou 4 lits, sans ou avec sdb ; double avec sdb 60 Dt ; petit déj possible.* À quelques pas du centre, cette auberge propose des chambres propres et lumineuses. Clim (léger supplément). Quant aux chambres partagées, elles ne sont pas mixtes et les douches communes sont nickel. Loue également un studio pour 3. Très correct pour son prix.

Hôtel Thyna (plan C2, **12**) : *à l'angle de la rue Habib-Maazoun et de la pl. Marbourg. ☎ 74-225-317. • hotel-thyna.com • Double env 100 Dt avec clim, petit déj inclus.* Un établissement central aux chambres sans chichis, mais tout à fait confortables et disposant de salles de bains correctes. Ascenseur. Le meilleur rapport qualité-prix dans cette catégorie.

Alexandre Hotel (plan C2, **13**) : *21, rue Alexandre-Dumas. ☎ 70-032-876. • alexandrehotelsfax@gmail.com • Au cœur de la ville nouvelle. Double avec sdb env 100 Dt, petit déj compris.* Pas le grand luxe, mais finalement correct. Les chambres sont grandes, hautes sous plafond et la clim poussive a le mérite d'exister, tout comme la salle de bains. Pour une fois, mieux vaut donner sur la rue ; côté cour, c'est sombre. Accueil adorable.

Chic (150-300 Dt / 50-100 €)

Hôtel Dar El Hana (plan B3, **14**) : *rue Sakiet-Sidi-Youssef. ☎ 74-222-444. • hotel-darelhana.com • Double 170 Dt, petit déj inclus ; familiales.* Un hôtel récent et pratique, situé entre la médina et la station de bus (et de louage), dans un quartier pas folichon. La bâtisse moderne abrite une dizaine de chambres au confort indéniable et d'une propreté exemplaire. Clim, salles de bains impeccables, TV, coffre-fort, ascenseur, resto au 5ᵉ étage... Rien ne manque à part un zeste de chaleur. Petit déj varié et accueil souriant. Une bonne étape.

Dar Baya (plan B1, **15**) : *112, rue Cheikh-Tijani. ☎ 74-200-814. • dar-baya.com • Double env 210 Dt, petit déj inclus. Au resto, menus 20-50 Dt.* Cet hôtel de charme, dans la médina, est installé dans une demeure traditionnelle à la décoration soignée, où les portes mauresques ouvragées et les céramiques anciennes ont été préservées. À l'étage, une poignée de chambres toutes différentes, réparties autour du patio. Dans certaines, les lits sont glissés dans des alcôves, dans d'autres, des banquettes forment un coin salon dans un style arabo-musulman plein de cachet. Salles de bains modernes mais pas immenses. Le petit plus, un joli *rooftop*, véritable nid d'aigle qui domine la médina. Ouvert aux non-résidents.

Très chic (plus de 300 Dt / 100 €)

Les Oliviers Palace (plan C2, **16**) : *25, av. Hedi-Chaker. ☎ 74-201-999. • goldenyasmin.com • Double autour de 500 Dt (moins cher via leur site), petit déj en sus.* L'hôtel chic de Sfax, même si l'ancien palace a perdu son lustre d'antan ! La bâtisse blanche en impose, tout comme l'agréable patio. Les chambres sont spacieuses et confortables, dans un registre classique, sans grande pompe non plus. Et on apprécie les toilettes séparées de la salle de bains. Attention, celles donnant sur le patio sont plus sombres et peuvent être bruyantes en soirée. Le patio, abrité par une verrière, accueille le salon de thé. Piscine intérieure. Service parfait. Une adresse d'un certain standing pour se faire plaisir après un long périple.

Où dormir dans les environs proches de Sfax ?

Dar Salma *(hors plan par B1) : à 5 km au nord de la médina, sur la route de Gremda. 22-135-446 ou 22-018-018. • salmaellouz@yahoo.fr • Téléphoner pour se faire indiquer le chemin ou compter env 5 Dt en taxi depuis le centre. Double 70 € avec petit déj ; dîner 45 Dt.* Dans ce quartier résidentiel, Salma et Hafed ont transformé leur belle demeure familiale en maison d'hôtes une fois leurs enfants partis. 4 chambres sympathiques et de bon confort, avec salle de bains pour chacune. L'une d'elles donne sur une large terrasse. Les voisins sont certes proches, mais la vue sur les amandiers et le calme restent appréciables. Dans le vaste salon, un feu de bois crépite en hiver. Accueil chaleureux des proprios pleins d'entrain et toujours disposés à arranger leurs hôtes. Ils sauront vous conseiller pour visiter la région.

Où manger ?

Sfax est une ville où l'on mange fort bien. On s'y régale de poissons et fruits de mer. Attention, dans la médina, les restos sont fermés le lundi (comme les commerces). Le soir, il est souvent difficile de faire un repas après 21h30.

Sur le pouce

Jazz *(plan C2,* ***20****) : 43, av. Hedi-Chaker. Tlj sauf dim 8h-20h.* Pratique pour grignoter omelettes ou crêpes, accompagnées d'un milk-shake dans un cadre propre et coloré.

Café Don Jaja *(plan B2,* ***21****) : av. Taïeb-Mhiri. Tlj sauf dim 7h-19h30.* Un petit cachet parisien pour ce café-brasserie qui sert avec le sourire cafés (bon espresso) et thés variés dès le petit déj. Sympa pour un en-cas à toute heure en consultant ses mails : omelettes, croque-monsieur, crêpes (salées et sucrées)...

Bon marché (moins de 20 Dt / 7 €)

Restaurant ElMakhzen *(Dar Turki ; plan B1,* ***23****) : souk Jazzarin, bled 3 arbi (entre 2 bouchers). 29-160-216. Tlj sauf lun 12h-16h.* La sobre devanture ne paie pas de mine, mais la terrasse, à l'étage, qui donne sur les souks et le minaret de la Grande Mosquée, révèle tout son charme. Dans l'assiette, crevettes, poulpe et poissons frais, selon arrivage. Sympa et vraiment pas cher.

Restaurant Saker Abid *(plan B1,* ***24****) : 7, rue Kalifa. À partir de l'hôtel La Médina, en remontant la ruelle du souk, c'est la 1re à droite. Tlj sauf lun 11h-15h. Pas d'alcool.* Pas d'enseigne (ni de menu !), repérez les grilles bleues et la salle ouverte sur la rue. Dans cette institution de la médina, c'est brochettes d'agneau grillées pour tous, servies avec sauce et salade méchouia pour un prix dérisoire ! Simple et bien tenu, les habitués ne s'y trompent pas.

Restaurant Boudaya *(plan B2,* ***25****) : à l'entrée de la médina, tt de suite à gauche après la 1re montée. Tlj 8h-21h.* Tout proche de bab Diwan, une cantine carrelée, très authentique, qui sert des spécialités peu onéreuses. On a préféré le poulet grillé aux abats, mais il y en a pour tous les goûts !

Bec Fin *(plan C2,* ***26****) : 16, pl. du 2-Mars-1934. Non loin de la Banque*

KAIROUAN ET LE SAHEL

de Tunisie. *Tlj sauf dim soir, jusqu'à 21h.* La qualité de cette adresse constante ne se dément pas. Salle formelle (tables nappées) et très propre, fréquentée par les familles sfaxoises et les employés de bureau. Bonnes spécialités tunisiennes, comme la sole farcie, les spaghettis aux fruits de mer ou les côtelettes d'agneau.

Prix moyens (20-40 Dt / 7-13 €)

La Sirène *(plan C3,* ***28****) : rue Omar-Mokhtar. ☎ 74-224-691. Dans la zone portuaire, derrière la voie ferrée, à côté du pont à bascule. Tlj. Pas d'alcool.* Malgré un emplacement isolé, voilà une adresse qui tient la barre depuis des années grâce à sa bonne cuisine tournée vers la mer. On choisit le poisson à sa mine, sur l'étal. Grillé ou pané, faites vos jeux ! Il est facturé au poids mais les prix restent raisonnables. Quand les clients se font rares, ça manque d'ambiance, mais rien à redire sur la fraîcheur des produits.

Chic (40-60 Dt / 13-20 €)

Le Baghdad *(plan B2,* ***29****) : 63, av. Farhat-Hached. ☎ 74-298-108. Tlj sauf ven. Résa conseillée le w-e. CB acceptées. Sert de l'alcool.* Une salle claire et chic, avec nappes blanches et serviettes en éventail sur les tables, chaises médaillon. Derrière ce cadre un poil conventionnel, on a là un établissement connu des Sfaxiens, qui a su maintenir sa qualité. Les amateurs de poisson opteront pour la sole, le saint-pierre ou le couscous royal à la dorade. Accueil souriant.

Le Corail *(plan C2,* ***30****) : 39, rue Habib-Maazoun. ☎ 74-227-301. Tlj sauf dim. Résa conseillée le sam soir. CB acceptées. Sert de l'alcool.* Ambiance feutrée, cadre élégant, voici le restaurant chic de la ville qui bénéficie d'une grande renommée parmi les Sfaxiens. Savoureuse cuisine tunisienne préparée avec du poisson extra-frais. Spécialité de fruits de mer. Les prix sont encore abordables, compte tenu de la qualité, du service et du décor.

Où manger une pâtisserie ?

Pâtisserie Masmoudi *(plan A1,* ***40****) : rue Docteur-Ahmed-Sikelli. ☎ 74-405-330. Lun-sam 8h-20h, dim 9h-14h.* C'est un peu excentré, mais la petite balade sera récompensée par une belle exposition de pâtisseries d'une rare finesse : calissons, macarons, cookies, *kâak louze* et *mlabes amande* (2 spécialités sfaxiennes), *makroud* et tant d'autres. Rayon épicerie fine (confitures, café, sirops). La pâtisserie a également ouvert des enseignes à Paris, Lyon et Marseille, histoire de prolonger le plaisir au retour (à des prix qui n'ont rien à voir !). Une valeur sûre.

Pâtisserie Gourmandise *(plan C2,* ***41****) : rue Ali-Bach Hamba. Tlj 7h-21h (16h dim).* Un régal pour les yeux et les papilles ! Que cette pâtisserie soit une chaîne (vous retrouverez l'enseigne dans plusieurs villes), peu importe, il nous en faut plus pour bouder notre plaisir ! Les tartes au citron, opéras et autres douceurs sont gourmands et raffinés, tout comme les pâtisseries tunisiennes, où l'amande, la pistache et les pignons sont rois. Également des sandwichs. Divin sans être étouffe-chrétien !

Où boire un thé, un jus ?

Le Diwan *(plan B2,* ***50****) : franchir la bab Diwan et tourner sur la gauche pour longer la muraille interne ; c'est à 100 m, sur la gauche. Tlj sauf dim 8h-18h.* Situé en étage, un café astucieusement imbriqué dans les remparts. Un peu vieillot, mais affalé sur les banquettes avec une chicha et un thé, on lui trouve un charme suranné plutôt agréable.

Le jardin de la Maison de France *(plan C2,* ***1****) : 9, av. Habib-Bourguiba. Lun-sam 9h-17h30 (12h-17h30 jeu).* Le beau jardin arboré est idéal pour boire un thé ou croquer un burger au calme. C'est à notre connaissance le seul espace vert du centre-ville, bien entretenu de surcroît. Ambiance jeune et sympathique : normal, les étudiants viennent y grignoter au soleil après un passage à la bibliothèque. Pas cher et agréable.

Café Kemour (plan B1, **51**) : *souk Kemour, derrière la Grande Mosquée (médina). Tlj sauf lun 7h-18h.* Un café historique au cœur de la médina. Depuis 1840, c'est la 6e génération de cafetiers qui tient cette affaire familiale. Vestiges d'une époque avec ces murs de vielles pierres et ses carreaux de céramique au sol, à la patine quasi bicentenaire ! Pour boire une citronnade, un thé ou un café turc, installez-vous en salle sous les ceps de vigne ou sur les toits. Au choix, un dédale de pièces ou une terrasse pittoresque pour dominer l'agitation du souk et la grande mosquée.

Achats

Artisanat (plan C2, **60**) : *bab Diwan. Juste à l'entrée de la médina, à gauche.* Dans cette caverne d'Ali Baba, on trouve aussi bien des couffins que des sacs et chaussures en cuir, des bijoux, tapis à prix raisonnables.

Éponges (plan B3, **61**) : *atelier-entrepôt de la société Stepma, 1, av. Mohamed-Hedi-Khefacha. Tlj sauf dim 9h-12h30.* Vente d'éponges à l'état brut (avec une bonne odeur de crevettes en prime), au prix du marché, pêchées sur la côte sud de la Tunisie. La qualité dépend de la profondeur de pêche. Un lieu atypique où le patron se fait un plaisir de donner des explications.

À voir

La ville se compose de 2 parties : la ville arabe (ou médina) et la ville moderne (ou européenne). On a du mal à imaginer que jusqu'à la fin du XIXe s la mer atteignait presque les remparts de la médina. Entre les 2 s'était développé un quartier habité essentiellement par des Grecs, Italiens et Maltais, appelé du coup « ville européenne ». Ce sont les Français qui, au début du protectorat, ont remblayé toute la partie sud, du quartier européen jusqu'au port actuel.
Les magnifiques bâtiments que l'on peut encore admirer dans cette partie de la ville datent de l'époque coloniale. Malheureusement, nombre d'entre eux tombent en ruine, faute de moyens.

La ville arabe ou médina *(plan B-C1-2)*

Une ***médina*** effervescente et commerçante, peu fréquentée par les touristes. ***Évitez d'y aller le lundi, tout est fermé !*** Passé la porte principale *(bab Diwan)* à 3 arches datant de 1306, on se balade avec plaisir parmi les étals colorés. La médina ouvre ses ruelles escarpées à ceux qui prennent le temps de s'y égarer. Dépaysement garanti !
Les remparts datent de l'époque aghlabide (milieu du IXe s). Les briques crues ont été remplacées petit à petit par des pierres de taille et des moellons. Cette muraille de près de 2 km de long était protégée par de grandes tours polygonales et circulaires. Le tout est venu compléter les remparts de la casbah. Belle pierre aux couleurs chaudes et changeantes le soir. À l'origine, seules les parties nord et sud étaient percées : *bab Djebli* et *bab Diwan*. Cette dernière, du XIVe s, a subi 3 transformations au cours des XVIIe et XVIIIe s, la dernière remontant à 1943.
Secteur très intéressant près de la *bab Djebli* : souks des tissus, fondouks (voir plus loin « Les souks »). L'entrée par *bab El-Kasba* est la plus agréable (petit square).

Le minaret Sidi Amar Kammoun (plan C2) **:** *dans la rue Borj-el-Nar. Malheureusement, visite interdite aux non-musulmans.* Seul élément conservé de la mosquée datant du XVIIe s. De base carrée, le minaret est décoré de colonnettes, de calligraphie, d'arcatures et de fenêtres géminées. Bel exemple de l'architecture hafside.

Le musée de l'Architecture traditionnelle (plan B2) **:** *dans la casbah, au sud-est des remparts. Tlj sauf lun 9h30-16h30. Entrée : 5 Dt ; gratuit moins de 12 ans.* Cette casbah était à l'origine un *ribat* (forteresse) construit pour la dynastie hafside, puis elle abrita le siège du gouverneur et le commandement militaire turc. À l'époque coloniale, elle fut le siège de la gendarmerie française, puis, à partir de l'indépendance, celui de la Garde nationale. La visite retrace l'historique des lieux. Salle de la ferronnerie, avec collection de clous, ferrures, loquets, clés et une série de heurtoirs. Une autre est consacrée à l'architecture locale (plans, photos, maquettes). Ne pas manquer les vestiges de la mosquée du *ribat* (IXe s), désormais en dessous du niveau de la cour (une partie fut convertie en citerne). Dans la cour, reconstitution d'arcades traditionnelles et de procédés décoratifs (céramique, plafonds peints) complétés par des outils anciens. Enfin, présentation de l'architecture religieuse traditionnelle. On peut grimper tout en haut des tours, par des escaliers abrupts, pour profiter d'une vue dégagée sur la ville.

La Grande Mosquée (plan B1) **:** *au centre de la vieille ville.* Elle possède un minaret formé de 3 tours superposées qui rappelle celui de la Grande Mosquée de Kairouan. Construite sous l'émir Ahmad ibn al-Aghlab, vers 859, elle fut embellie 1 siècle plus tard, rebâtie (mais rétrécie) à l'époque fatimide (XIIe s), avant de retrouver ses plans d'origine au XVIIIe s, sous les Ottomans. Le minaret, avec son riche décor floral et épigraphique, est en partie visible depuis l'extérieur. Il est de toute beauté. On l'aperçoit aussi depuis l'étage de la casbah.

Les souks : *au nord de la médina, dans la portion comprise entre la Grande Mosquée et la bab Djebli. Tlj sauf lun.* Réseau ténu de galeries couvertes et de rues animées. Au souk El-Jomâa, on trouve tissus et tentures. Si le souk des étoffes est le plus ancien de Sfax, on trouve aussi quantité de bijoux scintillants (à gauche de la Grande Mosquée en regardant vers bab Djebli) et des épices. Ateliers de tissages et cordonniers ont disparu, tout comme les teinturiers, dont il ne reste que la rue, axe principal entre la Grande Mosquée et la porte nord (bab Djebli). Proche de l'enceinte, le *fondouk des forgerons (plan B1)*, vestige des anciens caravansérails, s'est vidé de ses artisans. Quelques rues et places sont dignes d'intérêt ; *rue Mongi-Slim,* nombreuses portes de pierre sculptée, ainsi que *rue Driba* ; place *Barberousse,* une maison *driba* et une maison bourgeoise du XVIIIe s présentant une splendide façade.

En dehors de la médina

Le marché (plan B1) **:** *au nord de la médina, sur la pl. de la bab Djebli. Tlj sauf lun.* Détour obligatoire par le vieux marché alimentaire, assez exceptionnel car populaire, pas touristique pour un sou. Y flâner est l'occasion parfaite d'un bain de foule local. Au centre, les poissonniers. Autour, bouchers, marchands de fruits et légumes. Les voûtes qui le circonscrivent sont vraiment somptueuses.

Le Musée archéologique (plan C2) **:** *33, av. Habib-Bourguiba. Au rdc de la municipalité (mairie). FERMÉ POUR TRAVAUX.*
Ce magnifique bâtiment fut construit en 1906 d'après les plans d'un architecte français, Raphaël Guy. Il abrite ce musée, consacré au patrimoine historique de Sfax et sa région.
De nombreuses mosaïques romaines en cours de restauration et des antiquités paléochrétiennes. La plupart des objets (bijoux, monnaies, poteries, ossuaires...) proviennent de Thaenae (Thyna), de La Skhira, des îles Kerkennah et d'Acholla

(époques puniques et romaines – IIe-VIe s). La grande mosaïque circulaire sur le thème de la mythologie (plus de 10 personnages mythiques, assez rare) sera de nouveau visible après la restauration. Belles scènes marines.

Festivals

– ***Festival de Sfax :*** *en juil-août.* Concerts de musique orientale.
– ***Festival international des arts plastiques :*** *fin juil, à* ***Mahrès,*** *à 30 km de Sfax en allant vers Gabès.*
– ***Festival d'Agareb :*** *fin juil. À env 23 km de Sfax, sur la route de Gafsa.* Folklore et démonstration équestre.
– ***Rencontre internationale des musiques du monde :*** *3 j. en juin.* • *rimm.tn* • Un rendez-vous annuel à Sfax pour découvrir de jeunes talents : concerts, échanges.

DANS LES ENVIRONS DE SFAX

La plage de Chafaar : *sur la route de Gabès, à 30 km.* Grande plage de sable fin bordée d'oliviers, amandiers et figuiers. Très fréquentée en juillet-août.

LES ÎLES KERKENNAH

• Carte *p. 251*

Accessibles en ferry depuis Sfax, les îles Kerkennah sont habitées principalement par des pêcheurs. Elles sont constituées de 2 îles reliées par un pont et de 5 îlots. C'est un archipel bien tranquille, clairsemé de palmiers hirsutes et de lagunes. Le soleil y brille une grande partie de l'année et, par-dessus tout, on y mange divinement bien, une cuisine préparée avec les produits de la mer fraîchement pêchés.
Durant des siècles, les îles Kerkennah furent une terre d'exil et de relégation : c'est là qu'Hannibal, en 195, vint méditer sur la défaite de Zama ; saint Fulgence y fonda un monastère au VIe s pour la méditation ; les beys de Tunis y déportèrent leur « trop-plein » de courtisanes, et Habib Bourguiba y trouva refuge avant sa fuite en Libye.
Longtemps restées à l'écart des grandes migrations touristiques, les îles voient désormais leur population multipliée par 10 en été. Les plages en pente douce et les produits de la mer bien mitonnés attirent les Sfaxiens qui n'hésitent pas à faire l'aller-retour dans la journée. On vous conseille de passer 1 nuit ou 2 ici, pour apprécier le calme et le charme discret de ces îles plates. Hors saison, c'est un peu le désert, et beaucoup d'adresses sont fermées. Par ailleurs, dommage que de nombreux détritus jonchent le sol. Mais un collectif d'habitants lance des campagnes régulières afin de lutter contre la pollution plastique, sensibiliser les locaux et redonner au site sa beauté d'autrefois.
Pour visiter les îles Kerkennah, la voiture s'avère utile. En effet, la plupart des hôtels se situent à Sidi-Frej, zone touristique excentrée. À certains endroits, l'île est tellement peu large que l'on peut voir le même jour, sans bouger, un coucher et un lever de soleil sur la mer... le bonheur !

LES ÎLES KERKENNAH

LES HABITANTS ET LA PÊCHE

Les Kerkenniens, réputés pour leur gentillesse, sont très accueillants et soucieux de leur réputation. Ils vivent essentiellement de la pêche, mais profitent aussi du tourisme. Pour une somme très modique, ils vous proposent une partie de pêche sur leur embarcation à voile latine. On pratique plusieurs sortes de pêche, selon la saison. La sautade (*damasa* en arabe), ou pêche au mulet, ressemble plutôt à une partie de chasse dans l'eau. Les hommes frappent la surface de l'eau avec des palmes pour effrayer les mulets qui sautent alors sur les claies posées sur l'eau.

La pêche au poulpe se déroule sur une période réglementée qui va de mi-octobre à fin avril (avant la période de reproduction). Malheureusement, la pêche est menacée par la pollution. Fin mars, les îles Kerkennah fêtent ce céphalopode à l'occasion d'un grand festival du Poulpe. Animations sur le bac, soirées folkloriques, balades en mer, etc.

Réputés fins cuisiniers, les Kerkenniens savent préparer tous les produits de la mer, notamment les poulpes et les calamars. Parmi leurs spécialités : *melthouth* au poisson, *tchich* aux poulpes, *ojja* aux seiches. Un régal, surtout quand on a la chance de pouvoir manger dans une famille de pêcheurs.

POULPE FICTION

Le pêcheur malin sait le poulpe sans hébergement fixe. Chaque nuit, il dépose de séduisantes jarres (gargoulettes) où les mollusques trouvent logis pour la nuit. Au matin, le pêcheur, ravi, remonte les vases et leurs locataires avec. Pour faire sortir les plus récalcitrants, il faut utiliser du gros sel. Et en guise de réveil, le poulpe est battu contre le rocher, nettoyé puis séché. Les tentacules sont savamment tressés pour en faire une sorte de « conserve-sculpture » qui se gardera tout l'hiver et ne sera consommée qu'après dessiccation totale. C'est une fable sans morale...

LES FELOUQUES KERKENNAISES

Plus élancées et plus élégantes encore que leurs sœurs lointaines du Nil, qui sont conçues pour la navigation fluviale, les felouques de l'archipel des Kerkennah ressemblent plutôt aux barques catalanes. À part l'introduction du gouvernail, elles n'ont pas changé depuis des millénaires et sont probablement contemporaines de l'invention de la voile en Méditerranée. Réapparus vers 1930 et aujourd'hui violemment concurrencés par les bateaux à moteur, ces voiliers traditionnels naviguaient pour le transport des marchandises et la pêche aux éponges. Ils constituent un véritable patrimoine en voie de disparition.

Gréés d'une immense voile latine et d'un foc à virer, ces bateaux d'une grande beauté sont l'héritage du savoir-faire millénaire des ***charpentiers de marine*** de l'archipel. Les quelques felouques (de 8 à 12 m) sauvées et restaurées dans le respect scrupuleux des traditions constituent aujourd'hui, à Kerkennah, un véritable écomusée d'architecture navale. La flottille ainsi créée a permis de conserver vivaces les techniques de navigation traditionnelles ainsi que les pratiques de pêche ancestrales.

Arriver – Quitter

Ferry (*plan Sfax, C3*) **:** *départ de l'embarcadère de Sfax, 179, av. Mohamed-Hedi-Khefacha avec la SONOTRAK (☎ 74-212-220 ou 74-497-616 ; • sonotrak.tn •). Trajet : 2 Dt (plus 4 Dt pour un véhicule).* En voiture, se présenter 45 mn avt le départ, ***surtout en été.*** Les billets peuvent s'acheter à l'embarquement, mais en été il est prudent de les acheter via le site internet, à l'avance. Peu cher (1 Dt pour les piétons). Compter 1h15 de traversée.

➢ En hiver, depuis Sfax, 9 traversées/j., 4h15-20h ; depuis les îles Kerkennah, 6h-21h30. En été, env 14 traversées/j., régulières dans les 2 sens, 4h30-2h du mat. Pendant le w-e, liaisons légèrement plus fréquentes, et parfois, horaires différents. Voir les horaires sur leur site.

Transports sur l'île

Bus et taxis attendent les passagers à ***Sidi-Youssef*** (le port de débarquement). Aucune difficulté pour rejoindre les principaux points de l'île. Il est aussi possible de trouver une voiture ou un camion sur le bateau ; pendant la traversée, on a le temps de faire des rencontres.

➢ ***Taxi :*** quelques taxis sillonnent l'archipel. Avec un peu de patience, on finit par en trouver un. S'ils ne sont pas pleins, on peut généralement les héler et partager la course.

➢ ***Bus :*** une ligne de bus parcourt la route principale, de l'embarcadère de ***Sidi-Youssef*** à ***El-Attaya*** et ***El-Kraten*** via ***Remla.*** Plus irrégulier pour la zone hôtelière de ***Sidi-Frej*** (préférer le taxi).

Infos utiles

Hôpital : *à Remla. ☎ 74-481-119 ou 198.*

– On peut louer des vélos dans la plupart des établissements. Certains organisent aussi des excursions en mer ou sur les îles.

– De nombreuses infos également sur : *• kerkenniens.com •*

SIDI-FREJ OU LA ZONE DES HÔTELS

Où dormir ? Où manger ?

De bon marché à prix moyens (moins de 150 Dt / 50 €)

Hôtel et résidence Cercina *(carte,* ***1****) : à l'entrée de la zone touristique, prendre à gauche au rond-point, direction « quai Sidi-Frej » ; l'hôtel est quelques mètres plus loin, sur la gauche. ☎ 74-489-953 ou 600. • hotel-cercina.com • Ouv tte l'année. Doubles 80-150 Dt, petit déj inclus ; minisuites. Menu 30 Dt.* L'hôtel jouit d'une situation idyllique les pieds dans l'eau. 3 catégories de chambres : les *résidence* (catégorie intermédiaire) en rez-de-jardin ou à l'étage (plus lumineuses), bien équipées avec frigo et clim ; les *minisuites,* plus grandes, peuvent accueillir jusqu'à 4 personnes et sont joliment aménagées. Certaines ont vue sur la mer. En dernier recours, des chambres basiques de plain-pied : vétustes, humides et non chauffées (pas de clim non plus) mais dotées d'une terrasse face à la mer. Resto sur une grande terrasse très agréable, juste devant l'eau. On y sert les spécialités de l'île et des fruits de mer bien préparés (mieux vaut réserver hors saison). Location de vélos. Sorties en bateau et pêche traditionnelle peuvent être organisées en moyenne et haute saisons.

Grand Hôtel Kerkennah *(carte,* ***2****) : tt à fait au nord de Sidi-Frej, au bout de la route goudronnée. ☎ 74-489-861 et 859. Ouv tte l'année. Résa conseillée en été. Doubles 110-160 Dt, petit déj inclus ; au resto, menu 30 Dt.* Un très grand hôtel familial des années 1960, on ne peut mieux situé, entre oliviers et grande bleue (accès privé). Chambres toutes identiques : spacieuses, rénovées régulièrement et toutes avec balcon face à la mer. Une vue de rêve ! Également 3 bungalows (4 à 8 personnes), dont 2 posés devant l'eau (à peine plus chers). Belle piscine (en été) surplombant la mer. Resto à la carte sur la plage et autour d'une grande piscine. Activités sportives (tennis, planche à voile, sorties en mer) et animations. Le seul hôtel de l'île à bénéficier d'une véritable plage. Accueil pro.

Chic (150-300 Dt / 50-100 €)

Dar Kerkennah *(carte,* ***3****) : fléché dès l'arrivée dans la zone touristique. ☎ 74-489-016 ou 017. À l'intersection avt le Grand Hôtel Kerkennah, prendre à droite, c'est juste avt le fort. Compter*

150-240 Dt, petit déj inclus. Superbe entrée pour cette imposante construction, typique de l'île qui s'appuie sur l'artisanat local (meubles en bois peint, tapis, céramiques...) pour décorer les chambres, dont certaines avec balcon et vue sur la mer. Ces dernières, sans supplément de prix, sont à demander en priorité. L'ensemble est soigné, coloré et très propre. Belles salles de bains. Piscine couverte par une verrière mais non chauffée, hammam en prévision. Bar, resto (un peu sombre), mais dès les beaux jours, on mange autour de la piscine. Dommage, pas de jardin mais la plage est à 100 m.

À voir. À faire

Borj El-Hsar : *juste avt l'hôtel* Dar Kerkennah, *emprunter la piste qui part à droite, c'est à 200 m. Accessible tte la journée, un gardien reste sur place.* Du fort romain, il ne reste que les murs en ruine. Posé sur le littoral, il offre un panorama coloré sur la végétation et la mer et une atmosphère d'une grande sérénité. En contrebas, des ruines phéniciennes et romaines (interdites d'accès).

REMLA

À 24 km de Sidi-Youssef. Un bourg où la vie suit son cours, tout doucement. C'est là que se trouvent les principaux services de l'île (station-service, poste, banques, petites épiceries...).

Adresses et infos utiles

Bus : *station au niveau du rond-point, en face de la station-service.*
Taxis : *station à côté de la mosquée.*
■ **Station-service Agil :** *au centre, au niveau du rond-point de l'Horloge. Ouv 24h/24.*
■ **Change :** *de part et d'autre du rond-point de l'Horloge.* **UIB** *et* **STB** *: lun-ven 8h-16h15 (7h15-12h30 en juil-août).* Distributeurs de billets acceptant les cartes *Visa* et *MasterCard*. Change et *Western Union*.
■ **Pharmacies :** *3 officines, dont 1 de nuit dans la 2e rue à droite après l'entrée de la ville, route El-Kraten.*
– **Souk :** *le jeu.* Très grand et intéressant.

Où dormir ? Où manger ?

Hôtel Kerkennah Centre (carte, **4**) : *prendre à droite au rond-point et encore à droite face à la mer.* ☎ *74-481-514.* • *kerkennahcentre@yahoo.com* • *Double env 100 Dt avec petit déj. CB refusées.* Derrière la façade bleu et blanc, des chambres pimpantes avec salles de bains. Pour les familles, des apparts simples avec pour certains une vue mer (un atout, compte tenu du prix). Attenant à l'hôtel, le bar enfumé sert de l'alcool.

Restaurant La Sirène, Chez Tahar (carte, **10**) : *sur la plage ; prendre à droite au rond-point, puis à gauche devant la mer.* ☎ *74-481-118. Tlj sauf ven. Fermé pdt le ramadan. Bon marché. CB refusées. Sert de l'alcool.* Vaste salle de resto prolongée par une terrasse qui ouvre sur la mer. On y mange divinement bien une cuisine simple, basée sur la pêc he locale. Salade de fruits de mer, poulpe, crevettes, poissons... Le rapport qualité-prix est remarquable, comme la fraîcheur des produits. Accueil à l'égal de la cuisine.

Dans les environs de Remla

Le musée du Patrimoine insulaire (dar El-Fehri) **:** *à* **El-Abassia.** *97-899-560.* • *cecerim2002@gmail.com* • *En principe, ouv tlj 9h30-14h. Entrée : 5 Dt.*

Musée privé installé dans une demeure traditionnelle. Tout sur le patrimoine humain et architectural de l'île. Activités traditionnelles, surtout la pêche, artisanat (en alfa et feuille de palmier) et celles qui sont menacées de disparition, mode de vie, scènes reconstituées, beaux tissus, squelette de cétacé qui s'échoua un jour... et un peu d'histoire des personnalités qui eurent des liens avec l'île, comme Habib Bourguiba, Farhat Hached...

Sur place, café-resto en terrasse, à l'étage, avec vue sur la mer et des chambres d'hôtes (voir ci-dessous).

Résidence Dar El Fehri : *à* ***El-Abassia*** *(carte,* ***5****) à mi-chemin de Remla et d'El-Attaya. 20-020-011 ou 21-674-481-188. Ouv tte l'année. Doubles 20-25 € (sans ou avec clim), petit déj inclus ; apparts spacieux 2 ou 3 pièces 50-80 €.* Dans l'enceinte du musée, les propriétaires proposent une petite dizaine de chambres coquettes, à la déco personnalisée mettant en valeur le style traditionnel de Kerkennah. De bon confort, la plupart ont la clim. Ambiance conviviale à 2 pas de la mer. Également un *concept store* sur place : vente d'artisanat local fait main, tissus, déco...

EL-ATTAYA

Petit port de pêche situé au nord de l'île, à 35 km de l'embarcadère Sidi-Youssef. Vous y rencontrerez des pêcheurs qui vous proposeront une sortie en mer sur une felouque avec, au programme, pêche, baignades et grillades de poisson. Attention, ces excursions sont théoriquement prohibées.
Pendant l'été, vous aurez peut-être la chance d'assister à un mariage kerkennais authentique. Traditionnellement, ils se font sans invitation et les pêcheurs y emmènent les touristes, avant que les mariés ne demandent une participation à la discrétion de chacun.

Où dormir ? Où manger ? Où boire un verre ?

Salines et pêche. Pas de plage, mais un port ancien et un moderne. Quelques adresses sympa pour se restaurer (la plupart sont fermées en basse saison) ou prendre un verre au coucher de soleil, et quelques chambres et maisons à louer aussi.

Le Régal *(appelé aussi « Najet », du nom de la proprio ; carte,* ***7****) : petit café-resto tt au fond du village, à gauche, à 500 m avt le vieux port. 20-291-235. Fermé en hiver. Env 20 Dt pour un repas. Pas d'alcool.* La patronne prépare une cuisine simple mais bonne et s'enorgueillit, à raison, de remporter des prix pour ses spécialités, notamment les fruits de mer sautés. Elle propose aussi des appartements à prix raisonnables.

Le Pêcheur *(carte,* ***11****) : sur le vieux port. 98-512-060. Ouv tte l'année.* Face à la mer, un chalet en bois pittoresque où tout est impeccable, surtout le poisson fraîchement pêché et grillé (facturé au poids). Bons fruits de mer sautés à l'ail également. Staali, le chef, est un personnage sur l'île.

Skander *(chez Naji ; carte,* ***12****) : le grand café au ras du vieux port. 97-058-666. Ouv en été seulement.* Pour de douces soirées à rêvasser devant un coucher de soleil sublime. Bon accueil. Sur commande, possibilité de déguster quelques bonnes spécialités de l'île. Larges terrasses protégées. Pour les amateurs, soirées télé « sportives »...

LES PLAGES DE KERKENNAH

Les amateurs de baignade seront déçus. Les plages sont sauvages, très souvent inhospitalières (pas de sable mais des petits cailloux) et pas forcément très propres. De plus, on n'arrive jamais à perdre pied. Difficile de nager, donc. En revanche, on peut faire de longues marches dans l'eau sans se mouiller le nombril !

Sidi-Frej : la plage de la zone touristique. La seule partie correcte se trouve devant le *Grand Hôtel*. Le reste est plutôt constitué de cailloux que de sable.

Sidi-Fankhal : *de la zone touristique, prendre la direction Dar Kerkennah ; à l'intersection, continuer à droite (c'est fléché), puis à gauche jusqu'au bout de la route ; le goudron se termine par une piste de sable de 1 km accessible aux voitures de tourisme. De Remla, descendre jusqu'au village d'Ouled-bou-Ali et bifurquer sur la droite vers Sidi-Fankhal (ne pas hésiter à demander son chemin).* La seule plage avec du vrai sable. Magnifique, en demi-lune, sans construction autour. Située au bout d'un vaste chott au milieu duquel on a un effet d'optique surprenant : les nuages de chaleur donnent l'impression qu'on est cerné de tous côtés par la mer ! Dommage, donc, de la voir si jonchée de détritus en tout genre.

Bounouma : *après El-Abassia, prendre la direction de Chergui ; arrivé à Chergui, tourner à gauche, c'est indiqué.*

Berdimes : *entre Bounouma et El-Kraten. S'y faire conduire : pas de fléchage et plusieurs pistes.* Mausolée de Sidi Salem, le saint des pêcheurs. Voyez aussi l'îlot de Charmadia, en face du mausolée. Accessible à marée basse. Réserve animalière.

Manifestations

- **Festival du Poulpe :** *4 j. vers le 21 mars.* Concours de cuisine, musique...
- **Festival de la Sirène :** *10 j. fin juil-début août.* Mariages traditionnels, manifestations folkloriques, excursions en mer...

LE GOLFE DE GABÈS ET DJERBA

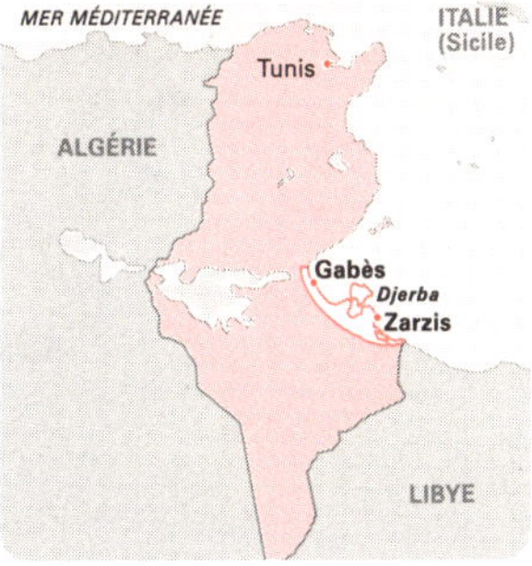

À l'est de la Tunisie, là où le Sahara vient rencontrer la Méditerranée, se trouve le golfe de Gabès. On l'appelait aussi autrefois la baie de la Petite Syrte (la Grande Syrte, elle, se trouve sur les côtes de la Libye).
Ce golfe est un sanctuaire ornithologique d'une grande richesse. C'est en effet l'un des rares endroits de Méditerranée à connaître des marées relativement importantes, qui découvrent des marécages immenses, paradis des oiseaux migrateurs. Une bonne partie des oiseaux qui passent la belle saison en Europe (en Camargue, notamment) y migrent l'hiver. Flamants roses, goélands et autres échassiers trouvent dans les grandes vasières du golfe de quoi se nourrir et s'abriter.
Au sud du golfe, du côté de Zarzis et de Djerba, la côte porte le nom de *côte des Palmiers.* Ses arbres et son climat ont fait la réputation de l'île de Djerba « la douce », devenue la 1re destination touristique du pays.

GABÈS

140 000 hab.

• Plan *p. 258-259*

Gabès est une ville lourdement industrielle qui jouxte une vaste palmeraie, vantée dans l'Antiquité par Pline et abritant plus de 300 000 palmiers-dattiers. Mais ne songez pas à vous baigner dans la mer : elle est souillée par les rejets du site industriel que vous ne pourrez pas rater. Disons qu'on reste ici quelques heures avant de filer dans l'oasis, cet environnement verdoyant aux portes de la ville.

UN PEU D'HISTOIRE

Ancien comptoir phénicien, puis colonie romaine *(Tacapès),* Gabès est au croisement des routes littorales et désertiques. Et si la ville se perd dans les méandres de l'Histoire, c'est pour mieux renaître, au VIIe s, à l'arrivée de Sidi Boulbaba, compagnon du Prophète. Au Moyen Âge, c'était le terminus des grandes caravanes venues d'Afrique.

UN ENVIRONNEMENT SACRIFIÉ

On imagine mal qu'il y a encore quelques décennies Gabès était un vrai paradis : plage de sable fin, mer transparente et poissons en abondance. Les habitants y vivaient de la générosité de la terre nourricière et de l'oasis.

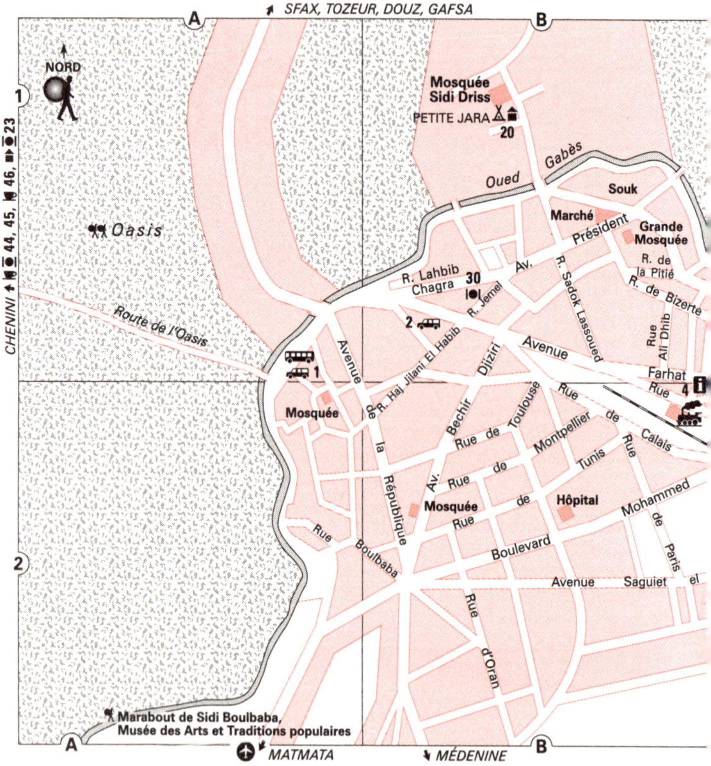

Adresses utiles

- 1 Station principale de louages (A1)
- 2 Station de louages pour Matmata (B1)
- 4 Commissariat régional de tourisme (B1-2)
- 5 Office de tourisme (C1-2)
- 7 Clinique Bon Secours (C2)
- 8 Pharmacie de nuit (C2)
- 9 Police (C2)
- 10 Magasin Général (C2)
- 22 Piscine de l'Hôtel Chems (D2)

Où dormir ?

- 20 Complexe de jeunesse et camping Sanyet el Bey (B1)
- 21 Hôtel Atlantic (C1)

Au nom du développement économique…

Un potentiel énorme stoppé net après la découverte du ***pétrole*** dans le golfe de Gabès, et l'installation en 1972 des usines de phosphate et de cimenterie au nord de la baie. L'exploitation du phosphate qui sert à fabriquer des engrais, ensuite exportés dans le monde entier, entraîne chaque jour le rejet dans la mer de 13 000 t de fluor et surtout de phosphogypse, rebut de l'exploitation du phosphate dans lequel on trouve des métaux lourds, du souffre et des particules radioactives… Un poison qui pollue une mer asphyxiée depuis près de 50 ans, appauvrit les sols en

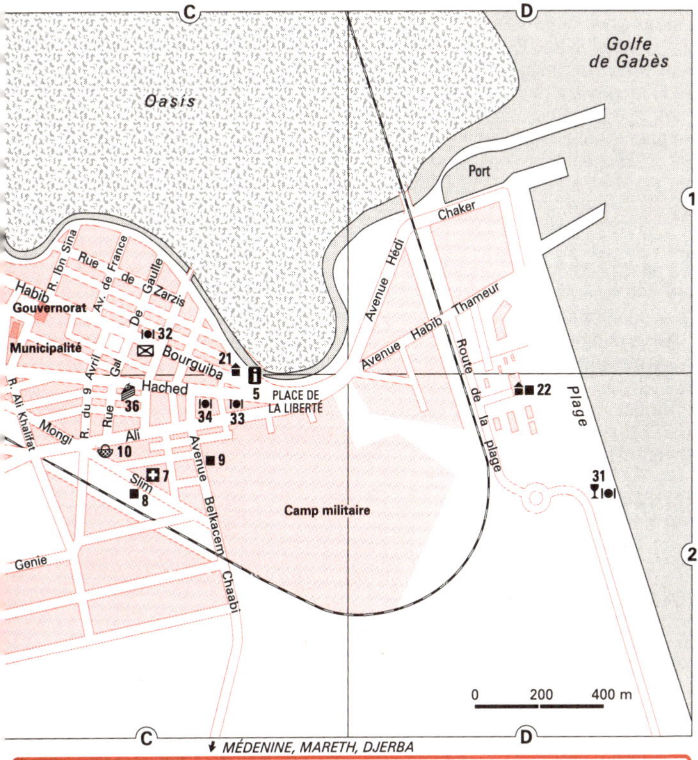

GABÈS

22 Hôtel Chems (D2)	**36** Pâtisserie Mondial (C2)
Où manger ? Où manger une pâtisserie ?	**Où dormir ? Où manger ? Où boire un thé dans l'oasis ?**
30 Restaurant Boukachokha (B1) **31** Polygone (D2) **32** Pizzeria Pino (C1) **33** Restaurant L'Oasis (C2) **34** Restaurant El Mazar (C2)	**23** Dar Lemdina (hors plan par A1) **44** Charchara et Café El Goos (hors plan par A1) **45** El Amine (hors plan par A1) **46** Café de l'Oasis (hors plan par A1)

pompant dans la nappe phréatique et noircit l'air de fumées toxiques. ***Le saccage de cet environnement*** autrefois agricole est révoltant, et les conséquences terribles sur la santé des habitants (malformations à la naissance, maladies). La création d'emplois et les subventions ne suffisent pas à étouffer l'affaire : la société civile (de nombreuses associations militent pour ***l'arrêt des déversements*** et restent très actives sur les réseaux sociaux), l'Union européenne et l'Union pour la Méditerranée exercent une pression dans le cadre du Processus de Barcelone qui prévoit la dépollution de la mer. À ce titre, le GCT (Groupe chimique tunisien) reçoit des subsides de la Banque européenne d'investissements et de l'Union européenne.

L'oasis millénaire était autrefois irriguée par des sources naturelles qui sont aujourd'hui asséchées. Comme la nappe phréatique diminue, l'eau extraite devient de plus en plus salée. Quantité moindre, qualité en baisse, les agriculteurs ne peuvent désormais irriguer qu'une fois par mois. Ce qui a pour conséquence une chute du rendement et de la diversité aussi bien de la flore que de la faune. Pas étonnant que les jeunes se détournent de cette activité devenue peu lucrative ; l'usine paie mieux. Ainsi, le manque d'eau produit un impact sur le plan économique, environnemental et social tout à la fois.

... et des intérêts particuliers

L'oasis subit de fortes pressions économiques, mais aussi démographiques. Il est, en principe, interdit de construire à l'intérieur de la palmeraie. Or, depuis la révolution et le souffle de liberté ressenti par les habitants, chacun entend agir à sa manière (comportement impensable, bien sûr, sous Ben Ali). Si bien que certains agriculteurs et propriétaires terriens bâtissent entre les palmiers, quitte à en déraciner quelques-uns pour faire de la place... D'autres se résolvent à occuper ces terres, faute de moyens pour se loger en ville.
Mais des associations très dynamiques se battent pour préserver ce patrimoine unique. Elles ont aussi interpellé l'Unesco pour une protection rapide de cet environnement si riche et si particulier.

Arriver – Quitter

En bus

Gare routière *(plan A1)* **:** *route de l'Oasis.* ☎ *75-274-248.* Il existe 4 compagnies de bus ; seules la *SNTRI (☎ 75-270-008),* la *Sotregames (☎ 75-272-300)* et la *Compagnie Médénine* disposent d'un bureau à la gare routière. Liaisons avec :

➢ ***Matmata :*** bus ttes les heures, 5h30-19h. Durée : 1h.
➢ ***Tataouine :*** 2 bus/j., avec la *Société Médénine* et 1 autre l'ap-m avec la *SNTRI.* Durée : 3h30.
➢ ***Djerba*** (***Houmt-Souk*** et ***Midoun***) **:** nombreux bus quotidiens. Durée : 2h, mais parfois plus long selon le temps d'attente au bac de Jorf.
➢ ***Zarzis :*** 5 bus/j. Durée : 2h30.
➢ ***Sfax :*** nombreux bus/j. Durée : 2h-2h30.
➢ ***Matmata :*** nombreux bus/j.
➢ ***Médenine :*** nombreux bus/j. Durée : 1h30.
➢ ***Gafsa :*** 5 bus/j. Durée : 2h30.
➢ ***Tozeur et Nefta*** (via ***Kebili***) **:** 2 bus/j. Durée : env 3h30.
➢ ***Douz*** (via ***Kebili***) **:** 5 bus/j. Durée : env 2h.
➢ ***Kairouan :*** env 3 bus/j., le mat. Les bus continuent sur Tunis.
➢ ***Kasserine :*** 1 départ/j., le mat en principe. Durée : 3h30.
➢ ***Tunis :*** 7 bus/j., via ***Sfax, Mahdia, Monastir*** et ***Sousse*** (4h de route), ou ***Kairouan.*** Durée pour Tunis : env 4h via Kairouan et 6h via Sousse.

En louage

Station principale de louages *(plan A1,* ***1****)* **:** *route de l'Oasis, juste à côté de la gare routière.* Achat des billets au guichet.

➢ Pour ***Tunis,*** durée : 5h30. Pour ***Sfax,*** durée : 2h. Pour ***Sousse,*** durée : 4h. Pour ***Djerba,*** durée : 2-3h (en fonction de l'heure d'arrivée au bac). Pour ***Zarzis,*** durée : 2h30. Pour ***Tataouine,*** durée : 2h. Pour ***Douz,*** durée : 2h30-3h. Pour ***Kairouan,*** durée : 3h30. Pour ***Gafsa,*** durée : 2h30. Pour ***Médenine,*** durée : 1h30.

Attention, les ***louages pour Matmata*** (nouvelle puis ancienne) se prennent au début de l'av. Farhat-Hached *(plan B1,* ***2****)*. Compter 1h de trajet.

En train

Gare ferroviaire *(plan B2)* **:** *rue Mongi-Slim.* ☎ *75-270-944.* • *sncft.com.tn* •

➢ ***Pour Tunis*** (via ***Sfax*** et ***Sousse***) **:** 4 trains/j. Durée : env 5h avec le train express, sinon 6h15.

Adresses utiles

Adresses et infos utiles

Commissariat régional de tourisme (plan B1-2, **4**) : *159, av. Farhat-Hached. ☎ 75-275-055. • crt.gabes@discovertunisia.com • Au-dessus de la banque UIB. Lun-ven 8h-13h, 14h-17h (8h-14h en juil-août et ramadan).* Infos sur Gabès et sa région, ainsi que sur Matmata. Compétents et disponibles.

Office de tourisme (plan C1-2, **5**) : *pl. de la Liberté. En principe, lun-ven 8h-13h, 14h-17h.* Peu d'infos disponibles...

Banques, change : *plusieurs banques avec distributeur automatique, le long de l'av. Habib-Bourguiba (plan C1).*

Urgences, santé

Clinique Bon Secours (plan C2, **7**) : *12, av. Mongi-Slim. ☎ 75-271-400 et 75-277-700.* Service d'urgences.

Pharmacie de nuit (plan C2, **8**) : *av. Mongi-Slim. En face de la clinique Bon Secours.*

Police (plan C2, **9**) : *route de Médenine. ☎ 75-270-390.*

Achats, loisirs

Supermarché : Magasin Général *(plan C2, **10**), bd Mohammed-Ali. Tlj 8h-21h. Vente d'alcool au petit comptoir dissimulé à l'arrière du magasin (prendre la ruelle à gauche du bâtiment ; tlj sauf ven 10h-18h30).*

Souk (plan B1) : *tlj sauf lun, autour de la Grande Mosquée.* Paniers en osier (roseau de l'oued), couffins, vaisselle, henné (spécialité de la ville)... Souk de Jara sur une place à arcades pour l'artisanat (poteries).

Marché hebdomadaire (plan B1) : *dans le quartier de la Jara, à proximité de la Grande Mosquée, du sam 15h au dim 12h-13h.* Assez important, il déborde jusqu'à la Petite Jara.

Piscine : *à l'**Hôtel Chems** (plan D2, **22**). En été seulement (à partir de juin). Accès : 10 Dt pour les non-résidents ; ½ tarif enfants.*

Où dormir ?

Bon marché (moins de 75 Dt / 25 €)

Complexe de jeunesse et camping Sanyet el Bey (plan B1, **20**) : *rue de l'Oasis. ☎ 75-270-271. Dans le quartier « Petite Jara », entre le terrain de foot et l'école. Env 80 lits. Compter 20 Dt/pers en chambre et env 10 Dt pour 2 en tente. Pas de petit déj.* Des bâtiments de part et d'autre d'une large pelouse. Chambres de 2-4 lits un peu étriquées mais avec clim et chauffage. Sanitaires communs. Au fond, espace ombragé par des palmiers pour planter sa tente.

Hôtel Atlantic (plan C1, **21**) : *1, av. Bourguiba. ☎ 75-265-177. Doubles 60-70 Dt ; petit déj non compris, à prendre au café d'à côté.* Ce bâtiment des années 1920, à l'élégante façade blanche aux volets bleus, a conservé tout son charme : beau carrelage d'époque, vastes chambres hautes de plafond et aux larges fenêtres. Certes, les sanitaires sont un peu datés mais ils sont propres et fonctionnels. Il n'y a ni clim, ni chauffage et au rez-de-chaussée, le bar sert de l'alcool et peut occasionner un peu de bruit (fermeture en principe à 22h ; entrée distincte). L'hôtel reste malgré tout une bonne option, compte tenu du manque d'adresses dans le secteur et en attendant que l'*hôtel Régina* fasse peau neuve.

Chic (150-300 Dt / 50-100 €)

Hôtel Chems (plan D2, **22**) : *près de la plage ; tourner dans la 1re rue à droite après la voie ferrée. ☎ 75-270-547. • hotelchems.com.tn • Double env 200 Dt, petit déj inclus. ½ pens possible.* Une imposante bâtisse des années 1970 sans charme et conventionnelle. Mais les chambres, disposées en U autour de la piscine, sont spacieuses, claires et rénovées. Elles bénéficient de tout le confort moderne et d'un balcon. Toutes étant au même prix, essayez d'avoir la vue mer. Le ménage, lui, n'est pas des plus pointilleux. Accès direct à la plage, mais pas de trempette, pollution oblige. Piscine ouverte aux non-résidents (en été).

Où manger ?

Pas de révélation culinaire à Gabès... Filez donc à l'oasis de Chenini, pour l'authenticité et le calme.

Bon marché (moins de 20 Dt / 7 €)

Restaurant Boukachokha *(plan B1, **30**)* **:** *rue Ali-Jemel. Tlj jusqu'à 15h. Pas d'alcool.* Très simple et de bon aloi. Au choix, 2 plats qui changent, comme la *kamounia* (viandes en sauce) ou poisson. L'ambiance est populaire et le service dépote. Terrasse sur rue.

Polygone *(plan D2, **31**)* **:** *La Corniche. 29-752-299. Tlj du mat au soir. Pas d'alcool.* Sympa pour boire un jus sur la terrasse les pieds dans le sable, derrière les baies vitrées qui abritent du vent. À l'intérieur, ambiance enfumée. Sert aussi des snacks (pizzas, sandwichs...) plutôt convenables.

Pizzeria Pino *(plan C1, **32**)* **:** *114, av. Habib-Bourguiba. ☎ 75-272-010. À quelques mètres de la poste. Tlj sauf dim, jusqu'à 22h. Fermé pdt le ramadan. Pas d'alcool.* Ce resto impersonnel sur 2 étages élabore des pizzas correctes devant vous. Les inconditionnels de cuisine tunisienne ne sont pas oubliés. Terrasse sur le toit aux beaux jours.

Prix moyens (20-40 Dt / 7-13 €)

Restaurant L'Oasis *(ex Franco-arabe ; plan C2, **33**)* **:** *15-17, av. Farhat-Hached, face à la pl. de la Liberté. ☎ 75-273-087. Tlj 12h-15h, 19h-22h. Sert de l'alcool.* Restaurant dans une salle agréable, aux tables recouvertes de nappes blanches. La carte aligne les grands classiques de la cuisine tunisienne. Poissons au poids et viandes (spécialité de gargoulette, méchoui). Service aimable lorsqu'il n'est pas accaparé par la télé qui capte inexorablement l'attention...

Restaurant El Mazar *(plan C2, **34**)* **:** *39, av. Farhat-Hached. ☎ 75-272-065. Tlj 10h-14h30, 18h-22h30. Menu 30 Dt. CB refusées. Sert de l'alcool.* Un resto qui se veut un peu chic mais il est sur le déclin. Bon choix de viandes. Sinon, pâtes, poissons et fruits de mer.

Où manger une pâtisserie ?

Pâtisserie Mondial *(plan C2, **36**)* **:** *av. Farhat-Hached. Tlj 4h-23h (21h en hiver).* Les pâtisseries françaises rivalisent avec les tunisiennes et se défendent bien. Impeccable aussi pour se préparer un pique-nique : pizzas, pâtés au fromage, au thon, etc., que l'on peut accompagner d'un jus d'orange frais ou d'un café. Accueil charmant. Salle en revanche un peu sombre ; on ne s'y attarde pas. En face, la pâtisserie ***Linoise*** propose des gâteaux honnêtes et des tables pour s'asseoir dans une ambiance animée, surtout par les étudiants. Très propre et bon accueil.

Où dormir ? Où manger ? Où boire un thé dans l'oasis ?

Pour ceux qui ne sont pas véhiculés, il est facile de trouver un taxi pour aller chercher la fraîcheur de l'oasis. Sinon, à pied, 4 km à parcourir entre la gare routière et Chenini par la sinueuse « route de l'oasis » (indiquée). Ne vous privez pas de ces haltes aimées des Gabésiens : une bouffée d'oxygène !

Dar Lemdina *(hors plan par A1, **23**) : dans la médina de **Chenini,** à 7 km de Gabès. 20-083-846 (Mabrouk) ou 56-771-115 (Anis). • jabrimabrouk2018@gmail.com • Double 70 Dt, petit déj inclus ; repas sur demande 20-25 Dt.* Mabrouk et sa femme Rachida ont retapé cette maison traditionnelle de la médina pour en faire des chambres d'hôtes simples mais impeccables, avec douche et toilettes communes. Leur but : valoriser Chenini et échanger avec les hôtes de passage. Passionné (et passionnant), Mabrouk est aussi à l'origine de nombreuses initiatives culturelles dans l'oasis. Autour d'une cour où sont servis les délicieux repas, 4 chambres de 1 à 4 lits (simples) avec poutres de palmier au plafond et épais murs de pierre. Cuisine à disposition, bibliothèque et prêt de vélos. Une super expérience pour comprendre la vie des oasiens.

Charchara *(les cascades ; hors plan par A1, **44**) : à Chenini. Depuis la gare routière de Gabès, suivre la route de l'Oasis sur env 5 km, puis demander, tt le monde connaît ; le café se trouve sur la droite, juste avt le pont romain. Tlj 8h-minuit (3h en été).* Un café-resto où les Gabésiens viennent prendre un petit déj, siroter un thé et fumer la chicha. Terrasse à l'étage, grande tente en hiver. Bonnes grillades. L'endroit le plus populaire de la palmeraie et un très bon accueil.

Café El Goos *(l'arc ; hors plan par A1, **44**) : en face du Charchara.* Perché sur une esplanade, sa terrasse ensoleillée n'est pas désagréable. Fait aussi resto.

El Amine *(hors plan par A1, **45**) : après le pont romain (quand on vient de Gabès), bifurquer à gauche ; c'est à 400 m plus loin sur la gauche, légèrement en surplomb de la route. Tlj 8h-23h (3h en été). Resto fermé de mi-déc à mi-fév.* Grande terrasse circulaire et ombragée par les palmiers et caroubiers, face à l'oued asséché et son environnement aride. On peut aussi manger un morceau.

Café de l'Oasis *(chez Monji ; hors plan par A1, **46**) : à Ras-El-Oued, à 2 km à l'ouest de Chenini. Tlj midi et soir.* C'est dans une maison troglodytique dans le lit du fleuve, entre les 2 oueds, que se blottit le café, ouvert avec le soutien de l'Association de sauvegarde de l'oasis. Dans un environnement des plus agréable, une halte bienfaisante pendant la visite de la région. Magique au crépuscule (attention pour rentrer, pas d'éclairage du tout, mieux vaut avoir une lumière et une voiture à proximité).

À voir

Le quartier de la Grande Mosquée *(plan B1)* **:** de construction récente (1952). Autour de celle-ci, quelques rues commerçantes et, juste en face, les souks (la plupart sont fermés le lundi). On en a vite fait le tour : de la vannerie pour l'essentiel, des épices, de grands paniers remplis de henné en feuilles, des poteries, de l'encens. Gentil, tout ça, sans plus. En revanche, les prix sont plus raisonnables qu'à Djerba. Rien de vraiment étonnant.
De l'autre côté de la rue, on accède au ***marché*** par un passage couvert. Nombreux bijoutiers, marché aux poissons, à la viande, aux fruits et légumes.
Juste derrière le souk, traversez l'oued et jetez un œil sur la ***mosquée de Sidi Driss*** *(plan B1).* Construite au XIe s, il s'agit de la plus ancienne mosquée de Gabès. Superbes colonnes antiques dans la salle de prière (malheureusement, il est peu probable que l'on vous autorise l'accès).
Derrière la gare routière, le ***quartier Menzel*** a été réhabilité. Les ruelles ont été pavées et fleuries, les maisons repeintes et la petite place avec sa mosquée, son forgeron, sa boutique de moulins à épices et son petit café traditionnel se révèle charmante.

Le marabout de Sidi Boulbaba (hors plan par A2) : *à 1,5 km env du centre-ville. Prendre la route de Matmata ; à 200 m env après avoir traversé l'oued, tourner à gauche vers le* Monoprix, *puis, 100 m plus loin, prendre une rue sur la droite ; le marabout se trouve sur la droite, mais côté gauche du musée des Arts et Traditions populaires ; ne pas confondre avec la mosquée qui se dresse en face du musée. Tlj 6h-20h.* D'élégantes arcades reposant sur des colonnes à chapiteaux ouvragés et surmontés de céramique verte entourent le portail d'entrée. Au fond de la cour, le tombeau de Sidi Boulbaba, compagnon de Mahomet venu islamiser les Berbères et mort à Gabès. Les fidèles viennent au marabout faire leurs ablutions et lire la *fatiha* (sourate d'ouverture du Coran) avant d'aller prier dans la mosquée d'en face. On ne vous laissera visiter que la cour intérieure, en partie édifiée au VIIe s (on aperçoit encore les pierres apparentes).

Le musée des Arts et Traditions populaires (hors plan par A2) : *direction Matmata, juste à côté de la mosquée de Sidi Boulbaba. ☎ 75-390-111.* ***Fermé pour travaux,*** *se renseigner auprès du commissariat de tourisme sur sa date de réouverture.* Petit musée situé dans une belle médersa (école coranique) construite en 1692, précédé par un charmant jardin planté de statues et de fûts de colonnes. Les salles sont intelligemment agencées autour d'une cour à arcades. Elles renferment une intéressante série de vitrines sur le thème du tissage.

L'oasis maritime (hors plan par A1) : *la zone la mieux préservée se trouve à Chenini, à env 4 km à l'ouest de Gabès, par la « Route de l'oasis ». On peut se balader dans l'oasis à pied, en calèche, en voiture ou en taxi. Visites guidées gratuites (et recommandées) avec un membre de l'ASOC (Association de sauvegarde de l'oasis de Chenini ; ☎ 75-228-407 ; 📱 99-998-288). Résa la veille. Visite gratuite de 1h ou plus selon l'intérêt de chacun.* Il s'agit d'une oasis millénaire de 750 ha, la seule oasis sur le littoral méditerranéen et « l'un des derniers exemples d'oasis de ce type dans le monde ». Pour ces raisons, la Tunisie a entamé une procédure d'inscription sur la liste du Patrimoine mondial de l'Unesco. L'oasis comprend plus de 300 000 palmiers de 30 variétés différentes et s'étend sur 6 km jusqu'au bord de la mer. On y retrouve les 3 strates traditionnelles de végétation : le palmier ombrageant les arbres fruitiers (grenadiers, figuiers, abricotiers...), qui, à leur tour, abritent les cultures maraîchères, les céréales et le fourrage. En se baladant, on s'étonne presque de tomber sur des potagers prolifiques malgré les restrictions en eau. Un résultat possible grâce au remarquable et très ancien système du « tour d'eau » géré par les aiguadiers (qui sont en charge de la distribution des eaux d'irrigation). Les parcelles sont inondées toutes les 3 semaines à 2 mois selon la quantité d'eau disponible grâce à de petits canaux qui quadrillent les jardins.

LA VIE PRIVÉE DES PALMIERS

Seuls les palmiers femelles portent des dattes. Les mâles improductifs (pas de dattes) sont donc arrachés. En effet, un seul mâle peut polliniser une cinquantaine de femelles. En revanche, il faut attendre 7 ans l'apparition des 1res floraisons pour connaître le sexe des palmiers, d'où une grosse perte de rentabilité.

Sur les 15 000 habitants que compte le village de Chenini, il reste encore 700 agriculteurs. Mais l'appauvrissement des sols et la pollution mettent en danger cet écosystème unique et bouleverse la vie des Gabésiens (voir plus haut la rubrique « Un environnement sacrifié »).

Face à cette menace, des projets de sauvegarde ont vu le jour : l'*agroécologie* a été implantée dans l'oasis depuis les années 1990 à l'initiative entre autres de ***Pierre Rabhi.*** Elle tente d'apporter des solutions aux oasiens. Ils ont, dans ce cadre, installé notamment une station de compostage bio et aménagé un jardin de la biodiversité à but pédagogique, planté des palmiers et réhabilité des terres abandonnées. L'idéal est vraiment de se promener avec un oasien pour mieux appréhender cet environnement si particulier.

Ras-el-Oued : suivre à pied le beau sentier qui démarre près du zoo, à environ 15 mn à pied à l'ouest du pont romain. Il passe devant le *Chela Club,* un centre d'accueil pour jeunes sportifs, puis devant le *Café de l'Oasis* (dont on parle plus haut) avant de poursuivre dans un beau paysage de falaises ocre jusqu'à un lieu aménagé, connu sous le nom de « Ras-el-Oued », que l'on atteint au bout de 30 mn environ (on peut aussi y aller en voiture, mais le charme réside dans ce sentier très agréable). Le site est très prisé des gens du coin qui viennent surtout le week-end profiter de l'ambiance familiale. Quelques petits cafés et restos.
Au-delà, guide indispensable pour atteindre la source proprement dite en 1h30 environ (se renseigner auprès de l'association de sauvegarde de l'oasis maritime, voir les coordonnées plus haut). Le sentier n'est pas balisé et plutôt vallonné. On traverse des jardins, avant que le paysage ne devienne de plus en plus désertique. La source est d'ailleurs tarie. En l'absence total d'éclairage sur le chemin, rentrez impérativement avant la tombée de la nuit.
À noter que pour son film *Jésus de Nazareth,* Franco Zeffirelli tourna la scène du baptême du Christ dans cet oued, qui, à l'époque, coulait encore.

Manifestations

– ***Festival international d'El-Hamma :*** *à 30 km à l'ouest de Gabès, sur la route de Kebili. 2de quinzaine de mars, pdt 4 j.* Expo d'artisanat (vannerie, *mergoum*) et folklore.
– ***Gabès Film Festival :*** *4 j. mi-avr.* Projections en plein air de longs- et courts-métrages, documentaires...

DANS LES ENVIRONS DE GABÈS

La Société des tapis d'Oudref : *au centre d'Oudref (à côté d'une mosquée), à 20 km au nord-ouest de Gabès en direction de Gafsa. ☎ 75-365-012. Tlj sauf l'ap-m ven-sam et dim, 8h-12h, 15h-17h.* Le gros village d'Oudref n'a pas grand-chose à offrir, mais sa coopérative, dont l'activité fait vivre toute la communauté, justifie une halte. C'est ici que les bergers apportent la laine brute, qui est découpée en petits morceaux avant d'être confiée aux bons soins des cardeurs et des fileuses. Les machines accusent quelques décennies, mais retirent soigneusement toutes les impuretés et filent de belles pelotes de laine distribuées aux femmes et jeunes filles du pays, qui tissent chez elles les tapis. De leurs mains expertes naissent les fameux *mergoum,* ces tapis tissés à motifs géométriques qui font la renommée du village. Toutes les pièces sont expertisées, estampillées à Tunis, avant d'être rendues à la coopérative. Pour la plupart, des « 1er choix », à ne pas confondre avec la « qualité dite supérieure », encore un cran au-dessus. Les tapis sont vendus au mètre carré à des prix intéressants ; voir plus loin la rubrique « Achats », dans « Hommes, culture, environnement ». Et si vous êtes gentil, peut-être vous fera-t-on faire un petit tour du propriétaire.

Le Musée militaire de la ligne Mareth : *à 35 km de Gabès et à 2 km au sud de Mareth en direction de Médenine. ☎ 75-306-433. Tlj sauf lun et Aïd, 9h-16h. Entrée : 5 Dt. Commentaires en français assurés par un soldat.* C'est l'un des 4 musées militaires du pays. Construite par les Français entre 1936 et 1940, la « ligne Maginot du désert » déroulait son système défensif sur plus de 45 km, de la mer aux monts de Matmata. En 1942, après la défaite d'El-Alamein (Égypte), les forces allemandes et italiennes en retraite commandées par Rommel s'y retranchèrent, afin d'enrayer l'avance de Montgomery. La salle d'exposition retrace les combats sur la ligne Mareth (le long de l'oued Zigzaou) en mars 1943 ; c'est la bataille décisive de la campagne de Tunisie. Plans de la ligne de défense avec positionnements et avancées des troupes sur de grands panneaux, mais aussi exposition d'armes diverses retrouvées sur le site... et la voiture de Rommel, qui, sous Ben Ali, se trouvait dans le jardin du palais présidentiel. Dehors, on peut aussi visiter une casemate française datant de 1936, divisée en postes de commandement, de communication et en unités d'artillerie. Pour finir, un film de 12 mn vous donnera les derniers détails complémentaires. Une visite qui intéressera les passionnés de l'histoire de la Seconde Guerre mondiale.

DJERBA (JERBA)

• Plan *p. 267*

« À Djerba, l'air est si doux qu'il empêche de mourir. »

Gustave Flaubert, Salammbô, 1862

Ah ! Djerba ! Depuis qu'Ulysse y aurait fait escale, son charme n'a cessé d'enflammer l'imagination des poètes. On croit la connaître, mais que sait-on d'elle au juste, si ce n'est que cette île plate du Sud tunisien, d'environ 25 km sur 22 et de 164 000 âmes, est synonyme de douceur de vivre ? N'allez pas imaginer que ce sont les tropiques. Ici, le climat est semi-aride, la terre n'est pas bien grasse, l'eau est rare et le vent omniprésent. Ceinte d'une mer turquoise et corsetée de plages de sable fin, elle offre bien sûr tous les atouts du balnéaire.

C'est à l'intérieur qu'elle révèle ses secrets, en parcourant les chemins de traverse, à la rencontre d'une architecture et d'un peuple qui a su traverser les siècles sans changer sa manière de vivre, malgré la pression urbanistique.

À Djerba, la côte nord, plus propice à la baignade que le reste de l'île, est bétonnée sur une quinzaine de kilomètres. C'est l'endroit où les hôtels *all inclusive* sont à touche-touche. Pas grand-chose à y faire à part du shopping et bronzer sur la plage. Le voyageur indépendant préférera loger à Houmt-Souk, ou, s'il est véhiculé, dans n'importe quel endroit de l'île pour profiter du calme de l'intérieur et des coins moins courus. De toute façon, à Djerba, on n'est jamais très loin de la plage !

QUAND Y ALLER ?

En plein été, il faut supporter la chaleur et aimer faire la fiesta ! C'est aussi la période de l'année où les prix sont les plus hauts. Malgré une mer encore assez fraîche, le printemps djerbien, lui, est tout simplement divin ! (mais quelquefois copieusement arrosé). À partir du mois de septembre, c'est beaucoup plus tranquille et on peut se baigner sans problème jusqu'à fin octobre, car

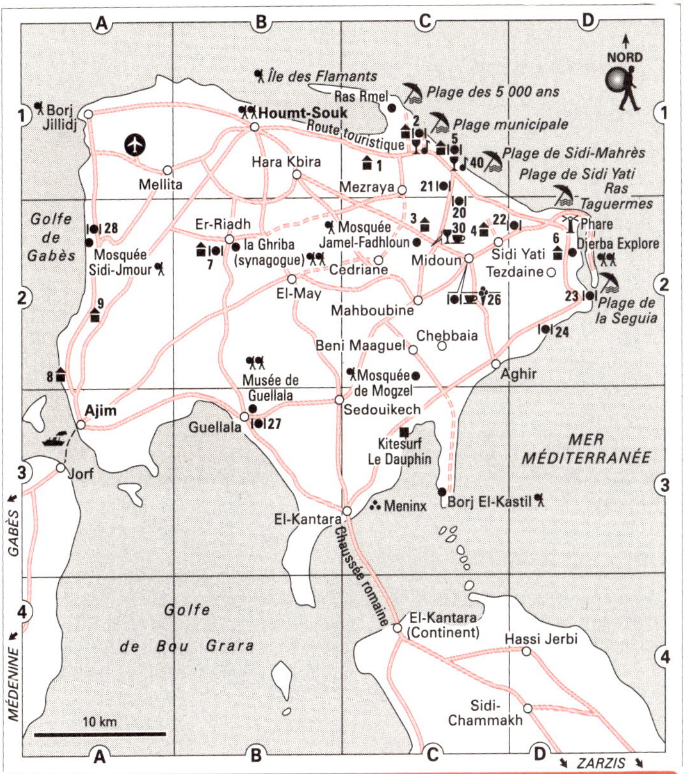

L'ÎLE DE DJERBA

Où dormir ?

- **1** Gîtes Oxalà (C1)
- **2** Hôtel Dar Ali (C1)
- **3** Maison Leila (C2)
- **4** Maison d'hôtes Dar Gaïa (C2)
- **5** Villa Azur (C1)
- **6** Maison d'hôtes Dar Karmi (D2)
- **7** Hôtel-restaurant Dar Dhiafa, maison d'hôtes Dar Ennour et chambres d'hôtes Dar Bibine (B2)
- **8** Dar Elbidha (A2)
- **9** Dar Chick Yahia (A2)

Où manger ?

- **2** Ze Mess (C1)
- **20** Restaurant Les Palmiers, chez Neji et Catherine (C1-2)
- **21** Chez Chouchou (C1)
- **22** Grillades Zammouri (C-D2)
- **23** Restaurant La Lagune (D2)
- **24** Restaurant Sidi Ali (D2)
- **26** Restaurant La Mamma, Lotophages et Gelato Stellina (C2)
- **27** Restaurant Poisson d'Or (B3)
- **28** Le Petit Marin (A2)

Où boire un jus ou un thé ? Où manger une douceur ? Où fumer une chicha ?

- **30** Café Chichkhan (C2)

Où boire un verre ? Où sortir ?

- **2** Ze Mess (C1)
- **40** Sunset Beach Bar (C1)

l'eau est encore à bonne température. En hiver, quand bien même le mercure ne descend pas en dessous de 10 °C, le sirocco souffle et les pluies, parfois violentes, ne sont pas rares. Ça, c'est en théorie, mais on peut aussi tomber sur une semaine particulièrement clémente, à tous les niveaux.

UN PEU D'HISTOIRE

La période prospère

Djerba a certainement été fondée par les Phéniciens. Ces fieffés commerçants y avaient établi un comptoir afin d'expédier ce que les caravanes acheminaient à travers le Sahara. De Djerba partiront pendant des siècles d'importantes quantités d'or en provenance de l'Afrique de l'Ouest, mais aussi des esclaves... À l'issue des guerres puniques, après avoir vaincu les Carthaginois, les Romains s'y installent eux aussi. Du coup, Djerba connaît une période de grandeur : on y construit des palais et des villas. Les riches Romains y viennent se la couler douce.

L'ÎLE DES LOTOPHAGES

Déjà connue dans l'Antiquité, Djerba est surnommée « l'île des lotophages » par Homère dans L'Odyssée. *Rien à voir avec les jeux de hasard, puisque le terme signifie simplement « mangeur de lotos ». Le lotos étant, comme chacun sait, le fruit du jujubier sauvage. Ces fruits étaient si délicieux qu'Ulysse faillit ne pas quitter l'île : la plupart de ses marins avaient en effet succombé à l'enchantement de ces « fruits de miel » et refusaient de le suivre. On les retrouve d'ailleurs dans le Coran, où ils marquent les limites du paradis.*

Le départ des Romains

Puis, comme toutes les bonnes choses ont une fin, sérieusement affaiblie par le tremblement de terre qui ravagea tout le sud de la Méditerranée en 365, la colonie romaine entre dans une période de troubles avant de céder la place aux Vandales, puis aux Byzantins. Au VIIe s, l'islam voit le jour, une nouvelle religion que les Arabes ne vont pas tarder à propager vers l'ouest...

De nouveaux occupants

C'est une Afrique du Nord très affaiblie que les ***Arabes*** vont découvrir en 647. Dès leur arrivée, ils expédient les affaires courantes. Mais comme ils n'étaient pas venus pour faire de la figuration, ils entreprennent le creusement systématique de puits, afin de faciliter l'acheminement des caravanes entre le pays des Noirs et la Méditerranée. Dans le même temps, sous l'impulsion des ***Berbères kharijites,*** qui prônent un islam rigoureux (voir « Djerba et l'ibadisme » plus loin), s'établissent des relations de confiance entre les différents acteurs (marchands, caravaniers, guides...). Des commerçants juifs commencent à peupler certains ports stratégiques (dont Djerba) ainsi que certaines oasis qui serviront de relais. Des dynasties – tantôt arabes, tantôt berbères, sunnites ou chiites – se succéderont avant de passer le relais aux ***Normands,*** puis aux ***Aragonais.*** Puis les ***Andalous,*** qui occupaient le sud de l'Espagne, se replient sur le nord de l'Afrique, et notamment à Djerba. Ils seront suivis par les ***communautés juives*** après leur expulsion d'Espagne par Isabelle de Castille.

Sous l'emprise ottomane

Dans le même temps, le ton monte entre Charles Quint et l'Empire ottoman. La Méditerranée est mise à feu et à sang. Le pirate ***Barberousse*** s'empare de Djerba en 1524 et y installe son plus fidèle lieutenant, le sanguinaire Dragut, lequel conservera l'île jusqu'à sa mort, en 1565. Après, ça se stabilise. Tombée dans l'escarcelle de l'Empire ottoman, Djerba continue de s'enrichir, notamment grâce au commerce des esclaves. Puis l'économie s'effondre. L'île stagne jusqu'à l'arrivée des Français au XIXe s, puis s'ouvre au tourisme à partir des années 1920.

EN QUOI DJERBA EST-ELLE DIFFÉRENTE ?

Djerba est une île coincée entre 2 mers, la Méditerranée et la mer de sable du Sahara. À la fois vulnérable parce que dépourvue de relief, l'île n'en demeure pas moins protégée par une large couronne de hauts-fonds. Située à la croisée des routes caravanières nord-sud et est-ouest, « l'île des lotophages » a joué très tôt un rôle de 1er ordre d'un point de vue commercial. Si les vestiges de l'antique Girba servent depuis belle lurette de récif pour les poissons (il n'y a qu'à aller se balader sur le site de Méninx), le Moyen Âge en revanche, nous livre plus de secrets.

Djerba et l'ibadisme

Les origines du peuplement de l'île sont multiples : rescapés de la désertification du Sahara au Néolithique, Berbères, Phéniciens, Grecs, juifs, Romains, Byzantins, Arabes, Normands, re-Berbères, Aragonais et Turcs, mais il est une dominante avérée : celle d'une île restée majoritairement berbérophone. Sur les 1 % de Tunisiens parlant le berbère, 40 % habitent à Djerba ! Une base berbère donc, à laquelle s'est mêlée très tôt une population juive (les 1ers juifs seraient arrivés suite à la 1re destruction du Temple de Jérusalem par Nabuchodonosor en 586 av. J.-C.). Cette communauté a depuis toujours joué un rôle primordial dans le domaine du commerce mais aussi dans l'administration, notamment sous le règne des Fatimides (Xe s)

> **PAS VRAIMENT CONFIANCE !**
>
> *Les Fatimides, grande dynastie chiite qui régna sur l'Ifriqiya (en gros, l'actuelle Tunisie) entre 909 et 969, étaient des petits malins. Dans un pays où pratiquement tous les courants de l'islam étaient représentés, du chiisme au sunnisme en passant par le kharijisme et l'ibadisme, sans compter les divisions entre Arabes et Berbères et même entre Berbères, ils ne nommaient jamais de musulmans aux postes clés. Pour éviter les problèmes, ils préféraient employer des chrétiens ou des juifs ! Ainsi se prémunissaient-ils d'une éventuelle rébellion !*

Mahomet l'avait prédit : « Soixante-douze sectes naîtront après moi. »

Le kharijisme est, avec le sunnisme et le chiisme, une branche de l'islam, qui fut fondée en 657. Les kharijites (de l'arabe *khariji,* « celui qui sort ») considèrent qu'un khalife, chef religieux et spirituel de l'islam, doit être élu au suffrage universel sans distinction de race ou de rang. Voilà pourquoi ils sont sortis du système hiérarchique traditionnel. De cette branche naquit un courant qui fut déterminant pour Djerba : l'ibadisme. À Djerba, la population restera majoritairement ibadite jusqu'au développement du tourisme. C'est l'afflux de travailleurs en provenance du reste de la Tunisie qui modifiera la donne.
Ni sunnites ni chiites, donc, les ibadites se désignent comme étant « le peuple de la rectitude ». Ils se sont éloignés progressivement de l'idéologie belliqueuse des kharijites dont ils sont issus, au profit d'un pacifisme doublé d'une rigueur comportementale sans égale.

Pourquoi des ibadites à Djerba ?

Tout est parti de Kairouan en 763, où un Persan (Ibn Rostem) fonde un État ibadite. Puis, après avoir fédéré la quasi-totalité des tribus berbères, il prend pour capitale Tahert (l'actuelle Tiaret en Algérie). Pendant près de 2 siècles, le royaume de Tahert jouera un rôle déterminant dans les échanges commerciaux entre la Méditerranée et le *bilad as-sudan* (littéralement, le « pays des Noirs » en arabe) d'où était extrait l'or. Il sera ruiné par les Fatimides vers 909, provoquant l'émigration d'une partie des ibadites, notamment vers Djerba.

De cette lointaine époque, le goût des ibadites pour le commerce n'a pas fléchi, servi par une rigueur, une solidarité et une entraide économique exemplaires dans le domaine des affaires. Aujourd'hui encore, de nombreux Djerbiens travaillent dans ce secteur, depuis la boutique de quartier jusqu'aux grandes enseignes et grossistes, dans toute la Tunisie et jusqu'en Europe.

DES RICHES QUI VIVENT SANS LE SOU !

La doctrine ibadite réprouve totalement la richesse ostensible, ainsi que les sentiments négatifs tels que l'envie ou encore la jalousie. Ses adeptes ont donc toujours opté pour un mode de vie modeste. Cela en dépit des fortunes colossales accumulées grâce au commerce !

Une organisation sociale particulière

Repliés sur leur île, les Djerbiens vont élaborer une structure quasi autarcique, qui regroupera à la fois le pouvoir idéologique, juridique et politique. Cette forme, propre à l'ibadisme, va être déterminante pour l'organisation sociale du territoire djerbien et, par là même, permettre à la société ibadite de se maintenir dans une région en proie à d'interminables luttes entre tribus.

Les maîtres de l'espace

Djerba compte assez peu de centres urbains. Cela vient du fait que le maillage social de l'île était organisé à l'échelle des familles, un peu comme un assemblage de cellules dans une ruche, chaque cellule étant autonome. Certaines familles possédaient même leur propre mosquée. Mais ces cellules pouvaient également s'assembler en fonction des intérêts communs pour former des grappes de plusieurs *menzel* (voir ci-après), ces derniers constituant en quelque sorte l'unité de base. Le tout obéissant à une orientation stricte par rapport aux points cardinaux. Ainsi la *qibla,* qui marque la direction de La Mecque, était-elle privilégiée, donnant naissance à une architecture mêlant le sacré et le profane, mais toujours en accord avec la pensée minimaliste des ibadites. C'est ce minimalisme qui séduisit l'architecte Le Corbusier en son temps.

Une architecture du peu

À Djerba, l'architecture est l'une des merveilles de l'île. Certains habitants vivent encore dans un *menzel,* autrement dit un enclos comprenant le jardin, l'étable, la cour de la ferme et le *houch,* la maison d'habitation. Chaque exploitation est délimitée par des murets de sable plantés d'agaves ou de figuiers de Barbarie appelés *tabias.* Le manque de bois a contraint les architectes à utiliser les troncs de palmier pour réaliser des voûtes. Les coupoles, elles, sont montées par assemblage de petits moellons ou de fuseaux en terre cuite. La rareté des précipitations a contraint les habitants à réaliser des impluviums pour récupérer les eaux de pluie. L'île compterait près de 2 500 puits !

LES ANCÊTRES DES USINES MARÉMOTRICES

La chaussée romaine date de l'époque punique. Longue de 7 km, elle servait au transport des marchandises (étoffes teintes de pourpre et jarres d'huile). Elle était bordée de moulins à eau utilisant la force motrice des marées pour fouler la laine.

Des ateliers discrets

Outre les *menzel,* les mosquées et les puits, l'architecture ibadite est caractérisée par les ateliers de tissage aux formes triangulaires, à moitié enfouis dans le sol à cause de la chaleur mais laissant quand même environ 4 m de hauteur sous plafond. On pourra également visiter une huilerie souterraine. Comme pour le tissage, une température constante est nécessaire lors de la séparation du *marjin* (déchets). On reconnaît une huilerie à sa coupole basse émergeant du sol. Elle mesure généralement 5 m de diamètre et est blanchie à la chaux.

À Djerba, le meilleur est à l'intérieur

Perdez-vous dans les dédales des chemins sableux qui sillonnent Djerba ! Partez à la découverte de cette île unique qui compte autant de mosquées qu'il y a de jours dans l'année. Aujourd'hui, seulement 50 % d'entre elles demeurent de rite ibadite, mais elles sont bien là, sobres et élégantes, même si certaines sont régulièrement taguées par quelques fondamentalistes désireux d'imposer leur propre interprétation de l'islam. À Djerba, la campagne est riante, parsemée de petites fleurs jaunes au printemps ou fauves au plus fort de l'été. Ce que les Djerbiens appellent la forêt (que les bûcherons canadiens nous pardonnent) est hérissé de palmiers, d'oliviers et d'agaves qui courent sur les *tabias,* ces merlons de sable qui délimitent les terrains. Autant de découvertes au fil de vos balades, à la rencontre d'un peuple qui a su garder sa culture, même si la pression immobilière la menace un peu plus chaque jour.

DJERBA AUJOURD'HUI

Ayant vécu longtemps en autarcie, les Djerbiens sont confrontés aujourd'hui à plusieurs difficultés, dont la plus significative, comme ailleurs en Tunisie, est la baisse de fréquentation touristique subie depuis 2011 suite aux différentes crises. Fortement dépendante du tourisme, l'économie locale s'est globalement dégradée, l'artisanat n'est plus aussi florissant, des hôtels ont fermé, l'emploi s'est raréfié, l'entretien général décline et, pour ne rien arranger, le coût de la vie a augmenté... Conséquence : l'émigration d'une grande partie de la jeunesse, qui s'expatrie dans l'espoir de trouver un travail, contribue à vider l'île de ses forces vives. Toujours accueillants, les Djerbiens savent toutefois rester positifs et évitent de faire ressentir au visiteur leur désarroi devant cette situation économique délicate.

Arriver – Quitter

En avion

✈ ***Aéroport de Djerba-Zarzis*** *(plan L'île de Djerba A1) : à env 10 km à l'ouest de Houmt-Souk.* ☎ *75-650-233.*

■ ***Tunisair :*** *à l'aéroport,* ☎ *75-653-530 ; au centre-ville,* ☎ *70-286-177.* • *tunisair.com* •

➢ Entre Djerba et ***Tunis,*** au moins 2 vols/j. avec *Tunisair Express.*

➢ Également des vols internationaux (voir en début de guide le chapitre « Comment y aller ? »).

■ ***Change :*** bureaux de change dans le hall des arrivées, mais taux un peu moins bon qu'en ville. On vous conseille donc de ne pas changer trop d'argent. Également des distributeurs acceptant les cartes *Visa* et *MasterCard* (pour rappel, le change reste plus intéressant que les retraits, qui comportent des frais). Au retour, on peut changer ses dinars restants à l'aéroport en présentant un bordereau de change ou un reçu si on a retiré au distributeur.

ℹ ***Office de tourisme :*** *dans le hall des arrivées.* ☎ *75-650-233 (aéroport).* • *crt.djerba@discovertunisia.com* • *Ouv, en théorie, 7h-19h.*

✉ ***Poste :*** *dans le hall des départs.*

Comment se rendre à son hôtel ?

Certaines formules de séjour hôtelier incluent bien sûr le transfert depuis l'aéroport. Sinon :

➢ ***En voiture :*** les principales agences

de location de voitures ont un comptoir dans le hall d'arrivée (au fond à gauche). 2 routes rejoignent Houmt-Souk : l'une passe par Mellita (9 km de trajet) et l'autre, la voie express de *borj Jillidj*, longe la mer (14 km, mais elle est un peu plus rapide).

➢ ***En taxi :*** ils sont jaunes et ne peuvent circuler que dans l'île. Ils fonctionnent au compteur. Compter env 5-6 Dt pour Houmt-Souk et 15-20 Dt pour la zone touristique (étendue). Majoration de 50 % la nuit, 21h-5h.

➢ ***En bus :*** le bus n° 15 relie l'aéroport à la gare routière de Houmt-Souk. Depuis l'aéroport, départs à 7h30, 13h et 18h30. De la gare routière, bus à 7h10, 12h15 et 18h15. Compter un peu moins de 1 Dt et 15 mn env de trajet.

Par la route

2 possibilités :

➢ ***Du sud-ouest, par le bac de Jorf :*** *rens au ☎ 75-660-015 (ne répond pas toujours...).* Les bacs relient Jorf (sur le continent) à Ajim (Djerba) ttes les 20-30 mn en journée ; plus variable 22h-5h (env 1/h). Gratuit pour les piétons, les vélos, les scooters et les motos ; un peu moins de 1 Dt pour les voitures. La traversée est courte : 2,8 km, soit 15 mn. Mais la file d'attente est parfois longue en saison : compter alors 1h, voire plus ! Moins de monde le soir dans le sens des arrivées sur l'île. À Ajim, des taxis stationnent à la sortie du bac. Étant bon marché, c'est vraiment la solution la plus simple, si vous n'êtes pas motorisé, pour rejoindre votre destination sur l'île. Sinon, station de louages à 10-15 mn à pied du débarcadère, d'où partent aussi des bus pour Houmt-Souk (ligne n° 12, env 8 bus/j., 6h30-17h45).

➢ ***Du sud-est, par la chaussée romaine*** (7 km bitumés) qui relie El-Kantara (continent) à l'île. Elle a été construite par les Français en 1953. Barrages de police aux 2 extrémités : ne pas rouler trop vite et bien respecter le stop. Un contrôle est souvent effectué.

En bus

🚌 La gare routière principale de Djerba se trouve à ***Houmt-Souk.*** Également une autre, plus petite, à ***Midoun*** (voir plus loin les parties qui concernent ces 2 villes).

➢ Liaisons avec ***Gabès, Sfax, Sousse, Kairouan, Tunis, Zarzis, Médenine, Tataouine, Matmata*** et ***Tozeur.***

En louage

🚐 La station de louages de Djerba se situe en face de la gare routière de Houmt-Souk. Pour les liaisons, se reporter à cette ville.

Circuler à Djerba

– ***Location de voitures :*** voir la rubrique « Transports intérieurs » dans « Tunisie utile ». Tous les grands loueurs sont à l'aéroport. Même si vous restez uniquement à Djerba, la location d'une petite voiture peut être utile pour vous rendre facilement où vous voulez sur l'île. La vitesse est limitée à 70 km/h (50 km/h en ville) et 90 km/h sur certains axes (rares).

– ***Le taxi :*** pratique, car on en trouve à peu près partout et les prix (au compteur) sont raisonnables, surtout à plusieurs !

– ***Le bus :*** un service de bus réguliers sillonne l'île. Voir « Arriver – Quitter » à Houmt-Souk.

– Enfin, on peut aussi louer un ***scooter*** dans certains hôtels (pas vraiment de loueurs de 2-roues sur l'île). Peut être intéressant pour les petits déplacements.

AJIM

24 300 hab.

Reliée au continent par un bac, c'est la principale porte d'entrée de l'île pour ceux qui arrivent à Djerba en voiture. Pas de raison de s'y attarder, même si la ville était autrefois réputée pour ses pêcheurs d'éponges traditionnels (de

hardis plongeurs capables de rester plusieurs minutes sous l'eau !). Aujourd'hui, Ajim est aussi le plus important port de Djerba.
– ***Marché :*** *sam ap-m et dim mat. Petit marché également mer mat.*

Arriver – Quitter

Gare routière : *à env 1 km de l'embarcadère, sur la route principale qui mène à Houmt-Souk.*
➢ Le bus n° 12 relie Ajim à ***Houmt-Souk*** 8 fois/j., 6h30-17h45 d'Ajim, 7h-18h15 depuis Houmt-Souk. Changement à Houmt-Souk pour atteindre ttes les autres destinations de l'île.

Où manger ?

Dans la rue principale, à 400 m environ du débarcadère, plusieurs restos pour caler une faim. ***M'Barek*** (on a aimé) ; le ***Poisson d'Or, Le Petit Crustacé*** ou encore ***Le Pêcheur.*** Autant d'adresses très correctes à prix raisonnables.

HOUMT-SOUK

76 000 hab.

• Plan *p. 275*

Houmt-Souk **signifie « le quartier des marchés ». C'est le centre administratif de l'île. Sa médina, très animée, possède un vrai charme, avec ses murs blanchis à la chaux, mangés par les bougainvillées, et ses boutiques-échoppes bardées de vêtements multicolores. Dès que débute la saison touristique, avec ses petits restos, ses cafés et ses placettes très fréquentées en soirée, c'est un lieu de villégiature très sympa. Seul bémol, la 1re plage digne de ce nom est à une petite dizaine de kilomètres.**
– ***Marché :*** *lun et jeu mat.*

Arriver – Quitter

En bus

Gare routière *(plan A3)* ***:*** *rue Mosbah-Jarboua. Fermé entre le dernier départ vers 22h30 et 4h du mat.* La gare regroupe les bus à destination des villes extérieures à l'île, avec les compagnies *SNTRI (☎ 75-652-239), SRTM (☎ 75-650-508)* et *STCI (📱 28-315-333),* ainsi que ceux reliant les différents coins de l'île (*SRTM* seulement). À noter que la plupart des bus pour le continent partent de Midoun et arrivent à Houmt-Souk 30 mn plus tard. En période de ramadan, le trafic est plus faible.

– Liaisons vers le centre et le nord du pays (principalement avec les bus de la *SNTRI* et *SRTM*) :
➢ ***Gabès :*** min 7 bus/j. Trajet : 2h.
➢ ***Sfax :*** 3 bus/j., tôt le mat et en début d'ap-m. Trajet : 5h env.
➢ ***Sousse :*** 2 bus/j., un tôt le mat, l'autre en soirée. Trajet : 7h.
➢ ***Tunis :*** 5 liaisons/j. Durée : 6-9h (selon le nombre d'arrêts). Certains continuent sur ***Bizerte.*** Également 1 bus/j. avec la *SNTRI.*

– Liaisons vers le sud (avec les bus de la *SRTM*) :
➢ ***Zarzis :*** 5 bus/j. Trajet : 1h30 env.
➢ ***Médenine :*** 4 liaisons/j. Durée : 2h via *Ajim* (et le bac).

➢ ***Tataouine :*** 1 bus/j., l'ap-m. Trajet : 2h env.

– Liaisons vers l'ouest :
➢ ***Matmata :*** 1 bus/j. en milieu d'ap-m, avec la *SRT de Gabès*. Trajet : 4h. Si le bureau *SRT* est fermé, prendre les billets dans le bus.
➢ ***Tozeur*** (via ***Kebili***) **:** 1 bus/j. en début d'ap-m avec *El Gawafel* (pas de bureaux à la gare routière). Trajet : 5h env. Les billets se prennent dans le bus. Autre option : changer à Gabès.

Liaisons à l'intérieur de l'île (assurées par la SRTM)

– *N°s 10 et 13 :* Midoun et le *Club Med* près d'Aghir, sur la côte est. Une quinzaine de bus/j., 6h30-18h15, dans les 2 sens.
– *N° 11 :* la côte est, avec ttes les plages de la zone touristique en passant devant tous les hôtels jusqu'au phare de *Ras Taguermes*. Une quinzaine de bus/j., soit env 1 bus/h : 6h-20h45 au départ de Houmt-Souk, 7h15-22h au départ de la zone touristique.
– *N° 12 :* Ajim et le bac de Jorf. Une huitaine de liaisons/j., 7h-18h15 depuis Houmt-Souk, 6h30-17h45 d'Ajim.
– *N° 14 :* Guellala et Er-Riadh en passant non loin de la synagogue de la Ghriba. Env 10 bus/j., 6h-18h15 ou 6h30-18h45 au départ de Guellala.
– *N° 15 :* liaison avec l'aéroport de Djerba-Zarzis. 3 bus/j., à 7h10, 12h15 et 18h15 ; départs à 7h30, 13h et 18h30 de l'aéroport.
– *N° 16 :* Sedouikech. Env 7-8 bus/j., 6h-18h15 de Houmt-Souk, 6h30-18h45 de Sedouikech.

En louage

En face de l'entrée de la gare routière de Houmt-Souk, av. Habib-Bourguiba, entre *Tunisair* et la gare routière *(plan A3)*.
➢ Ceux avec une bande bleue ne s'aventurent qu'en zone régionale ***(Zarzis, Médenine),*** tandis que ceux munis d'une bande rouge vont jusqu'à

Adresses utiles

- **1** Commissariat régional du tourisme (B1-2)
- **2** Pharmacies (B2-3 et B3)
- **3** Pharmacie de nuit Sana Talmoudi Slim et hôpital Sadok Mokadem (hors plan par B3)
- **4** Dr Jamel Barouni (médecin généraliste ; B2)
- **6** Clinique Echifa (hors plan par B2)
- **7** Police (A3)
- **8** Hammam Sidi-Brahim (B2)
- **9** Hammam Ben Marzouk (B3)
- **10** Garage Sélection (hors plan par B1)
- **12** Librairie Sabeur (A2)
- **13** Pressing Djerba (B3)
- **14** Monoprix (B3)
- **15** Carrefour Express (A2)

Où dormir ?

- **20** Auberge de jeunesse (B2)
- **21** Marhala du Touring Club (B2)
- **22** Hôtel El-Machrek (A-B3)
- **23** Hôtel Arischa (A2)
- **24** Maison d'hôtes Dar Lola et Hôtel Erriadh (A2)
- **25** Dar Michèle (B3)

Où manger ?

- **23** Restaurant de l'hôtel Arischa (A2)
- **30** El Hanout (A2)
- **31** Restaurant Tunisien, Chez Hanini (A3)
- **32** Restaurant Le Sportif (A3)
- **33** Restaurant Le Central (A3)
- **34** Le Souk (B2)
- **35** Essofra (B2)
- **36** Restaurant de l'île (B2)
- **37** Restaurant Haroun (A1)
- **38** El Foundouk (A-B2)
- **39** Restaurant Al Atik (B2)

Où déguster une pâtisserie ?

- **40** Pâtisserie Mhirsi (B3)
- **41** Bnina (B2)
- **42** Dalia (hors plan par B3)

Où boire un verre ?

- **50** Café Le Pêcheur (A1)
- **51** Café de l'Environnement (A2)
- **52** Café Ben Yedder (A3)
- **53** Café Zaraâ (A-B2)

Achats

- **60** Nattes et vannerie (A2)
- **61** Michèle Art et Tradition (A2)
- **62** Fondouk El Goulla de Poterie et Erilisa (A2)
- **63** Dar El Beskri (A2)
- **64** Ariès (B2)

À voir

- **70** Dar Jilani Arts et Métiers (hors plan par B1)

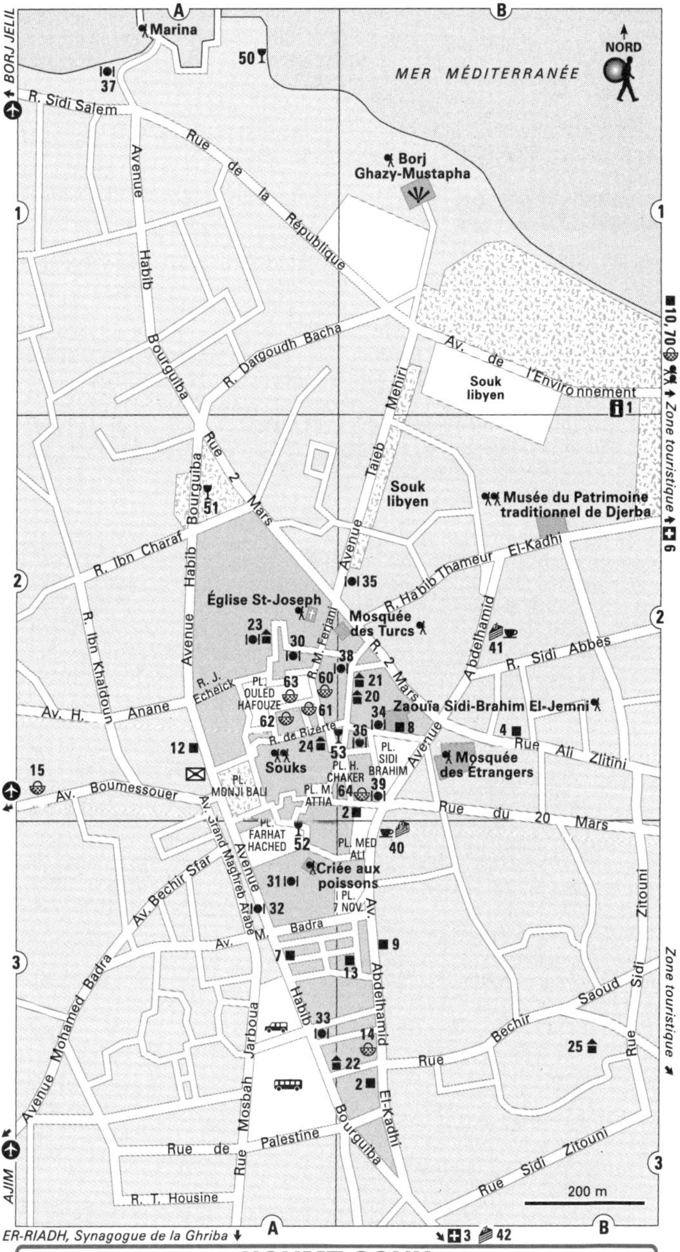
NORD
MER MÉDITERRANÉE
Marina
Borj Ghazy-Mustapha
Souk libyen
Souk libyen
Musée du Patrimoine traditionnel de Djerba
Église St-Joseph
Mosquée des Turcs
Zaouïa Sidi-Brahim El-Jemni
Mosquée des Étrangers
Souks
Criée aux poissons
R. Sidi Salem
Rue de la République
Avenue Habib Bourguiba
R. Dargoudh Bacha
Av. de l'Environnement
Avenue Taieb Mehiri
Rue 2 Mars
R. Ibn Charaf
R. Habib Thameur
El-Kadhi
Abdelhamid
R. Sidi Abbès
R. Ibn Khaldoun
Av. H. Anane
R. J. Echeick
R. M. Feriani
R. de Bizerte
PL. OULED HAFOUZE
PL. H. CHAKER
PL. SIDI BRAHIM
PL. MONJI BALI
PL. M. ATTIA
PL. FARHAT HACHED
PL. MED ALI
PL. 7 NOV.
Rue Ali Zlitini
Av. Boumessouer
Av. Grand Maghreb Arabe
Rue du 20 Mars
Av. Bechir Sfar
Av. M. Badra
Avenue Mohamed Badra
Av. Abdelhamid El-Kadhi
Rue Mosbah Jarboua
Rue de Palestine
R. T. Housine
Rue Bechir Saoud
Rue Sidi Zitouni
Zitouni
200 m
BORJ JELIL
AJIM
Zone touristique
Zone touristique
ER-RIADH, Synagogue de la Ghriba
10, 70
1
6
3
42
A
B
1
2
3
LE GOLFE DE GABÈS ET DJERBA

HOUMT-SOUK

Tataouine, Tunis, Sousse, Gabès, Sfax et ***Tozeur.***

En taxi

Plusieurs stations dans le centre de Houmt-Souk : av. Habib-Bourguiba (devant *Tunisair*), près de la poste et pl. Sidi-Brahim. Un excellent moyen de transport, surtout lorsqu'on est plusieurs. Prévoir 10-15 Dt pour la zone touristique (4 pers max). Le tarif est majoré entre 21h et 5h.

Adresses utiles

Infos touristiques et change

■ ***Commissariat régional du tourisme*** *(plan B1-2,* ***1****)* **:** *av. de l'Environnement, sur la droite en allant vers la zone touristique, non loin du borj Ghazi-Mustapha. ☎ 75-650-544. ● crt.djerba@discovertunisia.com ● Lun-ven 8h-13h, 14h-17h (7h30-14h en juil-août et pdt le ramadan).* Quelques infos disponibles sur l'île.

■ ***Distributeurs et change :*** dans toutes les banques *(en principe ouv lun-ven 8h-16h, ou 7h30-13h en juil-août),* nombreuses dans le centre. Elles possèdent quasi toutes un distributeur de billets. Pour le change, on conseille plutôt les bureaux de change *(tlj)* de la médina, c'est là que vous trouverez le meilleur taux.

Santé, urgences

■ ***Médecins généralistes :*** ***Dr Mahfoudh Borji*** *(A-B2), rue du 2-Mars. ☎ 75-651-425.* ***Dr Jamel Barouni*** *(plan B2,* ***4****), rue Ali-Zlitini. ☎ 75-655-077.*

■ ***Dentiste :*** ***Dr Marwen Jrad*** *(hors plan par B2), 300 m après le musée du Patrimoine (même route). ☎ 75-620-693. 📱 28-192-232.*

■ ***Pharmacies :*** *rue du 20-Mars (plan B2-3,* ***2****), dans la médina ; ou av. Abdelhamid-el-Kadhi (plan B3,* ***2****). Tlj sauf dim 8h30-13h, 15h-19h30.* Sur la devanture sont indiquées les pharmacies de garde.

■ ***Pharmacie de nuit Sana Talmoudi Slim*** *(hors plan par B3,* ***3****)* **:** *166, av. Abdelhamid-el-Kadhi. ☎ 75-650-707. Au sud de la ville, 200 m après la station essence. Tlj 20h-8h.*

■ ***Hôpital Sadok Mokadem*** *(hors plan par B3,* ***3****)* **:** *au sud de l'av. Habib-Bourguiba. ☎ 75-650-018.* L'hôpital régional d'État, avec un service d'urgences.

■ ***Clinique Echifa*** *(hors plan par B2,* ***6****)* **:** *à 3 km du centre-ville, sur la route touristique. ☎ 75-656-511.* Privée. Service d'urgences également.

■ ***Police*** *(plan A3,* ***7****)* **:** *av. Habib-Bourguiba, près de Tunisair. ☎ 75-650-444 ou 197.*

Hammams

■ ***Hammam Sidi-Brahim*** *(plan B2,* ***8****)* **:** *pl. Sidi-Brahim, juste à côté de la station de taxis. Tlj sauf mar : hommes 6h-12h, femmes 13h-18h ; pdt le ramadan, femmes 9h-12h, hommes 21h-1h. Tarif : 4 Dt ; 8 Dt avec gommage ; et 18 Dt avec le massage en plus.* Le hammam le plus ancien et le plus typique de la ville. Il serait ouvert depuis le XVIIe s. En tout cas, l'accueil est bon, la vapeur épaisse, et le tout bien tenu.

■ ***Hammam Ben Marzouk*** *(plan B3,* ***9****)* **:** *117, av. Abdelhamid-el-Kadhi. Pas d'enseigne. Pour les femmes seulement, tlj sauf mar 12h-18h. Tarif : 4 Dt ; 18 Dt avec gommage et massage à l'argile.* Ce hammam est moins vieux qu'il n'en a l'air, puisqu'il ne date « que » des années 1960. Possibilité de s'y faire épiler au sucre et citron (courage !).

Location de voitures

On trouve plusieurs agences de location de voitures dans la rue Habib-Thameur, face au musée du Patrimoine *(plan B2)*. Pratique pour comparer les prix. Sinon, une bonne adresse :

■ ***Garage Sélection*** *(hors plan par B1,* ***10****)* **:** *5, av. du Martyr-Salah-ben-Youssef. ☎ 75-653-167 ou 168. 📱 98-423-787. ● garage-selection.com ● En face de l'hôtel* Le Grand Bleu, *sur la route touristique. Sonner au portail s'il est fermé. Tlj 7h30-19h (20h en été). Réduc de 25 % sur présentation de ce guide !* Locations limitées à 500 km/jour (pour éviter les allers simples vers Tunis !). Possibilité de rendre sa voiture ailleurs, moyennant un supplément. Peuvent venir vous chercher à l'aéroport. Très bon accueil de Lotfi Ounis, le responsable.

Divers

■ ***Librairie Sabeur*** *(plan A2,* ***12****) : près de la poste. Tlj 7h-20h.* On l'indique surtout pour ses magazines en français récents.

■ ***Pressing Djerba*** *(plan B3,* ***13****) : 17, rue Remada ; à l'angle. Tlj sauf dim 8h-19h.*

■ ***Église Saint-Joseph*** *(plan A2) : ouv pour les messes seulement, mar-ven 18h30 (18h en hiver) et dim 10h30. La langue est adaptée au public.* Ce n'est que depuis 2006 que l'église a été rendue au culte catholique.

Alimentation : Monoprix *(plan B3,* ***14****), av. Abdelhamid-el-Kadhi, dans le centre-ville. Tlj 8h-21h.* On vend de l'alcool derrière le magasin, à un comptoir grillagé, caché dans une ruelle à l'abri des regards *(tlj sauf ven 9h-20h).* Également un ***Carrefour Express*** *(plan A2,* ***15****), av. Boumesouer. Tlj 8h-21h (22h l'été).* Pas d'alcool.

Où dormir ?

Bon marché (moins de 75 Dt / 25 €)

Auberge de jeunesse *(plan B2,* ***20****) : 11, rue Moncef-Bey. ☎ 75-650-619. • auberge_houmt_souk@yahoo.fr • Compter 10 Dt/pers en chambre de 2-4 lits, avec petit déj. Dîner (si groupe) 12 Dt.* Bon, pas grand-chose à voir avec nos AJ : il s'agit d'une structure traditionnelle autour d'une cour (fleurie) qui abrite des chambres sombres et monacales, dotées juste d'une petite fenêtre en hauteur. Matelas posés sur un socle en dur, à la manière typique du *houch* djerbien. Douches et w-c communs, hormis pour 2 chambres du rez-de-chaussée. Bref, un hébergement (très) rudimentaire, uniquement pour les routards fauchés et/ou peu regardants sur le confort ! Cuisine sommaire à dispo. Les repas se prennent sous les arches ou dans le patio. Propose aussi, en principe, des activités : balades en mer, excursions dans le désert, cours de langue, danse orientale.

Hôtel El-Machrek *(plan A-B3,* ***22****) : av. Habib-Bourguiba, près de la gare routière. ☎ 75-653-155 et 156. • hotel.elmachrek@planet.tn • Doubles env 50-70 Dt, petit déj compris.* En face de la gare routière, un hôtel fonctionnel et sans charme particulier mais pas cher et accueillant ses clients 24h/24, ce qui est appréciable. Chambres doubles ou triples avec salle de bains et clim centrale, garnies de boiseries et céramique roses. Évitez celles qui surplombent l'avenue ou le resto, plus bruyantes que celles à l'arrière.

De prix moyens à un peu plus chic (100-200 Dt / 35-70 €)

Marhala du Touring Club *(plan B2,* ***21****) : rue Moncef-Bey. ☎ 75-650-146. • touringclubtunisie.org • Doubles env 100-120 Dt, petit déj compris.* On aime bien cet ancien caravansérail joliment retapé. Réparties autour d'une vaste cour fleurie à l'architecture mauresque, les chambres (2-5 personnes) sont impeccables et agréablement arrangées, dans un style local plutôt charmant, avec pierres apparentes. Clim réversible et salle de bains séparée de la chambre par une porte coulissante à miroir stylée. Bar dans le patio (servant de l'alcool), mais plutôt pour les résidents, donc pas trop bruyant le soir. Une bonne adresse.

Maison d'hôtes Dar Lola *(plan A2,* ***24****) : 14, rue Mohamed-el-Ferjani. ☎ 75-651-413. 📱 23-451-603. • darlola.tn • Doubles 35-45 €, petit déj inclus.* Notre adresse préférée à

Houmt-Souk ! À l'étage d'une belle maison de la médina, 4 chambres et 1 suite familiale, à la fois fraîches, coquettes et lumineuses, possédant chacune un équipement récent et une salle de bains moderne. L'ensemble a bien du charme, à l'image de la pièce centrale qui accueille une grande table commune pour les repas (dîners sur commande) et de la terrasse aménagée sur le toit. Sans oublier le bon accueil de Shahla et de ses 2 chats, Chouchou et Sushi !

Hôtel Arischa *(plan A2, **23**) : 36, rue Ghazi-Mustapha. ☎ 75-650-384. • hotel-arischa.com • Double env 100 Dt, petit déj compris.* Logé dans un ancien fondouk, un classique à Houmt-Souk, tenu par une famille très accueillante. Les chambres, agencées autour d'une cour avec petite piscine, arborent un style vaguement « mille et une nuits », fait de niches et d'arcades, de meubles en bois peint et de voilages. Jolies salles de bains en prime. Petite précision néanmoins : le lieu fait aussi bar-resto (servant de l'alcool) dans la cour, ce qui occasionne parfois du bruit en soirée. Ceux qui cherchent avant tout le calme iront donc plutôt voir ailleurs.

Hôtel Erriadh *(plan A2, **24**) : 10, rue Mohamed-el-Ferjani. ☎ 75-650-756. • hotel.erriadh@topnet.tn • Double avec sdb 160 Dt, petit déj inclus ; triples et quadruples.* Encore un ancien fondouk, qui maintient le charme de la Djerba d'antan. Autour d'une grande et belle cour fleurie à arcades, des chambres bien nettes et avenantes avec leurs jolies céramiques, qui conservent en prime la fraîcheur en été grâce à leurs murs épais. Les familles choisiront la n° 26, avec ses 5 (voire 6) lits. Terrasse sur le toit. Ensemble tranquille, agréable et très propre.

Dar Michèle *(plan B3, **25**) : Taourit, à 500 m à l'est de l'av. Habib-Bourguiba, en face de la mosquée Sidi Ibrahim El-Charef. 📱 92-268-813. • contact.darmichele@gmail.com • Env 100-180 Dt pour 2. Petit déj en sus.* On a l'impression ici d'être en dehors de la ville, et pourtant on est à peine à 10 mn à pied de la médina. Maison traditionnelle de 1925 un peu perdue dans les rues sableuses d'un quartier populaire, et c'est là une partie de son attrait. Sitôt la porte en bois franchie, on découvre un joli patio avec piscinette, autour duquel s'organisent 3 chambres sympa et soignées, à la déco typique. Atmosphère très romantique le soir et, à part le muezzin vers 5h, on y est vraiment au calme. Cuisine commune (*Monoprix* pas loin). Accueil personnalisé de Wiem.

Où manger ?

Bon marché (moins de 20 Dt / 7 €)

Restaurant Al Atik *(plan B2, **39**) : rue du 20-Mars. ☎ 75-669-330. Tlj. Pas d'alcool.* Dans un cadre à la fois simple et de bon goût, on a le choix entre des plats occidentaux et surtout tunisiens que l'on conseille absolument : couscous de poisson, riz djerbien avec seiche farcie, brik au thon. Tout est délicieux et servi dans une belle vaisselle en céramique de Guellala. Un excellent rapport qualité-prix-accueil.

Restaurant Le Sportif *(plan A3, **32**) : 147, av. Habib-Bourguiba. Tlj 11h-20h (22h en été). Fermé pdt le ramadan. Pas d'alcool.* Inutile de gonfler les biscoteaux, le seul sport envisageable ici consiste à observer l'animation de la rue en jouant de l'harmonica avec une côtelette d'agneau ou du pipeau avec une merguez-frites ! Pour le reste, carte courte et classique (couscous, poisson grillé), mais très honnête. Clientèle surtout locale. Y aller plutôt le midi car, le soir, l'éclairage au néon n'est pas très propice à un dîner en tête à tête.

Restaurant Le Central *(plan A3, **33**) : av. Habib-Bourguiba, en face de la station de louages. Tlj 8h-1h du mat. Pas d'alcool.* Un fast-food propre et apprécié de la jeunesse locale. Le gros débit assure la fraîcheur des produits : *chawarma,* pizza, grillades, baguettes fourrées... Pas très original, mais plutôt bon et vraiment pas cher.

Restaurant Tunisien, Chez Hanini *(plan A3, **31**) : dans le souk, à côté de la criée aux poissons. Tlj 8h-16h. Fermé pdt le ramadan. Pas d'alcool.* Carte classique et variée. Mais la clientèle, plutôt locale ici encore, vient surtout s'attabler après avoir acheté son poisson à la criée d'à côté. La maison se charge de le griller, et on paie en plus les accompagnements genre pain et salades. Une formule sympa et bon marché !

Prix moyens (20-40 Dt / 7-13 €)

|●| ***Essofra*** *(plan B2,* ***35****)* **:** *av. Taïeb-Mehiri.* ☎ *75-651-640. Tlj sauf lun 12h30-15h30, puis à partir de 18h30. Pas d'alcool.* Autour de tables un peu basses (*essofra* en tunisien), dans un décor rustico-oriental dressant l'inventaire des vieux objets du coin, on déguste des spécialités djerbiennes, notamment de nombreux plats mijotés. Essayez la *kamounia* de bœuf au cumin, délicieuse ; ou, si vous aimez les abats, le couscous à la panse d'agneau farcie ! Également, sur commande, le poulpe en sauce ou encore le *mesfouf* (sorte de couscous) à la viande séchée. Excellent service. Un classique à Djerba, qui satisfait à la fois touristes et locaux.

|●| ***El Hanout*** *(plan A2,* ***30****)* **:** *pl. de l'Église-Saint-Joseph.* 📱 *54-307-604. Tlj 12h-14h, 17h-22h30. Pas d'alcool.* « L'épicerie » (*hanout* en arabe) joue la carte du petit resto chaleureux où l'on a tout de suite envie de s'attabler, avec sa petite salle au rez-de-chaussée et sa terrasse sur le toit, toutes 2 garnies de nappes vichy. À l'ardoise, des plats bien faits genre couscous de poulpe, cordon bleu, riz djerbien ou d'excellents spaghettis aux fruits de mer, aux épices tunisiennes, servis dans leur poêle. Accueil jeune et souriant.

|●| ***Le Souk*** *(plan B2,* ***34****)* **:** *pl. Sidi Brahim. Tlj 11h-22h. Pas d'alcool.* Une petite salle moderne et climatisée en bordure de la médina, qui vient à point nommé sur le coup de midi, lorsque la chaleur commence à se faire sentir. Bonne cuisine soignée dans l'assiette : poisson du jour, poulet au citron vert, lasagnes maison et même une paella à la djerbienne ! Pour changer un peu du couscous et des grillades, une bonne adresse.

|●| ***Restaurant de l'hôtel Arischa*** *(plan A2,* ***23****)* **:** *voir « Où dormir ? ». Sert de l'alcool. Tlj.* Cet hôtel cité plus haut est aussi, et surtout, un resto très couru le soir à Houmt-Souk, pour sa terrasse installée dans le patio, sa licence d'alcool et, aussi, sa tambouille plutôt bien réalisée et à prix honnêtes. Pour ceux qui aiment leur bière ou p'tit rouge avec leur dîner, c'est l'endroit !

Chic (40-60 Dt / 13-20 €)

|●| ***El Foundouk*** *(plan A-B2,* ***38****)* **:** *rue Moncef-Bey.* 📱 *28-988-276. Tlj 8h30-22h30. Pas d'alcool.* Le cadre à lui seul justifie le déplacement : un ancien caravansérail superbement restauré, où l'on mange entre des murs à arcades blanchis à la chaux, sous des luminaires en osier. Le soir, l'atmosphère est particulièrement romantique ! La cuisine n'est pas en reste non plus, proposant des plats soignés et copieux, en plus d'être originaux pour certains, comme la pizza aux fruits de mer, le burger tunisien (au thon) ou le bœuf à la crème de truffe. Le tout climatisé et baignant dans une douce musique...

|●| ***Restaurant de l'Île*** *(plan B2,* ***36****)* **:** *pl. Hedi-Chaker.* ☎ *75-650-651. Tlj midi et soir. Sert de l'alcool.* Installé dans une belle maison ancienne du centre-ville, voici un resto aux atours un peu chics, avec ses tables soigneusement dressées dans une salle à l'étage et sa musique traditionnelle en fond sonore. La cuisine est plutôt orientée vers le poisson, fort bien apprêté. Le menu spécial du chef, pour les plus fortunés *(env 100 Dt, vin compris)*, devrait ravir les amateurs de fruits de mer. C'est l'un des classiques de la ville, d'une qualité constante à travers les années et qui permet de passer un agréable dîner aux chandelles.

|●| ***Restaurant Haroun*** *(plan A1,* ***37****)* **:** *à l'entrée du port.* ☎ *75-650-488. Tlj, cuisine non-stop 12h-23h. Sert de l'alcool.* Déco bien léchée pour cette immense salle de plus de 300 couverts, ornée d'une cheminée. Mais en été, on aura du mal à résister à l'appel de la vaste terrasse sur le pont du bateau pirate ! Du carpaccio de poulpe (en saison) à la côte de bœuf grillée au charbon de bois en passant par le couscous djerbien et le poisson au gros sel, la maison offre une cuisine honorable mais mise principalement sur le cadre et la qualité du service.

Où déguster une pâtisserie ?

Bnina *(plan B2, **41**)* **:** *rue Abdelhamid-el-Kadhi, presque en face de la station Shell. Tlj 8h-22h.* *Bnina,* ça veut dire « hmm, c'est bon ! ». Rien d'étonnant alors qu'on serve ici des pâtisseries sfaxiennes fraîches (cuites au four à bois), petits-fours et pâtes d'amandes de haute volée (un peu chères mais exquises). Le tout à déguster dans une salle proprette, en sirotant un jus de fruits frais ou un bon petit kawa !

Pâtisserie Mhirsi *(plan B3, **40**)* **:** *rue Abdelhamid-el-Kadhi. Tlj 5h-22h.* La plus centrale. On y trouve notamment les fameux millefeuilles, une des spécialités de Djerba, des baklavas et toute une flopée de gâteaux à la pâte d'amandes. Sans oublier les croissants au beurre, idéal pour le petit déj !

Dalia *(hors plan par B3, **42**)* **:** *à la sortie de la ville, sur la route de Midoun. Tlj 7h-20h (21h en été).* Dommage que cette pâtisserie ne soit pas plus centrale… ou tant mieux pour les bourrelets, c'est selon ! Derrière la vitrine s'alignent des douceurs à la pâte d'amandes aromatisées au citron, aux pistaches ou aux noix, des baklavas et des sablés. Également de la pâtisserie française, à base de farine… ou de fruits secs. Vaut le détour.

Où boire un verre ?

Hormis ceux de 2 hôtels près du fort (le *borj*), aucun bar ou café ne sert de l'alcool à Houmt-Souk. Pour boire une bière, il faut aller au resto de l'hôtel *Arischa,* au *restaurant de l'Île* ou au restaurant *Haroun* (voir plus haut). Quant aux couche-tard, ils n'auront guère d'autre choix que de pousser jusqu'à la zone touristique, où l'on trouve quelques bars avec licence (voir plus loin).

Café Zaraâ *(plan A-B2, **53**)* **:** *pl. Hedi-Chaker. Tlj 7h-minuit.* À la lisière de la médina, une terrasse au centre d'une charmante placette, stratégique pour faire des rencontres. Vrai jus d'orange, mais aussi de fraise, pêche et melon, citronnade maison et bon thé à la menthe ou aux amandes. De mai à octobre, ne manquez pas non plus les amandes fraîches (non grillées) à grignoter, un vrai délice !

Café de l'Environnement *(plan A2, **51**)* **:** *av. Habib-Bourguiba. Tlj 5h-22h (2h en été).* On aime bien cette cabane en bois avec ses tables posées dehors, sous des paillotes et des eucalyptus, à l'écart des foules. On y sert un excellent « jus d'o ». Quant au « p'tit noir », vu que le patron a vécu quelques années à Milan, le café, ça le connaît !

Café Ben Yedder *(plan A3, **52**)* **:** *pl. Farhat-Hached. Tlj 5h-21h.* Cette succursale d'une pâtisserie célèbre dans toute la Tunisie dispose d'une belle terrasse bien nette et d'une salle moderne. Le cadre idoine pour observer l'animation du souk face à un grand crème, un jus de pamplemousse frais ou un orgeat.

Café Le Pêcheur *(plan A1, **50**)* **:** *sur le port, côté pêcheurs. Tlj 8h-22h (plus tard en été).* On le cite surtout pour sa situation, face à la mer. Sa terrasse permet de profiter de la vue tout en sirotant un capucin, un thé aux amandes ou aux pignons… avec – pourquoi pas ? – une glace, une crêpe ou une gaufre.

Achats

Les années où les touristes se faisaient alpaguer par des bazaristes « à la limite du respectueux » semblent avoir vécu, et c'est tant mieux. Certaines échoppes affichent désormais des prix fixes. Dans les autres (la majorité), le marchandage reste un art apprécié des commerçants, notamment parce qu'il leur permet de jauger les connaissances du futur acheteur en matière d'artisanat et dans quelle mesure il est prêt à ouvrir son portefeuille. Lire les conseils que l'on donne dans la rubrique « Marchandage » de « Tunisie utile », en début de guide. Djerba est également réputée pour la qualité de ses bijoux en argent. Mais les bijoutiers sont peu enclins à baisser leurs prix.

Nattes et vannerie *(plan A2,* ***60****) :* *fondouk Boucheddekh.* *93-754-704. Horaires un peu aléatoires, en principe tlj 10h-19h.* Un des derniers nattiers du coin et le seul de Djerba à tisser des nattes naturelles et colorées. L'atelier a fourni toutes celles de la synagogue de la Ghriba ! On y travaille fibre de palme, jonc et alfa selon la souplesse et la finesse requises. Aussi des paniers et chapeaux. Si vous restez à Djerba plusieurs jours, passez commande en début de séjour. Travail bien fini et accueil sympa.

Michèle Art et Tradition *(plan A2,* ***61****) : rue des Antiquaires, une ruelle perpendiculaire à la rue de Bizerte. ☎ 75-652-532. Tlj sauf dim 9h-13h, 14h-17h (15h-18h en été). Réduc de 10 % sur le prix total des achats sur présentation de ce guide.* Très jolis objets tunisiens sélectionnés avec beaucoup de goût par une Française. Artisanat berbère, vêtements typiques : des produits originaux et de qualité.

Fondouk El Goulla de Poterie *(plan A2,* ***62****) : rue Habib-Bougatfa, une rue parallèle à la rue de Bizerte. ☎ 75-654-433. Tlj 8h-19h (20h en été).* Un vaste espace sur 2 niveaux, rempli de poteries en tout genre (vaisselle de tout type, pots à plantes, vases, cendriers, djembés...). Ici, les prix sont affichés.

Erilisa *(chez Enrica ; plan A2,* ***62****) : rue Habib-Bougatfa, à côté du fondouk* El Goulla de Poterie. *98-253-212. Tlj 9h-19h (20h en été).* C'est la boutique d'une Italienne qui a quitté sa campagne florentine pour créer sa propre ligne de vêtements sur des bases djerbiennes. C'est réussi et tout à fait « portable » par les Occidentales. Également du linge de maison. Prix étiquetés.

Dar El Beskri *(plan A2,* ***63****) : rue Habib-Bougatfa, face au fondouk* El Goulla de Poterie. *☎ 75-622-321. Tlj sauf ven 9h-13h, 15h-18h30 (20h en été).* Le *beskri* est une étoffe traditionnelle en coton tissé de fils d'argent, d'or et de soie, typiquement djerbienne (on peut en voir de beaux exemples au musée de Guellala). En principe, c'est la mère qui l'offre à son fils pour qu'il en fasse cadeau à sa femme. Celle-ci le porte pour les grandes occasions. Il faut environ 10 à 15 jours pour réaliser un *beskri.* L'atelier, tenu de père en fils par la famille Toubji, est situé à la sortie de la ville, route de l'aéroport (repérer l'enseigne). Ici, on peut aussi craquer pour une écharpe en soie, des sacs ou même des tableaux réalisés en *beskri.*

Ariès *(chez Maria ; plan B2,* ***64****) : rue du 20-Mars, sans enseigne (presque en face de la pharmacie). ☎ 75-650-100. Lun-sam 8h30-18h30 (19h30 en été), dim 9h-13h.* Belle boutique tenue par Maria, une Italienne proposant objets et vêtements de grande qualité et bien présentés dans cette ancienne quincaillerie dont elle a conservé les plus beaux meubles. Joli mais pas donné.

– ***Le souk libyen*** *(plan B1 et B2) : av. Taïeb-Mehiri, en allant vers le borj Ghazy-Mustapha, sur la droite. Lun et jeu mat, ainsi que, parfois, dim ap-m et mer ap-m.* Le marché bihebdomadaire de Houmt-Souk, où l'on trouve de tout. Étalages le long de la route et dans les ruelles perpendiculaires. Hélas, principalement de la fripe et de la bimbeloterie importées de Chine. Ces matins-là, embouteillages dans la ville à prévoir.

– ***Quelques souvenirs typiques et pas chers :*** le couffin djerbien, petit sac en feuilles de palmier tressées, ou le célèbre chapeau djerbien carré, le *mdhala.* Quelques (rares) personnes âgées de l'île le portent encore pour se protéger du soleil et de la rosée. C'est l'attribut essentiel du costume djerbien traditionnel. Le chapeau pointu, d'origine grecque, réservé aux femmes, ressemble à un chapeau de sorcière et n'est guère porté aujourd'hui. Les fameuses couvertures djerbiennes, multicolores, sont ici un peu moins chères, surtout si vous en prenez pour toute la famille. Mais c'est un peu encombrant.

À voir. À faire

Le ***vieux Houmt-Souk*** ou la ***médina :*** au centre de la ville. Vraiment charmante avec ses tonalités blanc-bleu et ses façades fleuries. On y découvre, au hasard des ruelles, des portes entrouvertes sur de vastes cours intérieures bordées d'arcades et percées de nombreuses portes. Il s'agit de fondouks ou d'anciens caravansérails, c'est-à-dire d'auberges où s'arrêtaient les caravanes. Les chevaux, les dromadaires et les marchandises étaient installés au rez-de-chaussée, et les voyageurs dans les chambres à l'étage, appelées *ghorfa.* Certains fondouks ont plus de 3 siècles. Après avoir été squattés par de riches familles maltaises ou italiennes venues pêcher sur l'île au XIXe s, plusieurs d'entre eux ont été transformés en hôtels, cafés ou boutiques de souvenirs.

Les souks *(plan B1-2)* ***:*** *tlj, mais plus d'animation lun et jeu, les j. de marché ; activité moins importante ven et dim. En été, beaucoup de boutiques ferment entre 13h et 15h.* Ils occupent le cœur de la médina, avec au milieu un ensemble d'allées couvertes (le souk *Erbaa*). On y vend de tout : tissus, sacs, sandales, bijoux, vêtements et souvenirs de tout type. Quelques rues regroupent des dinandiers, des ferblantiers, des ferronniers et des orfèvres aussi. Chez ces derniers, cherchez les jolis bijoux filigranés, émaillés ou incrustés de corail, avec ou sans motifs typiquement du coin comme le chandelier ou encore les poissons.
Pour les tapis, allez voir du côté de la place *Hedi-Chaker* (où se trouve le café *Zaraâ* ; *plan A-B2*), et notamment au *Maram Center,* où l'on trouve encore un petit atelier de tissage. Règle générale pour les boutiques où les prix ne sont pas affichés : s'informer au préalable de la valeur réelle de l'objet convoité et marchander jusqu'à atteindre plus ou moins ce prix.

La criée aux poissons *(plan A3)* ***:*** *tlj env 10h-13h, sous les arcades du souk. Une inscription de mosaïque indique l'Office national des pêches.* Ambiance popu bien sûr, avec ses vendeurs aux mines truculentes (parfois encore de dignes vieillards perchés sur de hautes chaises) qui brandissent fièrement leur marchandise. Ils annoncent les prix en faisant habilement grimper les enchères. « *Baballah Kedèche ?* » signifie « Par la grâce de Dieu, quel est ton prix ? ». Les poissons sont vendus par chapelets de 5 ou 6, et les ventes se font dans la discrétion, par hochements de tête, comme dans les salles des ventes de l'hôtel Drouot. Pittoresque. Petit truc pour repérer la fraîcheur d'un poisson : fiez-vous à son œil ! Celui qui vient d'être pêché a l'œil brillant et bien bombé. Plus le temps passe, plus son œil se dégonfle, jusqu'à se ternir et devenir opaque. Les restos environnants, ouverts seulement le midi, vous grillent le poisson acheté au kilo à la criée, moyennant quelques dinars.

QUAND LA MARIÉE DÉFIE LA MARÉE

Dans l'imagerie populaire djerbienne, les poissons sont toujours représentés par couple car ils sont censés garantir le bonheur de la vie conjugale. Pour s'accorder cette grâce et par là même écarter le mauvais œil, la mariée djerbienne doit franchir à 7 reprises une bassine remplie de poissons le 3e jour qui suit son mariage. On ne sait pas si elle les mange après ou pas...

À la recherche des beaux monuments de la ville : la ***zaouïa Sidi Brahim El-Jemni*** *(plan B2),* bâtiment du XVIIe s, avec son toit à voûtes multiples abritant une médersa, une bibliothèque et le tombeau du saint. À admirer de l'extérieur seulement. Elle fut embellie en 1720 par le bey Mourad ben Ali. À côté, un bain turc avec moult dômes et voûtes typiques du coin. En face, sur l'avenue Abdelhamid-el-Kadhi, la ***mosquée des Étrangers*** *(Jamaa el-Ghorba ; plan B2)* avec son minaret caractéristique des mosquées kharijites. Construite au XVe s et désormais affectée au rite malékite, c'était à l'origine la médersa dans laquelle enseigna le savant théologien Brahim el-Jemni, enterré dans la zaouïa d'à côté. Sur la route du pont, admirez aussi la ***mosquée des Turcs*** *(plan A-B2)* avec son minaret pointu tel un crayon. Cas rare, cette mosquée d'aspect ottoman, commanditée par le caïd Ghazy Mustapha au XVIe s, fut la seule mosquée de rite hanéfite de l'île. Retournée il y a belle lurette au rite malékite, elle est classée Monument historique. Ni l'une ni l'autre ne se visitent. Enfin, ne ratez pas l'***église Saint-Joseph*** *(plan A2)*, construite vers 1850 et rendue au culte chrétien en 2006. Avec sa façade ravalée et ses 2 tourelles surmontées de toits pointus, elle est vraiment mignonne. Elle ouvre mercredi, vendredi et le dimanche matin.

Le musée du Patrimoine traditionnel de Djerba *(Sidi Zitouni ; plan B2)* **:** *av. Habib-Thameur. ☎ 75-622-974. Tlj sauf ven 9h-16h30 de mi-sept à fin mai (9h-17h en été et pdt le ramadan). Entrée : 8 Dt ; gratuit moins de 13 ans, détenteurs d'une carte ISIC et handicapés. Visite gratuite de la zaouïa et de ses dépendances.*
Vaut le détour pour ses collections consacrées à l'agriculture, à la pêche, à la poterie, aux tissus et costumes, aux bijoux, au mobilier en bois peint, etc. Le parcours est agréable, les volumes spacieux, et la muséographie assez claire, avec de bonnes légendes pour chaque objet. On y apprend, entre autres, que la mariée djerbienne se dérobe au regard des autres pour préparer son mariage, une période d'isolement appelée *hijba* ; et que la mariée de Guellala, toute drapée de noir et voilée de pied en cap, pieds et mains enveloppés de bandelettes de laine rouge, doit rendre visite à un olivier avant le lever du soleil. Intéressant.
À l'extérieur, devant le musée, on peut visiter aussi la *zaouïa,* sorte de mausolée construit à la fin du XVIIIe s en l'honneur des sages Sidi Zitouni et Sidi Ameur. Elle abrite une salle de prière (plafond à caissons en bois peint) et, de part et d'autre de celle-ci, une remarquable salle funéraire avec sa coupole en tubes d'argile colorés (un climatiseur naturel !), et une ancienne bibliothèque microscopique présentant une coupole similaire. De l'autre côté de la cour, voir aussi la « coupole du fantôme », une salle carrée surmontée d'une coupole toute blanche. Partie la plus ancienne de l'édifice, on y aurait soigné les malades mentaux.

Le borj Ghazy-Mustapha *(plan B1)* **:** *au port. Tlj sauf ven 9h30-16h30 de mi-sept à fin mai (9h-17h en été et pdt le ramadan). Entrée : 8 Dt ; gratuit moins de 13 ans, détenteurs d'une carte ISIC et handicapés.* Fort du XVe s bien rénové, construit par le sultan Abou Farès pour s'opposer aux forces d'invasion d'Alphonse V d'Aragon. Il fut renforcé par la suite par le sanguinaire Dragut, fidèle lieutenant de Barberousse, et les Espagnols. À l'intérieur, on distingue nettement les vestiges d'un 1er appareil défensif construit en 1289 par Roger de Loria, amiral d'Aragon et de Sicile, sur une ancienne structure romaine. Un impluvium précède un édifice à 2 coupoles. Dans la salle de gauche après l'entrée, une petite expo relate l'histoire de Djerba et du fort. Du haut des remparts, outre la belle vue sur la mer, on contemple la marina du port, le théâtre et la colonne qui rappelle le sinistre épisode de la « tour des crânes » érigée par le sanguinaire Dragut. Car ce vilain corsaire n'avait pas trouvé mieux que de construire une tour avec les crânes des Espagnols qu'il avait passés par le fil de l'épée en 1560. Cet édifice de mauvais goût ne fut démantelé qu'en 1848 par le bey de Tunis.

Ne manquez pas d'aller vous promener le long du ***port*** et dans la ***marina*** *(plan A1)*, 2 endroits agréables pour souffler un peu, loin de l'agitation des souks. Le port a perdu de son importance au profit de celui d'Ajim et, surtout, une partie de son charme depuis que la marina accueille des « bateaux pirates » censés évoquer le temps de la flibuste, qui servent à emmener les touristes vers l'île des Flamants (voir ci-après). Au-delà de cette marina, côté droit, s'étend ce qui reste du port de pêche, avec ses filets et nasses entassés sur les quais. La marina, elle, accueille plusieurs cafés-restos agréables (sans alcool).

C'est au niveau de la marina que vous trouverez un bateau pour vous emmener jusqu'à l'***île des Flamants,*** laquelle est en fait une longue presqu'île toute fine au nord de Djerba. Si l'équipée vous tente, partez à l'abordage la veille : les « capitaines », à l'affût du chaland, sont postés devant leur vaisseau pour répondre à vos questions et vous vendre l'excursion *(env 20-25 Dt ; réduc enfants),* qui se déroule en gros de 9h à 15h et inclut, outre le transport et du temps sur la plage de l'île aux Flamants, un repas dans un resto local. Évitez en tout cas de réserver par votre hôtel (ça revient plus cher).

Dar Jilani Arts & Métiers *(hors plan par B1,* ***70****) : à env 3 km après le rond-point du Grand Bleu, en direction de la zone touristique, prendre à droite, c'est fléché. 97-289-612 ou 54-289-001. Tlj 9h-18h (17h l'hiver) ; pas toujours ouv le dim, mieux vaut appeler avt.* Bienvenue dans l'antre de Jilani, artiste peintre soucieux de partager sa passion pour Djerba avec un large public. Demandez-lui de vous faire une petite démonstration de son art : en 2 mn chrono il vous fera un minitableau sur miroir. Étonnant ! Mais il peint sur bien d'autres supports, y compris les plus improbables comme de vieux couvercles. On peut bien sûr acheter ses œuvres mais aussi celles d'autres artistes-artisans locaux, qui réalisent notamment de surprenants objets détournés de leur fonction initiale. Le tout en prenant son temps avec un café, assis dans un canapé de l'atelier ou en terrasse. Un lieu vraiment sympathique, propice aux rencontres. On peut aussi y suivre des cours (sur demande) et s'initier à diverses activités comme le tissage, le cardage, la vannerie, la cuisine locale ou encore la calligraphie.

Fêtes et festivals

– ***Pèlerinage de la Ghriba :*** *1 sem, en avr-mai.* De nombreux juifs se rendent à la plus ancienne synagogue d'Afrique. Voir plus loin « Balade dans le centre de l'île ».
– ***Festival Djerba Ulysse :*** *en principe pdt 2 sem, fin juil-début août, à Houmt-Souk. Rens au commissariat du tourisme.* Chants, danses et spectacles improvisés folkloriques de l'île.

LE NORD-EST DE L'ÎLE

C'est la zone des hôtels (souvent en formule *all inclusive*) et des plages, bref le coin où se concentre une bonne partie de l'activité touristique de Djerba. On y accède en empruntant la *route touristique* qui longe la mer vers l'est depuis Houmt-Souk. Outre les hôtels pour groupes face à la mer, on y trouve aussi des petites adresses de charme face à la plage ou un peu à l'intérieur des terres mais jamais bien loin de la mer. Un bon point de chute... à condition, peut-être, de disposer d'un véhicule pour pouvoir rayonner dans l'île car, à part bronzer sur le sable ou siroter des cocktails au bord de la piscine, il n'y a pas grand-chose à faire.

Orientation

De Houmt-Souk jusqu'à l'extrémité est de l'île, une double voie en retrait de la mer (celle-ci n'est pas visible depuis la route) parcourt une vingtaine de kilomètres, égrenant au passage de nombreux ronds-points qui sont autant de repères. Chacun d'eux dessert une route goudronnée vers la plage, se terminant ou non en cul-de-sac. Les 1res « vraies plages » commencent au niveau du rond-point de l'hôtel *Radisson,* puis s'enchaînent jusqu'à la Seguia, la plage la plus orientale de Djerba.

Adresses et infos utiles

✉ ***Poste :*** *à* ***Sidi-Mahrès.*** *En direction de la mer, prendre la rue à gauche, juste après l'hôtel Al Jazira ; c'est à 100 m env dans cette petite rue. Lun-ven 8h-12h, 14h30-17h (jusqu'à 12h30 le ven pdt le ramadan).* Service *Western Union.*

■ ***Argent, change :*** on trouve des

distributeurs de billets et officines de change le long de la route touristique, mais aussi du côté des plages, ainsi qu'à Midoun (aux abords du grand rond-point). Aucun problème donc pour se procurer des espèces.

Polyclinique Jerba la Douce : *à 13 km de Houmt-Souk, au bord de la route touristique. ☎ 75-730-100. • clinique-ladouce.com •* Clinique privée spécialisée dans la chirurgie esthétique et réparatrice. Très cher. Service d'urgences et de réanimation.

Supermarché Al Jazira : *à* **Sidi-Mahrès.** *Tlj sauf ven 8h-20h (21h en été).* Une grande surface où l'on trouve de tout, y compris de l'alcool et de la charcuterie.

Où dormir ?

De prix moyens à chic (75-300 Dt / 25-100 €)

Gîtes Oxalà *(plan L'île de Djerba C1,* **1***)* **:** *route touristique km 8, env 500 m après le rond-point vers Mezraya en venant de Houmt-Souk, prendre la piste à droite au panneau « Résidence Chahd » : c'est à 100 m sur la droite. 95-601-319 (Zouheir). • oxala.tingitingi.net • Compter 22-55 € pour 2 pers ; plus 10 €/pers supplémentaire ; prix dégressifs en fonction de la durée du séjour. Également 1 appart pour 6 pers et 1 duplex pour 8.* Beau petit ensemble de bungalows blancs abritant 4 appartements « en bas » et 3 studios « en haut », le tout autour d'une jolie piscine. Ça sent les vacances à plein nez ! Les logements tout confort peuvent accueillir de 2 à 8 personnes selon la grandeur et sont tous équipés d'une cuisine. Pas de repas sur place mais de quoi faire ses courses pas loin, et la plage n'est qu'à 10-15 mn à pied. Une bonne affaire.

Hôtel Dar Ali *(plan L'île de Djerba C1,* **2***)* **:** *à env 10 km de Houmt-Souk, au niveau de l'hôtel* Radisson *(c'est fléché depuis la route). ☎ 75-758-671. • hoteldarali-djerba.com • Doubles 100-150 Dt, petit déj compris.* On apprécie cet hôtel face à la mer, aux chambres très bien tenues et confortables, donnant d'un côté sur une jolie piscine, de l'autre sur le jardin, par l'intermédiaire d'une terrasse privative. Carola est argentine. Elle a arrangé sa déco avec beaucoup de soin dans les teintes bleu-blanc. Un agréable salon avec cheminée et un bar avec alcool (réservé aux résidents) contribuent au fait qu'on se sente ici bien à son aise. Il y a même une plage privée avec transats et parasols (gratuits pour les clients). Fait aussi resto et, à côté, bar à tapas le soir (voir les rubriques « Où manger ? » et « Où boire un verre ? »). Une adresse d'un excellent rapport qualité-prix-accueil.

Maison Leila *(plan L'île de Djerba C2,* **3***)* **:** *à env 3 km avt Midoun en venant de Houmt-Souk ; c'est la grande maison blanche en face de la mosquée Fadhloun, sur le côté gauche de la route. 98-816-330. • maisonleila@topnet.tn • Compter 30-60 € pour 2 et 45-75 € pour 4. Repas sur demande, servi dans la chambre.* Une famille tuniso-italienne propose de magnifiques chambres, articulées autour d'un coquet patio, revêtues de tadelakt et décorées à l'orientale par Alessandra. Certaines sont dotées d'une kitchenette et d'un petit coin salon, pratique pour les familles. L'ensemble, en plus d'être soigneusement tenu, dégage beaucoup de charme. Excellent petit déj varié et concocté à base d'ingrédients bio. Pour couronner le tout : grande piscine à l'eau de mer, salle de massage et soins du corps. Des prestations vraiment sérieuses, assorties d'un accueil fort chaleureux.

Maison d'hôtes Dar Gaïa *(plan L'île de Djerba C2,* **4***)* **:** *à* **El-Mgersa,** *à env 2,5 km de Midoun, en direction du phare. 95-601-319. • dargaia.tingitingi.net • En venant de Midoun, prendre la piste à gauche après l'école de Sidi-Yati, puis encore à gauche au niveau de l'épicerie ; c'est à env 700 m plus loin sur la gauche (arche en pierre). Doubles 30-60 €, dortoir 6 pers 10 €/pers ; petit déj compris. Repas sur demande.* Dans un domaine de 3 ha, un beau projet conçu par Zouheir, un ingénieur en mathématiques appliquées rentré au bercail. Au milieu du sable et des palmiers, il a reconstruit 2 *houchs* abritant 4 chambres d'hôtes, belles et tout confort, décorées sur le thème de la route du sel ou de la soie, avec des objets chinés, du mobilier d'époque, des renfoncements, des arcades... L'idée ? Reproduire, à des fins de conservation du patrimoine, les différents types d'architecture de Djerba, reflétés ici dans la configuration des chambres. Pari réussi ! Également un petit dortoir pour le routard de passage. Accueil extra. Le tout dans la nature, au grand calme...

Villa Azur *(plan L'île de Djerba C1,* ***5****) : à* ***Sidi-Mahrès,*** *au bord de la plage. ☎ 75-757-257. • contact@villa-azur-djerba.com • ♿ Double env 200 Dt avec petit déj. Moitié moins cher hors saison ! ½ pens intéressante. Resto accessible aux non-résidents (sert de l'alcool).* Du charme et une atmosphère très vacances pour cet hôtel à taille humaine, les pieds dans l'eau. Les chambres, rénovées, sont impeccables et bien équipées, avec frigo, une literie de qualité et du beau mobilier. De plus, elles offrent une vue sur la mer depuis chaque pièce, y compris la salle de bains et les w-c ! Aux beaux jours, petit déj (et autres repas) servi dans l'agréable jardin face à la grande bleue. Excellent accueil de Sylvie qui gère l'établissement. Une très bonne adresse.

Maison d'hôtes Dar Karmi *(plan L'île de Djerba D2,* ***6****) : à* ***Tezdaine,*** *entre le phare de Taguermes et Aghir. ☎ 75-751-919. 📱 25-423-295. • v.karmi@yahoo.com • À 2 km env après le carrefour situé au pied du phare, direction El-Kantara (fléché sur la droite). Doubles 40-70 € et appart pour 4 (70-100 €), petit déj compris ainsi que le transfert aéroport.* Regardant la mer, une grande maison toute blanche avec piscine. Elle offre 3 chambres-suites soignées, dont 1 sur le toit, d'où la vue sur la côte est bien séduisante. Chacune avec un coin salon et 2 avec cuisine. Également un appartement de 2 chambres, net et aéré (équipé d'une terrasse), parfait pour les séjours plus longs à plusieurs. Accueil aux petits oignons de Victoria, Suissesse de nationalité, et de son mari, Abdelbasset. La mer est à 15 mn à pied.

Où manger ?

Peu de restos servent de l'alcool (hormis ceux des grands hôtels). Pour une bonne bière ou du vin, on vous conseille les restaurants des hôtels *Dar Ali* ou *Villa Azur* (voir plus haut), ou encore *Ze Mess.*

De bon marché à prix moyens (moins de 40 Dt / 13 €)

Les Palmiers, chez Neji et Catherine *(plan L'île de Djerba C1-2,* ***20****) : av. de l'Environnement, à 250 m env au sud de la route touristique, côté gauche en allant vers Midoun. 📱 97-906-529. Tlj sauf lun, midi et soir. Pas d'alcool.* Ce petit resto tenu par un couple franco-tunisien charmant propose des classiques djerbiens soigneusement réalisés, un bon choix de viandes et, en hiver, de copieux plats du jour. Goûtez au fameux agneau en gargoulette, tendre et parfumé. Outre la terrasse, la salle, ventilée l'été, est avenante avec ses murs couleur terre et ses quelques tentures. Petits prix, accueil chaleureux, bref, la bonne adresse du coin !

Chez Chouchou *(plan L'île de Djerba C1,* ***21****) : av. de l'Environnement, à 100 m au sud de la route touristique, côté droit en allant vers Midoun. 📱 25-919-349. Tlj sauf dim, 12h-15h, 18h30-21h. Pas d'alcool.* Une fois franchie la porte de ce resto, on découvre 2 salles riquiqui aux tables bien dressées pour faire bombance de fruits de mer ou de poissons grillés. Les viandards se rabattront sur une belle entrecôte, les appétits d'oiseau sur la soupe de poisson maison à base d'orge. Service attentionné.

Ze Mess *(plan L'île de Djerba C1,* ***2****) : à côté de l'Hôtel Dar Ali (voir plus* *haut). Ouv le soir seulement (sauf dim), dès 19h. Sert de l'alcool.* Un endroit qui détonne à Djerba : ici, foin de la tradition, nous sommes dans un bar à tapas bien dans le vent, sur une terrasse couverte à l'étage ou dans une salle à la déco rock, garnie de mobilier de récup et d'antiquités détournées. On y déguste des petits plats créatifs plus ou moins copieux (le prix est à l'avenant), arrangés avec une touche tuniso-méditerranéenne, style beignets de calamars ou *ojja* au chorizo. Ça change un peu ! Ambiance animée et accueil adorable. Voir aussi plus loin « Où boire un verre ? Où sortir ? ».

Grillades Zammouri *(plan L'île de Djerba C-D2,* ***22****)* **:** *à* ***Sidi-Yati,*** *à 2 km env de Midoun, en direction du phare. 98-253-583. Tlj 8h-minuit.* En s'attablant, on oublie bien vite qu'on est en bord de route, grâce à la bonne odeur des grillades. Servis au poids (on choisit en vitrine) : merguez, côtelettes d'agneau, foie, poulet, poissons du jour. Le tout accompagné de salade et de frites. Cadre basique, prix doux et service rapide. Un des meilleurs grilleurs de l'île.

Restaurant La Lagune *(plan L'île de Djerba D2,* ***23****)* **:** *plage de la Seguia, à l'extrémité est de l'île. 54-440-422. Tlj 7h-22h. Pas d'alcool.* Véritablement les pieds dans l'eau, avec ses tables en plastoc posées sur la plage, à 5 m d'une eau turquoise. C'est d'abord pour le cadre qu'on vient mais la carte, qui affiche les classiques de l'île, propose aussi de beaux poissons grillés au charbon de bois. Également des spaghettis aux fruits de mer et, sur commande, couscous ou paella. Vaut le détour.

Restaurant Sidi Ali *(chez Adel ; plan L'île de Djerba D2,* ***24****)* **:** *avt d'entrer à Aghir, en venant de la plage de la Seguia, prendre la piste de sable tt de suite à gauche (petit panneau). 21-805-506. Tlj 12h-16h, 19h-23h (jusqu'au bout de la nuit en été). Pas d'alcool.* Autre resto face à la mer, très couru des locaux qui viennent y déguster les 3 seuls plats disponibles : loup de mer, daurade ou gambas, tous grillés au charbon de bois et servis avec frites et salade. On s'installe à des tables face au large, mais pas directement sur la plage. Un classique à Djerba qui ne désemplit pas en saison !

Où boire un jus ou un thé ?
Où manger une douceur ? Où fumer une chicha ?

Café Chichkhan *(plan L'Île de Djerba C2,* ***30****)* **:** *à 2 km avt Midoun venant de Houmt-Souk, sur la droite. Tlj 8h-2h (minuit en hiver). Pas d'alcool.* Grand café maure très prisé des gens de l'île, qui viennent ici en couple ou en famille. Les amateurs de chicha seront à la fête, car on y prépare des pipes à eau tout à fait uniques, aux parfums de pastèque, pêche, cerise, raisin. Ce ne sont pas les tabacs qui sont aromatisés (comme habituellement), mais les fruits qu'on fait mariner. Grand choix de boissons chaudes et froides aussi, ainsi que des glaces, crêpes, gaufres et gâteaux maison. Cher mais justifié.

Où boire un verre ? Où sortir ?

Ze Mess *(plan L'Île de Djerba C1,* ***2****)* **:** *dans l'Hôtel Dar Ali (voir plus haut). Ouv le soir seulement (sauf dim), dès 19h. Sert de l'alcool. Musique live presque ts les w-e, et parfois le mer en hiver.* L'un des lieux les plus sympa et déjantés pour boire une bière, un verre de vin ou des *shots* dans une ambiance musicale. Concerts très appréciés de la jeunesse djerbienne, entre des murs couverts de graffitis ou colorés façon psychédélique, bref, dans un décor de bar rock. Un endroit qui dénote par ici, on vous dit !

Sunset Beach Bar *(plan L'île de Djerba C1,* ***40****)* **:** *à* ***Sidi-Mahrès,*** *au bord de la plage (à côté de la Villa Azur). Tlj 12h-2h. Sert de l'alcool.* Grand resto-bar tout en bois, prolongé d'un espace transats sur la plage. On peut y manger quelques plats ou bricoles, mais on le conseille plutôt pour boire un verre à l'heure de l'apéro (sans le coucher de soleil sur la mer, cependant !), voire plus tard le week-end, lorsque les concerts font vibrer le lieu. Beach party aussi le dimanche, en fin d'aprèm ! Sans oublier les écrans pour les événements sportifs. Les filles s'y sentent parfaitement à l'aise.

Également des boîtes le long de la route touristique. Parmi celles-ci, ***Le Cyclone, La Bomba*** et ***The Moon*** sont celles qui ont le plus la cote !

À voir

Djerba Explore *(plan L'île de Djerba, D2)* **:** *route touristique, en direction d'Aghir, juste après le phare de Taguermes. ☎ 75-745-277. • djerbaexplore.com • Tlj 9h-18h (19h juil-août). Entrée cumulée pour les 3 attractions 30 Dt ; réduc 2-12 ans. Cafés-snacks et boutiques sur place.*
Ce complexe touristique combine culture et animations relevant davantage du parc de loisirs. Le beau musée Lalla-Hadria vaut à lui seul la visite, même si le billet d'entrée est alors élevé puisqu'il n'y a pas de billet séparé pour chaque attraction.

– ***Le musée Lalla-Hadria :*** près de 1 000 pièces issues d'une collection privée, offrant un riche panorama des arts de Tunisie, du Maghreb et du Moyen-Orient. L'idée étant de situer l'art tunisien, pour mieux le comprendre, dans l'art arabo-musulman en général. Plusieurs sections se succèdent, mélangeant les époques mais avec chacune un thème : géométrie et figures, calligraphie, le sacré, arts persans et ottomans, arts du Maghreb, Maghreb des tribus... et, enfin, les arts plus spécifiquement de Tunisie, de la dinanderie à la céramique en passant par les costumes traditionnels, les bijoux, les tapis... Au hasard de la visite, vous noterez quelques pièces remarquables : un col de jarre (XIIe-XIIIe s) du nord de l'Irak décoré de visages, un plateau de balance mésopotamien (XIIIe s) délicatement ciselé, que l'on peut admirer grâce à une loupe et dont les inscriptions invitent le bijoutier à rester honnête, un traité de grammaire du XIe s, un contrat de mariage de Kairouan daté du XVIIIe s évoquant la monogamie (déjà !) ou encore ce fragment de la tenture ornant le cube noir (la *Kaaba*) de La Mecque (offerte en remerciement des oboles annuelles versées par la Tunisie). Et puis, en vrac, des poteries perses, des plats valenciens (Espagne arabe), des cuivres syriens, bronzes anatoliens, tissus ottomans, portes en bois sculpté et éléments d'architecture marocains, épées touaregs... le tout couvrant plus d'un millénaire d'histoire.

– ***Djerba Heritage :*** après le musée, une section qui présente une reconstitution fidèle d'un *menzel,* à savoir le domaine traditionnel berbère, habituellement occupé par une famille ou un clan, avec son habitation centrale (le *houch*), ses dépendances et ses animaux, l'ensemble visant une certaine autarcie. On y découvre ainsi des intérieurs et espaces de vie reconstitués, avec mobilier et objets du quotidien, mais aussi l'artisanat local, grâce à des démonstrations vivantes (atelier de tissage, fabrication de bijoux), ou encore certaines activités ancestrales comme l'élaboration de l'huile, dans l'huilerie. Et puis ne manquez le système d'irrigation à l'ancienne : un bon vieux dromadaire charriant inlassablement les *délous,* des outres pleines d'eau !

– ***Animalia – Crocod'île :*** cette dernière partie est en fait la plus grande ferme à crocodiles du Bassin méditerranéen (plus de 800 individus). Mais, « pas de lézards », ceux-ci ne sont en aucun cas destinés à la production de sacs à main et autres souliers. Le but de ce parc est seulement récréatif, pédagogique et scientifique. Essayez d'assister au repas des reptiles, tous les jours vers 17h en été (seulement mercredi, vendredi et dimanche à 16h en hiver, car la digestion est plus lente par temps frais !). Également un show vers 11h. Et quelques autres enclos à créatures à sang froid (tortues, varans...).

À faire

– **Mezraya Ranch** (plan L'île de Djerba C1) **:** *à 11 km à l'est de Houmt-Souk, un peu à l'écart de la route touristique.* ☎ *98-42-48-69 ou 22-72-5675.* • *mezrayaranch.com* • *Compter env 15 € pour 1h, 40 € la ½ journée et 70 € la journée (avec pique-nique) ; également des prix à la sem.* L'occasion de découvrir l'île à cheval... ou tout simplement de faire une petite balade équestre sur la plage. Pour débutants ou cavaliers confirmés.

– **Kitesurf Le Dauphin** (plan L'île de Djerba C3) **:** *5 km avt El-Kantara quand on vient d'Aghir par la route côtière.* ☎ *98-302-417 (Khaled).* • *kitespot-djerba.com* • *Tte l'année. Compter 70 € l'initiation (2h) ; 220 € pour 6h de cours et 320 € pour 10h.* Plantée sur une très belle plage, la base idéale pour apprendre le kitesurf. Le vent est présent quasi toute l'année et la mer est peu profonde. Location seule (sans encadrement) possible. Buvette et petite restauration. Un service de navettes peut venir vous chercher à votre hôtel sur rendez-vous. On trouve 2 autres clubs de kitesurf plus au sud.

Les plages

La plage des 5 000 Ans (plan L'île de Djerba D1) **:** *juste avt la zone des hôtels, sur la gauche, 500 m env avt le chemin qui mène à la plage municipale, en venant de Houmt-Souk (pas de panneau). Prenez la piste qui se dessine entre 2 marais, praticable en voiture sauf en hiver ; c'est à 1 km.* Belle étendue de sable peu fréquentée, sans hôtel autour. Enfin tranquille !

L'île des Flamants (plan L'île de Djerba D1) **:** *en remontant la plage des 5 000 Ans vers l'ouest, env 1h de marche. En voiture, on peut parcourir la moitié du trajet (sauf en hiver) : suivre la piste parallèle à la grande dune et à la mer jusqu'au début de la presqu'île (après, zones de sable mou !).* C'est en fait une presqu'île rabotée où l'on peut observer de nombreux oiseaux lorsqu'il n'y a pas trop de vent. Précision : contrairement à ce que le nom suggère, ce n'est pas forcément ici qu'on verra le plus de flamants roses... Rien d'incontournable, mais belle randonnée. On peut aussi y aller en bateau depuis la marina de Houmt-Souk (voir plus haut « À voir. À faire » à Houmt-Souk). Beaucoup de monde en été !

La plage municipale (plan L'île de Djerba C1) **:** *en venant de Houmt-Souk, prendre la petite route bitumée à gauche 200 m env avt l'hôtel* Radisson *(pas de panneau).* C'est la dernière plage digne de ce nom avant la zone des hôtels, même si elle a tendance à disparaître sous les assauts de la mer. Elle est nettoyée régulièrement en saison.

La plage de Sidi-Mahrès (plan L'île de Djerba C1) **:** dans la zone touristique, c'est l'une des plus connues. Du coup, cette portion de littoral a été presque entièrement investie par les hôtels, souvent de gros calibre, mais là aussi le sable s'en retourne inexorablement à la mer par endroits, si bien qu'à marée haute il n'y a plus guère de plage.

La plage Sidi-Yati (plan L'île de Djerba D1-2) **:** vers le *cap Taguermes* (là où luit le phare), la route longe une plage publique encore assez sauvage. Seulement quelques cafés-restos et des centres de massage. Se termine en cul-de-sac.

En poursuivant vers le *cap Lalla-Hadria* et *Aghir,* beaucoup d'hôtels sont bordés par des plages.

Balade jusqu'au borj El-Kastil (plan L'île de Djerba C3) **:** si vous ne vous y rendez pas en bateau depuis Aghir (renseignements sur le port), cette balade vous laissera certainement un souvenir inoubliable. En poursuivant vers El-Kantara après la série des hôtels et le village d'Aghir, on arrive au niveau d'une immense étendue de sable dur (au km 11 avant El-Kantara). Plusieurs pistes foncent vers la mer, n'essayez pas d'y aller en voiture, le sable est trop mou. Préférez y aller à pied. Vous traverserez alors une lande sableuse dont la végétation, nanifiée par les vents, semble finir dans l'eau. Au bout de cet isthme (à 5 km environ), les ruines du borj El-Kastil, un ancien fort construit à l'origine par l'amiral aragonais Roger de Loria à la fin du XIIIe s. À son pied, une plage déserte... enfin presque, car quelques pêcheurs viennent y planter leur canne... magique.

MIDOUN

C'est la 2e ville de l'île, à 18 km à l'est de Houmt-Souk, au sud de la zone touristique. Il s'agit d'un gros bourg ramassé autour de son souk, particulièrement animé le vendredi matin, et même dès le jeudi après-midi. À part ça, rien de spécial à y faire ou à y voir, mais on peut toujours s'y arrêter pour boire un verre ou manger un bout, changer de l'argent ou faire quelques emplettes...
C'est ici que vous rencontrerez la plus importante population noire de l'île, notamment quelques *tabalas*, musiciens-danseurs qui, à l'instar des *gnaouas* du Maroc, animent les mariages et les cérémonies rituelles.
– ***Marché :*** *jeu ap-m et ven mat.*

Arriver – Quitter

Gare routière : *route d'Aghir, après le* Djerba Mall, *sur la droite.* Plutôt un bout de route où stationnent quelques bus, qui partent d'ici avant de rejoindre Houmt-Souk et d'aller vers d'autres villes du pays. Pour les fréquences des bus vers le continent, se reporter à Houmt-Souk.
➢ Pour ***Houmt-Souk,*** bus nos 10 et 13. Une quinzaine de liaisons/j., 6h30-18h15, dans les 2 sens.
– À noter qu'il n'y a pas de louage à Midoun.

Adresses utiles

■ On trouve ***pharmacies, distributeurs de billets, bureaux de change, le commissariat de police, un Carrefour Express*** et même ***un hammam*** aux abords du rond-point principal (où se trouve le café *Lotophages*).

Où manger ? Où boire un verre ? Où savourer une glace ?

Restaurant La Mamma *(plan L'île de Djerba C2, **26**) : av. 13-Août. ☎ 25-726-225. Ouv seulement lun-ven 12h-15h. Pas d'alcool.* Si vous êtes dans le coin et que vous cherchez un petit resto pour le déjeuner, cette petite adresse tenue par un couple germano-tunisien est parfaite ! Cadre tout simple mais les plats, plutôt italiens et bon marché, préparés dans l'instant dans une cuisine bien en vue, valent le détour ! Excellent rapport qualité-prix.

Lotophages *(plan L'île de Djerba C2, **26**) : au bord du rond-point principal. Tlj 7h-minuit.* Grand café un peu kitsch avec terrasse en bord de rond-point. Un endroit très fréquenté, un peu le rendez-vous du « Tout-Midoun ». On peut aussi bien y boire un jus, un café ou un thé qu'y manger une crêpe, une gaufre, une glace, un sandwich ou même un petit plat.

Gelato Stellina *(plan L'île de Djerba C2, **26**) : route de Houmt-Souk, à 200 m env du rond-point principal (face à l'hôtel* Olympic*). Tlj 8h-minuit.* L'un des meilleurs glaciers de l'île. Une quarantaine de parfums, classiques (pistache, mangue, noisette, menthe-ananas) ou plus « locaux », comme la « zrir » ou la « jewajem » (on vous laisse découvrir). À déguster dans une salle climatisée.

À voir

La mosquée Fadhloun *(plan L'île de Djerba C2)* **:** *à 3 km de Midoun, sur le côté gauche, en direction de Houmt-Souk. Accès interdit aux non-musulmans.* Cette mosquée, caractéristique de l'architecture ibadite, passée tardivement au rite malékite (courant de pensée majoritaire de l'islam sunnite au Maghreb), daterait du XIVe s. Elle présente un aspect défensif, comme les autres mosquées peu éloignées du littoral qui assuraient une 2e ligne de protection derrière celles qui surveillaient la côte. Elle joua également un rôle éducatif (école coranique sur place) et, plus tard, économique. À l'intérieur, présence d'un moulin à grains et d'une boulangerie remontant au XIXe s. Large impluvium.

BALADE DANS LE CENTRE DE L'ÎLE

ER-RIADH

Petit village à 7 km au sud de Houmt-Souk, connu pour abriter la synagogue de la Ghriba et des œuvres uniques de *street art*. Ne pas manquer la balade au gré des ruelles tortueuses du vieux centre, à la découverte des belles fresques murales, donc, mais aussi de maisons traditionnelles plus ou moins restaurées.
- ***Marché :*** *dim mat.* Réputé dans toute l'île.
➢ Env 10 bus/j., 6h-18h15, de la gare routière de Houmt-Souk, 6h30-18h45 au départ de Guellala (ligne n° 14). Le bus s'arrête dans le village, en face de la poste.

Où dormir ? Où manger ?

Maison d'hôtes Dar Ennour *(plan L'île de Djerba B2, 7)* **:** *rue El-Horia, au cœur d'Er-Riadh.* *21-294-824. • dar-ennour.com • Doubles 50-60 €, petit déj inclus ; familiales.* Une belle maison blanche typiquement djerbienne, ouverte sur une large cour agrémentée d'une piscine. Autour, une poignée de chambres élégantes et confortables, de tailles variables. Chacune est un cocon douillet décoré avec goût mais sans sophistication. Tout invite à la détente : les terrasses, les salons, les coins et recoins pour se prélasser au soleil, alangui sur une chaise longue, le sauna (payant). L'accueil aux petits oignons est aussi un point fort. Bref, une adresse de charme, et pourtant fort abordable, qui ne manque vraiment pas d'atouts pour séduire !

Hôtel-restaurant Dar Dhiafa *(plan L'île de Djerba B2, 7)* **:** *au cœur d'Er-Riadh. ☎ 75-671-160. • dar dhiafa.tn • Congés : janv-fév. Double env 250 Dt, petit déj inclus ; également des suites. Resto ouv midi et soir ; de prix moyens à chic. Sert de l'alcool.* C'est dans des *houch* traditionnels, réunis pour ne faire qu'un dédale de chambres et de patios, que s'est installé cet hôtel de charme. L'architecture d'origine a été parfaitement respectée : voûtes, arches, tons naturels et boiseries, le tout pimenté de belles pièces antiques, d'œuvres d'art originales et de plantes. Les chambres, tout confort, sont toutes uniques, chacune avec ses petits détails : voilages, poteries, moucharabieh, des lits en fer forgé ou logés dans une alcôve... 2 petites piscines aussi pour se rafraîchir, massages sur demande. Et, en prime, un resto (ouvert à tous) où l'on mange bien, dans un patio sous un gros palmier (atmosphère très romantique le soir !) ou une salle bien apprêtée.

Chambres d'hôtes Dar Bibine *(plan L'île de Djerba B2, **7**) : 7, rue Abdel-Wahab, au cœur d'Er-Riadh. 94-712-482. • darbibine.com • Doubles 90-100 €, petit déj compris. Table d'hôtes sur demande. CB refusées.* Isabelle et Gérard, venus du plat pays, ont rénové de petites maisons typiques de la médina, en alliant avec brio la structure traditionnelle à une déco contemporaine et créative. Gérard est architecte, collectionneur de B.D. (il en a plus de 1 000 !), passionné de vélos et déborde d'idées originales ! Le résultat, de superbes chambres tout confort (dont 1 quadruple) et décorées d'œuvres d'art, agencées autour d'un patio. Côté équipements : terrasses, petite piscine, cuisine, salons, coin barbecue et, dans la maison attenante, un 2ᵉ patio et un hammam avec salle de massage perchée sur le toit. Prêt de vélos. Une adresse stylée qui enchantera les lecteurs (bien nantis tout de même) de magazines de déco. Bon accueil.

À voir. À faire

La synagogue de la Ghriba : *fléché depuis le village. ☎ 75-670-967. De l'arrêt de bus, il reste 10 mn à pied. Visite tlj sauf sam 9h-12h, 15h-17h (l'hiver 9h30-12h, 14h30-16h30), le ven 9h-15h à cause du shabbat. Horaires toutefois théoriques, mieux vaut appeler avt de venir, même s'il n'y a pas toujours quelqu'un au bout du fil. Pièce d'identité demandée et passage aux rayons X. GRATUIT mais achat d'une carte postale fortement suggéré.*
La synagogue n'a pas cessé d'être reconstruite au fil de sa longue histoire (si on fait abstraction de l'attentat-suicide qui l'a touchée en 2002, faisant une vingtaine de victimes, le dernier remaniement date de 1920). C'est sans doute la synagogue la plus ancienne d'Afrique. Elle a été fondée par une communauté réfugiée à Djerba suite à la destruction du 1ᵉʳ Temple de Jérusalem en 586 av. J.-C. La Torah conservée ici serait aussi l'une des plus vieilles au monde. Couvrez-vous la tête (foulards et kippas à dispo) et déchaussez-vous pour entrer dans la salle de prière. Dans la 1ʳᵉ salle, belle décoration orientale de carreaux de faïence émaillée, de vitraux multicolores. Dans la salle de prière, au fond, nombreux ex-voto en argent et boiseries sculptées. Faites-vous raconter la légende qui aurait présidé à l'édification de l'édifice.
En face de la synagogue, le fondouk accueille les pèlerins du rassemblement annuel de la mi-mai (3 semaines après la Pâque juive), pendant 1 semaine. La Ghriba est alors en fête et se fait belle pour la venue de juifs du monde entier. De 150 000, au moment de l'indépendance en 1956, les juifs tunisiens ne seraient pas plus de 1 500 aujourd'hui.

Balade dans les rues : en 2014, puis en 2021, quelque 80 artistes de différentes nationalités ont investi, à l'initiative de la galerie *Itinerrance* (Paris), les rues d'Er-Riadh et les champs alentour pour se livrer au *street art*. Résultat : pas moins de 200 œuvres uniques, originales, colorées ou en noir et blanc, sur des pans de mur, des panneaux, des boîtes aux lettres... apportent une dimension culturelle étonnante à la bourgade. Vraiment une belle initiative, dont le résultat interpelle aussi bien les visiteurs de passage que les habitants et dynamisent ce village d'ordinaire si tranquille.

EL-MAY

À El-May et dans la campagne alentour, plusieurs mosquées reflètent parfaitement le style ibadite de Djerba et leur adaptation à la géopolitique de la région.

À propos des mosquées de Djerba

Au fil de son histoire et plus particulièrement entre le XIᵉ s et le milieu du XVIᵉ s, Djerba subit d'incessantes attaques. Cette épée de Damoclès qui pesait en permanence sur l'île contraignit les ibadites à construire un important dispositif de

protection, dont les mosquées constituaient en quelque sorte la pierre angulaire. Ainsi battirent-ils, en 1re ligne, une ceinture de mosquées chargée de scruter le large pour prévenir d'éventuelles invasions.
Ces mosquées étaient du genre « blockhaus », dépourvues de minarets pour ne pas attirer l'attention. Les pieux insulaires s'y succédaient sans relâche, partageant leur temps entre la surveillance de la mer et la prière. En cas de menace, ils avertissaient le reste de l'île en faisant de la fumée ou des signaux lumineux. Comme ils étaient vraiment très pieux, ils construisirent un 2e rideau de mosquées, fortifiées celles-là. Une véritable « ***ligne Maginot*** » dans laquelle les habitants venaient se réfugier en cas de problème. C'est pour cette raison que Djerba est marquée par une aussi forte densité de mosquées.
Quand bien même leur vocation première était de rassembler les croyants pour la prière, les mosquées de Djerba étaient surtout des petits « châteaux forts ». En outre, elles accueillaient aussi les étudiants, venaient en aide aux nécessiteux et constituaient le lieu où justice était rendue. C'est une des raisons pour lesquelles les mosquées djerbiennes comportent autant d'annexes : école coranique, salles d'enseignement et d'étude, magasins et offices divers.
En accord avec le dogme ibadite qui prône la rigueur, la simplicité et l'égalité de tous, leur architecture est essentiellement fonctionnelle. Pas de déco, pas de fioritures. Son esthétique réside dans leur parfaite intégration au milieu, ainsi que dans l'extrême harmonie de leurs proportions. Bon nombre de ces mosquées ibadites ont été ramenées au rite malékite au fil du temps.

La mosquée fortifiée d'El-May *(au centre-ville, à côté de la station Total, sur la gauche en venant de Houmt-Souk)* symbolise bien l'architecture typique de Djerba. Son aspect est massif. Ses murs épais reposent sur d'imposants contreforts. Sur la route d'El-May en venant de Mahboubine, sur la gauche, une autre jolie mosquée dotée de nombreux dômes blancs desquels surgit un minaret cubique. Les mosquées sont en général fermées aux roumis (les non-musulmans). Si l'on accepte toutefois de vous laisser entrer, n'oubliez pas de vous déchausser.

SEDOUIKECH

L'archétype du village djerbien : habitat dispersé au milieu des jardins. Il mérite un détour pour sa petite ***mosquée souterraine,*** en accès libre, isolée à 2,4 km au sud du village en direction d'El-Kantara. Depuis la route, on aperçoit, sur la droite, les 2 petits dômes blancs émergeant du sol. Une piste carrossable conduit à l'entrée du sanctuaire, un étroit escalier disparaissant sous terre (brrr...) jusqu'à une petite salle fraîche laissée à l'abandon. Pas grand monde dans le coin, hormis les oliviers noueux veillant sur la minuscule mosquée.
– ***Marché :*** *mar mat.*

LE CIEL SOUS TERRE !

Si les ibadites ont construit des mosquées « enterrées », ce n'est pas tant pour se prémunir de la chaleur que pour perpétuer un ancien culte berbère antérieur à l'islam, qui voulait que les grottes soient le siège des divinités. Ce fut leur façon à eux de concilier leurs anciennes croyances berbères et la religion de Mahomet.

MAHBOUBINE

Gros village dont le nom en arabe signifie « les chéris ». Nous, on l'aime bien. Il abrite une jolie mosquée du XXe s (au carrefour), au style vaguement ottoman avec sa flopée de coupoles. C'est tout autour que vous découvrirez les *menzel* les plus typiques et les plus beaux.

BENI MAAGUEL

Bourgade éparpillée au milieu d'une campagne parsemée de vénérables ruines. Non loin de là, un peu à l'écart de la route qui rejoint la mer, la ***mosquée de Mogzel*** dresse ses murs blanchis à la chaux au beau milieu des champs. On y accède plus facilement à partir de la route côtière *(tourner à gauche 200 m après la borne Houmt-Souk 34 quand on vient d'El-Kantara, puis faire 1,2 km ; on aperçoit la mosquée à 300 m sur la gauche).* Construite au XVIIe s, c'est le type même de la mosquée fortifiée assurant la 2e ligne de défense. Très photogénique.

– À quelques kilomètres de là, à ***Chebbaia,*** si vous avez des enfants, ne manquez pas l'***Espace El-Mdar*** avec ses animaux, dont des chamelons. On peut s'y arrêter boire un verre.

GUELLALA

Bourg renommé depuis l'Antiquité pour ses ateliers de poterie, Guellala comptait, du temps de sa splendeur, plus de 400 potiers ; ils ne sont maintenant plus qu'une dizaine. L'argile provient d'une colline proche et les pièces sont cuites dans des fours alimentés au bois de palmier. Les poteries traditionnelles de Guellala n'ont rien à voir avec la production industrielle de plats colorés qui a envahi la plupart des magasins du bourg. Les poteries « guellaliennes » sont du genre rustique. Elles servaient autrefois à stocker l'huile d'olive et sont encore réalisées à la main. Indispensables à chaque foyer comme au pêcheur, elles sont encore très utilisées de nos jours. Selon que l'on mélange l'argile avec de l'eau de mer ou de l'eau douce, on obtient des pièces de couleur crème (bien pour la fraîcheur) ou rouge (plus solides).
– ***Marché :*** *mer mat.*
– ***Festival de la Poterie de Guellala :*** *env 10 j. la 1re quinzaine d'août.*

Comment y aller ?

➢ Bus n° 14 depuis la gare routière de Houmt-Souk (env 10 départs/j. 6h-18h15). Dernier retour à 18h45. Sinon, pas cher en taxi à plusieurs.

Où manger ?

|●| ***Restaurant Poisson d'Or*** *(plan L'île de Djerba B3, **27**) : à la sortie de Guellala, en direction du musée. 📱 20-253-054. Ouv le midi, plus le soir juin-sept. Prix moyens.* On trouve la même enseigne à Ajim. Accueillante terrasse recouverte de palmes pour ce resto posé au bord de la route, qui propose des grillades, principalement du poisson frais. Rien de renversant, mais tout à fait correct et peu d'autres options à Guellala.

À voir. À faire

Le musée de Guellala : *à 1 km du bourg sur la route de Sedouikech, panneau sur la gauche. ☎ 75-761-114. Tlj 8h-18h (20h en juil-août, 16h pdt le ramadan). Entrée : 12 Dt ; ½ tarif moins de 12 ans ; gratuit moins de 6 ans.*
Perché à 52 m d'altitude (point culminant de l'île), ce musée occupe une grande bâtisse et un domaine reflétant l'architecture traditionnelle. Beaucoup d'espace, employé pour présenter à la manière d'un musée Grévin la culture et les traditions tunisiennes. Assez ludique et instructif pour les petits comme pour les grands.

Des scènes avec des mannequins grandeur nature figurent les grandes étapes du mariage, l'artisanat, les métiers, les coutumes ou les petites occupations du quotidien... comme le rite du partage de l'œuf, le jeu de *cig* ou encore la scène de l'épilation (au début du musée, en mezzanine) : notez la souffrance qui se lit sur le visage de l'épilée... on compatit !
À voir également, un peu dans le désordre, une belle collection de costumes de mariage, ventilée par régions ; un pressoir à huile entièrement reconstitué avec le système de presse datant des Romains ; un espace consacré au *beskri,* la tenue d'apparat de la mariée djerbienne. La partie consacrée à la mer révèle quant à elle les techniques de la pêche à la gargoulette, typiquement djerbienne, qui sert à capturer les poulpes. On y découvre aussi une *zarba* (pêcherie fixe) installée le long du littoral et qui, par un astucieux système, utilise la force du courant pour collecter le poisson. Enfin, un atelier de tissage, une mine d'argile et un four à chaux complètent l'expo.
Boutique sur place et, depuis la vaste terrasse du ***café du musée,*** belle vue dégagée sur la ville et la mer.

La lagune de Guellala, à l'ouest de la ville, voit passer de nombreux oiseaux migrateurs.

LA CÔTE OUEST OU CÔTE SAUVAGE

Réserver une fin d'après-midi à cette balade, car le soleil couchant la rend encore plus attachante. La côte ouest est encore quasi vierge de toute urbanisation touristique. La raison en est simple : cette partie de l'île n'offre que peu de sites propices à la baignade. En revanche, on y est bien à l'écart de l'agitation, dans un environnement côtier séduisant.

À Houmt-Souk, juste avant le port, s'engager sur la route double voie filant vers l'aéroport. La route traverse une vaste zone quasi désertique jusqu'au ***borj Jillidj*** *(plan L'île de Djerba, A1)* à la pointe nord-ouest de l'île. Il ne reste plus grand-chose de ce fort fondé en 1745 par Ali Pacha. Ses derniers vestiges sommeillent désormais au pied d'un phare profitant de la situation stratégique du site. Là, tout au bout, quelques cahutes et barques de pêcheurs.

Filez ensuite plein sud par une route goudronnée qui longe la mer en direction de la ***mosquée de Sidi-Jmour*** *(plan L'île de Djerba, A2).* En fin de journée, cette petite mosquée fortifiée toute blanche, agrippée à son promontoire rocheux, compose, lorsque ses dômes se découpent sur l'horizon rougeoyant, un tableau digne des orientalistes... C'est un lieu de pèlerinage fréquenté.
La route continue jusqu'à Ajim, presque le long du rivage. Sur tout ce parcours, vous retrouverez Djerba la sauvage, Djerba la tranquille, Djerba la poétesse... Quelques petites plages alternent avec des pointes rocheuses, des criques où des pêcheurs isolés réparent leur barque. On peut évidemment faire la balade dans l'autre sens, en partant d'Ajim. Prendre alors, dans cette ville, la rue à gauche avant la poste en venant du bac (panneau pour Sidi-Jmour).

Où dormir ? Où manger ?

Dar Elbidha *(plan L'île de Djerba A2,* ***8****)* ***:*** *route de Ajim, km 7. 23-451-603. • darelbidhaa@gmail.com • En bord de mer, à 5 mn en voiture au nord d'Ajim par la route principale. Double env 200 Dt, petit déj inclus.* Comment décrire l'endroit ? Imaginez un beau *dar* occupant une mince langue de terre léchée par les flots, avec la mer de tous côtés que l'on contemple au coucher du soleil, confortablement installé dans un transat sur de magnifiques terrasses encadrant une petite piscine... Eh bien, voilà ce qui vous tend les bras ! Dans cette petite structure toute blanche, 4 chambres bien équipées et aménagées, dans les tons marins, dont 2 avec vue sur le large, ainsi qu'un duplex pour les familles. Le confort et le charme sont au rendez-vous mais ce qui rend ce lieu unique à Djerba, c'est vraiment le cadre, fabuleux. Vélos et kayak à dispo, plage à 10 m, balade en bateau possible et repas (pêche du jour) sur commande. Un vrai coup de cœur !

Dar Chick Yahia *(plan L'île de Djerba A2,* ***9****)* **:** *route de Chick Yahia. 29-882-635. • dar-ennour.com • À 200 m du front de mer, côté gauche de la route principale en venant du nord. Doubles env 170-230 Dt, petit déj inclus.* Tenu par Manuel, un Francilien accueillant. Une maison d'hôtes qui dénote à Djerba, pour sa situation isolée, bien loin du flux touristique, au milieu de la campagne plantée de palmiers et la mer juste devant. Une vue dont on peut profiter depuis les terrasses aménagées sur le toit ou de la chambre, récente et impeccable, qui s'y trouve... Les autres chambres, toutes pour 2-4 personnes, donnent sur le patio du rez-de-chaussée, agrémenté d'une fontaine et d'une petite piscine. Une adresse plutôt pour les motorisés, un peu loin de tout mais parfaite pour déconnecter !

Le Petit Marin *(plan L'île de Djerba A2,* ***28****)* **:** *plage de Sidi-Jmour. 44-575-759. Tlj midi et soir. Prix moyens. Pas d'alcool.* Une simple cabane posée sur une plage sauvage bordée d'eucalyptus. Les pieds dans le sable, on vient y déguster du poisson grillé et des fruits de mer. Recommandé surtout en fin de journée, pour le coucher du soleil.

LE SUD ET LE GRAND SUD

● Carte *p. 298-299*

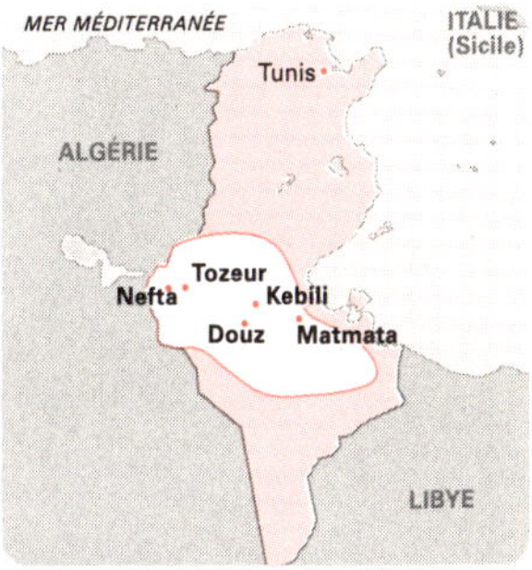

Le Sud et le Grand Sud offrent un autre visage de la Tunisie, une ambiance et une atmosphère bien éloignées de celles de la côte balnéaire. Les rapports avec les habitants sont plus authentiques. Les vastes étendues aux portes du désert recèlent des lieux et des ambiances encore empreints de magie. Le temps semble y être suspendu. Mirage. C'est aussi l'occasion de partir à la découverte de la culture nomade.
Quand bien même les autorités s'efforcent de désenclaver les villages, les infrastructures routières sont moins développées que celles du Nord. Et même si le bitume gagne du terrain (rares sont les cartes routières à jour !), mieux vaut savoir que certaines pistes de sable ou caillouteuses ne sont pratiquables qu'avec des véhicules tout-terrain. Bien s'informer avant de prendre le volant. Une chose est sûre : la récompense est toujours au bout de la route !

ZARZIS

75 000 hab.

Terre de récits fabuleux et de traditions millénaires, Zarzis fut une étape de *L'Odyssée*. À environ 50 km de Houmt-Souk, cette ville est souvent associée à Djerba dans les prospectus touristiques, mais elle accueille nettement moins de visiteurs. Si son peuplement diffère (en majorité arabe à Zarzis, berbère à Djerba), on y retrouve un peu les mêmes caractéristiques : des maisons blanchies à la chaux, des palmiers et de longues plages. En venant de Djerba par la chaussée romaine, à 17 km avant Zarzis, prendre sur la gauche la route touristique qui longe la mer pour atteindre le « village Sangho » puis le quartier

PAS DE QUOI JETER L'ÉPONGE !

Bizarre de se dire que les éponges qui effleurent langoureusement le corps des belles au bain sont des animaux. Du moins ce qu'il en reste, puisque l'éponge naturelle que l'on utilise est en fait son squelette séché au soleil ! Brrr ! Elles se nourrissent de particules en suspension et peuvent filtrer 15 000 fois leur volume d'eau en une journée. Les pêcheurs les récoltent à l'aide de tridents et de seaux à fond de verre. Mais l'espèce n'est pas menacée, car elle possède une bonne capacité de régénération ; il suffit, en effet, d'un fragment pour que la bestiole se reforme.

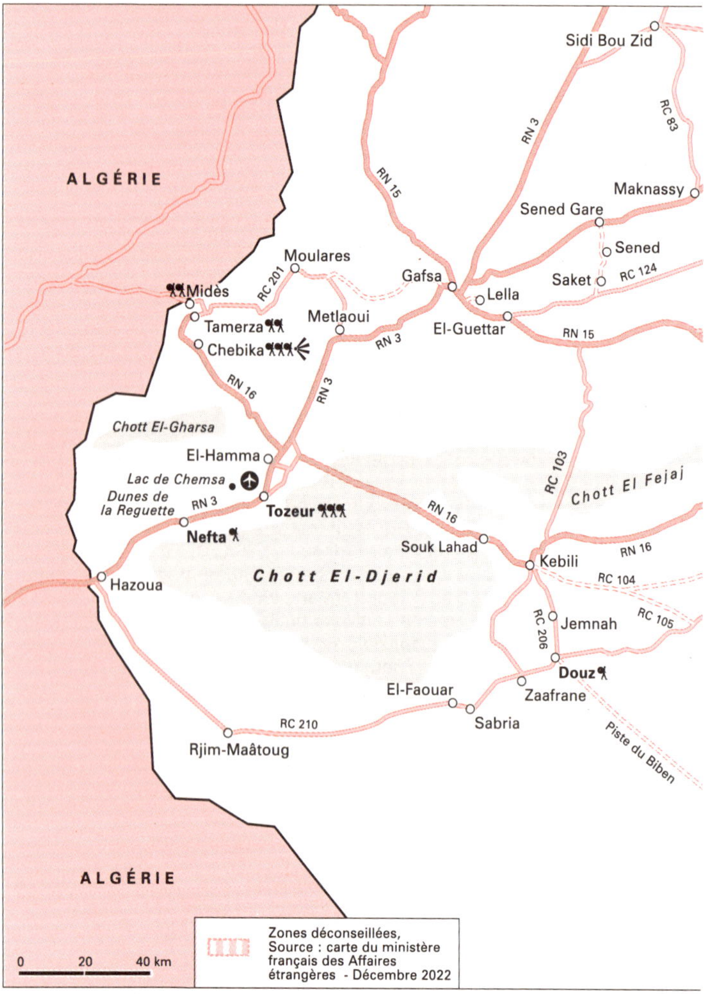

très étendu de Souihel, qui concentre l'essentiel des hôtels. Pour compenser la baisse de l'activité touristique, Zarzis a trouvé une autre voie en développant le tourisme médical, notamment à l'adresse des Libyens. En été, ne pas manquer le *festival des Éponges* qui donne lieu à de nombreuses manifestations culturelles.

UN PEU D'HISTOIRE

Zarzis est réputée dans toute la Tunisie pour la qualité de ses oliviers. La commune compte plus de 1 million d'arbres. Ce penchant pour l'agriculture, Zarzis le doit

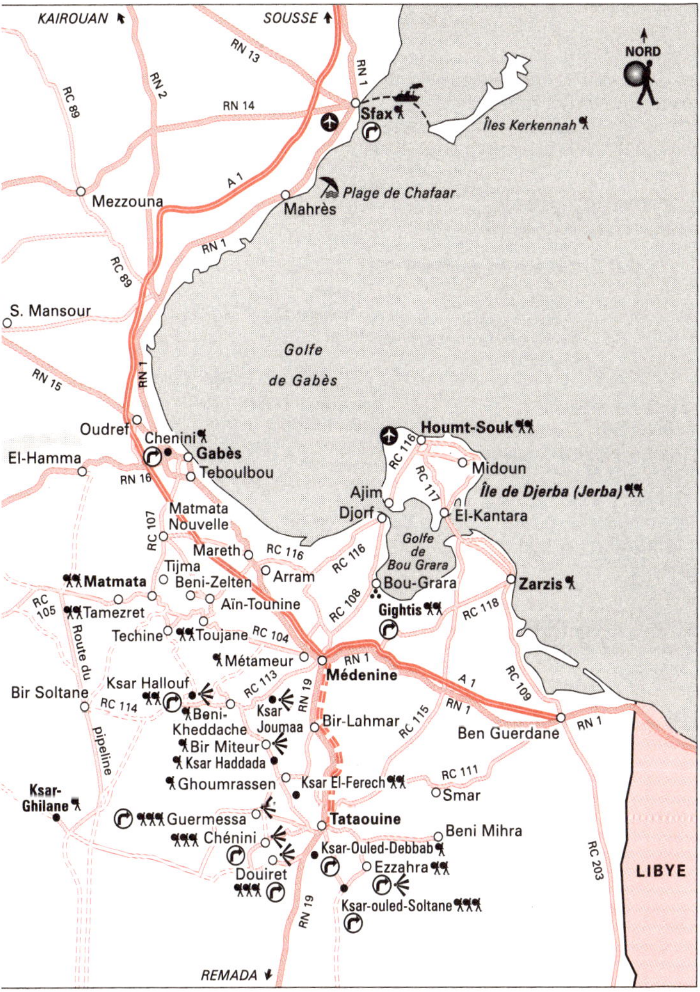

LE SUD ET LE GRAND SUD

aux Accaras. Une tribu originaire du Sahara occidental qui, après avoir traversé le Sahara et fini son périple à Zarzis, à la fin du XVIe s, prit possession des terres en friche, repoussant les tribus nomades nouails qui vivaient là jusqu'alors.
En quelques années, l'agriculture se développa et Zarzis ne tarda pas à s'enrichir, tant et si bien que les Nouails rappliquèrent pour réclamer leur part du gâteau. S'ensuivirent de nombreuses prises d'armes qui affaiblirent l'une et l'autre des parties. L'histoire rapporte que ce serait une femme dont la famille avait été massacrée par les Nouails, la Gammoudi, qui mit fin à ces querelles après une bataille décisive. Prise de remords, elle aurait tant pleuré qu'elle en serait devenue

aveugle. Quand elle passa l'arme à gauche, en 1760, les marins de Zarzis lui construisirent un petit mausolée à 2 pas de la mer (à l'emplacement de l'actuelle mosquée).
C'est également à cette date que le bey de Tunis fit construire une forteresse afin de permettre aux Accaras de continuer à cultiver leurs terres tranquillement. Zarzis est donc avant tout une terre paysanne, contrairement à Djerba où l'économie repose plutôt sur le commerce et la pêche.

Arriver – Quitter

Gare routière et louages : *près du port, rue d'Algérie, non loin de la pl. Frenes.*

En bus

Bus de la ***SRTM*** *(☎ 75-684-560)* et de la ***SNTRI*** *(☎ 75-690-643).*
➢ ***Djerba*** (***Houmt-Souk*** ou ***Midoun***) **:** env 10 bus/j., 8h-15h30.
➢ ***Gabès :*** 2 bus/j., le mat.
➢ ***Médenine :*** 4-5 bus/j., 6h15-15h30.
➢ ***Tataouine :*** 1 bus/j., en milieu d'ap-m.
➢ ***Tunis :*** 1 bus/j. via ***Kairouan,*** en soirée.
➢ ***Bizerte :*** 1 liaison/j. via ***Kairouan,*** tôt le mat.

Pour aller ***de Zarzis-centre à Sangho (zone touristique),*** prendre les bus pour Djerba.

En louage

➢ Liaisons avec ***Djerba, Médenine*** (correspondance avec ***Tataouine***), ***Gabès, Sfax*** et ***Tunis.***

Adresses et infos utiles

Infos touristiques

Délégation du tourisme : *à 2 pas de la pl. de la Jeunesse, dans la médina, à droite juste après l'arche blanche située av. de la Liberté. ☎ 75-692-445. En principe, ouv lun-ven 8h-13h, 14h-17h ; fermé w-e.* On peut y glaner quelques infos et 1-2 brochures.

Distributeurs et change

Les banques sont regroupées au centre-ville, aux abords de la place de la Jeunesse. Pour obtenir des dinars, préférez les bureaux de change rue de Palestine (à 50 m de la pl. de la Jeunesse), qui offrent un bon taux et sont ouverts le week-end.

Santé, urgences

Aucun problème concernant la prise en charge médicalisée à Zarzis. La ville en a même fait son cheval de bataille. Les cliniques, cabinets de radiologie et d'imagerie médicale sont modernes.

■ ***Clinique Amal :*** *complexe Zarzis Center, sur la route de Médenine. ☎ 75-694-400.* Différents spécialistes et possibilité de se faire faire radios et scanners. Le mieux équipé du Sud tunisien (et le seul à disposer d'une IRM).
Clinique Dar Essalam : *route de Djerba. ☎ 75-738-250 ou 630.* Privée également.
Hôpital régional : *sur la route des hôtels. ☎ 75-738-026.* Public.
■ ***Pharmacie de nuit :*** *route de Djerba, à 500 m de la pl. de la Jeunesse. ☎ 75-692-750.* En journée, nombreuses pharmacies au centre-ville, aux abords de la place de la Jeunesse notamment.
■ ***Police :*** *av. Farhat-Hached, à 200 m de la pl. de la Jeunesse. ☎ 75-694-745 ou 197.*

Achats

Souks : *lun et ven au centre-ville. Le mer,* ***marché aux animaux*** *à Mouensa, à 2 km de Zarzis en allant vers Médenine ; très pittoresque. Le sam à*

Souihel et le dim à Chamak, sur la route touristique.

On trouve un ***Monoprix*** place de la Jeunesse, en plein centre de Zarzis, et un ***Carrefour Market*** sur la route de Djerba, à 1 km de la place de la Jeunesse. Pas d'alcool.

Où dormir ?

Rien de très recommandable dans le centre-ville. Les hôtels sont surtout localisés le long des plages, à Souihel et Sangho, à 5-10 km au nord du centre, par la route touristique.

Bon marché (moins de 75 Dt / 25 €)

Hôtel Sahar : *rue Ibn-Khaldoun, à 200 m de la pl. de la Jeunesse. ☎ 75-690-505. Double env 50 Dt.* Dans une rue calme, hôtel d'une vingtaine de chambres avec salle de bains, petit balcon et clim, le tout plutôt sommaire. En dépannage seulement.

De prix moyens à chic (75-300 Dt / 25-100 €)

Hôtel Bellevue : *zone touristique, à Sangho, à 11 km au nord du centre-ville. ☎ 75-707-455. • bellevuezarzis.com • Doubles 100-160 Dt, avec petit déj.* Cet hôtel à taille humaine propose des chambres fraîches et lumineuses, avec mobilier et tête de lit peints, salle de bains en céramique et terrasse... face à la mer (préférez ces dernières !) ou à la piscine. Également des appartements pour 2 à 6 personnes, avec cuisine et salon, plus anciens que les chambres mais pratiques pour les familles. L'été, petit déj au bord de la piscine. Un établissement plus routard que les gros hôtels-clubs, et situé à seulement quelques minutes de la plage.

Dar Nesma : *zone touristique, à 7 km au nord du centre-ville. 55-900-708 ou 55-900-337. • dar-nesma.com • Juste en face de Zarzis Résidence, prendre la route qui monte au pied de la mosquée vert pâle ; en haut, suivre à droite le chemin de terre, c'est à 200 m. Compter 35-65 € pour 2 en formule gîte. Petit déj en sus. Remise de 10 % sur présentation de ce guide.* Un couple français très accueillant a fait bâtir ce nid douillet sur les hauteurs de Zarzis, avec la mer pour seul horizon. Autour d'une belle piscine, 3 grandes chambres doubles, auxquelles s'ajoutent 2 autres communicantes (dont une avec kitchenette). Le tout arrangé avec goût, combinant le confort moderne à une déco locale agrémentée d'œuvres d'art et d'artisanat bien choisies. L'ensemble est franchement agréable et fort bien tenu. Jardin, parking clos, cuisine à dispo, barbecue et salle de massage. Bref, tous les ingrédients pour un séjour réussi !

Villa Kika : *zone touristique, face à la plage. 20-154-010 ou (en France) 06-81-27-87-50. • villa.kika.zarzis.23@gmail.com • Fléché vers la mer sur la route touristique, à env 7 km au nord du centre-ville. Compter 45-80 € pour 2, petit déj compris.* Bienvenue chez Kika, une charmante Franco-Algérienne qui a rénové cette belle maison toute blanche et pleine de lumière face à la plage, où l'on se sent tout de suite en vacances ! Elle propose 5 chambres sobres et impeccables, dotées d'un équipement récent, ainsi qu'un salon commun et un bassin-piscine pour se rafraîchir à l'avant. Le matin, petit déj « à l'américaine », c'est-à-dire très complet. Et repas sur demande, préparés par Kika. Sans oublier les massages et les soins du corps ! L'un des endroits où loger les plus sympa à Zarzis.

Très chic (plus de 300 Dt / 100 €)

Odyssée Resort : *quasi en face de l'*Hôtel Bellevue*, prendre la route qui descend vers la mer. ☎ 75-705-705. • odyssee-resort.com • Hors saison, compter 90-130 Dt/pers avec petit déj ou jusqu'à 160 Dt/pers en ½ pens. En été, formule* all inclusive *obligatoire :*

env 350 Dt/pers. Voir les promotions sur le site internet. L'architecture de style canarien de ce mastodonte (343 chambres quand même !) en jette : l'intérieur a adopté la couleur ocre des ksour, avec un sol entièrement en terre cuite. 2 types de chambres (tout confort bien sûr) : classiques ou berbères (nos préférées), avec vue sur la piscine ou le jardin. Mais l'intérêt de ce complexe tient plutôt à ses nombreux services : centre de thalasso, boîte de nuit (ouverte uniquement aux résidents), superbes jardins et pas moins de 4 piscines avec bars (consos comprises dans la formule *all inclusive*), dont une chauffée et une d'eau thermale. Sans oublier les 2 restos (buffet ou à la carte), les activités sportives (volley, tir à l'arc, pétanque, kayak...), le salon de coiffure, le miniclub pour enfants, l'accès direct à la plage (aménagée avec des pontons), etc. L'un des plus beaux hôtels du coin. De surcroît, on y est très bien accueilli.

Où manger ?

Au centre-ville, on trouve surtout des pizzerias et des fast-foods. Les restaurants un peu plus convenables se trouvent sur la route côtière et, plus au nord, du côté de Sangho. Presque aucun ne sert de l'alcool.

De bon marché à prix moyens (15-40 Dt / 5-13 €)

|●| ***La Petite Vague*** *(chez le Sfaxien) : près de Zarzis-centre, entre le port et le début de la plage de Sonia.* 📱 *50-846-356. Tlj midi et soir. Pas d'alcool.* L'un des restos les plus populaires de Zarzis. On se presse en famille pour déguster fritures et grillades du Sfaxien. En principe, des calamars, de la daurade, du loup et des crevettes, mais pas d'arêtes, car Mohssine tient à sa réputation.

|●| ***Marina :*** *vers le milieu de la plage de Sonia, à env 3 km au nord du centre-ville par la route côtière.* 📱 *97-678-463. Tlj 8h-minuit. Pas d'alcool.* Avec son look de yacht-club, ses vastes terrasses ombragées et son aire de jeux pour enfants, ce lieu moderne et avenant est vite devenu l'une des coqueluches des familles locales. Salles élégantes et vitrées animées par des serveurs en tenue noir et blanc. Côté assiette, le choix est large : pizzas, omelettes, pâtes, sandwichs (et même « pizzwich » !), ainsi que de copieuses viandes et du poisson grillé. On peut aussi y prendre le petit déj ou le goûter : crêpes, gaufres, jus frais... et de vrais cafés.

|●| ***Restaurant El Bibane :*** *sur la route côtière, à 2,5 km au nord du centre-ville.* 📱 *99-242-903. Tlj midi et soir. Pas d'alcool.* Un autre agréable espace moderne ouvert face à la mer. Cuisine d'assez bonne tenue, faisant la part belle aux produits du large : couscous ou macaronis au poisson, daurade grillée, calamar pané, salade de poulpe, et même un plateau du pêcheur. Assiettes bien remplies et service rapide.

|●| ***Restaurant de l'Hôtel Bellevue :*** *voir « Où dormir ? ».* ☎ *75-707-453 à 455. Tlj sauf ven midi hors saison. Pas d'alcool.* Un intérieur avenant avec des tables bien dressées, des serviettes en tissu et des verres à pied. Terrasse donnant sur la route ou tables sur l'arrière au bord de la piscine. Au programme, une cuisine bien ficelée, l'occasion de goûter au tajine tunisien (œufs, viande hachée, fromage et épices). À commander le matin. Sinon, poisson du jour (au poids), viandes et spaghettis aux fruits de mer. Le tout servi avec attention.

|●| ***La Thonière :*** *à Sangho, à 10 km au nord du centre-ville, c'est fléché sur la route touristique.* ☎ *75-706-670. Sert de l'alcool.* Dans une maison en pierre ornée de colonnes à l'entrée, avec une terrasse sur le devant face à la mer. La carte (très réduite hors saison) vibre aux accents du large. C'est l'un des seuls endroits de Zarzis (hors complexes hôteliers) où l'on peut manger du poisson en sirotant un verre de blanc sans pour autant verser dans le repaire d'arsouilles.

Où déguster une pâtisserie ou une glace ?

Amandine : *av. de l'Environnement, à env 1,5 km au nord de la pl. de la Jeunesse. Tlj 7h-20h.* Pâtisserie réputée à Zarzis, pour ses délicieuses tartes au citron, ses macarons, ses amandines croquantes... et craquantes ! Sans oublier les croissants, probablement les meilleurs de la ville. Quelques tables pour déguster le tout avec un café ou une citronnade.

Pâtisserie chez Addala : *dans une ruelle qui part de la pl. de la Jeunesse. Tlj 6h-minuit.* Bon choix de gâteaux français – principalement à base de génoise – et de pâtisseries orientales, à accompagner d'un jus de citron (bien rafraîchissant) ou d'un verre de sirop d'orgeat. Propose aussi de bonnes glaces maison.

À voir. À faire à Zarzis et dans les environs

Une petite balade dans le centre permet d'admirer (de l'extérieur) la ***mosquée Al-Hisar*** et la ***synagogue*** à proximité (celle-ci a été reconstruite, après un incendie criminel en 1983). Non loin, à côté de la place de la Jeunesse, le ***souk aux bijoux*** marque l'entrée du ***mellah,*** le quartier juif (au début du XXe s, on dénombrait un millier de juifs à Zarzis ; ils ne sont plus qu'une centaine aujourd'hui). Dans le souk des bijoutiers, ne comptez pas trop faire des affaires : primo parce que la marchandise proposée est un peu trop clinquante pour le goût européen, secundo parce qu'à moins d'être rompu à ce genre d'exercice, vous avez peu de chance de faire baisser les prix ! Poursuivez plutôt votre balade en direction du port, en faisant éventuellement escale au ***musée*** (voir ci-dessous), puis longez la mer en direction de la plage de Sonia, vers le nord. Vous apercevrez les tours jumelles de la mosquée de Sidi Kbir, encore appelée la ***Grande Mosquée verte.*** Un monument de faïence à la gloire du Très-Haut. Notez le marabout situé juste à côté (lui aussi relooké en vert pour faire raccord).

Le musée de Zarzis : *entre la pl. de la Jeunesse et le port. Tlj sauf lun 9h-13h, 16h-19h (9h30-16h30 de mi-sept à fin mars et pdt le ramadan). Entrée : 8 Dt.* Tout petit musée archéologique installé dans une ancienne église, qui aborde avec des moyens très modestes l'histoire de la région. Dans l'unique salle, on trouve une maquette du site de Gightis, escortée d'une petite collection d'amphores, de stèles votives puniques et d'une poignée de statues antiques sans tête. Prix d'entrée un peu gonflé.

Le musée de la Mémoire de la mer et de l'homme : *à Souihel (5 km au nord du centre-ville), au tt début de la route de l'Hôpital, sur la droite. Petit panneau. 98-254-426. Téléphoner avt de venir : Lihidheb Mohsen ouvre sur demande seulement, tlj, de préférence 14h-17h. On donne ce qu'on veut.* Poète, artiste protéiforme, écologiste, libre penseur... c'est ainsi que se présente Lihidheb. Depuis 2-3 décennies, ce personnage atypique et attachant ramasse ce qu'il trouve sur les plages du coin, puis rassemble ou combine ces déchets par couleur, forme ou fonction, ou bien librement entre eux, afin de créer notamment des installations artistiques ou des œuvres contemporaines. Son but : sensibiliser aux dérives

JOLIE BOUTEILLE, SACRÉE BOUTEILLE

Dans sa quête des déchets, Lihidheb Mohsen commence à avoir de la bouteille. Depuis le début de son action, il a recensé 631 bouteilles de forme différente, totalisant 1 126 marques commerciales. Il a récupéré 60 bouteilles avec messages à l'intérieur et en a expédié 74 qui lui ont permis de rencontrer 10 personnes !

de ce monde, sur le plan écologique mais aussi humain, en exhibant les rebuts de notre société ou les possessions de déshérités contraints de migrer par la mer (la Libye n'est pas loin), y laissant parfois leur vie. Cordes, bouées, vêtements, chaussures, bouteilles... tous ces objets racontent à la fois les habitudes de vie des uns, et le sort des autres (ces bouteilles à la mer auxquelles Lihidheb répond). Une démarche humaniste donc, à encourager en poussant la porte de ce modeste musée, où l'on prend autant plaisir à discuter avec le maître des lieux qu'à découvrir les objets et œuvres insolites qui y sont présentés. Amusant : Lihidheb figure aussi dans le *Guinness World Records,* en tant que personne ayant recueilli le plus d'objets charriés par la mer !

Le marché aux dromadaires ou marché des animaux : *le mer mat, sur la route de Médenine, à 1 km du centre, à droite de la station Agil.* L'un des derniers du genre avant la frontière libyenne. Mais il y a de moins en moins de dromadaires...

Le cimetière des migrants Jardin d'Afrique : *à 7 km du centre par la route de Ben-Guerdane ; c'est fléché sur la droite (puis faire 1 km de piste). Accès libre.* Inauguré mi-2021 à l'initiative du Croissant Rouge local, ce petit cimetière végétalisé et couvert de céramique accueille plusieurs centaines de tombes de migrants échoués sur les côtes tunisiennes, entre Gabès et la frontière libyenne. L'idée est de leur offrir une dernière demeure, dans la dignité (avant, on entassait les corps retrouvés sur les plages dans des fosses communes). On pénètre dans l'enceinte en se baissant (car la porte est basse), en signe de respect. Toutes les personnes n'ont malheureusement pu être identifiées, si bien que la plupart des tombes portent des numéros. C'est le seul cimetière du genre dans le pays.

➢ Sur la route de Ben-Guerdane, à 22 km de Zarzis, on peut se promener autour des ***sebkhas*** (marécages salés), vastes étendues plates parfois colonisées par les flamants roses et des nuées d'oiseaux migrateurs. En revanche, on déconseille de pousser jusqu'à Ben-Guerdane, la ville-frontière avec la Libye, pour des raisons de sécurité.

Où se baigner ?

Les plages : *on y accède par différentes pistes le long de la route touristique qui conduit aux hôtels (Sonia, Souihel...).* Les plus belles plages se trouvent aux abords de la zone touristique. Les gars du coin, qui sont d'excellents cavaliers, ne manqueront pas de vous proposer un petit galop sur le sable. Leur façon à eux de draguer...

Festival

– ***Festival des Éponges :*** *fin juil-début août, pdt 2 sem.*

GIGHTIS

Site archéologique à l'entrée de Bou-Grara, sur la droite en venant de Médenine. Tlj sauf ven 8h-12h, 16h-19h (9h30-16h30 de mi-sept à fin mai). Entrée : 5 Dt. Pas de plan mais un livret explicatif : 8 Dt.

À cet endroit s'élevait au VIe s av. J.-C. *l'un des ports les plus actifs du Bassin méditerranéen*, profitant d'un emplacement de choix sur les routes commerciales maritimes. Il fut probablement fondé par les Phéniciens et prospéra

dans l'ombre de Carthage. Ses lourds vaisseaux se réfugiaient dans les eaux protégées du golfe de Bou-Grara lorsqu'ils assuraient la liaison avec Leptis Magna la Libyenne. Les Romains en firent ensuite un *comptoir commercial important*, alimenté par les caravanes en esclaves et produits exotiques, et une base navale de 1er ordre. Les invasions vandales et arabes le rayèrent de la carte. Le port disparut définitivement aux alentours du VIIe s. Le site ne sera découvert qu'au XIXe s et fouillé au début du XXe s. Les ruines s'étendent sur plus de 55 ha et un gros travail de valorisation reste à faire !

L'endroit est désert, face à la mer. L'impression de solitude est totale. Le visiter seul ou en très petit groupe est un pur moment de bonheur, surtout au printemps, quand la végétation reprend ses droits, partant à l'assaut des vieilles pierres. Le site résonne alors avec force. La brise de la mer, les trilles des alouettes, l'odeur des fleurs, quelques belles cépées de palmiers, un olivier oublié par le temps...

Malheureusement, les vestiges mis au jour sont mal protégés et victimes des intempéries. Quelques soubassements et pans de murs relevés permettent néanmoins de distinguer les différents quartiers, mais il faut un sérieux effort d'imagination pour reconstituer cette cité autrefois si puissante. Du grand temple qui domine le rivage, il reste tout de même le *podium* avec quelques colonnes et l'escalier pour y accéder. Le forum date de l'époque d'Hadrien (IIe s). Sur la droite du temple quand on regarde la mer, on devine le quartier commerçant et une boulangerie dont il reste le pétrin. À côté, les vestiges des thermes et quelques mosaïques recouvertes de sable pour les protéger.

Vous trouverez la maquette du site au musée de Zarzis (voir plus haut) et des statues trouvées sur place au musée du Bardo à Tunis.

MÉDENINE

71 700 hab.

De Zarzis à Médenine, 60 km par une route bordée de champs d'oliviers. Divisée en 2 par un oued, Médenine est une ville carrefour importante et le chef-lieu du gouvernorat. C'est, avec Ben Guerdane, l'une des dernières villes avant la Libye et le Grand Sud. C'est d'ailleurs la porte d'entrée des *ksour,* ces villages fortifiés qui montent la garde à l'orée du désert. Pas franchement jolie, la ville est toutefois animée et son marché du dimanche (qui commence en fait samedi après-midi) demeure authentique. Ses *ghorfas* méritent une halte le temps de quelques photos, mais pas plus... On vous conseille plutôt de pousser jusqu'à Zarzis ou la zone de Matmata pour vous loger. Si vous tenez vraiment à dormir ici, le musée propose des chambres troglodytiques.

Arriver – Quitter

En bus

2 gares routières : dans le centre pour la plupart des destinations du Sud, et sur la route de Gabès pour Tunis.

Gare routière SRTM : *rue du 18-Janvier-1952, en plein centre-ville. ☎ 75-642-541.*

➢ ***Gabès :*** 5 bus/j., le mat. Certains continuent vers ***Sfax.***

➢ ***Tataouine :*** env 7 liaisons/j.

➢ ***Djerba :*** env 4 bus/j. (pour Houmt-Souk puis Midoun).

➢ ***Zarzis :*** env 4 bus/j.

Gare routière nord : *en bordure nord-ouest de la ville, sur la route de Gabès.*

➢ ***Tunis :*** 3-5 liaisons/j., surtout le mat et le soir.

En voiture

➢ ***Matmata :*** depuis Médenine, prendre la route de Gabès, puis bifurquer à gauche à Métameur. Très beau parcours de 67 km.
➢ ***Gabès, Zarzis, Djerba :*** aucune difficulté, les routes sont très bonnes. Seulement 45 km séparent Médenine de Djerba par le bac de Djorf, et Zarzis est à 60 km vers l'est. Pour Gabès, autoroute A 1, qui dans l'autre sens va jusqu'à la frontière libyenne.
➢ ***Tataouine :*** 2 possibilités. Environ 50 km par la P 19. Sinon, emprunter la route des ksour, très bonne et pittoresque, en passant par *Beni-Kheddache* et *Ghoumrassen.* Moins de 80 km.

En louage

Stations de louages : les louages pour les destinations nationales (taxis à bande rouge) partent à côté de la gare routière nord, à la sortie de la ville, en direction de Gabès. Autre station devant la gare routière *SRTM,* rue Aflatoun, pour les destinations locales telles que Zarzis, Djerba ou Ben-Guerdane (taxis à bande bleue). Pour Tataouine et Ghoumrassen, les louages partent près de l'hôtel *Aïcha.*
➢ Liaisons avec ***Sfax, Sousse, Tunis, Gabès, Djerba, Zarzis, Tataouine*** et ***Ghoumrassen.***

Adresses utiles

■ ***Distributeurs et change :*** *plusieurs banques dans le centre-ville (av. Habib-Bourguiba et autour de l'ex-pl. du 7-Novembre).*
■ ***Pharmacies :*** *ex-pl. du 7-Novembre. Fermé dim. D'autres sur l'av. Habib-Bourguiba.*
■ ***Pharmacie de nuit :*** *46, av. Habib-Bourguiba ; à côté de la station Ola, même trottoir.*
■ ***Hôpital régional Habib Bourguiba :*** *au sud-est de la ville. ☎ 75-640-044. Prendre la route de Tataouine depuis la pl. des Martyrs et à 1 km, tourner à gauche.*
■ ***Police :*** *pl. des Martyrs, face à la poste.*
Monoprix : *20, av. Habib-Bourguiba. Tlj 8h30-21h.*
Souk : *tlj autour de l'ex-pl. du 7-Novembre. Plus important le dim : une partie s'installe alors dans le lit de l'oued.* Intéressant et diversifié (vêtements, céramiques, fruits et légumes, épices...).

Où manger ? Où prendre un café ?

|●| Quelques ***gargotes*** et ***fast-food*** dans l'avenue Habib-Bourguiba, artère principale de la ville.
|●| ***Le Carthage :*** *dans la rue qui descend de la rue Bourguiba à l'ex-pl. du 7-Novembre, en face de la gare routière SRTM. Tlj midi et soir.* Derrière la façade carrelée, sont servis couscous, poulet rôti et... tête d'agneau, sur des tables recouvertes de toiles cirées et garnies de grandes bouteilles en verre de soda. Pas de menu, mais la liste est courte. Simple, correct et couleur locale.
|●| ***El Meheri :*** *en face de la station Ola, à l'étage (on y accède par un petit escalier juste à côté de la banque UBCI). Tlj 12h-16h.* Dans la petite salle animée par la télé ou sur le balcon qui surplombe la station-service, on déguste un poulet-frites ou une escalope grillée pour quelques dinars.
Café d'Afrique : *ex-pl. du 7-Novembre.* C'est le grand café populaire de la ville. Terrasse sous les arbres, animée le soir par les joueurs de dominos.

À voir

Le centre de Médenine et les souks : autour de l'ex-place du 7-Novembre, reconnaissable à sa statue censée représenter, en très stylisé, la femme tunisienne portant des bijoux aux pieds. L'artiste n'en est pas à son coup d'essai, il a sévi sur tous les ronds-points de la province et d'ailleurs... Dans les ***souks,*** fruits et légumes, étals de poisson et de viande. On y trouve également des produits de beauté : savons, huiles odorantes, gants de *lifa,* henné, khôl, sans compter les petites douceurs... Le dimanche matin, allez arpenter le lit asséché de l'oued : c'est la place du grand souk hebdomadaire, l'éternel rassemblement des paysans.

Les ghorfas : *à 2 pas de l'ex-pl. du 7-Novembre, dans le centre.* On trouve au cœur de Médenine une concentration de *ghorfas,* ces petites cavités qui servaient autrefois de grenier. Réparties dans 3 ksour, elles dateraient du XVIIe s. C'est évidemment la partie la plus intéressante de la ville. Certaines *ghorfas* ont été transformées en boutiques, d'autres sont à l'abandon. Les commerçants sont plutôt sympa et peu racoleurs. Dans leur souci (légitime mais largement irréfléchi) de modernisation, les autorités ont rasé la quasi-totalité de ce patrimoine. Ce qui reste ne donne qu'une idée très partielle de ce qui existait autrefois : Médenine comptabilisait 35 ksour au XIXe s ! Dans le 2e ksar, les anciens du quartier viennent disputer des parties acharnées de *kharabga,* à mi-chemin entre le jeu de dames et le morpion des sables.

« LES BOUCHES D'OMBRE »

Pour conserver leurs biens précieux et leurs provisions de céréales, huile et autres fromages, les semi-nomades avaient conçu, à l'intérieur des greniers fortifiés (les ksour), d'étroites cellules voûtées en argile, appelées ghorfas. *Elles étaient construites sur 5 ou 6 étages parfois, serrées les unes contre les autres, telles des alvéoles, et fermées par une lourde porte dont seul le chef de famille possédait la clé. Médenine compta près de 6 000 de ces « bouches d'ombre ». Il en reste bien peu aujourd'hui.*

Dans le dernier des 3 ksour accolés les uns aux autres, se trouve le ***musée des Traditions populaires*** *(☎ 96-315-753 ; tlj 8h-20h ; entrée : 3 Dt).* On y découvre, dans des *ghorfas,* une collection ethnographique reflétant le mode de vie des anciens habitants de la région, les vieux métiers, etc. Costumes d'époque, outils, pièces de monnaie et billets anciens (voir le billet français de 50 centimes datant de 1920), contrat de mariage, tissage de la laine, reconstitution d'une cuisine traditionnelle, d'une école coranique... Ce sympathique petit musée vaut le coup d'œil pour le cadre autant que pour l'accueil adorable du propriétaire, peu avare de commentaires. Un théâtre de plein air a été construit pour accueillir les spectateurs lors du festival folklorique qui se déroule chaque année de fin juillet à fin août.

On peut aussi y ***loger dans des ghorfas*** : une poignée d'entre elles ont été aménagées en chambres troglodytiques *(compter 40 Dt/pers, petit déj inclus).* On dort sur des matelas (un peu durs !) à même le sol, sous les plafonds voûtés. Pour les familles ou les amis, il existe des *ghorfas* communicantes. Les sanitaires communs sont bien tenus, et l'expérience restera sans aucun doute gravée dans les mémoires. Pittoresque garanti !

Festival

– ***Festival de traditions populaires El-Jezz :*** *fin mai-début juin.* À l'occasion de la tonte des moutons.

DANS LES ENVIRONS DE MÉDENINE

Métameur : *sur la route de Gabès. Tourner à gauche 6 km après Médenine. De Médenine, possibilité de prendre un louage à bande jaune, devant la station-service Agil, à la sortie de la ville.*

C'est à un marabout que l'on doit la fondation de Métameur, aux environs du XIVe s. La petite ville doit son nom au lieu-dit *Fedj et-tameur,* littéralement « le couloir des dattes ». C'est aujourd'hui un petit bourg agricole qui possède sur la colline un ensemble de *ghorfas* disposées en rectangle autour d'une grande cour. Ce ksar de plaine est assez bien conservé et a vraiment beaucoup d'allure.
Tant que vous y êtes, jetez un œil au *cimetière,* juste avant la montée vers le ksar. Comme partout dans le Sud tunisien, il présente des tombes différentes pour les hommes et pour les femmes. Celles des messieurs possèdent 2 pierres, alors que les dames en ont 3, car nul ne savait si elles n'étaient pas enceintes le jour de leur dernier soupir.

Dans la cour des *ghorfas,* un **café** pour siroter un thé en jetant un œil sur l'artisanat local (vêtements, bijoux). On peut même camper (*97-560-533 ; env 30 Dt pour un camping-car ou 10 Dt/pers pour les tentes*). Des sanitaires (sommaires) ont été aménagés dans des *ghorfas.* Repas sur commande possibles aussi. Pour ceux qui aiment l'insolite.

TATAOUINE

70 000 hab.

Importante ville commerçante à 49 km de Médenine, Tataouine, comme Tombouctou, évoque toujours l'idée d'un lieu lointain, inaccessible. L'amélioration des routes l'a désenclavée sans la rendre très attrayante pour autant, soyons francs. Tataouine est surtout une étape pour rayonner vers les ksour. Il y fait une chaleur étouffante en été, et l'hiver, un vent glacial souffle parfois.
Sachez que les gourmands ne sauront plus où donner de la tête : les cornes de gazelle sont LA spécialité de Tataouine. On trouve cette pâte roulée fourrée de graines de sésame, d'amandes et nappée de sirop (différente des cornes de gazelle marocaines) dans toutes les pâtisseries. Excellente, certes, mais hautement calorique, vous vous en doutez ! Cette douceur se déguste avec un jus de citron vert (très sucré lui aussi). En revanche, si les pâtisseries sont légion, les bons restos le sont moins.

ARRÊT AUX FÛTS ROUGES

En ville, on remarque des tas de bidons empilés, joliment éclairés, la nuit, d'une couleur rouge. Il s'agit de stations-service pirates, qui servent du carburant acheté 10 fois moins cher en Libye. Ce marché de contrebande est à tel point « volant » que l'on peut retrouver ces stations jusqu'à Sfax !

UN PEU D'HISTOIRE

Depuis la fin du XIXe s, le site faisait déjà office de marché important pour les populations semi-nomades du désert. Mais Tataouine fut fondée en 1912 pour accueillir la Légion étrangère française, puis le 1er bataillon d'infanterie légère d'Afrique, qui devait surveiller les tribus toujours prêtes à se révolter. Il devint très connu en France. Les soldats étaient recrutés parmi les militaires sanctionnés et les civils coupables de délit de droit commun, condamnés à 6 mois de prison maximum. Les Bat' d'Af', ces bataillons disciplinaires d'Afrique, que Mac Orlan nommait « les bataillons de la mauvaise chance », ont frappé l'imagination de nombreux artistes et chansonniers, comme Aristide Bruant.
Ceux qui s'intéressent à une histoire plus récente retiendront que Tataouine a donné son nom à une planète dans *Star Wars...*

Le chant de la misère du « Bat' D'Af' »

« Il est sur une terre africaine
Un bataillon dont les soldats, dont les soldats
Sont des gars qui n'ont pas eu d'veine
C'est le "Bat' d'Af'" et nous voilà,
et nous voilà Peut-être "joyeux" section spéciale.
Il faut sortir de Fresnes ou de Clichy
Ou bien venir de la Centrale.
C'est d'ailleurs là qu'on nous choisit, qu'on nous choisit
Mais qu'est-ce que ça fout, on s'en fout
En marchant sur la grand-route
Souviens-toi, souviens-toi
Les anciens l'ont fait sans doute avant toi, avant toi
De Gabès à Tataouine, de Gafsa à Médenine
Sac au dos dans la poussière. »

Marche bataillonnaire.

Arriver – Quitter

En voiture

Accessible depuis et à destination de :
➢ **Gabès :** 125 km de bonne route goudronnée.
➢ **Médenine :** 2 routes possibles en voiture. Moins de 50 km par la P 19. Sinon, emprunter la route des ksour, très bonne et pittoresque, en passant par *Beni-Kheddache* et *Ghoumrassen* ; moins de 80 km.
➢ **Matmata l'Ancienne :** en passant par *Toujane* et *Médenine*.

En bus

Gare routière : *ex-rue du 7-Novembre, à 2 km env à droite sur la route de Médenine.* La nouvelle gare routière de la ville est accessible en taxi ou en bus depuis le centre-ville. Bus de la *SNTRI (☎ 75-862-138)* ou de la *SRTM.* Liaisons avec :
➢ **Tunis :** 2 liaisons/j. Généralement 2 via **Sfax** et **Sousse** et 1 via **Kairouan.**
➢ **Gabès, Médenine :** env 4 liaisons/j. Pour le trajet Tataouine-Gabès, 1 bus direct/j. le mat.
➢ **Djerba (Houmt-Souk) et Zarzis :** 1 bus direct/j. Sinon, changer à Médenine.

Ancienne gare routière : *rue du 1er-Juin-1955, dans le centre-ville. ☎ 75-860-031.* Liaisons entre Tataouine et de nombreuses localités voisines.

En louage

Attention, là encore, il existe **2 stations de louages.**
➢ *À la nouvelle gare routière :* de très nombreuses liaisons sont assurées (on reconnaît les camionnettes à leurs bandes rouges), dont **Ghoumrassen, Ksar-Haddada, Médenine, Gabès, Sfax, Djerba, Tunis...**
➢ Rue du 2-Mars-1934, près de la station-service *Total,* les camionnettes aux bandes bleues desservent les destinations proches : **Chénini, Ksar-ouled-Soltane, Douiret, Ksar-ouled-Debbab.**

Adresses utiles

Bureau des informations touristiques : *av. Habib-Bourguiba (à côté de la banque STB). ☎ 75-850-686. • crt.tataouine@discovertunisia.com • En principe, ouv lun-ven 8h-13h, 14h-17h ; sam 8h30-11h30 (juil-août, lun-sam 8h-14h).*
Commissariat au tourisme : *av.*

*Hedi-Chaker, en face de l'*Hôtel de la Gazelle. ☎ *75-870-352 ou 353. Lun-ven 8h30-13h, 15h-17h30.* Intervient en cas de problème en relation avec votre séjour dans la région. S'occupe également de l'obtention des autorisations spécifiques pour ceux qui souhaitent se rendre dans certaines zones au sud de la Tunisie (près de la frontière libyenne, notamment, mais la zone est actuellement déconseillée). Aller sur place avec son passeport. Une fois muni de cette autorisation, vous devrez impérativement être accompagné par un guide.

■ ***Banques, change :*** *plusieurs banques avec distributeurs dans le centre dont la* ***STB*** *et* ***Zitouna,*** *av. Habib-Bourguiba, la* ***Banque du Sud*** *et* ***Attijari Bank,*** *av. Farhat-Hached,* ***BNA*** *(près de la station* Total*). Ttes disposent d'un distributeur acceptant les cartes* Visa et MasterCard.

Taxis : *à côté de la gare routière. Nombreux également au centre-ville, près du souk.*

Urgences

Hôpital régional : *route de Médenine, à 6 km du centre-ville.* ☎ *75-870-114 ou tt simplement le* ☎ *190 (SAMU).*

■ ***Pharmacie de nuit :*** *1, rue de Carthage, à l'angle de la rue Habib-Mestaoui.* ☎ *75-851-555. À 2 pas du bureau du tourisme (dans la rue parallèle) ; repérer la pâtisserie* Kenza*, c'est juste à côté.*

■ ***Police :*** *route de Médenine, à 6 km du centre-ville.* ☎ *75-870-275. Numéro de secours : 193.*

Où dormir ?

Côté hébergement, rien de bien folichon à Tataouine. Les petits budgets auront intérêt à pousser vers Chénini ou Douiret afin d'y loger chez l'habitant ou dans les auberges.

Prix moyens (75-150 Dt / 25-50 €)

Hôtel de la Gazelle : *11, av. Hedi-Chaker.* ☎ *75-860-009.* • *kh1farhat@yahoo.fr* • *Face à la Garde nationale. Double 70 Dt avec petit déj. Pas de CB.* Dans le centre, un bâtiment moderne et impersonnel mais propre, comprenant des chambres avec petit balcon, douches chaudes, clim et chauffage l'hiver. Petit déj copieux. Tout à fait convenable dans cette gamme de prix.

Hôtel Mabrouk : *à env 8 km à l'ouest de Tataouine, sur la route de Chénini.* ☎ *75-862-862.* *98-438-115.* • *mabroukhotel@yahoo.fr* • *Double 130 Dt. En camping, compter 20 Dt/pers, douche comprise. ½ pens proposée. Pas de CB.* Murs de pierre et vastes volumes laisseraient supposer des chambres plus nettes. Elles sont néanmoins assez spacieuses avec clim et chauffage l'hiver. À l'instar des *ghorfas,* elles ont une voûte en berceau et de petites fenêtres. Mais l'odeur du tabac est tenace et elles mériteraient un rafraîchissement. Le jardin offre un dégagement plutôt agréable : c'est là que les campeurs peuvent planter leur tente, face à un simulacre de la *Guerre des étoiles.* Le sympathique propriétaire, qui a ouvert un petit musée, vous donnera volontiers des tuyaux sur la région.

Chic (150-300 Dt / 50-100 €)

Hôtel Dakyanus : *route de Ghoumrassen, à 7 km de Tataouine.* ☎ *75-832-199.* • *dakyanushotel.com* • *Double 180 Dt, petit déj inclus ; familiales. ½ pens possible. CB acceptées.* Une imposante réalisation aux allures de fortin, composée de bungalows rappelant vaguement l'architecture des *ghorfas.* Les chambres, confortables (TV, chauffage, clim) et de bonne taille, sont réparties entre le bâtiment principal et des bungalows. En hiver, préférer celles à l'étage, plus ensoleillées. Belle terrasse et piscine semi-olympique (était-ce nécessaire ?) en plein milieu du reg. Un peu loin de tout cependant. Restaurant, bar, massages sur demande, miniclub.

Où manger ?

Dîner en centre-ville relève parfois du défi (en période de ramadan notamment) : très peu d'adresses. Dernière bonne nouvelle, les restos ferment tôt. Du coup, la plupart des touristes restent cantonnés dans leur hôtel.

Très bon marché (moins de 10 Dt / 3 €)

Pas mal de ***gargotes*** rue Habib-Debbabi, aux abords du souk. On y sert la *chorba* traditionnelle accompagnée d'amuse-gueules à base de thon et de purée de piment (n'en abusez pas, vous allez avoir le gros orteil du pied droit qui va s'enflammer !). Beaucoup d'habitants se contentent de sandwichs variés ou de pizzas généreuses préparés à la commande dans les pâtisseries ou les snacks. La solution la moins onéreuse, mais pas la moins goûteuse ! À emporter, bien évidemment.

Les pâtisseries : Al Bacha, avenue Habib-Bourguiba, sert dans un cadre propre pizzas et crêpes (sucrées et salées) en plus des pâtisseries. Quelques tables hautes pour grignoter sur place. Un peu plus loin, la pâtisserie ***El Kram*** prépare de bonnes crêpes fourrées pour une paire de dinars.

Bon marché (moins de 15 Dt / 5 €)

Restaurant Sindabad : *rue du 1er-Juin-1955, au niveau de la station d'essence Olibya. ☎ 75-852-367. Tlj sauf sam soir et dim, 12h-15h, 18h-20h. Fermé pdt le ramadan.* Petit resto propre, bon et sympathique, avec des efforts de déco. Plats classiques tout à fait corrects : couscous, tajine, méchoui... Considéré à juste titre comme le meilleur resto populaire de Tataouine. À vrai dire, c'est presque le seul...

El Margoum : *av. Habib-Bourguiba ; repérer l'Amen Bank (rue Farhat-Hached), c'est juste derrière. 23-614-246. Tlj au déj.* Une cantoche popu devant laquelle les poulets grillent à la rôtissoire. On y vient pour un poulet-frites, une escalope, un couscous ou des spaghettis. Rien de bien recherché mais efficace pour rassasier les estomacs dans les talons.

Où manger une pâtisserie ?

Partout en ville ! La corne de gazelle, pâtisserie culte à Tataouine, s'achète à l'unité. Avis aux amateurs ! Et si vous voulez en rapporter une boîte, choisissez les pâtisseries de l'étal, plus fraîches que celles déjà conditionnées en boîte.

Pâtisserie du Sud : *av. Habib-Bourguiba. Tlj jusqu'à env 20h.* L'une des plus anciennes et des plus réputées de la ville. Goûtez leurs 2 types de cornes de gazelle et votez ! Celles aux pistaches et pignons valent aussi une entorse au régime.

Pâtisserie El Kram : *av. Habib-Bourguiba. Ouv tlj jusqu'à env 22h.* Bonnes glaces, pâtisseries et crêpes, et aussi des en-cas salés : pizzas et sandwichs faits à la demande. Une des références à Tataouine.

Pâtisserie El Chems : *rue Garde-Habib-Debbabi, dans une rue perpendiculaire à l'av. Habib-Bourguiba, tt près du marché artisanal. Tlj 6h-20h30.* Pas d'enseigne, on repère la pâtisserie à sa façade fatiguée entourée de carrelage. Bien fournie et cornes de gazelle excellentes, à accompagner d'une citronnade.

À voir. À faire

Le souk et le marché artisanal : *pl. Ali-Belhaouane, au centre-ville. Tlj mais plus animé le lun.*

Les paysans viennent y vendre leur grain et leur huile, et les femmes bédouines leurs tissages. Nombreux étals d'épices, vannerie, céramique, fripes, produits de

beauté (henné, khôl, parfums) et ingrédients pour les fabriquer, sans compter tout ce que vous dénicherez en fouillant du regard les amas de bimbeloterie.
L'hiver, allez siroter un bon jus d'orange, un thé ou un café à la terrasse du *Café de l'Arcs*. Le soleil y est particulièrement agréable, surtout le matin. Juste à côté, jetez un coup d'œil au marché des fruits et légumes et aux boucheries vendant de la viande de dromadaire. Celle de jeune femelle est bien meilleure, paraît-il.

– Pour visiter la région, si vous souhaitez faire appel à un guide, adressez-vous au bureau du tourisme (voir « Adresses utiles »). Il est parfois possible de louer leur 4x4 pour la journée ; compter environ 200 Dt avec chauffeur-guide. Attention, certaines agences demandent beaucoup plus et sans complexe !

Festivals

– ***Festival international des ksour sahariens :*** *la 2de quinzaine de mars.* Un festival qui rend hommage aux traditions locales ; courses de dromadaires, de chevaux, folklore et fêtes de mariage. Festivités qui se déroulent à Tataouine et dans l'ensemble des ksour de la région.
– ***Festival de Beni-Mhira :*** *à 40 km ; en avr, pdt 3 j.* Jeux populaires.
– ***Festival de la Toison :*** *en mai, à **Smar** (à 45 km), pdt 2-3 j.* Tonte de moutons, coupe de poils de dromadaires sur fond de folklore coloré.
– ***Festival de l'Olive :*** *en déc, pdt quelques j., à **Bir-Lahmar** (à 30 km).* Célébration de l'olivier et du broyage des olives.

LES CIRCUITS DES KSOUR

Tataouine est un camp de base pratique pour rayonner en étoile et visiter les villages alentour où subsistent de très beaux ksour, éparpillés dans un paysage minéral au relief montagneux : bienvenue dans le Dahar ! Un environnement caillouteux à perte de vue, à la végétation clairsemée... C'est là, dans les plaines arides ou sur des pitons escarpés formant des citadelles quasi imprenables que les ksour s'égrènent. C'est d'ailleurs l'un des intérêts touristiques majeurs de la région. Si nombre d'entre eux tombent en ruine, hélas, certains bénéficient d'efforts de restauration. En fin de journée, on y savoure toute la magie du Sud, les rayons du soleil déclinant subliment les couleurs ; l'heure est alors à la contemplation.
La plupart des circuits sont facilement accessibles en voiture de tourisme : le réseau routier s'améliore considérablement et les pistes d'hier sont désormais goudronnées. Les ksour que nous recommandons ne nécessitent pas de véhicule tout-terrain.
Sachez, enfin, qu'il est quelquefois possible de passer la nuit dans une ancienne *ghorfa* transformée en chambre. Si ce n'est pas le grand luxe (douches et w-c communs), l'expérience est indéniablement pittoresque !

LES KSOUR, FORTERESSES DU DÉSERT

Le ***ksar,*** quelquefois appelé *kalâa* (la citadelle), est, dans le Sud tunisien, un ensemble de ***greniers fortifiés*** qui servait à garder à l'abri des voleurs les récoltes, les outils et les ustensiles de la famille, du clan ou de la tribu pendant les périodes de transhumance. Si la région est principalement peuplée de Berbères, il est important de préciser que les ksour sont liés indifféremment aux tribus arabes ou

berbères et non, comme on l'entend souvent dire, exclusivement aux Berbères. Les nomades arabes, en revanche, ne les utilisaient qu'en été, tandis que leurs parcours se déroulaient sous la chaleur.
Autour de la cour intérieure du ksar, s'ouvrent les ***ghorfas*** (« frigo berbère » vous dira-t-on), des cellules de 4 à 5 m de profondeur sur environ 2 m de hauteur et de largeur, pouvant être superposées sur 1 ou 2 étages. Elles ne sont pas sans évoquer les greniers fortifiés du Sud marocain et, à ce titre, paraissent répondre à une architecture exclusivement berbère.
À l'instar des *ribat* musulmans du Moyen Âge, qui, outre leur fonction défensive, permettaient l'ensilage du grain, les ksour servaient également de lieu de rassemblement des différentes tribus. À la fois centre artisanal et lieu de foire, les bêtes y étaient marquées et les mariages célébrés.

Vers le nord

Ksar El-Ferech : *à 17 km de Tataouine, sur la route de Ghoumrassen. Traverser le village d'El-Ferech, puis continuer 3 km jusqu'au panneau « El hencha ».* Dans ce beau ksar situé en plaine et assez bien conservé, subsistent environ 300 *ghorfas* (il y en avait près de 500 à l'origine). Malgré un environnement moins édifiant que ses homologues, il mérite une halte. Un projet de restauration est en cours. Ce ksour récent (1911) est l'un des plus étendus de la région. Ancienne presse à huile. Au centre, sur la place principale, se déroulaient les mariages. Si vous avez un peu de temps, arrêtez-vous pour prendre un petit thé à la fleur d'oranger.

La ***buvette*** mignonnette située dans la cour fait également resto sur demande (prix raisonnable), mais il faut téléphoner avant (*95-060-676*). Hocine se pliera en quatre pour vous concocter un excellent couscous. Vente de cartes postales et de jolies aquarelles, c'est le moment d'écrire votre courrier avant de le déposer dans l'improbable boîte aux lettres. Bon accueil, et quand on est seul, la visite est franchement agréable.

Ghoumrassen : *en poursuivant vers Beni-Kheddache.*
Gros bourg animé situé dans une région très pittoresque. Ghoumrassen est la capitale de la confédération des Ouorghemma. Elle était, dès le XIVe s, déjà constituée de plusieurs ksour qui servaient de refuge aux populations *hamdoun* du village, lesquels avaient embrassé l'ibadisme, schisme de l'islam sunnite. Les Français y trouvèrent jadis des traces d'habitat romain. Les habitations troglodytiques sont disséminées dans une vallée encaissée. Nombreuses *ghorfas.*
Aujourd'hui, la vie du village s'organise autour de la rue principale, mais l'animation se concentre sur la place, située au niveau de la poste. Les hommes de Ghoumrassen sont réputés pour être les meilleurs fabricants de beignets du pays, de Tunis au... Quartier latin, à Paris. C'est surtout le matin qu'on peut en acheter.
En montant sur l'une des falaises voisines, on domine le petit cirque percé de *ghorfas.* Étrange et magnifique.
– Dans la rue principale, on trouve des banques, une poste, une pharmacie, et des stations-service.
– ***Souk :*** *jeu et ven.*

Ksar-Haddada : *à 30 km de Tataouine (et 25 km de Beni Kheddache), par la route goudronnée après Ghoumrassen. Dans le centre du village (repérer la mosquée). Entrée : env 3 Dt.* En 1997, ce ksar a servi de décor au film de George Lucas, *La Menace fantôme.* Seuls les inconditionnels de La *Guerre des étoiles* feront le pèlerinage : les fans reconnaîtront le village où le jeune Anakin prépare son bolide avant la fameuse course, mais l'intérêt de la visite est bien ténu et le site mal entretenu. Un hôtel est en train d'investir les lieux et des *ghorfas* sont

aménagées en chambres thématiques. Une plongée dans l'univers et le décor de *Star Wars*. Malgré les travaux, ce n'est certainement pas le plus beau ksar de la région.
2 ***cafés*** à côté du ksar : l'un avec ses faïences et sa terrasse agréable (on peut y fumer la chicha) ; l'autre à l'opposé de la rue.

Bir Miteur : *à 9 km de Ksar-Haddada, sur la route panoramique qui mène à Beni-Kheddache.* Vous serez certainement intrigué par la statue géante de *Carcharodontosaurus saharius*, un dinosaure qui veille sur la plaine. Des reliques de ces théropodes ont été découvertes dans le coin, puis les bestiaux ont subitement disparu. On peut admirer de près ce drôle de spécimen en escaladant un sentier aménagé. De là-haut, la vue panoramique est superbe !

Beni-Kheddache : *à 53 km de Tataouine.* Le ksar de Beni-Kheddache a été rasé dans les années 1950 et la ville ne conserve que quelques *ghorfas* (en ruine et jonchées de détritus) intégrées dans le village. Bonne ambiance au marché : fripes, vendeurs de dattes, de nougat et resto sur place.
– ***Souk :*** *les lun et jeu.*

Bar-restaurant Le Bédouin : *à 2,5 km de Beni-Kheddache, sur la route de Ksar-Hallouf. 98-232-818. Résa conseillée hors saison. Tlj 8h-22h (minuit en été). Prix moyens. Prix moyens. Pas d'alcool.* Perchée sur une crête, la terrasse offre une belle vue sur les environs, malgré les quelques pylônes. L'endroit est calme pour se rafraîchir un peu. Côté resto, le menu comprend la traditionnelle *chorba*, bricks et grillades. Pour le couscous, c'est sur commande. Loue aussi des chambres d'hôtes.

Ksar Joumaa (ou ***Jouamâa***) ***:*** *à 8,5 km de Beni-Kheddache, sur la route de Médenine. Entrée : 3 Dt.* L'hôtel qui a investi les lieux fait désormais payer l'entrée au ksar, ce qui ne nous semble pas vraiment justifié... hormis pour le point de vue. Les *ghorfas* s'accrochent à un piton escarpé, forteresse naturelle fouettée par les vents du désert. Le ksar lui-même, tout petit et recroquevillé sur l'extrême pointe de la crête, est précédé d'une ruelle bordée de *ghorfas*. Elles datent de plus de 2 siècles. Si vous pouvez, allez-y plutôt en fin d'après-midi. Il y règne un calme saisissant, et la vue sur les cultures en terrasses parsemées d'oliviers est superbe.

Possibilité de dormir à ***l'hôtel*** aménagé sur le site. *98-433-847. • ksar.jouamaa@gmail.com • Compter 70 Dt/pers en ½ pens. Repas le midi à prix moyens, ouv à ts.* Pour une nuit au plus près des étoiles, niché dans une *ghorfa*. Celles qui communiquent entre elles conviendront aux familles. Salon de thé, resto, excursions à cheval ou en quad (c'est moins notre dada...).

Ksar Hallouf : *à 8 km de Beni-Kheddache par une route goudronnée. À l'antenne télécom, prendre la route à droite. Après 3 km, s'engager sur la route à droite puis après le resto* Le Bédouin, *bifurquer à droite vers Zammour au niveau de la patte-d'oie.*
C'est un petit ksar ravissant, sur un piton rocheux, qui domine le village traversé par un oued et bordé d'un bouquet de palmiers. Le site est calme et reste à l'écart des circuits touristiques. Les *ghorfas* s'organisent autour d'une grande cour. Au fond, l'ancienne mosquée berbère du XIIIe s est tombée en ruine, mais on peut encore distinguer des dessins au plafond : étoile, dromadaire, main de Fatma ou étoile berbère. Elle aurait été une église à l'origine.
À côté, l'huilerie rénovée a conservé sa meule et sa presse. On peut encore voir le trou où s'écoulait l'huile. Elle a fonctionné jusqu'en 2008. L'huile d'olive est, depuis l'Antiquité, l'une des principales ressources des paysans du coin. La technique consistait à broyer les olives en les écrasant sur la meule dormante à l'aide d'une meule mue par un animal de bât. La pâte obtenue était placée dans une sorte de large béret de fibre d'alfa tressée, le scourtin, que l'on plaçait ensuite sous la presse, elle-même constituée d'un tronc de palmier servant de bras de levier, à

l'extrémité duquel s'empilait la charge. L'huile était ensuite évacuée vers un bassin de pierre enkysté dans le sol. Autant dire que le rendement n'était pas fameux... À l'arrière, belle vue sur les montagnes pelées et l'oasis.

Dans le ksar, un ***café*** où l'on vient s'hydrater le gosier avec un thé au thym. C'est aussi l'occasion de glaner des infos sur les randonnées à faire à pied dans la montagne environnante (sentiers balisés).

Vers l'ouest

Ce circuit constitue une boucle de 70 km environ.

Ksar-ouled-Debbab : *de Tataouine, prendre la direction de Remada ; c'est à 10 km ; juste à la sortie du village du même nom, prendre le chemin goudronné sur la gauche qui mène au promontoire. Accessible également à partir de Chénini, via Douiret, ce qui permet de boucler la boucle. 92-090-827. • ksar.debbab@gmail.com • Double 380 Dt, petit déj inclus. Au resto, menus env 60 Dt. Entrée musée : 5 Dt (tlj 9h-18h, parfois plus tard en été).* Vaste et impressionnant ksar assez récent (1900), couronnant la crête d'un promontoire rocheux et faisant face aux montagnes caillouteuses. Un hôtel « de standing » a été aménagé dans une partie du ksar, ce qui lui fait perdre son authenticité... Mais le confort est là, et les cloisons des *ghorfas* ont été abattues pour privilégier des chambres spacieuses équipées de clim, frigo, salles de bains modernes creusées dans la roche. Le tout pour un prix musclé. Attention, un dinosaure monte la garde à l'entrée ! Bien sûr, on peut se contenter d'un verre dans la cour (bon café) ou visiter le musée qui abrite une collection d'art islamique berbère, présentée dans une enfilade de *ghorfas* : bijoux, vêtements traditionnels, meubles. Pas désagréable mais il manque des explications. Sinon, la vue est gratuite ! Bref, une étape qui n'a rien d'indispensable...

Douiret *(ou* **Douirette** *; signifie « petite maison »)* **:** *à 22 km au sud-ouest de Tataouine. Prendre la route goudronnée à droite dans le village de Ksar-ouled-Debbab ; c'est à 10 km ; traverser le village moderne et poursuivre la route sur 1 km. Accessible en louage depuis Tataouine (3/j.).*
C'est l'une des excursions les plus belles et les plus intéressantes à faire au départ de Tataouine. Une petite route goudronnée serpente dans un paysage de buttes-témoins. La terre est rêche et saupoudrée de xérophytes (plantes qui se sont adaptées au milieu aride). Parfois, quelques cépées de palmiers découpent le ciel. On arrive au village par Douiret Moderne, mais c'est à Douiret Ancien que tout commence.
L'étendue des vestiges abandonnés donne la mesure de la puissance de l'ancienne ville : les vestiges des maisons troglodytiques creusées à flanc de montagne forment un paysage saisissant, se confondant avec la roche dorée à laquelle elles sont accrochées. La tradition orale fait remonter sa fondation aux XII-XIIIe s ; elle serait l'œuvre d'un marabout originaire du Maroc. Étape importante du commerce caravanier entre Gabès et Ghadamès (Libye), ce gros village déjà prospère s'enrichit encore après avoir été choisi comme « bureau des affaires indigènes » par les militaires français. En 1890, la perte de ce statut lucratif suivie du tarissement progressif du flux de caravanes a contraint les hommes à l'exil. Ils ont laissé une coquille vide au charme grandiose, étirée le long d'un chemin étroit sinuant au flanc de la falaise. Au sommet, dominent les derniers moignons d'un ksar donnant l'impression que la montagne s'est réapproprié le lieu. Très beau panorama sur la plaine, les montagnes et les tombes blanches des marabouts (appelées ici zaouïas).
À la lisière du site, la mosquée (souvent fermée), dont les murs blancs tranchent dans l'environnement de pierres, a remplacé un oratoire troglodytique plus ancien. Elle recèle 2 anciennes chambres réservées aux caravaniers. On y distingue de nombreuses inscriptions laissées à la postérité par des maçons (certaines auraient près de 700 ans). À côté, une petite pièce réservée aux ablutions. On peut encore visiter l'ancienne salle datant de 9 siècles, qui servit de mosquée et d'école coranique.

En poursuivant la balade en corniche, on longe un beau cirque naturel bordé d'habitations troglodytiques. À l'époque où y vivaient environ 600 familles, le village s'agençait sur 3 niveaux. Un peu plus loin, en suivant le sentier qui contourne la montagne par la gauche, la ***mosquée des Figuiers,*** à ne pas rater : remarquer l'ingénieux système de collecte des eaux (rigoles, réservoirs). Dans les maisons en ruine, on distingue parfois des inscriptions ou des dessins gravés sur les voûtes ou les murs.

– L'*Association de sauvegarde de la nature et de protection de l'environnement de Douiret (ASNAPED ; • residenceasnaped.com •)* mène peu à peu des travaux de restauration. On peut participer à différentes activités : rendre visite aux familles, découvrir le fonctionnement d'une huilerie ou effectuer une marche jusqu'à Chénini (2h30-3h), avec possibilité d'être accompagné par un âne. Un bon moyen de comprendre l'écosystème de la région : on y voit plusieurs sources, des *jessour* (ingénieux système de captation des eaux de pluie) et, côté faune, des faucons, aigles et rats du désert... Sur place, monté grâce au soutien des bénévoles de l'association, un ***musée*** (entrée payante) retrace l'histoire du Sud tunisien et la vie des Bédouins. Les panneaux explicatifs touffus retiendront l'attention des passionnés.

Parmi les projets de l'association, une mise à disposition de métiers à tisser pour les femmes du village qui le désirent, afin de mieux faire connaître leur travail et leur permettre de le vendre sur place.

Résidence Douiret : *en contrebas de la mosquée. 95-319-993. • latifa1509@hotmail.fr • Ouv tte l'année. Résa à l'avance. Compter 60 Dt/pers en ½ pens. Dîner sur résa.* Un ensemble de bâtiments anciens bien restaurés par les membres de l'ASNAPED. Une douzaine de chambres troglodytiques donnant sur une jolie cour intérieure. Aménagement sobre et typique pour 4 personnes : 2 lits dans la 1re pièce qui en précède une autre avec un lit double. Pas de clim, mais la température est constante et les panneaux solaires garantissent une eau chaude. Sanitaires communs impeccables, comme l'ensemble, très bien tenu. Une expérience hors des sentiers battus pour s'immerger dans la culture locale. Accueil très sympathique des 3 sœurs, qui vous proposeront certainement un whisky berbère... Nombreuses excursions possibles.

– Également un gîte, au-dessus de la *résidence Douiret. 28-497-242. • gitedouiret.com • ½ pens env 120 Dt/pers.* À côté de la mosquée, des chambres troglodytiques ou aménagées dans les anciens greniers à grains *(ghorfas)* autour d'une cour paisible ; sanitaires communs.

➢ À 7 km de Douiret, en direction de Tataouine (vers Ksar-ouled-Debbab), prendre à droite la direction de Ras-el-Oued. Ledit bled est sans grand charme, on dirait un village mexicain écrasé de chaleur (surtout l'été). En revanche, si vous avez un peu de temps, la balade qui consiste à remonter le canyon en direction de *Bir Thalathine* n'est pas dénuée de charme (repérer la cépée de palmiers dans le canyon). Les palmiers se détachent sur l'ocre des rochers. Ambiance western assurée.

Chénini : *à 20 km de Douiret par une route asphaltée ; entre les 2, une petite palmeraie entre des rochers ocre flamboyant, où des troupeaux viennent se désaltérer. On accède aussi à Chénini depuis Tataouine : 18 km de route goudronnée ou à pied en coupant par un chemin balisé (compter 2h).*

Chénini passe pour être le plus remarquable des villages-refuges de la région. Fondé par les Berbères zénètes au XIIe s, le village actuel daterait, lui, du XVIe s. La route goudronnée monte jusqu'au village où vivent encore aujourd'hui plusieurs dizaines de familles. D'ailleurs, une poste et une école primaire résistent toujours. Le site mérite indéniablement une visite, et pourquoi pas un guide, si vous cédez aux sollicitations des guides accrédités. Précédé par une mosquée immaculée, le village s'étage le long d'une falaise abrupte jusqu'aux vestiges du ksar coiffant la crête. La vue est à la hauteur de la grimpette, mémorable ! Amusant d'observer comment les maisons ont été aménagées de façon linéaire, suivant le tracé d'une strate de roche dure, et ce, sur plusieurs niveaux. Comme à Douiret, les maisons sont composées de 2 pièces, selon un plan en enfilade : l'espace le plus large, le *rhar,* est un lieu d'habitation et précède la *khzana,* une pièce plus exiguë, réservée au stockage des denrées agricoles. À l'avant, une cour ceinte de murs. Toutefois, la vraie perle de Chénini demeure bien cachée aux yeux des visiteurs pressés :

– ***La mosquée des Sept-Dormants :*** *en quittant le vieux village de Chénini vers le nouveau (en contrebas dans la plaine), prendre aussitôt à droite, dans un virage serré, la petite route qui longe l'éperon rocheux et une poignée d'habitations, c'est à moins de 2 km. On la repère à son minaret penché (vers La Mecque). Un guide sur place attend un pourboire.*

Une colline dissimule une petite mosquée pleine de charme du XIVe s, isolée dans un cadre sauvage. Elle est réputée abriter les tombes des Sept Dormants. Il s'agit de 7 chrétiens qui, pour échapper aux persécutions romaines, se seraient réfugiés dans une grotte où, d'après le Coran, ils auraient dormi 4 siècles. À leur réveil, le pays était musulman. Ils se convertirent alors à l'islam et purent mourir en ayant trouvé la paix éternelle.

On trouve cette fable un peu partout dans le monde musulman, de nombreux villages possédant leur grotte aux Sept-Dormants, reliquat des croyances liées aux abîmes souterrains peuplés de djinns qui hantent encore l'imaginaire collectif des gens du désert et des Berbères en particulier.

L'édifice possède plusieurs particularités : le mihrab et le minbar, creusés dans la roche, occupent le même espace, faute de place ; de même, noter la partie supérieure du minaret, qui penche davantage que la tour de Pise. Dans le cimetière voisin, sous les tombes de 5 m de long, reposeraient des géants.

La montagne face à la mosquée fut le théâtre de l'une des dernières batailles pour l'indépendance du pays.

Le gardien du site vous fera découvrir l'emplacement du tout 1er Chénini (abandonné pour des raisons climatiques : pour se protéger du chaud vent du sud), les sources dans la montagne, là où poussent les palmiers et où les gamins viennent chercher l'eau à dos d'âne ou de dromadaire. La randonnée à pied qui relie Douiret à Chénini passe par là (environ 7 km).

À droite de la mosquée, une maisonnette avec une grotte au fond de laquelle habitaient autrefois un marabout et l'ancien gardien du site.

Kenza : *97-284-086. • kenza-chenini.com • Compter 90 Dt/pers en ½ pens. Repas (midi et soir) sur résa.* Un hébergement troglodytique de 7 grottes, qui abrite des chambres mignonnes jusqu'à 10 lits dans un enchaînement de *ghorfas.* Un peu partout, des niches, une petite volée d'escaliers, des dénivelées... L'ensemble est chaulé et tranche avec les chaudes couleurs des tissus, couvre-lits et coussins. Les objets de la vie quotidienne font aujourd'hui office de déco : coffre en bois, métier à tisser... Plusieurs petites terrasses. Plus cher qu'à Douiret, mais il y a la clim, et chaque chambre a sa salle de bains privée. On prend son repas quelques pas plus bas, au café-resto.

Restaurant Mabrouk : *au pied de l'éperon rocheux, avt le village, le long de la route. Ouv jusqu'à env 15h (tlj en saison). Prix moyens. Pas d'alcool.* Une grosse bâtisse au pied du village, une affaire qui tient le coup même si l'affluence oscille d'un jour à l'autre. On y sert avec empressement une cuisine classique : soupe *chorba,* couscous de mouton ou grillades en gargoulette, bricks et cornes de gazelle pour (vous) achever. Copieux à défaut d'être raffiné. Belle vue depuis la terrasse arrière.

Café buvette : *à côté de la mosquée, en haut du village.* Tout indiqué pour récupérer de la grimpette à travers les chemins escarpés tout en profitant de la vue dégagée.

Guermessa : *depuis Tataouine (20 km), prendre la direction de Chénini, puis tourner à droite à la bifurcation ; c'est fléché. Route goudronnée,*

2 possibilités : laisser sa voiture au bout du nouveau village, après le café et au pied de la montée (il reste env 15 mn de marche pour gagner le vieux village) ou contourner la montagne par la route asphaltée sur 8 km en direction de Ksar-Ghilane. Guermessa antique est indiqué à gauche pour les 2,5 km restants.
Le site de Guermessa est exceptionnel. 2 pitons rocheux s'élèvent vers le ciel au-dessus du nouveau village. Les *ghorfas* s'égrènent en étages parallèles à flanc de montagne, épousant les strates de la roche. Perché tel un nid d'aigle, le ksar-citadelle, flanqué de sa mosquée blanche, surplombe la vallée qui s'ouvre vers l'est. L'ambiance qui y règne est surprenante. Allez-y pour écouter le silence du désert et le vol des oiseaux... Le magnifique paysage sauvage dévoile ses facettes au fur et à mesure que l'on approche du village inhabité. Grimpez jusqu'à la mosquée pour le panorama grandiose sur les 2 versants. On peut continuer sur le chemin arrière en longeant les *ghorfas* en ruine.
Les 1ers habitants occupèrent d'abord le plus élevé des 2 pitons, puis la falaise descendant au sud. Les villageois ont délaissé les vieilles habitations pour aller vivre dans la plaine. Ils sont très hospitaliers et ont conservé de nombreuses traditions berbères.

➢ Route goudronnée pour *Ghoumrassen* (11 km). De Guermessa à *Ksar-Ghilane* (moins de 90 km), bonne route désormais asphaltée, accessible aux véhicules de tourisme.

Vers le sud

Ksar-ouled-Soltane : *à 23 km de Tataouine. Suivre, à la sortie de Tataouine, la route de Maztouria ; au km 20, panneau indicateur sur la gauche. Route goudronnée.* Vous trouverez là le plus beau ksar à greniers du sud de la Tunisie, entièrement et superbement restauré à la fin des années 1990. De taille moyenne mais avec un nombre record de 400 *ghorfas,* il se compose de 2 cours datant respectivement du XIXe et du XVe s. La cour qui donne sur l'extérieur a été construite pour étendre l'édifice initial. À l'entrée du ksar, quelques hommes accroupis concentrent leur attention autour du *kharbga,* ce jeu très populaire qui nécessite de simples bouchons de bouteilles et des cailloux. Chaque *ghorfa* possède sa propre signature, et certaines sont encore fermées par une porte en bois de palmier. Des signes qui se perdent dans les méandres de l'Histoire, mais attestent de l'ancienneté de ce type de construction. Les habitants du village, propriétaires des greniers construits par leurs ancêtres, se sont opposés à ce que le ksar soit transformé en hôtel. Ils ont bénéficié d'une aide du ministère de la Culture pour le remettre en état. Mais dans la 2e cour, des *ghorfas* se sont écroulées suite à des intempéries. Elles s'agencent sur 4 étages et l'on ne peut s'empêcher d'escalader les nombreux escaliers particulièrement raides qui s'enchevêtrent ! La visite est très agréable, surtout hors saison, lorsque l'on est seul. À l'entrée du ksar, le ***café El Ksar*** dispose de quelques tables au soleil.

➢ Pour repartir, prendre la direction de M'Ghit. Belle route en lacet qui s'ouvre vers les confins. Après M'Ghit, suivre Ezzahra, c'est fléché.

Ezzahra : *à env 20 km de Tataouine et 11 km de Ouled-Soltane.* En partant de Ksar-ouled-Soltane, on peut boucler le circuit jusqu'à Tataouine en passant par le joli village d'Ezzahra (bien indiqué). Prendre la route qui descend à droite de la mosquée de Ksar-ouled-Soltane. On admire alors le magnifique panorama sur la plaine en contrebas et les montagnes ourlées d'habitations éparses. Ezzahra, au sommet de la colline, est organisée autour de 2 cours formées par des *ghorfas* construites sur 2 ou 4 niveaux, certaines toujours utilisées, au milieu de l'actuel village. L'accès se fait par la *skifa* (une entrée) qui mène à la 1re cour, où l'on peut boire un café. Si la grille qui permet d'accéder à la 2e cour est fermée, c'est là qu'il faut vous adresser. Loin des circuits touristiques, c'est une étape authentique dans un village accueillant. La campagne alentour est couverte de palmiers.

➢ Pour repartir vers Tataouine, suivre la route goudronnée qui traverse le village. Quelques kilomètres après, si l'envie de pique-niquer vous prend, bifurquez à droite en direction du ***ksar de Beni Yakzer.*** On aperçoit un petit ensemble de greniers, 200 m après l'embranchement. Bel endroit. Un peu plus loin, la mosquée toute blanche de ***Beni Blel*** découpe le ciel. Intéressant complexe de *ghorfas* disposées en carré.

KSAR-GHILANE

Ksar-Ghilane est une improbable oasis de 100 ha à la croisée de 2 oueds, bordée par un désert de roche à l'est et, au sud et à l'ouest, par un très beau désert de sable. Porte d'entrée du Sahara tunisien, elle constitue un camp de base rafraîchissant (d'octobre à avril) avant de partir pour de fabuleuses méharées de un à plusieurs jours à dos de dromadaire dans le désert. Routards pressés, passez votre chemin, vous seriez frustrés par une excursion à marche forcée. Prenez donc le temps d'une nuit (au moins) dans le désert pour apprécier le silence et la beauté de ces étendues de sable à perte de vue.
Déjà connu à l'époque romaine sous le nom de Tisavar, Ksar-Ghilane possède un fort romain plutôt bien conservé. C'est en 1953 que l'oasis plantée majoritairement de grand tamaris fut créée, suite à un forage pétrolier qui perça une nappe phréatique à 700 m de profondeur.
Sans surprise, la baisse du tourisme depuis 2011 a eu des répercussions sur l'oasis : de nombreuses familles qui vivaient ici de l'agriculture, de l'élevage, ainsi que de l'activité touristique sont parties, et la communauté semi-nomade de chameliers s'est considérablement réduite. Ce qui n'empêche pas le lieu de s'accrocher à la manne touristique... et même parfois un peu trop, avec notamment l'essor des quads qui pullulent dans le bourg et dans les dunes, dénaturant le milieu. Un conseil, donc : optez bien pour une virée, mais du genre paisible, au rythme du camélidé... C'est cela qui fait la magie du désert ! Il est en effet urgent d'agir pour qu'un tourisme responsable prenne le pas sur ce fléau motorisé qui menace l'environnement mais aussi une économie solidaire, basée sur la transmission des traditions.
– Depuis Tataouine, il est techniquement possible de faire l'aller-retour dans la journée, mais ce serait sans intérêt. Passer la nuit à Ksar-Ghilane n'est pas indispensable si vous filez directement dans le désert pour une virée guidée avec un chamelier (à organiser à l'avance). Inoubliable ! Sinon, une balade de quelques heures donne déjà un avant-goût de l'immensité sableuse.

Arriver-Quitter

➢ Une route goudronnée rejoint Ksar-Ghilane par l'ancienne piste « du pipeline ». Elle part à environ 30 km de Matmata sur la route de Douz et s'étire sur 75 km.
➢ De Tataouine, 90 km de route goudronnée de bout en bout. Aller jusqu'à Guermessa, où une route part vers Ksar-Ghilane. À l'embranchement (km 60), prendre à droite vers Douz (sur 12 km), puis à gauche vers Ksar-Ghilane (indiqué) pour les 17 km restants.
➢ De Douz, 2 options : soit par la route goudronnée direction Matmata, puis par la « route du pipeline » (compter env 145 km et 2h de route), soit par la fameuse ***piste du Biben,*** dont les méandres se perdent dans les dunes

(une centaine de kilomètres) ; 4x4 et chauffeur très expérimenté indispensables, et uniquement si vous êtes des inconditionnels de l'aventure. Prévoir environ 3h. Déconseillé en juillet et août : les dunes sont plus délicates à négocier et la chaleur est implacable. Par ailleurs, vous devrez *impérativement* signaler votre départ à la Garde nationale de Douz. Cela vous évitera peut-être de sécher en plein désert en cas de problème... Sachez que la température peut atteindre 45-50 °C à l'ombre, mais comme il n'y a pas d'ombre... prenez vraiment vos précautions. N'oubliez pas non plus de faire le plein de carburant avant de partir ; quant à l'eau, sachez qu'il faut en prévoir 6 à 8 litres par personne et par jour en été.

Où dormir ? Où manger ?

L'oasis compte une grosse poignée d'hôtels et de campements, plus ou moins actifs et entretenus selon l'affluence touristique... Attention : l'hiver, les nuits sont froides dans le désert et les hébergements ne sont pas tous chauffés... On apprécie alors une paire de chaussettes, un bonnet et un pull pour dormir. Prévoir un sac à viande et un éclairage si vous dormez sous la tente. Enfin, pour le dîner, attendez-vous à trouver le même menu (couscous !) partout.

Résidence la Source : *tt près de la source. 26-684-764. • info@residencelasource.com • Env 75 Dt/pers en ½ pens.* Si l'effet grotte de la réception est un poil kitsch, les chambres réparties autour de la cour de sable sont en revanche bien nettes, avec petite salle de bains dans chacune. À la saison fraîche, un feu (qui sert à faire le pain de sable !) crépite dès la nuit tombée. Superbe vue sur le désert depuis le toit-terrasse. Accueil chaleureux de Fathi, qui peut organiser toutes sortes d'excursions.

Campement Ghilane : *en face de la source. 25-601-714 ou 21-443-011. • contactcampementghilane@gmail.com • Env 60 Dt/pers en ½ pens en chambre ou sous tente. Possibilité de planter une tente pour env 20 Dt/pers. Pas de wifi.* En face de la source chaude et de ses petits cafés-restos, un bon campement sous les tamaris d'une vingtaine de tentes, complété par quelques chambres en dur (sans charme particulier). Préférez les jolies tentes blanches, qui peuvent loger 2 à 4 personnes. Sanitaires communs. Resto (sans alcool) sur place.

Campement Oasis : *pile en face des dunes. 98-249-180. • saharabivouacs@12yahoo.fr • Compter 80 Dt/pers en ½ pens.* Le mieux situé, juste séparé des dunes par une petite muraille crénelée. Au choix, des tentes ou des petites chambres (avec clim-chauffage et salle de bains), celles-ci donnant sur le désert par une petite fenêtre ! Le tout au milieu de palmiers-dattiers, dont les clients peuvent cueillir les fruits entre octobre et décembre.

Campement et restaurant Sahara Lounge : *en face des dunes. 22-038-279 ou 98-668-835. Compter 50-65 Dt/pers en ½ pens, en tente ou en chambre. Au resto, menu bon marché.* Devant le désert de sable, quelques tentes un peu proches les unes des autres, aménagées simplement (juste des lits). Quant aux chambres en dur, elles ne débordent pas de charme mais restent convenables. Cuisine (sans alcool) traditionnelle et roborative servie avec le sourire. Proprio très sympa.

Café Ghilane : *devant la source. Bon marché. Sert de l'alcool.* Une grande salle et des tables déployées à l'extérieur, face au bassin de la source. Rien d'extravagant dans l'assiette mais on est bien placé, dans « l'hypercentre » de Ksar-Ghilane. Pratique pour se requinquer à peu de frais (couscous, briks, poulet grillé), avec en prime une bière.

Chic

Hôtel Pansy : *à côté du campement Ghilane. 98-242-892. • reservationpansy.wixsite.com/mysite • Env 265 Dt pour 2 en ½ pens,* *en chambre ou sous tente.* Pour ceux qui souhaitent plus de confort à Ksar-Ghilane, c'est l'unique endroit. Dans un vaste domaine avec piscine, des tentes de luxe pour 4 personnes, avec clim ou chauffage, bonne literie et salle de bains privée, ou des bungalows aménagés exactement pareil. En prime, une tour d'observation (à l'architecture locale) pour voir le désert, et un bar-resto avec alcool. Bon accueil.

Où dormir ? Où manger dans les environs ?

Campement Aïn Essbat : *à 16 km au sud de Ksar-Ghilane par une piste caillouteuse (4x4 indispensable), prendre la direction de Kamou. 24-232-454. • ainsbat@gmail.com • Compter 50 Dt/pers en ½ pens.* Dans le désert, la moindre goutte d'eau valant son pesant de cacahuètes, que dire de la découverte d'une source ! Celle d'*Aïn Essbat* a permis l'éclosion d'un petit campement au milieu du reg. Les tentes bédouines (sol en dur) de 4 ou 6 places s'alignent dans un univers d'une grande sérénité... Petit café maure et resto, prolongés par une terrasse ombragée et, grand luxe, un bassin où se baigner, alimenté par de l'eau de source.

Campement Zmela : *à env 20 km de Ksar-Ghilane, un peu plus loin que le campement Aïn Essbat. 94-382-034. • resa@campement-zmela.com • Env 90-120 Dt/pers en ½ pens ; camping 50 Dt/pers.* Un campement confortable à la porte du désert pour une halte dans un environnement superbe : les tentes sont entourées de dunes. Également des chambres en dur, un peu plus meublées (et un peu plus chères). Eau chaude et sanitaires propres. Une belle escale avant de céder à l'appel du désert (transfert – payant – possible depuis Ksar-Ghilane).

À voir. À faire

Le fort : *à env 4 km au nord-ouest de l'oasis et 1h de dromadaire aller (compter 60 Dt l'A/R). Trajet possible à pied (à peu près la même durée qu'en dromadaire). Départ à côté de la source. Excursion à faire de préférence au lever ou au coucher du soleil, quand il fait moins chaud et que la lumière rase les dunes. Accès libre.* Superbe balade vers les ruines de ce fort romain qui se dessinent au loin, dans les dunes. Il atteste de l'importance qu'attachaient les Romains à l'occupation de leur territoire. Fondé sous le règne de l'empereur Commode, au IIe s apr. J.-C., il servait de poste avancé et de camp de base pour leurs expéditions sahariennes. Il permettait également de contrôler les caravanes qui, du « *bilad as-sudan* » (littéralement « le pays des Noirs », en arabe) acheminaient leurs richesses vers les côtes. La bâtisse servit à la colonne Leclerc lors de la manœuvre de contournement de la ligne Mareth. Gare aux abeilles sur place !

La source : source thermale irriguant l'oasis par un système de *seguias.* Sous les tamaris (et les regards des curieux assis aux cafés autour), les plus intrépides se tremperont dans l'eau chaude à forte teneur en soufre, très efficace cela dit pour éliminer la fatigue due aux pistes difficiles. Hors saison, c'est agréable, surtout au petit matin, quand les adeptes des sports mécaniques n'ont pas encore démarré leur pétrolette.

La colonne Leclerc : *en arrivant à Ksar-Ghilane, avt l'oasis, piste peu visible sur la gauche dans un virage. Continuer sur 400 m.* Ce petit obélisque blanc commémore la victoire de la Force L du général Leclerc sur les troupes germano-italiennes, pendant l'attaque de la ligne Mareth, en mars 1943.

➢ ***Balade à dos de dromadaire :*** *compter 20-30 Dt pour 1h. Les dromos sont regroupés devant les dunes, entre le campement Oasis et le campement Sahara Lounge. Résa conseillée, au ☎ 98-824-416 (Ali).* L'immensité des dunes qui bordent l'oasis constitue le cadre idyllique pour ce type de promenade. Pour les méharées de plusieurs jours, avec bivouac, dans le grand erg oriental (☞), il faut évidemment réserver à l'avance auprès d'organisateurs de ce genre d'excursion. Voici une adresse fiable :

– *☎ 95-269-538 (Mustapha) ou le soir 06-10-30-59-06 (Anne, en France). • ksarghilane.org • Compter env 50 €/pers et par jour, repas, eau et matériel de campement inclus (ne pas oublier le pourboire, en sus). Possibilité de transfert. S'occupe du permis, nécessaire pour les méharées de plusieurs j.* Une association qui soutient les chameliers de l'oasis en organisant des circuits de 1 à 15 jours dans le désert, entre mi-septembre et mi-mai (en été la chaleur est insupportable). Installation d'un campement pour la nuit et repas préparés au feu de bois (c'est le brave dromadaire qui se coltine le chargement). L'occasion de goûter au savoureux pain de sable en même temps qu'à l'enchantement du désert...

MATMATA

env 2 000 hab.

Bourgade troglodytique habitée par des Berbères matmatas, au milieu de collines dénudées, interrompues par d'étroites vallées encaissées. La région compte plus de 300 tombeaux de marabouts et autant de maisons creusées dans la roche, dont un petit nombre seulement est désormais encore habité. Pour se protéger des envahisseurs, la population s'était enterrée. Elle a creusé des habitations dans la roche tendre, au fond de puits de 5 à 10 m, et a adopté un mode de vie répondant à cette architecture. Aujourd'hui, la plupart des habitants ont délaissé ce mode d'habitation pour *Matmata Nouvelle,* située à 15 km sur la route de Gabès ; une ville créée ex nihilo par le gouvernement, en 1976. À ce propos, d'ailleurs, sachez que lorsque les gens du coin parlent de Matmata, il s'agit toujours de Matmata Nouvelle.

Matmata l'Ancienne a connu son heure de gloire lorsque George Lucas a choisi d'y tourner *Star Wars* (en 1976, puis en 2000) ; les pèlerins s'aventurent sur les traces du jeune Luke Skywalker. Tous convergent aussi vers l'hôtel *Sidi-Idriss,* où les fans reconnaîtront certaines scènes de *L'Attaque des clones.* Il reste même quelques éléments de décor. Pour le reste, pas grand-chose à voir, si ce n'est ce paysage et cette architecture particuliers, qui ne manquent pas de charme.

Arriver – Quitter

En voiture

➢ ***Gabès :*** env 50 km par une belle route goudronnée.

➢ ***Médenine :*** 67 km par une route goudronnée passant par *Toujane,* à peu près à mi-chemin des 2 villes. Très beau parcours.

➢ ***Douz :*** env 100 km par une excellente route goudronnée. Mais attention, il n'y a pas de station-service entre Matmata Nouvelle et Douz.

En bus et louage

🚌 ***Départ des bus :*** *sur la pl. principale de Matmata l'Ancienne. Rens à l'office de tourisme.*

➢ ***Gabès :*** env 10 bus/j., 6h-18h30. Durée : 1h. Si vous venez de Gabès, précisez Matmata l'Ancienne, sinon on vous déposera à Matmata Nouvelle...

➢ ***Tamezret :*** 4 bus/j. durant l'année scolaire, 2 seulement le reste de l'année (le mat et début d'ap-m). Durée : 15 mn.

➢ ***Djerba :*** seulement 1 bus/j., le mat. Durée : 4h30. Plus rapide en louage.
➢ Aucun bus pour ***Douz*** ou ***Toujane,*** obligation de passer par Gabès.

Depuis la place du souk, des louages relient Matmata l'Ancienne à la nouvelle ville. De là, d'autres partent vers ***Gabès, Djerba, Tunis...***

Adresses utiles

Office de tourisme : *sur la pl. principale (à 100 m du carrefour principal, direction Toujane). ☎ 75-240-075. Tlj sauf dim 8h-14h.* Bon accueil et quelques renseignements utiles. Peut aussi vous mettre en contact avec un guide officiel pour visiter le coin.

Distributeur : *à côté de la poste, au carrefour principal.*

Urgences : *à 300 m de la pl. principale, en allant vers Toujane. ☎ 75-240-019. Ouv 24h/24.*

Souk : *le lun mat sur la pl. principale.*

– ***Attention :*** pas de station-service ; la plus proche est à Matmata Nouvelle.

Où dormir ?

On ne trouve à Matmata qu'une poignée d'hôtels troglodytiques ou un peu plus modernes, au confort assez (voire très) limité. Si vous n'êtes pas claustrophobe, tentez donc la nuit dans l'une de ces chambres rocheuses ! Ces établissements possèdent tous un petit resto servant des plats classiques (et de l'alcool).

Prix moyens (75-150 Dt / 25-50 €)

Marhala du Touring Club : *de la pl. principale, suivre la direction de Toujane ; panneau sur la droite. ☎ 75-240-015. 98-468-178. • marhala.matmata@gmail.com • Env 50 Dt/pers en ½ pens.* L'endroit a du charme. Comme dans tout hôtel troglodytique qui se respecte, les 50 chambres (très simples, avec juste des matelas sur des socles de pierre) sont réparties autour de 5 cours circulaires. La taille varie en fonction du nombre de lits (de 2 à 9). Douches chaudes dans des sanitaires communs très bien tenus. L'ambiance est conviviale, notamment le soir, au bar. Les salles du resto (troglodytiques elles aussi !) ne sont pas désagréables avec leurs longues tables. Super accueil.

Un peu plus chic (150-200 Dt / 50-70 €)

Chambres d'hôtes Au Trait d'Union : *à **Tijma,** à 6 km en direction de Matmata Nouvelle, sur la droite de la route, repérer le petit panneau, prendre la piste, c'est un peu plus loin sur la gauche (grande porte en bois). 98-279-609 ou 20-206-409. • autraitduniontijma@gmail.com • Compter env 100 Dt/pers en ½ pens. Pas de CB (mais euros acceptés).* Maison troglodytique totalement intégrée dans le paysage, restaurée sans être dénaturée. Dans les 5 chambres d'hôtes, soignées et de tailles différentes, la literie a été privilégiée. Les sanitaires, bien que privatifs (1 par chambre), sont à l'extérieur. Pour le dîner, Habib mitonne une excellente cuisine familiale avec de goûteux plats qu'on ne trouve pas au resto. Certains soirs, tout le monde mange au coude à coude autour d'une grande tablée, dans une ambiance on ne peut plus conviviale. Randonnées à proximité. Un détail : pas de connexion wifi, ou alors sur le parking. Le lieu est donc idéal pour faire une vraie coupure et se ressourcer ; il est d'ailleurs très apprécié des personnes électro-sensibles !

Où manger ? Où prendre un café ou un verre ?

Peu de restos à Matmata. Mais vous pourrez sans problème dîner à l'hôtel où vous avez élu domicile.

De bon marché à prix moyens (15-30 Dt / 5-10 €)

Café-restaurant Chez Abdoul : *presque sur le carrefour principal. 95-039-703. Tlj jusqu'à 21h. Pas d'alcool.* Des quelques restos (en dehors des hôtels) que compte le bourg, c'est le plus central et le plus attrayant. Bonne cuisine à prix raisonnable, doublé d'un accueil gentil. Au café d'à côté, possibilité de fumer la chicha. Loue également 2 maisons dans le village pour 6 à 7 personnes.

À voir à Matmata et dans les proches environs

Le musée Dar Khadija *(musée des Traditions berbères) : dans une maison troglodytique, derrière l'hôtel Sidi Idriss. Tlj 8h-17h (horaires théoriques). Entrée : 5 Dt.* Le propriétaire, d'un âge respectable, se fera un plaisir de vous montrer les pièces traditionnelles dans lesquelles est présenté un ensemble d'objets et d'ustensiles ménagers. Voir notamment, dans la salle de la mariée, la *gahfa,* une selle de chameau pour la future épouse, surmontée d'une armature couverte d'une toile. Remarquer aussi les trous dans le plafond du grenier, ils servaient à faire passer la nourriture. Sans oublier le pressoir à huile. Une visite rapide mais touchante. Il existe 2 ou 3 autres « musées » du même acabit dans le village.

VIVRE 30 PIEDS SOUS TERRE !

Le sol argileux de Matmata était plus propice au creusement qu'à la construction. Raison pour laquelle les Berbères ont créé, dès le XVIIIe s, des habitations troglodytiques. On y accède par des tunnels creusés dans le talus surplombant la maison, ou directement par des échelles. Au centre se trouve une cour intérieure à ciel ouvert, d'une dizaine de mètres de profondeur et de diamètre. Autour de ce cratère s'ouvrent des pièces à vivre et des entrepôts. Le tout est relié par un labyrinthe de couloirs. La lumière y pénètre toujours et la température est fraîche l'été et tempérée en hiver. Toutes ces maisons étaient encore habitées dans les années 1960.

Superbe **point de vue** sur toute la plaine hérissée de collines depuis le promontoire qui surplombe le « Matmata » écrit en grandes lettres blanches (façon Hollywood !), à gauche au sommet de la colline, en arrivant de Gabès. On peut s'y faire prendre en photo avec un chamelon.

Diar Amor : *à 8 km de Matmata, sur la route de Tamezret, côté droit. Tlj 8h-17h. Entrée : env 8 Dt.* Visite assez vivante de ce dédale creusé à la pioche pendant 20 ans par Faïçal lui-même, le créateur de ce musée. On y découvre la vie et les coutumes de la région à travers de nombreux objets traditionnels : céramique, tissus, vêtements, pressoirs, ustensiles de cuisine en terre cuite et bois d'olivier, grandes « jarres d'Ali Baba », etc. Remarquer la carapace de tortue qui servait de berceau et que les mamans plaçaient près d'elles pendant qu'elles accomplissaient leurs tâches quotidiennes. Ou encore ces œillères pour les dromadaires tournant autour d'un puits (sans elles, la bête arrête d'avancer !). Noter aussi, dans la cuisine berbère, ce dispositif qui permet à la femme de produire de la farine en le faisant tourner à droite... et de la semoule en le faisant tourner à gauche. Sans oublier les anciens outils agricoles, d'étonnantes ruches, différents costumes de mariée et, à la fin du parcours, des monnaies internationales et tunisiennes de différentes époques : ottomane, du protectorat, punique et byzantine. Assez éclectique, donc.

Festivals

– ***Festival de Matmata :*** *en général en mars, pdt 3 j., dans la ville ancienne.* Il ressuscite les coutumes berbères. Le village s'anime aux sons des mariages fictifs et des fantasias. Également des spectacles historiques et folkloriques.
– ***Festival de Tamezret :*** *en août, pdt 3 j.* Défilés de mariages, chants folkloriques et spectacles traditionnels.

DANS LES ENVIRONS DE MATMATA

L'intérêt de Matmata tient plus à la région dans son ensemble, saupoudrée de villages en pierre où le temps semble s'être littéralement arrêté, qu'au bourg de Matmata lui-même. Il est facile de découvrir les environs seul (à condition d'être motorisé).

TAMEZRET

À 13 km de Matmata, sur la route de Douz.
Beau village berbère, autrefois animé mais où l'on ne compte plus que quelques centaines d'habitants. Ici, rien à voir avec les villages troglodytiques de la région. Les maisons de pierres sèches agrippées à la colline se confondent avec la nature, donnant l'apparence d'une petite cité médiévale. C'est l'un des plus anciens villages du coin. Tamezret vient de *tmazra,* qui signifie « on le voit » en berbère et qui fait référence à la position stratégique du village, suffisamment en hauteur pour permettre d'apercevoir les éventuels assaillants. C'est aussi pour se protéger que, dans tout le village, chaque maison est reliée à ses voisines par des tunnels aussi bien horizontaux que verticaux : résultat, la colline est un vrai gruyère !
Jadis, Tamezret était une étape incontournable sur la piste qui conduisait les voyageurs de Matmata à Douz. On s'y arrêtait pour écluser un gorgeon, casser une petite graine ou fumer la chicha avant de poursuivre sa route. Par ailleurs, c'est entre Matmata et Tamezret, entre autres, qu'ont été tournées plusieurs scènes de *La Guerre des étoiles.* On comprend pourquoi. Les vallons rocailleux évoquent un véritable paysage lunaire.

Arriver – Quitter

➢ ***Matmata l'Ancienne :*** 4 bus/j., durant l'année scolaire, 2 seulement le reste de l'année (mat et ap-m). Durée : 15 mn.
– Pas de ***bus*** pour Douz.

Où dormir ? Où manger ? Où boire un verre ?

🏠 🍽 ***Dar Ayed :*** *à la sortie de Tamezret en direction de Douz, sur la gauche. 📱 55-267-409 et 98-305-639. • darayed2007@gmail.com • Double avec sdb env 180 Dt, petit déj compris ; plus une suite (pour 4) et un chalet (pour 6). Dîner sur commande.* Cette construction récente, accrochée à la colline, ne manque pas de cachet. Les chambres non plus d'ailleurs, impeccables et décorées avec goût, mêlant la teinte sable de la pierre aux couleurs des tissus locaux. En tout, 9 chambres, dont 5 familiales. Piscine... et belle vue sur la vallée en prime ! Café avec tour panoramique, boutique et minimusée sur place. Une excellente adresse.
🏠 🍽 ***L'Auberge de Tamezret :*** *au cœur du village. ☎ 75-244-026. • tamezret.com • Compter 210 Dt/pers en ½ pens.* Un couple belgo-tunisien a conçu ce lieu chic et charme, en rénovant une vieille maison traditionnelle aux espaces biscornus.

Seulement 3 chambres, fort bien aménagées et décorées, auxquelles on accède par une porte basse. Très jolies salles de bains, clim réversible, draps en lin. Une chambre avec terrasse privative, d'où le panorama est splendide. Les nombreuses œuvres d'art et le beau mobilier antique tranchent avec les gros murs de pierre, laissés tels quels. Côté table, on s'installe dans une élégante salle troglo pour déguster un menu fixe et copieux, assorti d'une belle carte de vins tunisiens. Sans oublier le petit déj, riche et varié (jus frais, œufs, yaourt maison, fromages affinés et même de la charcuterie !). Excellent accueil.

Table d'hôtes chez Mongi Bouras : *suivre les indications du Musée berbère (voir plus bas). 98-567-266. Midi et soir, sur résa 2 j. avt. Prix moyens.* Ceux qui souhaitent en savoir un peu plus sur la culture berbère ne manqueront pas l'occasion de partager un bon moment de convivialité avec la famille de Mongi autour d'un repas traditionnel, à base de produits locaux. Pas d'alcool servi mais on peut en apporter. Accueil très chaleureux.

Café Ben Jemaa : *tt en haut du village, après le Musée berbère. Tlj du mat au soir.* Petite institution tenue de père en fils depuis 1932, le *Café Ben Jemaa* marquait jadis la 1re étape sur la piste de Douz. 3 bonnes raisons de pousser jusqu'ici : on y sert un excellent thé à la menthe et aux amandes dans un joli petit intérieur traditionnel, la balade donne l'occasion de découvrir ce beau village, et la petite placette, où est installé le café, a bien du charme. Enfin, la vue sur les portes du Sahara consolera les grincheux si, par malheur, ils devaient trouver porte close !

À voir

Le village de Tamezret se découvre à pied. Allez donc vous perdre dans le petit dédale des ruelles, en fin d'après-midi de préférence ; c'est l'heure où la chaleur est la moins écrasante et les lumières sont les plus belles. Les pierres se parent alors de teintes orangées sous les rayons du soleil déclinant. Vous y rencontrerez les habitants. Jadis, le village était divisé en 4 tribus strictement endogames. Aujourd'hui, il est encore possible de reconnaître le statut d'une femme grâce à la couleur de ses habits, à son maquillage ou à ses bijoux. Le bourg offre aussi un très beau panorama sur toute la région, gentiment vallonnée et clairsemée de bouquets de palmiers-dattiers qui donnent un peu de verdure à l'ensemble...

En montant les escaliers (suivez les flèches bleues) pour aller vers le *Café Ben Jemaa,* arrêtez-vous à l'adorable ***petit Musée berbère*** *(98-567-266 ; en principe, tlj 8h-18h, mais le mieux est d'appeler avt ; pas de prix fixe, on donne ce qu'on veut).* Si le coin ne manque pas de petits « musées des Traditions populaires », celui-ci se distingue un peu grâce à son propriétaire, Mongi Bouras, qui vit sur les lieux et est intarissable sur les us et coutumes de son peuple. Dans une poignée de salles (dont une partie creusée dans la roche) garnies de tissus, vêtements, outils et ustensiles, on y apprend notamment la façon dont les villageois se défendaient contre leurs ennemis, la symbolique des motifs de broderie et du costume de la mariée, le droit des femmes... Une belle initiative, à encourager pour faire vivre la tradition berbère. Vente de jolies pièces d'artisanat. Fait également table d'hôtes (voir plus haut). Et si vous voulez pousser plus loin la découverte du mode de vie local, Mongi organise aussi des excursions d'une nuit dans le désert, avec participation aux tâches domestiques traditionnelles *(compter 120 Dt/pers en ½ pens).*

TOUJANE

À 28 km de Matmata l'Ancienne, sur la route de Médenine.
Excellent point de départ pour découvrir les environs. Dominé par les ruines de 2 ksour, ce village berbère est constitué de maisons en pierres sèches et

d'habitations troglodytiques dont les nombreuses terrasses offrent un panorama à couper le souffle sur la plaine qui s'étire vers la mer. Toujane est réputée dans tout le pays pour son miel d'exception, son huile d'olive de 1er choix (possibilité de visiter des moulins entre octobre et avril), ses figues sèches... et pour ses tapis *(margoum).* Les femmes tissent aussi des châles très particuliers et très beaux, les *bakhnoug.* Il s'agit d'un voile en laine très serrée et dont chaque village possède son propre signe géométrique, que l'on retrouve aussi dans les tatouages des hommes et des femmes. Celui de Toujane est particulièrement fin et riche en motifs.
Le tourisme s'est développé ici timidement, avec juste quelques structures d'hébergement petites et familiales, ce qui permet une véritable immersion dans le quotidien des habitants. Autre bonne nouvelle : aucune scène de *La Guerre des étoiles* n'y a été tournée !

Arriver – Quitter

En voiture

➢ ***Matmata :*** bonne route goudronnée, sinueuse.
➢ ***Djerba :*** passer par *Mareth* (pour prendre le bac) ou par *Médenine* (pour emprunter la voie romaine).

En bus

➢ ***Gabès et Matmata :*** 1 bus/j. entre Gabès et Toujane via Matmata. Départ le mat tôt de Toujane, en début d'ap-m de Gabès.

Où dormir ? Où manger ? Où boire un thé ?

On ne sert pas d'alcool dans le village.

Trogl'Auberge du Dahar : *s'adresser au resto du même nom en bord de route (vers le bout du village en venant de Matmata). 98-663-482 ou 25-668-494. • accueil-paysan.com • Env 70 Dt/pers en ½ pens, en chambre troglo ou classique.* Agrippées à flanc de montagne, à quelques minutes à pied de la route, les 2 chambres troglodytiques (spacieuses et hautes de plafond) se partagent une salle d'eau (chaude) avec w-c séparés, un salon commun creusé dans la roche avec banquettes et coussins pour s'affaler, une petite terrasse sur le toit et une minicuisine. L'ensemble est assez sommaire (bons matelas néanmoins), mais il a son charme et conviendra aux routards peu regardants sur le confort. Et puis, de là, le matin, on contemple tout le village, avec pour seul fond sonore le chant des coqs et le cri des animaux. Plus bas, au bord de la route, également un restaurant panoramique servant une bonne cuisine locale, ainsi que 2 chambres dans la maison familiale, sans le charme troglodytique, bien sûr, mais vastes et fonctionnelles. Le soir, Béchir, le sympathique maître des lieux, prépare pour les clients de l'auberge des repas que l'on partage avec sa famille... Il connaît aussi les escapades à faire dans les environs (notamment à dos d'âne). L'adresse est affiliée au réseau « Accueil Paysan » pour un tourisme durable.

Dar Fatma (Auberge Ben Ahmed) : *en bord de route, juste après la* Trogl'Auberge du Dahar *lorsqu'on vient de Matmata, côté droit. 96-958-004. • fathi004@hotmail.fr • Compter 60-100 Dt/pers en ½ pens, selon chambre.* Autre bonne adresse où poser son sac pour une nuit. On est bien accueilli par Fathi et sa famille, qui proposent plusieurs types de chambres : 2 « troglo » donnant sur une cour intérieure garnie de jarres, 2 chambres un peu plus simples et petites en face, et 2 grandes suites au-dessus avec terrasse et vue sur toute la région ! Le tout très bien tenu et arrangé dans le style local. Belle boutique aussi. Possibilité de randonnées de un à plusieurs jours. Très bien !

L'Escale : *1 km avt Toujane en*

venant de Matmata, sur la gauche (repérer l'enseigne « Belle Vue » en hauteur et les escaliers). Tlj dès 8-9h. On grimpe pour rejoindre ce café un peu haut perché, mais quelle récompense là-haut : vue époustouflante sur les montagnes arides et accueil chaleureux d'Abdallah, qui se fait un plaisir de discuter avec ses hôtes et de répondre à leurs questions devant un café à la fleur d'oranger ou un thé à la menthe. Il vend également de beaux tapis réalisés par les femmes du village (comme la plupart des cafés de Toujane). Resto en projet juste à côté.

À voir dans les environs

Un ***petit musée berbère*** est retranché dans le village de Zmerten, dans les montagnes. À 2 km avant Toujane en venant de Matmata, prendre à droite une petite route goudronnée qui traverse sur 6 km la campagne ravinée et plantée d'oliviers ; le musée se trouve sur la droite, avant la mosquée, dans une maison troglodytique. Si Ali, le proprio, n'est pas là, demandez aux villageois de vous faire visiter : quelques objets anciens ont été rassemblés dans cette habitation traditionnelle.

DOUZ

38 500 hab.

Vaste oasis, gardienne du Grand Erg et porte du Sahara tunisien. Les 1res dunes bordent la palmeraie. Douz, à l'instar de Sabria et d'El-Faouar, est une très ancienne place de marché où se rassemblaient sédentaires et nomades de la région. Point de ralliement des nomades merzougui (de la tribu mérazigue), le bourg n'était composé, au début du XXe s, que de quelques bâtisses entourées de tentes. Les nomades séjournaient à Douz pendant les mois chauds, laissant les dromadaires à la recherche de leur point d'eau. Dès la fin des grosses chaleurs, ils reprenaient le large, poussant leurs bêtes vers les pâturages d'hiver. Dans le but de fixer les populations, le gouvernement a accordé aux nomades des lots d'oasis conquises sur le désert.

Après une « traversée du désert », suite à la chute du tourisme, le secteur retrouve un peu d'allant. Individuels et groupes reviennent timidement profiter de la douceur de vivre et de l'authenticité de la région, qui offre des possibilités d'excursions inoubliables dans le Sahara.

UN ENVIRONNEMENT FRAGILISÉ

À Douz, le combat contre la progression du désert est incessant. Mais la vraie menace, c'est peut-être le manque d'eau. L'oasis est une création de l'homme et le palmier, gourmand en eau, puise dans les nappes phréatiques. Or celle-ci est en train de s'épuiser, à cause des besoins d'irrigation mais aussi d'une sécheresse qui sévit dans la région depuis des années. Résultat : le niveau de la nappe baisse inexorablement. Pour répondre à cette situation, les pouvoirs publics ont commencé à puiser dans la nappe fossile. Mais celle-ci ne se régénère pas. Le vrai désert pourrait bien être, bientôt, là où on ne le voit pas encore...

Arriver – Quitter

En bus

Gare routière : *derrière le cimetière ; depuis le centre, remonter la rue au niveau du Café Rendez-vous, c'est à env 200 m.* Peu de bus directs : la plupart des bus partent plutôt de Kebili, le chef-lieu du gouvernorat. 2 compagnies : la *Sotregames (☎ 75-470-447),* privée, et

la compagnie nationale, la *SNTRI* (☎ 75-472-302). Elles assurent des liaisons avec :
➢ ***Kebili :*** au moins 1 bus/h ; de là, correspondance pour ttes les destinations. Trajet : 30 mn.
➢ ***Tozeur :*** pas de direct ; il faut passer par Kebili, d'où part 1 bus/j. pour Tozeur dans l'ap-m.
➢ ***Gabès et Sfax :*** au moins 3 bus/j., en comptant ceux qui vont à Tunis ; d'autres liaisons depuis Kebili. Compter respectivement 2h30 et 5h30 de trajet.
➢ ***Tunis :*** 2 bus/j., vers le mat et le soit. Passe par ***Gabès, Sfax, Sousse*** et ***Hammamet.*** Compter env 8h jusqu'à la capitale.
➢ ***Gafsa, Djerba :*** pas de bus directs. Passer par Kebili.

En louage

➢ Départ de la gare routière. Liaisons fréquentes avec ***Kebili,*** puis correspondance avec ***Tunis, Gabès, Sfax, Tozeur.***

En voiture

➢ ***Matmata :*** à 100 km, par une bonne route. Attention, pas de station-service avant Matmata Nouvelle.
➢ ***Tozeur :*** à 125 km via Kebili, en traversant le chott El-Djerid. La route est excellente, rapide et belle.

Adresses et infos utiles

Infos touristiques et services

Office de tourisme : *av. des Martyrs, presque en face du musée du Sahara.* ☎ *75-470-351. En théorie, lun-ven 8h-13h, 14h-17h.* Peut éventuellement répondre à vos questions.
■ ***Argent, change :*** *plusieurs banques avec distributeur aux abords du rond-point principal (la pl. des Martyrs, avec la statue du méhariste). Change possible aussi à l'agence* Toui Travel, *à côté du resto* Les Palmiers.
Carrefour Market : *à 250 m du rond-point principal, face au cimetière. Tlj 7h30-20h (22h en été).*

Santé, urgences

■ ***Médecin :*** ***Dr Hashassi Sola,*** ☎ *75-470-213 ou* 📱 *98-454-390.*
Hôpital : *à 1,5 km env du centre-ville, sur la route de Kebili.* ☎ *75-470-323.*
■ ***Police :*** *sur la route de Kebili ; env 200 m avt l'hôpital.* ☎ *75-470-333.*
■ ***Police touristique :*** *dans la zone touristique, entre l'(ex-)hôtel* Touareg *et l'hôtel* Sun Palm. ☎ *75-470-554.*
■ ***Pharmacies :*** *plusieurs dans le centre, dont une pl. des Martyrs (rond-point principal).*
■ ***Pharmacie de nuit :*** *av. Mohamed-Merzougui, à 150 m du rond-point principal, route de Matmata sur la gauche.* ☎ *75-470-600.*

Agences de voyages

Douz compte plusieurs agences qui organisent des tours dans le désert. Voici une adresse sérieuse :

■ ***Libre Espace Voyages :*** *sur la route de Matmata, à 500 m du rond-point principal, côté droit.* ☎ *75-470-620.* 📱 *98-673-675.* • *libre-espace-voyages.com* • Une agence compétente tenue par Danielle et Edi, qui gère aussi le campement *Zmela,* près de Ksar-Ghilane.

Où dormir ?

Quelques hôtels routards dans le centre-ville, ainsi que de sympathiques campements à proximité. Mais il manque clairement, à Douz, des hôtels à prix moyens recommandables. Quant à la zone touristique (près des dunes), à 2-3 km du centre-ville, elle concentre les grosses structures hôtelières fréquentées par les groupes. La plupart d'entre eux n'y séjournent qu'une seule nuit, le temps d'attendre le départ de la méharée (tôt le matin) et de s'en remettre, au retour.

Campings

Camping Cinderella : à 7 km au sud du centre, sur la route du désert (fléché depuis la zone touristique). ☎ 75-477-007. 98-203-719. • cinderellacamping@gmail.com • Env 20 Dt pour 2 avec tente et voiture ; cabanes et tentes au toit de palme 50 Dt pour 2. Dîner sur résa. Un bien joli camping, directement aux portes du désert. Les pieds dans le sable, au cœur d'un jardin fleuri, on peut planter sa tente, dormir dans de mignons cabanons ou dans des tentes recouvertes de feuilles de palmier. Sanitaires d'une belle propreté, cuisine à dispo, bar ombragé, salon à la maure : c'est la vie à la bédouine... version plus confortable. Charmant accueil de la proprio, une Suissesse germanophone.

Camping Désert Club : près du centre, à 500 m au sud du rond-point principal (pl. des Martyrs). ☎ 75-470-575. • desertclubdouz@yahoo.fr • Compter 20 Dt pour 2 avec tente (supplément voiture) ; petit déj et dîner sur résa. Petit camping convivial et bien tenu. Situé au bord de la palmeraie, il est relativement ombragé et sa proximité avec le centre-ville permet d'accéder rapidement à tous les commerces. Bloc douches (eau chaude) et sanitaires propres. Machine à laver payante. Terrasse ombragée et resto ouvert à tous en saison (voir plus loin « Où manger ? »). On peut également y boire un verre (sert de l'alcool). Organise des méharées et autres excursions dans le désert. Chaleureux accueil de Sophie, la maîtresse des lieux.

Camping municipal et auberge de jeunesse : à 1,5 km env du centre-ville, en direction de Matmata, sur la gauche, 200 m avt la station-service. ☎ 75-473-420. 94-166-188. Compter 7 Dt/pers pour planter sa propre tente, dormir sous une tente bédouine ou une canadienne. Également des petites chambres (3-4 lits) à 18 Dt/pers. Pas de petit déj. Un vaste terrain sableux planté d'eucalyptus. On y trouve des chambres basiques mais propres (certaines avec leur salle de bains, pour le même prix), et des tentes rudimentaires (un matelas au sol et basta). Petite cuisine à dispo, et on peut faire des feux de camp. Pas une folle ambiance, mais impossible de trouver moins cher à Douz.

Bon marché (moins de 75 Dt / 25 €)

Hôtel 20 Mars : dans la rue du même nom. ☎ 75-470-269. 98-523-893. • hotel20mars@planet.tn • Doubles 30-50 Dt sans ou avec douche et/ou w-c, les plus chères avec clim et chauffage ; quadruples. Un hôtel très central, rompu depuis de nombreuses années à l'accueil des voyageurs à petit budget. Les chambres, de plain-pied ou à l'étage, s'organisent autour d'un patio ombragé agréable et se perdent dans une petite arrière-cour. Ensemble très bien tenu. Tout simplement un excellent rapport qualité-prix. Organise des excursions dans le désert (agence avec licence). Bon accueil.

*Hôtel La Tente : rue El-Hanine, à 2 pas de l'*Hôtel 20 Mars*. ☎ 75-470-468. 96-894-358. • hotellatente@yahoo.fr • Compter 20-30 Dt sans ou avec douche (eau chaude) et/ou w-c ; supplément clim ou chauffage et petit déj.* En plein centre, avec réception au 1er étage. Sommaire mais pas cher du tout, et encore acceptable pour le routard endurci. Accueil aimable. Resto juste à côté.

De chic à très chic (plus de 150 Dt / 50 €)

Maison d'hôtes Murmure de Civilisations : 17, rue des Combattants ; à 450 m au nord du rond-point principal, un peu à l'écart de la route de Kebili. 21-364-896 ou 98-922-514. • murmure.decivilisations@gmail.com • Double env 160 Dt avec petit déj ou 200 Dt en ½ pens. La façade, déjà, donne le ton : une maison traditionnelle en ciment local couleur terre, rehaussée de portes bleues. À l'intérieur, on découvre un patio planté d'un palmier et, tout autour, 6 chambres charmantes à thème, reflétant chacune une civilisation ayant occupé la région : « Yezza » (déco préhistorique), « Chez Rahazade » (style arabo-musulman), « Nakhla » (tout en bois de palmier !)... Une adresse sympathique tenue par Salah, très versé dans la préservation des cultures locales. Il propose aussi des stages d'activités traditionnelles (calligraphie, cuisine, tissage, musique...).

Tente El Bey : *à 4,5 km sur la route de Zaafrane (fléché). 20-081-659 ou 28-362-081. • restaurantelbey12@gmail.com • Compter 350-500 Dt pour 2 pers selon saison, avec petit déj.* Pour nos lecteurs bien nantis, un hébergement « chic et charme », tenu par une famille bédouine sédentarisée. Il s'agit de 7 superbes tentes de luxe (en dur...), à la déco locale typique, bien fraîches et offrant le niveau de confort qu'on peut attendre d'une adresse de cette catégorie. Petit déj pris sur la terrasse privative de chaque chambre, face à un magnifique jardin planté de palmiers-dattiers. Bien, donc, mais tout de même fort cher en saison (d'octobre à avril). Fait aussi resto à côté (voir plus bas « Où manger ? »).

Où camper ? Où manger dans les environs ?

Pour ceux qui rejoignent Tozeur par le chott El-Djerid :

Les Amis du Camping : *à* ***Kebili*** *(30 km au nord de Douz) et à 800 m du centre-ville en direction d'El-Faouar. ☎ 75-492-710. 98-567-663. • les_amis_du_camping@hotmail.com • camping-kebili.blogspot.com • Compter 30 Dt pour 2 en bungalow ou pour l'emplacement d'une tente avec véhicule ; 35 Dt en chambre ; sdb commune. Possibilité de petit déj et de repas, accessible aussi aux non-résidents (15 Dt).* Camping de 1 ha, tranquille, bien entretenu et ombragé. Petit bloc sanitaire avec eau chaude. Également des bungalows pour 2 personnes et une chambre d'hôtes. Repas préparés par madame, et marché de fruits et légumes non loin. Accueil charmant des proprios.

Où manger ?

Rien de fantastique dans cette ville où la plupart des étrangers dînent dans les complexes hôteliers de la zone touristique qui les logent. À noter d'ailleurs qu'en dehors de ces endroits quasi aucun resto ne sert de l'alcool à Douz.

De bon marché à prix moyens (15-40 Dt / 5-13 €)

Les Palmiers : *av. Taïeb-Mehiri, en face de la banque STB, à 50 m du rond-point principal. Pas d'alcool. Tlj 8h-15h, 17h-21h.* Une adresse qui a fait ses preuves. On y mange de bonnes grillades à prix raisonnables : brochettes, côtelettes, poulet... mais aussi couscous, *koucha* d'agneau et gargoulette de dromadaire, dans une salle colorée tapissée de photos de rallyes et d'autocollants. Terrasse sympa dans le patio ou sur le toit, selon la saison. Excellent accueil.

Restaurant Dyar Z'men : *av. Taïeb-Mehiri, presque en face du resto Les Palmiers, à 30 m du rond-point principal. Pas d'alcool. Tlj 11h-15h, 19h-22h.* Il s'agit en fait d'un petit complexe avec, à gauche du café, une salle de resto plutôt bien apprêtée, avec des murs de pierre blonde, des chaises rouges rembourrées et des portes dorées factices. Un cadre bien net pour une cuisine tout à fait honnête (bon couscous de dromadaire, lapin, grillades, etc.). On peut aussi manger à l'étage, sur des poufs à des tables basses. L'un des endroits les plus recommandables.

Errimel : *av. Taïeb-Mehiri, à 300 m du rond-point principal en allant vers le musée du Sahara. 98-249-387. Tlj sauf dim. Pas d'alcool.* Un petit resto populaire tenu par des frères sympathiques. Au menu, outre les classiques spaghettis, merguez ou poulet grillé, essayez la *kapsa* (riz à l'orientale) ou, pour les plus aventureux du palais, la tête d'agneau (servie avec une bonne sauce maison) ! Pas cher du tout.

Venezia : *à côté de la gare routière. Tlj 7h-minuit. Pas d'alcool.* Pour dépanner, voilà un snack-pizzeria-kebab au cadre assez plaisant et aux plats consistants. *Chawarma,* poulet... et pizzas faites dans l'instant derrière le comptoir. Comme l'endroit est très fréquenté, les produits sont frais.

Restaurant du camping Désert Club : *voir plus haut « Où dormir ? ». ☎ 75-470-575. Oct-mars. Sert de l'alcool.* On le signale surtout car c'est le seul, en dehors des hôtels pour groupes de la zone touristique, à servir de l'alcool. Menu complet uniquement, au gré de l'humeur du cuistot. Bon accueil de Sophie, quand elle est là.

Chic (40-60 Dt / 13-20 €)

El Bey : *à 4,5 km sur la route de Zaafrane (fléché). 20-081-659. Tlj 8h-minuit. Pas d'alcool.* Installé dans une palmeraie aménagée, ce resto en plein air propose surtout des spécialités de gargoulette à différentes viandes : poulet, mouton, lapin, dromadaire (selon disponibilité). Le menu inclut soupe, hors-d'œuvre, gargoulette, thé et un petit dessert ; il faut reconnaître que c'est copieux et plutôt savoureux. Certes, le concept est touristique et mise sur le cadre folklorique, donc les prix s'en ressentent. Mais ne boudons pas notre plaisir au moment de s'asseoir sous une tente bédouine éclairée à la chandelle, ou bien sous une treille ou une paillote. Service en costume tradi. Spectacles de danses et chants folkloriques en cas d'affluence. Dommage qu'on ne puisse arroser le repas qu'avec de l'eau ou des sodas...

Où boire un jus ou un thé ?

Dar Essouk : *sur la pl. centrale du souk.* Un café sur 3 étages : au rez-de-chaussée sur la place, niveau arcades et sur le toit. On vient y siroter un jus d'orange ou boire un thé en fumant la chicha. Parfait pour observer l'animation, surtout les jours de marché !

Achats

Sahar'art : *sur la pl. centrale du souk, à côté du café Dar Essouk. 29-741-678. Tlj 8h30-18h30.* Une boutique très bien fournie, créée par un Tunisien pour mettre en valeur l'artisanat local. La maroquinerie et les vêtements sont fabriqués à Douz. Ce n'est pas forcément le cas des autres babioles, ce qui ne les empêche pas d'être jolies : vaisselle peinte, bougeoirs, bijoux, savons, parfums... Prix fixes et abordables.

À voir

Le musée du Sahara : *av. des Martyrs, en direction de la zone touristique, en face de la caserne militaire. Tlj sauf lun : 9h30-16h30 de mi-sept à fin avr ; 7h-14h en été et 8h-15h pdt le ramadan. Entrée : 5 Dt.* Petit musée très enrichissant qui présente de façon claire la culture nomade loin des clichés habituels. Au fil de l'unique salle d'expo, on découvre différents aspects de ce mode de vie : les codes qui régissent le tissage des vêtements, de la tente et des tapis (exemple de métier à tisser), le marquage des dromadaires, les tatouages... Reconstitution d'une tente nomade, costumes et bijoux sous vitrine. Muséographie simple et claire, et textes informatifs. Un bon contrepoids au « désert-business ».

Le marché du jeudi : *du mer fin d'ap-m au jeu midi. Sur la grande pl. centrale entourée d'arcades et dans les ruelles alentour.* Cocktail bigarré de locaux et de nomades (les Ghrib du sud du chott, les Mérazigues des environs, les Adhara de Zaafrane). La fripe et la bimbeloterie importée de Chine prennent une place importante, ainsi que les ustensiles de cuisine et autres objets domestiques, mais on trouve encore quelques marchands d'épices et d'huiles essentielles. Les boutiques sous les arcades vendent aussi des produits artisanaux, notamment de beaux tapis ou des chaussures typiques de la région, en cuir de dromadaire ou de chèvre, tissées de motifs colorés sur le dessus. On les achète presque uniquement au marché et dans les échoppes de Douz, à des prix imbattables. C'est aussi là que l'on peut acquérir pour un prix raisonnable les célèbres burnous fabriqués en laine de mouton ou en poils de dromadaire. Il s'agit d'une cape assez lourde, dotée d'une large capuche. Réalisée uniquement par des femmes, sa confection demande de 1 à 3 mois de travail.

L'ÂGE TENDRE DU DROMADAIRE

En passant devant les boucheries, vous verrez sans doute des têtes et des pattes de dromadaire posées sur les étals ou pendues à des crocs de boucher. Sachez que la viande consommée est celle de jeunes dromadaires d'environ 1 an, beaucoup plus tendre que celle des adultes. Son goût rappelle un peu celui de l'agneau, en moins gras. Quant aux dromadaires âgés, devenus inutiles, ils sont traditionnellement relâchés dans le désert pour y finir leur vie dignement, en toute liberté.

Le souk des animaux : *au sud de la pl. principale du marché, au bord de la palmeraie. Ts les jeu, mais y aller tôt le mat car vers 10h les animaux commencent à partir.* Très pittoresque. Surtout des moutons et des chèvres, ainsi que des poulets, lapins et canards. Plus rarement des dromadaires et chevaux. On observe avec fascination les acheteurs qui, en connaisseurs, palpent la croupe des bestiaux, inspectent la dentition, soulèvent la queue...

Le marché des dattes : *derrière la station de louages. Oct-déc, tlj mais surtout mar-mer.* En saison (l'automne), des tonnes de dattes changent de main en quelques heures. Dès 10h, l'animation décline.

La grande dune d'Offra : *à 3 km env du centre-ville, dans la zone touristique, face au rond-point où trône une clé géante, entre les hôtels Offra et Mehari. Y aller de préférence en fin d'ap-m ou au lever du soleil.* C'est la fenêtre ouverte sur le désert de sable. On voit là une grande dune... qui s'est toutefois érodée ces dernières années, à force d'être piétinée par tout ce qui, dans le coin, tient sur 2 jambes, 4 pattes, 2 ou 4 roues. Sans parler des déchets. Sur les bords de route, des dromadaires attendent placidement les apprentis méharistes. Si vous voulez faire un petit tour en camélidé, il vous faudra négocier ferme (max 20-25 Dt pour 1h). Sachez aussi que le désert est étendu et qu'il suffit de s'éloigner pour trouver un peu plus de calme... et un environnement plus vierge.

À faire

– **Une méharée ou une balade à dos de dromadaire :** *s'adresser aux « stations » chamelières, le long de la route des dunes.* Pour une simple balade, compter environ 20-25 Dt pour 1h. Essayez d'éviter le plan du genre on vous déguise, on vous charge sur la monture, on vous photographie et on vous largue dans les 1res dunes, juste assez loin de la route pour une pause soda (payante), puis retour au point de départ.

– ***Sorties en ULM :*** *au centre de loisirs* Douar Selma, *dans la zone touristique ; à droite après l'ex-*Compagnie des Sables, *en remontant vers Douz.* ☎ *98-644-624.* Outre des balades à dos de dromadaire *(15 €/h),* ce centre propose des vols en ULM en saison (d'octobre à mars-avril), avec Fabio et même parfois Jacques, un aventurier octogénaire qui a notamment côtoyé Frison-Roche, Paul-Émile Victor, Haroun Tazieff... Compter 70 Dt le baptême de 7 mn !

SAVOIR PARLER À SA MONTURE

Pour diriger son dromadaire, le faire se lever, aller à droite ou à gauche, accélérer, les nomades emploient des sons, que le dromadaire a enregistrés depuis sa tendre enfance. Ainsi, pour le faire baraquer (s'agenouiller), le chamelier, tout en le frappant légèrement sur le coude, émet un « ikh, ikh » ou un « pschittt ». Pour le faire se redresser, c'est au son de « jâ, jâ » que l'animal s'exécute, si c'est un mâle ; car s'il s'agit d'une femelle, il faut lui dire « hâ, hâ ». À vos antisèches !

Festival et manifestation

– ***Festival international du Sahara :*** *4-5 j. fin déc.* ● *festivaldouz.org.tn* ● Initialement créé par les Français en 1910, l'ancien défilé militaire à dos de dromadaire est aujourd'hui devenu une importante manifestation du Sud tunisien. Joutes poétiques (en arabe), combats et cavalcades de dromadaires, mariages traditionnels, courses de lévriers et de pur-sang arabes, parties d'*agfa* (jeu de ballon lancé à l'aide d'un tronc de palmier)... Festival populaire tunisien où, pour une fois, les touristes sont noyés dans la masse. Les 1re et dernière journées sont les plus intéressantes ; en particulier, la clôture du festival présente un défilé de toutes les troupes (musiciens, comédiens, cavaliers, bergers, enfants...) ayant participé à la fête.

– ***Semi-marathon de Bir Mathieu :*** *ts les ans, fin oct.* ● *pourmathieu.fr* ● Course organisée en hommage à un jeune Français décédé ici en 2015, dans un accident de quad. Un beau parcours de 21 km qui décrit une boucle dans le désert, en passant par le puits *bir Mathieu.* Nombreux participants, notamment venus de France.

LE CHOTT EL-DJERID

Les dépressions salées se succèdent sur près de 300 km du golfe de Gabès à la frontière algérienne : chott El-Fedjaj, chott El-Djerid et chott El-Gharsa. Elles font figure d'intermédiaires entre le désert de pierres et le désert de sable. En été, dès que la température dépasse 30 °C, l'air surchauffé vibre doucement et ne permet plus de distinguer les contours des choses. En hiver, pendant la saison des pluies, certaines parties du chott El-Djerid se couvrent d'eau et prennent l'apparence d'une mer intérieure. La route devient alors une digue qui traverse des paysages totalement irréels.

Le chott est constitué d'une agglomération de cristaux de sel qui forment une couche épaisse et résistante. Cette dernière repose sur

une masse de boue argileuse ou de sable plus ou moins aquifère. Parfois, l'eau submerge la croûte de sel qui perd alors de son épaisseur, mais l'évaporation et les vents assèchent rapidement sa surface. Il est déconseillé de marcher sur les plaques de sel, car vous risqueriez de vous enfoncer dans la boue.

LES MIRAGES : COMMENT ÇA MARCHE ?

Le mirage est un effet d'optique. Il s'explique par le fait que dans des couches d'air de différentes températures, et notamment sur un sol surchauffé, les rayons lumineux se courbent, offrant une convexité tournée vers le sol en projetant une image à l'envers. Étant donné la courbure de la surface terrestre, il arrive que soient réfléchis des objets situés hors de vue de l'observateur. Le mirage est donc toujours le reflet d'un réel. Laissons les hallucinations au capitaine Haddock !

QUAND ON EN PINCE POUR L'UNIVERS SEL...

Le chott El-Djerid est bordé à ses 2 extrémités, à l'est et à l'ouest, par un chapelet de petites oasis, de villages traditionnels, d'une succession de djebels au nord et de monticules de sable au sud. C'est un cadre idéal pour la pratique du char à voile. Il a d'ailleurs été choisi par les spécialistes pour l'organisation de compétitions.
Au XIXe s, Roudaire, un commandant de l'armée française, avait un temps envisagé de relier le chott à la Méditerranée en faisant entrer l'eau par le golfe de Gabès. Il s'inspirait ainsi des travaux de son grand contemporain, Ferdinand de Lesseps. L'idée était séduisante, mais le projet ne vit jamais le jour. Faute de budget, mais aussi parce que les savants s'étaient trompés dans leurs calculs, il fut abandonné en 1882. En revanche, l'histoire inspira Jules Verne dans son roman *L'Invasion de la mer.*
Aujourd'hui, grâce aux travaux de l'armée, une belle route goudronnée file tout droit et relie Kebili à Tozeur.

SOUK LAHAD

À 20 km environ de Kebili, la petite ville de Souk Lahad ne présente pas d'intérêt particulier. En revanche, à la sortie de la ville, jeter un œil à la ***fontaine du puits artésien*** (le bâtiment couleur rouille sur la gauche). L'eau sort ici à près de 60 °C. Elle est ensuite refroidie par un système d'ailettes, qui rappelle une sorte de radiateur, avant d'être acheminée par des *seguias* en spirale vers la palmeraie.
En poursuivant 5 km plus loin, peu après le km 67, prendre à gauche, direction « Fatnassa-Bechri-Dbeboha » ; 1 km plus loin sur la droite, on découvre un paysage surprenant de ***roches de sable*** sculptées par les éléments, qui s'élèvent dans un décor dunaire. Pause-photo de rigueur !

QUE D'EAU, QUE D'EAU !

Non content d'avoir épuisé une partie de la nappe phréatique, l'homme puise désormais dans ses réserves. « Le sang de la terre », comme disent les nomades. L'eau pompée dans la nappe fossile, parfois à plus de 2 000 m de profondeur, sort à plus de 80 °C. D'où ces fontaines de refroidissement, sortes de gros cubes de béton nimbés d'un halo de vapeur d'eau, qui poussent un peu partout dans la région. Le problème est d'une part que cette nappe, très ancienne, n'est pas réalimentée, d'autre part qu'elle est susceptible de contenir des sels et autres métaux ou substances tels que l'arsenic. C'est pour cette raison que ce type de pompage a été arrêté dans certains pays.

TOZEUR

37 400 hab.

• Plan p. 338-339

L'une des plus belles oasis de Tunisie. Elle abrite en effet une splendide palmeraie de près de 2 500 ha, qui compte environ 400 000 palmiers. La production et l'exportation de dattes sont d'ailleurs le principal moteur économique de la ville. Forte d'une personnalité bien à elle, Tozeur mérite amplement qu'on s'y attarde pour visiter ses intéressants musées et, surtout, pour arpenter le vieux quartier d'Ouled-el-Hadef (la médina), dont les étroites ruelles ont été épargnées par la modernité. On découvre ainsi l'architecture de la région, dans les tons ocre, dont le matériau principal de parement est une briquette claire, faite d'un mélange de sable et d'argile. L'artisanat y est omniprésent et la rose des sables y tient une place de choix. On y découvre également de nombreuses zaouïas, car la ville a conservé une forte tradition mystique. Sans oublier des influences très anciennes venues du Moyen-Orient, que l'on retrouve dans les longs voiles noirs avec une fine bande blanche ou bleue portés par les femmes, à l'instar des Irakiennes.
Sa situation stratégique et la qualité de ses hébergements font en outre de Tozeur une base idéale pour rayonner dans le Sud-Ouest tunisien, et notamment pour visiter Nefta et les oasis de montagne.

Arriver – Quitter

En avion

✈ ***Aéroport Tozeur-Nefta*** *(hors plan par A1)* **:** *à 4 km env du centre-ville, sur la route de Nefta. ☎ 76-453-388.* ***Tunisair*** *: ☎ 76-463-222.* Petit aéroport international : en vols réguliers, *Tunisair* assure plusieurs liaisons/sem avec ***Paris.***
En vols intérieurs, Tozeur est relié principalement à ***Tunis.***
– Pas de distributeur de billets. Change possible à la *poste,* ouverte quand il y a des vols internationaux. Il est possible d'échanger ses derniers dinars sur présentation des bordereaux de change, mais pas de les dépenser au *duty free* (euros seulement).
➢ ***Pour rejoindre la ville :*** pas de navette. En taxi, compter env 10 Dt (15 Dt à partir de 21h).

En train

Gare ferroviaire *(hors plan par C1)* **:** *à 700 m de la gare routière.* La liaison Tunis-Sfax-Tozeur est suspendue depuis 2017. En attendant un éventuel rétablissement, il faut recourir aux bus et aux louages.

En bus

Gare routière *(plan C1)* **:** *av. Farhat-Hached.* ***SNTRI :*** *☎ 76-453-557 ;* ***SRTG :*** *☎ 76-452-086 ;* ***STCI :*** *☎ 75-461-590.* Résa conseillée pour les trajets ven-dim, car il y a plus de monde. Liaisons avec :
➢ ***Gafsa :*** 8 liaisons/j., 5h30-16h. Durée : 1h30.
➢ ***Nefta :*** env 1 bus/h, 9h-19h. Durée : 30 mn.
➢ ***Kebili-Gabès-Djerba :*** 1 départ/j., tôt le mat. C'est le bus qui va à Djerba via Gabès. Durée : respectivement 1h30 env, 3h et 5h.
➢ ***Douz :*** pas de direct ; changer à Kebili.
➢ ***Tunis*** (via ***Gafsa, Kairouan*** et ***Hammamet***) **:** 7 bus/j., 6h-0h30. Compter 6h30 de trajet pour Tunis, 5h pour Kairouan.
➢ ***Sousse :*** 1 bus/j., tôt le mat. Trajet : 5h30-6h.

En louage

Station *(plan C1)* **:** *derrière la gare routière.* Départs, plutôt le matin, pour ***Nefta, Tamerza, Kebili, Gafsa, Gabès, Sousse*** et ***Tunis.***

En voiture

➢ ***Nefta* :** à 25 km. S'étirant sur un petit plateau, la route principale domine le chott El-Djerid, véritable lac en hiver. Autre possibilité, la route goudronnée en contrebas, qui longe les oasis bordant le chott. C'est un petit détour agréable mais plus long. À la sortie de Tozeur, 1,3 km après le carrefour menant à l'aéroport, au lieu de prendre la direction de Nefta, tourner sur la gauche et descendre vers le chott. Dans l'autre sens, à la sortie de Nefta, prendre la route à droite juste avant l'arche.

➢ ***Douz* :** par la traversée du chott, route goudronnée en parfait état et trajet superbe (l'occasion de voir des mirages).

Adresses utiles

Infos touristiques

Office de tourisme *(plan B3,* ***1****)* **:** *89, av. Abou-el-Kacem-ech-Chabbi.* ☎ *76-454-503.* • *crt.tozeur@discovertunisia.com* • *Juil-août, lun-ven 8h-14h ; sept-juin, lun-ven 8h-13h, 14h-17h. Fermé le w-e.* On peut y glaner quelques renseignements. Donne aussi un dépliant comprenant un petit plan de la ville et diverses infos (pas nécessairement très à jour).

Services

■ ***Distributeurs, change* :** *plusieurs banques avec distributeur av. Habib-Bourguiba, notamment la* ***STB*** *(plan D1,* ***2****), la* ***Banque de Tunisie*** *(plan D1,* ***3****) et l'****Attijari Bank*** *(plan D1,* ***4****). Pour le change, allez à la* ***poste*** *(plan D1-2 ; bon taux et horaires un peu plus étendus que ceux des banques).*

Transports

■ ***Location de voitures* :** ***Hamra Rent-a-Car*** *(plan B3,* ***5****), av. Abou-el-Kacem, presque en face de l'office de tourisme.* 📱 *27-889-088. Également au* ***Camping Beaux Rêves*** *(voir « Où dormir ? » plus loin).*

■ ***Location de vélos* :** ***Ameur*** *(plan C3,* ***7****), 138, av. Abou-el-Kacem-ech-Chabbi.* 📱 *98-825-605. Tlj 8h-20h. Compter 30 Dt la ½ journée ou 40 Dt/j.* Des bécanes en bon état pour hommes, femmes et enfants (avec prêt de casque).

Santé, urgences

■ ***Médecin*** *(plan C3,* ***8****)* **:** ***Dr Florence Chokmani-Espeel,*** *128, rue Abou-el-Kacem-ech-Chabbi.* ☎ *76-461-392. Lun-ven 9h-12h, 15h-18h.* Ex-urgentiste en Belgique, la doctoresse pratique ici la médecine générale.

Hôpital *(plan B-C2-3)* **:** *entrée principale sur l'av. Abou-el-Kacem-ech-Chabbi, derrière la Résidence Karim.* ☎ *76-453-400.*

■ ***Pharmacie de nuit*** *(plan B1,* ***9****)* **:** *157, av. Farhat-Hached. Presque en face du Carrefour Market.*

■ ***Police*** *(hors plan par D1,* ***10****)* **:** *av. de la République.* ☎ *76-452-129. Sur la route de Gafsa.*

Hammam

■ ***Hammam Tunes*** *(plan A2,* ***11****)* **:** *rue Shabia-Tozeur, près de la mosquée. En allant vers la zone touristique depuis le centre-ville, prendre à droite après avoir passé la sculpture monumentale représentant une amphore : c'est à 300 m sur la gauche (repérer la porte à l'angle d'une rue avec 2 colonnes torsadées vertes). Pour les hommes : tlj 13h-16h, 20h-22h. Pour les femmes (entrée sur le côté) : tlj 9h-13h, 17h-20h. Comptez 6 Dt ; massage-gommage en sus.* Apporter sa serviette, savon et shampoing en vente sur place. Propre, entièrement carrelé.

Achats

Souk *(hors plan par A1)* **:** *sam ap-m et dim mat.*

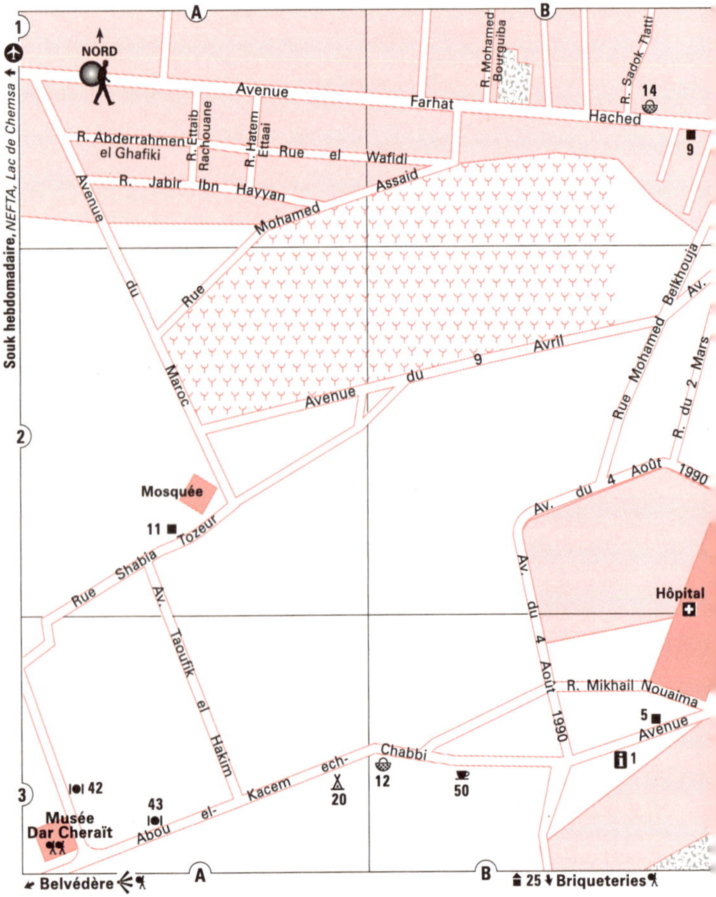

Adresses utiles

- 1 Office de tourisme (B3)
- 2 Banque STB (D1)
- 3 Banque de Tunisie (D1)
- 4 Attijari Bank (D1)
- 5 Hamra Rent-a-Car (B3)
- 7 Ameur (location de vélos ; C3)
- 8 Dr Florence Chokmani-Espeel (médecin généraliste ; C3)
- 9 Pharmacie de nuit (B1)
- 10 Police (hors plan par D1)
- 11 Hammam Tunes (A2)
- 12 Ali Bénaïch (B3)
- 13 Alef Deco (D1)
- 14 Carrefour Market (B1)

Où dormir ?

- 20 Camping Beaux Rêves (A3)
- 21 Résidence Warda (D2)
- 22 Résidence Karim (C3)
- 23 Résidence Soltan (C-D1)
- 24 Résidence Al-Madina (D2)
- 25 Résidence L'Oued (hors plan par B3)
- 26 Dar Saïda Beya (D2)

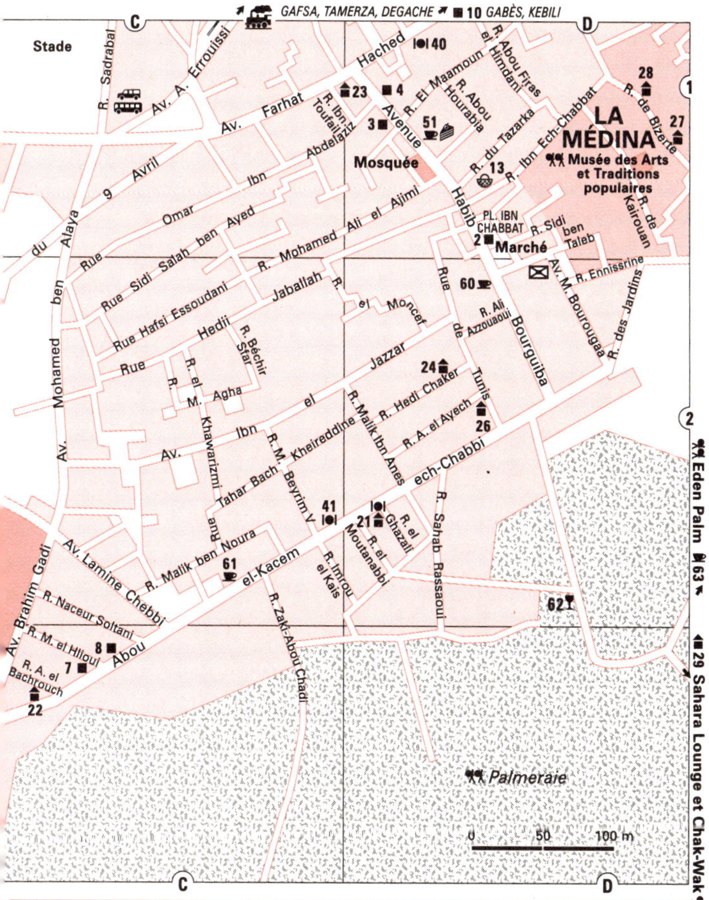

TOZEUR

27 Dar Nejma (D1)
28 Dar Tozeur (D1)
29 Diar Abou Habibi (hors plan par D3)

Où manger ?

21 Resto Dar Deda (D2)
40 La Médina (D1)
41 Restaurant du Soleil (C2)
42 Pizzeria La Fontana (A3)
43 Restaurant Cor Popino (A3)

Où prendre un petit déjeuner ? Où manger de bonnes pâtisseries ?

50 Pâtisserie franco-tunisienne El Bey (B3)
51 Pâtisserie Al Qods (D1)

Où prendre le thé ? Où boire un verre ?

60 Café de l'Indépendance (D2)
61 Café de la Rosa (C2)
62 Le Petit Prince (D2)
63 Centre de loisirs Niffer (hors plan par D2)

Ali Bénaïch (plan B3, **12**) : *à 20 m de l'accueil du camping* Beaux Rêves. *22-374-534. Pas d'enseigne, repérer le mobilier en bois de palmier devant.* Le travail du palmier coule dans le sang familial depuis... 1810 ! Inutile de vous dire que l'homme, au demeurant sympathique, connaît son métier. Il fabrique surtout du petit mobilier : fauteuils, chaises, tabourets pliables, étagères, etc. Son fils, qui prépare la relève, travaille avec lui. Commande possible si vous avez 3 ou 4 jours devant vous. Le bois est travaillé fraîchement coupé pour profiter de sa souplesse, puis il perd jusqu'à un tiers de son poids en séchant. Prix raisonnables.

Alef Deco (plan D1, **13**) : *13, souk Rebaa. ☎ 76-453-766. Tlj 8h-12h, 14h-20h30.* Une petite caverne d'Ali Baba ! Au milieu d'une rue couverte de la médina (dans l'ancien souk des tissus), une adresse qui détonne : verrerie, services de table, tissus, parfums, serviettes de hammam, vannerie, lanternes, etc. Le tout 100 % tunisien et d'une qualité irréprochable.

Carrefour Market (plan B1, **14**) : *av. Farhat-Hached. Tlj 8h-21h.* Supermarché où l'on trouve à peu près de tout. Vente d'alcool *(sauf ven),* mais dans une autre salle située sur le côté du magasin (suivre la flèche rouge).

Où dormir ?

Camping

Camping Beaux Rêves (plan A3, **20**) : *av. Abou-el-Kacem-ech-Chabbi, après la sculpture équestre en venant du centre-ville. 22-466-111. • beauxreves.koi29.com • Avec une tente ou un camping-car, compter 20 Dt/pers.* Ici se trouve la réception, doublée d'une agence de voyages, mais le camping lui-même est situé à 3 km sur la route de Nefta. Vous y trouverez un vaste terrain avec de bons sanitaires et même une piscine d'eau naturellement chaude ! On apprécie aussi l'accueil d'Ammar, qui reçoit avec beaucoup de chaleur et prodigue de bons conseils. Au rang des services, dîner sur commande (pas d'alcool), location de vélos, voitures, et organisation d'excursions et d'activités dans la région.

Bon marché (moins de 75 Dt / 25 €)

Résidence Karim (plan C3, **22**) : *150, av. Abou-el-Kacem-ech-Chabbi. ☎ 76-454-574. 23-345-917. Double avec sdb env 40 Dt ; petit déj, clim/chauffage en sus.* Un petit hôtel, dont les chambres aux murs partiellement recouverts de céramique sont distribuées autour de jolis patios, eux aussi joliment décorés. Sanitaires un peu vieillots (mais propres). C'est simple, mais pas mal pour le prix. Possibilité de dormir et de manger sur la terrasse. Accueil sympa. Et bonne situation, dans la rue où l'on trouve les principaux restos.

Résidence Warda (plan D2, **21**) : *29, av. Abou-el-Kacem-ech-Chabbi. ☎ 76-460-000. • wardaresidence6@gmail.com • Doubles env 40-50 Dt, petit déj compris. Clim/chauffage en sus.* Bien situé, cet hôtel aux couloirs un peu cliniques abrite une bonne trentaine de chambres calmes et propres sur 2 étages, autour d'un patio arboré. Presque toutes avec salle de bains, quelques-unes pouvant accueillir jusqu'à 4 personnes. Celles au rez-de-chaussée qui se dissimulent derrière la bougainvillée sont plus sombres mais aussi plus fraîches. Une adresse acceptable pour les petits budgets. Accueil courtois.

Résidence Soltan (plan C-D1, **23**) : *bab El-Hawa. ☎ 76-460-610. À l'angle de la rue Farhat-Hached et de l'av. Habib-Bourguiba. Double avec sdb env 50 Dt, clim/chauffage compris. Pas de petit déj.* Petite pension sans chichis, située en plein centre-ville. Chambres pour 2-4 personnes, sommaires mais suffisamment bien tenues. Assez calmes aussi, malgré la situation (extérieur bruyant). Bon, plutôt en dépannage quand même.

Prix moyens (75-150 Dt / 25-50 €)

Résidence Al-Madina (plan D2, **24**) : *rue Hedi-Chaker. ☎ 76-452-103. • hayet_rabah@yahoo.fr • Compter 80-120 Dt pour 2 selon saison, petit déj inclus. Clim/chauffage en sus.* Entre hôtel et maison d'hôtes, ce petit établissement calme et soigné propose des chambres agencées autour d'un patio, sur 2 niveaux. On préfère un peu celles d'en haut, bien agréables avec leurs touches colorées, mais toutes sont nettes et d'un bon niveau de confort. Cuisinette en libre-service à chaque étage, et salle de petit déj sympa, garnie de bibelots sur les murs. Le bâtiment a été entièrement construit il n'y a pas si longtemps, et pourtant on pourrait croire qu'il s'agit d'une rénovation tant la brique est omniprésente.

Résidence L'Oued (hors plan par B3, **25**) : *en venant du centre-ville, prendre la 1re à gauche après l'office de tourisme, puis fléché sur la gauche, juste avt de traverser l'oued. ☎ 76-463-036. • taoufik.neji@hotmail.com • Doubles 80-100 Dt, petit déj inclus.* Un hébergement confortable à taille humaine, au bord de l'oued et à la lisière de la palmeraie. Un peu de fraîcheur assurée au plus fort de l'été donc, d'autant que l'on y trouve une agréable piscine, à l'ombre de quelques palmiers. Les chambres sont sobrement meublées, impeccablement tenues, avec des salles de bains revêtues de belles céramiques. Les plus grandes disposent aussi d'un salon et peuvent accueillir 4 personnes. Un excellent choix dans cette catégorie, situé à 2 pas de la route touristique.

Très chic (plus de 300 Dt / 100 €)

Dar Saïda Beya (plan D2, **26**) : *1, rue Ahmed-El-Ayech. 📱 25-566-066. • darsaidabeya.com • Fermé pdt le ramadan. Doubles et suites 120-160 €, petit déj inclus. Repas sur résa.* Entre la médina et la zone touristique, dans une rue calme, superbe maison traditionnelle avec patio, construite en brique de Tozeur. L'ensemble, entièrement restauré au goût du jour, a du charme à revendre. Chambres à la déco raffinée et aux couleurs douces, très confortables. Terrasse sur le toit, salon avec cheminée, hammam. Parfait pour un séjour de qualité. En prime, accueil très aimable et dîner à base d'excellentes spécialités locales.

Dar Tozeur (plan D1, **28**) : *dans la médina (à 100 m sur la gauche après avoir passé la porte bab Sidi-Mchentel). 📱 98-318-252. • dartozeur.com • Doubles 390-540 Dt (jusqu'à 800 Dt les suites), avec petit déj. Repas (70 Dt) sur résa. Pas d'accès voiture, mais parking gratuit à proximité.* Une demeure de grande classe. Les chambres et les suites, réparties autour d'un patio et d'un jardin arboré de palmiers, sont équipées de beau mobilier ancien, de lits douillets, d'un balcon ou d'une terrasse (mais pas de TV, bien !). Jolis sols en terre cuite. Hammam et massages, petite salle de sport (et même de ciné !), ainsi que 2 superbes piscines de faïence vernissée... flanquées de transats. Sur le toit, une terrasse d'où l'on domine la médina. Ce *dar,* malgré son allure historique, est en fait une reconstruction, érigée sur les ruines de maisons traditionnelles dont seuls quelques éléments d'origine ont pu être conservés. Résultat probant, et personnel aux petits soins. Excellents dîners aussi !

Dar Nejma (plan D1, **27**) : *dans la médina. Réception à Dar Tozeur (même proprio). 📱 98-318-252. • darnejma-tozeur.com • Compter 330-470 Dt pour 2 (jusqu'à 800 Dt les suites), petit déj inclus (sur place) ; table d'hôtes sur résa, à Dar Tozeur. Facilité de parking gratuit à 100 m.* On n'arrive pas par hasard dans cette belle demeure au luxe raffiné, cachée derrière une porte discrète de la médina. Une architecture traditionnelle qui abrite de grandes chambres et suites superbement décorées et articulées autour du jardin verdoyant et de 2 cours dotées chacune d'un bassin-piscine. Le soir, on est proche de l'ambiance « mille et une nuits » ! Spa au *Dar Tozeur* (où se prennent aussi les excellents repas !). Une très belle halte.

Diar Abou Habibi *(hors plan par D3,* ***29****) : au fond de la palmeraie, après le parc Chak-Wak. ☎ 76-460-270. • diarhabibi@topnet.tn • Cabanes 420-520 Dt pour 2-4 pers. Dîner (sur résa) 45 Dt.* Voici un hébergement unique, constitué d'une quinzaine de cabanes en bois montées sur pilotis et disséminées au cœur d'une magnifique palmeraie de 1 ha. Ces « lodges » de luxe, qui rappellent ceux des réserves africaines, allient le charme des matériaux naturels à un confort optimal (machine à café, minibar avec des bières)... Chambres communicantes idéales en famille. Dans le jardin, fraîcheur et calme garantis pour buller dans les hamacs. Petite piscine, joli resto. Une affaire gérée avec sérieux... qui est aussi notre coup de cœur à Tozeur !

Où manger ?

Le choix sera assez vite fait : la plupart des restaurants recommandables se situent sur l'avenue Abou-el-Kacem-ech-Chabbi, qui borde la palmeraie. Profitez de votre séjour ici pour goûter aux spécialités locales, comme le *chakchouka* (plat à base de pâte de semoule) ou le *mouloukhia* (ragoût de viande préparé avec des feuilles de plante verte moulues)...

Bon marché (moins de 20 Dt / 7 €)

La Médina *(plan D1,* ***40****) : 19, av. Farhat-Hached. Tlj sauf dim ; ouv aussi pdt le ramadan, ce qui est assez rare pour un resto de cette catégorie. Pas d'alcool.* Petit resto de quartier, tout simple mais propre. Carte typiquement tunisienne pas chère du tout : grillades, spaghettis, couscous, brik, *ojja*... Correct pour le prix, et l'accueil est très agréable.

De bon marché à prix moyens (15-40 Dt / 5-13 €)

Restaurant du Soleil *(plan C2,* ***41****) : rue Abou-el-Kacem-ech-Chabbi. 📱 94-868-567. Tlj 12h-23h. Pas d'alcool.* Ce resto familial propose une bonne cuisine berbère à des prix qui ne dérivent pas : agneau ou dromadaire « à la jarre », *chakchouka, berkoukech, mouloukhia*... C'est l'occasion de goûter aux spécialités de la région, dont l'adorable personnel vous détaillera les subtilités. La salle, propre et climatisée, vaut son pesant de kitscheries, avec son faux palmier dont le feuillage en plâtre soutient un ciel nuageux en trompe l'œil !

Resto Dar Deda *(plan D2,* ***21****) : 27, rue Abou-el-Kacem-ech-Chabbi. 📱 98-235-335. À côté de la Résidence Warda. Tlj midi et soir. Pas d'alcool.* Un joli resto de quelques tables à peine, qui sert lui aussi des plats locaux soignés : steak de dromadaire, soupe d'orge, couscous de poisson sec aux herbes du désert, poulet à la jarre, pizza berbère, *mouloukhia*... le tout dans un cadre chaleureux (nappes vichy, éclairage tamisé) qui donne envie de s'installer. Quelques tables sur le trottoir.

Pizzeria La Fontana *(plan A3,* ***42****) : en face du musée Dar Cheraït. ☎ 76-462-776. Tlj sauf lun 8h-minuit. Pas d'alcool.* Une pizzeria tenue par un couple italo-tunisien. Il y a tellement de chaleur humaine dans l'accueil qu'on a l'impression d'être invité chez *la mamma* ! Outre les pizzas et quelques plats tunisiens, bon choix de plats du jour à se lécher les babines (raviolis ricotta-épinards, pâtes fraîches, cannellonis...). Et un petit tiramisù pour conclure ? Terrasse sur la rue. À côté, le **Frozen Palm** (même proprio) permet de savourer de bonnes glaces maison.

Restaurant Cor Popino *(plan A3,* ***43****) : av. Abou-el-Kacem, un peu avt le musée Dar Cheraït. ☎ 76-472-375. Tlj sauf lun, midi et soir. Sert de l'alcool.* Dans un petit complexe avec bar (et même discothèque) nommé *Le Palais*, ce resto offre un cadre presque chic, avec des tables bien dressées garnies de serviettes en tissu. La carte est classique (grillades, couscous) mais les plats sont bien réalisés et, surtout, c'est le seul resto de la rue où l'on peut accompagner son repas de bière ou de vin !

Où prendre un petit déjeuner ? Où manger de bonnes pâtisseries ?

Pâtisserie franco-tunisienne El Bey *(plan B3,* ***50****) : av. Abou-el-Kacem-ech-Chabbi. Tlj 7h-20h.* Une terrasse couverte côté rue, une autre dans un petit jardin. Et, entre les 2, une salle traditionnelle aux belles voûtes. Parfait pour le petit déj ou le 4-heures : les pâtisseries (tarte au citron, gâteau au chocolat ou aux fruits secs, opéra) sont délicieuses et on y sert de vrais bons cafés à la machine, et même des chocolats chauds.

Pâtisserie Al Qods *(plan D1,* ***51****) : av. Habib-Bourguiba, face au minaret (enseigne en arabe). Tlj 7h-22h.* Café local et populaire, où l'on peut prendre un bon et copieux petit déj (café, croissants, oranges pressées). À moins de patienter jusqu'à l'heure du goûter pour se ruer sur les cornes de gazelle, les biscuits à la farine de sorgho ou de pois chiches, les dattes fourrées à la pâte d'amandes et autres baklavas...

Où prendre un café ? Où boire un verre ?

Les cafés populaires ne servent évidemment pas d'alcool. Pour cela, 2-3 possibilités (en dehors de certains hôtels) : le complexe *Le Palais,* le bar *Le Petit Prince* ou le bar-resto du parc *Chak-Wak.*

Café de l'Indépendance *(plan D2,* ***60****) : av. Habib-Bourguiba ; face à la sculpture aux bols empilés.* Avec sa petite terrasse surélevée sous les arcades et son animation incessante, le plus vieux café de Tozeur est un poste d'observation idéal, fréquenté par les habitués du coin. Vrais cafés servis.

Café de la Rosa *(plan C2,* ***61****) : av. Abou-el-Kacem-ech-Chabbi. Tlj, dès 4h !* En journée comme le soir, on y boit un petit café tozeurois en fumant la chicha. C'est un rendez-vous intergénérationnel où se croisent la jeunesse locale et les anciens du quartier. Terrasse sur la rue et grande salle occupée par les joueurs de cartes, d'échecs et de dominos.

Centre de loisirs Niffer *(hors plan par D2,* ***63****) : dans la palmeraie, avt le centre Eden Palm. Tlj 9h-23h.* Vaste jardin planté d'arbres fruitiers, de palmiers, et parsemé de tables isolées. Les familles comme les groupes d'amis s'y succèdent du matin au soir dans une ambiance bon enfant, autour d'une belle piscine en croix. On peut y fumer la chicha. Jeux pour enfants et écrans pour les événements sportifs. Attention aux moustiques !

Le Petit Prince *(plan D2,* ***62****) : à 200 m de l'av Abou-el-Kacem-ech-Chabbi, en allant vers la palmeraie. Tlj 9h-minuit. Sert de l'alcool.* Bar climatisé au décor coloré, agréable pour descendre une bière gelée... et pas chère du tout ! Quelques écrans aussi pour suivre le sport.

Chak-Wak *(hors plan par D2) : au fond de la palmeraie, après le Sahara Lounge. Tlj jusqu'à minuit. Sert de l'alcool.* C'est le bar-resto du parc touristique du même nom. On peut y écluser tranquillement une bière ou du vin entre amis, hommes et femmes, Tunisiens et étrangers mélangés. Grand jardin à l'ombre des palmiers (gare aux moustiques !) ou salle accueillante pour les soirées fraîches. Un bon endroit pour prendre un verre en toute quiétude.

À voir. À faire

Le vieux quartier d'Ouled-el-Hadef *(la médina ; plan D1-2) :* promenade pleine de charme, qui vous permettra d'admirer la belle architecture des maisons avec leurs façades ocre aux splendides décors géométriques, faits de brique en saillie ou en retrait. Les ornements ne symbolisent jamais la vie humaine ou animale, dont le Coran interdit la représentation. C'est pourquoi il s'agit toujours de motifs floraux ou d'écriture coranique. On rapporte pourtant que certains artistes s'attachaient à calligraphier, à l'aide de ces briques, des signes coraniques de telle sorte qu'une forme animale apparaisse insidieusement dans le mot.

Pour arpenter la médina, pas besoin de plan (elle n'est pas bien grande). Le plus simple est d'emprunter la rue de Kairouan ou la rue de Bizerte et d'explorer ce labyrinthe de ruelles, au hasard des passages voûtés et des placettes, à la recherche d'un savoureux patrimoine architectural : galeries à arcades, demeures nobles aux façades restaurées, mausolées discrets, mosquées cachées, fenêtres avec « moucharabieh », belles portes en bois de palmier...

PAS DE SILENCE POUR LES ANNEAUX

Vous le remarquerez, beaucoup de portes des vieux quartiers de Tozeur et de Nefta sont ornées de 3 heurtoirs différents. L'anneau de gauche est réservé à la femme, celui de droite à l'homme (l'homme ne touchant pas celui de la femme) et, en dessous, le plus petit, aux enfants. Parfois, un anneau était placé en hauteur pour les cavaliers. Ce système permettait, grâce aux différents sons, de reconnaître qui arrivait à la maison, et par conséquent de savoir qui devait ouvrir la porte.

Le musée des Arts et Traditions populaires *(plan D1)* **:** *rue de Kairouan, dans le quartier d'Ouled-el-Hadef (la médina). 97-091-083. Tlj 8h-18h (en principe). Entrée : 5 Dt.* Ce petit musée privé est installé dans la *koubba* de Sidi ben Aïssa (marabout marocain), qui servait de mosquée et d'école coranique au XVe s. Tout l'intérêt de la visite tient à la grâce de Souad, qui, entre chants et poèmes – souvent de sa composition –, fait revivre avec émotion la maison et tous les objets qui s'y trouvent. On entrevoit, au travers des objets exposés de façon familière, les aspects de la vie sociale et domestique : costume pour le jour de la circoncision, bijoux, flacons de khôl (poudre de maquillage), lampes à huile, poteries, ustensiles de cuisine, armes, métier à tisser, chambre de mariage avec coffres, etc. Souad moud du grain en chantant, fait une démonstration de cardage et de filage de la laine et vous habillera volontiers en tenue de noces. Si le cœur vous en dit, vous pouvez même acheter un petit recueil des poèmes de Souad traduits dans la langue de Molière. Une belle expérience humaine.

Le musée Dar Cheraït *(plan A3)* **:** *sur la route touristique, facile à trouver. Tlj 8h-22h30. Entrée : 10 Dt pour chacun des 3 musées (donc 30 Dt pour l'ensemble) ; réduc.* Ce musée rassemble 3 expos indépendantes assez différentes, mais qui ont en commun la culture et l'histoire tunisiennes ou arabo-musulmanes. Si vous n'êtes pas venu avec des enfants, vous pouvez vraiment vous contenter des 2 premières sections...

Le musée des Arts et Traditions

Dans un bâtiment imposant et un cadre grandiose de stucs ciselés et de faïences murales, on admire une collection (fort peu légendée, hélas) de pièces finement ouvragées, qui attestent du grand raffinement de la civilisation tunisienne : costumes, armes, bijoux, mobilier précieux, objets insolites comme ces énormes théières ou ces crosses de fusil à tête de crocodile ou d'homme, ces incroyables robes de mariée... Voir aussi le grand tableau de calculs effectués par Ibn Chabbat (XIIIe s), qui détaille la quantité d'eau attribuée à chaque propriétaire de la palmeraie en fonction de la taille de sa parcelle, un système utilisé encore aujourd'hui. Le musée abrite également pas mal de scènes de la vie bourgeoise aux XVIIIe et XIXe s, avec mannequins grandeur nature et bande sonore : chambres, cuisine, hammam, école coranique... On s'y croirait !

Dar Zamen
Ici, on chemine dans un dédale de couloirs présentant, à travers toute sorte d'objets, panneaux explicatifs, tableaux historiques et mises en scène, toute l'histoire de la Tunisie, des 1ers hommes... au Printemps arabe. Passé la section rupestre qui figure la préhistoire, les 1res scènes historiques commencent à partir de 3000 av. J.-C., avec les habitats berbères. Puis arrivent Carthage, Hannibal et la guerre contre Rome (à l'aide d'éléphants), l'occupation romaine, les Vandales, les Byzantins puis la Tunisie arabe et une figure de la résistance berbère : *Kahena,* la Jeanne d'Arc locale, tombée en 701. Kairouan ensuite, 1re ville arabo-musulmane d'Afrique, la dynastie hafside (XIII-XVIe s), les corsaires (on pénètre sur le pont d'un bateau pirate !), Moulay Hassan (roi de Tunis) et l'époque moderne, jusqu'à l'indépendance et la chute de Ben Ali. Présentation parfois un peu kitsch et simpliste mais parcours pas déplaisant, surtout si vous aimez l'histoire.

La Médina des Mille et Une Nuits
Cette dernière attraction, qui parlera surtout aux enfants, est une évocation de l'univers des *Mille et Une Nuits* dans un décor de carton-pâte, intérieur et extérieur. Tous les clichés et figures sont réunis : Aladin, Sindbad, la caverne d'Ali Baba, quelques reconstitutions de harems et de palais de calife. On insiste : plutôt pour les enfants...

Le belvédère *(hors plan par A3)* **:** *à 1 km env du musée Dar Cheraït. Emprunter l'av. Abou-el-Kacem-ech-Chabbi (celle de l'office de tourisme), aller jusqu'au bout en laissant l'hôtel* Dar Cheraït *sur la droite et poursuivre le long de la palmeraie jusqu'à une entrée style ranch. On peut s'y rendre en voiture (chemin carrossable), mais la balade est plus agréable à pied. Accès libre.* On y va pour le point de vue. Un côté western kitsch doublé d'une version tunisienne du mont Rushmore... Sur les buttes qui composent le belvédère, des moulages (portraits du poète Abou el-Kacem ech-Chabbi) ont été plaqués sur 3 côtés. Que dire, sinon que la passion que vouent les autorités tozeuroises à ce grand poète natif de la ville a visiblement affecté leur sens de l'esthétique. Mais du haut des rochers, la vue est, il est vrai, assez étendue sur la palmeraie, la ville et l'ancien golf, désormais cramé. Au pied du belvédère, quelques dromadaires ou ânes attendent le client. À vrai dire, ce n'est pas le visage le plus intéressant de la Tunisie. On ne peut que méditer sur l'une des phrases du grand poète inscrites en grand sur le site : « Les abeilles ne butinent pas les fleurs fanées. »

Les briqueteries *(hors plan par B3)* **:** *à env 2,5 km au sud de la zone touristique. Prendre la 1re route à gauche après l'office de tourisme ; 300 m env après l'oued, bifurquer à droite, puis encore à droite 300 m plus loin (au niveau du tournant) ; on longe alors le mur de l'ancien golf avant d'aboutir aux petits fours éparpillés dans la campagne. On peut aussi y aller à pied depuis le belvédère en longeant le golf par le chemin sur la droite (env 15 mn de marche).*
Sur place, essayez de trouver un briquetier parlant le français qui pourra répondre à vos questions. Sinon, si le sujet vous intéresse, possibilité de contacter *Raouf Gobesh (21-020-535),* maître briquetier vivant à proximité, et qui se fera un plaisir de vous accompagner et vous donner quelques explications. C'est ici que sont fabriquées les briques claires de Tozeur. Technique importée il y a très longtemps par les tribus arabes du Sud-Yémen, qui consiste en un mélange d'argile blanche et d'argile rouge pour former les briques à l'aide d'un cadre de bois (le *kalb*).
Les briques sont ensuite séchées au soleil après avoir été recouvertes de cendres qui jouent le rôle de buvard afin d'éviter toute craquelure. Puis, après 2 à 3h (l'été) ou 2 à 3 jours (l'hiver), la pellicule est enlevée à l'aide d'un couteau. Les briques finissent alors de sécher durant 2 ou 3 jours (plus en hiver), avant d'être enfin cuites au four. Le feu, alimenté par des branches de palmier, doit être progressif

pour arriver à 1 200 °C, parfois plus. Il faut 6 000 à 13 000 palmes pour cuire 10 000 briquettes, selon la teinte de brique voulue (qui dépend aussi de la proportion d'argiles blanche et rouge). Le maintien de la température de cuisson est capital, une variation de température pouvant entraîner la perte de 15 jours de travail.
En moyenne, ce sont 500 à 600 briques par jour et par personne, qui sont fabriquées ici, contribuant à la beauté des bâtiments de la ville. À Tozeur, la briquette fait vivre, directement ou indirectement, plus de 1 500 familles.

La palmeraie (plan C-D3) : *au sud de la ville. On peut s'y rendre à pied, à vélo ou en voiture et parcourir une boucle qui fait près de 4 km.*
Immense, elle compte quelque 400 000 palmiers sur près de 2 500 ha irrigués par de nombreuses sources, formant une véritable jungle avec les champs de culture, les arbres fruitiers et, au-dessus, les fameuses *deglet nour,* la datte de référence des Tozeurois. Parmi les 250 variétés cultivées en Tunisie, la *deglet nour* (dont le nom signifie « datte lumineuse ») est de loin la n° 1 à l'export et la plus consommée dans le monde. Cette variété, qualifiée de « demi-sèche », est assez délicate à cultiver, n'étant ni la plus résistante ni la plus productive. En revanche, elle a l'avantage de se conserver mieux que les autres et d'être l'une des plus riches sur le plan nutritionnel. Sans parler de ses indéniables qualités gustatives !
Le plan d'irrigation, qui datait du XIVe s et dont on retrouve des traces au musée, n'a été modifié que dans les années 1980. À ce propos, précisons que la palmeraie est un milieu particulièrement fragile, sur lequel le tourisme – quoique en baisse depuis plus d'une décennie par rapport à la décennie d'avant – n'est pas sans conséquence. La nappe phréatique a été partiellement asséchée par les forages et certaines sources se sont taries. La construction de quelques grands hôtels, gros consommateurs d'eau, n'y est pas pour rien. Sans parler du golf créé aux portes de la ville en 2006, dont les arrosages automatiques ont tenté tant bien que mal de verdir le gazon jusqu'à son abandon total et sa transformation en terrain vague... Une opération de sauvegarde de la palmeraie a depuis été lancée à travers un réaménagement des sources et un plan de reboisement... avec des résultats mitigés. Les palmiers ont repris de la vigueur mais la production de dattes a légèrement décliné ces dernières années. En cause aussi, le morcellement des parcelles, dû aux héritages successifs, qui a conduit à l'abandon de certaines zones de culture.
Un détail important : les moustiques sont particulièrement voraces dès les 1res chaleurs ; mieux vaut prévoir un répulsif efficace et des manches longues.

Eden Palm (hors plan par D2) : *dans la palmeraie, 500 m env après le centre de loisirs* Niffer. *☎ 76-454-474. • eden-palm.com • Tlj 8h-coucher du soleil. Entrée : 6 Dt ; réduc. Prévoir 1h de visite.* D'où vient le palmier, comment reconnaître son âge, son sexe, quelles sont les règles d'irrigation, qu'est-ce que le *legmi* ? Autant de questions traitées dans cette expo petite par la taille mais riche en explications : origine et économie de l'oasis, mythes associés, usages culinaires et médicinaux du palmier... Ensuite, petite balade guidée dans la palmeraie pour aborder

LE PALMIER, QUELLE BELLE PLANTE !

Malgré les apparences, le palmier n'est pas un arbre. Sur le plan botanique, il s'agit en réalité d'une herbe géante. Son faux tronc, nommé stipe, est une tige fibreuse qui peut atteindre plus de 20 m de haut et se termine par un unique bourgeon responsable de la croissance du feuillage. Il existe plus de 2 500 espèces de palmiers dans le monde. Parmi elles, le palmier-dattier peut vivre plus de 100 ans et produire entre 25 et 100 kg de dattes par an.

plus concrètement la culture oasienne. Pour finir, dégustation de produits à base de dattes fabriqués sur place (miel, confitures et crème de dattes), selon des procédés qui permettent de préserver les qualités gustatives et nutritives du fruit. Ainsi, le sirop de dattes est obtenu par réduction et non par cuisson. Pour plus d'infos sur les palmiers-dattiers, se reporter à la rubrique « Faune et flore », dans la partie « Hommes, culture, environnement ».
Sur place, un ***café*** propose des jus frais de saison et des pâtisseries.

Sahara Lounge *(hors plan par D3)* **:** *dans la palmeraie, en allant vers le parc Chak-Wak. 50-287-900. • sahara-lounge.com • Tlj 9h-coucher du soleil. Compter 25 Dt pour l'accropalmes (réservé aux plus de 12 ans), 10 Dt pour la tyrolienne et 15 Dt pour le mur d'escalade (réservé aux plus de 15 ans).* Une bonne idée d'activité qui s'intègre tout naturellement à la palmeraie. Accropalmes, mur d'escalade, tyroliennes et un espace consacré aux plus jeunes (palmeraie des Oustitis pour les 2-5 ans, petit parcours d'accropalmes pour les moins de 12 ans). Les encadrants ont été formés par une équipe française et le matériel est irréprochable. Pendant que les plus sportifs sont suspendus entre 2 palmiers, les autres peuvent les attendre côté café, allongés dans un hamac ou sur un lit à baldaquin en sirotant un jus de fruits ou une infusion, puisqu'une dizaine de variétés de plantes médicinales ont été plantées dans cette optique.

Chak-Wak *(hors plan par D3)* **:** *tt au fond de la palmeraie, à env 1,5 km du Sahara Lounge. ☎ 76-460-400. Tlj 8h-minuit. Entrée : env 10 Dt ; réduc enfants.* Une attraction un peu indéfinissable, sorte de « mix » entre le musée et le parc de loisirs. Concrètement, il s'agit d'un assez long parcours tantôt à l'intérieur tantôt à ciel ouvert, retraçant plus ou moins l'histoire du monde ancien depuis les origines : nombreux dinosaures en résine grandeur nature, mannequins figurant l'*Homo erectus* et l'*Homo sapiens,* scènes de village traditionnel, reconstitutions d'épisodes bibliques (comme l'arche de Noé, dans laquelle on entre, la Nativité...) et enfin quelques salles présentant de façon simplifiée les grandes religions du monde. Si vous avez visité le musée Dar Cheraït, vous aurez une sensation de déjà-vu... Les enfants apprécieront toutefois peut-être le site à la nuit tombée, quand les gros dinosaures et quelques effets sonores peuvent faire illusion.
Bar-resto (avec alcool) sur place.

Festival

– ***Festival international des oasis :*** *la 4e sem de déc, pdt 4 j.* Défilés en costumes traditionnels, folklore, chants, etc.

NEFTA

22 000 hab.

Nefta se situe à environ 25 km de Tozeur, à la porte du Grand Erg oriental. Dans la région, c'est la « grande » ville la plus proche de la frontière algérienne (34 km de Hazoua). Nefta était connue pour son *oasis de la Corbeille* : une palmeraie naturelle située au cœur de la ville, avec puits à balancier, sources froides et tièdes. On l'appelait « la Princesse du désert » car, autrefois, plus de 150 sources irriguaient quelque 400 000 palmiers et arbres fruitiers. D'ailleurs, à la grande époque de Bourguiba, les chefs d'État amis, ceux de la France en tête, y défilaient pour découvrir la culture tunisienne.
Aujourd'hui, les sources sont taries, la palmeraie n'est pas au mieux de sa forme, et les ruelles de la médina font grise mine. La Corbeille s'est dégradée, malgré un ambitieux programme international de réhabilitation, chapeauté par l'Unesco,

lancé au début des années 2000. Assoupie en attendant des jours meilleurs, notamment un regain de l'activité touristique, Nefta dévoile toutefois, au fil de ses ruelles authentiques, un charme indéfinissable qui justifie un petit détour.

MYTHES ET RÉALITÉS

Nefta en arabe signifie « ce qui jaillit de la terre », entendez l'eau. Une hypothèse avance que le célèbre lac Triton évoqué dans la mythologie grecque aurait pu se trouver ici. Triton était le fils de Neptune et d'Amphitrite, un lac né des eaux, donc. Il y a fort à parier qu'ici encore mythes et réalités puisent dans des racines communes. Le lac Triton, décrit par Hérodote, n'était-il pas tout simplement le souvenir gravé dans les mémoires des chotts de la région lorsqu'ils étaient encore en eau et formaient ainsi, selon la légende, une vaste mer intérieure ?

UNE VILLE SPIRITUELLE

La ville de Nefta, d'origine très ancienne (les Romains, entre autres, sont passés par là), a connu une très longue tradition spirituelle : elle fut le siège d'une activité soufique importante (le soufisme est une « branche spirituelle » de l'islam, une sorte de mystique arabe). La ville, 2e centre religieux de Tunisie après Kairouan, possède toujours de nombreuses mosquées (plusieurs dizaines) et compta plus de 100 marabouts (mausolées de saints musulmans). Le plus célèbre d'entre eux (du XIIIe s) est Sidi bou Ali, saint de Nefta connu dans toute la Tunisie.

Arriver – Quitter

En bus

Les bus partent de la petite gare routière, av. Habib-Bourguiba, à l'entrée de la ville en venant de Tozeur, juste après la station-service *Ola*. La compagnie ***SNTRI*** dispose d'un bureau, 50 m plus loin, en face de la banque *UIB* et du syndicat d'initiative. Liaisons avec :

➢ ***Tozeur :*** env 1 bus/h, 4h-17h. Trajet : 30 mn.

➢ Pour les autres destinations ***(Gabès, Sfax, Sousse, Tunis...),*** certains bus partent d'ici et passent par Tozeur, d'autres partent de Tozeur même (se reporter à ce chapitre pour les fréquences).

En louage

Station de louages : *à 300 m de la gare routière en allant vers le centre, en face de la police.*

➢ Départs quotidiens pour ***Tozeur*** (6h-19h) et ***Gafsa.*** Pour ***Tunis*** et ***Sousse,*** départs plutôt le soir.

Adresses et infos utiles

Syndicat d'initiative : *av. Habib-Bourguiba. 55-168-302 (Ali) ou 98-283-137 (Othmen). Dans la rue principale à l'entrée de la ville, en face de la mosquée. En principe, tlj 8h-17h.* Outre certaines infos, vous pourrez y trouver un guide officiel pour vous accompagner dans la région.

Change et distributeurs : *à l'**UIB** et à l'**Attijari Bank,** av. Habib-Bourguiba ; ou à la poste.*

Petit hôpital local : *rue des Martyrs. ☎ 76-430-777.*

Pharmacies : *une sur la pl. de la République et l'autre av. Habib-Bourguiba, en face de l'*Attijari Bank.

■ ***Pharmacie de nuit :*** *derrière l'Attijari Bank.*

■ ***Police :*** *av. Habib-Bourguiba.* ☎ *76-430-134.*

■ ***Hammam Nour :*** *dans l'ancienne av. du 7-Novembre, quartier El-Bayada. Hommes 6h-12h (sauf ven) ; femmes tlj 12h-17h et ven 6h-12h. Compter 3 Dt.* Bien tenu.

Marché : *le mer soir et jeu mat, pl. de l'Indépendance, près de la poste.* Très animé. Épices, fruits et légumes, vêtements...

Où dormir ?

À part 2-3 chambres d'hôtes (dont une géniale !), l'offre hôtelière est pour le moins réduite à Nefta (beaucoup d'hôtels ont fermé ces dernières années).

Bon marché (moins de 75 Dt / 25 €)

Complexe de jeunesse Nefta : *à la station-service Ola, prendre la rue à droite et, au bout de 1 km, à nouveau à droite ; c'est 200 m plus loin.* ☎ *76-430-160. Compter 20 Dt/pers sans petit déj.* Un bâtiment en béton qui abrite des chambres (2-6 lits) toutes simples, quoique avec salle de bains et même la clim pour certaines. Unique raison de loger ici : les petits prix.

Prix moyens (75-150 Dt / 25-50 €)

Hôtel Caravansérail : *dans la zone touristique, en direction de l'Algérie, un peu en retrait de la route principale.* ☎ *76-430-399. • contact@hotelcaravanserail.com • Depuis l'av. Habib-Bourguiba, prendre à gauche au niveau de la statue des 2 pigeons, puis sur la droite 50 m plus loin. Double env 130 Dt, petit déj inclus. CB refusées.* L'hôtel « classique » le plus recommandable. Les 130 chambres pourraient être un peu rafraîchies mais l'ensemble de l'hôtel est bien tenu, à l'image du vaste hall d'entrée et de la belle piscine. Grand resto et 2 bars (servant de l'alcool). Transfert depuis l'aéroport de Tozeur et excursions dans le désert possibles. Bon accueil.

Chic et charme (plus de 200 Dt / 67 €)

Chambres d'hôtes Dar Zargouni : *à 1 km env du centre-ville.* 📱 *98-621-920. • darzargouni.com • À l'entrée de la ville (au niveau de la mosquée), prendre à droite en direction de la zone touristique ; c'est à 200 m sur la gauche après le château d'eau. Chambres 240-540 Dt, petit déj inclus. Repas 60 Dt. CB refusées.* Petit coup de cœur pour cette élégante demeure bâtie en brique de la région, qui propose 4 chambres, dont 2 suites spacieuses, agencées autour de 2 patios. La déco est typique et raffinée (mobilier en bois de palmier, tissus et tapis tunisiens, sol en brique de Nefta ou plancher, vieux objets chinés) et l'entretien vraiment impeccable. Mention spéciale pour la suite « Mille et une nuits » dotée d'une minipiscine en guise de baignoire dans la salle de bains ! Agréable salon avec cheminée et baie vitrée. Depuis le jardin agrémenté de palmiers et d'une piscine à débordement avec transats, on bénéficie d'une vue imprenable sur la Corbeille. On peut d'ailleurs directement y descendre par un chemin privé. Repas de qualité. En un mot, une vraie adresse de charme, qui peut justifier, à elle seule, une nuit à Nefta !

Où manger ? Où boire un verre ?

Choix très limité là aussi, d'autant que les 2-3 « restos » (sans alcool) que compte la ville fonctionnent un peu à leur guise, selon l'affluence touristique notamment.

De bon marché à prix moyens (max 25 Dt / 8 €)

Restaurant El-Jawhra : *av. Habib-Bourguiba, presque en face de l'Attijari Bank. Tlj sauf dim.* La petite cantine tout simple, appréciée le midi des locaux. Barbecue au bord de la rue pour les grillades.

Espace Al Ferdous : *au début de la palmeraie ; prendre à gauche après la poste sur l'av. Habib-Bourguiba, c'est 400 m plus loin. 52-563-871. En principe tlj midi et soir en saison (le soir seulement en été).* Bonne situation, en terrasse sous les palmiers. Au menu : salades, omelettes, grillades, paninis, pâtes et même des crêpes (sucrées ou salées) et des pizzas au feu de bois ! Également des plats traditionnels sur commande. Bon accueil.

Café de la place de la Libération : *sur la pl. de la médina.* Devant un grand eucalyptus, un café populaire doté d'une salle proprette et d'une agréable terrasse sous les arcades. Pour siroter une citronnade (excellente) ou un petit café avec les gens du coin.

À voir. À faire

La Corbeille : *à l'entrée de la ville, juste après le syndicat d'initiative, au niveau de la mosquée, prendre la route sur la droite (direction « zone touristique ») ; la Corbeille commence env 2 km plus loin sur la gauche (de là, très belle vue surplombant le site). Autre accès possible : dans la rue principale (av. Habib-Bourguiba) en venant de Tozeur, prendre la 1re rue à droite après la poste et continuer à bifurquer vers la droite dans les ruelles, elles mènent directement à la Corbeille. Accès libre.* Vaste cirque de 25 ha, aux parois ocre et abruptes, couronné de blancs marabouts, où jaillissent les sources qui donnaient vie autrefois aux milliers de palmiers. Les anciennes sources taries ont fait place à un forage, dont l'eau tiède est recueillie dans un bassin servant à l'irrigation. Un programme d'envergure (Unesco-Alecso), lancé au début des années 2000, a redonné un peu de lustre à la Corbeille, qui avait lentement dépéri au fil des décennies. Aujourd'hui, le couvert végétal, au moins, est reconstitué, et un sentier aménagé au bord d'un petit canal alimenté par une pompe permet de traverser la Corbeille à l'ombre. Mais la zone est fragile et commence de nouveau à se dégrader.

La balade peut être ponctuée par une pause rafraîchissante au café ***La Corbeille,*** qui surplombe le site depuis la route, ou, pour une halte plus culturelle, au ***Jardin de la biodiversité*** ; on y apprend à différencier le figuier mâle du figuier femelle, l'âge d'un palmier ou comment on les pollinise (en mars), le système d'irrigation des parcelles... Selon le principe de la culture à étages, on trouve aussi de nombreux arbres fruitiers. Un endroit prisé des familles le dimanche.

Enfin, on peut manger un morceau ***chez Nora*** *(sur résa la veille ; 99-003-615).* Outre sa buvette, elle peut se mettre aux fourneaux pour préparer de délicieuses *tabga,* ou encore des plats typiquement neftiens, comme le couscous de printemps avec les 1res pousses d'oignons verts, des couscous aux légumes, le *berkoukech,* la *chakchouka,* etc.

La vieille ville (la médina) **:** *au sud de l'av. Habib-Bourguiba ; entrée possible en prenant la rue juste en face de l'Attijari Bank ou celle en face de l'UIB Bank. En voiture, prendre la rue qui descend de la station essence Ola puis, au rond-point, à droite sur env 300 m jusqu'à la pl. de la Libération.*
La vieille ville est très authentique et plusieurs films y ont été tournés. L'architecture des maisons y est typique de la région : briques ocre en saillie ou en retrait, formant des figures géométriques du plus bel effet. Beaucoup de ruelles

ponctuées de passages voûtés avec plafond en bois *(bortal)*. Magnifiques encadrements de fenêtre découpant des carrés de ciel bleu.
Notez également les couleurs des portes, la plupart du temps bleues ou vertes, qui distinguent les maisons privées des lieux saints. Le bleu repousserait les mouches et les moustiques, nombreux dans la région. Le vert est la couleur de l'islam. Les portes, de forme particulière, cachent des lieux de prière. Remarquez aussi les heurtoirs en forme de palmiers. Parfois, une main de Fatma et des petits poissons en fer forgé sont fixés sous les anneaux pour apporter la prospérité.
Peu de touristes s'aventurent dans le labyrinthe de la vieille ville, raison de plus pour y aller et goûter quelques instants un mode de vie complètement adapté à l'environnement.

Le musée des Civilisations arabo-berbères Ibn-Khaldoun : *dans les ruelles de la médina ; suivre le fléchage depuis la pl. de la Libération. ☎ 20-385-823. Tlj 8h-13h, 15h-18h (seulement le mat en été). Entrée : env 7 Dt.* Véritable passionné de l'histoire de Nefta, Brahim a déniché, au fil des années, des centaines de photos sur la ville, sa région et, plus largement, sur l'Afrique du Nord. Ce petit musée, un peu faussement appelé musée des Civilisations arabo-berbères, expose sa riche collection de photographies. Et Brahim a mille détails à conter sur chacune d'elles ! Une approche originale pour découvrir la vie, les mœurs et les traditions du coin entre 1870 et 1930. On y apprend, entre autres, qu'à Nefta les zaouïas soufies sont presque aussi nombreuses que les sources. Dans la cour, quelques objets de la vie quotidienne, comme le *gadou,* ancienne horloge hydraulique. Également une galerie consacrée à la femme arabo-berbère et une « chambre de noces ». Une visite intéressante.

Le musée Dar Houidi : *dans la vieille ville, suivre le fléchage à partir de la pl. de la Libération. ☎ 97-497-929. Entrée : 5 Dt. Tlj 8h-minuit (fermé l'ap-m en été).* Un musée aménagé dans une belle demeure du XVIIe s restaurée et toujours habitée par la famille Houidi. La visite commence par la cuisine, puis ce sont quelques pièces à vivre, chambres et salons. Notez la hauteur sous plafond (6,50 m). On y découvre mobilier, habits traditionnels et ustensiles. Jetez aussi un œil aux meurtrières qui rythment la façade. Elles avaient la triple fonction d'aération, de source de lumière et de pigeonnier. On s'en servait également pour mettre les dattes à sécher. Les murs n'étaient pas scellés dans les angles, ce qui permettait, en cas d'écroulement de l'un d'entre eux, de ne pas tout avoir à reconstruire. Le lieu fait aussi café, resto et même maison d'hôtes (mais chambres un peu chères).

La palmeraie : *en venant de Tozeur, prendre la 2e rue à gauche après la poste, au niveau du kiosque, ou encore plus loin sur la même route, au niveau de la statue des 2 pigeons.*
Presque aussi vaste que celle de Tozeur, et belle également, malgré un entretien tout relatif. Balade agréable, au cœur d'une végétation dense. On y distingue parfaitement les 3 étages de cultures : les palmiers font de l'ombre aux arbres fruitiers, qui eux-mêmes abritent les cultures maraîchères. On appelle ça la « phœniculture ». On peut s'y rendre à pied, en calèche (depuis le centre) ou en voiture. La visite

DE LONGUE DATTE

Saviez-vous que les meilleures dattes du Sahara viennent de Nefta : les deglet nour (« dattes lumineuses ») ? Elles se reconnaissent à leur teinte jaune translucide et à leur saveur incomparable. Récoltées en novembre, elles peuvent se déguster jusqu'à 1 an après, signe de la qualité exceptionnelle de cette variété (il existe, en effet, des dattes qui ne se conservent pas plus de 24h, notamment les primeurs récoltées en juin ou juillet). Nefta est le seul endroit de Tunisie où elles sont conservées en chambre froide, car elles sont ensuite exportées.

vaut surtout pour un petit arrêt dans une des *kira* (parcelle) de la palmeraie, à condition d'y trouver des travailleurs à l'œuvre. On vous fera alors une démonstration de grimpe au faîte des palmiers, vous goûterez le jus du cœur *(legmi)* et quelques *deglet nour.* Il y a 128 sortes de dattes à Nefta. Avant de repartir, n'oubliez pas de fumer le calumet de la paix, mélange de baies de genièvre écrasées et de fleur de palmier.
– La palmeraie abrite aussi la ***tombe du marabout Sidi bou Ali,*** mais son entrée est interdite aux non-musulmans. Ce saint homme, né au Maroc au XIIe s, libéra la ville de l'emprise des ibadites (branche modérée du kharidjisme). Nefta est une ville religieuse. La *qadiriyya,* confrérie de derviches (de l'arabe *darwish,* qui signifie « chercheur de portes »... mendiant, quoi !), dont la célèbre aventurière Isabelle Eberhardt faisait également partie, y exerça une activité mystique importante dès le XIIe s.

DANS LES ENVIRONS DE NEFTA

Les dunes de la Reguette et Oung Jmel *(la nuque du dromadaire)* **:** *à 15 km au nord de Nefta, par la route de gauche à la fourche située au nord de la ville. Accès libre.*
La route conduit aux restes d'un **décor de *Star Wars,*** un village construit pour *La Menace fantôme,* et rénové depuis. Malgré le plâtre des armatures des cabanes, les fausses antennes et quelques éléments un peu carton-pâte, on s'y croit ! Mais pas moyen de rencontrer un *Jedi.* Tout autour, des dunes, certaines carrément hautes et raides, que les 4x4 s'amusent à dévaler. Et bien sûr des stands de souvenirs.
Coup de gueule : certains habitants capturent des fennecs pour les coller dans les bras des visiteurs et les prendre en photo. Outre que c'est illégal, c'est aussi très cruel car ces petits renards du désert vivent ensuite captifs de leurs ravisseurs. Bref, on ne cautionne absolument pas !
➢ En continuant la route qui devient vite une piste de sable (plus ou moins ferme, mieux vaut être accompagné d'un habitant du coin pour cette portion), on arrive, au bout de 3-4 km, au ***chott El-Gharsa*** : de l'immensité plate et blanche se détache alors un piton de terre et de pierre couleur argile, dont l'extrémité ressemble vaguement à un cou de chameau, le ***Oung Jmel.*** On peut y grimper... pour une vue à 360° sur le désert, particulièrement beau à cet endroit.

LES OASIS DE MONTAGNE

Les 3 oasis de Chebika, Tamerza et Midès sont autant de balades incontournables. Sur la route de Gafsa en partant de Tozeur, tournez à gauche 2 km après le village d'*El-Hamma* (à 8 km de Tozeur). Bonne route goudronnée sur tout le parcours (67 km jusqu'à Tamerza). Attention, pas de station-service en chemin (la 1re se trouve à Redeyef, après Midès en direction de Metlaoui). Si vous ne possédez pas de véhicule, un louage dessert Tamerza et s'arrête à Chebika, sur la route. En revanche, rien pour Midès. Le problème, c'est le retour (voir « Arriver – Quitter » à Tamerza). Sinon, les agences de tourisme (et certains hôtels) de Tozeur organisent cette excursion en 4x4.

CHEBIKA

À env 50 km de Tozeur par une bonne route, qui fend le chott (« lac salé ») El-Gharsa, le 2e grand chott après celui d'El-Djerid. Contrairement à ses voisins, les chotts El-Jerid et El-Fejaj, son altitude se situe légèrement sous le niveau de la mer.

Chebika était un poste de défense romain sur la route de Gabès. Elle est aujourd'hui connue pour sa petite oasis nichée dans une gorge encaissée. Une faille où les palmiers poussent les pieds dans l'oued. Le village accroché au pied de la montagne a été abandonné après les pluies torrentielles de 1969, car des pans de roches se détachaient et emportaient les habitations. Le nouveau village borde désormais la route qui relie Tozeur à Tamerza. Il a été construit par les autorités sans originalité, répondant avant tout à des critères de confort et d'accessibilité. En venant de Tozeur, une petite route s'engage à droite de la route principale vers la palmeraie. Elle traverse une petite parcelle plantée de palmiers magnifiques et débouche sur un parking avec des boutiques de souvenirs et un café où l'on sert un excellent jus de grenade frais en saison (l'un des seuls endroits de Tunisie où vous pourrez y goûter !). De là part un ***petit parcours*** permettant d'explorer la petite palmeraie nichée au creux des versants arides.

➢ ⸙ ***Balade :*** en prenant les escaliers et le sentier sur quelques centaines de mètres depuis le parking, on peut suivre le cours de l'oued jusqu'à une petite chute d'eau, où l'on peut se baigner. Au-delà de cette chute, remontez encore 200 m et vous verrez l'eau sourdre du rocher en 3 points. Au retour, prenez les escaliers qui montent sur la droite, jusqu'à un très beau point de vue sur l'oasis et le chott El-Gharsa. En continuant sur le chemin (vers la statue de bouquetin), on arrive à une étroite fissure dans la roche qui débouche sur un superbe 2d point de vue sur la palmeraie et le vieux village, vers lequel il suffit de descendre par les marches aménagées sur les flancs de la montagne pour retrouver le parking. On peut aussi faire cette balade dans l'autre sens... mais c'est un peu moins intéressant.

➢ De Chebika à Tamerza, route goudronnée de 15 km. La vue sur le désert devient vraiment prenante à mesure que l'on grimpe. Au loin, tout au loin, on devine le chott. Environ 3 km avant d'arriver à Tamerza, vous pouvez faire halte au *Café Panorama,* qui porte bien son nom et où l'on sert de bonnes pizzas berbères, du jus de palmier et du thé aux herbes de montagne. En poursuivant, un peu plus loin, un panneau indique sur la gauche la « Grande Cascade », halte prisée des groupes en 4x4, où l'on trouve aussi quelques cafés et boutiques de souvenirs. Avec ses 5 m de haut, la fameuse « Grande Cascade » n'est guère impressionnante, mais le petit canyon qui l'environne vaut le coup d'œil.

TAMERZA

Site défensif romain, puis siège épiscopal byzantin, le pittoresque village de Tamerza est posé tout en longueur au sommet d'une crête. 2-3 possibilités de logement sur place et, surtout, un super resto (voir ci-après), qui justifie qu'on s'y attarde.

➢ Louage depuis ***Tozeur.*** Partir le matin pour avoir le temps d'en profiter, car le dernier quitte Tamerza vers 15h.
– ***Souk :*** *le lun.*
■ ***Change :*** *à la poste, sur la route principale. Lun-ven 8h-12h, 14h-17h.*
|●| ***Diari Tamerza :*** *presque au bout du village en allant vers Midès/Redayef, fléché sur la droite. ☎ 98-512-521. Tlj. Menus (normal ou dégustation) 35-60 Dt, à commander la veille ou le mat ! Pas d'alcool.* Un adorable resto familial où l'on déguste une vraie cuisine régionale mitonnée dans les règles de l'art. Il faut commander son menu avant d'arriver, mais cela vaut vraiment la peine ! Le menu classique, composé de hors-d'œuvre (minibrik, doigts de Fatma, tajine), de salades variées et d'un plat du jour type *koucha* de poulet ou d'agneau, est déjà excellent, mais vous pouvez aussi opter pour le menu dégustation, qui consiste en un assortiment de spécialités régionales. Terrasse pour profiter du beau cadre arboré. Accueil super gentil et très pro. Foncez !
☗ Pour ceux qui souhaiteraient

prolonger un peu leur passage à Tamerza, possibilité de loger au restaurant et chambres ***Les Cascades, chez Mounir*** *(au cœur de l'oasis ; 98-543-093 ; doubles avec sdb 70-90 Dt avec petit déj).* Il propose des piaules nettes et fraîches, et un resto sur une agréable terrasse couverte donnant sur l'oued et la palmeraie. Également, à l'entrée du village sur la gauche, le ***Restaurant du Soleil*** *(98-283-239 ; double 50 Dt avec petit déj),* avec 3 chambres (salle de bains et clim) à l'étage du resto, correctes pour le prix.

Le ***vieux village,*** abandonné en 1969 après des pluies violentes qui ont endommagé les maisons, ressemble à un grand château de sable à marée montante. On le découvre en allant vers Midès, en contrebas, après avoir traversé le nouveau village. Il faut monter un peu pour profiter d'une vue superbe, surtout en fin d'après-midi quand les rayons du soleil rasent la vallée.
On peut s'y aventurer à pied depuis la route principale, par l'un des vieux chemins (parfois un peu encombrés) qui y mènent. On traverse alors le lit de l'oued avant de monter les marches vers les ruines. Quelques murs et arcades tiennent encore debout, et plusieurs marabouts demeurent en bon état.

➢ ***Belles balades*** dans la palmeraie ou le long du lit de l'oued, par exemple vers le canyon naturel de Chaâbet-bou-Guemmem, situé à quelques minutes de là. On y découvre d'étonnantes formes dues au sapement latéral exercé par les eaux courantes. De beaux points de vue raviront les photographes. Ne pas manquer non plus la petite cascade au cœur de la palmeraie, où s'étale une plage qui peut faire office d'aire de pique-nique. Sympa pour les enfants.

➢ D'autres belles promenades peuvent être envisagées dans la région, comme celle qui conduit à la ***piste de Rommel,*** laquelle part au sud de la ville de Redayef, mais il faut un peu plus de temps. En outre, les randonnées dans le djebel permettent de réaliser l'importance de la présence humaine dans la région à travers l'histoire : nombreux abris-sous-roche préhistoriques avec postes de taille de silex. En effet, les rognons de silex sont partout présents dans la chape calcaire des canyons qui découpent le djebel. En raison de leur dureté, ces rognons furent utilisés par les hommes de la préhistoire pour fabriquer des bifaces, lames, grattoirs, percuteurs, pointes de flèches et autres outils tranchants. Il n'est pas rare d'en découvrir dans les grottes de la région.
D'anciennes terrasses de culture prouvent aussi l'adaptation très ancienne des populations berbères à la rudesse du climat. Abandonnées depuis des lustres, ces terrasses ont été en grande partie démantelées par les pluies.

Festival

– ***Festival des Oasis de montagne :*** *fin mars-début avr, pdt 3 j.* Groupes folkloriques et musique traditionnelle.

MIDÈS

À 8 km de Tamerza, par une route goudronnée. Prendre la direction de Gafsa sur 3 km ; au carrefour, en haut de la côte, tourner à gauche et suivre la route jusqu'au bout.
Midès, c'est le « Far West » tunisien. Pour les ***canyons*** bien sûr, mais aussi pour la proximité de la frontière algérienne (ayez vos papiers sur vous). Les canyons entouraient autrefois le village de tous côtés, tel un paquebot échoué sur un éperon. Une vraie forteresse naturelle. Mais, à force de niveler leurs parcelles de terre, les villageois ont fini par combler un côté. Comme les autres villages, le hameau a été abandonné en 1969, mais ses ruines semblent toujours suspendues

au-dessus du vide. Pour la petite histoire, sachez que des scènes de *Fort Saganne* (en 1983) et du *Patient anglais* (en 1996) ont été tournées à Midès.

On peut faire le tour du ***vieux village*** par un sentier au bord des profonds ravins. Longer les maisons abandonnées en partant à gauche des cafés, à l'entrée du vieux village. Au bout du chemin, après les habitations, superbe vue sur le canyon. Dos au village, opérer un quart de tour sur la droite : l'érosion a dessiné sur la montagne d'en face les gros yeux et le bec d'une chouette. Amusant !

Pour avoir la meilleure vue d'ensemble des ruines, prendre le chemin à droite à l'entrée du vieux village, qui longe la palmeraie et rejoint une grande esplanade.

On peut aussi descendre dans le canyon et se balader dans le lit de l'oued, entre les impressionnantes parois verticales polies par les eaux. Pour cela, à l'entrée du vieux village, prendre le chemin à droite qui rejoint l'esplanade puis, sur la gauche, un escalier qui conduit au sentier descendant au fond du ravin.

HOMMES, CULTURE, ENVIRONNEMENT

ACHATS

Horaires des magasins

Les magasins des zones touristiques sont ouverts de l'aube jusqu'à une heure tardive (en fonction de l'affluence et de la saison). Dans les souks, certains commerçants ferment après le déjeuner pour la sieste et beaucoup tirent le rideau de leur boutique au coucher du soleil. La plupart ferment aussi le vendredi pour la prière. Le dimanche est un jour chômé, mais de nombreuses échoppes ouvrent tout de même leurs portes dans les secteurs touristiques.
Les horaires des grands magasins, d'alimentation et autres sont sensiblement les mêmes qu'en France.

Artisanat

L'artisanat tunisien est riche et varié. La confection de bijoux, poteries, textiles, cuirs, vannerie et tapis occupe toujours une part importante de la population.
Autrefois, on distinguait l'artisanat domestique féminin, de tradition très ancienne et pratiqué dans l'arrière-pays (tissage, poterie, vannerie), de l'artisanat plus commercial pratiqué sur le littoral, en famille ou en ateliers corporatifs (bijoux, métaux, faïences, cuir, tapis). Avec le temps, la distinction est de moins en moins nette, le tourisme tendant à uniformiser les productions. Si le savoir-faire des anciens disparaît progressivement, quelques îlots de résistance perpétuent encore la tradition et préservent ce patrimoine inestimable. Cependant, comme ailleurs, la pacotille de Chine et d'Inde a fait son apparition sur les étals...

Les bijoux

La Tunisie est le pays des bijoux. Dès l'Antiquité, on y a façonné l'or et l'argent. Depuis, le savoir-faire des artisans s'est enrichi grâce aux apports des cultures des Proche- et Moyen-Orient, des autres pays d'Afrique du Nord, mais aussi d'Europe. Les orfèvres juifs apportèrent le travail des émaux.
Les Tunisiennes portent beaucoup de bijoux. Les femmes du Sud en sont couvertes à l'occasion des fêtes. À l'origine, ils ont tous vocation à éloigner le mauvais œil, comme la *main de Fatma,* que l'on trouvait déjà sur les tombes des Carthaginois. En outre, ils constituent un patrimoine pour les femmes, qui se les transmettent de mère en fille. En cas de coup dur, la femme n'hésitera pas à en revendre une partie.
Il faut distinguer le travail de l'or de celui de l'argent. S'ils ont longtemps été délaissés au profit du travail de l'argent, jugé moins *haram* (interdit au sens de la religion), les bijoux en or sont aujourd'hui les plus prisés. Les grands centres de production sont Tunis, bien sûr, mais aussi Sfax et Djerba. L'or est moins cher qu'en Europe. Veillez toutefois à vérifier le poinçon qui détermine le nombre de carats (souvent seulement 14, voire 12).

KHOMSA

Cette main avec les doigts joints est un signe de protection et signifie 5. On l'aperçoit partout, dans les maisons, dans les voitures ou en pendentifs. On l'appelle aussi la main de Fatma, la fille du Prophète. Ce signe est vénéré aussi bien par les musulmans que par les juifs.

Les bijoux en argent sont portés plus particulièrement par les femmes de la campagne et par les nomades. On trouve encore quelques pièces originales (même si beaucoup représentent la *main de Fatma*). Le Sud produisait autrefois les plus beaux bijoux en argent : des bracelets, boucles d'oreilles, colliers et autres parures berbères souvent remarquables. Aujourd'hui, hormis à Djerba où l'on trouve encore des bijoux de facture locale (reconnaissables aux motifs de poissons et aux chandeliers à 7 branches), sur les souks, les pièces viennent de plus en plus souvent d'Inde, d'Indonésie ou de Thaïlande. De même pour les bijoux touaregs du Niger ! Précisons au passage qu'il n'y a jamais eu l'ombre d'un Targui en Tunisie... On trouve souvent les mêmes bijoux en argent qu'en France mais à des prix sensiblement plus bas.

TRAVAIL D'ORFÈVRE

En Tunisie, le travail du bijou a longtemps été le domaine réservé des juifs. Cette particularité tient au fait que vendre un métal précieux plus cher que son poids au gramme peut être considéré comme de l'usure (ar-ribâ en arabe), un péché majeur pour l'islam. De ce fait, ce travail échut en priorité aux juifs plutôt qu'aux musulmans. Une communauté passée maîtresse dans le travail des métaux précieux.

Les tapis

En Tunisie, l'art du tapis remonte au Xe s. Introduit lors de la conquête musulmane, ce travail artisanal séculaire s'est implanté principalement à Kairouan sous la dynastie des Aghlabides. Il demeure la principale activité artisanale du pays, généralement réservée aux femmes qui se transmettent ce savoir-faire de mère en fille. Les moutons sont tondus au printemps. La laine brute est débarrassée de ses impuretés, cardée, filée, quenouillée, puis mise en pelotes et nouée sur le métier à tisser. Une fois le tapis terminé, l'ONAT (Office national de l'artisanat tunisien) l'estampille ou bien le refuse.

Les tapis servaient autrefois à décorer les somptueuses mosquées du Maghreb. Aujourd'hui, chaque Tunisien possède plusieurs tapis chez lui. Dans les familles du Sahel, le tapis de Kairouan fait même partie du trousseau de la mariée. Beaucoup sont aussi destinés à l'exportation.

Il existe ***4 sortes de tapis*** qu'on distingue selon la hauteur de poil, la provenance, la technique de tissage, les motifs, etc. :

- les *alloucha*, tapis traditionnels de Kairouan noués (à la main) reprennent les couleurs naturelles de la laine de mouton (du blanc au noir en passant par le marron et le gris) ;
- les *zarbia*, tapis à points noués, qui comptent de 10 à 30 nœuds au cm^2. C'est un *alloucha* avec une plus large palette de couleurs ;
- les *mergoum* (injustement appelés *kilims*), tapis tissés en laine ou en coton mêlant, parfois, des motifs géométriques à points noués ;
- les *kilims*, traditionnellement tissés par les semi-nomades du sud du pays, sont constitués de bandes horizontales de diverses couleurs. Légers et colorés, ils sont utilisés indifféremment pour orner les murs ou recouvrir les sols.

UN TAPIS RARE EST CHER, MAIS UN TAPIS CHER N'EST PAS RARE

Il existe 4 qualités de tapis. La qualité dite « supérieure » n'a aucun défaut, c'est l'œuvre parfaite. On en trouve peu sur le marché. Ensuite viennent le « 1er choix », puis le « 2e choix » qui correspond, on s'en doute, à une qualité inférieure. Quant à la 4e catégorie, dite « refusée », elle ne possède ni label ni désignation. Or, ce sont bien souvent ces tapis-là qui sont proposés aux touristes. N'hésitez donc pas à vous référer à l'étiquette collée sur le tapis. Son plombage certifie la visée de l'ONAT (Office national de l'artisanat tunisien).

Le ***prix d'un tapis*** se calcule au nombre de points par cm^2. Plus il a de points, plus il est serré, plus il est résistant et agréable. La qualité d'un tapis (donc son prix) dépend de plusieurs critères : la matière première utilisée, la provenance de la teinture, la régularité des motifs, la technique de fabrication, le poids et l'aspect de l'ouvrage fini qui ne doit supporter aucun défaut. Un tapis noué de 2 x 3 m ayant 40 nœuds au cm^2 nécessite 3 mois de travail à 2 ouvrières. Achetez de préférence vos tapis directement à la coopérative locale si vous passez dans le coin (comme à Oudref, au nord de Gabès). Vous y trouverez un bien meilleur choix, des produits haut de gamme (1er choix), le tout à des tarifs incomparables à ceux pratiqués en ville. Un argument de poids que vous entendrez parfois dans la bouche des marchands de tapis : « Nous sommes une coopérative d'État, donc nos prix sont fixes. » Ils vous promettent qu'il s'agit d'une vente exceptionnelle qui se termine le lendemain.

La poterie

La tradition de la terre cuite remonte à la préhistoire, puisque les spécialistes reconnaissent dans les motifs de Sejenane un héritage direct des céramiques néolithiques. Par la suite, les techniques grecques, puis romaines ont influencé la production locale. Mais c'est avec l'arrivée des Arabes, et surtout des Andalous à partir du XVe s, que la céramique prend un nouvel essor en Tunisie. Sans surprise, le tourisme de masse a conduit les potiers à produire un peu tout et n'importe quoi, notamment des objets bon marché et colorés, sans nécessairement tenir compte d'un passé pourtant riche en la matière. Le résultat n'est guère enthousiasmant, car les motifs traditionnels se sont perdus au profit d'archétypes faciles à reproduire ; la facture des objets laisse souvent à désirer, et les artistes eux-mêmes ont cédé la place aux fabricants à la chaîne.

Si Nabeul reste la capitale de la céramique, avec ses ateliers où l'on peut encore avoir l'impression de côtoyer la tradition, ses produits ont envahi tous les souks de Tunisie. De Bizerte à Douz, les mêmes teintes, les mêmes formes garnissent les étals. Certes, l'offre considérable garantit des prix attractifs, mais la qualité reste médiocre tant d'un point de vue artistique qu'au niveau de la solidité. Par exemple, les potiers de Guellalla à Djerba n'ont conservé qu'une gamme très réduite de produits locaux, d'une qualité inférieure à celle du siècle dernier. Le reste provient de Nabeul.

Pour résumer, si l'on peut encore trouver des motifs plaisants, l'originalité est à rechercher au fond des boutiques, sous la poussière, voire dans des centres secondaires signalés çà et là. Quelques jolies pièces subsistent, mais elles se font évidemment de plus en plus rares.

Le cuir

Les maîtres selliers qui faisaient des merveilles à Tunis jusqu'au XIXe s ont aujourd'hui presque tous disparu. Des petits artisans continuent néanmoins à faire des sacs, des babouches, des ceintures, des coussins, des poufs, des coffrets et autres portefeuilles. On trouvera le meilleur (maroquinerie rehaussée d'or, de pierres et de soie) et le pire. La qualité n'est pas toujours au rendez-vous : choisissez un cuir souple, vérifiez bien les coutures et les fermetures. Et gare à l'odeur ! Ne comptez pas sur une évaporation miraculeuse en rentrant chez vous...

Le cuivre

Tout le monde connaît les larges plateaux de cuivre martelé, parfois incrustés d'argent. Il y a sur les souks de quoi équiper toute une cuisine : plats, bassines, casseroles, couscoussiers, vases, services à thé, cafetières... Essayez de faire le tri entre ce qui est purement « souvenir » (déco standardisée faite de chameaux et de folklore toc) et ce qui est plus authentique (observez les motifs des plats dans les restaurants). Les plus belles pièces se trouvent dans les magasins spécialisés comme ceux du souk du Cuivre *(En-Nahas)* de la médina de Tunis, par exemple.

Sachez que les plateaux argentés s'oxydent moins que les plateaux dorés (en laiton), qu'il faut astiquer régulièrement. Les médinas de Tunis et de Kairouan sont les mieux pourvues.

Les tissages traditionnels

– Les *ferrachias* sont des couvertures en laine, officiellement estampillées quand elles sont tissées à la main. On trouve aussi toute une gamme de pièces en coton, nappes ou tentures d'intérieur.
– Le *sefseri* est un large voile en coton, soie ou satin, crème ou très coloré (notamment dans le Sud) qui couvre tout le corps de la femme. Il est aujourd'hui surtout revêtu lors des mariages. Les pièces tissées à la main sont de plus en plus rares, trop longues et délicates à réaliser.
– Du *burnous* de grosse laine brute à la *djellaba* plus ou moins ornée en passant par la *chéchia* (couvre-chef en feutre rouge, voir plus bas la rubrique qui lui est consacré), les costumes traditionnels révélaient jadis une appartenance sociale, régionale ou religieuse. En général, ces vêtements drapés, encore en usage en Tunisie, sont un lointain héritage de la toge romaine.
– Le *foutah* est un tissu en coton, à usage multiple. On s'en sert comme serviette de toilette, de bain ou de plage, de nappe et, pourquoi pas, de rideau... De couleur, blanc, rayé ou uni, c'est un souvenir sympa, bon marché, toujours utile et facile à caser dans la valise. On en trouve facilement dans les souks et les magasins d'étoffes.

Et aussi...

– ***La vannerie*** propose une grande variété d'objets allant du cabas aux meubles dits « de coopérants », qui sont faits de feuilles de palmier, en alfa, ou en jonc. Si vous ne voulez pas vous faire trop remarquer dans l'avion du retour, préférez le panier au fauteuil en rotin !
– ***Les cages à oiseaux*** de Sidi-bou-Saïd, en bois et fil métallique, ne manquent pas d'élégance avec leur forme de petits mausolées. On les accroche dans les maisons tunisiennes rarement pour y enfermer des oiseaux, mais comme porte-bonheur, la porte ouverte.
– ***Le henné,*** ce colorant naturel qui teint pieds et mains de façon très esthétique, est souvent associé au bonheur, à la joie. Ainsi, pendant la semaine que durent les cérémonies de mariage, 3 jours sont consacrés au henné. Certaines régions se distinguent par des motifs au henné particulièrement originaux.
ATTENTION : on ajoute parfois au henné du PPD (paraphénylène-diamine, plus exactement) afin de le rendre plus résistant. Cette substance, qui est également utilisée pour les teintures capillaires, peut provoquer chez certaines personnes des réactions allergiques potentiellement graves.

CIGARETTES *20 MARS*

La plus populaire des cigarettes tunisiennes. Son nom vient bien sûr du jour de l'indépendance : 20 mars 1956. Une marque qui fait un tabac !

LES CHEMINS DÉTOURNÉS DU MASCARA

Al-kôhl *désigne la poudre d'antimoine qui sert à noircir le pourtour des yeux, poudre qui joue par la même occasion le rôle d'antiseptique. Dans le passé, lorsque les médecins arabes chauffaient cette poudre, elle se « sublimait », c'est-à-dire qu'elle passait directement de l'état solide à l'état gazeux sans passer par l'état liquide. Le gaz produit fut donc appelé* alcouhoul, *terme qui évoque l'esprit, le spirituel et le spiritueux qui, par la suite, désignera tout ce qui est distillé.*

– ***Le khôl*** est utilisé par les femmes pour se maquiller les yeux.
– ***Le tfal (ou ghassoul),*** argile sous forme de poudre ou en morceaux, que l'on mélange à l'eau de rose ou de fleur d'oranger pour obtenir un masque de beauté pour le corps et le visage. Il sert également de shampoing naturel.
– ***Les senteurs orientales*** sont vendues dans les parfumeries des souks : fleur d'oranger, rose, jasmin, ambre, musc... Ensorcelant !
– ***Les épices*** (des dizaines) et pourquoi pas de l'***huile d'olive*** pour ensoleiller votre cuisine et vos plats d'hiver.
– On trouve aussi une multitude de petits objets en ***bois d'olivier,*** surtout à Sfax, Tabarka et Aïn-Draham, tout comme les pots de fleurs et les gazelles en ***liège*** !

Douane

C'est bien connu, en vacances, la carte de paiement remplace parfois une partie du cerveau. On craque pour un beau tapis et, la veille du départ, le spectre du douanier vous apparaît en rêve. Pas de panique ! Tout se passe généralement très bien... à condition de savoir à quoi s'en tenir.

Objets autorisés

Si vous avez jeté votre dévolu sur un objet de valeur, assurez-vous que ce produit est autorisé à l'exportation. Ne comptez surtout pas sur les vendeurs pour vous renseigner, ils manquent souvent d'objectivité ! Trop de personnes se font encore confisquer des souvenirs au moment d'embarquer : bijoux anciens, œuvres d'art et autres denrées considérées comme faisant partie du patrimoine tunisien... Pensez donc à vous renseigner avant le retour, par exemple sur le site de la douane tunisienne : ● *douane.gov.tn* ● (rubrique « Particulier », puis « Voyageurs » et « Avez-vous quelque chose à déclarer ? »).
De même, attention aux contrefaçons. Il peut être tentant de s'acheter une bague « Cartier », un sac « Chanel », un polo « Lacoste » ou une montre signée « Rolex » pour 3 fois rien. Mais naturellement, ces objets de luxe sont des imitations. La loi Longuet de 1994 punit sévèrement la contrefaçon et vous risquez d'être ennuyé à la douane. Mieux vaut épater vos amis avec d'authentiques souvenirs du pays.

Réglementation à l'import

En France, la franchise douanière est de 430 € pour les voyageurs à partir de 15 ans utilisant un mode de transport aérien ou maritime (sinon, elle est de 300 €) et de 150 € pour les moins de 15 ans. Elle n'est pas cumulable d'une personne à l'autre. Si la valeur des objets que vous rapportez est supérieure à cette somme, vous devez vous acquitter de la taxe sur la valeur ajoutée (TVA) et des droits de douane normalement exigibles. Ils s'appliquent sur la totalité du prix mentionné sur la facture. Pas de facture ? Alors vous négocierez de gré à gré avec le personnel de douane. Certains vendeurs vous proposeront de fausses factures, mais soyez prudent : les douaniers en épluchent tous les jours, et une facture de 35 € pour un tapis de haute laine de 4 x 3 m a peu de chance de passer. Soyez réaliste ! Assurez-vous aussi d'avoir un certificat d'origine pour les tapis attestant qu'ils ont bien été fabriqués en Tunisie, sinon, droits de douane supplémentaires de 3 à 8 % prélevés sur le prix TTC.
– Plus d'infos sur ● douane.gouv.fr ● (rubrique « Particulier », « Informations générales »).

Les frais de port

Votre tapis est vraiment très, très gros, et lourd en plus. Votre vendeur propose donc de vous l'expédier. Dans ce cas, c'est la même chose... ou presque. Pour les objets dont la valeur dépasse le montant de la franchise douanière (voir ci-dessus), votre vendeur fera appel à un déclarant en douane pour expédier le colis (en port dû, évidemment). Il vous demandera de régler les frais inhérents à cette opération (emballage, frais de transitaire, taxi pour l'aéroport, etc.). Mais ce n'est pas fini. À l'aéroport d'arrivée, on vous demandera de venir retirer l'objet placé sous douane. En dessous du montant de la franchise douanière, vous pourrez effectuer vous-même le retrait auprès du service des douanes (droits et taxes dus, évidemment). Sinon, il faut, là encore, faire appel à un déclarant en douane (transitaire) pour pouvoir retirer l'objet. Il vous refacturera ses prestations. La surprise est bien souvent là. En général, une fois arrivé à destination, votre tapis aura coûté au moins le double du prix que vous aurez négocié sur place ! Autant le savoir.

BOISSONS

– ***Eau :*** évitez de boire l'eau du robinet (surtout dans le Sud). Les marques *Sabrine, Fourat, Safia, Maïn, Cristalline* et *Marwa* sont commercialisées dans des bouteilles en plastique de 1 l ou 1,5 l. *Aïn-Oktor, Safia* ou *Aïn-Garci* (pétillantes) sont vendues en bouteilles de verre consignées. Décapsulez-les vous-même ou faites-le faire devant vous.

– ***Thé à la menthe :*** rien à voir avec la *cup of tea* des Anglo-Saxons (d'ailleurs, le thé est toujours servi dans un verre). On le prépare en mettant dans l'eau bouillante du thé vert avec du sucre et de la menthe sèche ; on laisse bouillir 5 mn, puis infuser 5 mn encore hors du feu. Parfois, on ajoute des amandes ou des pignons de pin.

Ne refusez jamais le thé à la menthe offert par votre hôte. Et comme les Tunisiens ont un grand sens de l'hospitalité, vous serez peut-être amené à en boire plusieurs fois par jour. Le thé à la menthe est une boisson désaltérante... mais elle peut déranger l'estomac si l'on en abuse ! Le temps d'infusion, le dosage et la teneur en sucre fluctuent selon les lieux. Vous pouvez aussi goûter le thé panaché (appelé *chtar*) qui est un mélange de thé vert et rouge.

LA GRANDE NOUVEAU-THÉ

Les Britanniques basés à Gibraltar furent incapables d'écouler leur stock de thé vert sur le marché russe à cause de la guerre de Crimée (1854). Alors, ils introduisirent en masse le thé vert en Afrique du Nord par l'intermédiaire des commerçants juifs. Il fut adopté sur-le-champ par les populations musulmanes, qui ne consommaient jusqu'alors que des infusions de sauge ou de menthe. Jadis, le thé était réservé aux rois. Jusqu'au milieu du XIXe s, personne n'en avait bu la moindre goutte !

– ***Café :*** vous aurez le choix entre un café naturel (ou café filtre, pas toujours très bon), un *express* (le même qu'en France) ou un turc. Le café au lait se prend « crème » (beaucoup de lait, peu de café) ou « direct » (beaucoup de café, peu de lait).

– ***Jus de fruits :*** on en sert beaucoup dans les cafés. Les jus d'orange sont excellents lorsque ce sont des oranges fraîchement pressées, mais méfiez-vous, dans les hôtels, ils sont souvent faits à base de poudre et imbuvables. En saison, il y a aussi de délicieux jus de fraise, mais aussi de melon, de pêche, et même de datte... La citronnade fraîche, désaltérante bien que très sucrée, s'obtient avec le jus du citron entier (pulpe et écorce), ce qui lui donne ce goût inégalable.

GAZOUZ

Il s'agit bien sûr des boissons gazeuses qu'on achète partout. Comme en arabe tunisien, la plupart des mots se terminant en « a » sont féminins, on entendra dire la Coca ou la Fanta.

– ***Sirop d'orgeat :*** à base d'amandes douces et amères ou de pistaches, il est aussi vendu dans les pâtisseries et souvent proposé aux invités lors des mariages en ville.

Alcool

– **Bière :** les amateurs trouveront la *Celtia,* la plus répandue, la *Becks,* la *Stella* et la *Tuborg* fabriquées sous licence. La bière est vendue dans certains restaurants et dans les bars, mais on n'en trouve pas dans les cafés, ces derniers n'ayant pas de licence. Vous pourrez, en revanche, parfois vous rabattre sur une bière sans alcool, la *Celestia,* pas mauvaise finalement. Quand vous êtes avec des amis tunisiens, sachez que si, en tant que touriste, vous pouvez siroter une bière en terrasse, eux sont obligés de la boire à l'intérieur (en principe).

– **Vin :** comme pour la bière, on n'en trouve que dans les établissements possédant une licence. La vigne prospérait déjà en Tunisie dès la plus haute Antiquité. Carthage produisait un vin réputé. Même les Romains, leurs ennemis héréditaires, en raffolaient. L'arrivée de l'islam a entraîné la chute de la production. Cela n'a pas empêché le poète Abou Nawas de célébrer les louanges de cette boisson subtile et raffinée. C'était à l'époque de Charlemagne. Aujourd'hui, 85 % du vignoble est situé dans la région du cap Bon. La production dispose de 7 AOC (Grand Cru Mornag, Mornag, Thibar, Côteaux d'Utique, Tébourba, Sidi Salem et Kélibia).
Dans l'ensemble, les vins, quoique forts, sont bons. On vous proposera du magon rouge (un des plus courants à la carte des restaurants, d'un très bon rapport qualité-prix), du château-mornag (excellent), du clos-des-arcades, du koudiat, du sidi-raïs, du carthage, du sid-mansour (dans sa drôle de bouteille), du tyna, du tardi, du boughobza ou du haut-mornag. Les meilleurs sont, bien entendu, les AOC 1er cru, comme le sidi-sâad, le lamblot ou le château-feriani. Hélas, ils sont généralement mal conservés, faute de caves.
On aura souvent intérêt à commander un petit rosé bien frais qui se marie avec tout, principalement avec le poisson : tyna, sidi-raïs, hidalgo, koudiat, rossel.
Dans les blancs, ne pas hésiter à boire du muscat de Kélibia, très fruité. Le domaine de Thibar, réputé pour ses méthodes de vinification, a été fondé par des Pères Blancs qui y produisent du mousseux.
Les muscats de Radès, de Kélibia, de Thibar ou de Carthage sont d'excellents apéritifs, plus parfumés encore que nos muscats français.
Attention, compte tenu de la température extérieure, tous les alcools sont, plus que jamais, à consommer avec modération.

– **En conclusion :** pour clore un bon repas, essayer la *boukha,* alcool de figue très fort, ou la *thibarine,* une liqueur de datte aromatisée avec des plantes. Elle est très sucrée mais excellente. Dans le Sud, plutôt que la *boukha,* on vous offrira du *jus de palme* (fermenté et bien sûr à haute teneur en alcool). Parfois, on vous le certifiera « sans alcool » et plutôt « boisson d'ivresse ». Non fermenté, c'est le *legmi,* sève de palmier vendue très fraîche dans les rues de Tozeur ou de Houmt-Souk. Attention aux conditions d'hygiène précaires lors de la préparation. C'est souvent le moyen le plus sûr d'attraper une courante et, peut-être, une authentique amibiase.
Si vous êtes invité dans une demeure tunisienne, on vous servira peut-être la *bsissa* de blé, boisson assez épaisse à base de farine de blé ou d'orge épicée à la marjolaine, à la coriandre, à l'anis, au fenouil. Certains y ajoutent des pois chiches grillés et moulus. On la sert très rarement dans les cafés. Il existe une version différente qui consiste à diluer la farine non plus dans de l'eau, mais dans de l'huile d'olive et du sucre. Le résultat est une pâte riche en calories et peu digeste, qui se conserve longtemps et se mange à la cuillère.

CHAMEAUX

En réalité, il n'y a que des dromadaires en Tunisie (une seule bosse). Mais « chameau » est un terme générique désignant aussi bien les dromadaires que les chameaux, tous 2 de la famille des camélidés.

C'est dans le Sud tunisien que vous rencontrerez votre 1er dromadaire. Il fut progressivement introduit d'Asie en Afrique, à une époque contemporaine du Christ, mais c'est entre le Ier et le IIIe s qu'il se répandit en Afrique du Nord, permettant aux tribus berbères une plus grande autonomie. Admirablement adapté aux régions arides, il peut brouter des plantes épineuses qu'aucune autre bête, même l'âne, ne saurait digérer. Il peut se passer de boire durant 2 à 3 semaines, à condition de trouver des pâturages à sa convenance. Lorsqu'ils sont au repos, les chameaux tournent toujours la tête en direction du soleil : celui-ci aurait pour effet de provoquer des sécrétions nasales qui viendraient humecter leurs lèvres.

LA BOSSE DU COMMERCE

Petit quiz : qu'y a-t-il dans la bosse des dromadaires ? Non, pas de l'eau, comme on le fait croire aux enfants, mais une réserve de graisse qui, par un savant processus d'oxydation, restitue à l'animal, au fur et à mesure, les éléments liquides dont il a besoin. Mais s'il peut boire tous les jours, il ne s'en privera pas. Il est alors capable d'avaler plus de 100 l d'un seul coup. À l'époque des grandes routes caravanières, les chapelets de dromadaires pouvaient ainsi parcourir des centaines de kilomètres pour acheminer leurs marchandises.

Les *djemels* (chameaux) vivent environ 30 ans. En moyenne, ils sont suffisamment forts pour travailler à partir de 4 ans, mais les chameliers estiment qu'il faut encore quelques années pour parfaire leur dressage. Seuls les mâles servent de monture ou de porteurs pour les méharées (randonnées à dos de chameau). Les femelles sont surtout vouées à la reproduction et se promènent toute l'année au gré des pâturages. Si vous croisez un chameau à la gueule baveuse et mousseuse, pas d'inquiétude : ce n'est pas la rage ! Il est simplement en rut.
Les mâles sont de relâche pendant l'été. Les nomades les laissent alors vagabonder à la recherche de nourriture. Lorsque le climat redevient clément, le chamelier retrouve très facilement son troupeau : autour d'un point d'eau. De plus, chaque animal est marqué au fer du symbole de son propriétaire.
Il existe 35 variétés de dromadaires, parmi lesquels le noble et rare *méhari,* originaire du centre et du sud de l'Algérie. C'est sans doute le plus beau de tous, prisé par les Mérazigues du Sud tunisien pour la course, sorte de Formule 1 du Sahara. De couleur blanche, il peut atteindre 2,40 m au garrot et se distingue des autres par son allure particulièrement altière. Très impressionnant. Vous pourrez notamment le voir à l'œuvre lors du *Festival international du Sahara* à Douz (voir à cette ville).
Chaque chameau a un nom et reconnaît son maître de loin. Il n'y a pratiquement plus de marché aux chameaux, hormis à Douz (le jeudi). Si d'aventure vous en croisez un, sachez qu'un dromadaire de moins de 1 an (tant qu'il tète sa mère) se négocie entre 800 et 900 Dt. Puis le prix grimpe rapidement autour de 1 000-1 200 Dt. Il faut 4 ans minimum pour le faire travailler. Un animal en bonne forme, dressé et aguerri aux tâches les plus rudes, se négocie autour de 2 500 Dt. Au cas où vous voudriez faire un cadeau original à votre belle-mère...

MONTURES SANS FRONTIÈRES

Ce sont les légions romaines, basées en Syrie et appelées à la rescousse pour détruire Carthage, qui introduisirent en masse le dromadaire en Afrique du Nord. Évidemment, certains se sont échappés... en s'acclimatant très bien à leur nouveau pays d'adoption.

On dit du chameau qu'il « blatère », un bruit guttural assez étrange. Lorsque vous l'aurez entendu, nul doute que vous comprendrez mieux toute la portée comique du verbe « déblatérer ».

CHÉCHIA

Dans la tradition tunisienne, on était tenu de se couvrir la tête. Si les femmes se coiffaient de manière complexe, en utilisant châles et foulards, les hommes revêtaient la chéchia, fabriquée par les artisans de Tunis.
La chéchia est un bonnet de feutre rouge qui ceint le front. Elle est encore portée par les hommes, généralement âgés, alors que le reste de la tenue vestimentaire s'est occidentalisé. À l'origine, la chéchia était invisible, puisqu'elle servait à supporter le turban qui était lové autour d'elle. Elle n'a pas disparu avec le turban, mais sa forme a un peu changé : elle a rétréci et diminué en hauteur, puis a fini par perdre le gland de soie qui la surmontait.
On peut encore assister à la fabrication de chéchias en visitant les derniers ateliers des *chaouachis,* maîtres artisans aux boutiques richement décorées. Le commerce des chéchias était jadis florissant, la Tunisie fabriquant une grande partie des chéchias portées au Moyen-Orient, en Turquie, en Égypte, en Syrie, dans certains pays africains, et même jusque dans les Balkans. La forme et la couleur variaient selon les contrées. Ainsi, les Libyens ne portaient que des couvre-chefs noirs.

CHICHA

Fumer la *chicha,* c'est en fait fumer du *tombac* dans une pipe à eau (le narguilé). Le *tombac* est une plante très proche du tabac, que l'on fait bouillir. Ajouter du miel et un peu de citron, puis laisser macérer 30 mn. Il s'achète dans le commerce, en paquets, de différents arômes (pomme, le plus apprécié, mais aussi fraise, menthe ou cocktail de fruits). On en remplit le fourneau de la *chicha,* que l'on recouvre d'une feuille d'alu percée de trous, puis on dispose pardessus un bout de charbon incandescent, et c'est parti. À la terrasse d'un café, c'est un agréable passe-temps qui accompagne agréablement la conversation. Mais, selon une étude, il faut savoir qu'au bout de 45 mn on a ingurgité 20 fois plus de goudron, 2 fois plus de monoxyde de carbone et 3 fois plus de nicotine qu'en fumant une cigarette ; sans parler du risque de transmission de maladies contagieuses si on se passe le tuyau de l'un à l'autre (demander un embout en plastique). On nous a même dit que ceux qui ne trouvaient pas cela assez fort remplaçaient l'eau par de la *boukha* (alcool de figue). Vapeurs d'alcool + *tombac* = gueule de bois assurée le lendemain.

PAS DE FUMÉE SANS FEU

La chicha est un plaisir qui n'est pas sans risque, car le taux de monoxyde de carbone expiré lors d'une séance de chicha de 1h environ (à peu près une cinquantaine de bouffées) équivaut à celui émis par 2 paquets de cigarettes ! Dommage, c'était quand même moins cher !

CINÉMA

Le cinéma tunisien

Bien qu'assez timide en termes de chiffres de production annuelle, le cinéma tunisien compte des figures majeures et de véritables chefs-d'œuvre dans sa filmographie. Retenons, entre autres, ces quelques titres : *Bab'Aziz,* de Nacer Khemir (2006), *Un si beau voyage,* de Khaled Ghorbal (2008), avec Farid Chopel, dont ce fut le dernier film, *Le Fil,* de Mehdi ben Attia (2009), *L'Homme de cendres* (1986), *Les Sabots en or* (1989), *Making off* (2006) et *Manmoutech* (2013), tous 4

de Nouri Bouzid, *Les Silences du palais* (Caméra d'or à Cannes en 1994) et *La Saison des hommes* (2000), de Moufida Tlatli, ou encore *Halfaouine, l'enfant des terrasses* (1990) et *Un été à La Goulette* (1995), de Ferid Boughedir. La révolution de 2011 a également inspiré les cinéastes engagés et contribué au développement d'un cinéma « social », dont *Hedi. Un vent de liberté* (2016), de Mohamed Ben Attia, récompensé au Festival de Berlin, est le plus bel exemple. Autre miroir d'une jeunesse éprise de liberté, le très réussi *À peine j'ouvre les yeux* (2015), de Leyla Bouzid, qui rend compte avec force de la peur qui régnait au temps de la dictature. Le documentaire de Mourad ben Cheikh, *Plus jamais peur,* présenté à Cannes en 2011, offre quant à lui une belle chronique de la révolution à travers 3 personnages emblématiques du mouvement. L'étonnante réalisatrice Kaouther ben Hania est l'une des figures de proue du nouveau cinéma tunisien. Elle dénonce à travers ses films la condition de la femme tunisienne, sous forme de comédie (*Challat de Tunis,* en 2014) ou de thriller carrément glaçant (*La Belle et la Meute,* 2017). À voir ! *Un Fils* (2019), de Mehdi Barsaoui, offre à Sami Bouajila le rôle d'un père meurtri après que son fils a été grièvement blessé lors d'une attaque terroriste dans le sud du pays. L'acteur franco-tunisien a obtenu le prix d'interprétation à la Mostra de Venise et le césar du meilleur acteur en 2021.
À travers la comédie *Un divan à Tunis* (2019), réalisée par la Franco-Tunisienne Manele Labidi, transparaît le scepticisme sur l'avenir du pays. C'est une société en pleine mutation après la révolution de 2011 qui défile sur le divan de la jeune psychanalyste, à la croisée de 2 cultures, française et tunisienne. La révolution toujours, avec *Harka* (2022), de Lotfy Nathan, un long-métrage qui retrace l'impuissance et la colère de toute une jeunesse sacrifiée, en référence à Mohamed Bouazizi, qui a fini par s'immoler par le feu fin 2010. Le film a d'ailleurs été tourné à Sidi Bouzid où vivait le jeune martyr. Adam Bessa a obtenu le prix d'interprétation à Cannes dans la sélection « Un certain regard ».
Un autre film a connu une prestigieuse reconnaissance internationale : en 2021, *L'Homme qui a vendu sa peau,* de Kaouther ben Hania, a été sélectionné pour concourir dans la catégorie meilleur film étranger aux oscars. La réalisatrice est, elle aussi, née à Sidi Bouzid. Elle évoque le périple d'un Syrien qui tente de rejoindre l'Europe où vit désormais la femme qu'il aime, en s'étant fait tatouer un visa Schengen sur le dos, tel un pacte avec Faust.

La Tunisie comme décor

Soleil, plages, dunes, palmiers et étendues désertiques... Le pays de naissance de Claudia Cardinale ne se contente pas de faire profiter ses nombreux visiteurs de ses richesses naturelles, il les rentabilise aussi en attirant les producteurs de Hollywood.
George Lucas n'est pas le seul à avoir été séduit par les paysages tunisiens pour les différents épisodes de *Star Wars.* Spielberg y tourna une partie des *Aventuriers de l'Arche perdue* en 1980, Roman Polanski des scènes de *Pirates* (1986), et les Monty Python *La Vie de Brian* (1979). Mais le film qui sublime sans doute le mieux les merveilleux paysages du désert tunisien reste

QUE LA FORCE SOIT AVEC VOUS !

Les cinéphiles éclairés auront fait le lien entre la désertique planète Tatooine, repaire des malfrats « d'une galaxie lointaine, très lointaine », dont est originaire le gentil Luke Skywalker, et la (vraie) ville de Tataouine, dans le Sud tunisien. La région a largement inspiré George Lucas, qui s'en est servi comme décor pour plusieurs épisodes de sa cultissime saga Star Wars. *Encore aujourd'hui, dans le désert, près de Nefta, on tombe sur d'étranges vestiges, ceux d'une civilisation intersidérale d'un autre âge, qui luttent contre le temps et le sable, mais qui, sans nul doute, font le bonheur des agences de voyages.*

Le Patient anglais (1996), d'Anthony Minghella, dont les images de Ksar-Ghilane et les travellings langoureux sur les étendues du plateau de Nefta ont largement contribué à lui attribuer une pluie d'oscars (dont un pour Juliette Binoche !). Cédric Klapisch y a également tourné *Peut-être* en 1999, un film dans lequel un Paris futuriste a été reconstitué dans les dunes de Douz. Le désert tunisien était à nouveau à l'honneur en 2011, avec *Or noir,* de Jean-Jacques Annaud. En moyenne, une douzaine de films étrangers y sont tournés chaque année...
– Pour plus d'infos, consulter • *cinematunisien.com* •
Saluons enfin les Journées cinématographiques de Carthage (JCC), le plus ancien festival dédié au cinéma arabe et africain depuis 1966.

CUISINE

La cuisine traditionnelle tunisienne est avant tout méditerranéenne et très épicée (dans le Sud plus que dans le Nord). La (ou le) harissa y règne en maître. Ce condiment fait de piments rouges pilés et d'huile d'olive, a d'ailleurs été classé en 2022 sur la liste du patrimoine immatériel de l'humanité au titre d'une tradition et d'un savoir-faire à sauvegarder.

HABITUDES ALIMENTAIRES

Le paysan tunisien n'a pas tellement l'habitude de manger du poulet. S'il en élève, c'est surtout pour récupérer les œufs. Voilà pourquoi un adage populaire prétend que si quelqu'un mange du poulet, c'est parce que l'un des 2 est malade.

Bien souvent, les plats servis au restaurant ne reflètent pas la richesse de la cuisine tunisienne. La plupart du temps, la carte déroule invariablement les mêmes propositions : salade et bricks en entrée, soupe à l'orge, couscous, brochettes, merguez, escalope de dinde et frites, poisson grillé sur le littoral, riz et pâtes. On se nourrit, certes, mais les estomacs sensibles souffrent de surdose de piments, et les palais, d'un léger ennui. Parfois, des gargotes font griller la viande ou le poisson que l'on achète chez le boucher ou au marché d'à côté. On vous préparera le bestiau, le plus souvent accompagné de salade et de frites. Très bon marché.
Lorsqu'on vous apporte la *kémia,* un assortiment d'amuse-gueules offerts par la maison, attention au thon à la harissa, incendie assuré en cas d'excès. L'ulcère de l'estomac est un mal national en Tunisie ! Heureusement, il y a toujours du pain servi à table pour adoucir la sauce. Sinon, voici quelques spécialités...

Parmi les entrées

– ***Le brick :*** sorte de crêpe très fine, pliée en demi-lune et frite, enveloppant un œuf et de la farce, ou du thon et de l'oignon. Servi avec du citron et du persil, c'est l'une des entrées favorites dans les restos. À la discrétion du restaurateur, on remplace le thon par du fromage ou des crevettes, et c'est toujours délicieux.
– ***Le fricassé :*** beignet dans lequel on trouve du thon, des pommes de terre, des olives et de la harissa. Un mets du Sud.
– ***La salade tunisienne :*** à base de tomates, oignons, piments et parfois du concombre.
– ***La salade méchouia*** (de l'arabe *méchoui,* qui veut dire « grillé ») ***:*** salade de tomates et de poivrons (parfois forts) grillés au four ou au barbecue, puis marinés dans de l'ail, de l'huile d'olive et servie froide.
– ***La chorba*** (de l'arabe *chreb,* qui veut dire « boire ») ***:*** soupe à base de semoule d'orge qui peut, à elle seule, constituer un repas économique. Contient des légumes, des épices, de la coriandre, et parfois de la viande de bœuf hachée.

– ***Les ojjas :*** œufs brouillés ou pochés dans une purée de tomates, d'ail et de piments doux, généralement agrémentés de merguez. Délicieux et relevé.
– ***Les doigts de Fatma :*** farce de poulet ou de thon, de fromage et d'œufs, roulée comme une grosse cigarette dans une feuille de brick. Souvent assez gras.
– ***Le lablabi :*** soupe à base de pois chiches, à laquelle on ajoute du pain, des œufs, de la harissa, du thon et des épices. Vu son côté plutôt roboratif, on le trouve surtout en période hivernale, dans les petits restos populaires.

On vous proposera ensuite

– ***La chakchouka :*** ragoût parfumé, assez proche de la ratatouille, dans lequel on trouve des tomates, oignons, poivrons et un œuf mollet. Parfois complétée de merguez ou de poulet.
– ***Le mosli :*** épaule d'agneau rôtie au four et accompagnée de pommes de terre, aromatisée d'épices comme le curcuma. Il en existe une variante où le poulet remplace l'agneau.
– ***La kamounia :*** ragoût fait de morceaux de bœuf et de foie nageant dans une sauce au cumin. Excellent quand il est bien préparé. On le sert surtout dans les familles ou dans les gargotes.
– ***Le tajine :*** omelette épaisse et gratinée, à base de poulet haché, pommes de terre, fromage et aromates. Ce plat n'a rien à voir avec son homonyme marocain.
– ***Le méchoui :*** il désigne en Tunisie tout morceau de viande grillé sur la braise. Les côtelettes et brochettes préparées ainsi sont excellentes.
– ***Le couscous :*** avec sa semoule très fine et son bouillon rouge (à la harissa) caractéristique, il se distingue de celui préparé au Maroc ou en Algérie. On en trouve partout et tous les jours. Il peut être à l'agneau, au poulet, au dromadaire, au poisson et même au poulpe.

VOUS AVEZ DIT MERGUEZ ?

Son étymologie vient du berbère am qui signifie « comme » et argaz qui se traduit par « homme ». La traduction « comme un homme » se comprend aisément par la forme de la victuaille. Eh oui !

– ***Le kafteji :*** mélange de légumes (style ratatouille), servi en accompagnement ou comme condiment dans les sandwichs (avec de la harissa, évidemment !).
– ***La marqua :*** un ragoût à base de sauce tomate, accompagné de diverses viandes et légumes ainsi que d'olives *(zitoun)* et de raisins secs *(zbib)*. Se mange avec les doigts, en « sauçant » avec du pain.
– ***La gargoulette :*** c'est un plat mijoté et servi dans une jarre bouillonnante (que l'on ouvre devant vous), à base d'agneau ou de mouton accompagné de pommes de terre et de sauce tomate. Sa préparation est assez longue et il faut parfois la commander à l'avance. Dans le Sud, on dit aussi « à la jarre ».
– ***Le berkoukech :*** plat berbère à base de pâtes rondes (sortes de gros grains de couscous) dans une sauce tomate garnie de lentilles, de pois chiches, de viande ou de poisson séché.
– ***La mouloukhia :*** potage de couleur vert foncé, à base de feuilles de *mouloukhia* (corète, une plante au goût proche de l'oseille) et d'épices auxquelles on ajoute de la viande de bœuf, d'agneau ou, dans le Sud, de dromadaire.
– ***La mtabga :*** c'est la fameuse « pizza berbère » qu'on trouve dans le Sud. La galette de pain est farcie d'oignons, de tomates, d'épices et de harissa mijotés dans de la graisse d'agneau. Délicieux, mais assez pimenté.

En provenance de la mer

– Chaque **poisson** a sa saison. Celle de la langouste s'étend de mars à juin, mais vous en trouverez toute l'année, probablement congelée en dehors de cette période. On mange le poisson sous différentes formes, dans des soupes, en ragoût ou dans le couscous. Grillé, il est souvent accompagné de salade et de frites. Mais pas d'illusion, il s'agit de plus en plus de daurade, de mulet ou de bar d'élevage. Le poisson de pleine mer, denrée rare même sur le littoral, est naturellement plus onéreux et presque toujours vendu au poids (voir la rubrique « Nourriture » dans « Budget »).

– ***Le sandwich au thon :*** sorte de pan-bagnat contenant du thon, des tomates, des poivrons, des piments et de l'huile d'olive. Il constitue à lui seul un véritable repas, mais gare à la harissa.

DES VERTUS DU POISSON

Dans la médecine arabe, le poisson est réputé pour ses vertus en matière de procréation. Les jeunes mariés doivent consommer ensemble un poisson dès leur union. Il protège aussi du mauvais œil (vous remarquerez, dans certaines régions, les petits poissons ou les queues de thon accrochés au-dessus des portes). Le syndicat des bouchers n'a pas encore trouvé de parade !

Et pour conclure

– ***Les fruits*** en Tunisie sont bien plus goûteux que ceux que l'on trouve en Europe : le melon (très parfumé), la pastèque, les dattes (fraîches, à partir d'octobre, c'est génial ! Voir plus loin le texte consacré aux palmiers-dattiers, dans la rubrique « Faune et Flore »), les oranges (divines en jus, en hiver), les raisins, les pêches, les nèfles, les figues de Barbarie (à ne pas consommer à jeun : constipation assurée) et les grenades, véritable caviar rose servi avec du sucre et arrosé d'un peu d'eau de fleur d'oranger.

– ***Les pâtisseries et autres douceurs :*** les becs sucrés pourront se régaler de multiples douceurs orientales baignant dans le sirop de sucre que l'on confond souvent avec du miel (cher et réservé à un usage quasi médicinal). Vous y retrouverez, comme dans tout le Bassin méditerranéen, le ***baklava*** fourré aux noisettes ou aux amandes (spécialité turque), le ***makroud,*** gâteau de semoule, d'amandes et de fleur d'oranger souvent fourré aux dattes (d'origine berbère ; c'est la spécialité de Kairouan), et les ***loukoums.*** À Tataouine, vous ne pourrez passer à côté des ***cornes de gazelle,*** LA spécialité de la ville ; cette pâte roulée en croissant renferme graines de sésame et amandes.

Goûtez à la ***bouza,*** qui est une crème à base de fruits secs moulus, au ***ghraïba,*** gâteau sablé à la farine de pois chiches en forme de cône ou de bâtonnet, et au ***samsa,*** petit brick sucré contenant de la pâte d'amandes. Incontournable, l'***alwa*** (pâte de sésame avec des fruits secs) est surtout consommé au petit déjeuner. Plus, les jours de fête, l'***assidat zgouzgou,*** farine de graines de pin crémeuse, et pour le ramadan la ***bsissa,*** farine de céréales liquide (mélangée avec du lait et du miel) ou solide (avec de l'huile d'olive). Ces jours-là, on mange aussi le ***mesfouf,*** couscous sucré à la cannelle, assorti de dattes dénoyautées, de raisins secs, de noix, d'amandes, de pistaches et même de grenades. Consommé avec du lait avant le lever du soleil au moment du ramadan, ou lors des mariages.

Chez les vendeurs ambulants, vous trouverez un peu partout dans la rue des beignets frits ***(mkharek).*** Et si vous avez abusé, essayez le ***louben,*** une résine ocre à l'état naturel qui fait office de chewing-gum local. Son goût vous rappellera le savon, mais ça facilite drôlement la digestion (attention, ça colle aux dents...).

CURIEUX, NON ?

– Il est de coutume de ***répondre à toutes les questions*** que l'on vous posera et qui, parfois, vous paraîtront indiscrètes. Est-ce bien votre femme ? Combien avez-vous d'enfants ? Que font-ils ? Quel est votre salaire ? Combien coûte votre montre ou votre téléphone portable ?

– Si les 3 pays du Maghreb revendiquent la « maternité » du ***couscous,*** Tunisie, Algérie et Maroc se sont finalement entendus pour demander l'inscription de ce plat universel au Patrimoine mondial de l'Unesco.
– Les ***dattes*** sont les fruits les plus riches en protides et en sucre. Il paraît que l'on peut tenir une journée entière en se nourrissant d'une poignée de dattes et d'un quart de litre de lait caillé (on n'a pas testé !).
– Au café, demandez tout simplement « ***un thé*** » : inutile de préciser « à la menthe » ou vous risquez de vous retrouver avec du sirop de menthe dedans.
– Le ***chott El-Djerid,*** au sud du pays, entre Douz et Tozeur, est une dépression composée de cristaux de sel. Lorsqu'il y fait très chaud, il n'est pas rare d'apercevoir des mirages !
– Autre curiosité géologique, dans le nord cette fois, avec le ***lac d'Ichkeul*** qui se remplit tour à tour d'eau douce puis d'eau salée au gré des saisons.

DROITS HUMAINS

Depuis la révolution, la situation des Droits humains s'est globalement améliorée en Tunisie. Pour preuve, une forte libéralisation de la presse, l'imprescriptibilité des actes de torture ou l'obligation de la présence d'un avocat dès le début d'une garde à vue. Sans compter de nombreuses lois adoptées en vue d'améliorer l'égalité hommes-femmes, et surtout la Constitution de 2014 qui proclamait ***la liberté de conscience,*** une première dans le monde arabe. Si la nouvelle Constitution de 2022 maintient cette liberté fondamentale qu'est le choix de sa religion, elle restreint toutefois le droit de grève et laisse trop de latitude au législateur en matière de libertés.
D'ailleurs depuis le tour de force du président Kaïs Saïed en juillet 2021, sous prétexte de résoudre les crises politiques vécues par la jeune démocratie tunisienne, les défenseurs des Droits humains tirent le signal d'alarme.
En 2019 déjà, plusieurs mesures compliquant l'enregistrement d'organisations de la société civile – officiellement pour lutter contre le blanchiment d'argent – portaient atteinte à la ***liberté d'association.*** L'état d'urgence, proclamé en novembre 2015 à la suite d'un attentat terroriste, a été prolongé jusqu'en 2020 pour des raisons sanitaires puis reconduit maintes fois jusqu'au 31 décembre 2022. Qu'en sera-t-il à l'avenir ? Ce cadre strict, tout comme les pouvoirs étendus conférés au ministre de l'Intérieur au titre des lois antiterroristes ont permis de réprimer violemment des mouvements de protestation, comme « *Fech Nestannew* » (Qu'est-ce qu'on attend ?). Et également d'assigner à résidence des personnes fichées S17 sur simple suspicion de départ pour rejoindre un groupe djihadiste en Syrie ou en Libye, par exemple.
En novembre 2021, *Amnesty International,* inquiète pour la ***liberté d'expression*** en Tunisie, dénonçait la multiplication des procédures judiciaires militaires à l'encontre de civils, comme l'animateur de télévision Amer Ayad, voire contre certains députés. Myriam Bribri, figure de proue du mouvement « *Manich Msamah* » (Je ne pardonnerai pas), est, elle, traînée devant la justice fin 2020 pour avoir critiqué les ***violences policières*** sur les réseaux sociaux. Une pratique courante, les victimes de ces violences, lorsqu'elles portent plainte, étant souvent arrêtées pour « outrage à fonctionnaire public ». Il en découle une spirale d'***impunité*** dans laquelle se confortent les forces de police. Il faut dire que ces dernières ont la main leste, particulièrement lors de manifestations ou vis-à-vis de personnes de la communauté LGBTI, qu'elles n'hésitent pas à insulter ou à intimider.
Pour compléter ce tableau, en mars 2022, *Human Rights Watch* dénonçait l'usage abusif et fréquent de l'assignation à résidence, voire de la détention dans des lieux tenus secrets de plusieurs personnes sans aucune assignation de justice. Des actes qui rappellent les heures sombres de la Tunisie de Ben Ali.
Plus généralement, on peut être inquiet des atteintes portées à l'état de droit dans le pays depuis 2021. En juin, le président tunisien s'arrogeait ainsi, par décret, le

pouvoir absolu de révoquer sommairement des magistrats. Début 2022, il dissolvait le Conseil supérieur de la magistrature. Et les ONG de dénoncer dès lors une dérive hyper présidentielle du pouvoir. Dérive également pointée en mars 2022 par Michelle Bachelet, haut-commissaire des Nations unies aux Droits de l'homme.

■ Sur place, la ***Ligue tunisienne des Droits de l'homme*** : 45, av. Habib-Bourguiba, 1000 Tunis. ☎ (00-216) 71-258-001. • ltdh.tn • Ainsi que ***Amnesty International Tunisie*** : 67, rue Om-Kalthoum, 1000 Tunis. ☎ (00-216) 71-353-417. • amnesty.org •

N'oublions pas qu'en France aussi les organisations de défense des Droits humains continuent de se battre contre les discriminations, le racisme et en faveur de l'intégration des plus démunis.

■ ***Fédération internationale des ligues des Droits de l'homme (FIDH) :*** • fidh.org •

■ ***Amnesty International France :*** • amnesty.fr •

ÉCONOMIE

Une économie fragilisée, à assainir...

> **ON SE DÉBROUILLE !**
>
> *Les fonctionnaires ont des salaires tellement bas qu'un bon nombre d'entre eux sont obligés d'avoir un double emploi pour survivre. Résultat, l'absentéisme fait des ravages et l'inefficacité administrative est criante. Autres conséquences fâcheuses : le bakchich à tous les étages et la difficulté des jeunes à trouver un job.*

Si la croissance n'avait cessé de progresser depuis 1995 (ce dont l'ex-président se targuait assez), ce n'est plus le cas depuis la crise internationale de 2008-2009. Et même si l'Indice de développement humain se révèle l'un des plus élevés du monde arabe (hors pays du Golfe), cela n'a pas suffi à réduire les inégalités et le profond sentiment de malaise social qui en découle, ni à régler la problématique majeure : ***le chômage.*** Son niveau reste préoccupant avec 18 % de la population active en 2022, les jeunes de moins de 25 ans, les diplômés de l'enseignement supérieur et les femmes étant particulièrement touchés (de l'ordre de 21 à 37 % selon les catégories).

Pour attirer les investisseurs étrangers, ***les salaires ont été maintenus à un faible niveau.*** Ce qui n'a pas empêché, les impôts d'augmenter, le taux de TVA de passer de 18 à 19 %, et le dinar tunisien de perdre plus de 50 % de sa valeur en 20 ans. Il faut savoir aussi que ***la famille Ben Ali (et Trabelsi) s'était approprié des pans entiers de l'économie*** : immobilier, banque, téléphonie, grande distribution, industries, médias, etc. Ce « hold-up » économique aurait amputé la croissance du pays de 2 à 3 % par an selon un économiste tunisien. Sans compter la ***corruption*** sous l'ancien régime qui, d'après l'ONG internationale *Global Financial Integrity,* aurait coûté 700 millions d'euros annuels. Un tel niveau de corruption ne favorisait ni les investissements étrangers ni les créations d'entreprises tunisiennes. Les entrepreneurs prenaient en effet soin de ne pas trop faire prospérer leurs affaires, de peur d'attiser les convoitises du clan avec les risques d'expropriation ou d'extorsion qu'un tel intérêt pouvait engendrer.

... et en pleine mutation

L'immolation par le feu du jeune chômeur Mohamed Bouazizi le 17 décembre 2010 fut le tragique reflet de ce sombre tableau du marché de l'emploi, doublé de maux plus profonds (corruption systématique, injustice sociale, inégalités entre régions, etc.). Une situation qui a longtemps laissé une partie de la jeunesse dans

la déshérence, sans perspective d'avenir. La révolution a fait naître de nombreux espoirs. Les revendications salariales se sont multipliées, notamment pour l'instauration de salaires décents. Malheureusement, les choses ne vont pas aussi vite que ce que les Tunisiens pourraient espérer... Une partie de l'économie a été quasi paralysée lors de la révolution, et les secteurs du tourisme, du transport, du commerce ou encore des travaux publics ont été particulièrement touchés.
En 2020, la crise de la Covid-19 est intervenue alors que l'économie du pays était déjà fragilisée. Le taux de croissance a chuté de 8,7 % cette année-là. Il avait rebondi à 3,1 % en 2021, mais amorçait une nouvelle descente en 2022 (2,2 %), qui devrait se poursuivre en 2023 (1,6 %) selon le FMI. Un autre problème persiste : le départ (légal ou clandestin) de nombreux Tunisiens vers l'étranger. C'est le cas de médecins et d'ingénieurs notamment, qui quittent le pays à la recherche de meilleures conditions de travail en Europe.

Des mesures d'urgence

L'économie, déjà gangrenée par les anciens dirigeants, est aujourd'hui submergée par les urgences à prioriser. Les plus anciennes sont les plus profondes : ***lutte contre la pauvreté, investissements et créations d'emplois, inégalités sociales et de territoire*** (90 % des projets étaient jusqu'alors destinés à la zone côtière de l'est du pays, le Centre et le Sud étant largement délaissés). Elles ont été aggravées par les crises mondiales, liées à la pandémie et à la guerre en Ukraine. Fin 2022, l'inflation atteignait 9,1 % et le nombre de Tunisiens sous le seuil de vulnérabilité passait de 17 à 21 %.
Un plan de soutien à l'économie a été mis en place, avec une aide de 800 millions d'euros alloués au matériel médical et aux emplois menacés. Des aides ont également été versées aux foyers les plus fragiles. Cette gestion de la crise dans ce pays vivant du tourisme a été soutenue par le FMI, qui a débloqué un fonds d'urgence de 745 millions de dollars pour le gouvernement tunisien, et par l'Union européenne, qui finance la Tunisie à hauteur de 303 millions d'euros.
Malgré ces nombreuses aides, le pays a beaucoup de mal à amortir les ***inégalités sociales et territoriales sans cesse criantes.*** Les problèmes de ravitaillement, parfois induits par la spéculation, ont encore fragilisé les plus vulnérables. Certains sont descendus dans la rue pour exprimer leur mécontentement, comme à Tataouine à partir de juin 2020, où les manifestants ont rappelé le non-respect de l'accord signé en 2017, qui promettait l'embauche de milliers de chômeurs ainsi que des investissements publics dans cette zone sinistrée, où le taux de chômage a atteint 30 %. Plusieurs mois de blocage ont finalement abouti à un nouvel accord avec le gouvernement en novembre 2020, qui a permis de développer des projets dans la région.

Les principales ressources naturelles...

Même si la Tunisie tire des bénéfices substantiels de ses ressources pétrolières, celles-ci baissent régulièrement et le pays doit importer du pétrole. Le ***gaz naturel*** est plus prometteur. L'exploitation d'un important gisement gazier à Nawara, dans le Sud, devrait permettre au pays de diminuer sa facture énergétique. Les ***mines de fer et de phosphates*** (une roche sédimentaire qui entre dans la composition des engrais) sont aussi largement exploitées. La Tunisie est même l'un des plus importants producteurs de phosphates au monde.

... et celles qui ne le sont pas

La fortune du clan Ben Ali-Trabelsi a été estimée en 2008 à 5 milliards d'euros par le magazine américain *Forbes.* L'ONG *Transparency International* évoque même un montant de plus de 10 milliards... Mais le rapatriement des biens basés à l'étranger (apparemment gigantesques !) reste difficile et relève de procédures particulières et complexes. Des enquêtes ont été lancées dans l'Union européenne, notamment en France, pour saisir ces avoirs. La Suisse s'est d'abord exécutée au compte-gouttes (3,5 millions d'euros restitués à la Tunisie en 2017 sur un magot total estimé à... 55 millions !), avant d'interrompre la procédure conformément à la décision du tribunal fédéral fin 2019, arguant du fait que l'origine frauduleuse des fonds n'était pas prouvée. La Tunisie a déjà récupéré quelques biens et argent qui se trouvaient dans le pays, mais dans une proportion jugée bien minime par la société civile qui s'interroge sur les difficultés avancées et cette lenteur. Or, les sommes recouvrées devaient servir à développer les régions sinistrées. Dans le contexte de la pandémie de coronavirus, le gouvernement pourrait regretter l'insuffisance de cette manne financière.

Services et tourisme, les moteurs de l'économie ?

La contribution des services est estimée à environ 60 % du PIB. Les ***nouvelles technologies*** (centres d'appels, télécommunications) se révèlent être le moteur de l'économie tunisienne, la croissance tunisienne étant liée à sa production intérieure, bien plus qu'à ses exportations.
Suite à ***des années de marasme*** (révolution en 2011, attentats de Tunis et Sousse en 2015), le ***tourisme*** a connu un nouvel essor, d'abord en 2016 et 2017, avec l'arrivée des touristes russes et algériens, qui ont profité des prix cassés, puis grâce aux Européens qui sont revenus progressivement en 2018 et 2019 (+ 13 % en 2019). L'offre s'est diversifiée vers un tourisme alternatif (historique, culturel, médical, sportif...). Toujours en 2019, il comptait pour environ 14 % du PIB et faisait travailler plus de 10 % de la population active. Seulement voilà, comme partout, en 2020, la pandémie du coronavirus est passée par là, faisant de nouveau plonger un secteur déjà fragilisé : - 77 % en nombre de nuitées en novembre 2020, - 60 % en recettes. Malgré tout, la Tunisie s'en est plutôt mieux sortie que d'autres destinations, grâce à une ouverture de ses frontières à partir de l'été et à l'instauration de mesures strictes pour rassurer les voyageurs ! Le pays profite aujourd'hui d'une hausse progressive des activités.

Un secteur vital : l'industrie

L'industrie emploie plus du tiers des Tunisiens et représente environ 25 % du PIB. Le secteur est particulièrement dynamique, notamment grâce au ***bâtiment,*** au génie civil, mais aussi aux ***industries mécaniques et électriques.*** Un peu à part, le ***textile,*** certes toujours florissant, subit la concurrence étrangère et connaît une plus grande fragilité. En plein essor, ***l'industrie aéronautique*** emploie 17 000 personnes. La Tunisie a d'ailleurs lancé son tout 1er satellite (100 % fait maison !) en 2021, ouvrant de nouvelles perspectives pour l'emploi local.
Depuis 2008, la Tunisie a intégré une zone de libre-échange avec l'Union européenne pour les produits industriels. Ainsi, l'Europe aide à la mise en place, ou mise à niveau, d'unités industrielles compétitives.

Un secteur exportateur : l'agriculture

Actuellement, l'agriculture et la pêche occupent environ 15 % de la population et représentent environ 10 % du PIB, mais cette part varie sensiblement d'une année à l'autre selon les aléas climatiques. Le développement du secteur agricole dans les 2 dernières décennies s'est appuyé sur une politique de forte mobilisation des ressources hydrauliques ; de nombreux barrages et lacs ont été créés.
L'olivier est la principale ressource agricole, très tournée vers l'exportation avec 70 % de sa production d'huile vendue à l'étranger. La Tunisie est le 4e producteur et exportateur mondial après l'Espagne, l'Italie et la Grèce. Près de la moitié des exportations en agroalimentaire sont assurées par l'huile d'olive. Celle-ci prend

d'ailleurs un nouveau tournant grâce au ***bio***. La Tunisie en est désormais le 1er producteur mondial et le développement de cette filière biologique est un réel coup de pouce à l'émancipation des femmes. En effet, ce sont plutôt des Tunisiennes qui sont à l'origine et à la tête de ces exploitations. Elles sont en train de se créer une véritable place sur ce marché d'avenir.
La ***production de dattes*** a connu une forte hausse grâce aux nouvelles techniques d'irrigation et d'emballage des régimes (protection contre la pluie et le vent) : le pays est devenu le 1er exportateur au monde.
Après l'huile d'olive et les dattes, le secteur d'activité le plus rentable est celui des produits de la pêche et de l'aquaculture. Viennent ensuite les cultures d'agrumes, d'amandiers, de céréales et de raisin. L'élevage est assez restreint et concerne essentiellement les ovins et la production laitière. Plus de 40 % de la production vinicole, relativement importante, est exportée.

ENVIRONNEMENT

Parmi les priorités de la préservation de l'environnement en Tunisie : la gestion de l'eau ; la lutte contre la désertification, la déforestation, la dégradation du littoral, la pollution des sols et de la mer ; le maintien de la biodiversité ; le développement des énergies renouvelables. Mais, comme souvent, certains domaines souffrent d'un décalage entre les intérêts environnementaux et économiques, ainsi que de contradictions entre les comportements des individus et les grandes lignes politiques. De fait, les problèmes économiques et sociaux de la Tunisie sont si préoccupants que l'écologie se trouve reléguée à l'arrière-plan.

L'eau : une ressource menacée

L'eau est un des problèmes majeurs auquel est confrontée la Tunisie. La situation géographique, aux portes du désert, exige, de fait, une gestion de l'eau optimale. Mais plusieurs facteurs accentuent la menace qui pèse sur cette ressource. Avec moins de 400 m^3 par an et par habitant, le pays se retrouve en dessous du seuil fixé par l'ONU (500 m^3), donc en stress hydrique. Et pour pallier l'insuffisance des eaux de surface, qui s'est aggravée ces dernières années en raison des sécheresses liées au changement climatique, les nappes phréatiques sont surexploitées. Ce qui, à terme, est amené à poser de sérieux problèmes.
L'agriculture, qui représenterait 80 % de la consommation d'eau dans le pays, recourt aux intrants chimiques pour compenser la baisse de productivité due au manque d'eau, accélérant un peu plus la dégradation des sols. ***Le secteur industriel*** (textile mais aussi phosphates dans les régions de Gabès et Gafsa) pollue à la fois l'eau et les sols. Ce sont en outre des activités qui consomment de grandes quantités d'eau. Autre facteur important, la ***vétusté des infrastructures,*** qui concerne aussi bien les barrages (ceux-ci perdraient 20 % de leur eau à cause de la sédimentation et du manque d'entretien) que les réseaux de la Société nationale d'exploitation et de distribution des eaux et les canaux d'irrigation agricole. Ils causeraient un gaspillage de respectivement 30 et 40 % de l'eau disponible.
Le tourisme, enfin, exerce aussi une pression sur cette ressource. Certes, il a joué un rôle très secondaire ces dernières années du fait des crises successives, mais il faut savoir que la consommation d'un touriste est 7 fois supérieure à celle d'un autochtone, variant entre 300 et 850 l d'eau par jour selon ses activités. Dans le Sud, où les ***sécheresses*** sont ***récurrentes,*** il a fallu intervenir pour sauvegarder les oasis en péril dans des villes comme Tozeur, Douz ou Nefta. Évoluer vers un tourisme durable, hors des sentiers battus, apparaît dès lors comme une stratégie intéressante. Voilà pourquoi, dans le guide, vous trouverez, à côté de certains sites, le logo , une façon de contribuer à désengorger les endroits les plus touristiques.

Effet domino

La ***déforestation,*** qui a plusieurs causes (exploitation du bois, urbanisation, incendies répétés...), conduit à une érosion des sols, à une diminution de la protection contre les inondations et à une baisse inexorable de la biodiversité.
Les zones touristiques et les grands complexes – souvent volontairement éloignés des centre-villes – ont investi les espaces naturels. Ces complexes hôteliers qui entravent l'alimentation naturelle des plages en sédiments accélèrent le processus d'***érosion du littoral,*** tant et si bien que, par endroits, la plage n'est plus qu'un lointain souvenir ! Dans le même temps, faute de place « les pieds dans le sable », ce sont les espaces humides ou sauvages situés en retrait qui sont grignotés, avec une incidence écologique évidemment néfaste sur la ***faune et la flore.*** En l'espace de 15 ans, près de 50 % des espèces d'oiseaux vivant dans les zones humides ont disparu.

Déchets, n'en jetez plus !

Vous le constaterez par vous-même : l'omniprésence de détritus et de décharges à ciel ouvert, la plupart sauvages, se passe de commentaires. Des efforts très importants restent à faire en matière de ***traitement des déchets*** domestiques, dont la plupart sont enfouis ou se baladent librement, plutôt que d'être recyclés. Des campagnes de sensibilisation tentent d'ancrer une culture écologique auprès de la nouvelle génération, que ce soit dans les écoles ou dans les centres de formation (des guides touristiques notamment). Mais ces incitations ne suffisent pas à changer des réflexes qui ont la vie dure : à la ville comme à la campagne, l'usage de la poubelle reste rare ! Et de toute manière, depuis la révolution, les municipalités manquent de moyens... et aussi de volontarisme pour effectuer un ramassage régulier des ordures et assurer le bon fonctionnement des stations d'épuration.
Un pas vers le biodégradable est tout de même à saluer : depuis mars 2020, les sacs en plastique à usage unique sont désormais interdits. Enfin, en théorie...

En faveur d'un développement durable

Pour une ***gestion durable*** de l'eau et des sols, le plan « Reverdir la Tunisie » s'intéresse à la permaculture, des techniques naturelles pour enrichir les sols, par le biais, par exemple, des oasis-forêts qui allient la plantation d'arbres fruitiers et d'arbres forestiers. Les techniques ancestrales sont aussi à nouveau étudiées, comme dans la région de Matmata (dans le Sud), où existent d'ingénieux systèmes de rétention des eaux de pluie, appelés *jessour.* Ce sont des minibarrages généralement constitués de murs en pierre de 50 à 100 m de long, parallèles à la pente. Ils sont souvent disposés les uns après les autres le long d'un *talweg* (la zone la plus basse d'une vallée). Ils permettent en outre de lutter contre l'érosion des sols.
Pour augmenter la quantité d'eau disponible, des usines de dessalement devraient prochainement voir le jour, comme à Sfax, où la construction d'une station pour l'approvisionnement en eau potable de 600 000 personnes a démarré en 2022. Elles répondent à une urgence, mais ne sont pas toujours considérées comme la meilleure solution tant sur le plan financier qu'environnemental.
Un autre programme devant se dérouler jusqu'en 2030 vise à ***faire reculer la désertification*** ; à ce titre, des campagnes de reforestation sont engagées, qui s'accompagnent, entre autres, de mesures favorisant le maintien des populations en zones rurale et oasienne.
Pour préserver les milieux naturels et les écosystèmes les plus riches, ***17 parcs nationaux*** ont vu le jour. Le plus important en termes de biodiversité est certainement celui d'Ichkeul. Il est répertorié comme zone humide d'importance internationale et inscrit au Patrimoine mondial de l'Unesco. Il existe également 27 réserves naturelles reconnues en tant que sites sensibles pour la survie d'espèces

animales aujourd'hui menacées, comme le cerf de Berbérie, le fennec et certaines gazelles... Les ***énergies renouvelables*** constituent un autre volet du développement durable. Appuyée par différents organismes internationaux, la Tunisie entend réduire ses émissions de gaz carbonique à travers la mise en œuvre du Plan solaire tunisien. Ce dernier prévoit notamment la mise en œuvre d'une bonne soixantaine de projets en matière d'énergie solaire, photovoltaïque et éolienne. L'objectif est ambitieux : atteindre 30 % d'énergies renouvelables à l'horizon 2030. Difficile de dire cependant si le pari sera tenu car, courant 2022, ces énergies ne constituaient encore que 3-4 % du mix énergétique total... La marche va être haute...

FAUNE ET FLORE

La Tunisie offre une diversité de paysages exceptionnelle : des vertes vallées de Kroumirie au nord, aux portes du Sahara au sud, on traverse les hautes steppes du Sahel, on longe des côtes rocheuses et des plages de sable fin. Cette succession de milieux naturels permet à une grande variété d'espèces animales et végétales de se développer.

La faune

Les ***parcs naturels*** sont relativement riches : on peut y voir des loutres, des gazelles, des porcs-épics, des sangliers, des mangoustes, des renards, des chacals, des tortues, différentes espèces de rapaces, et même des buffles (uniquement dans le parc national d'Ichkeul, au sud de Bizerte). La création d'espaces protégés a permis la réintroduction de l'autruche, du mouflon à manchettes, du serval, de l'oryx et de l'addax.

Au nord, les montagnes de Kroumirie, vertes et boisées, abritent des chats sauvages et des cerfs de Berbérie. Dans le ciel, on remarque parfois de beaux rapaces migrateurs : les aigles bottés. Les montagnes arides du Centre et du Sud abritent un magnifique félin, le caracal (ou lynx du désert), strictement protégé mais devenu assez rare. La hyène rayée, le plus grand prédateur du pays, subsiste encore dans les montagnes de l'Ouest, près de la frontière algérienne, mais sa survie est elle aussi menacée.

Dans le Sud, ce sont les animaux du désert que l'on peut observer. Mais celui-ci est composé de milieux assez différents, ne comptez donc pas trop rencontrer tous ces animaux au même endroit. Le petit fennec avec ses grandes oreilles se trouve en général dans les sables, le mouflon à manchettes plutôt en montagne. Les plus patients (et chanceux) auront le bonheur d'apercevoir le majestueux aigle royal, l'oryx, une élégante antilope, la gerboise, sorte de kangourou miniature, le varan du désert, qui peut atteindre plus de 1 m de long, l'uromastyx, un gros lézard aussi appelé fouette-queue, que les gamins brandissent le long des routes... Moins « sympa » : l'effrayante vipère à cornes, le scorpion qui, fuyant la chaleur, ne sort que la nuit ou encore la vipère des sables qui, lorsqu'elle s'enfouit, ne laisse dépasser que ses yeux pour surprendre sa proie.

La Tunisie est sur une voie de migration d'importance internationale entre l'Afrique et l'Europe. Certaines régions constituent un véritable paradis pour les ornithologues. Ainsi, le golfe de Gabès est un magnifique ***sanctuaire pour les oiseaux.*** C'est là que se trouve la plus grande concentration de volatiles, comme les flamants roses qui viennent y passer l'hiver. Vous apercevrez sans mal le guêpier, superbe oiseau multicolore... Les cigognes élisent domicile dans le Nord-Ouest, notamment au lac d'Ichkeul. Notons aussi le hibou petit duc, qui se réfugie dans les palmeraies, tandis que les faucons crécerelles et les pies-grièches s'aperçoivent un peu partout dans le pays. Au cap Bon, comme au lac d'Ichkeul, en mars et avril, on peut observer près de 200 espèces différentes ! Dans le Sud, ce sont des milliers de flamants roses qui séjournent dans les *sebkhas* (les marécages salés, parfois asséchés) frontaliers avec la Libye.

Les côtes tunisiennes ont été très poissonneuses : sardines, maquereaux, thons, anchois, loups, daurades et soles sont les plus répandus, mais poulpes, mérous, hippocampes, langoustes et même murènes y vivent aussi en bon nombre. Signalons enfin que l'on trouve en Tunisie de superbes coraux, notamment du côté de Tabarka. On vous indique d'ailleurs des clubs de plongée (se reporter à Tabarka). Évitez, bien sûr, de les admirer sous forme de bijoux, au risque d'encourager pilleurs des mers et autres vendeurs à développer le « business ». Les coraux, ça reste dans l'eau !

La flore

L'***olivier,*** l'arbre roi de la Méditerranée, est évidemment très présent en Tunisie, notamment dans la basse steppe et dans le Sahel. On compte près de 350 000 ha de forêts naturelles, dont les forêts de chênes-lièges qui abritent une flore intéressante comme des orchidées et des fougères sur les montagnes de Kroumirie. Du côté d'Aïn-Draham, ce sont les majestueux chênes zéens qui, au Centre, font place à de belles forêts de pins d'Alep, de genévriers de Phénicie et de landes à romarin, bourdonnantes d'abeilles. Orangers, citronniers, amandiers, pistachiers, mandariniers, caroubiers, grenadiers et lauriers composent les paysages des hautes steppes de la Tunisie centrale. Quant au ***figuier de Barbarie,*** il occupe une grande partie du territoire. Très pratique, puisqu'on l'utilise comme haie de clôture, fourrage et pour ses fruits (les figues, gare aux épines !).

D'UNE PIERRE DEUX COUPS

C'est au caroubier, arbre endémique du Bassin méditerranéen, que l'on doit l'origine du mot « carat ». Son fruit, la caroube (qirât), *de forme et de poids réguliers, servit dans l'Antiquité d'unité de poids pour les pierres précieuses... Qirât en arabe est ainsi devenu « carat ».*

La Tunisie ne serait pas ce qu'elle est sans les fleurs qui, partout, la colorent : les roses, les mimosas, les bougainvillées, les lys... et le ***jasmin,*** véritable emblème national. C'est aux Andalous, qui s'établirent en Tunisie au XIIIe s et surtout au XVIe s, que l'on doit la culture de cette fleur en Tunisie. Aujourd'hui, il est vendu dans les rues pour un prix modique et fait l'objet d'un commerce saisonnier florissant. Pas étonnant que ce symbole tunisien soit à l'origine du beau prénom Yasmina. À la belle saison, le soir, les Tunisiens sont très nombreux à porter à l'oreille ou à la main un brin de jasmin. Une fleur si emblématique que la révolution de 2011 porte son nom.

La végétation se fait, évidemment, plus rare à mesure que l'on descend vers le sud. Éparse, elle est alors composée de xérophytes (c'est-à-dire de plantes adaptées à un milieu sec) qui se développent en boules. Dans les oasis sont cultivés des céréales et de nombreux fruits et légumes : tomates, courges, figues, abricots, piments, oignons...

Dans les dunes poussent les genêts blancs et, partout où suinte l'eau, les ***palmiers-dattiers.*** Ils donnent de l'ombre aux oasis et fournissent aux hommes nourriture et matériaux.

Contrairement aux apparences, ***le palmier n'est pas un arbre mais une herbe géante.*** Le vent et la pluie sont ses 2 ennemis. Le 1er dépouille les régimes, la 2de nuit à la qualité des fruits.

On pense que le palmier-dattier *(Phoenix dactylifera)* est originaire de Mésopotamie. Il aurait été introduit en Afrique du Nord au cours du IIIe millénaire av. J.-C., époque à laquelle le Sahara commençait tout juste à devenir un désert. Ainsi, de proche en proche, le palmier, particulièrement bien acclimaté, aurait gagné du terrain, aidant les hommes à se fixer autour des endroits où la nappe phréatique affleurait. Les palmeraies allaient voir le jour, jetant les bases d'une économie durable. Pas étonnant que le palmier-dattier symbolise la fécondité dans de nombreuses civilisations.

La datte gonfle peu à peu et demande beaucoup de chaleur pour s'enrichir en sucre. C'est en plein été que le fruit grossit. Le palmier a la tête au soleil, mais il lui faut avoir les pieds dans l'eau. Dans le désert, il suffit de creuser un peu au pied d'un palmier pour voir apparaître le sable mouillé. Un palmier adulte (au moins une douzaine d'années) peut produire jusqu'à 100 kg de dattes. Au prix du kilo de dattes fraîches (entre 5 et 8 Dt suivant la qualité, soit autour de 2-3 €/kg), on constate que le rapport est encore beaucoup plus juteux que celui de notre PEL ! On comprend alors les soins constants que le paysan apporte à entretenir ce cadeau de la nature. Le palmier est une rente de longue durée, puisqu'il vit jusqu'à 150 ans.
En Tunisie, il existe plus de 100 variétés de dattes ; les plus réputées et exportées sont, de loin, les *deglet nour* des oasis de Tozeur et Nefta. Certaines se conservent pendant 1 an. La cueillette a lieu en novembre et, au total, la Tunisie en produit plus de 300 000 t par an. En revanche, les dattes que l'on récolte au début de la saison, en septembre, ne se conservent pas longtemps.
Puisqu'elles sont particulièrement nutritives, tous les prétextes sont bons pour en grignoter : avant le repas, ça ouvre l'appétit ; après, ça fait digérer ; et même au petit déjeuner (surtout en hiver). Au menu, dattes, huile d'olive, miel et pain : rien de tel pour démarrer la journée !
Dans l'oasis, un seul palmier mâle peut féconder une cinquantaine de pieds femelles. Cette opération est effectuée manuellement par l'homme qui, prélevant un peu de pollen sur le mâle, l'introduit chez la femelle.
Si vous désirez rapporter des dattes, achetez-les de préférence en vrac sur les marchés ou auprès des producteurs. On trouve également du « sirop » de dattes (parfois appelé « miel » de dattes), délicieux et naturellement très sucré, donc sans sucre ajouté.

FEMMES

Dans aucun autre pays musulman, les femmes n'ont la place qu'elles occupent en Tunisie. La Constitution de 2014 n'a fait que renforcer leurs droits, celle de 2022 ne les a pas démentis. En août 1956, soit quelques mois seulement après l'accès à l'indépendance du pays, le président Bourguiba fait entrer en vigueur un code particulièrement moderne sur le statut des femmes, tandis que, jusqu'ici, il se fondait sur la *charia* (la loi coranique) : abolition de la polygamie, procédure juridique relative au divorce (qui peut être demandé par la femme), âge minimal pour le mariage (pour lequel le consentement de la femme est exigé), etc.

LE 1er CONTRAT MONOGAME

Les Tunisiens le doivent à Aroua la Kairouannaise, qui, au VIIIe s, accepta la demande en mariage d'un calife, à la seule condition qu'il s'engage à ne pas en épouser d'autres. Il faudra néanmoins attendre 12 siècles pour que le code du statut personnel, promulgué par Habib Bourguiba en 1956, entérine la monogamie.

Habib Bourguiba tente de dissuader les femmes de porter le voile et encourage la création de l'Union nationale des femmes de Tunisie (UNFT), afin de lutter pour leur émancipation. En 1957, le droit de vote leur est acquis. Les femmes tunisiennes doivent à l'UNFT l'information sur leurs nouveaux droits, la promotion de l'éducation et du travail ainsi que l'ouverture des crèches. Un jour férié leur est dédié (le 13 août). L'interruption volontaire de grossesse est autorisée dès 1965 (avant la France), et une large majorité de femmes ont aujourd'hui recours à la contraception. Le nombre moyen d'enfants par femme est d'environ 2,2. La classe moyenne (qui a toutefois beaucoup baissé depuis la révolution, passant en gros de 80 % à 50 % de la population) compte aujourd'hui de nombreux couples bi-actifs.

Actuellement, ***les femmes représentent 2/3 des diplômés de l'enseignement supérieur***, mais seulement 28 % de la population active... et 3 % des directeurs d'entreprise.

Certes, beaucoup de femmes (dans les grandes villes du Nord) ont eu jusqu'à présent une vie très proche de celle des Occidentales, mais d'autres restent toujours soumises à l'autorité de leur mari, notamment dans le Sud ou dans les villages plus reculés. Plus récemment, grâce au ***travail de terrain remarquable des associations féministes tunisiennes,*** qui se battent sans relâche, ***les femmes ont gagné de nouveaux droits : l'autorisation de se marier avec un étranger, de voyager avec ses enfants sans l'accord du père, la reconnaissance par la loi des violences qui leur sont infligées, l'âge de la majorité sexuelle fixée à 16 ans (contre 13 jusqu'alors).***

Reste que ***tous ces acquis demeurent fragiles*** (la contraception et l'avortement notamment) et que d'autres batailles doivent encore être menées : l'égalité hommes-femmes sur l'héritage, une loi pour reconnaître le viol conjugal, l'égalité au travail, etc.

Aujourd'hui, les femmes font partie intégrante du monde socio-économique. Si elles luttent contre la montée des fondamentalistes, et principalement des salafistes, c'est pour s'opposer à une vision de la société, pour souligner les incompétences politiques et économiques des intégristes, pour se tourner vers l'avenir. Une façon pour elles de préserver la société tout entière et de lui donner des chances de se reconstruire.

Mais le chemin à parcourir reste long. Lors des élections législatives d'octobre 2019, les femmes ne représentaient que 22 % des députés élus (elles étaient plus du tiers à la fin de la précédente mandature). Toutefois, en 2018, c'est une femme qui a été élue maire de Tunis. Souad Abderrahim siège au parti Ennahdha. Ça n'était jamais arrivé depuis 1858, date de la création des municipalités ! Toutefois, la représentation des femmes risque d'être affaiblie par la loi électorale votée en 2022, juste avant les élections législatives. Elle prévoit un nouveau mécanisme pour se présenter.

LES BIENFAITS DU DÉVELOPPEMENT TOURISTIQUE

Depuis la nuit des temps, lors du partage d'un héritage, les meilleures terres incombaient systématiquement aux fils, qui se partageaient les oliveraies ou les terres agricoles situées à l'intérieur, loin du littoral. Les mauvaises terres, les terres incultivables car trop salées, celles situées en bord de mer, étaient laissées aux filles. Le développement du tourisme leur a enfin rendu justice, car aujourd'hui, ces terrains valent 4 fois plus que les autres !

GÉOGRAPHIE

La Tunisie est le plus petit pays du Maghreb (163 610 km^2, soit un tiers de la France). Elle compte 1 300 km de côtes, dont 600 km de plages. Le relief, faible, est formé de très vastes plaines. Le massif le plus élevé, le *jebel Châambi,* culmine à 1 544 m seulement. Il appartient à une chaîne dorsale qui coupe le pays au sud-ouest et au nord-est. La zone désertique couvre 15 % du pays. Les cultures représentent, quant à elles, près de 30 % du territoire.

Le Nord, au climat méditerranéen, est bien arrosé, ce qui favorise les cultures. Cette région, qui n'est pas sans évoquer la Sicile, constituait une partie du grenier des Romains. Les terres les plus fertiles se trouvent au sud du cap Bon, dans la région de Nabeul. De là proviennent 80 % de la production d'agrumes et 60 % de la production de vins.

Les côtes regorgent de poissons. À partir de Gafsa et de Gabès, le paysage change. Aux plaines couvertes d'oliviers, aux forêts de chênes verts et de chênes-lièges succède un paysage étrange, celui des chotts, ces vastes cuvettes couvertes de croûtes de sel. Images d'un monde lunaire. Encore plus au sud, c'est le domaine des dunes. Depuis que le tourisme s'est emparé de ces immensités de sable où vivent encore quelques nomades, à proximité de rares points d'eau, les caravanes traditionnelles sont peu à peu détrônées par les quads et les 4x4. Une véritable aberration écologique. Pour combien de temps ?

HAMMAM

Des bains romains aux hammams maghrébins

En créant les thermes, comme dans beaucoup de pays du Maghreb, les Romains furent les véritables inventeurs du hammam. Après des débuts difficiles sous le califat abbasside au Xe s, ils furent « légalisés » par les musulmans à partir du XIIIe s, quand ils devinrent le lieu privilégié des grandes ablutions. Bien entendu, ils furent considérés comme des endroits de débauche par la très prude religion judéo-chrétienne. En Europe occidentale, ils disparurent presque complètement.

Partie intégrante de la société

En Tunisie, où il y avait peu de salles de bains dans les maisons, le hammam tenait une place importante. Autrefois, une ville se jugeait à la beauté et à la magnificence de son hammam (un peu comme les églises chez nous).
Le hammam a une signification sociale tout aussi essentielle : pendant longtemps, ce fut la seule sortie autorisée aux femmes, qui s'y retrouvaient entre elles. Les hommes, quant à eux, s'y rendaient entre amis, pour bavarder. Au hammam, les mères pouvaient juger de l'état physique et de la beauté des jeunes filles afin de choisir leur future belle-fille. De nos jours, la future épouse se rend toujours au hammam, accompagnée de sa famille et de ses amies, avant le mariage.
Aujourd'hui, aux hammams populaires, toujours aussi fréquentés, s'ajoutent les instituts de beauté et les spas, souvent installés dans les grands hôtels, où se rend plus volontiers la bourgeoisie tunisienne. Quand elle ne se fait pas carrément construire un hammam à domicile, où elle invite les copines à partager ce moment de pure détente. Bref, une coutume très ancienne qui se modernise (pour ceux qui en ont les moyens).
C'est l'un des rares endroits où les étrangères en vacances auront une relation privilégiée avec les Tunisiennes. Elles pourront s'étonner dans certaines villes plus traditionalistes, où elles sont voilées dans la rue (quand elles sortent !), de les découvrir si à l'aise dans leur corps...

Hammam, mode d'emploi

Certains sont exclusivement réservés aux hommes, d'autres aux femmes. Pour les horaires, ils varient d'un hammam à un autre. Mais souvent, les hommes y ont accès le matin puis en fin de journée ou le soir, l'après-midi étant réservé à la gent féminine.
Chacun est censé se rendre au hammam une fois par semaine.
Demandez le tarif en entrant et informez-vous du prix du gommage et du massage, rarement inclus.
– ***Équipement indispensable :*** ne pas oublier serviette, maillot de bains ou short, savon et gant de crin (pour se débarrasser des peaux mortes). On peut généralement acheter sur place (ou au souk au préalable) un pot d'argile à la menthe ou à la rose, ou bien des cailloux argileux *(tfal)* que l'on dissoudra dans de l'eau, afin de

confectionner un masque de beauté pour le corps. Douceur de la peau garantie ! Des sandales en plastique sont conseillées (et parfois distribuées à l'entrée).
– ***Composition d'un hammam :*** du point de vue architectural, le hammam traditionnel comporte 2 parties distinctes. La *skifa,* patio central entouré de *doukkanas* ou banquettes maçonnées recouvertes de nattes, sert de vestiaire et de lieu de repos ; ensuite, une enfilade de 3 pièces chaudes : le *bit el barad* (chambre tiède), le *bit el wost* (chambre chaude du milieu) et le *bit es khuné* (chambre chauffée avec le bassin d'eau chaude).
– ***Déroulement d'une séance :*** après avoir laissé vos vêtements, vous pourrez aller transpirer de la chambre chaude à la chambre la plus tiède. Au fur et à mesure que vous suez, vous vous frottez le corps pour éliminer les peaux mortes et la saleté. De temps à autre, vous pouvez vous passer sous l'eau froide ou laisser tremper vos pieds dans une bassine d'eau glacée pour faire tomber la température de votre corps.
Lorsque vous vous sentez vraiment bien, confiez-vous à un *tellak* qui viendra vous « récurer » de la tête aux pieds, ou vous masser, parfois dans des positions spectaculaires (attention aux vertèbres !). Vous pouvez également vous offrir une vigoureuse friction à la *kesse,* gant en poil de chèvre ou de chameau à peine plus doux qu'un gant de crin ! Après cette étape, on passe généralement à l'application du *tfal* (argile odorante).
Avant de sortir, il vous suffit de passer sous une douche d'eau froide, qui vous laissera l'impression d'avoir changé de peau et un sentiment de bien-être pour les jours à venir. Dans les hammams haut de gamme, à la fin de la séance, on vous emmitoufle dans des serviettes et on vous sert le thé. Des minisalons de relaxation (souvent de petites cabines) sont également prévus pour piquer un somme. À la sortie, on se sent comme un coq en pâte.

HISTOIRE

Origine et mythologie : la fondation de Carthage

Au XIIe s av. J.-C., lorsque des conditions de navigation sûres purent favoriser le commerce, des marins phéniciens visitèrent les côtes africaines et développèrent le troc avec les tribus libyennes qui occupaient toute la côte nord-africaine.

L'eldorado de la Méditerranée

Au VIe s av. J.-C., Carthage était déjà devenue une capitale importante. La destruction de Tyr, au début de ce siècle par les Babyloniens de Nabuchodonosor II, permit à Carthage de prendre sa place comme ville dominante de la Méditerranée. Mais la paix ne régna pas pour autant. La Méditerranée était devenue une zone de turbulences permanentes. En 509 av. J.-C., un 1er traité fut signé avec Rome. Carthage ne cessa de grandir et de prospérer. Les Carthaginois vendaient des esclaves noirs, de l'ivoire, du métal, des pierres précieuses et tous les autres produits venant de l'autre côté du désert. Ils exploitaient aussi des mines en Espagne. Juste avant les guerres puniques (les *Puniques* désignant pour les Romains les habitants de Carthage), cette ville comptait 1 million d'habitants, et sa richesse n'était pas une légende. Peuple de contact, les Carthaginois propageaient et brassaient ainsi toutes les cultures et les idées des civilisations du pourtour méditerranéen.

Le gouvernement

Carthage était une république aristocratique fondée sur la richesse plutôt que sur la naissance. Aristote (fondateur du 1er « lycée » et précepteur d'Alexandre le Grand) parle dans ses écrits de l'importance de la fortune personnelle chez les politiciens de Carthage. Le parti aristocratique était représenté par le Conseil des

Anciens, et le parti démocrate par une Assemblée du peuple. Les 2 corps étaient ainsi en constante opposition. L'élection était annuelle, mais il n'y avait pas de limite au nombre de réélections : ainsi, Hannibal fut réélu 22 fois !

La religion

Tout comme les Phéniciens, les Carthaginois adoraient les déesses virginales, celles de la Lune et du Ciel. Ils avaient aussi des monstres répulsifs, comme Ptah (d'origine égyptienne), dont ils plaçaient des effigies sur la proue de leurs navires pour effrayer l'ennemi. Puis, à partir du IVe s av. J.-C., grâce à leurs relations étroites avec les Grecs de Sicile, ils introduisirent de nombreux éléments helléniques dans leur religion. Sur le forum de Carthage trônait un temple d'Apollon, dont la statue colossale fut par la suite transportée à Rome.
Malgré l'intrusion des dieux grecs plus « civilisés », ils adoptèrent aussi des dieux cruels, comme Moloch, à qui des sacrifices humains étaient offerts, notamment des enfants. C'est du moins ce que prétendaient les Romains. Car, aujourd'hui, certains historiens les soupçonnent d'avoir voulu discréditer l'ennemi en colportant ces rumeurs (lire les commentaires consacrés à Carthage, et notamment au *tophet* – rubrique « À voir », dans le chapitre « Les environs de Tunis »).

Hannibal

Hannibal força le respect et gagna – outre des batailles – l'admiration de tous les experts militaires à travers les âges. Grâce à lui, Carthage faillit bel et bien mettre un terme à l'hégémonie de l'Empire romain. Seule une erreur du Sénat de Carthage sauva la République romaine : on refusa des renforts à Hannibal au moment où il s'apprêtait à marcher sur Rome.
La défaite de son père Hamilcar contre Rome en 241 av. J.-C. mit fin à la 1re guerre punique. En 218 av. J.-C., Hannibal battit campagne à son tour et entama la 2e guerre. C'est à la tête d'une armée de 70 000 fantassins, 9 000 cavaliers et... près d'une quarantaine d'éléphants qu'il traversa l'Espagne, franchit les Pyrénées, puis les Alpes, remportant victoire sur victoire.
Lors de son entrée en Italie, face aux légions romaines désorientées et moralement abattues, et malgré les lourdes pertes subies depuis son départ, Hannibal leur opposa encore une armée particulièrement impressionnante de 20 000 hommes d'infanterie, 9 000 cavaliers et 38 éléphants. En 216 av. J.-C., malgré la perte d'un œil, il écrasa 8 légions romaines à Cannes, en Apulie, et laissa 80 000 adversaires sur le carreau.
Son incroyable impétuosité ébranla la confiance de la classe dirigeante romaine, mais Hannibal, dépourvu d'armes de siège, ne marcha pas sur Rome. Il multiplia les initiatives diplomatiques pour isoler la ville, mais son armée s'enlisa dans les délices de Capoue et, durant 10 ans, Rome s'efforça de détricoter les alliances nées des conquêtes du Carthaginois.
Scipion, l'étoile montante des généraux romains, porta la guerre en Afrique et s'allia au 1er roi numide berbère, Massinissa. Cette alliance contraignit Hannibal à regagner ses bases. Il fut battu pour la 1re fois à Zama en 202 av. J.-C. Carthage fut obligée de signer une paix désavantageuse en 201 av. J.-C., et Hannibal fut contraint à l'exil. Tenu par la promesse faite à son père Hamilcar de ne jamais composer avec les Romains et sur le point d'être livré par le roi de Bithynie, chez qui il avait trouvé refuge, Hannibal se suicida en 183 av. J.-C., à l'âge de 64 ans.
Ce grand génie militaire, déjà commandant d'armée à 25 ans, était aussi un homme extrêmement cultivé. Il maîtrisait plusieurs langues, dont le grec, et connaissait l'histoire militaire des civilisations helléniques. On connaît peu de chose sur sa vie privée (il épousa une Espagnole, mais n'eut apparemment pas de descendance). Tous les écrits de l'époque s'accordent à tracer le portrait d'un homme courageux, vertueux, économe et excellent gestionnaire.

Carthage ou la ville aux 9 vies

La 1re et véritable destruction de Carthage

Le souvenir cuisant des 2 guerres puniques (264-241 et 218-202 av. J.-C.), durant lesquelles Carthage se comporta plus que vaillamment, contribua longtemps à la méfiance permanente de Rome envers ces 1ers Tunisiens.
« *Delenda est Carthago* » (Carthage doit être détruite) : c'est avec ces mots que, dès av. J.-C., Caton l'Ancien concluait invariablement tous ses discours au Sénat, portant indifféremment sur le relâchement des mœurs de ses concitoyens ou sur la propreté des rues de Rome. Il ne faisait que refléter le sentiment général d'une puissance impérialiste blessée dans son amour-propre, d'autant plus que Carthage s'était, une fois encore, relevée et reprenait son essor.
Et c'est au nom de cette volonté que fut menée la 3e guerre punique en 149 av. J.-C. Cette fois, la ville fut réduite en cendres, non sans une résistance héroïque de ses habitants, en l'an 146 av. J.-C. Afin qu'elle ne s'en relève jamais, les troupes romaines furent lâchées dans Carthage avec l'ordre de piller, raser, brûler entièrement la ville et d'en éparpiller les restes de telle sorte que, même avec l'assistance des dieux, elle ne puisse jamais être rebâtie. Après la déportation des survivants, le site fut recouvert de sel et dédié aux dieux de l'Enfer. Toute installation humaine fut interdite sur l'emplacement des ruines.

Colonia Iunonia ou la lente renaissance

Mais 24 ans après cette destruction totale, Rome décida d'y implanter une nouvelle colonie pour des raisons commerciales. La nouvelle cité fut baptisée *Colonia Iunonia.* Le site était bien trop hanté par sa lourde histoire, et la nouvelle colonie ne se développa pas. 30 ans plus tard, le général romain Marius Gaius, lors de son passage à Carthage, ne trouva que des ruines désertées. Jules César, poursuivant les derniers partisans de Pompée, campa sur les ruines et, une fois de retour à Rome, décida d'offrir ces terres aux plus démunis.

EMMURÉS DEHORS

Exception faite des rocades, destinées à faciliter les mouvements de leurs troupes, les Romains ont construit peu d'ouvrages fortifiés en Tunisie. Ils se sont efforcés de contenir la pression qu'exerçaient en permanence sur eux les tribus berbères, en construisant un limes (un mur). Mais en repoussant ainsi à l'extérieur de celui-ci une partie des grandes tribus berbères, désormais dotées d'armes et de dromadaires, Rome préparait sa ruine.

Plus tard, à partir de 27 av. J.-C., Auguste poursuivit cette politique et, petit à petit, une administration romaine permanente se mit en place. Carthage fut alors connue sous le nom de *Colonia Iulia Carthago.* Mais la méfiance, la peur, les légendes et les prophéties qui entouraient le destin de l'ex-ville d'Hannibal restaient vivaces, et les Romains interdirent toute reconstruction de défense.

L'arrivée des Vandales

La réputation des Vandales était telle qu'à travers les siècles leur nom a pris un sens plus que significatif dans le vocabulaire courant... Les Vandales étaient, à l'origine, l'une de ces tribus teutonnes qui, par le jeu des conquêtes et des alliances, s'étaient retrouvées en Andalousie. Pour peu qu'on leur promette butin et aventures, ils étaient prêts à tout. Ainsi, en mai 428, leur peuple au grand complet – ce qui représentait quand même 80 000 hommes, vieillards et enfants compris, les femmes comptant alors pour des prunes... – fut réuni sur le littoral ibérique pour embarquer vers l'Afrique dans des bateaux affrétés par Bonifacius, le gouverneur romain d'Afrique.

À leur arrivée sur place, les règles du jeu avaient été modifiées. Un accord politique incluant une clause concernant Carthage fut alors signé entre Geiséric, le chef vandale, et l'empereur romain Valentinien III. Geiséric, en violation du traité, attaqua soudainement Carthage en 439. Vaincue facilement en l'absence de défense, la cité légendaire qui, soit dit en passant, avait été sérieusement ébranlée par le terrible tsunami de l'an 365 (voir encadré), servit de refuge aux pirates pendant tout le siècle suivant. Justifiant sa mauvaise réputation, Geiséric se rappela au bon souvenir des Romains : il attaqua Rome et put la piller tranquillement durant 14 jours, sans *vandalisme* inutile grâce à un accord passé avec le pape Léon Ier ! Nos joyeux drilles améliorèrent leur butin en emportant des milliers de captives – dont l'impératrice Eudoxie et ses filles !

LE 1er TSUNAMI RECENSÉ DANS L'HISTOIRE

Consécutivement à un séisme de magnitude inconnue (on s'excuse, Richter n'était pas encore né), le 21 juillet 365, le 1er tsunami attesté de l'Histoire a ravagé les côtes méditerranéennes de la Palestine jusqu'aux Colonnes d'Hercule (Gibraltar), détruisant la plupart des villes côtières. Certaines d'entre elles ne s'en sont jamais relevées.

La montée de l'islam

Le dernier roi des Vandales, Gerimer, fut battu en l'an 533 par une armée de 15 000 mercenaires menée par Belisarius, l'un des grands généraux de l'Empire romain byzantin. Fort de sa victoire, Belisarius ordonna la reconstruction des fortifications de Carthage. Mais la domination byzantine dura à peine 170 ans. Le prophète Mahomet, génie religieux, grand politique, diplomate et fin stratège, dota les Arabes – même les polythéistes – d'une législation civile et religieuse fondée sur le Coran et le respect d'un dieu unique : Allah. Les bases de l'expansion arabe étaient posées : la conquête pour l'islamisation des « infidèles » pouvait commencer, notamment vers l'ouest, pays par pays.

La conquête arabe

Amr ibn al-As – ami du Prophète et conquérant arabe de l'Égypte – entra en vainqueur à Alexandrie en 646. L'empereur byzantin avait presque perdu l'Empire romain d'Orient. Mais l'invasion de l'Afrique du Nord était une autre « paire de manches ». Le pays était redouté. Omar, le « Commandeur des croyants », écrivait alors à son général : « Ce pays ne doit pas s'appeler *Ifriqiya* (« Afrique »), mais *el Moferreca-t-el-Radera* (le « lointain perfide ») ; je défends qu'on en approche tant que l'eau de mes paupières humectera mes yeux. » L'Afrique du Nord était peuplée de Berbères en partie christianisés et appartenait à la zone d'influence de Byzance. Son autre nom pour les Arabes était *Djezirat-el-Maghreb* : « l'île du couchant ». Il fallut attendre la mort d'Omar et l'arrivée d'Othmân, 3e successeur de Mahomet, en 647, pour que le gouverneur de l'Égypte puisse se lancer à l'assaut du « lointain perfide ». Mais les places byzantines résistèrent et, pour la 1re fois, les mahométans échouèrent ; leurs armées piétinaient. Loin d'en profiter, Byzance continuait à passer son temps à ergoter sur le sexe des anges, la nature de la femme et les représentations divines. L'empire s'affaiblissait. Ce furent les Arabes qui en profitèrent. Les Omeyyades, qui venaient de fonder Damas, demandèrent à Oqba ibn Nafi, commandant des troupes musulmanes en Afrique du Nord et en Andalousie, de se lancer sur l'*Ifriqiya*. Le raid réussit. Oqba fonda la ville de Kairouan en 670.
Mais si les Byzantins se retirèrent lentement du pays, les Berbères, eux, surtout ceux du Sud, se défendirent âprement.

La résistance berbère

Après l'expansion arabe, les Berbères de la montagne et du Sud, dirigés par le prince Koceila, opposèrent une farouche résistance à la conquête des mahométans.
Oqba s'y heurta et fut tué. Kairouan fut prise... À la mort de Koceila, les tribus berbères rebelles se fédérèrent avec, à leur tête, les Djeroua. Leur reine (peut-être de confession juive), la *Kâhina,* fit face aux envahisseurs. Sous son commandement, c'est toute la Numidie qui se souleva. Toutes les minorités (transhumants chassés, juifs) se joignirent à ses troupes. Malgré la prise de Carthage par Hassan ibn en-Noman en 693 (reprise par les Byzantins 2 ans plus tard), les Arabes ne purent faire face aux attaques de la Kâhina dans le Sud. Ils furent écrasés à Tabessa. Hassan se replia sur la Tripolitaine. Il revint en 697 sur Carthage. Grâce à la complicité d'une partie de la population, il conquit la ville, puis la rasa en 698. Il créa alors, à côté, un arsenal qui prit plus tard le nom de Tunis. Celui-ci lui servit de base arrière pour sa conquête.
Il profita des dissensions entre les Byzantins et certaines tribus berbères, et notamment entre les partisans et les adversaires de la Kâhina, pour défaire les troupes de celle-ci vers l'an 703. Il fallut attendre le IXe s pour que, petit à petit, l'islamisation du pays soit plus significative, et les invasions hilaliennes du XIe s pour ce qui est de l'arabisation.

Les dynasties

Les dynasties arabes vont se succéder : les Aghlabides de l'an 800 à 909, puis les Fatimides (des chiites) de 909 à 972. Mais le chef militaire Ibn Ziri, rejetant la suzeraineté fatimide, fonde la dynastie berbère des Zirides et récupère le pouvoir. Nous sommes en 1048. En représailles, les Fatimides vont « lâcher » sur cette partie de l'Afrique des tribus nomades arabes originaires du Hedjaz, qui jusqu'alors stationnaient dans le nord de l'Égypte : les Banu Hilal (« les fils du Croissant »). Cette invasion sans précédent va modifier en profondeur, et de manière irréversible, les rapports entre Arabes et Berbères dans toute l'Afrique du Nord. Contrairement aux précédentes pénétrations arabes, l'invasion des Banu Hilal est lente et extraordinairement destructrice. Ces cavaliers nomades s'insinuent dans toutes les vallées, imposant leur culture aux autochtones, tant et si bien qu'en 2 ou 3 générations les Berbères qui n'ont pas fui sont totalement absorbés et forment désormais avec les Arabes une seule et même famille. Aujourd'hui encore, le terme *hedjazi* désigne le bon berger chez les nomades merzougui de la région de Douz.
Plus tard, les Normands, après la conquête de la Sicile, traversèrent la Méditerranée pour envahir la Tunisie. Curieusement, les historiens musulmans parlent plutôt favorablement des Normands ! Peut-être parce qu'ils mirent fin à une dynastie berbère ?
En 1160, le calife almohade du Maroc chassa les Nordiques. Puis, de 1526 à 1574, les Espagnols se joignirent aux Hafsides dans leur lutte contre les Turcs assoiffés de conquêtes, aidés de leur côté par les pirates-corsaires Dragut et Barberousse. Mais ce fut sans grand résultat, car le territoire tunisien devint une province de l'Empire ottoman pendant plus de 3 siècles.

L'arrivée des Andalous

La *Reconquista,* marquée par l'effondrement du royaume de Grenade en 1492 et la fin de la présence arabo-musulmane en Espagne, provoque la fuite des Maures musulmans et juifs andalous vers l'Afrique du Nord. Ils se réfugient naturellement dans leurs terres d'origine du Maghreb. Ceux qui restent doivent se convertir de force au christianisme (on les appelle les morisques). Mais ils sont à leur tour chassés suite au décret d'expulsion promulgué par Philippe III d'Espagne le 9 avril 1609, qui les oblige à fuir l'Espagne par centaines de milliers. La Tunisie sera l'une de leurs terres d'accueil. Ils marqueront par leurs compétences techniques et artistiques tout le nord du pays, important leur connaissance dans l'irrigation et développant l'art de la céramique, qui s'intègre dans l'architecture tunisienne à partir du XVIIe s.

La piraterie

La Tunisie, régence de l'Empire ottoman, était gérée avec une large part d'autonomie. Une bonne partie des revenus tunisiens durant cette période provenait de la course et d'actes de piraterie, activité florissante en Méditerranée. Une chose était sûre : voyager en mer était dangereux, surtout près des côtes tunisiennes ! Les bateaux capturés étaient pillés, vidés, les marins vendus comme esclaves et les rares femmes qui prenaient le risque d'une croisière sur la grande bleue se retrouvaient cloîtrées dans des harems.
Le sort des captifs et la traite des Blanches n'étaient pas la 1re préoccupation des cours européennes, mais l'insécurité en Méditerranée constituait une sérieuse entrave aux échanges commerciaux. D'où une folle dépense d'énergie – et d'or ! – pour se concilier les bonnes grâces des grands capitaines musulmans. La piraterie ne prit vraiment fin qu'en 1819, à la suite d'une sommation collective des puissances européennes réunies à Aix-la-Chapelle l'année précédente.

La grande faillite

Durant le 1er quart du XIXe s, seul 1/10 des terres cultivables était exploité en Tunisie (rien à voir avec le temps des Romains). Malgré un système de taxation ruineux, les finances du pays couraient droit à la catastrophe. Un train de vie dispendieux à la cour du bey et une corruption tentaculaire ne firent qu'aggraver une situation désastreuse. Le recours à l'emprunt aux banques parisiennes n'aida pas le pays car, très vite, les intérêts devinrent plus élevés que les revenus annuels. En 1869, la Tunisie fut déclarée en faillite et, sous la tutelle des Français, des Italiens et des Britanniques, un triple contrôle sur les finances fut instauré pour redresser la situation.

Le protectorat français

Les Français avaient déjà la faiblesse de penser que la Tunisie était une extension naturelle de l'Algérie. Mais d'autres nations éprouvaient un intérêt grandissant pour le potentiel tunisien. Après la guerre franco-prussienne de 1870-1871, le bey Mohammed VI, embarrassé par la défaite française, se tourna vers l'Angleterre dans le but de se mettre sous sa protection. Proposition d'autant plus réaliste que l'île de Malte toute proche était une possession britannique et servait de base navale stratégique en Méditerranée.
Dans un 1er temps, les chemins de fer, le gaz et l'eau ainsi que d'autres concessions et industries furent placés entre les mains des Anglais. Mais, comme au Monopoly où l'on peut pratiquer des échanges, la Grande-Bretagne « rendit » la Tunisie au congrès de Berlin en 1878 en échange d'un accord français concernant la présence militaire britannique... à Chypre !
Après avoir marqué l'essai, la France n'avait plus qu'à attendre l'occasion pour le transformer. En 1881, les forces françaises franchirent la frontière algérienne sous le fallacieux prétexte de poursuivre des membres de la tribu indépendante des Kroumirs. Mais, très vite, elles montrèrent leurs vraies intentions et marchèrent sur la capitale. Le bey fut contraint d'accepter le protectorat français à la place des Anglais et signa des accords en ce sens. L'administration coloniale fut mise en place, les bonnes terres accaparées, etc. Avec l'arrivée de colons français, le pays connut un essor économique (ports, voies ferrées, agriculture, industries extractives), une amélioration de l'enseignement, de l'équipement sanitaire (Institut Pasteur) et la mise en valeur du patrimoine artistique (musée du Bardo).
Mais entre le « oui » du bey et de sa capitale et l'acceptation de ce traité par le reste du pays, il y avait un monde : la conquête de tout le territoire restait à faire et les combats furent particulièrement violents, notamment à Sfax. Entre-temps, le bey Mohammed VI décéda, et son successeur, Ali IV, signa un nouvel accord en 1883. Quant aux Ottomans – dont personne n'avait demandé l'avis ! –, ils ne renoncèrent officiellement à leurs droits sur la Tunisie qu'en 1923, au congrès de Lausanne !

Les Italiens et la Tunisie

Les Italiens, eux aussi représentés par une colonie importante, montrèrent un vif intérêt pour le pays. Vexés de s'être fait doubler par les Français, ils attendirent 15 ans avant de reconnaître le protectorat français.
En 1896, en dépit de l'intention affichée par les Français de faire de Tunis une métropole franco-française, une convention fut signée, accordant aux Italiens de Tunis – tout comme aux Britanniques – le droit de conserver leur nationalité d'origine. En 1923, la France donna aux ressortissants britanniques et italiens la possibilité de prendre la nationalité française, offre que peu d'entre eux daignèrent accepter. Le protectorat français en Tunisie fut l'une des raisons invoquées par Mussolini dans sa déclaration de guerre contre la France en juin 1940.

La Seconde Guerre mondiale

Après le débarquement allié au Maroc et en Algérie, les Allemands envoyèrent des troupes en Tunisie (novembre 1942). Dès janvier 1943, les troupes anglo-américaines, renforcées par l'armée française d'Afrique, combattirent les Allemands dans le Nord, tandis que l'Afrika Korps de Rommel se retrancha sur la ligne Mareth dans le Sud, face aux Anglais de Montgomery et aux Français libres de Leclerc. Cette ligne fut forcée fin mars. Tunis fut libérée en mai. Les Allemands et les Italiens capitulèrent le 13 mai, laissant plus de 250 000 prisonniers aux Alliés.

L'indépendance

Habib Bourguiba, « Combattant suprême »

Au début du XXe s, un mouvement nationaliste voit le jour, très vite jugé trop modéré par un certain Habib Bourguiba, qui quitte le vieux parti nationaliste Destour pour fonder le Néo-Destour en 1934. Bourguiba sera plusieurs fois emprisonné par les autorités françaises, et son journal, *La Nation,* maintes fois interdit. Pourtant, sa tactique, souple et efficace vis-à-vis de la France, devait mener la Tunisie à l'indépendance en mars 1956 et, le 25 juillet 1957, à la proclamation de la République. Bourguiba œuvrera à construire un État moderne et à édicter des mesures de progrès social.
Le « Père de la Nation » consolide l'indépendance en prenant ses distances par rapport à la loi islamique. Il arrive même à faire adopter un nouveau Code civil plutôt révolutionnaire pour un État musulman. La femme y devient l'égale de l'homme ; en tant que citoyenne, elle peut participer pour la 1re fois, en 1957, aux élections municipales. La polygamie devient une exception. Le divorce est reconnu et l'avortement, dans certains cas, accepté (1973). Toutes ces décisions font partie de sa « politique de développement économique et social ayant pour finalité la promotion morale et matérielle de l'homme ».
Il y a cependant un revers à la médaille : en développant sa politique de scolarisation, Bourguiba, qui a cherché à sédentariser les populations nomades et à imposer l'école obligatoire, va se retrouver avec un effectif scolaire décuplé entre 1951 et 1971. Le spectre du chômage des jeunes se profile à l'horizon. Malgré une durée de mandat limitée à 5 années, le président va se faire élire 3 fois consécutivement, avant de se proclamer en 1974 « président à vie ». Il est alors âgé de 68 ans.
Malgré une politique sociale dynamique, les secousses se multiplient (1978, 1980 et janvier 1984). La santé du président se dégrade rapidement. Il devient très capricieux, autoritaire et en proie à de violentes colères qui terrorisent son entourage. Soupçonneux, tantôt apathique, tantôt exalté, il sombre dans un état permanent de psychose maniaco-dépressive. Un infarctus et un début de paralysie aggravent son cas, mais il continue de se cramponner au pouvoir. Le président à vie tient à ses fonctions bien qu'il ne puisse plus les assumer. Sa

femme Wassila ben Ammar, consciente de son état, lui suggère de se retirer ; elle est aussitôt accusée de complot et disgraciée.
Le gouvernement s'en trouve paralysé. Les ministres les plus influents passent alors leur temps à gagner les faveurs du vieil homme. En novembre 1986, des élections législatives truquées voient la victoire du parti socialiste destourien de Bourguiba.

La chute du Combattant

L'année 1987 marque la fin d'un long chapitre. À la suite de dures sentences prononcées à l'encontre des islamistes purs et durs, le 1er ministre, le général Ben Ali, prend, en accord avec de nombreux ministres, la décision de pousser le vieil homme doucement vers la sortie. Il craint qu'avec cette politique vigoureusement anti-islamiste Bourguiba n'entraîne le pays dans la guerre civile.
Le 7 novembre 1987, Habib Bourguiba est destitué par un décret constitutionnel signé du 1er ministre et renvoyé dans sa ville natale de Monastir. On parle déjà de lui au passé. Progressivement, ses effigies sont remplacées par celles du nouveau président et les statues de bronze et de pierre sont déboulonnées. Le 6 avril 2000, les funérailles de Bourguiba à Monastir n'ont même pas été l'occasion d'une grande fête nationale, tout juste une cérémonie hâtive et calibrée, de peur peut-être de ressusciter le « Combattant suprême ».

Zine el-Abidine Ben Ali, l'après-Bourguiba

Le président Ben Ali « démocratise à petits pas », affirmant que « le pluralisme ne relève pas du domaine du possible mais constitue un impératif, dicté par le degré de maturité atteint par le peuple tunisien »... À l'occasion du 31e anniversaire de la proclamation de la République tunisienne (1988), il promulgue la révision constitutionnelle, puis abroge la présidence à vie, et, en cas de déchéance, la succession automatique par le 1er ministre.
Ces prises de position ne font pas long feu : Zine el-Abidine Ben Ali gère le pays d'une manière rigoureuse, qui ne souffre pas la contestation. Le parti présidentiel au pouvoir, le RCD (Rassemblement constitutionnel démocratique !), est tout-puissant. Un référendum en 2002 portant sur la révision de la Constitution censée assouplir les conditions à l'élection présidentielle ne change pas beaucoup la donne. Il entérine la création d'une 2e chambre au Parlement, l'instauration d'un 2e tour pour l'élection présidentielle, et surtout la possibilité pour le président en exercice de briguer de nouveaux mandats (au lieu d'une limitation à 3), tout en repoussant l'âge limite à 75 ans (70 ans au préalable) et en lui assurant l'immunité judiciaire à vie ! « Plébiscité » par 99,5 % des électeurs, Ben Ali s'est donc représenté en octobre 2004 (réélu à... 94,5 %). Il est vrai que le gouvernement met souvent en avant les bonnes performances économiques du pays ainsi que le statut légal des femmes pour tenter de faire oublier les nombreuses atteintes aux Droits de l'homme. Pour mettre fin à tout suspense, Ben Ali annonçait dès juillet 2008 sa candidature pour l'élection présidentielle d'octobre 2009.
Sur le plan social, des actions ponctuelles peinent à masquer le profond malaise social lié au chômage qui règne dans le pays, et notamment à Gafsa, une zone minière au sud-ouest de la Tunisie. À la série de manifestations des ouvriers qui s'est déroulée en 2008, le gouvernement a répondu par la violence, les forces de l'ordre tuant par balle l'un des participants et la justice condamnant les chefs du mouvement de contestation.
Cette opposition n'a pas suffi à ébranler le pouvoir, quoique... En octobre 2009, pour sa 5e élection présidentielle consécutive, le score de Ben Ali a fléchi, passant sous la barre des... 90 %, récoltant 89,62 %. Aux législatives, le résultat est plus nuancé (si l'on peut dire), le RCD, parti du raïs, n'obtenant « que » 75 % des suffrages. Au lendemain des élections, le journaliste et écrivain Taoufik Ben Brik est incarcéré. Il sera libéré 6 mois plus tard. Les dirigeants de ce mouvement

de contestation, ceux qu'on appelle « les 38 de Gafsa », ont été condamnés pour troubles à l'ordre public et participation à une entente criminelle en vue de commettre des attentats. En mai, aux élections municipales, les rares candidats opposants ont été marginalisés, voire invalidés.

Chronique d'une révolution

« **La Tunisie est l'appartement témoin de la démocratie arabe.** »

Jean-François Rial, Voyageurs du Monde

Parce que la révolte a été aussi soudaine qu'inattendue, que ses répercussions sont considérables, revenons sur ces semaines qui ont bouleversé la Tunisie et bien au-delà.

La « révolution du Jasmin » et le début du Printemps arabe

Elle est née en 2010 dans les steppes, au centre-ouest du pays, dans les régions déshéritées, loin de la capitale et du pouvoir, loin de la côte sahélienne (Monastir), berceau de Bourguiba. C'est un peuple coupé de ses dirigeants, privé de biens et de parole, qui a brandi le flambeau de la colère.
On avait vu ici et là des signes de révolte, notamment dans le bassin minier de Gafsa, en 2008. 7 mois de protestations et des manifestations violemment réprimées. Mais c'est à ***Mohamed Bouazizi,*** jeune chômeur de Sidi Bouzid, dans le centre du pays, que l'on doit le déclenchement de la plus grande vague de contestation qu'ait connue le pays depuis son indépendance. Le 17 décembre 2010, alors qu'un policier lui confisque sa marchandise pour la 4e fois, le bachelier sans travail, devenu vendeur de légumes ambulant, s'immole par le feu. Par désespoir et plus encore pour alerter contre la répression, contre la violence quotidienne, la corruption et le népotisme, mais aussi contre les inégalités, la pauvreté et l'injustice sociale. À l'instar de Mohamed Bouazizi, les Tunisiens n'en peuvent plus.
Ce geste, tragique, a eu un écho dans la population aussi profond que la souffrance qu'elle endurait et la peur qui la soumettait. Les jeunes, les ouvriers (et des membres de la puissante Union syndicale des travailleurs tunisiens, l'UGTT) se sont levés. Puis les avocats, les défenseurs des Droits de l'homme ont rejoint le mouvement. Les manifestations se sont rapidement étendues à tout le pays.
Le 12 janvier 2011, Ben Ali ordonne au général Rachid Ammar de tirer sur la foule. Celui-ci refuse et se range aux côtés des manifestants. Cette attitude, décisive, marque un tournant dans la révolte. Le général finit par convaincre le dictateur de partir, lui promettant une échappatoire sûre, à défaut d'être digne. ***Le 14 janvier 2011, Ben Ali quitte le territoire*** en catimini après 23 ans de pouvoir, destination l'Arabie Saoudite. Le Printemps arabe, mouvement de contestation populaire qui vise à libérer une partie des pays arabes du joug de ses dictateurs, a commencé.

Une transition délicate

Après la fuite de Ben Ali et la mort de 300 personnes, la révolution a, certes, atteint son apogée, mais le changement ne fait que s'amorcer. Les caciques de l'ancien régime s'accrochent, à commencer par Mohammed Ghannouchi, 1er ministre en place depuis 1999. Les manifestants poursuivent leurs revendications et exigent le départ de Ghannouchi. Les affrontements qui s'ensuivent avec la police font 5 morts. Le 1er ministre finit par céder. Le 27 février, il est remplacé par Béji Caïd Essebsi. Son gouvernement multiplie les signes de « débénalisation » : le 7 mars, la police politique et la direction de la sûreté de l'État sont dissous, tout comme le RCD (parti du dictateur) 2 jours plus tard.

Nouveaux canaux d'information, la police désarmée

Internet et les réseaux sociaux, Facebook et Twitter en tête, offrent non seulement un espace de discussion et une liberté interdite ailleurs, mais jouent un rôle majeur dans la circulation des informations, échappant à la cyberpolice. De même, la chaîne de télévision qatarie, Al-Jazeera, ouvre un lieu de débat qui n'existait pas dans les pays arabes. L'information circule ainsi à la marge d'un système de communication verrouillé de l'intérieur. La puissance du phénomène se confirmera lors de la révolution égyptienne, aboutissant, là encore, à la destitution du raïs. L'État version Big Brother atteint ses limites, comme le montrent ces nouveaux outils de communication.

La « mafia Ben Ali »

Leïla Trabelsi, l'ex-Première dame de Tunisie, à grand renfort de chantage et d'intimidation, avait largement fait profiter son ambitieuse famille du statut et de l'influence que lui conférait sa position. En tout, le clan dirigeait 90 entreprises et s'impliquait dans 123 autres ! Autant dire qu'il avait fait main basse sur des pans entiers de l'économie tunisienne. Symbole de corruption et d'injustice, ces biens « mal acquis » ont été la 1re cible de la population après la chute du dictateur. Les bourreaux d'hier échouent sur le banc des accusés. Quant à Ben Ali et Leïla Trabelsi, exilés en Arabie Saoudite, leur procès ouvert à Tunis le 20 juin 2011 sera expéditif. Le jour même, une condamnation par contumace de 35 ans de réclusion est prononcée à leur encontre. Ben Ali meurt à 83 ans en septembre 2019 en Arabie Saoudite, où il s'était réfugié.

LA CAVERNE D'ALI ZABA ET LES 40 VOLEURS

Le butin est découvert en février 2011 dans l'un des palais présidentiels : des liasses de billets cachées dans la bibliothèque qui s'élèvent à... 21 millions d'euros (provenant de la trésorerie générale de l'État). Sans compter une fortune en bijoux restés également sur place. Zaba (surnom et sigle de Zine el-Abidine Ben Ali) espérait-il donc revenir ? En revanche, l'or aurait bel et bien disparu, subtilisé à la Banque centrale tunisienne. Les services secrets français parlent de 1,5 t (environ 45 millions d'euros) embarquée dans les bagages de l'ex-dictateur. Parmi les 40 voleurs, combien courent encore ?

La (non-)réaction de la France

Pour beaucoup, Ben Ali était considéré soit comme un dictateur progressiste, soit comme un rempart face à l'islamisme, voire les 2. Bref, pendant longtemps et pour de nombreux États (y compris la France), son maintien au pouvoir relève d'une certaine légitimité, reléguant la question des Droits de l'homme à l'arrière-plan. Lorsque le peuple se révolte, la soudaineté et la rapidité des événements prennent de court les diplomaties étrangères. Mais aussi bien les temps de réaction que leur nature divergent.

Lors des manifestations, Mme Alliot-Marie, alors ministre des Affaires étrangères, propose devant l'Assemblée nationale « le savoir-faire reconnu dans le monde entier de nos forces de sécurité ». Une intervention qui soulèvera un tollé dans les opinions publiques française et tunisienne, et lui coûtera son portefeuille. L'ampleur du mouvement populaire et ses conséquences peinent à être évaluées à leur juste mesure. Alors que le dictateur s'enfuit, la France « prend acte » du changement.

Vers la démocratisation

Absence de libertés oblige, l'espace politique a été confisqué par le pouvoir pendant des décennies. Le peuple doit réinvestir le champ politique, (ré)apprendre le débat, informer, devenir citoyen, être acteur de sa vie et créer un nouveau cadre constitutionnel. Autant dire des défis titanesques.

« Avant, en Tunisie, on avait 10 millions de commentateurs sportifs ; maintenant, on a 10 millions de commentateurs politiques », s'amusent à répéter alors les Tunisiens. C'est dire le chemin parcouru en si peu de temps, mais aussi l'apprentissage qu'il reste à faire, et celui-ci prendra des années.

Les 1res élections libres et la victoire de la démocratie

Le 23 octobre 2011, 8 millions d'électeurs sont appelés aux urnes pour élire les membres d'une Assemblée nationale constituante, chargée de rédiger la nouvelle Constitution. *Ennahdha* (la Renaissance), le parti islamiste, obtient 38 % des voix et 41 % des sièges. Les jeunes révolutionnaires (sans couleur politique) ont la gueule de bois, et pour les partis laïques, c'est la débandade. S'agit-il avant tout d'un ***vote anti-Ben Ali*** ? D'un retour à certaines valeurs capables de rassurer une partie de la population ? Les dirigeants d'Ennahdha, qui ont le triomphe modeste, sont les 1ers étonnés de leur succès. Bien conscients des difficultés qui les attendent, ils appellent au rassemblement pour former une large coalition et doter le pays d'une nouvelle Constitution qui l'aidera à sortir de la crise actuelle. Mais s'opposer est une chose – une posture qu'Ennahdha connaît depuis plus de 40 ans –, gouverner en est une autre.
Le 13 décembre 2011, ***Moncef Marzouki,*** farouche opposant au régime Ben Ali, est élu président de la Tunisie par l'Assemblée constituante. Marzouki, un adepte de longue date de l'intégration des islamistes dans le jeu politique, forme une ***coalition avec Ennahdha*** et nomme Hamadi Jebali, le numéro 2 du parti islamiste, au poste de 1er ministre. Il promet alors un parti « musulman démocrate ».

Quel péril islamiste ?

Au début de la révolution, la référence à l'islam n'apparaît pas dans les discours. Les Frères musulmans ont pris le train en marche, et les salafistes ont tardé plus encore. Au fil du temps, le vocabulaire et les discours se teintent de religiosité, et l'islam passe alors de la sphère strictement privée à la sphère publique. En effet, même si les dirigeants d'Ennahdha tentent encore de soigner leur image de « modérés », ne cherchant à effrayer ni la frange laïque de la population ni la communauté internationale, force est de constater que les Tunisiens paraissent plus « islamisés » aujourd'hui qu'il y a quelques années, phénomène qui s'observe d'ailleurs dans quasiment tout le monde arabe.
On sait également que la détresse sociale et économique de la population est souvent un terreau propice à la montée des fondamentalismes religieux. C'est d'ailleurs ce qui a permis aux salafistes de se développer si rapidement.

Un chemin long et tortueux

Les tensions quasi continues (se muant parfois en affrontements violents) entre les tenants des libertés individuelles et les conservateurs (parmi lesquels les salafistes, ou islamistes radicaux) et, surtout, les manifestations menées par les syndicalistes, traduisent un marasme économique qui frustre tous ceux qui avaient placé d'importants espoirs dans la révolution.
Les inégalités régionales se sont encore accentuées. D'où la tentation pour certains de vouloir revenir en arrière. Puis, le 6 février 2013, survient un coup de tonnerre : Chokri Belaïd, une figure de gauche de l'opposition, est abattu de plusieurs balles à bout portant devant son domicile de Tunis. L'assassinat est immédiatement condamné par le président Marzouki et tous les partis, mais pour une partie de la société et la famille de la victime, ce forfait est l'œuvre d'Ennahdha et des islamistes au pouvoir, que Belaïd ne se privait pas de critiquer ouvertement. Les manifestations s'enchaînent, et le gouvernement est au bord de l'implosion.
Pour calmer le jeu, le 1er ministre annonce qu'il va former un gouvernement de « compétences nationales sans appartenance politique ». Mais face à l'échec de sa tentative, il démissionne le 19 février. Son successeur, Ali Larayedh, désigné par

Ennahdha 3 jours plus tard, promet de bâtir la coalition la plus large possible, cependant que le tueur présumé de Belaïd, un salafiste, est identifié mais... reste en cavale. Un 2d assassinat, celui du nassériste Mohamed Brahmi en juillet 2013, ravivera les oppositions entre Ennahdha, plus que jamais soupçonné de soutenir les salafistes, et le reste de la classe politique.
Le ***défi qui consiste à faire cohabiter islam, laïcité et démocratie*** (ce qui serait une première dans le monde arabe) est mis à mal notamment par les pressions islamistes subies par les femmes à l'université, mais aussi par la vindicte contre les artistes. Sans oublier la quinzaine de mausolées profanés, dont celui de Sidi bou Saïd (la doctrine salafiste interdisant le culte des saints), et les quelques mosquées ibadites copieusement taguées sur l'île de Djerba. Le gouvernement oscille entre une tolérance face à la minorité salafiste active et agressive, et la volonté d'afficher un pouvoir tourné vers la démocratie.

Le modèle tunisien

Alors que le monde arabe semblait exclu de toute possibilité de démocratisation, ce petit pays a montré la voie. Depuis 2011, la Tunisie est passée « du tumulte à l'effervescence, de la colère à l'impatience, du désordre révolutionnaire au désordre démocratique », observe l'un de nos fins lettrés, Bernard Pivot, sur son compte Twitter. Mais le pays n'a pas encore connu de clash majeur et les Tunisiens, qui s'éveillent aux discussions contradictoires, sont fiers d'avoir retrouvé leur liberté d'expression et d'être capables de se mobiliser contre des décisions qu'ils rejettent. Il existe désormais une vraie dynamique sociale. La jeune génération, moteur de la révolution, cherche sa place sur ce nouvel échiquier face à une élite accrochée au pouvoir. Des partis sont créés, les associations se multiplient. C'est le temps de l'espoir.

« DÉGAGE » : LE MOT DE L'ANNÉE 2011 !

Si un mot était susceptible de résumer la révolution tunisienne, c'est bien celui-là. Cri de ras-le-bol devenu slogan de manif. Ben Ali, le gouvernement, le RCD (le parti présidentiel), tous ont dégagé les uns après les autres, jusqu'à ce que les autres pays se mettent, eux aussi, à « dégager » leurs dirigeants. On parle de « dégage attitude », un collectif de photographes tunisiens porte son nom, un livre sur la révolution en a fait son titre, l'art de rue s'en est emparé, même la pub s'est approprié le concept. Devant l'ampleur du phénomène, pas étonnant qu'il ait été élu « mot de l'année » en 2011 par un jury de lettrés français.

L'évolution du pays est scrutée à la loupe par la communauté internationale. Sa révolution n'a pas été importée (comme en Irak), elle est venue de l'intérieur, d'une génération et des moyens à sa disposition. L'Égypte lui a emboîté le pas, d'autres peuples soumis au même joug ont effectué des tentatives similaires. Tous ont fait trembler des dirigeants imbus et supposés indéboulonnables. À défaut d'avoir été écoutés, ils ont été entendus, et ce n'est pas fini. La fragilité despotique est le nouveau paradoxe de l'Histoire. Bien sûr, la voie du changement est longue et semée d'embûches.

De l'espoir à la colère

La nouvelle Constitution

Adoptée le 26 janvier 2014, la nouvelle Constitution est ***une avancée sans précédent*** dans le monde arabe. Elle consacre le caractère « civil » de l'État et « la primauté du droit » (art. 2), ce qui signifie que la charia n'est pas la source du droit, il ne s'agit pas d'une théocratie, comme l'avaient demandé les islamistes d'Ennahdha. Selon l'article 6, la liberté de conscience et de croyance est accordée, ce qui est inédit dans un monde arabe où l'islam interdit de changer de religion. Le texte garantit « les libertés et droits individuels et collectifs » (art. 21), le respect du « droit à la vie privée et à la confidentialité des correspondances » (art. 24), des « libertés d'opinion, de pensée, d'expression, d'information et de publication » (art. 31), ainsi que la liberté de constituer des partis politiques (art. 35).

De plus, cette nouvelle Constitution est celle qui, dans le monde arabe et musulman, offre le plus de garanties pour les droits de la femme. Non seulement « l'État veille à garantir la représentativité des femmes dans les assemblées élues » (art. 34), mais il est même fait mention dans l'article 40 que « tout citoyen et toute citoyenne ont le droit au travail dans des conditions décentes et à salaire équitable ». Il est clairement pris acte dans l'article 46 du ***principe de parité*** et de l'obligation de lutter contre les violences faites aux femmes, ce qui est une réelle avancée. Reste la question de l'héritage, sujet tabou maintes fois abordé, et toujours pas tranché.

Une Cour constitutionnelle est créée pour limiter le pouvoir législatif, obligeant le législateur à se conformer aux lois établies dans un cadre conforme aux droits et aux libertés fondamentales.

Mais le texte n'est pas non plus dénué d'***ambiguïtés,*** notamment sur l'interférence entre le politique et le religieux. Ainsi, la référence à la religion de l'État demeure (art. 1) et le blasphème reste interdit. Et pour pouvoir se présenter à l'élection présidentielle, la confession musulmane est exigée.

Au final, la Constitution est le fruit de concessions de la part de toutes les composantes de l'Assemblée, et notamment d'Ennahdha, qui a lâché du lest pour ne pas reproduire le scénario égyptien avec la débâcle des Frères musulmans.

Sortie de crise politique, nouveau climat de terreur

Dès le mois d'octobre 2013, à la suite d'un accord conclu avec l'opposition, Ennahdha avait accepté de quitter le pouvoir pour favoriser une sortie de crise politique. Il faudra finalement attendre le 9 janvier 2014 et une pression de plus en plus forte sur le parti islamiste pour que la démission du gouvernement Larayedh soit effective. Mehdi Jomâa et son nouveau gouvernement, formé de plusieurs personnalités ayant officié sous Ben Ali, ne dureront que quelques mois.

Le 21 décembre 2014, ***Béji Caïd Essebsi*** remporte plus de 55 % des suffrages face à Moncef Marzouki et devient ***le 1er président démocratiquement élu depuis l'indépendance.*** Ce vétéran de la politique (88 ans lors de son élection) s'affiche ouvertement anti-islamiste et se présente comme le garant d'une nation unie que la religion ne divise pas. Toutefois, l'absence d'une majorité claire l'oblige à s'entendre avec ses rivaux et des membres du parti Ennahdah entrent donc au gouvernement. Un vaste défi auquel s'ajoute la sortie du marasme économique et social.

Un défi que ce « caïd » de la politique aura d'autant plus de mal à relever à court terme que ***dans les 6 premiers mois de 2015, le pays est victime de 2 attentats terroristes.*** Le 18 mars d'abord, des djihadistes attaquent le musée du Bardo, tuant 22 personnes, puis le 26 juin, un homme mitraille des touristes sur une plage et un hôtel de Sousse faisant 38 morts. Daech revendique les 2 opérations. Le pays entier est touché, car sans doute visé en tant qu'exception politique dans le monde arabe. Les conséquences sur le tourisme et les investissements étrangers vont se faire sentir de façon encore plus dramatique. Or, c'est en redressant l'économie que le gouvernement pourra mener à bien les réformes sociales attendues par la population et assurer dans le même temps la stabilité politique. Mais ce drame ne doit pas occulter les grandes avancées entreprises par les Tunisiens depuis la révolution ni freiner le processus démocratique qu'ils sont en train de mener.

Une crise sociale qui n'en finit pas...

Quelques mois seulement après les terribles attentats du Bardo et de Sousse, la communauté internationale envoie un message fort au peuple tunisien en

décernant le ***prix Nobel de la paix*** à 4 organisations, communément regroupées sous le nom de ***quartet du dialogue national*** (Union générale tunisienne du travail ; Union tunisienne de l'industrie, du commerce et de l'artisanat ; Conseil de l'Ordre national des avocats de Tunisie et Ligue tunisienne des Droits de l'homme). Le quartet est récompensé pour son rôle actif dans le processus de transition démocratique dans lequel le pays s'est engagé, avec succès, depuis la chute de Ben Ali. Mais ce prix symbolique est l'arbre qui cache la forêt : la situation toujours très précaire d'une grande partie de la population tunisienne. Depuis la fin de la dictature, les Tunisiens jouissent d'une plus grande liberté, c'est un fait. Mais ***la crise sociale*** qui avait conduit à la révolte de 2011 est loin d'être réglée. Pire, elle ***s'est sérieusement aggravée.***
En janvier 2018, 7 ans jour pour jour après le soulèvement du Printemps arabe, la jeunesse tunisienne redescend dans les rues pour exprimer son ras-le-bol face à la politique d'austérité du gouvernement et un taux de chômage qui atteint près de 30 % chez les moins de 25 ans. Dans les rues de Tunis, Gabès, Sidi Bouzid ou Kasserine, des ***heurts*** opposent les manifestants aux forces de l'ordre, faisant ***un mort et des centaines de blessés.*** Le calme revient au bout de plusieurs semaines de trouble, mais jusqu'à quand ? Déficit budgétaire colossal, dette publique qui avoisine les 70 % du PIB, inflation élevée, tourisme toujours en berne... Les voyants économiques du pays sont dans le rouge et, pour une grande majorité de Tunisiens, ***l'heure est au désenchantement.*** Lors des élections municipales de mai 2018, l'abstention atteint 66 %. Mais les communes ont gagné en femmes (près de la moitié des conseillers municipaux) et en jeunesse (⅓ a moins de 35 ans).
La mort du président Béji Caïd Essebsi en juillet 2019 entraîne des élections anticipées en octobre, remportées haut la main par ***Kaïs Saïed,*** un juriste conservateur soutenu par Ennahdha. Elyes Fakhfakh, ancien ministre des Finances, est nommé 1er ministre en février 2020. Il ne s'attendait sans doute pas à affronter de tels défis : alors que les espoirs des Tunisiens étaient immenses, ***la crise de la Covid-19*** en mars 2020 assombrit de nouveau l'avenir.

... et une crise sanitaire qui paralyse le monde entier

Comme dans la plupart des pays, la fragilité du secteur hospitalier contraint l'État à adopter dès le mois de mars des mesures strictes pour endiguer la propagation du virus : fermeture des frontières, des écoles, des restaurants, des cafés, couvre-feu, interdiction de circuler et enfin, confinement. L'urgence consiste à ***ne pas approfondir les fractures*** déjà grandes. Un plan de soutien à l'économie et à la santé est mis en place. Les droits de séjour des étrangers (essentiellement des Africains subsahariens) sont prolongés pour leur permettre un traitement équitable, des aides sont versées aux plus précaires d'entre eux. Le déconfinement progressif intervient à partir de mi-mai, l'ouverture des frontières fin juin.
Mais alors que le pays est peu touché par la 1re vague, les cas se multiplient à partir du mois de septembre 2020, comme partout dans le monde. Les moyens sanitaires et hospitaliers restent encore bien inférieurs aux besoins : vétusté des installations, manque de matériel, de personnel... Ce dernier, au bord de la saturation, manifeste en septembre, puis en décembre pour le déblocage de fonds supplémentaires. À partir d'octobre, des couvre-feux sont décrétés dans plusieurs villes du pays. Le reconfinement est toutefois exclu pour limiter les dégâts socio-économiques.
Officiellement, à la fin 2020, le taux de mortalité s'élève à 354 décès pour 1 million d'habitants, contre 932 en France, sachant que la fiabilité des statistiques et les critères de décompte retenus limitent l'exercice de comparaison.
Pour faire face à la crise, les Tunisiens réagissent de différentes manières : la présence policière pour faire respecter le confinement au début de la pandémie est mal vécue par une partie de la population, qui voit là des stigmates de l'ancien régime tentant de mater les révolutionnaires en 2011. L'inquiétude et la colère

dominent aussi face aux problèmes d'approvisionnement en semoule et farine dans certaines régions du pays. Pour alerter sur une situation sans perspective, chaque mois, des personnes s'immolent par le feu, tandis que des manifestations sont réprimées dans le Sud.
Dans ce contexte, les divisions et intrigues politiques conduisent au renversement du gouvernement : le 1er ministre Elyes Fakhfakh quitte ses fonctions mi-juillet 2020, poussé par le parti Ennahdha. Il est remplacé par l'ex-ministre de l'Intérieur, ***Hichem Mechichi.*** Mais début 2021, ***la colère gronde parmi la population*** en plein marasme économique et social. En réponse, le 1er ministre remanie son gouvernement et... arrête les manifestants en masse. 10 ans plus tôt, ils scandaient « travail, dignité, liberté nationale » : ont-ils été entendus ?
À l'instabilité politique et à la pandémie s'ajoute le retour des attaques terroristes : le 6 mars 2020 contre l'ambassade américaine, le 6 septembre près de Port-el-Kantaoui, causant la mort d'un policier et d'un civil dans le 1er cas, d'un membre de la Garde nationale dans le 2d. Le 20 décembre, une nouvelle attaque près de Kasserine (à l'ouest du pays) tue un berger.

La tension monte autour du président Kaïs Saïed

En 2021, alors que le pays sort peu à peu d'une crise sanitaire sans précédent et que les indicateurs touristiques quittent (très) doucement la zone rouge, ce sont d'autres événements politiques qui perturbent désormais le peuple tunisien. Le 25 juillet 2021, le président, justifiant, comme la Constitution le lui autorise, d'un « péril national imminent », limoge son 1er ministre Hichem Mechichi, suspend les activités du Parlement « jusqu'à nouvel ordre » et récupère le pouvoir judiciaire. ***Un régime hyper-présidentiel*** qui inquiète les différents partis d'opposition, d'autant que Kaïs Saïed évoque sans tabou des amendements à la Constitution du 26 janvier 2014, qui garantissaient pourtant un certain nombre de libertés individuelles et collectives. « Les Constitutions ne sont pas éternelles », ne manque pas de rappeler cet ancien juriste dans les médias tunisiens.
Le 29 septembre 2021, dans une communication bien orchestrée, le président nomme un ***nouveau gouvernement, avec à sa tête*** et pour la 1re fois dans l'histoire du pays et dans l'entièreté du monde arabe... une femme, ***l'universitaire Najla Bouden.*** Sa mission principale sera de lutter contre la corruption. Les partisans saluent l'ouverture d'esprit, ses détracteurs dénoncent une rouerie politique, un coup de com', voire les 2 à la fois, et soulignent un pouvoir limité dans ses prérogatives pour minimiser la portée symbolique de cette nomination.
La reprise en main ne s'arrête pas là, avec un nouveau coup de force de Kaïs Saïed le 6 février 2022, lorsqu'***il dissout le Conseil supérieur de la magistrature.*** Partis politiques, opposants, magistrats et avocats craignent de plus en plus une « dérive autoritaire ». Dans un communiqué, l'Union européenne s'avoue « préoccupée par cette décision »...
Le 25 juillet 2022, la ***nouvelle Constitution*** revue, corrigée et amendée par le président de la République, est adoptée par référendum populaire avec 94 % des voix, mais 59,5 % de taux d'abstention, le vote ayant été boycotté par les principaux partis d'opposition. Les principaux changements entérinent ses ***pleins pouvoirs*** : le régime devient « présidentiel » (il était mi-présidentiel, mi-parlementaire dans la Constitution de 2014), le président dicte la politique, au gouvernement de la faire appliquer, les pouvoirs législatifs et judiciaires (désormais appelés « fonctions ») se trouvent sous son autorité, il n'y a plus de contre-pouvoirs ; le droit de grève est plus encadré.
Des élections législatives pour renouveler le Parlement se sont tenues dans la foulée, le 17 décembre. Boycotté par la classe politique et la grande majorité des Tunisiens, le scrutin enregistre ***un taux de participation historique d'à peine 11,2%,*** soit la plus faible participation à des élections en Tunisie depuis la Révolution de 2011. Un désaveu sans précédent pour le président Kaïs Saïed, désormais très affaibli. Les partis d'opposition appellent à sa démission et à la tenue de nouvelles élections. 11 années ont passé depuis la fin du régime Ben Ali et ***les***

chantiers économiques et sociaux demeurent immenses, dans un pays où le pouvoir d'achat est devenu la préoccupation n°1 du peuple tunisien.

Petite chronologie contemporaine

– ***2 mars 1934 :*** fondation du Néo-Destour, parti fondé, entre autres, par Habib Bourguiba après une scission du Destour pour mettre fin au protectorat français.
– ***13 mai 1943 :*** capitulation des forces germano-italiennes dans la région du cap Bon.
– ***20 mars 1956 :*** indépendance totale.
– ***25 juillet 1957 :*** proclamation de la République et présidence d'Habib Bourguiba.
– ***7 novembre 1987 :*** Bourguiba est démis de ses fonctions pour des raisons médicales. Zine el-Abidine Ben Ali devient le 2e président de la République tunisienne.
– ***12 juillet 1988 :*** suppression de la présidence à vie.
– ***1994 :*** les élections législatives et présidentielles confirment l'emprise du président Ben Ali et du RCD (Rassemblement constitutionnel démocratique). Les candidatures indépendantes et/ou d'opposition ne sont pas encouragées : Ben Ali se présente donc en candidat unique.
– ***17 juillet 1995 :*** la Tunisie signe un accord économique avec l'Union européenne visant à l'instauration d'une zone de libre-échange.
– ***1998-1999 :*** la Tunisie aligne les bons bulletins de santé économique préfigurant un réel décollage. Mais, sans être menacé, le régime Ben Ali accumule les poursuites et les procès à l'encontre des opposants des milieux étudiants ou syndicaux et des défenseurs des Droits de l'homme.
– ***2000 :*** *le 6 avril,* mort de Bourguiba. En *avril-mai,* grève de la faim du journaliste Taoufik Ben Brik. L'opinion internationale s'émeut et le régime Ben Ali cède. Les milieux opposants tentent de profiter de ce succès pour faire progresser la démocratie. *Le 30 novembre* : le 1er journal indépendant tunisien, *Kalima,* créé par Sihem Bensedrine, est lancé sur le Net et hébergé par RSF (Reporters sans frontières).
– ***2001 :*** *le 12 février,* dissolution du 5e Congrès de la Ligue tunisienne des Droits de l'homme par le tribunal d'instance de Tunis.
– ***2002 :*** *le 11 avril,* attentat à la synagogue de la Ghriba à Djerba, causant la mort de 21 personnes. *Le 26 mai 2002,* 1er référendum portant sur une révision constitutionnelle, et notamment sur un assouplissement des conditions d'élection à la présidence. Le « oui » l'emporte avec 99,5 % des voix. En septembre, 10 000 personnes manifestent à Tunis contre le film *L'Innocence de l'islam* (produit aux États-Unis) et s'en prennent à l'ambassade américaine. Résultat : 2 manifestants tués et 40 personnes blessées.
– ***2004 :*** en octobre, élections législatives et présidentielle. Ben Ali se représente pour un 4e mandat et est réélu avec 94,5 % des voix.
– ***20 mars 2006 :*** 50e anniversaire de l'indépendance de la Tunisie... aussitôt suivi par l'interdiction de la tenue du Congrès de la Ligue tunisienne des Droits de l'homme. De ce point de vue, rien ne change...
– ***2008 :*** série de manifestations violemment réprimées par les forces de l'ordre. Bilan : 1 mort, plusieurs blessés et 38 personnes arrêtées. Pendant ce temps, Nicolas Sarkozy, en visite officielle en avril 2008, félicitait la Tunisie d'avoir « avancé sur la voie de la tolérance et de la raison » et en profitait pour vendre des Airbus pour 1 milliard d'euros et une centrale thermique de 360 millions d'euros.
– ***Octobre 2009 :*** Ben Ali est élu à la présidence pour la 5e fois consécutive, avec 89,62 % des voix. Sans surprise, le parti au pouvoir remporte également les législatives.
– ***2010 :*** *le 17 décembre,* Mohamed Bouazizi, jeune chômeur et vendeur ambulant, s'immole par le feu pour protester contre la situation économique, sociale

et répressive de son pays. Il décédera le 4 janvier. « Liberté-travail-dignité » sera le mot d'ordre des manifestants venus rejoindre le mouvement qui découle de ce geste tragique.

– ***2011 :*** *le 12 janvier,* les contestations s'étendent à tout le pays. Le président demande au général Rachid Ammar de tirer sur la foule, celui-ci refuse. *Le 14 janvier,* face à la pression de la rue et sans le soutien de son armée, Ben Ali s'enfuit vers l'Arabie Saoudite. *Le 17 janvier,* un 1er gouvernement provisoire est constitué. 10 jours plus tard, à la faveur d'un remaniement, les anciens du régime sont poussés vers la sortie. Seul le 1er ministre, Mohammed Ghannouchi, conserve son fauteuil. *Le 27 février,* à la suite de nouvelles manifestations dans le pays, la grève générale et des heurts ayant provoqué la mort de 5 personnes, Mohammed Ghannouchi annonce sa démission. Il est remplacé par Béji Caïd Essebsi.

Le 3 mars, la Constitution est dissoute. Parallèlement, le pays, encore fragile, doit faire face à l'afflux de réfugiés, en majorité africains, fuyant la Libye. *En avril,* des réfugiés tunisiens, admis en Italie, sont refoulés à la frontière française. *Fin mai,* la Tunisie participe pour la 1re fois au G8. À cette occasion, les pays les plus riches promettent une enveloppe de 40 milliards de dollars à l'Égypte et à la Tunisie. Il s'agit pour la plupart de crédits qui doivent aider à soutenir la transition démocratique. 4 ans plus tard, la Tunisie attendait toujours son enveloppe (en revanche, elle aura peut-être droit à des... armes, nouvelles promesses de la communauté internationale). *Le 20 juin,* le jour même de l'ouverture de leur procès, Ben Ali et sa femme Leïla Trabelsi, toujours exilés en Arabie Saoudite, sont condamnés par contumace à 35 ans de prison par le tribunal de Tunis. *Le 23 octobre,* 1res élections libres. Ennahdha obtient 38 % des voix et 41 % des sièges à l'Assemblée constituante. Cette assemblée sera en charge de la rédaction d'une nouvelle Constitution. *Le 13 décembre,* Moncef Marzouki est élu président de la Tunisie par l'Assemblée constituante.

– ***2012 :*** *le 14 janvier,* amer anniversaire de la révolution. « Il ne s'agit pas de célébrer une victoire, mais de poursuivre un processus révolutionnaire », s'exclament certains. *Mi-2012,* des violences éclatent dans plusieurs villes du pays. Résultat : des bâtiments publics incendiés, un mort et une centaine de blessés. Les salafistes nient toute implication. Le gouvernement répond au groupe extrémiste avec une fermeté nouvelle.

– ***2013 :*** *le 6 février,* Chokri Belaïd, figure de gauche de l'opposition, est abattu devant son domicile de Tunis. Une partie de la population, qui tient le gouvernement islamiste au pouvoir pour responsable de cet assassinat, exprime sa colère et descend dans les rues. *Le 19 février,* le 1er ministre Hamadi Jebali, devant l'incapacité de remanier son gouvernement, démissionne et cède la place, 3 jours plus tard, à Ali Larayedh. *En mars,* Amina Sboui s'expose sur sa page Facebook seins nus. Sur elle l'inscription en arabe : « Mon corps m'appartient et n'est l'honneur de personne. » Pour avoir ensuite tagué sur un muret « Femen », elle est arrêtée le 19 mai et condamnée à 300 Dt d'amende. Elle sera libérée début août.

– ***2014 :*** *le 9 janvier,* le parti Ennahdha au pouvoir démissionne. *Le 26 janvier,* la nouvelle Constitution est adoptée, 3 ans après la chute de Ben Ali. Le nouveau 1er ministre, Mehdi Jomâa, forme son gouvernement. Celui-ci lève l'état d'urgence le 5 mars, qui était en vigueur depuis 2011. *En avril,* le tribunal militaire a prononcé des verdicts cléments pour les responsables de violences à l'encontre des manifestants pendant la révolution de 2011. L'annonce a provoqué de vives critiques parmi les familles des victimes et la classe politique. *Le 21 décembre,* lors du 2d tour de l'élection présidentielle, la victoire revient à Béji Caïd Essebsi, face au président sortant Moncef Marzouki. Cette élection, pourtant très attendue, est marquée par un faible taux de participation (60 %) et les appels au vote blanc (ou à l'abstention). Un signal fort des électeurs tunisiens (particulièrement des jeunes) qui ne se reconnaissent dans aucun des 2 candidats.

– ***2015 :*** *début février,* le 1er ministre Habib Essid forme une large coalition dominée par le parti Nidaa Tounès, mais incluant ses rivaux islamistes, comme le parti

Ennahdha. *Le 18 mars,* un attentat contre le musée du Bardo à Tunis fait 22 victimes. *Le 26 juin,* un terroriste attaque une plage d'un hôtel de Port-el-Kantaoui, au nord de Sousse et tue 38 personnes. Les 2 opérations sont revendiquées par Daech. *En octobre,* le ***prix Nobel de la paix*** est attribué au ***quartet du dialogue national,*** un groupe d'organisations tunisiennes, très actif dans le processus de transition démocratique du pays. Ban Ki-moon, secrétaire général des Nations unies, affirme que ce prix est dédié « à tous les Tunisiens qui ont participé au Printemps arabe ».

– ***2016 :*** à 40 ans, ***Youssef Chahed*** devient le plus jeune 1er ministre de l'histoire du pays. Sa nomination, ainsi que la présence (du jamais vu !) de 8 femmes dans son gouvernement, font souffler un vent de renouveau bienvenu dans la classe politique. Mais l'état de grâce ne va pas durer longtemps...

– ***2018 :*** *en janvier,* une hausse de la TVA décidée par le gouvernement provoque un soulèvement populaire qui embrase les grandes villes du pays pendant plusieurs jours. De violentes émeutes éclatent, notamment dans la banlieue de Tunis. On dénombre un mort parmi les manifestants, des centaines de blessés et plus d'un millier d'arrestations. *En mai,* victoire des listes indépendantes aux 1res élections municipales organisées depuis 2011. Les partis au pouvoir (Ennahdha et Nidaa Tounès) en sortent affaiblis. Toutes les options restent ouvertes pour les élections nationales (législatives et présidentielle) de 2019. Si le résultat des urnes reflète la défiance de la population vis-à-vis du gouvernement, incapable de redresser la situation socio-économique du pays, le drame au large des îles Kerkennah en est la conséquence.

En juin, un bateau, avec à son bord 170 à 180 personnes en exil, fait naufrage au large des îles Kerkennah, peu de temps après son départ. Bilan : 74 morts et une trentaine de disparus, en grande majorité des Tunisiens.

– ***2019 :*** morts du président Béji Caïd Essebsi *le 25 juillet* et de Ben Ali *le 19 septembre*. Après les élections législatives anticipées du *6 octobre*, le nouveau président conservateur ***Kaïs Saïed*** est élu avec 72,71 % des voix. Le nouveau président proche du mouvement Ennahdha ne prône pas l'ouverture sur les questions sociétales. Il ***est favorable à la peine de mort*** malgré le moratoire depuis 1991, ***et l'homosexualité reste passible de poursuites judiciaires*** ! Le débat sur l'égalité dans l'héritage est suspendu. Il affirme que ses principaux combats sont ailleurs : lutte contre la corruption et exemplarité des comptes publics.

– ***2020 :*** 3 Premiers ministres se succèdent entre *novembre 2019 et septembre 2020,* dans un contexte économique, social et sécuritaire morose, plombé par la pandémie, des manifestations et 3 attentats (en mars, septembre et décembre).

– ***2021 :*** à l'occasion du 10e anniversaire de la chute du régime bénaliste, le confinement est décrété pour 4 jours *le 14 janvier*. C'en est trop pour une jeunesse à bout de souffle, déjà durement éprouvée. Les manifestants crient leur colère contre la classe politique, qui réprime les rassemblements dans la violence, causant la mort d'Haykal Rachdi, 21 ans, touché par une grenade lacrymogène tirée par la police à bout portant.

Le 25 juillet, suite à une énième manifestation contre le gouvernement, et dans des proportions que l'opposition n'hésite pas à qualifier de « coup d'État », ***le président Saïed s'arroge les pleins pouvoirs*** en gelant les activités du Parlement et en limogeant son 1er ministre, Hichem Mechichi. *Le 29 septembre*, ***Najla Bouden est nommée*** 1re ***ministre.*** Elle est la 1re femme du monde arabe à occuper de si hautes fonctions.

– ***2022 :*** *le 5 février,* 163 migrants tunisiens, qui veulent échapper à des conditions de vie de plus en plus dures en fuyant vers l'Italie, sont secourus en mer par la Marine nationale, à 12 km des côtes de Sfax. Dénouement plus tragique fin septembre, lorsqu'un naufrage à Zarzis fait 18 morts. La colère monte, grèves et manifestations se multiplient.

Le 17 décembre, des élections législatives se tiennent dans le pays, sur fond de boycott de la plupart des partis d'opposition qui jugent ce scrutin « anticonstitutionnel » pour les plus modérés, qui le comparent à un « crime d'État » pour les plus radicaux. Avec un taux de participation d'à peine 11,2%, ***le pouvoir en place subit un sérieux revers.*** Il est incapable d'installer dans le pays et dans la durée une véritable démocratie.

KSOUR

Ksar ou *kasr* (au pluriel : *ksour*), signifie « fortification » en arabe. Dans le Sud tunisien, il s'agit d'un ensemble fortifié composé de *ghorfas* (greniers) dans lesquels les transhumants conservaient leur récolte lorsqu'ils repartaient en vadrouille. Généralement situé sur des pitons rocheux inexpugnables, il servait également de refuge pour les populations locales et les caravaniers. Au sein d'une même tribu, chacun mettait la main à la pâte pour la construction du ksar. Il revenait ensuite à un conseil de sages la lourde responsabilité d'attribuer les *ghorfas* aux familles en fonction de leurs propres besoins.

Chaque ksar présente sa propre topographie : les uns dessinent de longues ruelles étroites, tandis que les autres s'organisent autour d'une placette centrale, les uns sont étendus, les autres ramassés. Ici, les *ghorfas* s'étagent sur 2 niveaux, là, sur 4. Pour accéder aux greniers, des escaliers raides comme des échelles.

Les noms des ksour proviennent le plus souvent du nom du grand-père de la tribu, précédé parfois de Beni. C'est le cas du ksar Beni-Kheddache.

Avant la Seconde Guerre mondiale, on comptait près de 1 500 ksour de Matmata à Tataouine. Aujourd'hui, il en reste moins d'une centaine. La disparition progressive des pillages et les dures conditions de vie dans ces villages incitèrent les habitants à s'installer dans la plaine. Beaucoup de ksour ont alors été abandonnés. Nombre d'entre eux ont disparu, rongés par les atteintes du temps, et se confondent à nouveau avec la montagne. D'autres ont tout simplement été rasés par les autorités. Mais la Seconde Guerre mondiale leur a également porté un rude coup : considérés comme des refuges pour l'ennemi, ils ont été bombardés.

Aujourd'hui, quelques timides programmes de restauration voient le jour ; celui de Ksar-ouled-Soltane est certainement le plus réussi.

MÉDIAS

Depuis la révolution, le pays assiste progressivement au renouvellement de son paysage médiatique. Face aux crises successives, la Tunisie n'aurait pu poursuivre sa transition démocratique sans le concours des médias.

VOTRE TV EN FRANÇAIS : TV5MONDE, la 1re chaîne culturelle francophone mondiale

Avec ses 8 chaînes généralistes, ses 2 chaînes thématiques et sa plateforme numérique TV5MONDEplus, TV5MONDE est disponible dans 211 États et offre le meilleur de la production francophone, sous-titré en 13 langues : information internationale, cinéma et séries, sport, documentaires et magazines découvertes, programme jeunesse...

Préparez votre séjour et trouvez l'inspiration grâce à son site Voyage ● *voyage.tv5monde.com* ● et restez connecté avec ses applications et le site ● *tv5monde.com* ●

Télévision

À ce jour, la Tunisie compte toujours 2 chaînes publiques qui diffusent en langue arabe (Al-Watanya 1 et Al-Watanya 2). Il existe également plusieurs chaînes privées, dont : Hannibal TV, Nessma TV, Elhiwar Ettounsi et Attasia TV. Depuis 2014,

le travail de régulation de la Haute autorité indépendante de la communication audiovisuelle (HAICA) a permis d'imposer aux télévisions créées au lendemain de la révolution et émettant sans autorisation à travers des satellites étrangers de se conformer au droit tunisien.
En plus d'Al-Jazeera, France 24 et les chaînes tunisiennes couvrant de près l'actualité nationale sont très regardées.

Radio

Des 11 radios publiques émettant en arabe, seules la RTCI (Radio Tunis Chaîne Internationale) et Radio Jeune diffusent des programmes culturels ou de la musique en français, ainsi que dans d'autres langues européennes. Radio Zitouna FM, créée par le gendre de Ben Ali, propose des émissions religieuses.
Parmi les radios privées, Mosaïque FM est la 1re à avoir vu le jour, en 2003. Très populaire, elle diffuse principalement des débats, de la musique et de courts bulletins d'informations. Radio Jawhara, lancée dans la région du Sahel, diffuse des informations, des émissions de divertissements et de la musique. Express FM est principalement tournée vers l'économie. D'autres radios pirates qui ont vu le jour après la révolution ont été régularisées. De nouvelles web-radios et radios associatives ont également été créées. Les Tunisiens continuent aussi d'écouter les grandes radios de l'Hexagone, comme France Inter, RFI, RTL, RMC Info, qui ne sont désormais plus disponibles que sur Internet.

Journaux

Plusieurs quotidiens et hebdos français sont distribués dans les kiosques à journaux et dans les principaux centres touristiques. Si, pendant les années noires du régime de Ben Ali, certains étaient parfois bloqués en douane ou distribués avec plusieurs jours de retard, aujourd'hui il est même possible de trouver *Le Canard enchaîné.*
Concernant la presse nationale, il existe un grand nombre de quotidiens, au contenu évidemment très différent de celui sous l'ancien régime. *La Presse de Tunisie* reste l'un des plus lus en français, et *Le Maghreb* est devenu le quotidien de référence en langue arabe. Paradoxalement, les titres post-révolution ne possédant pas les acquis des anciens médias en termes d'annonceurs, de fidélité du lectorat, de réseau de distribution, d'accès aux contrats publics de publicité... n'ont pas réussi à tirer leur épingle du jeu et ont disparu, à l'exception du journal *Acharaa Almagharibi*.

Quelques sites d'actualité

• ***tunisienumerique.com*** • Un site d'actualités moderne et indépendant, représentatif de la nouvelle génération post-révolution. Complet, réactif, critique, il délivre des informations sur un ton plus enlevé que la presse classique.
• ***nawaat.org*** • Blog collaboratif fondé par des cyberactivistes, censuré jusqu'à la révolution. Ses thèmes favoris : la démocratie, les libertés individuelles, la lutte contre la corruption... Les reportages et les investigations sont délivrés sur un ton libre et volontiers irrévérencieux.
• ***WillisFromTunis*** • Sur Facebook et Twitter. *Willis from Tunis* ou les péripéties d'un chat né sous la plume de la dessinatrice tunisienne Nadia Khiari en 2011, la veille de la chute de Ben Ali. Dans différents journaux *(Siné Mensuel, Courrier international...),* son personnage commente l'actualité sur un ton libre et grinçant. Grand succès ! À retrouver également sur • ***cartooningforpeace.org*** •, collectif de dessinateurs du monde entier, fondé par Plantu.
• ***globalvoices.org*** • Ce réseau de blogueurs du monde entier met en ligne et traduit une sélection d'articles publiés sur les blogs et les réseaux sociaux pour donner la parole à ceux qui sont rarement entendus dans les médias traditionnels.

Liberté des médias

Pendant 23 ans, le régime bénaliste a verrouillé l'information dans les médias traditionnels, puis sur Internet. Le 17 janvier 2011, soit 3 jours après le départ de l'ancien président, le gouvernement provisoire d'Union nationale a supprimé le ministère de l'Information en prônant la liberté totale d'information et d'expression. Depuis 2014, les principes de liberté d'expression et d'information et le droit à l'information sont consacrés par la Constitution. Ces avancées majeures avaient permis à la Tunisie de se hisser à la 72e place sur 180 au Classement mondial de la Liberté de la presse 2020, de RSF. Mais l'année suivante, le coup de force du président Kaïs Saïed a fortement restreint les espaces de liberté, au point que la Tunisie s'est retrouvée, en 2022, rétrogradée au 94e rang du Classement RSF. Le chef de l'État ne donne plus d'interviews aux journalistes. Les médias dépendent d'annonceurs privés parfois proches du pouvoir, des liens qui ne garantissent pas une vraie indépendance. De plus, RSF rapporte la banalisation des intimidations envers les journalistes. Un cap a été franchi en janvier 2022, lorsqu'une dizaine de journalistes ont été passés à tabac, dans l'indifférence du gouvernement. Une situation d'autant plus inquiétante que la menace d'une dissolution de l'instance indépendante de régulation des médias (HAICA) plane toujours. La liberté de la presse n'est plus garantie. Un décret-loi promulgué en septembre 2022 enfonce le clou : ***les auteurs de supposées « fausses nouvelles » ou « données » sont passibles de 5 à 10 ans d'emprisonnement*** et de 50 000 Dt d'amende. Ce texte permet de sanctionner tout article tunisien et même étranger qui n'irait pas dans le sens du régime. Le Syndicat national des journalistes tunisiens (SNJT) dénonce une violation de la Constitution et des engagements internationaux de la Tunisie. Pour plus d'informations sur les atteintes à la liberté de l'information, n'hésitez pas à contacter :

- ***Reporters sans frontières :*** • *rsf.org* •
- ***Amnesty International France :*** • *amnesty.fr* •

MOSQUÉES

MÊME LUMIÈRE

Menara *signifie « lieu de lumière » en arabe. Ce mot est à l'origine de « minaret ». Intéressant de constater que chez les juifs, le chandelier sacré à 7 branches s'appelle menorah.*

Si le mot français « mosquée » vient de *masdjid,* il ne faut pas se méprendre sur le sens de ce terme. Le mot *masdjid* désigne le prétoire, le lieu où l'on se prosterne (devant Allah). Ce peut être, bien sûr, la mosquée, mais aussi n'importe quel endroit, pourvu qu'il soit propre et sacralisé : ainsi, un tapis de prière est autant un *masdjid* qu'une mosquée. Le mot « mosquée » se traduit d'ailleurs en arabe par *djamaa,* qui a le sens de « rassemblement ». C'est le vendredi *(yôm el djamaa)* que l'on se rassemble pour la prière collective.

La désignation des mosquées varie donc en fonction de leur architecture et de leur usage :

– ***la djamaa :*** consacrée aux 5 prières quotidiennes individuelles, ainsi qu'à la prière communautaire du vendredi. Elle est généralement de taille assez importante et possède un minaret ;
– ***le masjid :*** mosquée de quartier où les habitants, les passants ou marchands du souk le plus proche se rendent pour leurs prières ;
– ***la musalla :*** petite mosquée qui se limite à la seule salle de prière, située dans les quartiers résidentiels et souks modestes ;
– ***la zaouïa :*** voir plus loin la rubrique qui lui est consacrée.

La 1re mosquée fut érigée à Médine par le prophète Mahomet pour louer Allah. Il institua ainsi dans ses grandes lignes ce nouveau style architectural. La mosquée traditionnelle, différente au Maghreb de celles de type persan ou ottoman, se compose généralement d'une cour, au centre de laquelle se trouve souvent une fontaine pour les ablutions (celle-ci peut être à l'extérieur de l'édifice, ou bien excentrée) et de *liwâns,* c'est-à-dire de sortes de préaux. C'est là que les fidèles se mettent en lignes parallèles pour prier ensemble derrière l'imam qui dirige la prière. La direction exacte de La Mecque est indiquée par une sorte de niche, le ***mihrab*** (que l'on voit représenté sur les tapis de prière). Pour prêcher, l'imam monte sur une chaire que l'on appelle le ***minbar.***

Les mosquées, vues de l'extérieur, ne sont pas toujours très décorées. Il est vrai que le Prophète recommande une construction aussi simple que possible. Il faut aller jusqu'en Iran pour que les mosquées tendent vers le ciel leurs minarets ornés de faïences turquoise. Les bruits extérieurs sont assourdis par de lourdes portes en cuivre et on marche sur des tapis à faire rêver les collectionneurs de tapis d'Orient.

Ce qui est extraordinaire, c'est le volume libre à l'intérieur. On comprend vraiment la notion d'espace, d'infini, sensation que l'on éprouve aussi au fond de la nef d'une grande cathédrale gothique.

En Tunisie, la plupart des mosquées sont interdites aux non-musulmans. Si toutefois vous pouvez y pénétrer, n'oubliez pas de vous déchausser.

MUSIQUE

Comme dans bien d'autres domaines, la musique tunisienne est un carrefour d'influences mauresque, ottomane, orientale et occidentale. Elle se distingue par la diversité de ses modes et rythmes, et la pluralité de ses styles. Profane ou sacrée, sophistiquée ou populaire, traditionnelle ou moderne, elle trouve toujours sa place dans les rituels, anime les fêtes et nourrit les festivals. Marquée par de grandes figures emblématiques et traditionnelles de l'ancienne génération (Saliha, Hedi Jouini, Ali Riahi, Tahar Gharsa, Naâma, Oulaya...), signalons, parmi d'autres artistes, Saber Rebai pour la variété, Sonia M'Barek et Lotfi Bouchnak pour le classique.

ZEBDA

Signifie « beurre » en arabe. Le groupe toulousain a choisi ce nom avec humour car ce sont en effet... des beurs !

Le *malouf,* quant à lui, réunit l'ensemble du patrimoine traditionnel et les influences de la musique arabo-andalouse. Incarné par Zied Gharsa (fils du célèbre Tahar Gharsa) et Syrine Ben Moussa (l'une des rares interprètes féminines du genre), il fait figure de véritable institution en Tunisie.

Parmi les artistes surfant sur des registres plus contemporains, on trouve le virtuose joueur de *oud* Anouar Brahem, Dhafer Youssef et ses mélodies jazzy teintées de musiques du monde, ou encore le grand jazzman Fawzi Chekili.

La musique urbaine et les chants contestataires accompagnent la Tunisie dans son grand chambardement post-révolutionnaire, avec l'éclosion de la chanteuse Emel Mathlouthi, égérie de la révolution, du duo de folk Yuma à la musique envoûtante, de plusieurs groupes de rap et l'apparition de slameurs qui font aujourd'hui entendre leurs voix.

PERSONNAGES

– ***Hannibal*** *(247-183 av. J.-C.)* **:** général et homme politique carthaginois, il livra toute sa vie bataille contre Rome. Pour plus de détails, se reporter à la rubrique « Histoire ».

– ***Fatima el Fihriya*** *(IXe s)* **:** peu après sa naissance à Kairouan, sa famille part s'installer à Fès, au Maroc. En héritant de leur père, sa sœur Maryam s'attelle à la construction de la mosquée des Andalous. Fatima, quant à elle, agrandit la mosquée Qaraouiyine, qui devient la plus grande d'Afrique du Nord, en même temps que la 1re université de l'Histoire (toujours active). Les cours dispensés étaient aussi bien religieux que scientifiques et littéraires. Elle contribua à faire rayonner la pensée et le savoir des grands intellectuels arabes dans le monde.

– ***Habib Bourguiba*** *(1903-2000)* **:** « le Combattant suprême », « le Père de la Nation »... fut le 1er président de la République, après avoir mené la lutte pour l'indépendance de la Tunisie. Pour plus d'informations, se reporter à la rubrique « Histoire ».

– ***Zine el-Abidine Ben Ali*** *(1936-2019)* **:** ancien élève de l'école interarmes de Saint-Cyr et de l'école militaire de Châlons-sur-Marne, ce jeune officier, originaire du Sahel, comme Bourguiba, parfait son instruction aux États-Unis. Spécialiste des services de sécurité militaire, il sert le gouvernement tunisien de 1958 à 1974, est nommé ambassadeur au Maroc, avant d'être rappelé pour faire face aux mouvements populaires de mécontentement menés par l'Union des travailleurs. Il est aussi chargé de la répression sanglante des « émeutes du Pain » de janvier 1984. Bourguiba le nomme à la tête de la Sûreté militaire, puis ministre de l'Intérieur et, début 1987, 1er ministre. Il destitue Bourguiba fin 1987 et devient président à son tour. Il remporte son 5e mandat en octobre 2009. Sa chute, le 14 janvier 2011, à la suite de la pression populaire, est aussi soudaine qu'inattendue. En exil en Arabie Saoudite, il est condamné par contumace à perpétuité. Il y meurt en 2019, à l'âge de 83 ans.

UN HÉROS MÉCONNU

Rachid Ammar ? Peu de gens connaissent son nom. Et pourtant, pendant la « révolution du Jasmin », ce chef de l'armée de terre évita un terrible carnage. Le 12 janvier 2011, il refusa l'ordre de Ben Ali qui exigeait que les soldats tirent sur le peuple. Le 14, il donna 3h à Ben Ali pour quitter la Tunisie. La dictature était terminée.

– ***Ibn Khaldoun*** *(1332-1406)* **:** chaque ville possède une rue à son nom ! Il faut dire que cet historien, penseur et philosophe, a été le 1er à s'intéresser à l'étude de la société. Il est considéré comme le père de la sociologie du monde musulman. *Prolégomènes ou Discours sur l'histoire universelle* constitue son principal ouvrage. Tout un programme !

– ***Moncef Bey*** *(1881-1948)* **:** souverain hussainite de Tunisie de 1942 à 1943. La brièveté de son passage n'en fait pas moins un héros national. Il faut dire qu'il adopta une position critique envers l'administration française, contrairement à ses prédécesseurs. Il n'hésita pas à s'opposer à certaines décisions jugées inadmissibles : au port de l'étoile jaune par la communauté juive de Tunisie pendant la Seconde Guerre mondiale, par exemple ! Il fut destitué par le général Juin, puis déporté en Algérie avant de mourir à Pau en 1948, à l'âge de 67 ans.

– ***Tahar Haddad*** *(1899-1935)* **:** il est reconnu comme l'un des principaux penseurs réformistes du siècle dernier. En 1927, il publie *Les Travailleurs tunisiens et l'apparition du mouvement syndical,* qui ne plut guère aux Français. Quelques années plus tard, son ouvrage *Notre femme dans la société* remet en question les dispositions de la loi islamique par rapport au statut de la femme. Le Code du statut personnel promulgué par Bourguiba s'inspire largement de ses thèses. Aujourd'hui, le prix littéraire Tahar-Haddad récompense, tous les 2 ans, de jeunes auteurs de nouvelles et de poésie en langues arabe et française.

– ***Tawhida Ben Cheikh*** *(1909-2010)* **:** encouragée par sa mère, elle part en France poursuivre des études et devient la 1re Tunisienne titulaire d'un doctorat en médecine en 1936. De retour en Tunisie, elle dirige un magazine féminin et promeut le contrôle des naissances, avant de faire carrière à l'hôpital. Elle ouvre le 1er service de planning familial en 1963 et milite pour le droit à l'avortement, qui sera légalisé en 1973 (2 ans avant la France). Son rôle primordial dans l'émancipation des femmes lui vaut aujourd'hui de figurer sur le nouveau billet de 10 dinars.

– ***Abou el-Kacem Ech-Chabbi*** *(1909-1934)* **:** ce Tozeurois est souvent considéré comme un génie, lui qui est « né libre comme la brise et comme la lumière ». Partisan d'une évolution tant du verbe que des mœurs, tiraillé entre espoir et désespérance, il a apporté un renouveau majeur dans la poésie arabe contemporaine. Il est surtout connu pour être l'auteur des 1res strophes de l'hymne national tunisien.

– ***Bchira Ben Mrad*** *(1913-1993) :* nationaliste et féministe, elle fonde en 1936 l'Union musulmane des femmes en Tunisie, qui joue un rôle majeur dans la marche vers l'indépendance, mais aussi dans la scolarisation des filles. Elle considère que la femme tunisienne peut évoluer en dehors du modèle occidental. Toute sa vie, cette intellectuelle militera pour l'accès au savoir pour tous. Elle est reconnue comme une figure marquante de l'histoire tunisienne contemporaine.

– ***Farhat Hached*** *(1914-1952)* **:** ce syndicaliste créa l'Union générale des travailleurs tunisiens (UGTT) et fut l'un des grands artisans de l'indépendance de la Tunisie. Ayant acquis une aura tout aussi forte que celle de Bourguiba, Farhat Hached fut assassiné par les membres de la Main rouge (organisation terroriste perpétrant des attentats pour tenter d'étouffer le mouvement nationaliste tunisien), 4 ans avant l'indépendance. Ce crime reste impuni.

– ***Albert Memmi*** *(1920-2020)* **:** c'est certainement l'écrivain d'expression française le plus célèbre de la communauté juive tunisienne. Auteur de romans *(La Statue de sel, Le Scorpion, Le Désert),* il a également apporté un soutien au mouvement indépendantiste et a écrit différents essais traitant de la domination et du racisme *(Portrait du colonisé, L'Homme dominé, La Dépendance).*

– ***Gisèle Halimi*** *(1927-2020)* **:** c'est en Tunisie, où elle naît Zeiza Taïeb, qu'elle puise toute la force qui fit d'elle une militante anticolonialiste et une féministe de la 1re heure. À 10 ans, elle entame une grève de la faim pour qu'on lui accorde les mêmes droits qu'à ses frères. Elle refuse un mariage arrangé à 16 ans, suit des études de droit à Paris, plaide en Tunisie, puis s'installe en France en 1956. Avocate, députée, ambassadrice de France auprès de l'Unesco, elle s'est notamment battue pour la dépénalisation de l'avortement et la criminalisation du viol. Elle est aussi l'autrice d'une quinzaine d'ouvrages, dont *La Cause des femmes* (Grasset, 1974), *Le Lait de l'oranger* (Gallimard, 1988) et *Histoire d'une passion* (Plon, 2011). Une grande dame.

– ***Moncef Marzouki*** *(né en 1945)* **:** président de la République (élu par l'Assemblée constituante) entre décembre 2011 et décembre 2014. Engagé à la Ligue tunisienne des droits de l'homme, diplômé de médecine, il fut un fervent opposant à Ben Ali qui le fit plusieurs fois emprisonner ou assigner à résidence. Fondateur du Congrès pour la République (CPR), exilé en France entre 2002 et fin 2011, il se rapproche du parti islamiste Ennahdha dès 2003 en signant la *Déclaration de Tunis* et milite pour l'identité arabo-musulmane du pays. Après un rapprochement avec l'Algérie et le Maroc pour relancer l'Union du Maghreb arabe, il rompt les relations diplomatiques entre la Tunisie et la Syrie en février 2012. Le 23 décembre 2014, 2 jours après sa défaite au 2d tour de l'élection présidentielle face à Béji Caïd Essebsi, il annonce la création de la Mouvance du peuple des citoyens, un mouvement visant à servir de « bouclier contre le retour de la dictature ».

– ***Abdellatif Kechiche*** *(né en 1960)* **:** originaire de Tunis, sa famille émigre à Nice lorsqu'il a 6 ans. Acteur passé à la réalisation, il obtient le Lion d'or à la Mostra de Venise en 2000 avec *La Faute à Voltaire. L'Esquive,* en 2004, lui vaut 4 césars, dont celui du meilleur film et du meilleur réalisateur, récompenses qu'il reçoit à nouveau en 2008 pour *La Graine et le Mulet.* Son film *La Vie d'Adèle* est consacré par une Palme d'or à Cannes en 2013. Abdellatif Kechiche n'a pas cherché à distribuer ce film traitant de l'homosexualité dans les salles tunisiennes, malgré la demande de plusieurs distributeurs locaux. Le sujet est tabou et la pratique encore illégale en Tunisie. Avec son film polémique *Mektoub My Love* (sorti en 2018), sa caméra pose un regard appuyé sur une jeunesse pleine de sensualité. Un succès cinématographique entaché par des accusations de harcèlement moral et une plainte pour agression sexuelle (classée sans suite en 2020).

– ***Jugurtha*** *(IIe s av. J.-C.)* **:** roi de Numidie. Après 7 ans de guerre contre les Romains, il fut livré à ces derniers par son beau-père et mourut exécuté à Rome. Encore aujourd'hui, il est une figure symbolique de la résistance.

– ***Tarek (dit « Mohamed ») Bouazizi*** *(1984-2011)* **:** ce jeune diplômé chômeur de Sidi Bouzid (ville du centre du pays) s'est immolé par le feu le 17 décembre 2010. Devenu vendeur ambulant pour subvenir aux besoins de sa famille, il protestait contre une sanction policière qui lui avait confisqué son étal. Victime de la violence du pouvoir, de la corruption et de l'injustice, Mohamed Bouazizi symbolise la souffrance de tout un peuple. Son geste a réveillé l'indignation des Tunisiens. Décédé le 4 janvier 2011, il n'aura pas pu mesurer les conséquences de son geste tragique.

– ***Béji Caïd Essebsi*** *(1926-2019)* **:** président de la République élu le 21 décembre 2014, à l'âge de 88 ans. Cet avocat de formation – s'affichant ouvertement anti-islamiste et présent dans le paysage politique tunisien depuis des décennies – a bénéficié d'une légitimité historique : ancien conseiller et ministre de Bourguiba, président du Parlement pendant la dictature de Ben Ali, acteur de la transition durant la révolution, ancien 1er ministre, chef du parti anti-islamiste Nidaa Tounès... et bien d'autres fonctions. Si ses détracteurs ont vu en lui un risque de retour à l'ancien régime (une contre-révolution, diront certains), ses partisans ont misé sur sa longue expérience et sa connaissance des attentes de son peuple.

– ***Azzedine Alaïa*** *(1930-2017)* **:** né à Tunis, monté à Paris à 20 ans, ce couturier autodidacte accède au rang de star dans les années 1980. Ses tenues sexy et ses lignes très moulantes séduisent les stars du moment, à commencer par Grace Jones, qui deviendra son amie et sa muse. Refusant les propositions des grandes maisons, il préfère créer, dans la foulée de ses 1ers succès, une marque qui porte son nom. Jusqu'à sa mort, en 2017, ce petit homme (1,55 m), adulé par les fashionistas du monde entier, ne cessera de sublimer les plus grandes, de Naomi Campbell à Carla Bruni, en passant par Michelle Obama. Son corps repose au cimetière de Sidi-bou-Saïd.

– Citons également ***Claudia Cardinale*** (1938), ***Michel Boujenah*** (1952) ou encore ***Élie Kakou*** (1960-1999), tous nés en Tunisie.

POPULATION

Une croissance démographique limitée

La Tunisie compte près de 12 millions d'habitants selon les dernières estimations. Avec un taux stable d'environ 1 %, sa croissance démographique est l'une des plus faibles du continent africain. Il faut dire que des efforts importants ont été réalisés à travers la mise en place d'une politique de planning familial. Aujourd'hui, le taux de natalité est bien inférieur à celui de ses voisins du Maghreb. Malgré tout, la population demeure jeune : 24 % des Tunisiens ont moins de 15 ans.

Une population inégalement répartie sur le territoire

Certains chiffres peuvent surprendre. En effet, les 2/3 des Tunisiens sont citadins et plus de 20 % de la population vit dans l'agglomération de Tunis. On pourrait presque parler de 2 Tunisie : celle de la frange côtière, de Bizerte à Djerba, fortement peuplée, où la densité dépasse parfois 100 hab./km^2, et celle de l'intérieur et du Sud, où la densité avoisine 10 hab./km^2. Mais contrairement à ce que l'on pourrait penser, le caractère citadin de la population tunisienne n'est pas un fait nouveau. Bien avant l'arrivée des Arabes et l'immigration des Andalous d'Espagne, la tradition citadine et villageoise était bien ancrée dans ce pays de plaines. Un phénomène aujourd'hui accru par le développement des stations balnéaires.

Une terre de brassage

Avec toutes les invasions que connut le pays depuis les Phéniciens (en raison de son importance pour le contrôle du Bassin méditerranéen), le brassage fut évidemment important. Aujourd'hui, près de 98 % de la population est d'origine arabo-berbère et musulmane. Un petit rappel : c'est au VIIe s que débuta la conquête arabe de l'*Ifriqiya.*

Les Berbères ont peu à peu été islamisés et souvent fortement arabisés, tant et si bien qu'aujourd'hui la différence entre Arabes et Berbères n'a pas beaucoup de sens. Ce sont les Français qui, à l'époque du protectorat, croyant voir en ces derniers les fidèles descendants de saint Augustin (lui-même berbère), se sont imaginé les utiliser pour combattre l'islam. Cela n'a pas marché, car les Berbères ne se sont jamais véritablement opposés à l'islam (sauf peut-être au tout début, mais ce n'est pas tant à un dogme qu'ils résistaient qu'à un envahisseur). D'ailleurs, la plupart d'entre eux ont embrassé très tôt la religion du Prophète, allant jusqu'à créer la grande majorité des mouvements rigoristes de l'islam. La discrimination positive, dont ils bénéficient encore aujourd'hui auprès du grand public, date de cette période. Le fait que les Berbères aient très tôt adopté une doctrine dissidente de l'islam sunnite, le kharidjisme (l'ibadisme en ce qui concerne les Berbères tunisiens), doctrine démocratique, voire « républicaine », les a toujours différenciés du caractère « anarchique » des tribus arabes et, par là même, valorisés aux yeux des Occidentaux.

MAIS QUI SONT CES « BARBARES » ?

Pour les Grecs de l'Antiquité, les peuples qui ne parlaient pas leur langue étaient nommés « barbares ». Puis les Romains, qui connurent plusieurs invasions étrangères, appelèrent « barbares » tous les ennemis de leur empire. Bien plus tard, la signification évolua encore puisque furent considérés comme Berbères les étrangers à la civilisation gréco-romaine peuplant les terres de la Numidie (une partie de l'Afrique du Nord). Aujourd'hui, il s'agit uniquement des populations du Maghreb qui ne sont pas d'origine arabe.

À la fin du Moyen Âge, un groupe berbère originaire de la *Seguiet el-hamra,* dans le sud du Maroc, est venu s'installer dans le *dohor* tunisien, et même jusque dans la région de Zarzis-Djerba, où les dialectes berbères sont encore très pratiqués de nos jours. Mais la langue *tamazighte* (berbère) ne représente plus aujourd'hui que 1 % des parlers tunisiens, contrairement au Maroc, par exemple, où les berbérophones constituent encore une part importante de la population.

Enfin, la Tunisie compte une petite communauté juive (présente surtout à Tunis et à Djerba) et d'Européens (Français notamment).

RELIGION

Mahomet, le « Loué »

Le fondateur de la religion musulmane est *Mahomet* (Muhammad, le « Loué »). Il serait né vers 571 dans une famille appartenant à la tribu la plus riche de la région de La Mecque, qui excellait dans les négociations commerciales. Orphelin très jeune, il se livre au commerce pour gagner sa vie. À l'âge de 25 ans, il est engagé par une riche commerçante, Khadija, qui le charge d'aller en Syrie vendre ses marchandises. Ce garçon secret, qui a l'habitude de se retirer dans une caverne pour méditer, n'en épouse pas moins sa patronne Khadija, qui a 15 ans de plus que lui. N'ayant pas de descendance mâle, il adopte un esclave du nom de Zayd, qu'il affranchit. Il aura, en revanche, une fille, Fatima, qui épousera plus tard Ali, avec qui elle aura 2 enfants, Hassan et Hussein.

On raconte que durant sa jeunesse Mahomet a accompagné son oncle en Syrie. À Bosra, ils ont été accueillis par des chrétiens et, pour la 1re fois, un moine, Bahira, aurait reconnu en Mahomet un prophète et lui aurait prédit une grande destinée.

Pendant l'une de ses retraites, vers l'an 610, l'archange Gabriel (*Jibril* en arabe) lui apparaît en songe et en profite pour lui dicter des versets. Mahomet, analphabète, les répète d'abord à son entourage, puis les dicte à un secrétaire qui se charge de les retranscrire. Par la suite, il recevra d'autres révélations échelonnées sur 23 ans, et l'ensemble formera le texte du Coran (du verbe arabe *qaraâ,* qui signifie à la fois « lire » et « réciter »).

Le Prophète commence sa vie publique avec ses prédications. Les 1ers disciples se rassemblent. Mais son enseignement dérange le pouvoir de la bourgeoisie mecquoise. Des persécutions s'ensuivent, principalement de la part de sa tribu (celle des Quraysh), qui lui est la plus hostile.

VENDREDI, LE DIMANCHE DES MUSULMANS

En 621, alors que Mahomet était encore à La Mecque, il envoya un de ses fidèles pour enseigner l'islam aux tout nouveaux convertis de Médine. Une fois sur place, notre homme demanda aux responsables locaux l'autorisation de réunir les nouveaux croyants. Permission lui fut accordée, mais à une condition : qu'il respecte le jour consacré par les juifs aux préparatifs du Sabbat, c'est-à-dire le vendredi. Mahomet entérina cette décision et, dès qu'il s'installa à Médine, institua la prière du vendredi. Chez les chrétiens, c'est l'empereur Constantin Ier (272-337) qui déclara le dimanche, jour de prière.

La situation devenant intenable à La Mecque, il émigre le 16 juillet 622 à Yathrib, avec une soixantaine de disciples : c'est à partir de cette date *(hégire)* que débute l'ère musulmane. La ville est rebaptisée « Madinat al Nabi » (la ville du Prophète ; Médine, en français).

L'influence de Mahomet va très vite prendre une importance considérable. Il rentre triomphalement dans sa ville natale en 630, brise toutes les idoles qui entouraient la Kaaba (grand cube noir au centre du temple de La Mecque). Le Prophète s'éteint 2 ans plus tard, le 8 juin 632. Sa succession est prise en main par ses compagnons, mais donnera lieu plus tard à une scission, Moawiya soufflant à Ali (au prix d'une guerre) la direction de la communauté des croyants. De ce schisme naîtra l'opposition entre sunnites et chiites, les 2ds (éclatés en une myriade de sectes) considérant Ali et ses descendants comme seuls chefs légitimes.

L'islam

La doctrine prêchée par Mahomet s'appelle l'*islam,* c'est-à-dire « soumission à la volonté de Dieu ». Elle est consignée dans le Coran et la *sunna,* la tradition qui rapporte les actes et les paroles du Prophète. Les musulmans croient aux Psaumes, à la Torah, à l'Évangile, mais considèrent que certains livres révélés n'ont pas échappé à l'altération apportée par les hommes, altération qui a rendu l'unicité divine moins radicale. La mission de Mahomet est de rétablir la révélation divine dans son intégrité.

TOUS FRÈRES !

Si Mahomet est le plus grand des prophètes puisqu'il apporta le Coran aux hommes, Jésus a, lui aussi, une grande importance chez les musulmans. Tout comme Moïse, Abraham et Adam. La Vierge Marie est, quant à elle, la seule femme citée dans le Coran.

La plupart des pays d'Afrique du Nord se réclament du malékisme, l'une des 4 écoles de pensée de l'islam sunnite qui comprend en plus : le hanafisme, le hanbalisme et le chafiisme. Ce rite est basé sur la sunna, la tradition du Prophète, alors que le rite hanafite, qui donne priorité à l'opinion personnelle, se trouve majoritairement chez les non-arabophones, comme les Turcs. Le chafiisme, quant à lui, dont se réclament certains pays asiatiques telle la Malaisie, est en quelque sorte un syncrétisme entre le rite malékite et le hanafisme. Quant au hanbalisme, c'est la branche la plus orthodoxe de l'islam, celle de l'Arabie Saoudite. En Tunisie, il faut ajouter aussi l'ibadisme, issu du kharijisme (branche de l'islam au même titre que le sunnisme et le chiisme). La plupart des ibadites sont implantés à Djerba.

Le Coran, Livre saint

Rédigé en arabe, le Coran est considéré comme étant la transcription des paroles de Dieu dictées à Mahomet par l'archange Gabriel. Il enseigne que la durée de la Création est de 6 jours. Les bonnes et les mauvaises actions des hommes jugées au Jugement dernier méritent un paradis ou un enfer, où les félicités et les souffrances corporelles tiennent la plus grande place.

Car c'est là un des traits dominants de l'islam : il n'y est pas fait abstraction des besoins et des passions du corps humain. Le fatalisme n'y est pas aussi absolu qu'on se l'imagine ; la globalité de ses actions a été écrite d'avance sur les Tables de Dieu, mais l'homme peut en modifier la qualité, en bien ou en mal. La morale, évidemment, tient une grande place dans la doctrine de l'islam. La 1re vertu est la piété ; sans elle, les meilleures actions ne sont pas agréables à Dieu. L'homme vertueux doit donner aux pauvres (sous certaines conditions) une partie de son revenu, sans ostentation. L'esprit de fraternité et d'égalité interdit le prêt à intérêt, atténue la condition de l'esclavage, laisse la femme mariée gérer sa fortune, ne transmet pas les privilèges ni les titres. Il n'y a pas d'esprit de caste chez les musulmans ; c'est une sorte de théocratie. La polygamie a été régulée et non créée par l'islam. La condition de la femme a même fait l'objet de la sollicitude du législateur qui lui assure sa part d'héritage dans la famille (unique à l'époque).

Les 5 piliers de l'islam

Il s'agit d'obligations fondamentales : la profession de foi, la prière, l'aumône légale, le jeûne du ramadan et le pèlerinage à La Mecque.

La profession de foi **(chahada)**

Il s'agit en fait d'une double profession de foi : d'un côté, le refus d'admettre qu'il puisse y avoir d'autres divinités que Dieu, et de l'autre, l'affirmation que le Prophète est une référence indépassable, ayant reçu, comme « sceau des prophètes », une mission universelle. On doit la réciter chaque jour à l'heure de la prière et au moment de la mort pour se voir ouvrir les portes de l'au-delà.

PHRASE SACRÉE

Il est pratiquement impossible de se convertir au judaïsme. En revanche, pour devenir musulman, il suffit de prononcer 3 fois devant un témoin musulman une seule phrase : « J'atteste qu'il n'y a pas de divinité autre qu'Allah et que Mahomet est son messager. »

La prière **(salât)**

Elle a lieu 5 fois par jour : à l'aurore, au zénith du soleil, l'après-midi, au coucher du soleil et à la disparition de toutes lueurs à l'horizon, lorsque les étoiles apparaissent.

L'heure de la prière est annoncée par le chant *(azân)* du muezzin, qui tourne autour de la galerie du minaret ; mais cet appel est aujourd'hui le plus souvent diffusé par haut-parleurs. La prière doit être faite en chaussettes ou en chaussures légères (pourvu qu'elles soient propres) si elle se déroule en dehors de la mosquée, le fidèle tourné dans la direction de La Mecque.
À force de poser le front contre le sol lors de la prière, il arrive qu'une petite callosité se forme (le *zebib*). C'est une marque très respectée, car elle désigne un homme très pieux.
Dans la mesure du possible, la prière doit se faire dans une mosquée, mais elle peut avoir lieu dans n'importe quel endroit propre quand il est difficile de procéder autrement. Elle devient obligatoire dès la puberté.

Le ramadan

Le jeûne du mois de ramadan est obligatoire à partir de l'âge de la puberté, sauf pour les femmes indisposées, enceintes, allaitant leur enfant, les malades, qui doivent rattraper les journées rompues, et les voyageurs, qui doivent le pratiquer à leur retour. Ce serait trop simple de prendre ses vacances à ce moment-là... L'abstinence s'étend à tous les aliments liquides et solides, à la fumée du tabac, au parfum et à tout acte sexuel. On doit rester pur, même moralement. Le jeûne dure de l'aurore au coucher du soleil.
Pendant cette période, tout fonctionne au ralenti. La plupart des magasins sont fermés une partie de la journée et les administrations n'ouvrent que le matin. En dehors des zones touristiques, il est difficile de trouver un restaurant ouvert. Il faut alors se rabattre sur les boulangeries, pâtisseries ou épiceries. En fin de journée, c'est un spectacle plutôt insolite de voir les gens attablés devant leur repas, attendant le signal de la fin du jeûne. En revanche, l'animation dans les rues, les hôtels... se poursuit tard dans la nuit. Les boutiques et les cafés rouvrent en soirée, mais aussi certaines banques, bureaux de poste, compagnies aériennes...

LES FESTIVITÉS DU RAMADAN

À la différence des catholiques avec le carême, le ramadan est aussi un moment de fêtes. Dès la rupture du jeûne au coucher du soleil, on prépare des repas joyeux avec sa famille et ses amis. Les soirées durent tard dans la nuit. Certains attendent le ramadan avec plaisir.

Le sentiment religieux éclate lors du ramadan. Essayez de ne pas vous enfiler de grandes rasades à la gourde devant les musulmans pratiquants, ou de ne pas leur proposer de cigarettes... Mais inutile d'être compatissant, vous êtes un infidèle, ne l'oubliez pas ! Le ramadan est impressionnant, car les cafés sont déserts durant la journée, et les rues totalement vides à l'heure de la rupture du jeûne, alors que tout ça grouille de vie d'habitude. Mais c'est vraiment une période intéressante, et n'hésitez pas à aborder le sujet de la religion avec des amis du pays.
Du fait de la mobilité de l'année lunaire, le ramadan tombe chaque année un peu plus tôt. On peut prévoir approximativement la date du ramadan en enlevant environ 11 jours par rapport à l'année précédente. En effet, il commence le 1er jour où l'on aperçoit le début du croissant lunaire. Il dure 29 ou 30 jours, auxquels il faut ajouter les 2 jours fériés de l'*Aïd el-Fitr,* qui marque la fin de la période de jeûne. Le pays est alors totalement paralysé. Rien ne fonctionne. Pour les dates, se reporter plus haut à la rubrique « Fêtes et jours fériés » dans la partie « Tunisie utile ».
2 mois et 10 jours après la fin du ramadan a lieu la fête de l'*Aïd el-Adha.* C'est la « fête du Sacrifice du mouton », manifestation religieuse et sociale très importante. Elle commémore le sacrifice d'Abraham. Celui-ci, s'apprêtant à sacrifier son fils à Dieu, vit s'approcher de lui, à l'ultime minute, un mouton « envoyé du ciel ». En souvenir, chaque famille sacrifie son mouton après l'avoir câliné et bichonné pendant plusieurs jours. Ceux qui n'en ont pas les moyens achèteront du mouton en morceaux la veille.

Les plus pauvres recevront ce jour-là l'aumône des plus riches, généralement l'épaule du mouton. C'est aussi prétexte à exprimer l'unité familiale et à réunir tout le monde. Le jour de l'Aïd et le lendemain, les institutions sont fermées.

***Le pèlerinage à La Mecque* (hadj)**

Le pèlerinage à La Mecque est obligatoire pour tout musulman qui en a la possibilité matérielle. Il arrive que l'on se cotise pour payer le pèlerinage d'un musulman qui n'en a pas les moyens, tant ce voyage est important à faire, au moins une fois dans la vie, mais les dispenses sont nombreuses. Il faut déjà pouvoir s'offrir le voyage en avion à Djeddah, en Arabie Saoudite. Auparavant, on s'y rendait en caravane. Il ne suffit pas de faire le trajet, le pèlerinage comprend un certain nombre de rites : tourner 7 fois autour de la Kaaba dans le sens des aiguilles d'une montre, parcourir 7 fois aussi un chemin entre 2 collines (*Safwa* et *Marwa*) et, si possible, se rendre à Médine (le 2e Lieu saint de l'islam), mais ce n'est pas obligatoire. Le voyage dure généralement 2 semaines. Au retour, le pèlerin est auréolé de gloire, bénéficie du titre très envié de *hadj* et est désormais respecté par tout son entourage. Sa tombe sera surmontée d'un turban, souvent peint en vert ou en bleu. Les fidèles de rite hanafite peuvent se faire remplacer pour le pèlerinage.

***L'aumône légale* (zakat)**

C'est une obole permettant de se purifier de la possession des biens de ce monde, réputés impurs. Elle représente un pourcentage du revenu épargné (correspondant à une somme déterminée) et est destinée à aider les plus défavorisés. Cette donation, qui efface en partie les mauvaises actions, doit être effectuée au bout de 1 an de non-utilisation de sa fortune et quand celle-ci dépasse une certaine somme. Il n'y a pas de contrôle. Tout comme pour l'impôt, on s'en remet à l'honnêteté de chacun. Chaque musulman remet la *zakat* à qui il veut s'il en a les moyens.

AUMÔNE EN LIGNE !

Ne croyez pas être « branché » parce que vous payez vos impôts en ligne. Aujourd'hui, signe des temps, il existe des sites internet qui permettent à chaque musulman ayant un certain niveau de revenu de calculer sa zakat (un denier du culte obligatoire) et qui le collectent pour les bonnes œuvres. Cartes de paiement acceptées !

Les pratiques liées à la religion

La circoncision

C'est une tradition abrahamique. Elle marque l'entrée du jeune garçon dans le monde des croyants. Contrairement à ce qui se passe chez les juifs, où la circoncision a lieu dès la naissance, chez les musulmans, l'opération (qui consiste à couper la peau du prépuce) est effectuée en général avant 5 ans (parfois plus tard...). Les familles qui en ont les moyens confient l'enfant à un chirurgien dans une clinique privée ; l'acte chirurgical, effectué sous anesthésie, dure 5 mn environ. Les familles nécessiteuses s'adressent à un hôpital public, où les circoncisions se font à la chaîne la veille des fêtes religieuses (Aïd, el-Mouled...). Là aussi, elles sont pratiquées par un chirurgien sous anesthésie et sont gratuites. Dans les campagnes, il arrive encore parfois que ce soit le barbier qui procède à l'opération, sans aucune anesthésie, mais c'est de plus en plus rare.
Cette cérémonie donne lieu à des festivités, plus ou moins importantes selon les moyens de la famille, pendant lesquelles le jeune circoncis reçoit des cadeaux. Lorsque la plaie est cicatrisée, après quelques jours, le jeune intronisé se rend au hammam pour se purifier.

Les purifications ou ablutions

Le croyant ne peut accomplir la prière sans s'être purifié, se protégeant des souillures ou les éliminant (tapis de sol pour prier, abandon des chaussures pour ne pas souiller la mosquée des poussières de la rue, ablutions du visage, de la barbe, des pieds et des mains avant la prière). Avant de lire ou de toucher le Coran, les ablutions sont recommandées. Mais le Livre saint signale qu'en cas de pénurie d'eau (dans le désert, cela n'a rien d'anormal), on peut se purifier avec du sable.

Les aliments prohibés

Ce sont principalement la chair de porc et le sang. La viande doit être absolument exsangue pour être consommée (on dit qu'elle est *halal*). Au sujet de l'***alcool,*** plusieurs interprétations existent quant à savoir si le Coran interdit sa consommation ou seulement l'ivresse consécutive à un excès.

HALAL, MODE D'EMPLOI

La certification halal (en conformité avec le Coran) est faite sous le contrôle des mosquées qui rémunèrent des contrôleurs dans les abattoirs. Les bêtes doivent être saignées rituellement (et non pas assommées ou étouffées). Pas de viande de porc, bien sûr, elle contient des parasites dangereux dans les pays chauds. L'élevage en batterie est également proscrit (tant mieux !).

SAVOIR-VIVRE ET COUTUMES

La tolérance est généralement présentée comme étant l'un des traits de caractère fondamentaux du peuple tunisien, mais on est en pays musulman, ne l'oublions pas. Un certain nombre de règles s'imposent dans le comportement et la tenue vestimentaire. On est étonné du nombre de touristes légèrement vêtues en Tunisie, ce qui provoque une attitude réprobatrice ou, selon les cas, incite à la drague très insistante. De nombreux jeunes Tunisiens pensent que les Européennes viennent exclusivement en quête d'aventures amoureuses (et ils n'ont pas toujours tort). Il ne s'agit pas de se déguiser, mais de porter des vêtements décents, voire amples et longs, en tous cas ni trop moulants ni trop décolletés. Attention les amoureux : les démonstrations de « tendresse » en public sont assez mal vues...

Ce qu'il faut faire

- ***Se déchausser*** avant d'entrer dans une pièce d'une maison particulière dont le sol est couvert de tapis.
- ***Ne pas être pressé.***
- Prolonger la ***pause thé*** en acceptant plusieurs verres, même si l'on n'a plus soif.
- Si l'on a été invité dans une famille, laisser un petit ***cadeau*** plutôt que de l'argent.
- Si l'on a photographié ses amis tunisiens, leur ***montrer le cliché*** ou leur envoyer immédiatement sur leur portable.
- Un petit détail ayant son importance : retirer ses ***lunettes de soleil*** quand on s'adresse à quelqu'un. C'est valable dans tous les pays du monde.
- ***Ne jamais refuser le couscous*** que l'on vous offre.
- Pour ***appeler le serveur*** au restaurant ou au café, dire : « *khouya !* » (mon frère).
- ***Ne jamais passer devant quelqu'un en prière.***
- ***Ne jamais chercher à pénétrer dans un lieu saint,*** à moins d'y être invité (en Tunisie, à part quelques rares exceptions, les mosquées sont interdites aux non-musulmans).
- Pour tendre la main à quelqu'un ou ***faire un signe, toujours*** le faire ***de la main droite.***

La politesse

Comme on peut le constater dès l'arrivée, les Tunisiens utilisent des formules de politesse beaucoup plus longues que les nôtres. Elles appartiennent à un ancien code d'usages toujours en vigueur. Qui ne connaît le fameux *inch Allah* (s'il plaît à Dieu) ? Le nom de Dieu revient souvent d'ailleurs dans les formules utilisées. Lorsque 2 Arabes se rencontrent, cela donne à peu près le dialogue suivant :
– *Labès ?* (Comment ça va ?)
– *Labès !* (Ça va !)
– *Ach nia ahwalek ?* (Et comment vas-tu ?)
– *Labès.* (Ça va.)
– *Labâs alik ?* (Pas de mal sur toi ?)
– *Labâs al hamdoullah !* (Non, grâce à Dieu, pas de mal sur moi !)
Dans ce dialogue, inévitable préambule à toute conversation, il faut joindre les gestes à la parole. Les interlocuteurs se séparent sur un *filamen !* ou *besslâma !* (Que Dieu te garde en paix !).
Si l'on vous annonce une bonne nouvelle, dites aussitôt *mabrouk* (félicitations).
Pour remercier, ne pas oublier de dire : *choukrane, 'aychek* ou *barak allahou fik.*

SEXUALITÉ

Le tourisme sexuel se développe beaucoup en Tunisie : de jeunes hommes et femmes arpentent les plages à la recherche d'Occidentaux en quête d'aventures et proposent leurs services au vu et au su de tous. De même, hommes et femmes d'un âge mûr viennent dans le pays, pas toujours dans les régions les plus touristiques, pour du tourisme sexuel à la limite de la pédophilie. Tout le monde le sait. L'idée de l'éphèbe plane encore dans les imaginaires des candidats à l'exotisme. Il s'agit avant tout d'un rapport dominant-dominé qui passe, comme partout, par l'argent. Un jeune devient, du jour au lendemain, une source de revenus non négligeable pour sa famille parce que le « Monsieur » est gentil avec lui, avec son entourage à qui il offre des cadeaux, envoie de l'argent. Enlevez l'argent et le schéma s'écroule. Rappelons que tout délit sexuel est puni par la loi tunisienne et par la loi française (même lorsque le crime est commis à l'étranger).
L'homosexualité est illégale en Tunisie et reste passible de 3 ans de prison, malgré un mouvement significatif (sur les réseaux sociaux en particulier) en faveur de la dépénalisation. Dans les faits, disons que le sujet reste tabou mais qu'il n'existe pas vraiment de persécution des homosexuels en Tunisie... même si des condamnations sont encore prononcées.
Quant à l'attrait que pourraient exercer les Européennes sur les Tunisiens, sans rien exagérer non plus, il faut reconnaître qu'il existe. Les médias occidentaux véhiculent l'image de femmes libérées et donc réputées « faciles ». S'y ajoute, pour certains, la perspective éventuelle, « si affinités », de contracter un mariage qui ouvrirait les portes de l'Europe, ou tout simplement celle, plus terre à terre, de monter un petit business à 2...
C'est une donnée qu'il faut prendre en compte pour comprendre un accueil parfois trop empressé. Comme en toute occasion, une réponse ferme mais polie dissipe les malentendus.

SITES INSCRITS AU PATRIMOINE MONDIAL DE L'UNESCO

UNESCO
Organisation des Nations Unies pour l'éducation, la science et la culture
En coopération avec le Centre du patrimoine mondial

Pour figurer sur la liste du Patrimoine mondial, les sites doivent avoir une valeur universelle exceptionnelle et satisfaire à au moins un des 10 critères de sélection. La protection, la gestion, l'authenticité et l'intégrité des biens sont également des

considérations importantes. Le patrimoine est l'héritage du passé dont nous profitons aujourd'hui et que nous transmettons aux générations à venir. Nos richesses culturelle et naturelle sont 2 sources irremplaçables de vie et d'inspiration. Ces sites appartiennent à tous les peuples du monde, sans tenir compte du territoire sur lequel ils sont situés. Pour plus d'informations : ● whc.unesco.org ●
La Tunisie possède 8 sites classés au Patrimoine mondial : la ***médina de Tunis,*** le ***site archéologique de Carthage,*** l'***amphithéâtre d'El-Jem,*** le ***parc national d'Ichkeul,*** le site de ***Kerkouane,*** et les ***médinas de Sousse, Kairouan*** et ***Dougga.***

SOUKS

Le terme *souk* signifie « marché ». Le souk est un élément fondamental de la vie rurale et traditionnelle tunisienne. Carrefour commercial, c'est aussi l'endroit où les gens se rencontrent et échangent des nouvelles de la famille.
Il existe 2 sortes de souks : le marché hebdomadaire, qui se tient dans presque toutes les villes, et les *médinas* (terme qui signifie « vieille ville »).
Dans les médinas, les produits de l'artisanat sont groupés par corps de métier, sous l'autorité d'un prévôt des marchands. Chaque corporation obéit à un *amin* ou représentant du prévôt. Il y a un souk réservé aux marchands de soieries, un autre aux bijoutiers, un 3e aux vendeurs de tapis, aux commerçants de cuir, aux potiers... Chaque corporation a ses règles qu'elle ne peut enfreindre sans encourir la vindicte publique et le châtiment de son *amin.*
Ensuite, où que vous soyez, il y a presque toujours un marché hebdomadaire, et le pittoresque n'y influence pas les prix. Sachez qu'en Tunisie bon nombre de petits villages ont pour nom le jour du marché. Le souk a lieu le matin mais connaît des préparatifs la veille (une sorte de « pré-souk »).
On signale, chaque fois que cela est possible, le jour du souk local. Allez-y, car c'est la meilleure façon d'approcher les Tunisiens dans leur vie quotidienne. Vous pourrez y faire votre marché directement auprès du producteur.

SPORTS ET LOISIRS

Avec ses 1 300 km de côtes, la Tunisie se prête bien aux différentes activités nautiques. Les plus sportifs et les plus fortunés auront le choix entre la plongée sous-marine, la voile, la planche à voile, le ski nautique, le parachute ascensionnel, le kitesurf, etc.
La ***plongée*** se pratique surtout dans la région du cap Bon (Hammamet, Nabeul), de Tabarka et à Port-el-Kantaoui, près de Sousse. On y trouve plusieurs centres affiliés à des organismes internationaux : CMAS (Confédération mondiale des activités subaquatiques, d'origine française), SSI *(Scuba Schools International)* et/ou PADI (*Professional Association of Diving Instructors,* américaine). Ils proposent baptême, stage, explorations... à des tarifs beaucoup moins chers qu'en France. Prévoir autour de 60 Dt la plongée. Si ça vous tente, n'oubliez pas, avant de partir, d'obtenir un certificat médical (souvent exigé) et de vérifier l'état de vos dents, histoire de ne pas aller à la pêche aux plombages ! Et évitez de plonger la veille de prendre l'avion.
On trouve des ***golfs*** dans les zones touristiques côtières. Les passionnés d'***équitation*** pourront galoper sur le sable de la plage. Sans oublier les forêts de chênes-lièges de Kroumirie, qui réservent de superbes balades équestres ou pédestres.
La ***pêche*** est libre ; aucun permis n'est nécessaire. Les pêcheurs locaux vous proposeront de participer à une sortie quotidienne à bord de leur chalutier. Il est possible ainsi d'assister à la pêche des poulpes aux îles Kerkennah, voire à celle des éponges à Djerba, à Sfax ou dans le golfe de Gabès. Certains verront peut-être la pêche au thon pratiquée en mai et juin à Sidi Daoud et au cap Bon (âmes sensibles s'abstenir !).
S'il n'est pas rare de croiser quelques « anciens » en train de jouer à la ***pétanque*** sur le boulodrome du village, leur activité préférée reste la ***scopa,*** un jeu de cartes qui se

rapproche de la belote. Aux terrasses des cafés, les parties peuvent durer la journée entière ! Et si ce n'est pas la *scopa*, ce sera le rami, le backgammon ou les dominos... Enfin, sans surprise, le sport roi reste le ***football.*** Les 2 équipes les plus titrées du championnat tunisien sont les 2 clubs de Tunis : l'***Espérance sportive de Tunis*** et le ***Club africain.*** Inutile de vous préciser que les soirs de derby, la capitale est en ébullition ! Au niveau international, la Tunisie a remporté la Coupe d'Afrique des Nations (CAN) en 2004, sous la férule de l'entraîneur français Roger Lemerre, et a atteint la demi-finale en 2019.

ZAOUÏA

Une zaouïa est un lieu religieux où se trouve inhumé le corps d'un saint musulman ayant appartenu à une confrérie soufie, qu'il ait créé ou non de son vivant une *tariqa* (une « voie » en arabe, une confrérie pour ainsi dire). À sa mort, ses disciples l'ensevelissent et perpétuent son enseignement de l'islam et de la voie soufie qu'il suivait dans le lieu même où il est inhumé. Si bien qu'on trouve généralement dans une zaouïa, attenant à la mosquée et au tombeau du saint proprement dit, une bibliothèque, des salles d'études, de recueillement, et parfois une auberge pour accueillir les indigents. Une zaouïa peut donner naissance à une sorte de pèlerinage (mais le seul pèlerinage pour un musulman est celui de La Mecque) ou un *moussem.*

Vous verrez souvent aussi dans les campagnes, à proximité des villages, de petites constructions cubiques coiffées d'un dôme. Ce sont les tombeaux de marabouts (*sidi* – saint), ces sages venus d'Orient qui pratiquaient une ascèse, comme le jeûne et la méditation, pour libérer leur âme de son enveloppe charnelle et être ainsi plus proches de Dieu. Ils devaient en principe descendre du prophète Mahomet par son gendre Ali ou sa fille Fatima.

Ils recueillirent un tel succès qu'ils se multiplièrent et s'établirent dans des lieux fixes. De nombreuses croyances extérieures à l'islam leur ont de tout temps été rattachées. Les Tunisiens sont très superstitieux et continuent à croire à leurs pouvoirs surnaturels, censés guérir les aveugles, les femmes stériles, les douleurs, et même les âmes... C'est dans la région de Tozeur et de Kairouan qu'ils sont les plus nombreux. L'un des plus célèbres d'entre eux est certainement Taleb Ammar Miadi, décédé en 1989, un voyant qui fut consulté par de nombreuses personnalités. On dit même que Jacques Chirac lui aurait rendu visite en 1981 et que ce dernier lui aurait prédit qu'il serait élu la 3e fois où il se présenterait...

les ROUTARDS sur la FRANCE 2023-2024

(dates de parution sur • ***routard.com*** •)

Découpage de la FRANCE par le ROUTARD

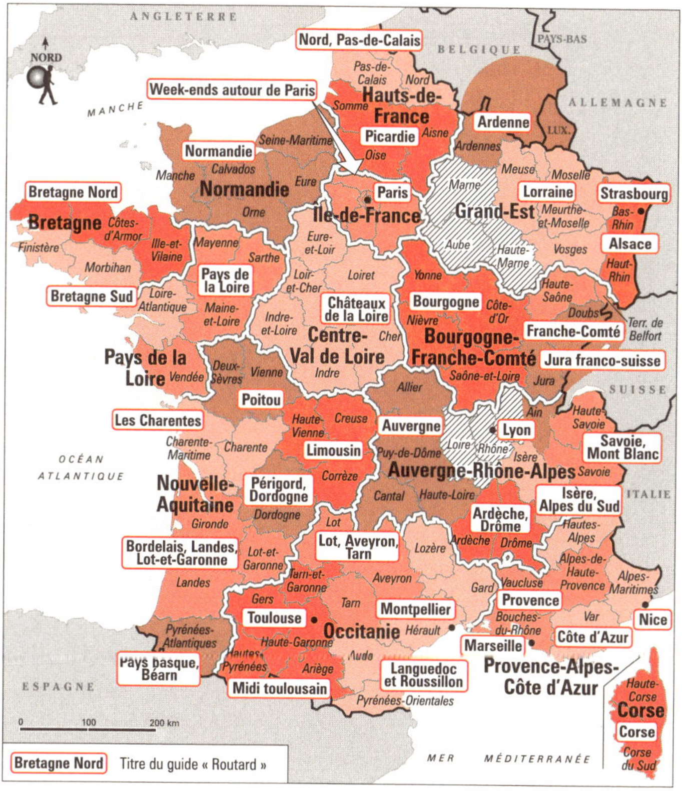

Autres guides sur la France

- Nos meilleurs campings en France
- Nos meilleures chambres d'hôtes en France

Autres guides sur Paris

- Paris
- Paris balades
- Restos et bistrots de Paris
- Le Routard des amoureux à Paris
- Week-ends autour de Paris

Le Routard à vélo

- EuroVelo6
- La Bourgogne du Sud à vélo
- La Flow Vélo
- La Loire à Vélo
- La Vélo Francette
- La Vélodyssée (Roscoff-Hendaye)
- Le Canal des 2 mers à vélo
- Paris Île-de-France à vélo
- ViaRhôna
- Les plus belles escapades à vélo en France

les ROUTARDS sur l'ÉTRANGER 2023-2024

(dates de parution sur • *routard.com* •)

Découpage de l'ESPAGNE par le ROUTARD

Découpage de l'ITALIE par le ROUTARD

Autres pays européens

- Allemagne
- Angleterre, Pays de Galles
- Autriche
- Belgique
- Bulgarie
- Crète
- Croatie
- Danemark, Suède
- Écosse
- Finlande
- Grèce continentale
- Hongrie
- Îles grecques et Athènes
- Irlande
- Islande
- Madère
- Malte
- Norvège
- Pays baltes : Tallinn, Riga, Vilnius
- Pologne
- Portugal
- République tchèque, Slovaquie
- Roumanie
- Suisse

Villes européennes

- Amsterdam
- Berlin
- Bruxelles
- Budapest
- Copenhague
- Dublin
- Lisbonne
- Londres
- Moscou
- Naples
- Porto
- Prague
- Saint-Pétersbourg
- Stockholm
- Vienne

les ROUTARDS sur l'ÉTRANGER 2023-2024

(dates de parution sur • *routard.com* •)

Découpage des ÉTATS-UNIS par le ROUTARD

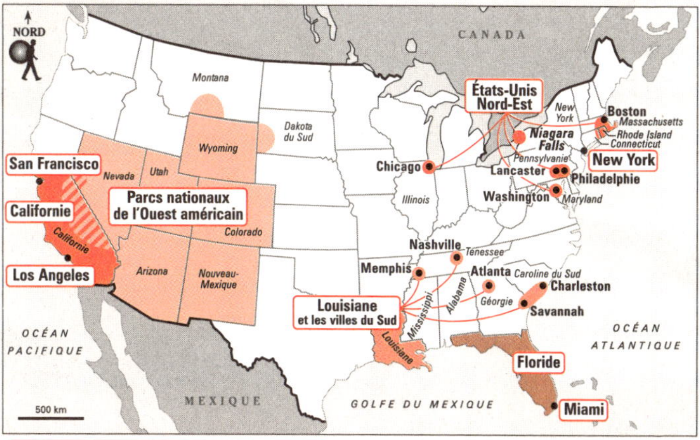

Autres pays d'Amérique

- Argentine
- Brésil
- Canada Ouest
- Chili et île de Pâques
- Colombie
- Costa Rica
- Équateur et les îles Galápagos
- Guatemala, Belize
- Mexique
- Montréal
- Pérou, Bolivie
- Québec et Ontario

Asie et Océanie

- Australie côtes est et nord + Red Centre
- Bali, Lombok
- Bangkok
- Birmanie (Myanmar)
- Cambodge, Laos
- Chine
- Hong Kong, Macao, Canton
- Inde du Nord
- Inde du Sud
- Israël et Palestine
- Istanbul
- Jordanie
- Malaisie, Singapour
- Népal
- Shanghai
- Sri Lanka (Ceylan)
- Thaïlande
- Tokyo, Kyoto et environs
- Turquie
- Vietnam

Afrique

- Afrique du Sud
- Égypte
- Kenya, Tanzanie et Zanzibar
- Maroc
- Marrakech
- Sénégal
- Tunisie

Îles Caraïbes et océan Indien

- Cuba
- Guadeloupe, Saint-Martin, Saint-Barth
- Île Maurice, Rodrigues
- Madagascar
- Martinique
- République dominicaine (Saint-Domingue)
- Réunion

Guides de conversation

- Allemand
- Anglais
- Arabe du Maghreb
- Arabe du Proche-Orient
- Chinois
- Croate
- Espagnol
- Grec
- Italien
- Japonais
- Portugais
- Russe
- G'palémo (conversation par l'image)

Livres-photos/Livres-cadeaux

- 50 voyages à faire dans sa vie (**nouveauté**)
- 52 escapades nature en France
- 52 villes coups de cœur en Europe (city trips)
- 52 week-ends coups de cœur en France
- 120 coins secrets en Europe
- 1 200 coups de cœur en France
- 1 200 coups de cœur dans le monde
- Cahier de vacances du Routard
- Expériences et micro-aventures en France (**nouveauté**)
- La France de Stéphane Bern
- La France à vélo (**nouveauté**)
- Nos plus belles balades et randos en France
- Road Trips Monde
- Road Trips en France
- Sacré : les 100 plus beaux sites de la planète
- Voyages
- Voyages : États-Unis
- Voyages : France
- Voyages : Italie

Avant le grand départ, assurez-vous de ne rien oublier.

Trouver un médecin qui parle français ?
Obtenir une attestation d'assurance mention Covid?

Avec Routard Assurance, partez l'esprit tranquille.

Profitez d'une assurance voyage complète vous offrant toutes les prestations d'assistance indispensables à l'étranger. Quelle que soit la durée de votre séjour, recevez votre attestation d'assurance mention Covid automatiquement à l'issue de votre souscription.

assurance routard

www.avi-international.com

Routard Assurance

adaptée à tous vos voyages, en solo, à deux ou en famille !

- Garanties Covid
- Pas d'avance de frais
- Un vaste réseau médical
- À vos côtés H24
- Dès 25 €/mois
- Attestation reconnue pour toute demande de visa

RÉSUMÉ DES GARANTIES*	MONTANT
FRAIS MÉDICAUX dont Covid (pharmacie, médecin, hôpital)	*100 000 € U.E.* *300 000 € Monde*
RAPATRIEMENT MÉDICAL	*Frais illimités*
VISITE D'UN PARENT en cas d'hospitalisation de l'assuré de plus de 5 jours	*2 000 €*
RETOUR ANTICIPÉ en cas de décès accidentel ou risque de décès d'un parent proche	*Billet de retour*
ASSURANCE RESPONSABILITÉ CIVILE VIE PRIVÉE	*750 000 € corporel* *450 000 € matériel*
ASSURANCE BAGAGES en cas de vol ou de perte par le transporteur	*2 000 €*
AVANCE D'ARGENT en cas de vol de vos moyens de paiement	*1 000 €*
CAUTION PÉNALE	*7 500 €*

* Les garanties indiquées sont valables à la date d'édition du Routard. Par conséquent, nous vous invitons à prendre connaissance préalablement de l'intégralité des Conditions générales à jour sur www.avi-international.com.

Souscrivez dès à présent sur www.avi-international.com

AVI
Assurance voyage et bien plus

AVI International (Groupe SPB) - S.A.S. de courtage d'assurances au capital de 100 000 euros - Siège social : Le Colisée Gardens, 10 avenue de l'Arche, CS 70126, 92419 Courbevoie Cedex - RCS Nanterre 323 234 575 - N° ORIAS 07 000 002 (www.orias.fr). Les Assurances Routard ont été souscrites auprès d'un assureur dont vous trouverez les coordonnées complètes sur le site www.avi-international.com

INDEX GÉNÉRAL

LISTE DES CARTES ET PLANS

Remarque importante aux hôteliers et restaurateurs

Les enquêteurs du *Routard* travaillent dans le plus strict anonymat. Aucune réduction, aucun avantage quelconque, aucune rétribution n'est jamais demandé en contrepartie. Face aux aigrefins, la loi autorise les hôteliers et restaurateurs à porter plainte.

Avis aux lecteurs

Le Routard, ce n'est pas comme le bon vin, il vieillit mal. On ne veut pas pousser à la consommation, mais évitez de partir avec une édition ancienne. Les modifications sont souvent importantes.

Les réductions accordées à nos lecteurs ne sont jamais demandées par nos rédacteurs afin de préserver leur indépendance. Les hôteliers et restaurateurs sont sollicités par une société de mailing, totalement indépendante de la rédaction, qui reste donc libre de ses choix. De même pour les autocollants et plaques émaillées.

Avec routard.com, choisissez, organisez, réservez et partagez vos voyages !

✓ Rejoignez la plus grande communauté francophone de voyageurs : **plusieurs millions d'internautes.**

✓ Échangez avec les routarnautes : forums, photos, avis d'hôtels.

✓ Retrouvez aussi toutes les informations actualisées pour choisir et préparer vos voyages : près de 300 guides destinations, une centaine de dossiers pratiques et un magazine en ligne pour découvrir tous les secrets de votre destination.

✓ Enfin, comparez les offres pour organiser et réserver votre voyage au meilleur prix.

Les **Routards** *parlent aux* **Routards**

Faites-nous part de vos expériences, de vos découvertes, de vos tuyaux et de vos coups de cœur. Aidez-nous à remettre l'ouvrage à jour. Indiquez-nous les renseignements périmés. Faites profiter les autres de vos adresses nouvelles, combines géniales... On adresse un exemplaire gratuit de la prochaine édition à ceux qui nous envoient les meilleurs courriers, pour la qualité et la pertinence des informations.

Quelques conseils cependant :

– Envoyez-nous votre courrier le plus tôt possible afin que l'on puisse insérer vos tuyaux sur la prochaine édition.

– N'oubliez pas de préciser l'ouvrage que vous désirez recevoir, ainsi que votre adresse postale.

– Vérifiez que vos remarques concernent l'édition en cours et notez les pages du guide concernées par vos observations.

– Quand vous indiquez des hôtels ou des restaurants, pensez à signaler leur adresse précise et, pour les grandes villes, les moyens de transport pour y aller.

Si vous le pouvez, joignez la carte de visite de l'hôtel ou du resto décrit.

En tout état de cause, merci pour vos nombreux mails.

122, rue du Moulin-des-Prés, 75013 Paris

• *guide@routard.com* • *routard.com* •

Routard Assurance *2023*

Enrichie au fil des années par les retours des lecteurs, *Routard Assurance* reste l'assurance voyage référence des globe-trotters. Tout y est inclus, même la **Covid** : frais médicaux, assistance rapatriement, bagages, responsabilité civile... Avant votre départ, contactez *AVI* pour un conseil personnalisé. À la recherche d'une attestation Covid ? Vous la recevrez automatiquement après chaque souscription. Besoin d'un avis médical, d'une prise en charge dans un hôpital ? Le plateau d'Assistance *AVI* dispose d'un vaste réseau médical à travers le monde disponible 24h/24 pour une réponse en temps réel. De simples frais de santé en voyage ? Téléchargez vos factures depuis l'espace assuré *AVI*, ils vous remboursent sous une semaine. *Le Colisée Gardens, 10, av. de l'Arche, CS 70126, 92419 Courbevoie Cedex. ☎ 01-44-63-51-00.* • *avi-international.com* • Ⓜ *La Défense.*

Édité par Hachette Livre (58, rue Jean-Bleuzen, CS 70007, 92178 Vanves Cedex, France)
Photocomposé par Luminess SAS (561, rue Saint-Léonard – CS 40003 – 53101 Mayenne Cedex, France)
Imprimé par Dupliprint (Quai n° 2, 733, rue Saint-Léonard, BP 3, 53101 Mayenne Cedex, France)
Achevé d'imprimer : avril 2023
Collection n° 13 - Édition n° 01
11/5693/2
I.S.B.N. 978-2-01-7221-79-1
Dépôt légal : avril 2023

PAPIER À BASE DE FIBRES CERTIFIÉES